【제3판】

학교사회복지론

【제3판】

학교사회복지론

홍봉선 · 남미애

KNOWLEDGE COMMUNITY 공동체

제3판 서문

2011년 개정판을 낸 뒤로 참으로 많은 시간이 흘렀다. 몇 번이나 개정하고자 하였으나 번번이 잘 이루어지지 않았다. 이 모두는 저자의 게으름 때문이다.

그동안 학교사회복지를 둘러싸고 크고 작은 변화가 있었다. 무엇보다 2019년 법개정으로 인해 올해부터는 국가가 인정하는 학교사회복지사 자격증이 발급될 수 있게 되었다. 많은 사람들이 소망하던 바가 이루어진 것이다. 이를 위해 학교사회복지사협회와 학교사회복지학회는 물론 많은 학교사회복지실천가들의 노력이 있었다. 학교사회복지의 제도화를 위해 한 걸음 더 다가섰다고 할 수 있다.

또한 선거권이 하향되면서 만 18세부터 선거할 수 있는 자격이 부여되었고 2022년부터는 고등학교 무상교육이 전면 실시된다. 학생 수는 점점 줄어들고 있지만 학생권리나 교육복지에 대한 욕구는 더욱 많은 관심을 받게 되었다. 더욱이 학교 및 학생을 둘러싸고 관련 전문가들 간의 경쟁과 전문성 문제가 더 부각되면서 학교사회복지사들에게도 많은 도전과 시련이 예상되기도 한다.

이에 앞으로 준비해야 할 부분도 더 많아졌다. 학교사회복지사의 전문성 강화를 위한 더 많은 노력이 필요하다. 또한 전국 어디에서나 균등한 양질의 교육복지서비스를 받을 수 있어야 할 것이다. 이를 위해서는 학교사회복지의 전달체계 구축도 검토되어야 한다.

이번 개정판에서는 이런 변화에 부응해 학교사회복지사의 개입 및 실천기술을 조금 더 보완하고자 하였다. 특히 학교사회복지사가 학교현장에서 쉽게 적용할 수 있도록 학생 및 가족면담, 가정방문, 교사와의 협력 부분 등을 구체적으로 소개하였다. 또한 학교사회복지의 현황 및 관련 자료들을 업데이트시켰고 일부 오래된 자료들은 삭제하였다.

비우는 것은 늘 어렵다. 당초 개정판을 준비할 때는 최대한 원고 분량을 줄이자고 생각했는데 잘 되지 못했다. 또한 알기 쉬우면서도 더 다운 학교사회복지론이 될 수 있도록 하는 것은 여전히 저자들의 남은 숙제이다.

2020년 6월

홍봉선 · 남미애

개정판 서문

학교사회복지의 한국형 모형으로 생각되는 '교육복지투자우선지역지원사업'이 올 2011년 그 명칭과 책임 주체의 근본적인 변화뿐만 아니라 일부 지역에서는 보편화를 거론할 정도로 양적 팽창이 이루어졌다. 세부적인 것은 본문에서 자세히 다루었다. 기존의 본 고에서 '교육복지투자우선지역지원사업'이 차지하는 양적 비중이 그리 큰 것은 아니었다. 그러나 우리나라에서 학교사회복지사업의 일환으로 거의 유일하게 실시되고 있는 본 사업의 변화를 즉각 수용하지 않는다는 것은 학교사회복지의 실천적 핵심사항을 오도하거나 간과할 수도 있다고 사료된다. 개정판이 필요한 이유이다.

이왕 개정판이 불가피하다면, 반드시 뒤따라야 할 실태나 통계 등 시대를 반영하는 모든 수치를 당연 업데이트시켰다. 또한 최근에 사회적 이슈가 되었던 무상급식과 교육격차 등에 관하여서도 일부 보완하였다. 초판 발행 뒤 오류를 발견하였으나 바로잡을 시간을 갖지 못하였던 부분을 이번에 바로잡았다. 즉, PART 4와 PART 5를 합치고, 세부적으로는 13장, 14장, 15장, 16장은 '학생중심의 개입 사례'로, 17장, 18장, 19장은 '학교, 가정 및 지역사회체계 중심의 개입 사례'로 나누었다. 그리고 어떤 저서도 마찬가지이겠지만 완벽한 결과물은 불가능하더라도 최선을 다해 오・탈자를 바로잡기 위해 최선을 다하였다.

학교사회복지는 우리나라에서의 학교발전이 그리고 학생의 복지증진이 지역사회와 함께 성장하고 여러 전문직이 함께 헌신할 때 가능하다는 것을, 보다 효과적・효율적이라는 것을 보여주고, 증명하는 데 기여하는 교과목이고 학문이다. 본 저서가 그에 기여하기를 기대한다.

2011년 9월

홍봉선・남미애

서 문

교육은 개인적인 측면에서는 자아실현 및 직업확보는 물론 건강한 사회생활을 영위하기 위한 기본 토대이다. 뿐만 아니라 사회적으로는 인적자본 개발로 인한 국가경쟁력 향상은 물론 더 나아가서는 국민의 삶의 질을 향상시키고 국민적 통합을 도모함으로써 복지사회의 구현에 이바지하는 필수적인 요소이다. 또한 교육적 성취는 다양한 사회경제적 결과를 나타내는 대표적인 지표이며 개인의 한 일생 동안의 복지를 나타내는 중요한 예측인자이다.

선진국의 경우 이미 오래전부터 사회평등과 사회정의를 실현하기 위해 사회복지와 교육이 밀접한 관계를 맺어 왔으며 복지국가가 강조되면서부터는 교육이 사회복지의 일환으로 다루어져 왔다. 특히 최근 지식·정보격차의 해소가 세계 각국의 중요한 정책 이슈로 부각되고 있으며, 새로운 지식·기술의 습득 및 활용 능력이 부족한 취약계층에 대한 적극적 교육기회의 보장과 인적자원 개발은 모든 국가의 핵심적 사회통합 전략으로 추진되고 있다.

현대사회는 인적자본이 가장 중요한 자본이 되는 시대이므로 국민 개개인에게 자신의 잠재력과 역량을 개발할 수 있도록 교육적 환경을 제공하고, 교육의 기회에서부터 교육의 과정, 결과를 보장하는 것이 복지사회가 추구해야 할 책임과 역할이다. 이러한 차원에서 사회복지를 교육현장에 적용하는 학교사회복지는 인간존엄성의 보장은 물론 사회적 불평등 및 위화감 완화 나아가 다양한 사회문제를 예방할 수 있으므로 사회적 비용을 줄일 수 있다. 특히 학교사회복지의 제도화는 학생의 학생권을 강화하고 학교가 본연의 목적을 실현하도록 지원함으로써 학교교육의 정상화 및 학교붕괴 등의 문제들을 예방하는 데도 도움이 될 것이다.

그러나 이러한 의미를 가지고 있는 학교사회복지를 둘러싸고 있는 우리나라의 상황은 매우 복잡하고 하루가 다르게 변화하고 있어 학교사회복지의 미래를 예측하기가 상당히 힘들다. 본문에도 나오지만, 1997년부터 2년간 현 교육과학기술부 차원의 학교사회복지 시범사업이 있었다. 또한 2004년부터 다시 교육과학기술부 차원의 제2차 시범사업이 계속되어 오다가 2009년 올해 예산 전액 삭감으로 중지되었다. 이러한 국가적 차원과는 달리 2002년부터 2005년까지 공동모금회 차원의 4년간 시범사업이 실시되었었다. 그리고 서울교육청은 새천년인 2000년을 맞이하여 학교사회복지시범사업을 현재까지 계속해 오고 있다.

이와는 별도로 교육복지의 일환인 소위 말하는 '교육복지투자우선지역지원사업'이 2003년부터 서울, 부산의 8개 지역 초등학교 29개교, 중학교 16개교에서 시범 실시하여 점진적으로 15개 지역, 30개 지역, 60개 지역으로 확대되어 오다가 올해 2009년 애초의 로드맵대로 전국 100개 지역에 초등학교 306개교, 중학교 227개교, 고등학교 4개교로 확대되어 실시되고 있다. 더불어 이와 관련된 '교육복지법'이 현재 국회에 계류 중이다.

이러한 '교육복지투자우선지역지원사업'이 학교사회복지와 어떠한 관계인지에 대해서는 학계 혹은 학교사회복지실천 차원에서조차도 아직 구체적으로는 정립하지 못하고 있다. 저자들의 기본적인 입장은 본 사업에 투입되어 있는 전문인력의 약 90%가 사회복지사로 구성되어 있고 본 사업의 주 대상이 취약계층 학생에 포커스가 맞추어져 있으나 학교사회복지의 이론과 실천 방법의 대부분이 적용되고 있는 점 등을 고려하여 학교사회복지의 한국형 모형으로 자리매김할 것으로 예측하고 있다.

아무튼 미국 등에서 실시되고 있는 전통적인 학교사회복지제도가 활성화되고 제도화되든지 혹은 현재의 '교육복지투자우선지역지원사업'이 보다 활성화되어 명실공히 학교사회복지의 한국형 모형으로 성장 · 발전할 것인지 불문하고 우리나라에서의 학교사회복지 혹은 교육복지의 활성화는 계속 이루어질 것으로 예측되므로 이에 대한 전문가 양성 등의 대비는 필요하다.

본 서는 이러한 상황인식을 근거로 하여 대학에서의 학교사회복지사 양성과 기존의 사회복지실천계의 학교사회복지의 이론과 실천 기술의 함양에 조금이라도 기여하고자 하는 목적으로 출간하게 되었다. 때문에 미국의 전통적인 학교사회복지제도와 실천을 소개하고자 하였다.

본 서는 5부 총 20장으로 구성되었다. 다소 많은 분량이다. 한 학기 동안 충실히 강의할 교재가 그리 많지 않다는 세평을 반영한 것이다. 그리고 굳이 나누자면 1, 2, 3부는 학교사회복지의 기본 이론과 과정을 다루고 있는 총론의 형식이고, 4, 5부는 학교사회복지 서비스 실천을 소개하는 각론의 형식을 띠고 있다.

본 서가 발간하는 데에는 도서출판 공동체의 김동훈 사장의 압력(?)과 독려가 큰 몫을 차지하고 있다. 그간의 관심과 지원에 감사드리며 출판을 맡아주신 것에 대해서도 고마움을 전한다. 또한 부산의 '교육복지투자우선사업'의 전문가로 활동 중인 강은주 프로젝트조정자를 비롯한 지역사회교육전문가 선생님들께서 제시해 준 다양한 사례들이 본 서의 구석구석에서 보석처럼 빛나고 있다. 감사드린다. 더불어 저자들이 책을 발간하고 개정할 때마다 수고를 아끼지 않는 부산광역시청소년종합지원센터의 이조경 선생님이 이번에도 많은 도움을 주었다. 특별한 고마움을 전한다.

그동안 우리나라의 학교사회복지의 학문적 발전과 제도화에 헌신해 오고 있는 '한국학교사회복지학회'와 '한국학교사회복협회의 임원 및 회원 여러분께 본 지면을 빌려 머리 숙여 감사함을 전한다. 그분들의 열정과 희생이 있었기에 오늘날의 학교사회복지의 존재와 모습이 있다. 그리고 그들로 인해 저자들의 학교사회복지에 대한 학문적 자극이 있어 왔고 그것이 본 서가 세상의 빛을 보게 된 상당한 동인이다. 본 서가 학교사회복지의 제도화에 조금이라도 기여될 수 있기를 다시 한번 기원한다.

2009년 1월

홍봉선 · 남미애

차 례

PART 02 학교교육 및 학교조직에 관한 이해

PART 03 학교사회복지의 이론과 실천

Part 01

학교사회복지의 이해

CHAPTER 01

학교사회복지의 개념 및 구성

1. 학교사회복지의 정의

학교사회복지(School Social Work)[1]의 개념은 국가, 시대, 학자에 따라 다소 상이하게 정의되고 있다. 먼저 학교사회복지에 관한 이론적 토대를 발전시킨 Costin(1977)에 의하면 학교사회복지는 학교가 학생 개개인의 지적·사회적·정서적 욕구와 문제해결에 관심을 갖도록 도와주며 이를 통하여 모든 학생들이 학교에서 공평한 교육기회와 성취감을 제공받을 수 있도록 학교현장에서 활동하는 전문적인 사회사업 분야라고 정의하였다(한인영 외, 1997 : 38 재인용). 이것은 학교사회복지가 전개되기 시작하는 초기에 정의된 것임에도 불구하고 학교사회복지가 사회복지의 고유한 분야라는 점, 학교를 주된 실천의 장으로 한다는 점, 모든 학생을 대상으로 한다는 것을 명시하고 있다. 다만, 학생의 교육기회와 성취감을 제공하기 위해 지역사회나 가정과의 연계보다는 학교가 직접 학생을 지원하도록 하는 데 초점을 두고 있다.

Allen-Meares 외(2004)는 학교사회복지란 아동·청소년들이 문제해결과 의사결정능력, 즉 유능감을 습득하고 변화에 잘 적응하여 계속적 학습에 대한 책임감을 받아들일 수 있도록 가르치고 학교의 중심 목적을 달성하는 것을 도와 학생의 삶의 질을 높이는 것이라고 하였다(윤철수·진혜경·안정선, 2006 : 81 재인용). 이는 학교사회복지의 대상이 모든 학생이라는 점과 학교사회복지의 주된 기능과 목적이 학교의 목적을 달성하도록 돕는

1 School Social Work를 직역하면 학교사회사업이다. 그러나 우리나라 학계에서는 많은 논의를 거쳐 학교사회복지로 통일하였다. 따라서 본 서에서는 비록 인용문일지라도 학교사회사업은 모두 학교사회복지로 대체하고자 한다. 같은 맥락에서 인적자원부 등도 현재의 교육부로 통일하여 사용하고자 한다.

것과 학생의 유능감과 성취감 향상 및 삶의 질 고양에 있다는 것을 강조하고 있다.

전미학교사회복지협회는 학교사회복지를 공교육체계에서 학교교육의 목적을 달성하는 것을 지원하고 학생들이 학교에 적응을 잘 할 수 있도록 도와주며 이를 위해 학교, 가족, 지역사회가 수행하는 노력을 조정하고 영향을 미치는 활동(NASW Standards for School Social Work Services, 2002)이라고 정의하였다(윤철수·진혜경·안정선, 2006 : 82 재인용). 이는 학교사회복지의 적용범위를 공교육 체계라고 명시함으로써 학교사회복지가 국가의 책임이자 학생의 권리라는 점을 제시하고 있으며, 특히 주된 기능이 학생에 대한 지원 이외에도 학교, 가족, 지역사회 등의 노력과 조정을 강조하였다는 점이 특색이다.

우리나라의 경우 학교사회복지의 개념이 소개된 지가 비교적 짧은 기간임에도 불구하고 다양한 정의들이 제시되고 있다. 김기환(1997)에 의하면 학교사회복지는 학교를 실천 장소로 하여 학생-학교-가정-지역사회의 역기능적 상호작용에 의하여 발생하는 학생의 심리·사회적 문제를 예방하고 해결함은 물론 모든 학생이 자신의 잠재력과 능력을 최대한 발휘할 수 있도록 최상의 교육환경과 공평한 교육기회를 제공, 궁극적으로는 교육의 본질적인 목적과 학생복지를 실현할 수 있도록 도와주는 교육기능의 한 부분이며 사회사업실천의 전문분야라고 정의하였다. 이것은 개입초점이 단순한 학생의 문제가 아니라 학생-학교-가정-지역사회의 역기능적 상호작용에 의하여 발생되는 심리·사회적 문제에 초점을 둔다는 점, 요보호학생뿐 아니라 모든 학생을 서비스 대상자로 간주한다는 점, 사회사업실천의 전문분야인 동시에 교육기능의 한 부분이라는 점을 강조하고 있다.

또한 전재일 외(1997)에 따르면 학교사회사업이란 학교사회복지사가 사회복지실천의 원리와 방법의 적용을 통해 학교, 가정, 지역사회의 자원체계를 조정, 활용하여 학생의 정상적 생활에 장애가 되는 심리적·사회적 부적응을 조기에 발견, 예방, 치료하여 교육체계의 중요한 임무를 원활히 수행하는 데 필요한 서비스를 제공하는 사회복지실천의 한 분야라고 정의하였다. 이것은 학교사회복지사를 분명히 명시한 점, 학교, 가정, 지역사회의 자원체계를 조정, 활용한다는 점, 실천의 장을 학교보다는 보다 광범위하게 교육체계로 제시하였다는 점에 특성이 있다.

김혜래(1999 : 18)는 학교복지를 학교현장 내에서 학생이 학교라는 환경과의 역기능적 상호작용 속에서 겪게 되는 심리·사회적 문제의 예방과 해결을 포함하여 모든 학생이 자신의 잠재력과 능력을 최대한으로 발휘할 수 있도록 최상의 교육환경과 공평한 교육기회를 제공하여 궁극적으로 학생의 안녕과 행복을 보장하는 제도, 정책 및 다양한 실천으로 정의하였다. 한인영 외(1997 : 40)는 학교사회사업을 교육권에 대한 배분적 사회정의를 실현하는 사회복지의 목적을 추구함과 동시에 궁극적으로 학교와 학생이 전인교육의 교육목적을 달성하도록 도와주는 사회사업실천의 한 전문분야라고 정의하였다. 이는 학교사회복지의 목적이 사회복지와 교육의 목적을 동시에 추구한다는 점, 학생뿐 아니라 학교도 주된 서비스 대상에 포함된다는 점을 강조하였다.

윤철수·진혜경·안정선(2006 : 83)에 따르면 학교사회복지란 학교에서 학교사회복지사라는 전문가가 학생의 심리사회적 문제의 예방 및 해결을 통해 학교교육 목적을 달성할 수 있도록 학생, 학교, 가족 및 지역사회를 대상으로 사회복지의 기술과 지식을 활용하여 개입하는 활동이라고 정의하였다. 한국학교사회복지사협회에 의하면 학교사회복지는 학교에서 일어나는 학생의 문제를 개인의 문제만이 아닌 개인을 둘러싼 환경과의 상호작용의 문제로 보고 이러한 심리사회적 문제들을 학생-학교-가정-지역사회의 연계를 통해 예방하고 해결하는 과정을 말한다(http://www.kassw.or.kr). 또한 모든 학생이 자신의 잠재력과 능력을 최대로 발휘할 수 있도록 최상의 교육환경과 공평한 교육기회를 제공하여 궁극적으로는 교육의 본질적 목적을 달성하고 학생복지를 실현할 수 있도록 도와주는 교육기능의 한 부분이며 사회복지의 전문분야라고 정의하였다. 이것은 개입문제가 학생을 둘러싼 환경과의 상호작용에서 생긴 문제에 초점을 둔다는 점, 학생-학교-가정-지역사회의 연계를 강조한다는 점, 사회사업실천의 전문 분야인 동시에 교육기능의 한 부분임을 강조하였다.

이 외에도 학교사회복지와 관련된 개념으로는 교육복지가 있는데, 학교사회복지의 개념을 보다 분명히 하기 위해서는 교육복지의 개념을 살펴볼 필요가 있다. 우리나라에서 교육복지라는 용어가 사용되기 시작한 것은 1980년 이후 교육학 분야에서부터였으며, 크게 두 가지 입장으로 대별된다. 하나는 교육복지를 사회복지의 한 영역으로 보는 입장으로서 대표적인 학자로는 한만길(한만길 외, 2000)이 있다. 또 다른 하나는 교육을 사회복지의 상위의 개념으로 보고 교육이 곧 복지라고 주장하는 입장으로 대표적인 학자는 이기범(1996)이 있다. 사회복지학계에서는 홍봉선(2004)이 교육복지가 사회복지의 한 영역이라는 관점에서 교육복지와 학교사회복지의 차이점을 소개하였다. 홍봉선(2004)에 따르면 교육복지란 사회복지의 한 영역으로서 인간의 출발점 평등지향의 가치를 근간으로 하고 전 국민의 교육적 욕구를 충족시키기 위해 교육취약집단은 물론 모든 일반국민을 대상으로 교육기회의 확대에서부터 교육과정, 교육결과에 이르는 전 과정에 걸쳐 불평등을 해소하고 교육여건을 개선해 주는 정책, 서비스 및 전문적 활동을 말한다. 학교사회복지와의 관계에 있어서는 학교사회복지가 학생의 교육권을 근간으로 하여 학교라는 세팅에서 학생의 복지 증진을 위하여 이루어지는 학교정책 및 전문적 활동에 상대적으로 그 초점이 맞추어져 있는 반면, 교육복지는 학생뿐만 아니라 그 이전과 그 이후까지를 포함하는 전 생애에 걸친 교육의 권리와 학교라는 세팅을 넘어선 전체 사회의 장에서 이루어지는 교육 관련 서비스이며 전문적 활동을 포함한 제도적 정책까지를 포함하는 상대적으로 보다 포괄적 개념이라고 설명하고 있다(표 1-1 참고).

이상의 내용을 토대로 학교사회복지의 특성을 정리해 보면 첫째, 학교사회복지는 학교사회복지사가 사회복지의 이론과 기술을 적용하는 사회복지의 독특한 영역이라는 점이다. 둘째, 학교사회복지의 목적은 사회복지의 목적 추구는 물론 학교교육의 목적달성을 돕는다는 것이다. 셋째, 개입의 초점은 단순한 학생의 심리사회적 문제가 아니라 학생과 환경의 역기능적 문제에 초점을 두며 개입의 범위는 작게는 학생에서부터 학교, 가정, 지역사회까지 포함한다. 넷째, 학교사회복지의 기능은 학생의 문제 예방 및 해결을 위한 직접적 개입은 물론 가정-학교-지역사회와의 연계 및 조정을 통한 개입도 중요하게 다룬다는 것이다. 다섯째, 학교사회복지의 주된 실천의 장은 학교뿐 아니라 학교교육과 관련된 교육체계까지 포함하고 있다는 것이다.

따라서 본 서에서 학교사회복지란 사회복지의 한 영역으로서 교육의 본질적 목적을 달성하고 학생복지가 실현되도록 돕기 위해 학교사회복지사가 학교를 포함한 교육체계에서 교육취약학생은 물론 모든 학생을 대상으로 사회복지의 기술과 지식을 적용해서 최상의 교육환경과 공평한 교육기회를 제공하고자 하는 모든 정책적·실천적 활동으로 정의하고자 한다.

〈표 1-1〉 교육복지와 학교사회복지의 비교

구 분	협의의 교육복지	광의의 교육복지	학교사회복지
목 적	최소한의 교육기회 제공으로 교육기회의 불평등 완화	교육적 욕구 충족 및 교육기회, 과정, 결과의 불평등 해소를 통한 인간을 육성하는 복지실현	교육의 본질적 목적을 달성 지원 학생복지 실현
주 체	국가 및 지방자치단체, 학교	국가 및 지방자치단체 및 학교와 피교육주체인 개인을 포함	국가 및 지방자치단체, 학교
객 체	교육취약계층	모든 국민	교육취약학생, 모든 학생
원 리	선별주의	보편주의	선별주의+보편주의

범 위	최소한(초 · 중등)의 교육기회 보장	취학 전, 초 · 중등 및 고등교육 기회 제공 및 교육과정, 결과의 불평등 해소를 포함	• 교육취약학생의 당면 문제해결 및 지원 • 모든 학생의 잠재력과 능력 증진 • 학교교육 목적 달성을 위한 학교, 가족, 지역사회가 수행하는 노력 조정
접근 방법	서비스 중심의 미시적 접근	정책 및 제도 중심의 거시적 접근	서비스 중심의 미시적 접근과 학교 단위의 정책 및 제도 중심이 거시적 접근
구체적 내용	• 최소한(초 · 중등)의 의무교육 • 교육취약계층에 대한 교육비 보조 • 학생, 가족 중심의 학교사회복지	• 취학 전, 초 · 중등, 대학까지 의무교육 보장 • 교육환경 및 여건 개선 • 교육복지 관련 법, 제도, 전달체계 구축 • 직업 및 평생교육 체제 구축 • 학생, 가족, 교사, 학교 대상의 학교사회복지	직접서비스, 자문, 지역연계, 자원개발 등의 간접서비스

2. 학교사회복지의 목적

학교사회복지는 사회복지의 한 영역으로 사회복지의 목적을 추구하기도 하지만 또 다른 목적을 추구한다. Allen-Meares 외(2004 : 73)에 따르면 학교사회복지는 학교가 학교 본연의 목적을 달성할 수 있도록 학교사회복지사의 노력을 더함으로써 삶의 질을 증진시킬 수 있도록 하며 또한 아동과 청소년이 역량(competence), 문제해결능력, 의사결정능력과 자신의 계속적인 학습을 위해 기꺼이 변화하고 책임을 받아들일 수 있도록 도와주는 것이라고 설명하고 있다.

Radin(1975)은 학교사회사업의 목적을 첫째, 학생 개개인이 자신의 잠재력과 능력을 최대한 개발할 수 있도록 도와주고, 둘째, 모든 학생이 미래의 건전한 사회구성원으로 성장할 수 있도록 최적의 교육환경을 제공해 주는 것이라고 하였다(한인영 외, 1997 : 40 재인용).

한인영 외(1997 : 41-44)는 학교사회복지는 학교가 교육의 본질적인 목적을 달성하도록 도와주는 사회복지의 전문분야이기 때문에 학교사회복지의 목적은 곧 사회복지의 목적과 교육의 목적을 상호 접목시킨 것이라고 하면서 학교사회복지의 목적을 세 가지로 설명하였다. 첫째, 취학학생이나 학교부적응 학생은 물론 모든 학생들이 자신의 교육적 욕구에 적합한 교육을 받을 수 있도록 공평한 교육의 기회를 제공하는 것이다. 예를 들어, 장애학생의 의무교육권을 충족시켜 줄 수 있는 특수학교나 통합학교를 충분히 설립하도록 지역사회의 정책이나 교육정책에 관여하도록 하거나 중퇴학생들을 위해 대안학교나 열린 학교를 설립하는 데에 적극적으로 참여하여 이들에게도 교육기회를 공평하게 제공하여야 한다는 것이다.

둘째, 공평한 교육기회를 보장받은 모든 학생들이 학교생활에 잘 적응하며 자신의 심리·사회적 기능을 향상시킬 수 있도록 전문적인 심리치료와 사회복지서비스를 제공하는 것이다. 예를 들면, 빈곤가정, 소년소녀가장, 결손가정 등 취약한 사회환경에서 생활하는 요보호학생을 비롯하여 모든 학생들의 학교적응을 돕고 이들의 심리·사회적 기능을 향상시키기 위해 심리치료나 경제적 원조와 같은 사회복지서비스를 제공하는 것이다.

셋째, 학생들의 총체적인 삶의 질을 향상시켜 궁극적으로는 학생복지를 실현하는 것이며 이를 통하여 학교가 전인교육의 교육목적을 달성할 수 있도록 도와주는 것이다. 예를 들어, 학업과 성적향상에 도움을 주는 교육시설이나 기자재가 완비된 물리적 학교환경 이외에도 학교 내 체벌이나 폭력으로부터 안전하게 보호받을 수 있도록 하는 등 학생들이 안전하고 즐거운 학교생활을 영위할 수 있는 심리적·사회적 환경 등 최적의 학교환경을 조성하는 것이 포함된다.

성민선 외(2004 : 30-31)는 학교사회복지의 목적을 세 가지로 제시하였다. 첫째, 기본적으로 학교교육의 목적을 달성할 수 있도록 지원하는 것이다. 둘째, 개인적 문제, 가족 또는 대인관계상의 문제, 학교 적응과 관련된 문제를 가지고 있는 학생들을 위해 사회복지서비스를 제공하는 것이다. 셋째, 가정-학교-지역사회 간의 연계를 강화하여 학생들에게 최적의 교육환경을 제공하는 것이다.

윤철수·진혜경·안정선(2006 : 87)은 학교사회복지의 목적은 첫째, 모든 학생에게 자신의 교육적 욕구에 적합한 공평한 교육기회를 제공하는 것, 둘째, 학교생활에 잘 적응하여 자신의 심리 사회적 기능을 향상시킬 수 있도록 돕는 것, 셋째, 학생의 삶의 질을 향상시켜 학생복지를 실천하여 학교교육의 목적을 달성할 수 있도록 돕는 것, 넷째, 학교와 지역사회와의 연계체계를 확립하여 학교교육에 지역사회를 참여시키는 것으로 제시하고 있다.

이상의 내용에서 볼 때 학교사회복지의 목적이 교육목적 달성을 위한 지원과 교육취약학생에 대한 사회복지서비스 제공이라는 점에서는 공통적으로 일치하고 있다. 그러나 공평한 교육기회 제공이 학교사회복지의 주된 목적인지는 일치되지 않으며, 특히 가정-학교-지역사회 간의 연계라는 방법은 강조되고 있지만 그를 통한 궁극적 목적에서는 다소 상이하다.

정리해 보면 학교사회복지의 목적은 사회복지의 목적과 공통점을 갖는 반면 차별성도 가지고 있음을 알 수 있다. 사회복지가 국민의 다양한 기본적 권리를 보장하며 이를 통하여 모든 국민이 최적의 삶을 영위하도록 돕는 것과 마찬가지로 학교사회복지는 교육기회와 같이 사회적 자원이 공평하게 배분되도록 하고 더 나아가 최적의 교육환경을 조성하게 하여 교육에 대한 국민의 기본 욕구를 충족시킴으로써 학생의 교육권 보장 및 학생의 삶의 질 증진을 목적으로 한다는 것은 공통점이라고 하겠다. 그러나 학교사회복지는 이러한 사회복지의 목적 이외에도 학교교육의 목적도 동시에 추구한다. 즉, 교육이라는 고유한 목적을 가진 조직인 학교 내에서 또는 그 조직과 관련하여 조직의 교육 목적의 효율적인 달성을 위해 사회복지서비스를 제공하는 것이 학교사회복지이다(성민선 외, 2004 : 154).

특히 아동복지나 청소년복지의 목표가 아동 및 청소년의 기본적인 욕구 충족과 건전한 발달을 촉진, 지원하는 것이라고 한다면 학교사회복지의 목표는 아동 및 청소년들이 학교에서 사회적 기능을 잘 수행하고 학교에서 적절한 교육을 받을 수 있도록 하는데 초점을 둔다.

이상의 내용을 바탕으로 본 서에서는 학교사회복지의 목적을 크게 세 가지로 제시하고자 한다. 첫째, 학교사회복지는 학교교육의 목적이 달성될 수 있도록 지원하는 것이다. 학교사회복지는 사회복지가 추구하는 목적과 동시에 학교교육이 지향하는 목적도 동시에 추구한다. 우리나라 교육기본법 제2조에 의하면 교육은 홍익인간의 이념 아래 모든 국민으로 하여금 인격을 도야하고 자주적 생활능력과 민주시민으로서 필요한 자질을 갖추게 하여 인간다운 삶을 영위하게 하고 민주국가의 발전과 인류 공영의 이상 실현에 이바지하게 함을 목적으로 한다고 제시되고 있다. 즉, 학교교육의 목적은 개인의 자기실현과 동시에 건강한 시민으로서 사회에 이바지하도록 하는 것으로 학교사회복지는 학교 및 교육체계가 이러한 목적을 잘 달성할 수 있도록 지원한다.

둘째, 학생의 교육적 욕구를 충족시키고 심리사회적 기능을 향상시키는 것이다. 학생과 학교를 둘러싼 환경과의 역기능적 상호작용에 개입하여 적응 및 심리사회적 기능을 향상시키며 더 나아가 모든 학생들이 유능감 및 성취감을 달성하도록 돕기 위해 심리사회적 지원, 경제적 원조, 환경조정 등 다양한 사회복지서비스를 제공한다.

셋째, 가정-학교-지역사회 간의 연계를 통해 학생들을 둘러싼 환경의 역량을 강화하고 최적의 교육환경을 제공하도록 한다. 학교가 학생들의 다양한 교육적 욕구를 충족시키고 교육의 목적을 제대로 달성하기 위해서는 학교 이외에도 가정, 지역사회가 함께 참여하지 않으면 안 된다. 특히 산업화 이후 맞벌이의 증가 등으로 학교는 단지 교육의 장이 아니라 중요한 생활의 장으로 변화되면서 보건, 복지, 문화 등 다양한 기능이 요구되고 있는데 이를 학교 자체만으로 감당하기는 매우 어렵다. 반면 지역사회는 학생들의 성장 및 교육에 도움이 될 다양하고도 유용한 인적·물적 자원들이 산재해 있다. 학교사회복지는 이러한 가정-학교-지역사회 간의 연계, 조정을 통해 학생들을 둘러싼 환경의 역량을 강화하고 이들 환경이 학생들에게 안전하고 즐겁고 건강한 학교생활을 영위할 수 있는 최적의 교육환경을 제공하도록 돕는다.

3. 학교사회복지의 구성요소 및 특성

학교사회복지의 개념은 학교사회복지를 구성하는 중요한 요소들이 무엇인가를 알아봄으로써 보다 분명하게 이해될 수 있다. 성민선 외(2004 : 23-25)는 학교사회복지의 구성요소를 설명하기 위해 펄만이 제시한 4P에서 두 가지를 추가하여 6가지로 제시하였는데 그 구체적인 내용은 다음과 같다.

첫째, 학교사회복지에서 다루는 주된 문제(problem)는 학생 개인이 가지고 있는 심리·사회적 문제 또는 학교부적응, 학습부진 등의 문제이다. 이러한 문제는 학교와 학생이 교육목적을 달성하고 교육기회와 교육권리를 보장받지 못하는 것과 직·간접적으로 관련되어 있는 것이어야 한다. 아울러 이러한 문제의 발생이 가족, 학교, 지역사회와의 역기능적 상호작용에서 비롯된 것이라면 이들 환경의 조건과 영향력 또한 학교사회복지의 개입이 필요한 문제영역이라 할 수 있다.

둘째, 학교사회복지실천이 이루어지는 장소(place)는 기본적으로 학교를 중심으로 하지만 이것은 단지 물리적 공간만을 의미하는 것은 아니다. 학교가 사회적 체계라는 점을 감안할 때 학교체계의 요청에 의해서 또는 학교체계에 영향을 주기 위한 목적으로 수행되는 프로그램이 학교 외부에서 이루어진다면 이를 학교사회복지의 실천활동에 포함시킬 수 있다.

셋째, 학교사회복지사가 개입하는 대상(person)은 일차적으로는 다양한 심리·사회적 문제를 가진 학생이 해당되며 그 외 학생의 문제해결을 위해 개입이 필요한 대상인 학부모, 교사도 포함될 수 있다.

넷째, 학교사회복지실천이 수행되는 과정(process)이다. 학교사회복지사는 접수면접, 사정, 개입계획수립, 개입, 평가 등으로 이루어진 일련의 체계적이며 전문적인 과정을 통해 실천활동을 수행한다. 또한 학생의 심리·사회적 문제 해결 및 가족-학교-지역사회의 연계활동을 위해 다양한 전문인력과의 협력활동에 적극적으로 참여한다.

다섯째, 학교사회복지실천을 위한 프로그램(program)이다. 학교사회복지실천을 위해 수행되는 프로그램의 목적, 목표, 과업은 교육기관과 교육과정의 근본 목적과 명료하고 직접적으로 연결되어야 한다. 이러한 프로그램에는 학생들과 가족에 대한 직접적인 임상적 서비스, 학부모와 교사에 대한 자문, 가족과 지역사회에 대한 연계활동, 학교체계의 변화를 위한 옹호와 정책개발 등이 포함된다.

여섯째, 학교사회복지실천을 수행하는 전문가(profession)이다. 학교사회복지는 학교교육의 목적과 가치, 학교조직의 문화 등을 이해하고 문제해결, 연계활동과 관련된 전문적인 지식과 기술을 갖춘 사회복지사가 수행하는 활동이다.

본 서에서는 성민선 외(2004 : 23-25)가 제시한 내용을 일부 수정하고 가치, 지식체계, 승인을 추가하여 학교사회복지의 구성요소를 9가지로 제시하고자 한다.

1) 가치

사회복지는 각 개인의 존엄성과 가치의 인정, 자기결정 또는 자기실현의 권리, 개인의 잠재력에 대한 존중과 그것을 달성하려는 개인의 열망에 대한 지지, 각 개인은 모든 다른 사람과 다를 수 있으며 그 다름에 대한 존중에 대한 권리 등의 가치를 추구한다. 이를 학교사회복지에 적용한다면 학교사회복지는 다음과 같은 가치를 추구한다(Allen-Meares, 2004 : 73). 첫째, 각 학생은 어떤 독특한 특성에도 관계없이 개인으로 가치가 있다. 둘째, 각 학생은 학습과정에서 공유되고 배우는 것이 허락되어야 한다. 셋째, 개인적 차이는 인정되어야 하며(학습률의 차이 포함) 개입은 각 학생의 교육적 목표를 지지하는 데 초점을 두어야 한다. 넷째, 인종, 사회경제적 특성에 관계없이 각 학생은 학교에서 동등하게 처우되어야 할 권리를 가진다. 그러나 학교와 같이 다양한 사람들이 함께 포함되어 있는 상황에서, 어떤 가치들은 서로 상충되기도 한다. 이런 경우 학교사회복지사는 적절한 균형을 찾아야 한다. 이런 경우 '아동에 대한 최선의 이익(best interest of the child)'이 우선적으로 고려되어야 한다. 또한 학교사회복지사의 행동은 아동에게 도움이 되어야 하지만 그러나 다른 사람을 희생해서는 안 된다(Allen-Meares, 2004 : 73).

2) 지식체계

사회복지와 학교사회복지 지식의 토대는 인간행동만큼 광범위하다. 이러한 특징으로 인하여 학교사회복지사는 교육학, 행동과학 및 생물학, 정신의학, 의료, 법, 정치학과 같은 다른 분야에서부터 지식을 빌려 온다. 사회복지는 응용학문으로서 인접학문의 응용 또는 협력을 통해 인접학문의 이론을 검증하고 발전시킴은 물론 거기에서 사회복지 고유의 실천이론과 지식을 창출해 내기도 한다. 이러한 인접학문의 지식들이 사회복지목적에 적절하게 통합된다면 그것은 매우 유용하고 합법적이다(Allen-Meares, 2004 : 74). 예를 들어, 병원, 교정기관, 군대에서 사회복지가 적용되어 의료사회복지, 교정복지, 군사회복지 등의 새로운 분야가 개척되는 것과 마찬가지로 학교 및 교육체계도 사회복지의 개입과 실천이 절실히 필요한 분야이다.

교육 분야는 학생에게 최고의 학습이 이루어지기 위해 어떤 상태에서 어떻게 관련되는지에 대한 이데올로기뿐 아니라 다양한 교수방법과 요소를 포함한다. 이들 관점은 인간주의적 접근에서부터 보다 구조화된 행동적 접근까지 다양하다. 교사가 되기 위해 갖추는 기본적 지식 토대와 방법은 학교사회복지사가 되기 위해 준비하고 훈련받은 것과는 다르다. 교사의 초점은 학생의 인지적·감정적 기술의 숙달과 학교 안에서의 학업성취에 초점을 둔다. 사회복지전문직 역시 이들 간의 역동성에 가치를 두지만 사회복지사의 관심은 전체로서의 아동(가족, 학교, 지역사회, 문화)과 이들 요소들 간의 상호작용의 질 등 보다 광범위하다(Allen-Meares, 2004 : 74). 따라서 교육학, 정신의학, 정치학 등 인접 학문의 이론 이외에도 생태학적 접근, 체계적 접근, 사회구성주의이론, 강점관점, 임파워먼트 모델 등이 더 강조되고 있다. 미국사회복지협회의 학교사회복지서비스의 표준(NASW Standards for Social Work Service in School)에서는 학생들 인구집단과 일하기 위해 갖추어야 할 지식, 기술과 구성요소들로 생태학적 접근을 강조하고 있다.

3) 문제

사회복지가 인간과 사회환경 간의 역기능적 상호작용에 의하여 손상된 개인, 집단, 가족, 지역사회 구성원의 심리·사회적 기능을 회복시키는 것에 초점을 둔다면 학교사회복지는 학생과 학생을 둘러싼 환경, 즉 가정, 학교, 지역사회 간의 역기능적 상호작용에 초점을 둔다. 즉, 학교사회복지에서 문제라고 하는 것은 학교와 학생 간에 상호작용이 결과적으로 둘 다에게 역기능적 관계로 될 때, 학생이 제대로 학교에서 학습하지 못하거나 학교생활에 적응하지 못하고 또한 학교가 학생의 학업과 적응을 돕는 데 어려움을 경험할 때 등이 해당된다(Allen-Meares, 2004 : 90). 구체적으로는 공평한 교육기회 제공, 학생권 및 학생복지와 관련된 문제, 외현화 및 내현화 문제로 인한 학급 및 학교생활에서의 어려움, 학교폭력 문제, 장기결석, 등교거부, 학교중퇴 등으로 계속적인 학업유지의 어려움, 학습부진, 취약집단 학생(빈곤가정의 학생, 학대가정의 학생, 시설에서 생활하는 학생, 다문화가정 학생, 동성애 학생 등), 신체 및 정신장애를 가진 학생 등의 문제이다.

4) 대상

학교사회복지의 주된 대상은 모든 학생이다. 그러나 1차적으로는 사회적 욕구가 높은 교육취약학생이 우선시되어야 한다. 또한 학생의 학교 적응 및 사회적 기능 수행에 영향을 미치는 가족, 학급, 교사 및 다학문 전문가팀, 학교, 지역사회도 개입의 대상이 된다. 이들은 학교사회복지사의 파트너이며 협력자이기도 하지만 경우에 따라 학생과 이들 간의 역기능적인 상호작용으로 인하여 학생의 학교 적응 및 사회적 기능 수행상의 어려움이 발생될 때, 학교사회복지사의 개입의 대상이 되기도 한다.

5) 장소

학교사회복지는 활동의 주된 장소가 학교 및 교육체계로서 사회복지의 차원에서는 이차적 장(setting)에 해당된다. 학교사회복지사는 사회복지사가 중심이 되어 일하는 사회복지기관과는 달리 대다수가 교사로 이루어진 고도로 세분화된 관료제이며 독특한 조직구조 및 의사결정과정을 가진 조직체계에서 일해야 한다. 이러한 장의 특성은 사회복지사에게 익숙하지 않은 환경일 뿐 아니라 1~2명의 사회복지사가 교사 중심의 학교에서 사회복지를 적용한다는 점에서 학교사회복지사의 개입 및 실천에 있어 상당한 도전이 되기도 한다.

최근 학교사회복지에 대한 다양한 논의들이 제기되면서 학교사회복지는 장소에 관계없이 학교 또는 지역사회 어디에서든 이루어질 수 있다는 의견과 학교에서 이루어져야 한다는 의견들로 대별된다. 실제 학교사회복지의 모형 중 지역사회모형은 지역사회 기관의 사회복지사가 학교에 가서 서비스를 제공하기도 한다. 학교사회복지가 제도화되지 않은 우리의 실정을 감안해 볼 때 학교사회복지의 정체성을 보다 명확히 하기 위해서는 학교사회복지의 주요 실천의 장은 학교이어야 한다는 것이 매우 강조되어야 한다. 그러나 학교사회복지의 목적에 부합될 뿐 아니라 학교가 주체가 되거나 학교의 요청에 의한 활동이라면 학교가 아닌 장소에서 행해지는 것도 학교사회복지활동으로 간주될 수 있을 것으로 본다.

6) 과정

학교사회복지는 일련의 과정(process)으로 이루어진다. 기본적으로 학교사회복지는 사회복지와 마찬가지로 인테이크, 자료수집 및 사정, 개입 및 활동, 평가 등 일련의 체계적, 지속적, 전문적인 과정을 통해 행해진다. 그러나 일반적인 사회복지기관과는 달리 이차 세팅이라는 특성으로 인하여 이러한 과정에서 다소 차별화되는 부분이 있다. 예를 들어, 학교사회복지사가 학교 내(교사, 양호교사, 사서 등) 또는 학교 밖(보호관찰소, 청소년기관 등) 다학문적 팀의 일원으로 일을 할 때, 사정이나 개입에서 정보의 공유, 역할분담 등과 관련해서 상이한 접근이 있을 수 있다. 특히 학교사회복지사는 교장, 교육청, 시청, 지역사회기관 등 다양한 평가주체로부터 학교사회복지의 개입 효과를 명확히 드러내고 알려야 하는 과정 또한 중시된다.

7) 프로그램 및 서비스

학교사회복지는 학생의 교육적 성취와 학생의 적응 및 심리사회적 기능 향상, 적절한 교육환경을 조성하기 위해 독특한 프로그램 및 서비스를 행한다. 학교사회복지사는 개별 학생에 대한 직접적 서비스 이외에도 학생을 둘러싼 환경(교실, 친구, 가족, 교사, 학교, 지역사회)이 학생에게 적절하게 기능할 수 있도록 자문, 조정, 환경 변화 등을 통해 개입하기도 한다. 구체적으로 학교사회복지는 학생들과 가족에 대한 직접적인 서비스, 학부모와 교사에 대한 자문, 가족, 학교, 지역사회 간의 연계 및 협력활동, 자원개발, 학교체계의 변화를 위한 옹호(advocacy)와 정책개발 등과 관련된 다양한 프로그램과 서비스를 행한다. 이러한 학교사회복지 프로그램 및 서비스는 학교교육 및 교육기관의 목적, 교육과정과 명료하고 직접적으로 연결되어야 하며 사회복지의 이론과 기술에 근거한 것이어야 한다.

특히 학교사회복지사는 학교 안팎에 있는 동시대적 변화 세력(contemporary forces of change)에 의해 상당한 영향을 받는다(Allen-Meares, 2004 : 89-90). 따라서 학교사회복지사는 관련법, 사회경제적 상황 및 주요 이슈, 지역사회 압력, 학교에 대한 주요 환경의 기대 등을 주기적으로 분석해야 하며 이것을 프로그램 및 서비스에 반영하여야 한다.

8) 전문가

학교사회복지사는 학교사회복지를 수행하는 전문가(profession)이다. 기본적으로 학교사회복지는 학교교육의 목적과 가치, 학교조직의 문화 등 학교에 대한 기본적인 이해는 물론 학생의 적응 및 사회적 기능 향상 및 교육목적 실행을 돕기 위한 전문적인 지식과 기술을 갖춘 학교사회복지사에 의해 수행되어야 한다. 학교사회복지사는 교사, 양호교사, 사서 등 타 전문직과 함께 일함으로써 자신의 고유 업무 이외에도 타 전문직에 대한 이해와 팀 접근에 특별한 관심을 가져야 한다. 때문에 교사, 학부모, 지역사회 인사 등 학생과 관련된 인사들이 모여 함께 문제를 해결해 갈 수 있도록 해야 한다. 학교사회복지는 다른 영역과는 달리 팀 접근이 강조되는 영역이다.

9) 승인

활동에 대한 권위는 정부, 지역사회, 학교, 사회복지전문직에 의해, 개별 전문 사회복지사로서의 합법적 자격 취득에 의해, 학교사회복지사에게 주어진다. 승인은 학교사회복지 본연의 가치, 목적, 지식, 역할을 다 포함하지 못하지만 그럼에도 불구하고 전문가의 활동을 위한 필수적인 조건이다. 정부 및 지역사회로부터의 승인은 관련법이나 지침에 학교사회복지서비스 제공, 자격 발행 및 교부 체계, 자원의 할당 등이 명시되면서 나올 수 있고, 학교의 승인은 학교위원회의 고용정책, 학교행정가와의 자문과 협상에 의해 나타난다. 전문가의 승인은 사회복지사협회가 사회복지의 영역으로 인정하고 그에 합당한 윤리적 행동, 기본적 가치와 원리 등이 제시되는 것을 말한다. 미국의 경우 NASW 학교사회복지서비스를 위한 표준(NASW Standard for social work services in schools)은 1992년에 만들어져 학교사회복지발전을 위한 안내자로 기여해 왔다. 최근 이 표준은 다학문적 팀 활동, 윤리를 중요시하고 서비스가 그것의 목표를 달성하기 위해 어떻게 조직화되어야 하는지에 대해 강조하고 있다.

CHAPTER 02

학교사회복지가 요구되는 사회적 배경

현대적 사회복지의 출현이 있기까지 사회복지와 교육은 구분이 되지 않을 정도로 밀접한 관계를 맺어왔다. 우리나라 초기 사회복지의 역사에서도 복지와 교육은 크게 구별되지 않고 함께 발전되어 왔다. 우리나라 사회사업의 태동기인 한일합방 전까지의 단계에서는 기독교단체와 민족교육기관을 중심으로 육영, 의료, 구제사업 등이 이루어졌는데 대표적인 것으로는 배재학당, 평양 맹아학교, 한영학원, 보성학원 등을 들 수 있다. 또한 일제시대에도 민간단체를 중심으로 한 아동보호사업과 야학, 맹인학교 등이 이루어졌다(홍금자, 2000 : 238).

이처럼 사회복지와 교육의 관계는 밀접히 연결되어 성장, 발전되어 왔음에도 불구하고 이러한 의도적인 개입에 대해 학교사회복지라는 이름을 부여하고 의미를 부여하기 시작한 것은 얼마 되지 않았다. 그렇다면 우리나라에서 학교사회복지라는 전문적 개입이 요구되는 사회문화적 상황은 무엇 때문일까? 본 장에서는 학교사회복지가 요구되는 사회적 배경을 지식기반 사회 도래로 인한 인적자본의 강조, 평생학습의 강조, 신빈민층의 출현과 빈곤의 대물림, 공교육의 부재와 열악한 교육복지, 교육양극화 및 교육격차, 학생복지서비스에 대한 욕구 증가의 6가지 측면을 중심으로 설명하고자 한다.

1. 지식기반 사회 도래로 인한 인적자본의 강조

지식기반 경제사회는 과거 산업사회와는 달리 자본이나 노동 대신 개인의 창조성·창의력에 기초한 지식이 부가가치 생산의 주요 요소가 된다. 따라서 지식과 정보의 축적 및 활용도가 높을수록 더 많은 지식과 정보의 획득은 물론 새로운 지식과 정보의 창출이 용이하다(공은배, 2001 : 97). 이는 모든 국가 자본 중에서 인적자본의 중요성을 강조한 것이다. 21세기 복지국가에서는 이러한 인적자본에 투자하는 쪽으로 초점이 이동하고 있다.

인적자본(human capital)이란 물적자본에 대칭되는 개념으로 교육훈련이나 직무경력과 같이 인간이 생산활동에 있어서 생산성 향상을 통하여 소득증대를 가져올 수 있도록 하는 그에게 내재된 기술들을 말한다(김종일, 2000 : 135). 송희준(1990 : 919)은 실증적 연구를 통해 인적자본 요인이 임금수준에 대하여 50% 이상의 설명력을 보여준다고 제시하였다. 따라서 그는 정부에서는 교육과 훈련과 같은 인적자본을 획득할 수 있는 기회를 확대시켜야 하며 사회복지정책의 수립방향도 결과의 평등과 더불어 기회의 평등을 강화하는 제도적 개선(예를 들면, 장학제도의 확대, 고교학군제도의 개혁, 공정한 경쟁체제의 강화 등)을 도모해야 한다고 주장하였다. 김교성(2002 : 113-149) 역시 근로소득의 변화가 빈곤이행에 중요한 요인으로 작용한다고 주장하면서 빈곤문제 해결을 위해서는 내실 있는 자활사업과 적극적 노동시장 정책을 통해 빈곤층의 인적자본에 대한 투자를 위해 노력해야 한다고 주장하였다. 이상의 내용에서 볼 때 지식기반 사회의 진입에 따른 산업 및 직종구조의 변화, 노동시장의 고용형태 변화, 인구의 노령화 등에 대응하기 위해서는 지식의 창출, 보급 및 활용능력을 기르기 위한 인간자본의 투자가 강조되는 새로운 교육체제가 정립되어야 한다(홍봉선, 2004). 그중의 하나가 학교에 학교사회복지제도를 도입하는 것임은 두말할 나위가 없다.

2. 평생학습의 강조

21세기는 평생학습의 시대이다. 전 세계는 국가의 경쟁력 제고를 위하여 모든 국민의 역량을 결집시키는 '생애 인적자원개발'의 전략으로 평생교육 및 평생학습을 강조하고 있으며 구체적인 방안으로서 교육복지체제를 선택하고 있다(이상오, 2000a : 1). 일례로 미국의 경우 'Goal 2000' 등의 선언과 함께 교육개혁의 목표를 모든 사람들을 위한 평생학습체제의 구축으로 설정하였고, 영국 정부는 21세기를 '학습시대(The Learning Age)'로 선언하고 "교육은 최선의 경제 정책"이라는 구호하에 모든 사람들에게 생애에 걸친 평생학습을 가능하게 하는 사회를 건설하는 것을 지식기반 세계화 경제(knowledge-based global economy) 체제에서 가장 으뜸가는 국가 전략으로 채택하고 있다.

최근 우리나라에서는 지식기반 사회의 도래에 따른 노동시장 고용형태의 변화로 인해 40대 퇴출문제가 제기되고 있다. 신지식과 신기술을 무장하지 않으면 새로운 사회에서 적응하기 어렵다. 평생교육은 개인의 가치 실현뿐만 아니라 직업의 유연성을 높이고 사회의 창조적 발전에 기여한다. 아울러 평생교육체제의 구축이 일자리와 교육의 연계, 교육투자와 생산성의 확보라는 측면에서도 중요하다(김융일 외, 2000 : 148). 이미 우리는 1980년 5공화국 헌법을 통하여 평생교육을 국민의 기본권으로 명문화한 바 있고 2000년 3월 1일 평생교육법의 제정 및 시행령, 시행규칙의 제정과 함께 '학점은행제', '교육계좌제', '학습휴가제' 등이 법 · 제도화됨으로써 평생교육체제의 구축은 사회적 평가와 인정을 받는 차원에서 토대가 수립되었다(이상오, 2000b : 33). 따라서 누구든지 언제 어디서라도 교육받고 학습할 수 있는 조건과 환경을 마련해야 한다. 그중에서도 학생이 학교를 다니는 동안 학교생활을 잘 영위하고 바람직한 교육적 성취를 획득하는 것은 평생학습의 가장 중요한 토대가 되며 전 세대에 걸쳐 중요한 역할을 한다. 학교사회복지의 목표와 동일하다.

3. 신빈민층의 출현과 빈곤의 대물림

최근 학계에 보고되는 연구에 따르면 우리나라는 이미 1980년대에 걸쳐 소득분배가 악화되어 왔을 뿐 아니라 1997년 말의 소위 'IMF 체제'를 겪으면서 더욱 소득불평등 수준이 심화되고 빈곤율이 급증하고 있다고 한다(노대병, 1999; 정건화, 1999; 류정순, 1999; 박찬용 외, 1999; 박순일, 2000; 이연우 · 이성림, 2001). 이는 단기적인 빈곤정책과 더불어 시장배분의 불공정성을 근본적으로 교정할 수 있는 재분배 기제의 필요성을 시사해 준다.

또한 빈곤문제에서 가장 두드러진 현상은 과거와는 달리 완전취업을 하고 있는 사람들이 빈곤선 이하의 생활을 하고 있는 것(구인회, 2002 : 107)과 빈곤의 대물림이다. 이러한 빈곤의 원인에는 학력이 매우 중요한 요인으로 작용하고 있다. 빈곤층의 교육수준은 다른 계층보다 낮아 저임금, 불안정한 직업, 높은 실업과 저소득으로 삶의 질이 저하되고 있다. 이들의 교육 및 훈련 여부는 빈곤문제와 연결되고 이는 사회복지급여에의 의존을 야기한다. 박순일 외(2000)의 연구에 따르면 가구원의 고용과 학력이 증가할수록 빈곤탈피의 가능성은 높아진다고 하였으며 박찬용 외(1999)의 연구에서도 노령, 저학력, 여성 비근로자 가구일수록 빈곤선 이하에 놓일 확률이 높다고 보고하고 있다. 뿐만 아니라 교육달성 정도와 복지의존은 상당한 관계가 있는 것으로 보고된다(O'Neill et al., 1987; Fortin & Lacroix, 1997; Barret, 2000). 특히 O'Neill 외(1987)에 따르면 추가교육을 받은 AFDC 수혜 여성의 경우 그렇지 않은 여성에 비해 AFDC에서 벗어나는 비율이 증가되었다고 한다. 또한 Owen(1994)의 연구에서도 교육이 복지수혜자의 수를 감소시키는 데 매우 중요하다고 보고하였다.

또한 가족소득과 빈곤이 청소년의 교육성취에 통계적으로 유의미한 관계를 갖는다는 것은 이미 밝혀져 있다(Dronkers, 1994; Duncan et al., 1998). Duncan 등(1998)에 따르면 저소득층 청소년의 경우 그렇지 않은 청소년에 비해 가족소득이 청소년의 학력연수에 미치는 영향이 거의 10배 정도에 이른다고 하였다. 구인회(2003)의 연구에서도 빈곤이 청소년의 교육성취에 미치는 부정적 영향을 확인할 수 있다. 한국 사회의 경우 교육수준과 학력에 따라 선택할 수 있는 직업과 소득의 차이는 매우 크다. 따라서 교육격차는 빈곤 대물림의 중요한 수단이 되고 있다.

아동 및 청소년 발달에 대한 빈곤의 영향을 설명하는 두 가지 이론이 있다. 하나는 베커(Becker)에 의해 개발된 자녀에 대한 가족의 투자능력을 강조하는 인적자본이론(human capital investment theory)이다. 이는 자녀의 인적자본 형성에 기여하는 물질적 재화, 경험, 서비스를 구매할 수 있는 가족의 경제적 능력에 따라 자녀의 발달 정도가 달라질 수 있음을 강조한다. 자녀의 학습이나 인지적 능력과 관련된 기회나 경험, 환경은 자녀의 학교적응 및 학업성취와 높은 상관성이 있는데, 부모의 자녀에 대한 물질적 투자 행위가 빈곤과 자녀의 학습적 발달 및 학교적응을 매개하는 요인으로 작용할 수 있음을 강조한다.

아동 및 청소년 발달에 대한 빈곤의 영향을 설명하는 또 하나의 이론은 가족의 빈곤수준이 부모의 정서와 유대관계, 지지적 반응이나 교육적 관여 등과 같은 가족과정에 영향을 미치고 이러한 가족과정을 통해 자녀의 발달에 영향을 준다는 가족과정모델(family process model)이다. 즉, 빈곤으로 인해 발생하는 다양한 상황이 부모의 스트레스 수준을 증가시키고 부부 혹은 부모-자녀 간의 관계에도 부정적인 영향을 미쳐 결과적으로 아동의 적응에 영향을 미친다는 것이다(조홍식, 2007 : 408). 이처럼 교육의 부작용으로 야기되는 신빈민층의 출현과 빈곤 대물림 등의 사회문제를 예방하고 극복하는 적극적인 방안으로 학교사회복지의 필요성이 요구된다.

4. 공교육의 부재와 열악한 교육복지

1948년부터 시작된 의무교육제도의 도입은 전 국민의 문맹률을 낮추고 민주사회를 형성하는 데에 기여하였으며, 산업화에 필요한 지식과 기술을 갖춘 근로자를 대량으로 양산하여 1970년대와 1980년대의 압축경제성장을 이루는 데에 기여하였다. 그러나 지금의 학교는 학교중퇴나 학교폭력과 같은 학생문제로 인해 학교붕괴나 탈학교 현상이 나타나면서 학교무용론이나 공교육의 실패가 논의되고 학교의 사회적 기능에 대한 비판들이 일어나고 있다(김기환, 2002). 공교육의 부재와 열악한 교육복지에 대한 구체적인 측면을 살펴보면 다음과 같다.

첫째, 우리나라는 공교육비중 정부부담 비율이 다른 선진국에 비해 훨씬 적다. 교육비는 점진적으로 증가하고 있으나 교육비 중 정부부담 비율은 다른 OECD 국가에 비해 턱없이 낮은 수준이다. 결과적으로 교육비를 민간에 의존하고 있음을 알 수 있다. 이러한 공교육에 대한 민간부담률 증가는 교육의 격차와 직결되며 사교육비의 증가를 야기시킨다. Won(2001)의 연구에 따르면 계층이 높아질수록 사교육비가 증가되지만 하류계층의 경우 상당수가 이미 사교육비를 지출하고 있을 뿐 아니라 향후 소득이 높아지면 사교육으로 돈을 지출할 가능성이 높다고 예측하였다. 교육비의 사부담 의존도가 높다는 것은 교육의 소득재분배 효과가 적다는 것을 의미한다. 이미 학부모들은 비싼 사교육비를 부담하고 있으며 사교육비 부담능력이 부족한 계층의 소외감은 사회갈등을 유발하는 주요한 원인이 되고 있다.

둘째, 우리나라의 무상의무교육은 초등 6년과 중학교 3년의 총 9년의 교육을 법령에 의해 규정하고 있다. 그러나 현재의 무상의무교육은 엄격하게 말하면 무상의무교육이라고 단언하기 어렵다. OECD 교육지표 2019에 따르면 우리나라 학생 1인당 공교육비 지출액은 매년 증액되어 국민 1인당 GDP 대비 학생 1인당 공교육비 비율은 초등교육 29.7%, 중등교육 33.3%로 OECD 평균보다 다소 높지만 고등교육(28.2%)은 OECD 평균보다 낮다. 또한 이미 언급한 대로 민간부담률이 OECD 평균보다 다소 높아 의무교육의 차원에서는 열악한 수준이라고 할 수 있다.

셋째, 열악한 교육환경이다. 학교시설은 기본적으로 교육활동을 수행하기에 적합한 구조로 공간이 구성되어야 한다. 최근 열린교육의 실시와 더불어 교수-학습 활동의 운영방식이 변화되고 있으나 학교시설 공간 구성 방식은 이에 대응하지 못하고 있다. 교과별로 필요로 하는 다양한 전용교실과 교과별로 필요로 하는 교재 교구의 수납공간이 부족하여 교과별 특성을 살린 교육에 어려움이 예상된다.

넷째, 교육취약 계층에 대한 지원 부족이다. 2022년부터는 고3까지 무상교육이 확대됨으로써 적어도 고등학교까지는 마칠 수 있는 최소한의 기회가 보장되게 되었다. 그러나 교육취약계층과 다른 계층이 비슷한 교육환경에 도달하기 위해서는 교육취약계층에 더 많은 지원이 필요하다. 수업료나 입학금 이외에도 급식비, 학업 및 학교 활동에 소요되는 비용, 교통비 등은 물론 고등교육에 지원하고 진학할 수 있도록 촘촘한 지원이 필요하다. 한마디로 일반 학생에 대한 보편적 교육서비스를 확대하면서도 교육취약계층에 맞는 특별한 지원도 강화되는 것이 필요하다.

5. 교육양극화 및 교육격차

교육은 개개인의 사회적 생존에 필요한 지식과 정보를 제공해 주는 중요한 통로이며 개개인의 사회화 성취를 통해 사회에 참여하고 사회적 지위를 확보할 수 있게 하는 필수불가결한 사회제도의 하나이다. 한마디로 현대사회에서 모든 인간들이 살아가는 데 중요한 의식주와 같은 기본적 욕구의 하나이다. 특히 교육은 해방 이후 한국 사회에서 신분 상승과 계층의 수직상승이라는 사회이동의 가장 중요한 통로였다.

그러나 오늘날과 같은 지식·정보화 시대에서 교육은 우리 사회에서 더 이상 사회계층 간 간극을 메우고 사회이동을 가능하게 하는 효과적인 수단으로 인식되거나 활용되지 않고 있다. 명문대 대학생 대부분이 강남권 출신이라고 할 정도로 우리 교육은 부의 대물림 수단으로 이용되고 있는 측면이 강하다. 다시 말해 교육이 사회계층의 고착화 또는 사회 양극화의 핵심요인으로 여겨지고 있는 것이다. 이러한 현상은 최근에 공교육의 기능과 위상이 예전 같지 않은 반면에 사교육의 영향력은 갈수록 커지고 있으며 특목고와 자립형 사립고 확대 등 수월성과 경쟁력 중심의 교육정책들이 속속 등장함에 따라 지역 간·계층 간 교육 불평등의 심화는 궁극적으로 사회통합을 저해하고 국가균형 발전에도 커다란 걸림돌이 될 가능성이 크다(조흥식, 2007 : 393).

일반적으로 교육 불평등 현상은 세 가지 수준으로 나누어 볼 수 있다. 첫째로 교육접근기회의 불평등, 둘째로 교육과정의 불평등, 셋째로 교육결과의 불평등이다. 교육접근기회의 불평등은 교육기관의 설치, 교육시설, 자원에서의 불평등 현상과 관련되고,

교육과정의 불평등은 교육과정, 교육내용, 교수-학습 형태의 불평등에 관련하며, 마지막으로 교육결과의 불평등은 학업성취, 취업 및 직업과의 연계, 평생교육 기회의 확보, 수입의 불평등 현상과 관련된다(조흥식, 2007 : 395). 이런 교육 불평등은 교육격차로 바로 이어진다. 교육격차에 대한 선행연구를 토대로 우리나라의 상황을 보면 첫째, 계층(소득) 간 교육격차가 크다는 것이다. 소득 간 수학능력시험의 격차가 꽤 있는 것으로 나타났으며 서울 강남권의 경우 전체 평균의 약 3배 정도에 달하는 가구당 사교육비를 지출하는 것으로 나타나 사교육비의 격차를 보이고 있다. 또한 지역 간 교육격차도 상당히 크다(조흥식, 2007 : 396-397). 방하남・김기헌(2003)은 고등학교와 고등교육 진학 기회, 그리고 진학 경로에서 계층 간의 격차가 있음을 규명하였다. 강영혜 외(2005)의 연구에 따르면 교육기대 수준, 교육 지원활동, 문화 활동, 학업 성취도는 부모 학력이 높을수록, 부모 직업이 좋을수록 증가하였으며, 이와 같은 격차는 도시와 농촌 간에도 크게 나타났다.

6. 학생복지서비스에 대한 욕구 증가

오늘날 우리의 학교 내에서 학교복지의 필요성이 양적-질적으로 확대되고 있는데 그 이유는 다음과 같다. 첫째, 고령화와 낮은 출산율, 이혼율의 증가, 1인 가구, 여성가장 가족, 한부모 가족의 증가, 여성의 경제활동 참가율 증가 등 인구 및 가족구조의 변화는 기존의 전통적 가족형태를 기반으로 하였던 사회 관련 정책의 변화를 요구하고 있다. 이는 필연적으로 교육정책의 변화를 수반한다. 즉, 가정에서 학생을 적절하게 양육・보호하기가 어려운 경우 학교에서 보호받을 권리, 학습에 필요한 준비물을 보장받을 수 있는 권리, 학교에서 생활하는 동안에 점심을 제공받는 급식의 권리 등 국가로부터 기본적 교육권에 대한 실질적 보장이 이루어지도록 함으로써(김기환, 1999a) 그 공백을 메워야 한다.

둘째, 학생인권 및 참여의식의 고양이다. 1924년 국제연맹총회에서 '아동의 권리에 관한 제네바 선언'이 채택된 이후 '아동의 권리에 관한 국제 협약(1989년)'에 이르기까지 아동인권에 대한 국제사회의 노력이 적극적으로 행해지고 있다. 이러한 영향은 본 협약에 비준한 우리나라에도 예외일 수 없다.

1998년에 개정된 '청소년헌장'에서 청소년들의 인권과 자율, 참여, 선택적 가치의 존중, 성숙한 사회인으로 인식을 강조하였다. 특히 경기도교육청을 시작으로 광주광역시, 서울시교육청에서 학생인권조례가 제정되었다. 이는 교육과정에서 학생의 인권을 보장해야 한다는 뜨거운 관심과 욕구가 표출된 결과라고 할 수 있다. 이 밖에도 청소년 참여는 봉사활동에서부터 시작해서 2008년 광우병 파동, 2016년 박근혜 대통령 탄핵 촛불집회에 이르기까지 다양한 영역으로 확대되고 있다.

셋째, 학생문제의 다변화 및 기존의 통제 위주 접근의 한계이다. 학생들의 무단결석, 중퇴, 가출, 왕따, 약물남용, 폭력, 비행, 청소년매매춘 등 학교부적응 문제 등이 만연되고 있는 등 학교에서의 청소년 문제가 다양화, 복잡화되고 있다. 그러나 지금까지 학교에서는 소극적 통제 혹은 사후적 접근으로 일관하고 다양한 서비스를 통한 예방적, 적극적 대응을 하지 못하고 있다. 전문적 프로그램을 수반하지 않는 학생징계는 징계의 목적을 효율적으로 달성하기 어렵다. 따라서 학교부적응 학생들의 심성 계발과 긍정적 자아 개념을 강화하는 전문적인 프로그램의 개발과 그 프로그램을 효율적으로 운영할 수 있는 전문가의 배치가 필요하다. 더욱이 중학교가 의무교육화함으로써 이제 그들을 선도 처분이라는 명목으로 퇴학을 강요할 수 없는 상황이다. 따라서 전문적 프로그램의 운영을 위한 전문가인 학교사회복지사의 배치가 시급하다.

이상과 같은 사회문화적 환경으로 인해 학교는 더 이상 교육만 이루어지는 곳이 아니라 학생들의 생활이 이루어지는 삶의 공간이므로 학교가 학생의 건강, 문화 등 복지의 기능도 수행해야 한다는 요구들이 높아지고 있다. 또한 학생의 학교적응 및 학업성취 등에는 학교 이외에도 부모, 친구, 지역사회 등 다양한 외부환경이 영향을 미치므로 학교가 교육목적을 성공적으로 수행하기 위해서는 학교 내부만의 노력으로는 한계가 있고 부모, 교사, 지역사회가 함께 유기적인 협력 및 지원이 이루어져야 한다는 생각이 확대되고 있다. 따라서 이러한 역할을 성공적으로 수행하기 위해서는 학교사회복지의 도입이 절실히 요구되고 있다.

CHAPTER 03

학교사회복지의 발달

학교사회복지는 사회적 필요에 의해서 만들어진 사회적 산물이다. 따라서 학교사회복지의 역사나 특성, 체계는 각기 나라마다 고유하며 독특한 성격을 가지고 있다. 학교사회복지가 발전한 주요 나라의 발달과정을 알아보는 것은 왜 학교사회복지가 발생되었으며 어떤 사회문화적 맥락 속에서 어떻게 진화, 발전하였는지를 알게 됨으로써 학교사회복지의 본질 및 정체성을 도출할 수 있게 하고 학교사회복지의 현재를 평가하고 미래를 예측할 수 있게 한다.

역사적으로 사회복지와 교육은 밀접한 관계를 가지고 출발하였는데 대표적으로 유럽에서 본격적인 사회복지가 시작되었던 19세기 중엽부터 민간 차원의 복지사업은 대부분 교육사업과 병행되어 전개되었다. 프뢰벨이나 페스탈로치에 의해 생겨난 초기 유치원이나 고아원들은 전쟁, 기아, 질병 등으로 인해 위기에 처한 아동들을 보호, 양육하기 위한 사회복지기관의 성격이 강하였다. 그 이후 이들 아이들을 돌보는 보모가 배치되고 이들을 양성하는 교육기관이 생겨나면서 새로운 사회사업의 방법으로 교육을 활용하게 되었고 급기야는 보호와 교육의 기능도 병행하게 되었다(Erler, 1993, 이상오, 2000b 재인용). 뿐만 아니라 사회복지가 발전하면서 사회사업과 교육사업의 협력적 관계는 국가 차원에서도 이루어지게 되었다. 이는 현대적 사회복지의 출현이 있기까지 사회복지와 교육은 구분이 되지 않을 정도로 밀접한 관계를 맺어왔다는 것을 의미한다.

또한 산업혁명 이후 교육은 사회적 이동 및 신분상승 그리고 출세의 요람이 되었고 학교는 이러한 기능을 위임받아 학생들의 삶에 중요한 영향을 미치게 되었다. 그런 가운데 학교생활 및 학교교육과정에서 적응하지 못하거나 탈락하는 학생들의 문제가 학교 내의 문제에서 사회문제로 인식되면서 이를 예방하고 치료할 필요성이 부각되고 있다. 이에 수백 년의 역사를 가진 사회복지의 철학과 사회사업의 전문기술을 통해 학교 및 학생들 문제에 대한 개입이 이루어지기 시작하였는데, 이것이 오늘날 청소년복지와 학교사회복지의 시작이라고 할 수 있다. 다만, 아일랜드, 영국, 북유럽 등의 지역에서는 아동복지(child welfare), 학생복지(pupil welfare), 학교복지(school welfare)라는 개념을 주로 사용하였고 미국, 캐나다, 호주 그리고 뉴질랜드 등지에서는 유럽 사회복지사업의 전통을 계승, 발전시키면서 학교사회복지(school social work)의 개념을 발전시켰다(이상오, 2000a : 11).

본 장에서는 국가마다 다양하고도 독특한 발전과정을 지닌 학교사회복지의 역사를 보다 쉽게 이해하기 위해 형성기, 발전기로 구분하여 살펴보고자 한다. 형성기는 현대적인 학교사회복지 이전의 단계에서부터 학교사회복지가 조직화, 체계화되어 사회복지의 분야로 발전하는 단계이며, 발전기는 학교사회복지가 학교 내 타 전문직과 팀 접근을 하면서 가정－학교－지역사회와 통합적 접근을 하는 시기이다. 또한 학교사회복지의 발전과정을 알아보기 위해 미국, 영국, 우리나라를 중심으로 학교사회복지의 내용을 파악하고자 한다. 미국의 경우는 전문적 학교사회사업이 매우 활성화되어 있으며 학교복지서비스 실천방법이나 기술 면에서 전문화에 도움을 줄 수 있는 데 반해 영국은 교육이 사회보장적 차원에서 다루어지고 있는 나라로서 학교사회복지가 제도화될 수 있는 철학 및 체계구축 방향을 제시해 주는 데 시사하는 바가 있다고 하겠다.

1. 미 국

1) 형성기

미국에서 학교 및 교육체계에 사회복지가 관련되기 시작한 것은 미국의 초기 이민역사와 맥을 같이한다. 1800년대 후반에서 1900년대 초기의 미국 사회는 유럽에서 건너온 이민자와 농촌에서 도시로 이주하는 이농민이 급증하던 시기로, 당시의 미국 사회는 이러한 이주민들로 인한 교육, 빈곤, 노동환경, 주택, 범죄 등 다양한 사회문제가 발생하던 시기였다. 특히 유럽 이민자와 도시 빈민의 자녀들은 언어와 생활문화의 차이로 인해 미국의 도시생활에 적응하지 못한 채 다양한 어려움을 겪고 있었다. 더욱이 이들의 자녀들은 산업화 과정 속에서 노동착취를 겪으며 학교교육의 기회조차 박탈당한 채 빈곤과 사회부적응의 악순환을 거듭하고 있었다.

이에 인보관과 자선조직단체와 같은 사회복지사들은 점차 도시이주민 아동의 인권을 보호하고 아동의 복지를 향상시키는 데에도 관심을 갖고 여러 가지 활동을 전개하였다. 그중에서도 열악한 노동환경으로부터 아동의 권익을 보호하기 위해 미성년자 노동금지법의 제정, 소년범죄자를 성인범죄자로부터 차별시키기 위한 소년법원 설립, 모든 아동들에게 학교 교육의 권리를 보장해 주고 아동의 학교출석을 의무화한 의무교육제도가 도입되면서 인보관이나 자선조직단체의 사회복지사들은 학교와 학생을 대상으로 하는 학교사회의 필요성을 인식하기 시작하였다.

특히 교육에 관한 기본적인 권리와 학교출석의 의무를 가지고 있는 학생들이 가정, 학교, 지역사회의 환경으로 인해 학교를 중퇴하거나 장기 결석하게 되는 경우가 많이 발생하게 되자 사회복지사들은 그 지역의 학교를 방문하여 이민자 아동들이나 빈곤아동들과 같은 요보호 학생들에게 사회사업서비스를 제공하는 방문교사(visiting teacher)의 역할을 시작하게 되었고 이러한 역할이 곧 학교사회복지의 태동을 이루게 되었다. 즉, 1906년도에서 1907년도 사이에 뉴욕, 보스턴, 하트퍼드의 세 도시에서 지역사회의 인보관(뉴욕시), 여성교육연합회(Women's Education Association, 보스턴) 그리고 심리클리닉(하트퍼드) 등 각기 다른 기관에 고용된 사회복지사들이 각각 독립적으로 실시한 방문교사(visiting teacher)가 학교사회복지의 모체가 되었다(한인영 외, 1997 : 61-63). 세 도시에서 활동하던 초기의 방문교사들은 각 도시와 소속기관의 특성에 따라 다소 상이한 역할을 수행하였다. 이들은 학교부적응이나 학업부진을 겪고 있는 요보호 학생을 위해 가정과 학교를 방문하면서 아동에 대한 정보를 가정 및 학교에 알려줌으로써 교사에게는 학생의 특성에 맞는 학업계획을 수립하고 개별적 교육을 행하고 부모에게는 자녀의 학교생활에 대해 알려줌으로써 학교와 가정이 학생의 학업성취 및 적응을 위해 상호 협력할 수 있도록 해주고 정신건강에 장애가 있는 학생들은 지역사회에서 치료받게 함으로써 학업유지를 방해하는 어려움을 지역에서 해소하도록 도왔다.

이러한 초기의 노력으로 방문교사제도는 1913년 뉴욕의 로체스터(Rochester) 교육위원회에서 교육국은 최초로 방문교사 프로그램을 시작하고 예산을 배정하였다(성민선 외, 2004 : 70). 1920년대 들어 방문교사의 활동이 점차 활발해지고 아동복지에 대한 학교의 중요성이 부각되면서 방문교사는 아동의 전인적인 복지에 도움을 주는 학교 내의 전문인력으로 인정받게 되었다. 특히 1923년에 방문교사제도가 소년범죄의 예방에도 도움을 준다는 연구결과가 발표되면서 Commonwealth Fund의 재정 지원에 의해 학교사회복지에 대한 전국적인 시범사업이 전개되고 방문교사제도도 점차 확산되기 시작하였다.

Commonwealth Fund는 미국방문교사협회에 재정적인 지원을 하여 30개의 도시와 농촌 지역에 각각 1명씩의 방문교사를 배치하도록 하였으며 이러한 시범사업의 효과성으로 인해 1930년경에는 31개주에 총 244명의 방문고사가 고용되었다(한인영 외, 1997 : 64).

이러한 초기 학교사회복지사의 노력은 역할정립에 영향을 주었다. 이들은 학생의 문제는 각각 다른 요인에서 발생한다는 것을 발견하게 되면서 학교와 가정 사이를 연결하여 교육적 불평등을 해소하는 역할을 하였으며 학생의 문제를 논의하기 위하여 교사와 사회복지사와 개별 사례회의, 방과후 교육 및 문화활동을 통해 자신들이 단순하게 가정과 학교를 오고 가는 방문서비스를 통한 단편적 도움이 아닌 필수불가결한 전문가임을 느낄 수 있도록 입증해 보이기도 하였다(윤철수・진혜경・안정선, 2006 : 90-92).

그러나 1920년 후반에 일어난 미국의 경제공황기의 진입, 정신건강에 관한 사회적 관심 증가, 사회복지학계에서 개별지도 방법론 등의 발전 등으로 인해 방문교사의 역할도 초기 아동의 학업성취를 위한 지역사회－가정 연계자 역할에서 정신건강의 예방과 치료에 중점을 두는 정신건강전문가 또는 심리치료사의 역할로 변화하기 시작하였다. 그럼에도 불구하고 이 시기는 학교사회복지가 의료사회사업이나 정신의료사회사업과 같이 사회사업의 한 전문분야로 정착되는 데 가장 중요한 시기였으며 마침내 1929년의 Milford 회의에서 방문교사를 사회사업의 6대 전문 분야 중의 하나로 인정하게 되었다(한인영 외, 1997 : 65-66).

방문교사제도는 1940년대에 접어들면서 점차 학교 내의 공식적인 활동으로 인정되면서 미 전역으로 확산되었고 방문교사라는 명칭도 사회사업의 고유한 전문직을 나타내는 학교사회복지사로 바뀌었다. 1944년 미시간(Michigan) 교육청에서는 학교사회복지서비스에 대한 재정지원을 법적으로 제도화하는 등 법적・제도적 영향으로 학교사회복지는 전국적으로 확산되었고 1945년에는 기존의 '방문교사협회'가 '학교사회복지사협회(National Association of School Social Workers)'로 개칭되었다. 이 협회는 1948년에 학교사회사업의 전문화를 위해 학교사회복지사의 자격조건, 대학교육의 내용, 양성과정 등을 표준화하였으며 이러한 표준화의 노력에 따라 1950년까지 학교사회복지사의 자격기준에 적합한 교육을 제공하는 사회사업대학원이 10개교가 설립되었다. 학교사회복지사협회는 1955년에 미국사회복지사협회(NASW : National Association of Social Workers)가 창설되면서 사회복지의 한 전문단체로서 위 협회에 참여하게 되었으며 오늘날까지 학교사회복지의 전문화를 위해 노력하고 있다(한인영 외, 1997 : 67).

학교사회복지의 제도적인 정착과 함께 학교사회복지사가 전국적으로 확산되던 이 시기는 학교사회복지사의 역할이 점차 전문적이고 미시적으로 변화되던 시기이다. 따라서 이 시기의 학교사회복지사는 요보호 학생의 학습에 장애를 주는 가정환경이나 학교환경을 변화시키는 데에 중점을 두기보다는 학생 개인의 학교부적응이나 심리·정서적 문제의 원인을 파악하고 개인상담이나 집단상담의 방법론을 활용하여 학생의 인성과 심리문제를 치료하는 데에 더욱 치중하게 되었다. 학교사회복지사의 이러한 역할 변화는 학교사회복지사를 심리치료를 제공할 줄 아는 학교 내 전문인력으로 인식하게 하는 데에 긍정적인 도움을 준 반면 학교사회복지사의 기본 역할 중 하나인 지역사회-가정-학교환경의 연계자 역할을 약화시키고 학생문제를 해결하기 위한 거시적인 개입을 소홀히 하게 하는 부정적인 영향을 주기도 하였다(한인영 외, 1997 : 67).

1960년대 중반에 들어서면서 학교사회복지사의 역할은 또 다시 변화하게 되었다. 1960대 초반부터 일기 시작한 인권운동, 인종차별 반대, 장애인의 교육권 보장, 반전운동, 인종 간 통합교육, 교육기회의 동등권 보장, 중퇴생들의 증가 등과 같은 사회변화는 그동안 지식함양과 사회화과정의 준비기관으로만 인식해 오던 학교의 역할에 비판을 가하면서 새로운 학교환경과 교육과정을 요구하게 되었다. 학교교육을 비판하는 사람들은 학교가 모든 학생들을 백인 중산계층의 생활과 가치관에 맞추도록 학생들에게 일률적인 교육과정을 제공하고 있으며, 이로 인해 학교는 인종 간, 계급 간, 지역 간의 격차를 벌려 놓았다고 보았다. 즉, 학생들은 불공평한 학교환경과 획일화된 교육과정으로 인해 학교에 부적응하게 되고 학업부진과 다양한 심리적·정서적 문제를 일으키게 된다고 설명하였다.

더욱이 1970년대에 등장한 체계이론과 생태학적 관점은 학교를 사회체계 내의 한 부분으로 인식하고 학생의 문제를 거시적인 체계에서 이해하도록 하였다. 이러한 영향으로 인해 학교사회복지사는 학교의 기능을 재조정하고 학생의 학교생활에 영향을 주는 사회환경에도 적극적으로 개입할 것을 요구받게 되었다. 그 결과 학생의 문제를 해결하기 위한 거시적인 개입과 더불어 학교 내 타 전문직과 협조하여 보다 포괄적이고 다양한 서비스를 제공하는 팀 접근의 필요성이 요구되었다. 따라서 이 시기의 학교사회복지사들은 심리치료적인 상담서비스 외에 체계학적 관점에 기초한 가정-학교-지역사회의 자원개발과 상호연계, 부모교육 등의 서비스와 학교행정체계개혁, 교과과정 개선, 지역사회 환경개선, 정책입안 등을 위한 자문자와 대변자의 역할도 제공하기 시작하였다. 즉, 학교사회복지사의 역할이 임상적이고 미시적인 심리치료사에서 가정-학교-지역사회를 연계하는 연계자의 역할과 사회정책의 변화를 주도하는 지도자의 역할로 점차 확대되었다(한인영 외, 1997 : 68-69).

1976년에 전미사회복지사협회는 학교사회복지의 표준화된 서비스를 위하여 학교사회복지사의 역할, 양성과정, 윤리강령, 서비스의 종류와 과업 등을 규정하였다. 또한 학교사회복지의 대상이 되는 학생의 종류와 숫자에 따른 학교사회복지사의 고용비율을 제안하여 학교사회복지사의 의무고용과 각 학교의 상황에 적합한 학교사회복지사의 역할을 처음으로 표준화하였고 1992년에는 이 표준화를 수정, 보완한 새로운 직무표준화가 완성되었다. 더불어 1979년에 전미 사회복지사협회는 「Social Work in Education」이라는 학술지를 발간하였으며 같은 시기에 일리노이주 학교사회복지사협회는 「School Social Work Quarterly」라는 학술지를 발간하였다(한인영 외, 1997 : 69).

요약하면, 이 시기는 학교사회복지가 사회복지의 독립적인 한 분야인 동시에 학교 내의 공식적인 제도로 사회적으로 인정되고 확대되었던 시기이며, 이를 위해 학교사회복지의 표준화 및 전문화가 이루어진 시기라고 하겠다.

2) 발전기

1970년대 후반 들어 청소년 학생의 중퇴, 미혼모, 마약, 가출, 범죄 등의 학생문제와 빈곤아동, 아동학대, 걸인, 부랑아, 이혼, AIDS 등의 사회문제가 점차 심각해지고 기존 학교교육과 학교환경에 대한 비판이 제기되면서 1980년대에 접어들어서는 학교교육의 개혁운동이 활발히 전개되었다. 특히 1983년에 미국의 교육제도를 분석한 「국가적 위기」라는 연구보고서에 따르면 학생의 학업실패가 개인적인 원인보다는 사회적, 경제적, 가족적인 요인이 상호작용함으로써 학생의 학업성취를 저해하고 학교부적응을 유발한다고 보고하였다.

이러한 교육개혁운동과 인식을 같이한 학교사회복지실천가들은 학교부적응 학생의 학업성취를 위해서는 학교가 학생 개인의 심리적, 가정적, 경제적, 사회적 욕구를 모두 충족시켜 주어야 하며 이러한 욕구를 충족시켜 주지 않은 상태에서 이들 학생의 학업성취만을 추구하는 것은 학교의 본질적인 기능을 약화시키게 된다고 보았다. 또한 심리치료와 문제해결의 방법만으로는 요보호 학생의 문제를 근원적으로 해결하지 못하기 때문에 학교환경과 교육기능의 변화가 우선적으로 이루어져야 한다고 생각하였다. 그 결과 학교가 교육목적을 달성하기 위해서는 교육기능 외에도 포괄적인 복지서비스를 제공하는 사회체계로서의 역할을 수행하며 사회문제의 예방과 해결에도 직접적으로 참여하는 장소로 변화해야 한다고 생각하였고, 이에 학교사회복지사의 역할도 기존의 개별적이고 임상적인 학교사회복지사의 역할에서 탈피하여 포괄적이고 통합적인 사회복지서비스를 행하기 시작하였다. 또한 상담의 개념이 문제행동의 사전예방이나 치료를 강조하는 의학적 모델에서 인간의 잠재력 개발 및 발달촉진의 기능을 강조하는 발달적 모델로 전환되면서 학교사회복지도 요보호 학생에서 일반 학생으로 확대하기 시작하였다(한인영 외, 1997 : 70-71).

이 시기의 학교사회복지의 특징은 학교연계 통합적 서비스(school-linked services)를 의미한다. 학교연계 통합적 서비스는 학교 중심의 통합적 복지서비스와 같은 의미로서 학교가 지역사회의 복지관, 정신건강소, 의료보건기관과 같은 사회복지기관과 연계하여 학교 내에서 혹은 학교 부근에서 학생과 그의 가족들에게 다양한 사회복지서비스를 제공해 주는 방법이다. 이 서비스에는 정신건강, 보건 및 의료, 비행예방, 성교육, 가족계획, 경제적 지원, 취업훈련, 탁아사업, 가족상담, 부모교육, 교사자문 등이 포함되며 학교사회복지사의 역할은 심리치료사의 역할 외에 교육자, 자문가, 연계자의 역할을 중요시하는 사례관리자(case manager)로서의 역할이 강조되었다(한인영 외, 1997 : 71-72).

미국 역사상 학교사회복지발전에 획기적인 계기가 된 것은 1990년 '장애인교육법(Individuals with Disabilities Education Act, IDEA, P.L. 101-476)'의 개정으로 인해 장애아동들의 사정과 배치에 사회복지서비스가 통합적인 부분으로 포함된 것이다. 이 법에서는 장애를 가진 모든 아동들이 그들의 장애 형태 또는 정도와 관계없이 그들의 독특한 욕구를 충족시키기 위해 무상의 적절한 공교육과 학교사회복지와 같은 관련 서비스를 받을 권리가 있다고 보장하면서 특수교육과 관련된 학교사회복지사의 기능을 다섯 가지로 제시하였다. 첫째, 장애를 가졌거나 가질지도 모르는 학생에 관한 사회력 또는 발달력을 준비하는 일, 둘째, 아동과 가족의 집단, 개별상담, 셋째, 아동의 학교 내 적응에 영향을 미치는 아동의 생활 상황 속의 문제를 다루는 일, 넷째, 아동이 교육적 프로그램 속에서 효과적으로 배울 수 있도록 도울 수 있는 학교와 지역사회 자원을 동원하는 일, 다섯째, 긍정적인 행동개입 전략개발을 지원하는 일이다(성민선 외, 2004 : 71-72).

또한 교육개혁의 해로 알려진 1994년에는 Goals 2000(Educate America Act, P.L. 102-227)이 새로 제정되었다. 이 연방법은 8가지 국가의 교육목표(준비성, 학교 완수, 학생의 학업성취와 시민의식 함양, 교사교육가 전문적 발달, 수학과 과학, 성인문맹과 평생학습, 안전한 학교, 부모참여)를 제시하였으며 모든 학생을 위한 교육기회의 질을 보증하기 위하여 조사연구, 여론구축, 체계변화를 증진시키고자 하는 내용으로 구성되었다. 학교사회복지는 Goals 2000에 포함되어 있다. 이 외에도 여러 교육관계법들이 학교와 학교사회복지에 심대한 영향을 미치고 있다. 예컨대 '장애영유아조기개입법(Early Invention for Handicapped Infants and Toddlers)', '초・중등학교향상개정법(Elementary and Secondary School Improvement Amendments of 1988)', '미국교육법(American Education Act)' 등이다. 이들 법에서는 학교사회복지사를 유자격인사(qualified personnel)로 명시하고 있으며 그 역할을 상세히 규정해 놓고 있어서 학교에서 사회복지사들이 다른 전문집단들과 아무런 역할 갈등 없이 학교사회복지서비스를 제공할 수 있게 되어 있다(성민선 외, 2004 : 72).

또한 이 시기는 학교사회복지사들만의 전문조직이 세분화되고 확산되면서 학교사회복지의 전문성이 더욱 심화되었다. 예를 들면, 1996년 기준 미국에는 25개 주에 주 단위의 학교사회복지사협회가 조직되어 있으며 20개 주에는 전미사회복지사협회 산하의 학교사회복지사 분과가 조직되어 있었다. 또한 1994년에는 전미사회복지사협회와는 독립된 School Social Work Association of America가 결성되었으며 산하에 광역단위의 학교사회복지사협회로 Midwest School Social Work Council, Southern School Social Work Council, Western School Social Worker, Northeastern School Social Work Council의 4개 단체가 조직되었다. 이러한 전문단체들은 전미사회복지사협회와 상호협조하면서 학교사회복지사의 권익과 전문성 향상에 노력하고 있다(한인영 외, 1997 : 73).

또한 1992년에 전미사회복지사협회가 학교사회복지사 자격증제도를 신설한 뒤 학교사회복지사는 주정부의 자격시험이나 혹은 전미 사회복지사협회의 자격시험을 통과한 자로 제한하여 학교사회복지사의 자격기준이 점차 강화되었다(한인영 외, 1997 : 72).

최근 미국 학교사회복지사의 자격기준을 정리하면 〈표 3-1〉과 같다.

〈표 3-1〉 미국 학교사회복지사의 자격기준

조 건	자격내용
전공/학력	• 사회복지 석사 학위(M.S.W : The Master of Social Work)
현장 경력	• 학교현장 경력 2년(2,160시간, 약 주 30시간) • 경력인정 시점은 신청서 제출 시점으로부터 최소 24개월 이상, 최장 5년 내의 근무경력
고용형태	• 학교 및 교육기관
교육현장 경력 인정 수준	• 직접 서비스 경력(학생을 비롯한 학부모, 교직원을 대면하는 직접 서비스 제공)
슈퍼비전	• 최소 2년(2,160시간, 약 주 30시간) 동안의 슈퍼비전 기록 제출 • 최소 총 72시간의 슈퍼비전 기록 제출
필수 자격증	• 사회복지사 석사 자격증(Exam-based MSW) • 공인 사회복지사(ACSW : Academy of Certified Social Workers) • 임상사회복지사 자격증(DCSW : Diplomate in Clinical Social Work) • 학교사회복지사 자격증(각 주에서 발급)
보수교육	• 20시간의 보수교육

출처 : 윤찬영 · 최 웅(2019), p. 55.

학교사회복지사에 대한 정식명칭은 교육관할지역에 따라 다양하나 일반적으로 학교사회복지사를 정식명칭으로 사용함으로써 학교사회복지를 고유한 전문직으로 인정하고 있다(한인영 외, 1997 : 73-74).

미국에서 수행되고 있는 다양한 학교사회복지의 특징을 정리하면 다음과 같다(성민선 외, 2004 : 26). 첫째, 주요 서비스 대상은 크게 두 가지 접근전략으로 나뉜다. 학교사회복지실천을 수행하는 주체에 따라 특정한 문제를 가진 학생들로 국한된 선별적 접근을 선택하기도 하고 누구에게나 열려 있는 보편적 접근을 선택하기도 한다. 그러나 최근 예방과 강점 지향이 강조되면서 대상자의 범위는 점차 확대되고 있는 추세이다.

둘째, 제공되는 서비스 유형은 학교연계서비스가 주된 대상자로 삼고 있는 표적 집단의 특성과 연결된다. 학교부적응 문제를 안고 있는 학생들과 가족의 경우 다중적이고 언제나 접근 가능한 통합적인 서비스를 필요로 하여 이른바 '원스톱 쇼핑(one-stop shopping)'형의 서비스 목록이 갖추어지고 있다. 하지만 자원의 제한으로 인해 다양한 서비스를 제공하지 못할 경우, 수행하는 프로그램의 목적에 부합하는 최소한의 서비스 구비도 가능하다.

셋째, 실천활동의 제공 장소는 학교 안 또는 지역사회기관 어디에서나 이루어질 수 있다. 이는 모든 서비스가 학교라는 한 곳의 장소에 모여 있을 때 가장 이상적인 서비스 전달체계 모형을 이룰 수 있다는 입장과 학교체계의 경직성, 학생과 부모들의 거부감 등으로 인해 지역사회기관에서 제공하는 것이 보다 효과적이라는 입장에 따라 달라질 수 있다. 하지만 제공 장소에 상관없이 학교와 지역사회 복지기관이 긴밀한 연계를 맺으며 학교가 서비스제공의 중심축 역할을 수행하는 것에는 변함이 없다.

넷째, 인력의 활용과 관련하여 다양한 형태를 취하고 있다. 지역사회 복지기관이 사례관리자나 서비스 제공자 역할을 수행할 수 있는 인력을 학교에 파견・배치(out-stationing)하는 경우도 늘어나고 있다. 예를 들어, CIS(Communities In Schools) 프로그램의 경우 사회복지사를 학교에 파견, 상주하게 하고 사례관리자의 역할을 맡기고 있다. 아울러 학교연계서비스에 참여하는 기관과 학교는 정기적인 협의모임을 통해 사례관리와 협력 작업을 수행하고 있다.

미국의 학교사회복지를 한국과 비교해서 제시하면 〈표 3-2〉와 같다.

〈표 3-2〉 미국과 한국의 학교사회복지 비교

<table>
<tr><th rowspan="2">구분</th><th colspan="2">미국</th><th colspan="3">한국</th></tr>
<tr><th colspan="2">학교사회복지</th><th>학교사회복지</th><th colspan="2">교육복지우선지원사업</th></tr>
<tr><td>윤리와 가치</td><td colspan="2">• 관여
• 인간의 존엄성과 사회정의 실현
• 인간관계의 중요성
• 법적, 윤리적 범위 내에서 기록에 접근
• 고지된 동의에 의한 서비스 제공
• 사회복지사 윤리강령 준수</td><td>• 아동, 청소년의 건강한 성장도모
• 최적의 교육환경 조성
• 학생복지 실현
• 사회복지사 윤리강령 준수</td><td colspan="2">• 모든 학생의 교육의 기회균등 실현
• 교육격차(소외) 해소
• 정의로운 차등 마련
• 맞춤형 교육복지 구현
• 학생의 교육적 성장 도모</td></tr>
<tr><td rowspan="2">명칭과 자격</td><td>명칭</td><td>• 학교사회복지사</td><td>• 학교사회복지사, 복지상담사, 아동통합사례관리사(지역마다 상이하게 적용됨)</td><td colspan="2">• 교육지원청 : 교육복지조정자
• 학교 : 교육복지사, 지역사회교육전문가(지역, 근무처에 따라 상이하게 적용됨)</td></tr>
<tr><td>자격</td><td>• MSW
• 교육체계 관련 전문교육
• 주 사회위원회의 허가(license)
• 주 교육부의 인증(certification)</td><td>• 사회복지사(1급, 2급)
• 학교사회복지사
• 전문상담교사(1급, 2급)
• 청소년상담사, 청소년지도사 등
• 관련전공자(교육학/청소년학/사회복지학)면서 실무경력 2년 이상
• 교육복지우선지원사업 및 학교사회복지 대상학교 교육복지사 및 학교사회복지사 활동경력 1년 이상</td><td colspan="2">• 교육, 문화, 복지 등 활동경험이 있는 자
• 네트워크 사업 활동 경험이 있는 자
• 교육학, 청소년학, 사회복지학 등 관련학과 전공자
• 사회복지사, 청소년지도사, 평생교육사 등 관련 자격증 소지자
• 그 밖에 교육감 자격이 있다고 인정하는 자</td></tr>
<tr><td>실천 관점</td><td colspan="2">• 생태체계적 관점
• 학교, 가정, 지역사회 상호작용 이해</td><td>• 생태체계적 관점
• 강점 관점
• 임파워먼트 관점
• 학교, 가정, 지역사회 상호작용 이해</td><td colspan="2">• 학생의 전인적 성장 견인
• 학생 맞춤형 지원(회복탄력성, 관계성)
• 지역교육복지공동체 구축(자발성, 공동체성)</td></tr>
<tr><td rowspan="2">업무</td><td colspan="2" rowspan="2">• 학생에게 영향을 미치는 요인 사정
• 개입
• 기록
• 업무관리
• 옹호
• 전문성 개발
• 슈퍼비전</td><td rowspan="2">• 사업계획 수립, 운영 및 평가
• 사례발굴
• 개입 및 기록(학생, 가정, 학교)
• 지역사회 연계 및 자원개발
• 전문성 개발
• 사업홍보
• 슈퍼비전</td><td>학교</td><td>• 사업계획수립 운영 및 평가
• 대상학생 발굴, 지원, 관리(사례관리 프로그램) → 우선지원학생 파악 및 관리, 기록
• 교육과정 연계 사업 계획 및 운영
• 교육복지실 운영, 관리 및 행정업무
• 교육복지네트워크 구축(학교 차원)</td></tr>
<tr><td>교육지원청</td><td>• 교육여건 개선을 위한 사업학교 확대 운영
• 사업안정을 위한 현장지원(컨설팅, 모니터링, 자원연계 등)
• 관리학교 사례관리 지원활동(정기적인 연수 및 슈퍼비전 체계 마련)
• 사업 담당자 역량강화 지원(연수 외)
• 교육복지 네트워크 활성화(지역 차원)
• 성과관리</td></tr>
</table>

서비스 내용	• 출결석 관리, 지원 • 위기개입 • 갈등해결 • 폭력예방 • 물질오남용 예방 • 학대예방 • 정신건강 • 긍정적 자아상 형성 • 사회기술 교육 • 학업계획 • 전학자문 • 폭력으로부터 안전한 학교 형성 • 학교경영전략 제공 • 전문성 향상 프로그램	• 학습지원 • 학교생활 적응력 향상 지원 • 사회성 향상 지원(사회기술 교육) • 학생자치활동 지원 • 학교폭력 및 성폭력 예방 • 인터넷중독 예방 • 학업중단 예방 • 아동학대 예방 • 자살예방 • 가족지원(예 가족기능강화 프로그램, 현물지원 등) • 즐거운 학교 문화형성	• 학습 프로그램 • 문화 · 체험 프로그램 • 심리 · 정서 프로그램 • 보건 · 복지 영역 활동 • 학교교육과정을 심화시킨 프로그램 • 학교적응력 강화 프로그램 • 학교 및 학급 공동체 문화 조성 • 학교 간 공동사업 • 마을 공동체 만들기 사업 • 가족 기능 강화 프로그램 • 위기가정학생 지원 협력체계 구축 · 협력
서비스 방법	• 자문 • 개인/집단상담 • 가족상담 • 학급개입 프로그램 • 학교개입 프로그램 • 지역사회기관/전문가와 협력	• 개인/집단상담 • 사례관리 • 방과후 프로그램 • 학급개입 프로그램 • 학교개입 프로그램(이벤트) • 학교사회복지실 쉼터 운영 • 지역사회 연계	• 개인/집단상담 • 수업 연계/방과후 프로그램 • 학생 특성에 맞는 별도 특별 프로그램 • 지역사회 네트워크 협력 • 학생 맞춤형 현물 · 서비스 지원 • 위기 학생 사례관리 • 학생 쉼터 제공
지식과 능력	• 아동, 청소년, 초기성인의 정상/비정상적 발달이론 • 정서, 심리, 행동, 발달 등 장애와 문제에 대한 진단 • 행동치료와 심리치료를 위한 심리사회적 검사결과 분석과 개입계획 수립 • 가족의 강점과 조직 활용 • 다문화/다언어 집단의 교육적 욕구 충족 • 지역사회 기관과 정보와 자원 교류, 의뢰관계 형성	• 아동 · 청소년에 대한 전반적 이해 • 위기 사례 유형별 지식과 개입기법 • 학교 조직에 대한 이해 • 상담 관련 지식 및 기술 • 사례관리 실천 지식 및 기술 • 프로그램 개발, 운영, 평가 • 슈퍼비전의 지식과 기술 • 행정적/재정적 관리 • 자원개발 및 네트워크 이론과 지식	• 학생 문제 사정 능력 • 상담 관련 지식 및 기술 • 프로그램 직접 실천지식과 기술 • 자원 연계를 위한 네트워크 구축 • 학교–기관–교육청 간 조정 · 중재 • 슈퍼바이저의 지식과 기술 • 교육복지실 운영 관리자의 지식과 역량 • 행 · 재정적 지원과 관리

출처 : 최경일 · 최혜정 · 서동미 · 김숙기(2019), pp. 23-24 재인용.

2. 영 국

1) 형성기

영국은 교육을 사회보장 차원에서 다루는 대표적인 나라이다. 1870년 의무교육이 시작된 영국은 교육법에 따라 의무교육이 시행된 1871년부터 지방 교육청에서 학교출석 담당관을 고용하여 학생들의 의무적인 학교출석을 집행해 왔다(성민선 외, 2004 : 77). 1902

년부터 영국의 학교에서는 급식을 위한 재정보조가 있었고 옷과 신발지급을 위한 자선기금을 운영하는 등 학교에서의 아동복지는 아동을 학교에 강제로 출석시키는 것보다 훨씬 광범위한 어젠다를 형성하였다. 그러나 1948년 아동법에 따라 이 책임의 상당 부분이 '아동위원회'로 넘겨졌다. 이후 교육복지는 지방 당국의 다른 서비스에 비해 낮은 지위로 인식되는 경향이 있어 왔다(성민선 외, 2004 : 77).

그러나 2차 세계대전 이후부터는 교육 자체가 복지개념으로 바뀌었고 교육을 사회복지정책의 일부라고 인식하기 시작하면서 교육에 대한 국가의 개입을 활발히 전개하였다(김신일, 1980 : 141). 특히 사회민주주자들은 개인의 사회적 배경과는 상관없이 모든 사람들의 역량과 능력을 극대화하고 보다 평등한 사회창조를 위해서는 교육에 있어 국가의 역할을 보다 더 적극적으로 지지하였다. Erler(1993 : 12)는 서구 사회복지의 역사에 있어 사회복지사업과 교육이라는 개념을 완전히 분리하는 것은 가능하지도 않고 중요하지도 않다고 하였다. 실제로 역사 속에서 사회복지는 한 사회가 발전하는 과정에서 필연적으로 대두되는 문제였고 또 교육은 이 사회복지를 구현하는 한 방법으로서 기여해 왔다. 단지 개별 국가의 사회적 환경, 사회복지제도에 따라 학교사회복지, 교육복지 등 다양한 용어를 사용하고 다소 상이한 방법으로 적용되었을 뿐이다(홍봉선, 2004).

영국에서는 학교사회복지라는 용어보다는 학생복지, 교육복지라는 개념을 더 많이 사용하고 있으며, 처음에는 출석상담자(attendance counsellor) 또는 결석담당관(truancy officer)이라는 명칭을 사용하였다. 최근에는 교육사회복지사(education social worker) 또는 교육복지관(education welfare officer)이라고 한다(성민선 외, 2004 : 63). 또한 특별 학생 집단을 대상으로 하는 사업들이 대부분인데, 이러한 사업들은 주로 지역사회와의 연계 속에서 이루어지고 있다(이상오, 2000a : 83). 영국의 경우 정학, 퇴학, 자퇴하는 학생들이 급증하고 이들에 의한 사회문제가 확대되고 심각해지면서, 이제 사회는 학교 이탈자들을 어떻게 할 것인가에 대한 대책을 요구하게 되었다. 특히 학생들의 학교 탈락 및 학교 이탈의 가장 커다란 원인은 학교에서의 무단이탈에서 비롯된다는 사실이 밝혀졌다. 그래서 무단이탈을 방지하고 예방하기 위한 조처가 취해지면서, 이들에게 벌칙을 부여하는 대신 이들의 무단결석과 연계된 이슈를 해결하는 방안이 주 과제로 검토되었다.

이러한 맥락에서 1998년 아일랜드 정부에서는 개혁교육법안으로서 「교육복지법(Education Welfare Bill)」을 제정하기에 이르렀다. 당시 아일랜드의 사회 문제는 크게 두 가지로 요약될 수 있다. 첫째, 법적으로 어린이 노동이 금지되어 있음에도 불구하고 어린 청소년들은 노동현장에서 착취를 당하고 있었다. 둘째, 학교 청소년에 비하여 학교에서 이탈된 청소년들의 비행과 범죄가 현저하게 늘고 있었다. 이에 정부는 학생들이 학교 다니는 시간을 법으로 연장시켰다. 법안의 주요 내용은 첫째, 학생들의 학교출석의 의무 연령을 현행 15세에서 16세로 또는 기초교육 후 3년까지로 연장하고 이미 학교를 떠난 18세 이하의 청소년들에 대해서는 국가는 이들이 원할 경우에는 직업적 계속교육 및 훈련을 지원해야 한다고 규정하였다. 둘째, 교육개혁의 운영주체로서 '국립교육복지위원회'를 두고 각 지역에 교육복지사무소(educational welfare office)를 설립하도록 하였다. 이 위원회의 운영을 통해 교육복지를 통한 교육개혁에 당위성을 부여하였고 실시 주체는 '교육복지사무소(educational welfare office)'로 해서 학교와 지역사회 연계 수준에서 책임을 지고 수행하도록 했다.

이 법안의 중요한 목적은 경제적 이유로 인하여 조기에 학교를 이탈해야 하는 학생을 최소화하는 것이다. 즉, 조기 학교 이탈은 낮은 지식, 낮은 기술 수준 그리고 무자격을 양산하며, 이는 직업에서 낮은 직급, 낮은 성취, 낮은 봉급으로 이어져 빈곤의 세습 사이클이 지속된다. 따라서 교육복지법은 강제 규정이기는 하지만, 종국적으로는 빈곤의 세습 사이클을 파괴하는 적극적인 방법으로 이해된다. 또한 이 법은 조기에 학교를 떠나 고용 현장으로 들어가는 청소년들의 노동력 착취와 투쟁하는 데에도 기여할 것으로 기대되었다(이상오, 2000).

2) 발전기

영국의 경우 지난 20여 년간 영국의 교육-의료, 주택, 교육 등과 같은 공공정책 분야에서 양자의 관계는 권력을 생산자로부터 소비자로 이전시키는 동시에 국가의 책무성의 성격을 변화시키는 것에 의해 재조정되어 왔다. 이 시기 영국의 교육복지정책은 국가의 복지비용에 대한 효율을 최대한 높일 수 있도록 집중적으로 관리하고 있다는 점을 특징으로 들 수 있다. 복지에 투자의 개념을 가미하고 있다는 점에서 변화를 발견할 수 있다. 영국 노동당 정부를 이끌었던 토니 블레어 총리가 국정지표로서 교육을 특히 강조하였으며 그 일환으로 복지의 정책이념에 투자의 이념을 가미하였다. 이는 내부 요인으로 경쟁력과 생산성의 향상이라는 신자유주의 노선이 중요하게 대두되었고, 외부요인으로서 이데올로기의 종식과 동구권의 몰락으로 인하여 더 이상 복지이념에 집착할 필요가 없어졌기 때문이다.

영국은 교육을 사회보장 차원에서 다루는 대표적인 나라이지만 최근에는 시장지향적인 정책을 도입하고 있다. 토니 블레어 총리는 21세기를 '학습시대(The Learning Age)'로 선언하고 국정지표로 교육을 강조하였으며 21세기 지식기반 세계화 경제(knowledge-based global economy)를 주도하기 위해서는, 모든 사람이 혜택을 받을 수 있도록 학습에 투자하며, 학습에 대한 장애를 제거하고, 학습자를 가장 중시하며, 고용주·피고용자·사회가 학습의 책임을 분담해야 한다고 주장한다. 특히 국정지표로서 교육을 강조하였다. 그는 일시적인 급여의 증가로 인한 생활안정보다는 보다 근본적으로 인간 자본에 투자하여 국민 각자의 장기적인 생활의 안정과 발전을 기하자고 역설하였다(천세영, 2002 : 49-50).

영국은 교육우선투자지역사업(EAZ : Education Action Zone)을 실행하였다. 이는 복지에 우선을 두는 노동당이 제3의 길을 모색하면서 채택한 복지정책에 투자의 개념을 가미한 영국만의 독특한 정책이다. 이 정책은 지역교육의 고질적인 병폐를 해결하기 위하여 고안된 정책이다. 높은 무단결석률, 낮은 학업성취도, 소수인종의 급증, 저소득층 자녀의 증가와 이들의 교육적 무관심 등의 문제들은 학교만으로 해결할 수 없다는 인식 아래 학부모, 지역사회, 지역의 기업들이 연대하여 문제해결을 위하여 적극 참여하게 되었다. 단위학교에 보다 많은 자율권을 부여하여 지역사회에 적합한 교육, 그리고 지역의 산업조건에 부합하는 직업교육을 실시할 수 있도록 특정 지역을 선발하도록 하였다. 이 교육구는 지역적 필요가 높고 교육적 지표가 낮은 학교를 중심으로 20개 정도의 초·중등학교 및 특수학교를 묶어 이를 토대로 한 해당 지방교육청, 학부모, 지역기업, 교사 등의 연대체(partnership)를 의미한다. 이러한 연대의 목적은 전술한 바와 같이 지역내의 교육적 불리함을 극복하고 교육의 수준을 향상시키는 데에 있다.

EAZ는 교육구의 성격을 갖는다 해도 교육적 기능만을 수행하는 것이 아니라 복지적 기능도 수행한다. 즉, EAZ를 통하여 보건, 사회서비스, 자선의 사업을 추진할 수 있으며 일부 EAZ는 보건 및 노동행정구역과 연계하여 움직이고 있다. 그리고 이러한 모든 기능과 역할은 지방교육청의 교육적 기능과 역할을 촉진하는 것이다. 해당 지역에서는 유아교육과 보육을 통한 조기교육센터를 운영하고 빈곤가정을 위한 교외학습활동을 하고 가족문맹퇴치 프로그램을 행한다(표 3-2 참고). 이를 위한 활동으로 국가교육과정을 지역사회와 단위학교의 실정에 맞게 개편하고 학습공간을 지역사회로 확대하고 우수교사 확보를 위한 유인책으로서 성과급, 보조교사 도입, 행정업무 감면을 강구한다(천세영, 2002 : 52).

〈표 3-3〉 영국 교육우선투자지역(EAZ : Education Action Zone)의 주요 사업

① 지역 주민의 요구를 반영한 특성화 학교를 EAZ 내에 1개 이상을 설립한다.
② 유아의 교육과 보호, 일체의 사회보장적 서비스를 통합하는 조기 교육센터를 둔다.
유아교육과 보육을 통합한 조기 교육센터를 설치한다.
③ 우수 학교장 및 교사 확보를 위한 유인체제를 마련한다.
④ 학습지진아를 위한 여름학교 프로그램을 운영한다.
⑤ 가족 문맹 퇴치 프로그램을 개설, 운영한다.
⑥ 우수한 수업교사 보상체제를 확립한다.
⑦ 교외학습활동을 지원한다. 이것은 초 · 중등학생에게 학습에 대한 동기와 자신감, 그리고 학업성취를 고무시키고 평생학습에 요구되는 기술을 습득하게 한다.
⑧ 직업 관련 학습을 제공한다. 진학과 장차 직업 등의 다른 환경에서 계속 학습할 수 있도록 학생들이 성취수준을 제고하고 학습경험을 폭넓게 하도록 돕는다.

이상의 프로그램을 잘 운영하기 위한 지원책으로 국가교육과정을 지역사회와 단위학교의 실정에 맞게 개편할 수 있도록 하고, 우수한 교육지도자를 교장으로 초빙하고, 초등학교에 특수 분야의 전문가 교사를 추가로 임용할 수 있도록 하며, 학습공간을 지역사회로 확대하고 우수교사 확보를 위한 다양한 유인책(성과급, 보조교사 도입, 행정업무 감면)을 제공한다.

영국 정부는 1990년 후반부터 무단결석이나 퇴학, 정학 등으로 학교로부터 배제되는 아동들에 대한 관심을 교육정책의 최우선으로 정하여 아동을 학교 안으로 끌어들이려는 사회적 포용정책을 지향해 왔다. 1990~1991학년도에 3천 명 정도였던 무단결석과 퇴학생들이 5년 뒤에는 13,500명으로 늘었고 1999년의 비공식 통계에 의하면 매년 15만 명에 이르는 학생들이 일정 기간 이상 학교로부터 배제되었다. 이 문제에 대처하기 위하여 영국정부는 1998년을 기점으로 독립기구로서 '사회배제유니트(Social Exclusion Unit)'를 만들었다. 이 기구를 통하여 학생들을 학교 안으로 포용하기 위해 학생들의 결석과 학교로부터의 배제문제를 조사하게 하였고 문자 해독률을 높이고 학업성적을 향상시키고자 하였다. 또한 1998년 학교기준과 골격법(School Standard and Framework Act of 1998)을 제정하여 2002년까지 무단결석과 퇴학의 비율을 1/3 수준으로 줄이려는 시도를 하였다. 역시 1998년 '범죄와 무질서법(Crime and Disorder Act)'을 통해서는 학교출석을 집행하기 위해 아동이 학교출석을 하지 않는 경우 부모를 처벌하도록 하였다. 그러나 이미 나이가 많은 학생들의 경우 이러한 조치들이 효과가 없는 것으로 나타나 보다 전략적이고 보다 많은 자원과 책임성을 가지고 조기개입과 적절한 추후 서비스, 지원의 필요성이 대두되었다(성민선 외, 2004 : 77).

영국에서 수행되고 있는 학교를 중심으로 수행되고 있는 사회복지의 적용에 있어 특징은 다음과 같다. 첫째, 영국은 교육을 사회보장 차원에서 다루고 있어 학생복지 및 교육복지의 제도적인 기반이 잘 형성되어 있을 뿐만 아니라 교육에 대한 지원이 인간

자본에 대한 투자라는 적극적인 인식을 가지고 있다. 둘째, 그럼에도 불구하고 생기는 지역 간 격차 및 교육 불평등 문제를 해소하기 위해 투자개념을 도입하여 우선적으로 지원이 필요한 학교 및 교육구를 선발하여 적극적인 지원을 행하고 있다. 특히 행정당국은 해당 학교 및 교육구에 상당한 자율권 부여과 재정적·행정적 지원을 행하는 대신 간섭하지 않고 지원·평가하는 데 주력하고 있다. 또한 해당 학교, 교육구, 지역사회가 공동의 주체가 되어 교육문제와 함께 교육성과를 방해하는 요인을 해소하고 교육공동체를 형성할 수 있도록 다각적인 노력을 행하고 있다.

3. 우리나라

1) 형성기

우리나라 초기 사회복지의 역사에서도 복지와 교육은 크게 구별되지 않고 함께 발전되어 왔다. 우리나라 사회사업의 태동기인 한일합방 전까지의 단계에서는 기독교단체와 민족교육기관을 중심으로 육영, 의료, 구제사업 등이 이루어졌는데, 대표적인 것으로는 배재학당, 평양 맹아학교, 한영학원, 보성학원 등을 들 수 있다. 또한 일제시대에도 민간단체를 중심으로 한 아동보호사업과 야학, 맹인학교 등이 이루어졌다(홍금자, 2000 : 238). 그러다 1945년 해방 이후 1960년대 후반에 들면서 공교육이 도입되고 국민의 의무교육이 법적으로 보장되면서 학교교육이 정착되기 시작하였다. 또한 이 시기는 해방과 6·25 전쟁을 겪으면서 월남민들이 증가하고 전후 복구사업을 위한 선교사 중심의 외원단체들이 우리나라에 들어온 시기이다.

이때 기독교 아동복리재단이나 양친회와 같은 복지기관들은 후원금 연결사업을 통하여 아동의 의식주 문제를 해결해 줌은 물론이고 이들이 학교교육을 지속할 수 있도록 도움을 주었다. 그러나 이 시기는 외원단체에 의한 물자지원이나 시설수용을 통한 구호적 성격의 서비스였기 때문에 현대적 의미의 학교사회복지라고 할 수 없다(한인영 외, 1997 : 76). 그럼에도 불구하고 전후 우리나라에 와서 활동하던 대부분의 외원기관들이 학생 연령의 아동·청소년을 둔 빈곤가정을 지원했던 사실에 비추어 보면 직접적인 학교사회복지는 아니더라도 최소한 학생인 아동·청소년을 위한 지역으로부터의 복지사업은 꽤 활발했던 것으로 추측할 수 있다(성민선 외, 2004 : 46). 1952년에 미국교육사절단에 의해 학생지도를 위한 새로운 교육법으로 상담, 심리검사, 정신건강 등이 소개된 이후 1963년 교육공무원법에 의해 교도교사가 정식 교사의 하나로 법제화되고 교도교사가 되기 위한 자격증제도가 신설되었다(한인영 외, 1997 : 77-78). 이것은 학교에 학업 성취 이외에도 생활지도나 학교적응을 돕는 전문가가 배치되어야 한다는 인식이 확대되도록 하였다는 점에서 학교사회복지 도입에 바탕이 되었다고 할 수 있다.

현대적 의미의 학교사회복지가 시작된 것은 1960년대에 들어서면서부터이다. 1969년 민간 외원기관인 캐나다 유니태리언 봉사회(USCC)에서 운영했던 서울시 마포사회복지관은 마포초등학교 학생을 대상으로 경제적 원조와 상담서비스를 제공하면서 학생의 학교적응과 학업성취를 도와주었다. 이 사업은 사회사업가와 학교와의 계약에 의해 이루어졌다는 점에서 현대적 의미의 학교사회복지라고 할 수 있다(한인영 외, 1997 : 77). 그러나 당시의 활동을 입증할 만한 기록이 남아 있지 않아 구체적인 활동내용을 알 수 없다.

1970년 이후 사회복지의 분야가 세분화되면서 학교사회사업에 관한 이론과 개념이 소개되었고 요보호 학생을 위한 전문적 개입방법으로 학교사회복지에 관한 학위논문과 저서들이 발표되기 시작하였다. 특히 1980년대 후반에 급증하게 된 종합사회복지관은 지역사회의 학생과 아동에게 사회복지서비스를 제공하는 데 많은 기여를 하였다. 그러나 학생을 위한 사회복지서비스의 대부분은 학교와 연계하지 않은 사회복지기관의 독자적인 서비스였고 이 시기에는 지역사회 내의 학교가 사회복지기관의 역할에 대해 잘 알지 못하였으며 학교사회사업에 관한 인식이 부족하여 이러한 활동이 학교사회복지라고 할 수는 없다(한인영 외, 1997 : 79). 그 이후 사회복지를 전공하고 현대고등학교 영어교사였던 김혜례는 1986년부터 문제를 가진 학생을 위해 교사들과의 팀 접근으로 사회복지서비스를 제공함으로써 학교사회복지서비스를 시도하였으나 이 경우는 학교사회복지사가 아닌 영어교사로서 사회복지서비스를 제공하였다고 하겠다(윤철수 · 진혜경 · 안정선, 2006 : 129).

공식적인 최초의 학교사회복지활동은 1993년 4월 은평종합사회복지관에서 학교생활에 문제가 있는 특수학급 아동 9명을 대상으로 주 1회 총 12회의 집단지도 프로그램을 실시한 꿈나무교실이다. 이것은 사회복지학과 교수(김기환)의 지도로 사회복지관 소속의 두 사회복지사가 진행을 한 것이다. 그 후 전국 종합사회복지관은 지역학교와 연계하여 학교사회복지 프로그램을 실시하게 되어 은평종합사회복지관은 우리나라의 학교복지 발전을 주도하는 중요한 역할을 수행해 왔다(윤철수 · 진혜경 · 안정선, 2006 : 129-130). 이것은 지역사회복지관 중심의 학교사회복지이며 초등학생을 대상으로 하였다는 점에 특징이 있다. 또한 학교중심의 학교사회복지가 시작된 것은 숭실대 대학원생인 윤철수가 1993년에 서울 화곡여상에서 주 1회, 1년간 실습을 하면서이다. 동시에 이것은 최초로 학교에서 사회복지실습이 이루어진 것인데, 이때 당시 학교는 사회복지실습 기관이 아니었고 당시 화곡여상에도 실습 슈퍼바이저가 없었기 때문에 숭실대 박종삼 교수가 직접 슈퍼바이저가 되어주면서 실습지로 인정해 주어서 학교사회복지실습이 이루어질 수 있었다(윤철수 · 진혜경 · 안정선, 2006 : 130).

이러한 시도를 출발점으로 하여 지역사회복지관, 학계, 교육부 및 교육청 등 다양한 주체에 의해 다양한 시도가 이루어졌는데 구체적으로 살펴보면 다음과 같다. 먼저 학계와 지역사회복지관의 시도이다. 1994년 연세대학교 김기환 교수와 사회복지학과 학생들이 자원봉사자의 자격으로 3개 학교에서 문제학생들에 대한 개인상담, 집단상담, 가정방문 등의 학교사회사업서비스를 제공하였다(한인영 외, 1997 : 80). 1996년 3월부터 12월까지는 사회복지학과 교수(노혜련)와 대학원생이 중심이 되어 서울 동작중학교와 백석중학교 등 2곳에서 1년간 학교사회복지활동과 연구가 수행되었다. 동작중학교는 숭실동작복지관과 협력하여 대학원생 김현수를 중심으로 복지관 중심형의 학교사회복지로, 그리고 백석중학교는 학교상주형의 모형으로 김주미, 고혜영, 김남형, 이혜영, 김상곤 등이 1주일에 2일씩 학교에서 활동을 하였다(윤철수 · 진혜경 · 안정선, 2006 : 129-131).

둘째, 보건복지부, 교육부 및 지역교육청의 시범사업이다. 문민정부 시절 보건복지부 산하 '국민복지기획단'은 1995년 정부로 하여금 학교사회사업의 제도화를 실시하도록 권고하였고 교육부는 1997년 3월부터 1999년 2월까지 학교사회복지 시범연구사업을 실시하고 1999년 1년간의 평가를 거쳐 2000년 이후 제2차 시범사업을 운영하겠다는 계획을 발표하였다. 그러나 학교사회복지 시범사업을 하겠다는 교육부의 발표내용은 도움이 필요한 학생에게 소위 사회복지서비스라는 것을 제공하되 상담교사, 교육학 부전공 교사, 학부모 자원봉사자를 통해 실시하였다. 교육부의 시범사업은 무학여고(서울), 충남중학교(대전), 북성중학교(광주), 제일여상(대구) 등 4개교에서 2년간 실시되었다. 시범사업은 각 학교별로 자율적으로 운영하게 하였는데 적은 예산(프로그램 실비 예산 연간 500만 원)이 배정되었고, 사회복지사가 학교 안에 상주하여 근무하지 않았으므로 소기의 성과를 거두는 데 무리가 있었다. 그 결과 교육부의 시범사업은 학교사회복지에 대한 접근이 형식적으로 이루어지면서 오히려 학교사회복지에 대한 효과성 절하의 근거가 되기도 하였다(윤철수 · 진혜경 · 안정선, 2006 : 131).

교육부와는 별도로 서울시교육청은 지방 교육청으로서는 본격적인 학교사회복지 시범사업을 폄으로써 우리나라 학교사회복지가 학교를 중심으로 도약할 수 있는 발판을 만들었다. 뿐만 아니라 시범사업을 지속하면서 학교사회복지에 대한 관심을 계속 고조시키는 데에도 크게 기여해 왔다(성민선 외, 2004 : 50). 서울시교육청 시범사업은 총 6차에 걸쳐 이루어졌다. 1차 서울시교육청 시범사업은 서울시교육청이 1996년 9월 시의회로부터 학생들의 복지와 문제해결을 위해 학교사회사업 프로그램을 실시하라는 요구를 받고 1997년부터 실시되었다. 이때 연구사업은 서울대학교 사회복지연구소에서 용역을 맡았고 서울 광신고등학교, 연북중학교 그리고 영등포여자상업학교 등 3개교를 시범연구학교로 선정, 각 학교에 석사학위 이상의 책임연구원과 실무자를 파견하여 사회복지 서비스를 제공하면서 연구를 진행하였다. 서울시교육청 1차 시범사업이 진행되면서 1998년 영등포여상에서 우리나라 최초의 학교사회복지사가 탄생되었다. 1998년 당시는 외환위기의 상황에서 고용이 어려울 때이지만 영등포여상 전임 학교사회복지사로 윤철수, 영등포여상 파트타임 학교사회복지사로 김주미, 한가람고등학교 파트타임 학교사회복지사로 이혜주가 고용되었다. 이렇듯 서울시교육청의 제1차 시범사업은 한국 최초로 공식적인 학교사회복지사를 탄생시켰으며 또한 서울시교육청 산하 지역청 상담센터 내에 사회복지사를 고용한 결과를 낳았다(윤철수 · 진혜경 · 안정선, 2006 : 132-133).

2차 서울시교육청 시범사업이 2000년에 다시 행해졌다. 이때는 서울시교육청의 직접사업으로 진행하였으며 대상 학교도 5개교(송파공업고등학교, 당곡고등학교, 남강중학교, 은평공업고등학교, 동마중학교)로 확대하였다. 또한 해당 학교에 투입된 전문인력은 제2회 학교사회사업 대학원 연수를 통해 기본과정을 이수한 사람들과 1년의 실습과정을 통해 배출된 사람들이었다(윤철수 · 진혜경 · 안정선, 2006 : 134).

3차 서울시교육청 시범사업은 2001년에 5개교(서울북공고, 삼성고등하교, 경성여실, 안천중학교, 성원중학교)에서 서울시교육청 본청 사업으로 이루어졌으며 참여인력은 5명의 학교사회복지사가 투입되었다. 이때는 이들 5개교가 공동으로 진행하는 공동사업도 수행하였으며 각종 발표회와 자료집 발간 등을 통해 학교사회복지의 우수성을 크게 인정받을 수 있었다(윤철수 · 진혜경 · 안정선, 2006 : 134). 4차 서울시교육청 시범사업은 2002년부터 2003년까지 2년간의 시범사업으로 확대되었는데 4개교(서초공고, 성덕여상, 도봉중학교, 연서중학교)가 참여하였고 참여인력은 4명의 사회복지사가 투입되었다. 1년 단위가 아닌 2년 연속 연구시범사업으로 확대되었고 사회복지사는 서울시교육청에서 직접 선발하여 단위학교에 추천하는 형식을 취하였다(윤철수 · 진혜경 · 안정선, 2006 : 134).

셋째, 민간기업재단 및 공동모금회의 지원이다. 민간기업재단인 삼성복지재단은 학교사회사업 프로그램으로 1995년 처음 은평종합사회복지관의 '아동의 학교생활 적응력 향상을 위한 학교사회사업' 프로젝트를 지원하였으며 1996년에는 사업 공고 시 학교사회사업 등 4개 분야의 주제를 제시하여 재단 지원사업의 전문화를 도모하였다. 삼성복지재단은 단순히 사회복지기관의 프로그램만 도운 것이 아니라 주제별 지원기관의 실무자들에게 전문가의 정기적인 자문을 받을 수 있는 '사후지원시스템'을 구축하여 당시 연세대 김기환 교수가 1년간 정기적인 자문과 현장방문지도를 실시하여 학교사회복지의 성공적인 수행을 지도하도록 하였다. 특히 2001년과 2002년에는 각각 '학교상주 모델 연구'와 '학교사회복지 인프라 구축사업' 프로그램으로 학교사회복지실천가협회를 지원하기도 하였다(성민선 외, 2004 : 48-49).

이와 더불어 사회복지공동모금회는 2001년 학교사회복지의 제도화를 정착시키는 것을 목적으로 2002년부터 3년 계획으로 학교를 중심으로 학교사회복지 시범사업에 대한 지원을 전개하였다. 그 내용은 전국 14개 학교에 사회복지사가 상주하여 학교사회복지를 실천하며 3년간의 인건비와 프로그램 비용을 지원하고 학교사회복지의 효과성을 입증하여 학교사회복지의 제도화를 이룬 것이다. 이는 미국의 Commonwealth Fund가 학교에 학교사회복지사를 파견하여 학교사회복지의 제도화를 앞당기는 데 기여했던 일과 비슷한 시도라고 할 수 있다. 그 후 중앙공동모금회의 영향으로 대전 및 충북의 지역공동모금회에서 4개교에 실시함으로써 총 사회복지공동모금회의 학교사회복지사업에 참여한 학교는 모두 19개교, 19명의 학교사회복지사가 활동하였다. 이들 학교사회복지사는 교내에서 적극적인 홍보활동, 운영협의회의 구성, 관련부서장과 교사와의 협의의 뢰체계 확립과 교직원회의 참석 및 다양한 실천활동을 통해 학생들의 복지를 위해 활동할 수 있는 여건이 조성되었을 뿐 아니라 학교사회복지실은 학교의 중요한 조직 그리고 성원으로서 자리매김을 하고 있다고 평가되고 있다(윤철수 · 진혜경 · 안정선, 2006 : 135-136).

또한 이 시기는 학교사회복지의 전문화, 조직화가 이루어진 시기이다. 1997년에 학교사회복지 현장과 실무의 이론적 뒷받침을 제공하기 위해 한국학교사회복지학회가 창립되었으며, 2000년에는 학교사회복지사의 전문성 신장과 권익옹호를 위해 한국학교사회복지실천가협회가 창립되었다. 이후 학회와 협회는 학교사회복지의 인력배출과 관리를 위한 워크숍 등을 공동으로 실시해 오고 있다. 주로 기초과정 워크숍, 보수과정 워크숍, 대학생을 위한 학교사회복지 아카데미, 전문성 신장을 위한 워크숍 등 다양하고 전문적인 워크숍과 교육활동을 하고 있다. 또한 각종 사회단체들과 공동으로 위기관리 워크숍, 학생복지부 신설을 통한 학교조직 구조개편 워크숍 등 활발한 대외활동을 펴고 있다. 이는 사회복지계가 학교사회복지의 필요성과 당위성에 공감하는 시민단체, 교원단체 등과 연대하여 학생복지에 대한 방안을 마련하고 대안을 강구하는 공동의 연대활동 등을 실천하였다는 점에서 매우 의미 있는 활동들이었다고 볼 수 있다(성민선 외, 2004 : 53).

한국학교사회복지사협회는 학교사회복지제도화를 위하여 많은 노력을 하고 있으며 학교사회복지자격제도 운영 및 자격관리위원회 활동, 학교사회복지법안제정 운동 등을 활발히 하고 있다. 한편으로는 학교사회복지사의 수가 증가되고 수요가 늘어나면서 학교사회복지사의 자질문제, 학교사회복지사 자격제도 관리운영의 문제, 교육과정의 문제 등 학교사회복지사의 양성과 전문가적 자질 및 자격관리의 문제가 나타나게 되어 이에 대한 고민과 논의를 충분히 하여야 하겠다(윤철수 · 진혜경 · 안정선, 2006 : 135-138).

2) 발전기

교육인적자원부는 2003년에 2년에 걸친 '교육복지투자우선지역지원사업' 실시를 발표하였다. 이 사업은 국민의 정부하에서 2002년 제7차 및 제9차 인적자원개발회의에서 정부관계부처와 민간단체들이 교육 · 문화 · 복지가 연계된 도시 저소득지역에 대한 교육복지대책을 수립하기로 합의하고 2002년 광복절 대통령 경축사에서 도시 저소득지역의 교육환경개선 추진을 발표하면서 알려지게 되었다. 그 내용은 사회경제지표를 바탕으로 교육복지의 사각지대인 도시 저소득지역 내 학교에서 학생들의 삶의 질을 제고하기 위해 해당 학생과 가정, 그리고 지역에 교육, 문화, 복지서비스를 제공하는 시범사업을 한다는 것이었다. 서울의 6개 지역 31개 초 · 중등학교, 부산의 2개 지역 12개 초 · 중등학교 등 모두 43개교가 시범학교로 선정되었다. 이들 학교에는 '지역사회교육전문가'라는 전문가를 배치하여 그들이 학교 내의 교육복지사업을 전담하면서 지역사회와의 연계망을 회복하고 해당 학생들과 가족에게 보다 전문적인 서비스를 제공하도록 되어 있다. 학교에 투입된 전문가의 80% 이상이 사회복지사이며 이들의 배치에 기준이 되는 임금, 근무형태 등은 사회복지공동모금회에서 실시한 2002년도 학교사회복지기획사업의 기준이 그대로 반영되었다. 이 사업은 이후 국가사업으로 전국적으로 확대되었고 교육복지우선지원사업으로 이름이 바뀌어 현재까지 운영되고 있다. 자세한 내용은 12장 교육복지우선지원사업을 참고하기 바란다.

또한 교육인적자원부가 실시한 2차 학교사회복지 시범사업은 2004년 5월부터 2005년 4월까지 1년간 사회복지사를 활용하는 연구사업으로 시작되었다. 이 사업의 목적은 요보호학생, 부적응학생 및 학교폭력의 상존 등 교육현장의 상황을 고려할 때 다양한 전문가 집단의 협력과 공동의 해결노력이 요구된다고 보아 사회복지사를 교육복지와 학교폭력예방 등 종합적 프로그램 운영에 활동하기 위한 것이다. 당초 이 사업은 초·중등교육법 제19조 제2항이 개정되고 '학교폭력예방 및 대책에 관한 법률'이 제정됨에 따라 학교에 전문상담교사를 두도록 되어 있으나 실제 배치에 상당한 시일이 걸릴 것으로 보아 다양한 전문가 집단을 활용하고자 한 것이다. 전국 시·도교육청별로 초·중·고등학교 각 1개교씩 모두 48개 학교에 학교사회복지사가 배치되었으며 1개교당 연구운영비로 2천만 원씩 지급되었다. 재원은 지방재정특별교부금으로 충당되었다. 연구학교운영지침에 따르면 연구학교의 기본 원칙은 교육복지기반 증진과 학교폭력예방에의 초점, 학생중심의 접근, 협력적 관계의 구축, 가정-학교-지역사회 네트워크 구축, 포괄적이고 통합적인 개입, 그리고 지역사회 자원활용 극대화 등을 제시하고 있다. 교육인적자원부는 연구학교들이 학교사회복지실습을 원하는 학생에게 실습의 기회도 제공할 수 있도록 권고하고 있으며 방학 중에는 사회복지사가 요보호, 가정결손학생이나 급식지원학생 등에 대해 지도하도록 하고 있다. 이후 교육인적자원부는 2005년도에 종결되는 연구학교를 1년간 연장하였고 오히려 같은 해 5월에 전국 48개교에서 학교사회복지 시범학교를 운영하고 있어 2008년 교육인적자원부에서 실시한 연구학교는 전국 94개교였다(윤철수·진혜경·안정선, 2006 : 136-137).

또한 5차 서울시교육청 시범사업이 2004년과 2005년 2년간 시범사업이 생활지도 시범사업이 아닌 학교사회복지 시범학교라는 명칭으로 운영되었고 6차 서울시교육청 시범사업이 2006년에 구암중학교 1곳에서 2년간 실시되었다(윤철수·진혜경·안정선, 2006 : 133). 이상과 같은 우리나라 학교사회복지의 발달과정을 간단히 정리하면 〈표 3-4〉와 같다.

〈표 3-4〉 우리나라 학교사회복지의 발달과정(1969~2020 현재)

연 도	구 분	주요 내용
1969년	현대적 의미의 학교사회복지 시작	- 민간 외원기관인 캐나다 유니태리언 봉사회(USCC)에서 운영했던 서울시 마포사회복지관은 마포초등학교 학생을 대상으로 경제적 원조와 상담서비스를 제공
1993년	공식적인 최초의 학교사회복지활동	- 은평종합사회복지관에서 학교생활에 문제가 있는 특수학급 아동 9명 대상, 꿈나무교실 운영(12회의 집단지도 프로그램) - 지역사회복지관 중심의 학교사회복지, 초등학생 대상
	최초 학교에서의 사회복지실습	- 숭실대 대학원생인 윤철수가 서울 화곡여상에서 주 1회, 1년간 실습

1994년	지역복지관 중심의 학교사회복지 시작	– 연세대학교 김기환 교수와 사회복지학과 학생들이 자원봉사자의 자격으로 3개 학교에서 문제학생들에 대한 개인상담, 집단상담, 가정방문 등의 학교사회사업서비스를 제공
1995년	정부에 학교사회사업의 제도화 권고	– 보건복지부 산하 '국민복지기획단'이 정부에게 학교사회사업의 제도화를 실시하도록 권고
	민간기업재단인 삼성복지재단의 지원 시작	– 삼성복지재단이 처음으로 은평종합사회복지관의 '아동의 학교생활 적응력 향상을 위한 학교사회사업' 프로젝트 지원 – 1996년에는 사업 공고 시 학교사회사업 등 4개 분야의 주제를 제시하여 재단 지원사업의 전문화를 도모
1996년	학교에서 교수와 대학원생의 활동 시작	– 사회복지학과 교수(노혜련)와 대학원생이 중심이 되어 서울 동작중학교와 백석중학교에서 1년간 학교사회복지활동과 연구 수행
	서울시교육청 시범사업(1차)	– 시의회로부터 학생들의 복지와 문제해결을 위해 학교사회사업 프로그램을 실시하라는 요구를 받고 1997년부터 실시 – 서울대학교 사회복지연구소가 용역을 받아 서울 광신고등학교, 연북중학교 그리고 영등포여자상업학교 등 3개교를 시범연구학교로 선정, 각 학교에 석사학위 이상의 책임연구원과 실무자를 파견하여 사회복지서비스를 제공하면서 연구를 진행
1997년	교육부의 시범사업(1차)	– 1997년부터 1999년 2월까지 학교사회복지 시범연구사업 실시 – 학생에게 소위 사회복지서비스를 제공하되 상담교사, 교육학 부전공 교사, 학부모 자원봉사자를 통해 실시 – 무학여고(서울), 충남중학교(대전), 북성중학교(광주), 제일여상(대구) 등 4개교에서 2년간 실시 – 적은 예산(프로그램 실비 예산 연간 500만 원)과 사회복지사가 학교 안에 상주하지 않는 등의 문제로 소기의 성과 거두지 못함
	한국학교사회사업학회 창립	– 한국학교사회사업학회(이후 한국학교사회복지학회가 명칭이 변경됨)가 창립
1998년	최초의 학교사회복지사 탄생	– 서울시교육청의 제1차 시범사업을 실시한 영등포여상에서 우리나라 최초의 학교사회복지사가 탄생
2000년	한국학교사회사업 실천가협회창립	– 학교사회복지사의 전문성 신장과 권익옹호를 위해 한국학교사회사업실천가협회 창립
	서울시교육청 시범사업(2차)	– 서울시교육청의 직접사업으로 진행 – 대상 학교도 5개교(송파공업고등학교, 당곡고등학교, 남강중학교, 은평공업고등학교, 동마중학교)로 확대 – 해당 학교에 투입된 전문인력은 제2회 학교사회사업 대학원 연수를 통해 기본과정을 이수한 사람들과 1년의 실습과정을 통해 배출된 사람들임
2001년	서울시교육청 시범사업(3차)	– 서울시교육청 본청 사업으로 이루어짐 – 5개교(서울북공고, 삼성고등학교, 경성여실, 안천중학교, 성원중학교)에서 5명의 학교사회복지사가 투입
	삼성재단 지원	– 학교상주 모델연구 지원

2002년	삼성재단 지원	– 학교사회복지 인프라 구축사업 지원
	서울시교육청 시범사업(4차)	– 2002년부터 2003년까지 2년간 시범사업으로 확대 – 4개교(서초공고, 성덕여상, 도봉중학교, 연서중학교), 4명의 사회복지사가 투입 – 사회복지사는 서울시교육청에서 직접 선발, 단위학교에 추천
	공동모금회	– 중앙공동모금회에서 2002년부터 3년 계획으로 학교를 중심으로 학교사회복지 시범사업에 대한 지원 – 전국 14개 학교에 학교사회복지사의 3년간의 인건비와 프로그램 비용을 지원 – 부산, 대전 및 충북의 지역공동모금회에서도 실시함
2004년	교육인적자원부 학교사회복지 시범사업(2차)	– 1년간 사회복지사를 활용하는 연구사업으로 교육복지와 학교폭력예방 등 종합적 프로그램 운영에 활용하기 위한 것임 – 전국 시 · 도 교육청별로 초 · 중 · 고등학교 각 1개교씩 모두 48개 학교에 학교사회복지사가 배치 – 2006년 교육인적자원부에서 실시한 연구학교는 전국 94개교
	서울시교육청 시범사업(5차)	– 2004년과 2005년 2년간 시범사업을 실시 – 생활지도 시범사업이 아닌 학교사회복지 시범학교라는 명칭으로 운영
2005년	교육인적자원부	– 서울, 부산, 광주, 인천, 대전, 대구, 울산 등 전국 16개 시 · 도에서 50개 지역으로 확산 운영
2006년	서울시교육청 시범사업(6차)	– 구암중학교 1곳에서 2년간 실시
2003년~ 현재	교육인적자원부 교육복지투자우선 지역지원사업	– 교육인적자원부는 2003년부터 2년간 교육복지투자우선지역 지원사업을 서울과 부산의 8개 지역에서 실시. 이후 2008년에는 전국 100개 지역으로 확대 – 2010년 초중등교육법 시행령 개정으로 법적 근거를 확보하고 2011년 이후 보통교부금으로 전환되어 안정적인 재정지원의 근거 마련. 명칭을 교육복지우선지원사업으로 변경하고 학교에 교육복지사 배치
2004~ 2008년	교육인적자원부와 보건복지가족부의 공동사업	– 2004년에 교육인적자원부에서 사회복지사를 활용해 학교폭력 예방을 위한 연구사업을 실시. 이후 96개 학교로 확대되고 인건비는 복지부에서, 사업비는 교육부에서 담당함
2005년~ 현재	학교사회복지사 자격시험	– 최초로 학교사회복지사 자격시험 실시. 응시요건은 사회복지사 1급 자격 취득, 학교사회복지론 수강, 실습 240시간, 현장경험 등
2009년~ 현재	교육과학기술부의 Wee-project사업	– 학생들의 감정을 보듬어 안는다는 목표로 교육청(위센터) 및 단위학교(위클래스)에 상담교사, 임상심리사, 사회복지사 등을 배치하고 학생 지원업무를 행함
2009년~ 현재	성남시, 대전시 등 지방자치단체별 조례제정	– 2009년 성남시를 출발로 여러 지방자치단체별로 학교사회복지사업 활성화를 위한 조례를 제정
2018년~ 현재	학교사회복지사 국가자격신설	– 2018년 11월 국회에서 사회복지사업법 개정안이 통과되면서 학교사회복지사 국가자격이 신설됨

학교사회복지는 다양한 민간영역에서 다양한 형태로 발전해 왔다. 그 결과 사업운영 주체, 사업명칭, 담당인력 등이 통일되지 않고 각기 다른 형태를 띠고 있다. 이를 정리해 보면 학교사회복지사업은 크게 교육복지우선지원사업, 지자체학교사회복지사업, 민간지원 학교사회복지사업, 드림스타트 학교사회복지사업, Wee project로 구분해 볼 수 있다. 이들은 교육복지사, 학교사회복지사, 학교청소년복지상담사, 지역사회교육전문가 등으로 불린다(표 3-5 참고).

〈표 3-5〉 학교사회복지사업 관련 사업 및 전담인력 명칭

운영주체	사업명칭	전담인력 직종명	비고
교육부 시도교육청	교육복지 우선지원사업	(학교배치) 교육복지사/지역사회교육전문가 (교육청 배치) 교육복지사/교육복지조정자	시도마다 상이
일반행정기관	학교사회복지사업 학교청소년상담복지사업 등	(학교배치) 학교사회복지사/학교청소년상담복지사, 교육복지사 (교육청 업무담당) 학교사회복지디렉터	
민간기관	학교사회복지사업	학교사회복지사	

출처 : 최경일 · 최혜정 · 서동미 · 김숙기(2019), p. 12 재인용.

한국학교사회복지사협회(2019)에 따르면 2019년 5월 기준 학교사회복지사업이 행해지고 있는 학교는 총 3,184개교이다(표 3-6 참고). 이 중 학교사회복지사 또는 교육복지사와 같은 명칭으로 인력이 배치되어 있는 곳은 1,576개교이다. 이 자료를 통해 보면 우리나라 학교사회복지는 크게 교육부의 교육복지우선지원사업, 지방자치단체의 학교사회복지, 민간기관에서 행해지는 사업 등 세 가지 형태를 띤다. 그중 가장 많은 비율을 차지하는 것은 교육복지우선지원사업이며 그 다음은 경기도에서 행해지는 학교사회복지사업이다. 민간지원사업은 강원도 지역의 ㈜강원랜드 사회공헌으로 이루어지고 있는 것으로 강원도 정선 지역의 폐광지역 소재 학교 6개교에서 행해지고 있다.

전체 학교 대비 학교사회복지사업 시행학교 비율을 보면 전체 학교 중 약 29%에서 학교사회복지사업이 행해짐을 알 수 있다(표 3-5 참고). 중학교가 39%로 가장 높고 그 다음이 초등학교 32%, 고등학교 27%의 순이다. 또한 전국 특수학교 175개교 중 사업학교는 5개로 3%에 불과하다. 전체 11,636개교 중 학교사회복지 인력(학교사회복지사 또는 교육복지사)이 배치된 학교는 14%에 불과하다.

〈표 3-6〉 학교사회복지사업 운영 현황

단위 : 개교

교육복지우선지원사업					지자체 학교사회복지 사업					민간지원사업				총계
초	중	고	특	소계	초	중	고	특	소계	초	중	고	소계	
1,859 (819)	1,238 (658)	172 (33)	4 (2)	3,044 (1,576)	84 (84)	33 (33)	16 (16)	1 (1)	134 (134)	3 (3)	2 (2)	1 (0)	6 (5)	3,184

(　　)=인력배치
출처 : 한국학교사회복지사협회(2019). 2019 전국 학교사회복지사업 운영현황 자료.

〈표 3-7〉 학교사회복지사업 시행교 및 인력배치교 비율

단위 : 개교

초등학교			중학교			고등학교			총 계		
전체 학교 (A)	사업 시행교 (B)	지정 비율 (B/A)	전체 학교 (C)	사업 시행교 (D)	지정 비율 (D/C)	전체 학교 (E)	사업 시행교 (F)	지정 비율 (F/E)	전체 학교 (G)	사업 시행교 (H)	지정 비율 (H/G)
6,064	1,929	32%	3,214	1,267	39%	2,358	189	27%	11,636	3,385	29%
전체 학교 (A)	인력 배치교 (B)	지정 비율 (B/A)	전체 학교 (C)	인력 배치교 (D)	지정 비율 (D/C)	전체 학교 (E)	인력 배치교 (F)	지정 비율 (F/E)	전체 학교 (G)	인력 배치교 (H)	지정 비율 (H/G)
6,064	889	15%	3,214	688	21%	2,358	49	3%	11,636	1,626	14%

출처 : 한국학교사회복지사협회(2019). 2019 전국 학교사회복지사업 운영현황 자료.

학교사회복지사 자격은 2005년부터 2019년까지 한국사회복지사협회와 학교사회복지학회가 공동으로 운영하는 민간자격제도로 행해졌다. 이를 위해서는 실습 240시간, 필기시험과 면접시험, 자격연수 이외에도 연간 20시간의 보수교육을 이수하였다. 그 결과 2019년 기준 한국사회복지사 자격증을 취득한 사람은 총 1,452명이다(윤찬영 · 최 웅, 2019 : 42-59).

2020년부터는 국가가 인정하는 학교사회복지사 자격증이 발급될 수 있게 되었다. 2018년 11월 23일에 통과된 개정 사회복지사업법에 따라 "학교와 같은 특정 영역에서 활동하는 1급 사회복지사 중 시행규칙(보건복지부령)으로 정하는 수련기관에서 일정한 수련을 받은 사람에 대하여 학교사회복지사 자격을 인정"하게 된 것이다. 이는 학교사회복지 및 학교사회복지사에 대한 법적 인정인 동시에 국가 자격의 출발이라는 점에서 의의가 크다. 현재 수련기관 및 수련과정, 내용, 보수교육 시간 및 내용 등을 담은 사회복지사업법 시행령의 개정이 준비 중이다.

이상의 내용을 토대로 우리나라 학교사회복지 발달과정을 정리해 보면 다음과 같은 특징을 갖는다. 첫째, 우리나라의 학교사회복지는 민간기관 주도 및 동참과 정부 당국, 지역교육청 등의 시범사업으로 꾸준히 실시되어 왔다는 점이다(윤철수 · 진혜경 · 안정선, 2006 : 135-137). 민간기관들은 아동 · 청소년에 대한 복지사업의 일환으로 혹은 제도화를 전제로 한 기획사업의 하나로, 그리고 정부나 지방교육청 등은 학교사회복지 제도화에 앞서 사회복지사들의 전문성과 역량을 탐색하기 위한 시범사업을 펴 왔다고 할 수 있다(성민선 외, 2004 : 57). 이러한 민간, 지역교육청, 중앙정부 등에서 학교사회복지를 실천하고 있는 학교의 수는 앞으로 그 숫자가 대폭 늘어날 수도 있고 대폭 줄어들 가능성도 있으나 학교사회복지사업이 시작된 지 10여 년 정도에 이르는 기간의 성과로는 결코 무시할 수 없는 큰 성과라고 할 수 있다. 가장 큰 성과는 지난 10여 년간 나름대로 학교현장 속에서 복지서비스의 필요성과 그 효과를 입증하는 기틀을 마련한 것이다. 이는 우리나라 학교교육의 여건과 상황이 그만큼 학교사회복지와 같은 전문적 도움을 절실히 필요로 하고 있었음을 의미한다(윤철수 · 진혜경 · 안정선, 2006 : 135-137).

둘째, 학교사회복지의 운영은 크게 학교상주형과 지역중심형으로 대별된다. 학교상주형은 학교라는 공간에 사회복지사가 상주하여 활동하는 것을 의미한다. 이들을 고용하는 주체와 재원은 교육부, 사회복지공동모금회, 지방자치단체와 지방교육청 그리고 민간 기관과 단체들이다. 극히 일부이지만 어떤 사회복지관은 독자적으로 학교사회복지사를 선발하고 학교에 파견하여 학교사회복지를 주요 사업으로 실천하고 있기도 하다. 한편 지역중심형의 학교사회복지는 정확히 실태를 파악하는 것이 어려울 만큼 대부분의 사회복지관들이 청소년사업을 함에 있어 학교와 연계하고 있다(성민선 외, 2004 : 57-58).

셋째, 학교사회복지사의 법적 지위가 불완전하다. 2019년 사회복지사업법 개정을 통해 학교사회복지사라는 자격제도가 확립되긴 하였으나 여전히 열악한 처우로 근무를 하고 있다. 이들은 학교사회복지에 대한 신념과 사명감으로 학교사회복지에 매진하고 있으나 신분의 불안정과 열악한 근무여건이 계속될 경우 이것이 계속 유지된다고 하기 어렵다. 결과적으로 잦은 이직과 교체로 연결될 가능성이 크고 직업적 정체성과 전문성을 가지고 역할을 수행하는 데 상당한 지장이 초래될 수 있다.

넷째, 학교사회복지는 있지만 학교사회복지로 불리지 않는다. 학교가 교육의 기능만 담당하는 것에는 한계가 있고 학교 안에 건강, 문화, 사회복지 등의 기능도 병행되어야 한다는 인식이 확대되면서 교육부, 보건복지부, 지방자치단체, 민간재단 등 다양한 주체들이 학교를 중심으로 하는 사업들을 동시적, 산발적으로 진행하고 있으며 이들은 사업명칭만 다소 차이가 있을 뿐 비슷한 기능을 하고 있다. 이미 외국에서 학교를 중심으로 오랜 기간 동안 이론 및 경험이 축적되어 발전하고 있는 학교사회복지가 있음에도 불구하고, 학교사회복지로 통일되지 못하고 있다. 또한 학교를 대상으로 활동하는 이들을 부르는 호칭도 교육복지사, 프로젝트조정자, 사회복지사, 학교사회복지사, 전문상담사 등 다양하다. 이러한 일들을 하고 있는 대다수가 학교사회복지사의 자격을 갖춘 사람이며 스스로 학교사회복지사로 생각하고 있지만 이들은 사업에 따라 다양한 명칭으로 불리고 있다. 따라서 실제 학교의 장에 학교사회복지사들이 상당한 비율을 차지하고 일하고 있고 이들에 의해 학교사회복지가 행해지고 있음에도 불구하고 이들의 활동이 학교사회복지로 드러나지 못하고 학교 및 지역사회에 제대로 인식되지 못하고 있다.

다섯째, 학교사회복지사의 역할 및 업무에 대한 명확한 기준이 이루어지지 않아 방대한 역할을 수행하고 있지만 개입의 효과 및 성과를 측정하기 어려워 제대로 역할을 평가받지 못하고 있다. 외국의 학교사회복지가 학생들의 결석 방지에 초점을 두고 출발하였고 그 이후에도 학교사회복지사의 업무 및 역할이 비교적 분명하여 학교사회복지사의 개입에 대한 적절한 평가 및 인정을 받기 쉽다. 반면 우리나라의 경우 학교사회복지가 제도화되어 있지 않은 상태에서 학교사회복지를 부각하고 인정받기 위해 학교사회복지사들은 자신들에게 주어지는 방대한 역할들을 무리해서 수행하고 있지만 역할이 모호하고 개입의 효과 및 성과를 측정하기 어려운 역할 수행으로 인해 제대로 전문가로서 평가받지 못하고 있다.

여섯째, 학교사회복지의 사업방향 및 성격이 시대에 따라 다소 변화한다는 점이다. 미국과 영국의 역사에도 마찬가지로, 학교사회복지는 고정된 형태로 계속 머물러 있는 것이 아니라 실천현장인 교육체계 내의 상황 및 사회적 조건에 영향을 받아 계속 변화하고 사업의 성격이나 학교사회복지사의 역할에서도 조금씩 변화가 있다는 것이다. 최근 우리나라 학교사회복지는 학교-가정-지역사회를 통합하고 협력하는 방향이 강조되고 있으며 학교사회복지사의 역할은 전통적인 역할 이외에도 조정자, 자원개발자, 사례관리자의 역할이 강조되고 있다.

일곱째, 특수교육 학생에 대한 개입 근거가 마련되어 있지 않다. 외국의 경우 특수아동에 대해 학교사회복지사가 개입하는 나라도 있고 그렇지 않은 나라도 있다. 예를 들어, 호주와 뉴질랜드에서는 특수교육을 학교사회복지사들이 다루는 문제로 포함시키지 않고 있고, 반면 미국의 경우 장애인교육법(IDEA)에서 학교 내 사회복지서비스를 규정하고 있고 학교사회복지 기반이 바로 특수교육과 관련하여 행해진다. 이러한 차이는 국가 간 사회복지의 범위 및 성격, 장애인복지의 특성 등에 따라 차이가 있을 수 있다. 우리나라의 경우 장애인복지의 적용범위도 제한적이고 교육복지 수준도 높지 않아 어떤 대상보다도 장애학생들이 학교에서 상대적으로 욕구가 높은 집단이라고 할 수 있다. 1994년 전면 개정된 특수교육진흥법에서 특수교육대상자의 교육적 요구에 적합한 교육을 제공하기 위하여 보호자, 특수교육교원, 일반교육교원, 진로 및 직업교육 담당교원, 특수교육 관련서비스 담당 인력 등으로 개별화 교육지원팀을 구성하고 특수교육대상자와 그 가족에 대하여 가족상담 등 가족지원을 제공한다고 명시되어 있지만 사회복지사라는 명확한 규정은 없다. 사회복지의 욕구가 가장 높은 대상이 서비스에서 제외되고 있으며 이들에게 전문 사회복지서비스를 제공할 인력이 포함되어 있지 않다.

Part 02

학교교육 및 학교조직에 관한 이해

CHAPTER 04

학교교육과 교육관련법

1. 학교교육의 목적

교육은 인류의 삶이 시작되면서부터 삶의 한 과정으로 이루어져 왔다. 교육은 모든 생명체가 가지고 있는 생존본능과 호기심에 따라 자발적으로 이루어지는 배움과정에서 시작하여 개체의 본능적 생존과 자신이 속한 집단의 사회적 보존을 위해 가정교육이나 사회교육과 같이 일상적인 생활이나 특정한 훈련을 통해 내면화하는 과정, 학교제도를 통해 이루어지는 배움 등 다양한 형태와 수준의 모든 활동을 포함한다(한용진 외, 2007 : 15-18). 교육은 크게 학교교육과 평생교육을 통해 실현되는데 일반적으로 교육이라고 하면 학교교육을 의미할 만큼 우리 사회에서 학교교육의 비중은 크고 중요하다.

학교교육은 법이나 규정에 의해 가르치는 사람과 배워야 할 내용, 기간, 그리고 시설 등이 정해지는 제도적 교육양식의 대표적인 것이다(한용진 외, 2007 : 15-18). 학교교육은 동·서양 모두 고대사회부터 출현하기 시작하였다. 문화유산이 증가하고 축적됨에 따라 이를 체계적으로 전달할 필요가 있었고 고대국가가 형성하면서 이와 함께 관리양성이 필요하게 되었기 때문이다. 산업혁명 이후 사회문명이 더욱 발달하고 복잡해짐에 따라 사회 각 영역의 기능이 분업화, 세분화, 전문화됨으로써 교육적 기능은 주로 학교에서 수행하는 경향이 나타났다(김미환 외, 2007 : 20). 초기에는 제한된 사람들만을 대상으로 하다가 근대 이래로 점차 신분과 능력, 성별에 관계없이 누구든지 일정 기간 의무적으로 무상교육을 받는 공교육제도로 발전하였다(한용진 외, 2007 : 15-18). 오늘날 지식의 팽창과 직업의 전문화에 따라 제도적 교육양식은 고등교육에서조차 보편화 단계에 이르렀고 다양한 사회교육기관을 통해 누구나 언제든지 자신의 필요에 따라 교육받을 수 있는 평생교육체제가 마련되고 있다. 특히 지식정보화사회로 갈수록 개개인의 교육에 대한 요구도 다양해지고 기존 학교제도에 대한 비판이 증가하면서 비형식교육(non-formal education), 대안교육(alternatives in education), 열린교육(open education) 등이 각광을 받고 있지만(한용진 외, 2007 : 21) 여전히 학교교육은 대표적인 교육양식이다.

교육의 이념은 시대와 사회에 따라 변화한다. 교육을 통해 길러내고자 하는 인간의 모습도 다르고 사람들이 교육을 통해 이루고자 하는 목적도 다르다(한용진 외, 2007 : 221). 현재 학교교육의 근본목적은 학생의 지식과 진리를 추구하는 능력에 따라 지도하는 것이다. 즉, 민주주의적 생활양식을 습득하도록 준비해 주고, 학생으로 하여금 자존심과 자기 훈련 및 개인을 존경하는 도덕관을 발전시키도록 도우며, 학생으로 하여금 행복감과 위신을 갖고 생활을 영위할 수 있도록 준비하는 데 있다(성민선 외, 2004 : 152). 이에 우리나라는 모든 국민이 능력에 따라 균등하게 교육을 받을 권리를 가지고 있음을 분명히 하고 고등학교까지 무상으로 의무교육을 받도록 보장하고 있으며 학교교육 및 평생교육을 포함한 교육제도와 그 운영, 교육재정 및 교원의 지위에 관한 기본적인 사항은 법률로 정하고 있다.

교육은 국가 발전의 원동력이며 국가 경쟁력을 배양하는 기반이 된다. 특히 교육은 개인적 측면에서 볼 때 자아실현과 직업확보는 물론 건전한 사회생활 영위의 기본 토대가 된다. 또한 사회적 측면에서는 인적자본 개발로 인한 국가경쟁력 향상은 물론 국민의 삶의 질을 향상시키고 사회통합을 도모함으로써 복지사회 구현의 필수적인 요소가 된다. 아울러 교육적 성취는 다양한 사회·경제적 결과를 나타내는 대표적인 지표 가운데 하나이며 개인의 평생 동안의 복지를 보여주는 중요한 예측인자이다(성민선 외, 2004 : 190).

현대사회에서 교육에 대한 국가의 개입은 보편적인 것이 되고 있다. 구체적으로 국가가 교육에 관여하는 이유를 살펴보면 첫째, 교육이 질 높은 노동력을 창출해 내는 중요한 수단이 되므로 이를 통해 경제성장을 추구할 수 있고, 둘째, 국민 개인의 지적 수준을 보편적으로 증진시켜 사회적 일체감과 통합을 추구하는 데 도움을 주며, 셋째, 교육은 계층적 수직이동을 가능하게 하는 장치로서 사회적 평등화에 기여하는 제도이기 때문이다(성민선 외, 2004 : 190). 특히 교육은 사회 양극화를 해소하여 사회통합을 실현할 가장 중요한 정책적 수단의 하나이다. 따라서 국가는 교육을 통해 부의 대물림 현상을 줄이고 사회통합력을 높이기 위한 인적·사회적 자본형성에 노력할 수밖에 없다. 그리고 모든 국민이 능력에 따른 균등한 교육기회를 제공받을 수 있도록 정책적 지원을 할 수밖에 없다(조흥식, 2007 : 406).

2. 교육관련법

우리나라 교육정책의 궁극적인 법적 기반은 헌법이다. 헌법은 모든 법규의 최상위에 있는 최고의 법규범으로 교육법의 궁극적인 법원이 된다. 헌법 조문에는 주요 국민의 기본권 가운데 특히 인간의 존엄 및 행복추구권, 평등권, 교육을 받을 권리 등이 명시되어 있다. 특히 교육에 관하여 직접적으로 규정하고 있는 '직접조항'은 제31조에서 제6항으로 나뉘어 규정되어 있고 직·간접적으로 관계있는 '간접조항'은 국제조약과 법규(제6조), 인권존중(제10조), 평등권(제11조), 거주·이전의 자유(제14조), 양심의 자유(제19조), 학문·예술의 자유(제22조) 등이 있다.

그중 헌법에 나타난 교육에 관한 직접조항을 살펴보면 다음과 같다. 첫째, 모든 국민은 능력에 따라 균등하게 교육을 받을 권리가 있다(균등하게 교육을 받을 권리). 둘째, 모든 국민은 그 보호하는 자녀에게 적어도 초등교육과 법률이 정하는 교육을 받게 할 의무를 가진다(보호하는 자녀에게 교육을 받게 할 의무). 셋째, 의무교육은 무상으로 한다(의무교육의 무상). 넷째, 교육의 자주성, 전문성, 정치적 중립성 및 대학의 자율성은 법률이 정하는 바에 의하여 보장된다(교육의 자주성, 전문성, 정치적 중립성 및 대학의 자율성 보호). 다섯째, 국가는 평생교육을 진흥하여야 한다(국가의 평생교육 진흥의무). 여섯째, 학교교육 및 평생교육을 포함한 교육제도와 그 운영, 교육재정 및 교원의 지위에 관한 기본적인 사항은 법률로 정한다(법률주의)(한용진 외, 2007 : 223-224).

교육을 받을 권리는 중요한 생존권적 기본권의 하나다. 생존권적 기본권이란 국민이 인간다운 생활을 하기 위하여 국가의 적극적인 급여와 배려를 요구할 수 있는 권리를 말하며 생활권적 기본권, 사회권적 기본권이라고도 한다. 그리고 헌법이나 법률에 열거되어 있지 않다는 이유로 경시되지 않도록 헌법에서 국민의 권리와 자유를 보호하고 있다. 이 외에도 교육과 관련법은 교육기본법, 초·중등교육법, 사립학교법, 평생교육법, 고등교육법, 지방교육자치에 관한 법률, 교육공무원법, 지방교육재정교부금법, 교원지위향상을 위한 특별법 등이 제정·운영되고 있는데, 그중에서도 본 장에서는 학교사회복지와 관련이 많은 교육기본법, 초·중등교육법, 장애인 등에 대한 특수교육법 등을 중심으로 살펴보고자 한다.

1) 교육기본법

우리나라 교육법은 1997년에 교육기본법, 초·중등교육법, 고등교육법으로 분리·제정되어 1998년부터 시행되었다. 그중 교육기본법은 교육에 관한 국민의 권리·의무 및 국가·지방자치단체의 책임을 정하고 교육제도와 그 운영에 관한 기본적 사항을 규정하고자 만들어진 법으로 제3장 제29조로 구성되어 있다(표 4-1 참고).

제1장 총칙에서 모든 국민은 평생에 걸쳐 학습하고 능력과 적성에 따라 교육받을 권리를 가진다(제3조)는 학습권을 명시하고 국가와 지방자치단체는 학습자가 평등하게 교육받을 수 있도록 지역 간의 교원 수급 등 교육 여건 격차를 최소화하는 시책을 마련하고(제4조), 교육의 자주성과 전문성을 보장하고(제5조), 교육재정을 안정적으로 확보하기 위하여 필요한 시책을 수립·실시하여야 한다(제7조)고 명시하였다. 제2장에서는 교육 주체의 권리와 의무와 관련해서 규정하고 있는데, 구체적으로 살펴보면 학생을 포함한 학습자의 기본적 인권이 학교교육 또는 사회교육의 과정에서 존중되고 보호되어야 하며(제12조), 학부모는 자녀의 교육에 관해 학교에 의견을 제시할 수 있고 학교는 이를 존중하여야 하며(제13조), 학교교육에서 교원의 전문성은 존중되며 신분을 보장(제14조)해야 한다고 명시되어 있다. 제3장에서는 교육의 진흥에 대한 기본적 규범을 제시하고 관련하고 있는데 그중 국가와 지방자치단체가 학생 및 교직원의 건강 및 복지의 증진을 위하여 필요한 시책을 수립, 실시해야 하며 학생의 안전한 주거환경을 위하여 학생복지주택의 건설에 필요한 시책을 수립·실시하여야 한다(제27조)고 명시하였다. 이 조항은 학교사회복지 개입의 근거가 될 수 있는 조항이므로 학교사회복지의 실시를 위해 법 개정을 위한 다각적인 노력이 이루어져야 한다.

〈표 4-1〉 교육기본법의 구성

장	조
제1장 총칙	제1조(목적), 제2조(교육이념), 제3조(학습권), 제4조(교육의 기회균등), 제5조(교육의 자주성), 제6조(교육의 중립성), 제7조(교육재정), 제8조(의무교육), 제9조(학교교육), 제10조(사회교육), 제11조(학교 등의 설립)
제2장 교육당사자	제12조(학습자), 제13조(보호자), 제14조(교원), 제15조(교원단체), 제16조(학교 등의 설립자·경영자), 제17조(국가 및 지방자치단체)
제3장 교육의 진흥	제18조(특수교육), 제19조(영재교육), 제20조(유아교육), 제21조(직업교육), 제22조(과학·기술교육), 제23조(교육의 정보화), 제24조(학술문화의 진흥), 제25조(사립학교의 육성), 제26조(평가 및 인증제도), 제27조(보건 및 복지의 증진), 제28조(장학제도 등), 제29조(국제교육)

2) 초 · 중등교육법

초 · 중등교육법은 교육기본법 내용 중 제8조 의무교육과 제9조 학교교육에 관한 조항 등 초 · 중등교육과 직접 관련된 조항들에 대해 더 자세한 사항을 규정하고 있다. 초 · 중등교육법은 1995년 5 · 31 교육개혁방안에서 교육법 체계를 전면적으로 개편할 것을 제안한 후에 1997년에 제정된 이래 많은 변화를 겪어 왔다. 그 결과 의무교육 완성, 취학 전 1년 무상유아교육, 대안학교의 법제화, 학운위 설치 의무화, 상담교사제와 영양교사제, 자율학교 지정권한의 교육감으로의 이양 등 매우 중요한 변화가 이루어졌다. 기본적 특징은 대폭적으로 중앙정부의 권한을 교육감이나 단위학교(장)에 이양하는 등 지역적 특수성과 자율성을 확대하고자 노력하는 한편 학운위 의무와 그에 상응하는 책무성을 달성하기 위한 조치들이 뒤따랐다(김성기, 2006 : 29).

초 · 중등교육법은 초 · 중등교육에 대한 기본적 규율체계로서 제5장 제68조로 구성되어 있다. 제1장 총칙에는 초 · 중등교육법의 목적(제1조), 학교의 종류(제2조), 설립(제4조), 지도 · 감독(제6조), 장학지도(제7조)가 포함되어 있다. 제2장 의무교육 부분에는 국가는 의무교육을 실시해야 하고, 이를 위한 시설의 확보 등 필요한 조치를 강구해야 하며, 지방자치단체는 중학교 및 중학교와 특수학교를 설립 · 경영하여야 한다고 명시하였다(제12조).

제3장 학생과 교직원 부분은 크게 1절 학생과 2절 교직원 부분으로 대별된다. 제1절 학생 부분에서는 학생의 자치활동은 격려 · 보호되며 그 조직 및 운영에 관한 기본사항은 학칙에 정하도록 하였다(제17조). 초등학교와 중학교는 의무교육과정으로 학생을 퇴학시킬 수 없으며 학교장이 학생을 징계하고자 하는 경우에는 해당 학생 또는 학부모에게 의견진술의 기회를 부여하는 등 적절한 절차를 거치도록 하고 있다(제18조). 또한 징계처분에 이의가 있는 학생 또는 보호자는 교육감 소속의 시도 학생징계조정위원회에 재심을 청구할 수 있으며 징계 시에는 헌법과 국제인권조약에 명시된 학생의 인권을 보장하도록 명시하고 있다. 학생 징계의 세부사항은 초 · 중등교육법 시행령 제31조에서 다루고 있다. 즉, 학생의 징계는 과거 근신이나 정학제도가 폐지되고 학교 내의 봉사, 사회봉사, 특별교육 이수, 퇴학처분의 4단계로 제시되어 있다. 이에 따라 교육감은 특별교육 이수의 징계를 받은 학생을 교육하는 데 필요한 교원 및 시설 · 설비의 확보 등 필요한 조치를 취하도록 되어 있다(시행령 제31조 제4항). 특히 제17 · 18 · 31 · 32조 등은 학교의 통제 및 학생권과 관련된 내용이므로 학교사회복지사가 명확히 이해하고 있어야 한다.

제2절 교직원 부분에서는 교직원의 구분(제19조), 임무(제20조), 자격(제21조) 등이 명시되어 있다. 그중에서도 학교에 전문상담교사를 두거나 시·도 교육행정기관에 전문상담순회교사를 두며 순회교사의 정원, 배치기준 등은 대통령령으로 정하였다(제19조의2).

제4장 학교 부분에서는 총 8절로 구성되어 있는데 그중 교육부장관 및 교육감은 학교 및 교육행정기관의 업무를 전자적으로 처리할 수 있도록 교육정보시스템을 구축·운영할 수 있으며 학생 관련 자료제공을 학생 및 학부모의 동의 없이 제3자에게 제공하여서는 안 된다고 하였다(제30조의4). 또한 학교운영의 자율성을 높이고 지역의 실정과 특성에 맞는 다양한 교육을 창의적으로 실시할 수 있도록 하기 위한 기구로서 학교운영위원회를 설치하고 그 구성은 해당 학교의 교원대표, 학부모대표 및 지역사회 인사 등 5인 이상 15인 이내의 범위로 한다고 명시하였다(제31조). 학교운영위원회의 기능은 학교헌장 및 학칙의 제·개정, 학교 예산안 및 결산, 학교교육과정의 운영방법, 교과용 도서 및 교육 자료의 선정, 정규학습시간 종료 후 방학기간 중 교육활동 및 수련활동, 학교운영지원비의 조성·운용 및 사용, 학교급식 등 제반 학교운영과 관련된 사항을 심의한다. 그리고 학업을 중단하거나 개인적 특성에 맞는 교육을 받고자 하는 학생을 대상으로 현장실습 등 체험 위주의 교육, 인성 위주의 교육 또는 개인의 소질·적성 개발 위주의 교육 등 다양한 교육을 실시하는 대안학교의 설립에 대한 근거를 제시하였다(제60조의3). 특히 제30조의6, 제31·60조는 학생의 정보보호, 학부모의 학교참여, 대안교육 등과 관련되는 조항으로 학교사회복지사의 역할 및 업무에 있어 밀접히 관련 있으므로 정확히 파악하는 것이 필요하다.

〈표 4-2〉 초·중등교육법의 구성

장	절	조
제1장 총칙		제1조(목적), 제2조(학교의 종류), 제3조(국·공립·사립학교의 구분), 제4조(학교의 설립 등), 제5조(학교의 병설), 제6조(지도·감독), 제7조(장학지도), 제8조(학교규칙), 제9조(평가), 제10조(수업료 등), 제11조(학교시설 등의 이용)
제2장 의무교육		제12조(의무교육), 제13조(취학의무), 제14조(취학의무의 면제 등), 제15조(고용자의 의무), 제16조(친권자 등에 대한 보조)
제3장 학생과 교직원	제1절 학생	제17조(학생자치활동), 제18조(학생의 징계)
	제2절 교직원	제19조(교직원의 구분), 제20조(교직원의 임무), 제21조(교원의 자격), 제22조(산학겸임교사 등)

제4장 학교	제1절 통칙	제23조(교육과정 등), 제24조(수업 등), 제25조(학교생활기록), 제26조(학년제), 제27조(조기진급 및 조기졸업 등), 제28조(학습부진아 등에 대한 지원), 제29조(교과용 도서의 사용), 제30조(학교의 통합운영)
	제2절 학교운영위원회	제31조(학교운영위원회의 설치), 제32조(기능), 제33조(학교발전기금), 제34조(학교운영위원회의 구성 · 운영)
	제3절〈삭제〉	제35조〈삭제〉, 제36조〈삭제〉, 제37조〈삭제〉
	제4절 초등학교	제38조(목적), 제39조(수업연한), 제40조〈삭제〉
	제5절 중학교 · 고등공민학교	제41조(목적), 제42조(수업연한), 제43조(입학자격 등), 제44조(고등공민학교)
	제6절 고등학교 · 고등기술학교	제45조(목적), 제46조(수업연한), 제47조(입학자격 등), 제48조(학과 등), 제49조(과정), 제50조(분교), 제51조(방송통신고등학교), 제52조(근로청소년을 위한 특별학급 등), 제53조(취학의무 및 방해 행위의 금지), 제54조(고등기술학교)
	제7절 특수학교 등	제55조(특수학교), 제56조(특수학급), 제57조〈삭제〉, 제58조(학력의 인정), 제59조(통합교육)
	제8절 각종 학교	제60조(각종 학교)
제5장 보칙 및 벌칙		제61조(학교 및 교육과정 운영의 특례), 제62조(권한의 위임), 제63조(시정 또는 변경명령), 제64조(휴업 및 휴교처분), 제65조(학교 등의 폐쇄), 제66조(청문), 제67조(벌칙), 제68조(과태료)
부 칙		

3) 장애인 등에 대한 특수교육법

「장애인 등에 대한 특수교육법」은 2007년 제정, 2008년 일부 개정하여 장애인 및 특별한 교육적 요구가 있는 사람에게 통합된 교육환경을 제공하고 생애주기에 따라 장애유형 · 장애정도의 특성을 고려한 교육을 실시하여 이들이 자아실현과 사회통합을 하도록 기여하도록 하는 데 목적이 있다(제1조). 이 법은 총 제6장 제38조로 이루어졌다. 제1장 총칙에는 목적, 정의, 의무교육 등, 차별의 금지로 구성되어 있으며 제2장 국가 및 지방자치단체의 의무에는 특수교육 대상자에 대해서는 유치원 · 초등학교 · 중학교 및 고등학교 과정의 교육이 무상으로 이루어지며(제5조), 국가 및 지방자치단체는 특수교육대상자에게 적절한 교육을 제공하기 위해 특수교육종합계획의 수립, 특수교육대상자의 조기발견, 취학지도, 특수교육기관의 설치 · 운영 및 시설 · 설비의 확충 · 정비, 특수교육 관련서비스 지원방안의 강구를 할 의무를 갖는다(제5조)고 규정하였다.

제3장 특수교육대상자의 선정 및 학교배치 등에는 특수교육대상자로 시각장애, 청각장애, 지적장애, 지체장애, 정서・행동장애, 자폐성장애, 의사소통장애, 학습장애, 건강장애, 발달지체, 그 밖에 대통령령으로 정하는 장애가 있는 사람 중 특수교육을 필요로 하는 사람으로 진단・평가된 사람이라고 명시하였다(제15조). 그 외 선정절차 및 교육지원 내용의 결정, 배치 및 교육으로 구성되었다.

제4장 영유아 및 초・중등교육에는 각급 학교의 장은 특수교육대상자의 교육적 요구에 적합한 교육을 제공하기 위하여 보호자, 특수교육교원, 일반교육교원, 진로 및 직업교육 담당 교원, 특수교육 관련서비스 담당 인력 등으로 개별화교육지원팀을 구성하며(제22조), 교육감은 특수교육대상자와 그 가족에 대하여 가족상담 등 가족지원을 제공하여야 하며 필요한 경우 물리치료, 작업치료 등 치료지원을 제공하여야 하며 각급 학교의 장은 보조인력 제공, 각종 교구, 각종 학습보조기 제공, 통학지원, 기숙사 제공(제28조) 등 특수교육 관련서비스를 한다고 명시하였다.

1994년 전면 개정된 특수교육진흥법에서부터 통합교육의 실행이 법 조항으로 명시된 이후 장애학생의 통합교육을 지향하는 일련의 정책 속에서 일선 학교현장에서는 교사, 학부모, 학생 모두에게 학교사회복지서비스가 요구되고 있다. 학교사회복지사는 이러한 장애를 가진 학생들의 통합교육과 학교생활 적응을 위한 개입활동을 하게 된다. 또한 학교 내 혹은 지역사회 복지관의 방과 후 교실과의 연계와 특수교사, 담임교사, 특수교육 보조원, 학부모 및 복지관의 전문가와 함께 사례회의를 통한 팀 협력으로 장애학생에 대한 다각적인 도움을 제공할 수 있다(성민선 외, 2004 : 199-200). 미국의 경우 개별화교육지원팀에 사회복지사가 포함되어 있어 장애학생에 대한 학교사회복지사의 개입을 보장하고 있는 데 반해 우리나라의 경우는 개별화 교육지원팀에 사회복지사가 구체적으로 포함되어 있지 않아 학교사회복지사가 장애학생에 대한 효과적인 서비스 제공 및 개입에 한계가 많음을 알 수 있다.

〈표 4-3〉 장애인 등에 대한 특수교육법의 구성

장	조
제1장 총칙	제1조(목적), 제2조(정의), 제3조(의무교육 등), 제4조(차별의 금지)
제2장 국가 및 지방자치단체의 의무	제5조(국가 및 지방자치단체의 임무), 제6조(특수교육기관의 설립 및 위탁교육), 제7조(위탁교육기관의 변경신청), 제8조(교원의 자질향상), 제9조(특수교육대상자의 권리와 의무의 안내), 제10조(특수교육운영위원회), 제11조(특수교육지원센터의 설치・운영), 제12조(특수교육에 관한 연차보고서), 제13조(특수교육 실태조사)

제3장 특수교육대상자의 선정 및 학교배치 등	제14조(장애의 조기발견 등), 제15조(특수교육대상자의 선정), 제16조(특수교육대상자의 선정절차 및 교육지원 내용의 결정), 제17조(특수교육대상자의 배치 및 교육)
제4장 영유아 및 초 · 중등교육	제18조(장애영아의 교육지원), 제19조(보호자의 의무 등), 제20조(교육과정의 운영 등), 제21조(통합교육), 제22조(개별화교육), 제23조(진로 및 직업교육의 지원), 제24조(전공과의 설치 · 운영), 제25조(순회교육 등), 제26조(종일제를 운영하는 유치원 과정의 교육기관), 제27조(특수학급의 학급 및 각급학교의 특수학급 설치기준), 제28조(특수교육 관련 서비스)
제5장 고등교육	제29조(특별지원위원회), 제30조(장애학생지원센터), 제31조(편의제공 등), 제32조(학칙 등의 작성), 제33조〈삭제〉, 제34조〈삭제〉
제6장 보칙 및 벌칙	제35조(대학의 심사청구 등), 제36조(고등학교 과정 이하의 심사청구), 제37조(권한의 위임과 위탁), 제38조(벌칙)
부칙	

CHAPTER 05

학교교육정책 및 행정

1. 학교교육정책의 개념과 주요 이념

교육정책이란 학자에 따라 그 의미가 무척 다양하게 정의되어 왔지만 대체로 사회적·공공적·조직적 활동으로서의 교육활동에 관하여 국민과 지방주민의 동의를 바탕으로 하면서 국가 또는 지방공공단체의 공권력을 배경으로 강행되는 기본방침 또는 지침을 의미한다. 그것은 교육활동의 목적·수단·방법 등에 관한 최적 대안을 의도적·합리적으로 선택한 것을 의미한다(김종철·이종재, 1994 : 151-152). 즉, 교육정책은 공익을 추구하는 국가의 교육방침을 의미한다고 할 수 있다. 교육정책은 다양하게 구별해 볼 수 있는데, 우선 평생교육적 관점에서 취학 전 교육정책, 학교교육정책, 성인교육정책 및 노인교육정책으로 대별할 수 있다. 또한 학교교육정책이라 할지라도 학교 수준에 따라 초등교육정책, 중등교육정책, 고등교육정책 등으로 구분할 수 있다(한용진 외, 2007 : 227). 일반적으로 학교교육정책이란 유·초·중등교육, 고등교육을 말하며 평생교육정책과 대비되는 용어로 쓰이고 있다(이민희 외, 2005 : 64). 본 서에서는 초·중등교육정책에만 국한하여 다루고자 한다.

우리나라 학교교육정책은 중앙수준과 지방수준으로 분류할 수 있다. 중앙수준의 학교교육정책은 교육부가 직접 정책을 입안 결정하여 추진하는 정책을 의미하며 지방교육수준의 학교교육정책이란 광역자치단체의 교육행정기관인 시·도교육청의 교육감이 입안 결정하고 추진하는 정책을 말한다. 시·도교육청 밑에 지역교육청이 있기는 하지만 시·도의 하급행정기관일 뿐 실제 자율적인 정책을 입안하고 결정할 권한은 거의 가지고 있지 못하다. 그런데 우리나라의 학교교육정책은 중앙의 교육부가 총괄하지만 실제 고등교육단계와 평생교육단계를 제외한 나머지 교육정책들은 대부분 지방의 시·도교육청에 이양 내지는 위임되어 있다(이민희 외, 2005 : 63).

우리나라 학교교육정책은 크게 교육의 자주성, 전문성, 정치적 중립성이라는 세 가지 이념에 근거하고 있다(이기우, 2004 : 68-70). 본 장에서는 전술한 세 가지 이념에 교육자치제를 추가해서 설명하고자 한다.

1) 교육의 자주성

헌법이 보장하는 교육의 자주성이란 교육의 내용, 방법을 교육자가 스스로 정할 수 있고 행정권력에 의한 부당한 간섭을 받지 아니함을 의미한다. 교육의 특성은 피교육자에의 개별적인 성행과 환경, 취향 등에 적합하여야 하고 고도의 정신적 능력과 가치관이 요구되므로 행정청에서 이를 획일적으로 통제하려고 하는 것은 타당하지 못하다는 것을 의미한다. 이는 교육현장을 담당하는 학교와 교사의 재량 및 자율적인 의사결정을 의미한다. 교육의 자주성을 확보하기 위해서는 행정기관의 학교에 대한 획일적인 간섭을 차단하고 교육주체의 자주적인 결정권이 보장되도록 하는 것이 중요하다.

2) 교육의 전문성

헌법이 보장하는 교육의 전문성이란 교육에 대해 전문적인 지식과 능력을 갖춘 자가 교육을 담당해야 한다는 것을 의미한다. 이는 교육자의 전문성을 존중하고 보장함으로써 교육의 질적 수준을 보장한다는 것이다. 교육자의 자격요건을 강화하고 재교육을 위한 연수의 강화 및 교육여건의 개선을 통한 연구 분위기의 조성 등이 중요하다. 전문성은 자율성을 필수적인 요소로 한다. 이 점에서 교육의 전문성은 교육의 자주성의 또 다른 표현이라고 볼 수도 있다. 교육의 전문성은 교육현장에 대한 교육행정청의 간섭을 최소화하고 교사의 전문적인 판단을 존중함으로써 달성될 수 있다.

3) 교육의 정치적 중립성

헌법이 보장하는 교육의 정치적 중립은 정치적인 세력의 부당한 간섭으로부터 교육을 방어하는 데 본질이 있다. 즉, 정치적 세력에 의하여 교육이 부당한 영향을 받아서는 안 된다는 것을 의미한다. 교육의 정치적인 중립성을 보장하기 위해서는 정치적인 세력에 의하여 지배되는 교육행정청으로부터 학교와 교사를 독립시켜 교육의 내용과 방법을 자주적으로 결정하고 특정한 정치적인 세력의 영향으로부터 벗어날 수 있게 함으로써 가능해질 수 있다. 이러한 교육의 자주성, 전문성, 정치적인 중립성은 교육공동체인 학교의 구성원인 교육주체들이 교육행정청의 부당한 간섭을 배제하고 수업과 학교생활에 관한 자기결정을 하도록 하는 학교자치의 근거가 된다.

4) 교육자치제

우리나라에서 교육자치의 개념은 서로 다른 세 가지 의미로 혼재되어 사용되고 있다. 그 내용을 살펴보면 첫째, 지방교육 운영을 중앙의 행정 통제로부터 분리·독립시키는 지방자치의 개념으로서 교육자치이다. 이것은 지방분권의 원리에 의한 것이다. 교육행정상 민주화의 요청에 중앙정부에 의한 획일적 통제와 처리를 지양하고 지방의 실정에 부합되는 교육정책 수립과 사무처리를 하려는 것이다. 이는 지방적인 특징을 살림으로써 '통합 속의 다양성(diversity in unity)'을 지향할 뿐만 아니라 지방 주민들의 교육활동을 통한 자율, 자치, 정신을 배양하려는 데 목적이 있다(성민선 외, 2004 : 170-171).

둘째, 교육행정을 일반 행정으로부터 분리·독립시킨다는 의미의 교육자치이다. 교육은 장기적 사업으로서 국가 백년대계에 속하는 것이며 단기적 평가를 지양한다. 이러한 특수성 때문에 교육은 정치적·종교적 중립을 견지하고 여러 계층의 이해관계를 초월하여 개인의 능력을 계발하고 국가 이상을 구현해야 하는 특성을 가지고 있다. 이러한 교육의 특수성이 교육행정의 특수성을 수반하게 되며 교육의 자주성, 전문성, 정치적 중립성을 보장하기 위하여 교육행정은 일반 행정으로부터 분리·독립시켜야 한다는 원리이다(성민선 외, 2004 : 170-171).

셋째, 교육의 주체인 교사, 학부모, 학생들이 교육청의 간섭을 받지 않고 자율적으로 해결해 나가는 학교자치로서의 의미인 교육자치이다(이기우, 2004 : 60). 학교자치로서의 교육자치란 교육 공동체인 학교가 교육의 주체인 교사, 학부모, 학생의 참여하에 학교 수업과 학교생활에 관하여 외부의 부당한 간섭을 받지 않고 자기책임하에 결정하고 수행하도록 하는 학교조직원리이다(이기우, 2004 : 64). 영국이나 미국의 경우 교육자치란 바로 학교자치를 의미한다. 학교자치를 구성하는 내용에는 학교의 자율적인 결정권(교육의 내용과 학교의 운용, 교재의 선택, 수업의 방법 등을 학교가 결정함), 학교의 자치조직 운영(예를 들어, 학교운영위원회, 학생회, 교사들로 구성된 위원회 등), 교육행정청의 부당한 간섭의 방어 등이 포함된다.

이상에서 본 바와 같이 우리나라에서 사용되고 있는 교육자치란 서로 다른 의미들이 구분 없이 사용되어 왔는데, 그중에서도 지금까지 우리나라 교육에서 교육자치란 주로 첫 번째, 두 번째에 초점을 두어왔고 최근에 와서야 단위학교의 자치가 관심을 받고 있다.

2. 학교교육정책의 발전과정

우리나라 학교교육정책이 어떻게 발전해 왔는가를 알아보는 것은 과거를 이해함으로써 현재의 학교교육정책에 대한 분석 및 미래의 방향을 통찰할 수 있게 한다. 이를 위해 학교교육정책의 발전과정 중에서도 초·중등학교를 중심으로 한 1차에서 7차까지의 학교교육과정을 간단히 살펴보고자 한다(이민희 외, 2005 : 20-43).

제1차 교육과정의 시기(1954~1963)는 한국전쟁 직후인 1954년에 최초로 '초등학교, 중학교, 고등학교, 사범학교 교육과정 시간 배당 기준령'이 마련되었고 1955년에 문교부령으로 '초등학교, 중학교, 고등학교 교과과정'이 개정 공포되어 '교과중심 교육과정'이 이루어지게 되었다. 이 시기에는 별도의 교육적 인간상이 제시되지는 않았고 교육법 제2조의 홍익인간의 교육이념에 따른 교육목적이 있었다. 이 시기에는 특히 한국전쟁 직후라 반공교육과 도의교육, 실업교육 등이 강조되었다.

제2차 교육과정의 시기(1963~1973)는 한마디로 '경험(생활) 중심의 교육과정'이었다고 할 수 있는데, 연간 35주 기준으로 45분 수업을 단위로 주당 수업시간량이 제시되었고 1968년에 국민교육헌장이 발표되었으며 1969년부터는 중학교 무시험입학제가 실시되었다. 개혁의 효과는 전국의 초등학교 아동을 입시지옥에서 해방시키는 데는 성공적 효과를 보였다고 평가할 수 있으나 일류 고등학교 입학을 위한 중학생들의 입시경쟁을 촉진하는 것을 막을 수 없었다.

제3차 교육과정의 시기(1973~1981)는 학문중심의 교육과정으로 지식의 기본개념과 원리를 중시하였다. 국민교육헌장의 이념 구현을 위해서 국민적 자질의 함양, 인간교육의 강화, 지식·기술교육의 쇄신을 통한 자아실현, 국가발전, 민주적 가치의 강조 등의 교육이념들이 교과활동과 특별활동의 편제 속에 녹아있었다. 특히 1974년부터 고등학교 평준화정책이 실시되었다. 우리나라 고등학교 교육제도는 해방 이후 오랜 동안 일반계 고등학교(과거의 인문계 고교)와 전문계 고등학교(과거의 실업계 고교)의 이원적 체제를 유지하여 왔다. 그런 가운데 1974년부터는 고교입시 경쟁의 과열에 따른 여러 가지 교육적 문제와 사회적 부작용 등이 발생하게 되면서 이를 해소하기 위한 방안으로 고교 평준화 정책을 실시하게 되었다(김영철, 2007 : 57-58). 당시 고등학교 평준화 실시의 취지는 중학교 교육의 정상화, 실업교육 진흥, 교육의 지역 간 균형발전, 국민의 사교육비 부담 경감, 학생인구의 대도시집중 억제로 매우 의미 깊은 조치였다.

제4차 교육과정의 시기(1981~1987)에 이어 제5차 교육과정의 시기(1987~1992)는 군인출신의 대통령이 통치한 마지막 시기이다. 고교 평준화 정책의 실시에 따라 교육의 수월성 추구 곤란, 학생과 학부모의 학교선택권 제약 및 사학 운영의 자율성 제약 등과 같은 새로운 문제점들이 발생했다. 그래서 이러한 평준화 정책의 문제점을 보완하기 위한 차원으로 특수재능교육을 위한 예술고 · 체육고와 같은 특수목적을 가진 고등학교가 설치되기 시작했고 1980년대 이후에는 과학고와 외국어고 등이 설치되었다(김영철, 2007 : 57-58). 초등학교가 통합교육과정의 제정에 따라 새롭게 운영되었고 1991년 다시 부활된 지방자치제도에 따라 교육에 있어서도 지역성이 중요시되기 시작하였다.

제6차 교육과정의 시기(1992~1997)는 최초로 문민정부가 들어선 시기지만 학교교육정책적으로는 큰 변화가 없었던 시기이다. 대표적인 변화로는 1995년에 5 · 31 신교육개혁안이 발표되었는데 이는 망국적인 대학입시제도의 개혁을 위한 몇 차례의 개혁조치 등이 별 변화가 없자 교육개혁위원회에서 특별한 개혁안을 마련한 것이다. 주요 개혁안으로는 열린 교육사회, 평생학습사회의 기반 구축, 대학의 다양화와 특성화, 학교운영위원회의 설치, 인성 및 창의성을 함양하는 교육과정 도입, 국민의 고통을 덜어주는 대학입학제도로 '종합생활기록부제' 도입, 교육재정 GNP 대비 5% 확보(1998년까지) 등이 골자였다. 특히 봉사활동 내신점수화 제도가 도입되어 초등학교 1, 2학년과 중학교 1학년은 연간 40시간의 봉사활동시간을 이수하도록 되었다.

그리고 1990년대 중반에는 교육개혁위원회의 교육개혁 방향에서 '고교체제의 다양화 · 특성화 · 자율화' 등이 추진되면서 다양한 고교 유형들이 생겨나게 되었다. 이런 학교들은 특성화 고등학교, 자율학교, 자립형 사립고교 등의 특수목적을 가진 고등학교들이다(김영철, 2007 : 57-58). 이와 같은 특수목적을 가진 고등학교 제도들이 도입되면서 당초의 설립 취지대로 고등학교 유형이 다양화되었고 교육 프로그램도 특성화되었으며 학교 운영도 자율화된 측면이 있다. 그러나 중등교육의 정책이념인 평준화 정책과 상치된다는 비판도 컸다. 그것은 외양적인 학교 명칭과 학교 측에 유리한 제도만을 선택적으로 바꾸었지, 고교체제의 본질적인 측면을 모두 포괄하는 고교 시스템을 바꾸지 않았기 때문이다.

제7차 교육과정(1997~2009)의 특징은 무엇보다 '학생중심의 교육과정'이라고 할 수 있다. 급속한 사회 변화에 부응하는 교육적 인간상 정립을 21세기의 세계화·정보화 시대를 주도할 자율적이고 창의적인 한국인 육성으로 정하고 새롭게 출발하려는 의지를 보여주었다. 특히 수준별 수업의 도입과 학생선택권 확대, 재량활동시간의 도입이 골자이다.

또한 21세기 정보화, 사회를 맞이하여 교육부는 2005년도 대통령 업무보고에서 '우수인재 양성, 교육복지사회 구현, 평생학습사회 실현'의 3대 부문에 역점을 두어 인적자원 강국의 비전을 달성하겠다는 목표를 세웠다. 이의 실천을 위해 대학교육의 혁신, 인적자원 개발과 평생학습체제 구축, 초·중등 학교교육의 내실화, 사회통합을 위한 교육복지 강화, 교육소외, 부적응 해소, 대학생 복지지원, 교육개발과 국제교류협력 강화, e-learning 활성화 등 8대 목표 34개 과제를 중점 추진하겠다고 밝혔다.

제8차 교육과정(2009~2014)은 기존 7차 교육과정을 수정·보완하였다. 2008년 이명박 정부가 들어서면서 기존의 교육인적자원부와 과학기술부가 하나의 부처로 통합되어 교육과학기술부로 새롭게 출범하였다. 그중 초·중등교육과 관련된 과제는 자율화·다양화된 교육체제 구축, 학교교육 만족도 제고, 교육복지기반 확충이었다. 그중 교육복지기반 확충에서는 지역·학교·학생의 특성을 고려한 맞춤형 교육복지 강화와 기초학력 미달 밀집 학교 집중 지원 및 모든 학교에 대하여 기초학력 미달 학생에 대한 진단 및 학습체제 구축 지원을 통한 기초학력 보장체제 구축이 포함되어 있다. 그리고 소득수준에 따른 맞춤형 장학금 지원 등을 행하는 맞춤형 국가장학제도 등과 전 국민에 대한 평생학습 활성화, 유아교육 선진화, 생애주기별 장애인 교육지원 체제 구축 및 초등돌봄교실 운영을 포함하였다. 이는 학교자율을 표방하면서도 경쟁을 강조하는 신자유주의적 이념을 방영하는 교육정책으로 사료된다. 학교사회복지에서 필수적으로 강조되는 공교육의 약화가 우려되는 방향으로 평가할 수 있을 것이다.

2015 개정 교육과정에서는 그간 우리 교육이 단순 암기를 강조하며 한 줄 세우기식 평가 중심으로 이루어져 학생들의 흥미와 학습 동기를 효과적으로 이끌어 내지 못하였다고 평가하였다. 이에 교육과정 개정의 핵심은 배움의 즐거움을 알게 하며 학생의

참여 활동을 강화하여 학습의 흥미도와 동기를 높이고 꿈과 끼를 발휘할 수 있도록 하는 데 두었다(교육부, 2015). 특히 문·이과 칸막이 없는 인문·사회·과학기술에 관한 기본 소양을 토대로 미래사회가 요구하는 인문학적 상상력과 과학기술 창조력을 두루 갖춘 창의융합형 인재를 양성하고자 하였다(교육부 교육과정정책과, 2015).

2017년 문재인 정부에 와서는 교육과학기술부를 교육부로 다시 이름을 바꾸었고 국정과제로 한 고등학교 무상교육을 2019년 2학기 고3부터 시작하여 2022년까지 전 학년까지 실시할 계획을 수립하였다.

3. 학교교육 행정기관의 역할 및 기능

현대사회에 있어 교육은 단순히 개인 차원의 일이 아니라 한 국가의 시민으로서 누려야 할 권리이자 의무며 이러한 국민적 권리이자 의무는 사회 전체 혹은 국가의 책임하에 준비되어 실행된다. 국가 사회는 국민의 교육에 관한 권리를 보장·강화하고 교육이념을 실현하기 위해 제도와 기구 및 그 운영규칙을 만든다. 필요한 공공재정을 투입하여 다양한 학교를 만들고 교사를 양성·관리할 뿐 아니라, 학생들의 교육적 성취를 평가하여 소기의 책무를 다하고자 한다(한용진 외, 2007 : 219-220).

교육행정은 교육을 대상으로 하여 교육목표의 설정, 그 달성을 위한 인적·물적 기타 지원조건의 정비·확립, 목표달성을 위한 계획과 결정, 집행과 지도, 통제와 평가 등을 포함하는 일련의 봉사활동으로 이루어지는 것이다(노종희·송광용·신현석, 2002 : 8-9). 법적으로 교육행정의 영역은 교육부장관의 관할하에 있는 행정활동의 영역을 말한다. 대상에 따라 구분하면, 취학 전 교육행정, 초등교육행정, 중등교육행정, 고등교육행정, 사회교육행정, 특수교육행정, 재외국민교육행정, 직업기술교육행정, 교원교육행정, 사학행정 등으로 구분된다. 또한 업무내용 면에서 보면 학생인사행정, 교직원인사행정, 재정행정, 시설행정, 사무관리행정, 홍보행정, 연구행정, 장학행정 등으로 나눌 수 있다.

한편 교육행정의 중층 구조에 의한 구분은 교육부를 중심으로 하는 중앙교육행정, 시·도교육청과 지역교육청을 중심으로 하는 지방교육행정, 그리고 단위학교 교육행정으로 구분할 수 있으나 교육행정의 중층 구조에 따라 같은 업무내용이라 하더라도 행정의 범위와 포괄성 및 중요도가 달라질 수 있다(노종희 · 송광용 · 신현석, 2002 : 9).

우리나라의 교육행정체제는 3층 구조의 분업적 체제로 중앙의 교육부(5개의 직속기관을 가지고 있음), 지방의 16개 시 · 도 교육청(167개의 직속기관을 가지고 있음)과 시 · 군 · 구 단위의 182개 지역교육청(200개의 소속기관을 가지고 있음)으로 구조화되어 있다. 우리나라 교육행정조직은 크게 중앙과 지방교육행정체계로 대별된다. 중앙교육행정체계인 교육부가 국립학교와 고등교육기관을 관장하고 지방교육행정체제로는 의결기관인 교육위원회 및 집행기관인 교육감과 지방교육행정기관 시 · 도교육청과 지역교육청으로 구성된다. 시 · 도교육청은 고등학교를, 지역교육청은 중학교, 초등학교, 유치원, 사설학원, 각종 학교, 평생교육기관 등을 직접 관장한다. 교육자치제도 실시에 의해 시 · 도교육청은 지방교육자치를 위한 특별행정기관으로 기능하고 있으나 지역교육청은 교육자치 미실시로 시 · 도교육청의 하급행정기관으로 기능하고 있다(이민희 외, 2005 : 64).

1) 교육부

초 · 중등교육과 관련하여 우리나라 중앙교육행정부처로는 교육부가 있다. 이것은 1948년 정부조직법에 의해 문교부로 직제가 공포된 이후 교육부－교육인적자원부－교육과학기술부로 명칭이 변경되었으며 문재인 정부에서는 교육부로 이름이 변경되었다.

교육부 장관은 인적자원개발정책, 학교교육, 평생교육, 학술에 관한 사무를 관장한다(정부조직법 제28조). 현재 사회부총리가 교육부장관을 겸직하고 있다. 교육부는 중앙정부의 교육정책을 입안－결정－집행하는 기관으로 국립학교와 고등교육기관을 직접 관장한다. 교육부의 조직을 보면 |그림 5－1|과 같다.

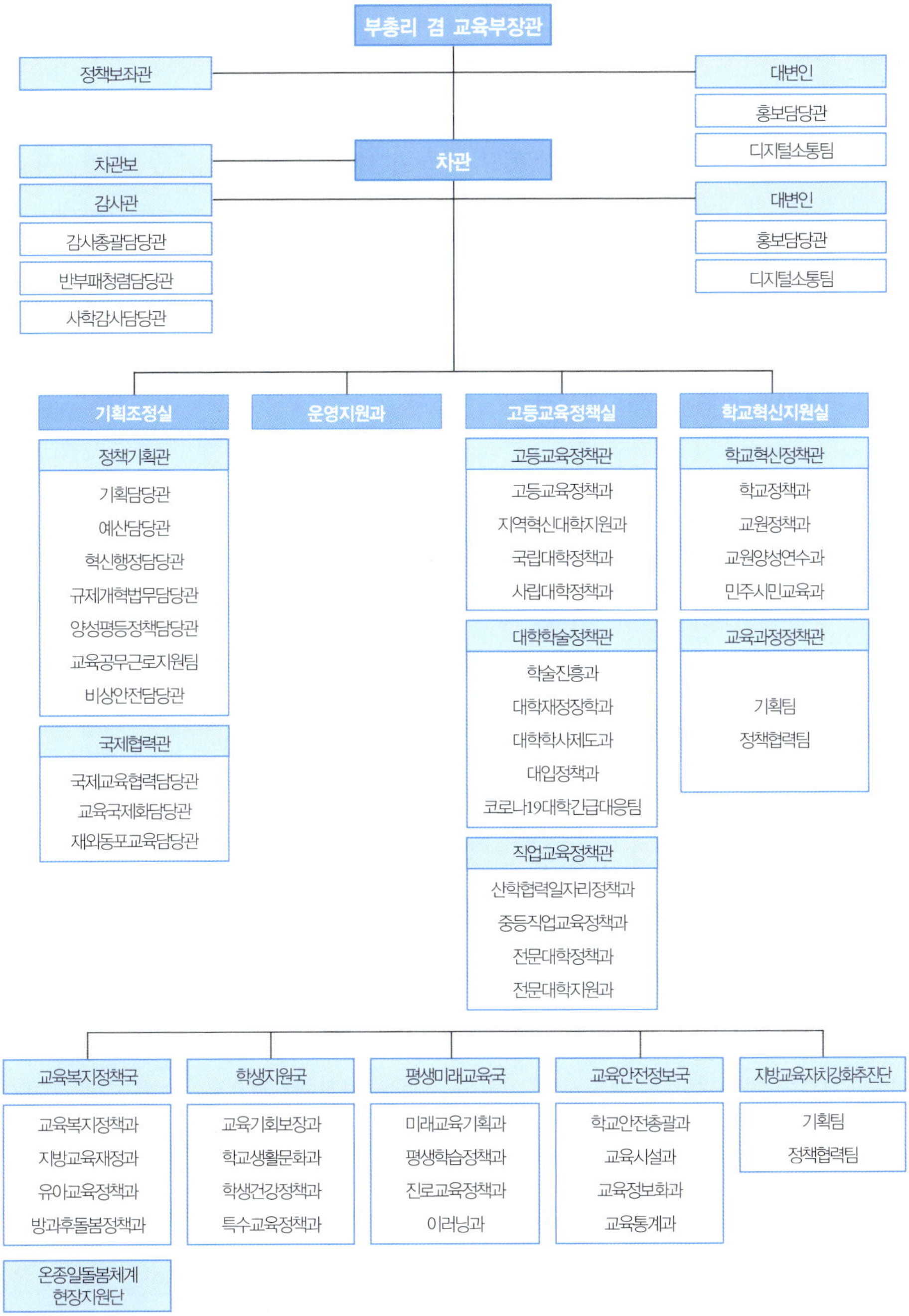

|그림 5-1| 교육부의 조직도

출처 : 교육부 홈페이지(2020. 3. 11. 인출).

전체 조직 중 초·중등교육과 관련된 부서는 학생지원국과 교육복지정책국이다. 먼저 학교지원국은 4과(교육기회보장과, 학교생활문화과, 학생건강정책과, 특수교육정책과)로 구성되어 있다. 학교지원국에서는 기초학력보장, 방과후돌봄, 학업중단학생학습지원, 탈북학생지원, 다문화교육 지원, 학교폭력 예방교육, 위(Wee) 프로젝트, 학교폭력피가해자 지원, 학생건강, 학생급식지원, 학생 감염병 예방 및 학교건강검사 제도, 특수교육정책 전반에 대한 업무를 행한다.

교육복지정책국은 교육복지정책 전반, 농어촌학교 지원, 아동학대 예방, 저소득층 교육급여 지원, 지방교육재정분석, 차세대 지방교육행재정통합시스템 구축, 유아교육 전반, 방과후학교 관련 업무를 행한다.

2) 시·도교육청

지방교육행정체제는 지방의 교육행정조직을 위한 전반적인 조직과 구조를 말하며 교육의 자주성, 전문성, 지역교육의 특수성을 구현하기 위하여 교육자치제도를 그 특징으로 하고 있다.

지방교육행정체계는 의결기관인 교육위원회 및 집행기관인 교육감과 지방교육행정기관으로 구성된다. 현재 지방교육행정체제는 17개 시·도교육청과 182개 지역교육청으로 구성되어 있다. 그중 시·도 단위의 교육청은 지역교육에 대한 요구를 수렴하여 지역교육의 특수성을 살려 지역교육 계획을 수립·실천하고 시·도의 교육·학예에 관한 사무의 집행기관으로서 고등학교를 직접 관장한다. 시·도교육청은 교육에 관한 지역적 요구를 수렴하기 위하여 교육감을 정점으로 부교육감, 국장, 과장, 계장 등으로 이어진다(정영수 외, 2007 : 83).

교육감은 일반 행정사무를 분장하고 있는 지방자치단체장과는 별도로 특히 교육, 과학 및 체육에 관한 사무를 분장하기 위하여 두는 특별집행기관으로서(지방자치법 제121조) 해당 지방자치단체의 교육·과학 및 체육에 관한 행정의사를 결정하고 이를 외부에 표시하는 권한을 행사한다(성민선 외, 2004 : 171-172). 교육감은 중등학교 교육정책의 실질적인 결정자이며 동시에 집행자이다. 그리고 중등학생과 관련된 각종 교육시설을 실제 관장 운영하는 주체이기도 하며 교원을 채용하고 배치하는 막대한 권한을 가지고 있다. 교육감의 법적 권한을 살펴보면 시·도교육감은 「지방교육자치에 관한 법률」 제20조에 의거하여 〈표 5-1〉과 같은 교육정책 및 사무를 관장할 권한을 지니고 있다. 그러나 이들 권한 중 주민의 재정적 부담이나 의무부과에 관한 조례안, 지방자치단체의 일반회계와 관련된 사항 등에 대해서는 광역지방자치단체장과 의무적으로 사전 협의를 거쳐야 한다(이민희 외, 2005 : 69-70).

〈표 5-1〉 교육감의 역할

내 용
– 교육조례안의 작성 및 제출에 관한 사항 – 교육예산안의 편성 및 제출에 관한 사항 – 교육결산서의 작성 및 제출에 관한 사항 – 교육규칙의 제정에 관한 사항 – 학교, 그 밖의 교육기관의 설치 · 이전 및 폐지에 관한 사항 – 교육과정의 운영에 관한 사항 – 과학 · 기술교육의 진흥에 관한 사항 – 평생교육, 그 밖의 교육 · 학예진흥에 관한 사항 – 학교체육 · 보건 및 학교환경정화에 관한 사항 – 학교통학구역에 관한 사항 – 교육 · 학예의 시설 · 설비 및 교구에 관한 사항 – 재산의 취득 · 처분에 관한 사항 – 특별부과금 · 사용료 · 수수료 · 분담금 및 가입금에 관한 사항 – 기채 · 차입금 또는 예산 외의 의무부담에 관한 사항 – 기금의 설치 · 운용에 관한 사항 – 소속 국가공무원 및 지방공무원의 인사관리에 관한 사항 – 그 밖에 당해 시 · 도의 교육 · 학예에 관한 사항과 위임된 사항

출처 : 지방교육자치에 관한 법률[시행 2020. 3. 4][법률 제16682호, 2019. 12. 3., 일부개정] 제20조.

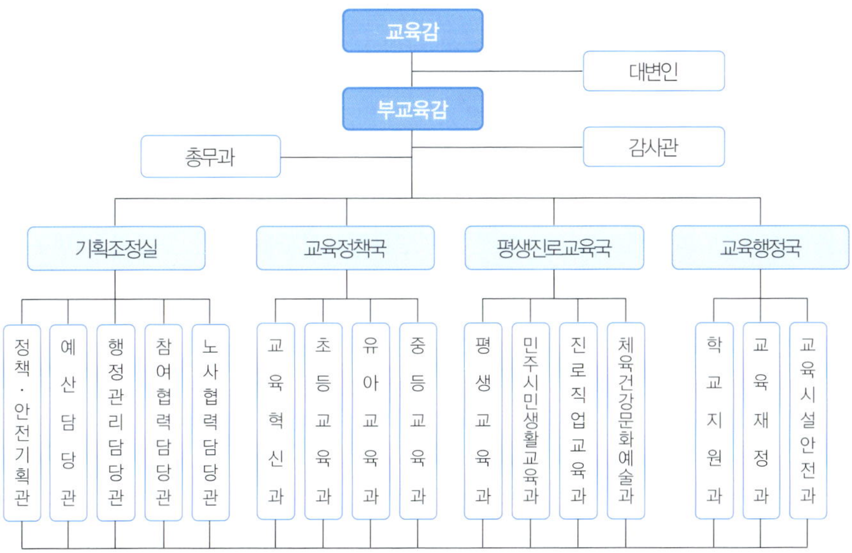

|그림 5-2| 서울시교육청의 조직도

출처 : 서울시교육청 홈페이지(2020. 3. 11. 인출).

시・도교육청의 조직을 보면 전국 17개 시・도의 교육청 조직이 대동소이하지만 인구수에 비례하여 그 크기가 약간 다르다. 대표적으로 서울시교육청의 조직도를 보면 |그림 5-2|와 같다. 서울시교육청은 1실, 3국, 7담당관, 12과로 되어 있는데 이 중 학교사회복지와 관련이 있는 부서는 크게 기획조정실, 교육정책국, 평생진로교육국이 해당된다. 먼저 기획조정실은 참여협력담당관을 통하여 교육복지 전반 사업을 총괄한다. 교육정책국은 교육혁신과, 유아교육과, 초등교육과, 중등교육과의 4과를 통하여 학교 전반의 교육정책을 관장한다. 그리고 평생진로교육국은 평생교육과, 민주시민생활교육과, 진로직업교육과, 체육건강문화예술과의 4과를 통하여 평생교육 활성화를 위한 전반을 관장한다.

한편 시・도교육청에는 본청 소속의 다양한 직속기관이 설치되어 있는데 그 종류는 연구기관, 연수기관, 평생교육기관, 도서관, 학생회관, 학생수련기관, 학생체육시설, 학생야영장, 자연학습시설, 학생수영장, 공동실습소, 교직원복지시설 등이다. 이들 시・도교육청의 직속기관들은 특히 청소년정책과 관련하여 청소년지도를 위한 시설들로 연계 활용할 수 있는 여지를 가장 많이 가지고 있다는 면에서 특히 눈여겨볼 만하다(이민희 외, 2005 : 74).

시・도교육청 내에서 교육행정업무가 추진되는 방식을 보면 교육부의 기본정책에다 법규, 지침, 규정, 업무편람에 의거하여 추진되며, 경우에 따라서는 학교현장 및 교원단체들의 여론을 수렴하여 교육정책 과제 및 방법을 선정하고 교육위원회와 시의회의 심의・의결을 거쳐 교육행정 업무를 추진하고 있다. 물론 교육부의 교육정책은 세부 항목별로 해당 과에서 세부 추진계획을 세워서 추진하고 있으며 그 세부 추진계획이 일선학교로 안내되어 각 학교에서 추진되고 정기적으로 추진과제별 점검을 통하여 추진 정도를 파악하고 피드백을 한다. 현행 지방교육행정기관은 여러 차례의 개편을 통해 교육감의 조직관리의 자율성이 점차 확대되고 조직편제의 전문화와 업무분장의 체계화 등이 이루어졌으나 여전히 시・도교육청의 정책 담당기능은 주로 정책 매개 기능 또는 집행기능에 치중해 있고 독자적인 정책 개발 기능이 아직 취약하며 더불어 학교지원의 역할보다는 지도, 감독의 기능에 치우친다(김성열, 2006a : 117-123).

지방교육행정체계에서 의결기관인 교육위원회는 시・도의 교육・학예에 관한 중요사항을 심의・의결한다. 교육위원회는 다양한 활동을 통하여 교육감과 지방교육행정기관의 행정활동이 지역주민의 교육적 이익을 실현하고 있는지를 점검하고 그러한 방향으로 나아가도록 견제한다(김성열, 2006b : 107).

〈표 5-2〉 서울시교육청의 주요 업무

<table>
<tr><th colspan="2">부 서</th><th>업무내용</th></tr>
<tr><td>기획조정실</td><td>참여협력담당관</td><td>– 학부모 학교참여 지원 및 학부모 · 시민 협력 운영 구축
– 지역사회 교육단체(기관) 협력에 관한 사항
– 교육복지정책 총괄 · 조정 · 운영 · 지원
– 외국과의 교육교류협력 및 국제화 업무 총괄 기획 조정</td></tr>
<tr><td rowspan="4">교육정책국</td><td>교육혁신과</td><td>– 학교혁신 기획 · 운영
– 혁신학교 지정 · 운영 · 관리 · 성과평가
– 중학교 자유학기제 운영지원
– 전기고(국제고, 외고, 예술고, 자사고 등) 입학전형, 자율학교 운영, 자공고 지정 운영
– 창의 · 인성교육 및 창의적 체험활동 운영 지원
– 문화예술교육 운영 지원 및 교육기부프로그램 운영
– 과학 · 환경 · 영재교육
– 융합과학인재교육(STEAM) 운영
– 학교 정보화기기 보급 및 교육교류협력국 교육정보화 업무
– 무상 교과서 지원, 우등상 수여 및 후원명칭 사용승인</td></tr>
<tr><td>유아교육과</td><td>– 유치원 교육과정 운영지원
– 유치원 장학 기본계획 수립 운영
– 유아교육위원회 운영
– 유아 도덕 · 인성교육 업무
– 유치원 방과후 과정 운영 업무 총괄
– 유치원 생활지도
– 유 · 보 협력사업 관련 업무
– 사립유치원 재정 지원
– 만 3~5세 누리과정 교육비 지원
– 유치원 통학차량 운영 관리 및 안전 교육</td></tr>
<tr><td>초등교육과</td><td>– 초등 장학활동 기획 · 운영 및 학생 중심 문화개선
– 교육과정 편성 · 운영 및 교수학습개선
– 기초학력향상 지원 및 서울학습도움센터 운영
– 방과후학교 및 돌봄교실 운영 지원
– 초등 교원 · 교육전문직원 인사 업무 추진</td></tr>
<tr><td>중등교육과</td><td>– 중등교육과정 운영 지원
– 학업성적관리, 대학수학능력시험 시행, 전국연합학력평가, 중 · 고 학적 관리
– 의사소통 중심의 실용 외국어교육지원
– 인문학적 소양 함양 교육 업무
– 학교도서관 지원 업무 및 독서 외부자원 연계 사업
– 독서교육 총괄 및 독서 연계 토론 · 논술 교육 지원
– 투명하고 공정한 인사관리를 시행하여 교원의 사기진작 및 단위학교 교육성과 지원
– 합리적이고 민주적인 교육전문직 인사행정 구현
– 사립학교 교원 인사행정의 통일성, 일관성 및 정확성을 기하여 투명화, 합리화, 효율화 추구
– 초 · 중등교사(공립유치원 · 특수 포함) 임용후보자 선정 경쟁시험 기획 · 조정</td></tr>
</table>

평생진로교육국	평생교육과	– 지역사회와의 인적·물적 네트워크 구축을 토대로 협력사업을 개발·추진해 평생교육 활성화 도모 – 성인(장애인) 평생교육 프로그램 운영 – 성인(장애인) 대상 문자해득교육 프로그램 운영 – 성인 특수교육대상자 평생교육 프로그램 개발·보급 – 초졸·중졸·고졸 검정고시 시행 운영 총괄 – 평생교육여건 개선을 위한 학교형태 평생교육시설 지원 – 지역사회 평생교육 활성화를 위하여 평생학습 인프라 구축 – 체계적인 평생학습지원 체제 구축을 위한 평생학습관 지정, 운영 – 평생학습관 및 도서관의 교육·문화·예술 서비스 기능 강화를 위한 지원 – 학원의 자율 정화를 유도하여 건전한 학원 풍토 조성 도모 – 비영리(공익포함)법인의 공익성 유지 및 건전한 활동 도모
	민주시민생활교육과	– 회복적 생활교육 추진 – 학교폭력 예방 및 근절 대책 추진 – 학교폭력 관련 학교 안전망 구축 – 학생자치활동 및 봉사활동 운영 지원 – 통일·민주시민교육 운영 지도 및 생태환경 교육 – 동아시아 역사 수업교재 제작·보급 등 관련 업무 – 역사교육 역량강화 지원 – 생명존중(자살예방) 교육 – 피·가해 학생을 위한 상담 지원 – 학업중단 예방 및 위기학생 지원 – 서울Wee센터 운영 총괄 – 성교육 및 성폭력 예방교육 – 성희롱·성폭력 사안처리 및 근절대책 – 북한이탈학생 지원 업무 및 국제이해교육 – 다문화교육 지원 업무 및 세계시민교육과정 개발 – 특수교육 교육과정 운영
	진로직업교육과	– 초·중·고 진로적성교육 체계화 – 맞춤식 진로·적성교육 지원 – 교원 진로교육 전문성 신장 – 진로교육 교육과정 운영 내실화 – 수요자 중심의 직업교육 혁신 – 교육청 지원형 특성화고 확대 – 산업수요맞춤형고 및 특성화고 교육과정 운영 – 산업체 현장교원 연수 확대 – 특성화고 무상교육 실현 – 특성화고 취업기능 강화 – 우수 취업처 발굴 및 산·학·관 협력 – 취업기능 강화를 위한 단위학교 취업지원 – 실무 중심의 기능인재 육성 – 산업체 체험 프로그램 운영
	체육건강문화예술과	– 학교체육 관련 업무 및 수련수학여행 업무 추진 – 학생건강관리 및 학교환경위생 관리 업무 추진 – 학교급식 운영·관리 업무 추진 – 친환경 무상급식 업무 추진 – 체육시설 운영 지도

3) 지역교육청

교육감의 관장 업무들은 그 범위가 매우 넓기 때문에 다양한 업무를 직접 수행하는 것이 비효율적이라고 판단하여 시・도교육청은 그 밑에 하부행정기관인 지역교육청들을 둔다. 지역교육청은 시・도의 교육・학예에 관한 사무를 분장하기 위하여 1개 또는 2개 이상의 시・군・자치구의 관할구역으로 하여 설치된 시・도교육청의 하급교육행정기관이다. 지역교육청의 설치는 「지방교육자치에 관한 법률」 제36조에 근거하는데, 모든 시・군・구별로 설치하지 않고 학생인구수에 따라 조정하여 2개의 군이나 구를 하나로 통합하여 1개의 지역교육청만을 가지고 있는 경우도 있다. 이를 보통 통합지역교육청이라 한다(이민희 외, 2005 : 70).

일반자치단체인 시・군・구는 기초단위 자치제 실시에 의해 독자적 법인격을 보유하고 있으나 지역교육청은 기초단위 교육자치 미 실시로 자치 기구는 아니다. 지역교육청의 장인 교육장은 「지방교육자치에 관한 법률」 제34조, 제35조에 따라 시・도교육감으로부터 다음 정책 사항을 위임받아 관장할 권한을 지닌다. 지역교육청의 관할구역과 명칭은 대통령령으로 정하며 교육청에는 교육장을 두되 장학관으로 보하고 그 임용에 관하여 필요한 사항은 대통령령으로 정한다. 지역교육청의 교육장은 시・도의 교육・학예에 관한 사무 중 공・사립의 유치원, 초등학교, 중학교, 공민학교, 고등공민학교, 및 이에 준하는 각종 학교의 운영・관리에 관한 지도・감독 등에 관한 사무를 위임받아 분장한다(표 5-3 참고). 지방교육행정기관의 기구와 정원기준 등에 관한 규정 제11조에 의하면 지역교육청은 인구수와 학생수를 기준으로 조직구조를 달리 편성하고 있다(정영수 외, 2007 : 85-86).

〈표 5-3〉 교육장의 역할

내 용
– 공 · 사립의 유치원, 초등학교, 중학교, 공민학교, 고등공민학교 및 이에 준하는 각종 학교의 운영 및 관리에 관한 지도 · 감독 – 기타 시 · 도의 조례로 정하는 사항

지역교육청의 내부 기구들을 보면 구체적인 국・과의 설치, 국・과장의 직급 및 그 분장 사무에 관한 사항은 교육감이 해당 시・도의 교육규칙으로 정하며 지역교육청의 유형은 앞서 살펴본 기구 설치 기준에 의하여 2과 체제, 4과 체제, 2국 6과 체제 등 세

가지로 구분된다. 조직은 지역마다 약간씩 상이하나 대부분 학무국의 초등교육과, 중등교육과, 사회체육과를 두고 있으며 관리국의 관리과, 재무과, 시설과를 두고 있다. 이 경우 교육장, 학무국장, 초등교육과장, 중등교육과장 등은 장학관으로 보임되며 사회교육체육과장, 관리국장 및 이하 3개 과는 지방공무원으로 임명된다. 이들 지역교육청의 조직 중 학교사회복지와 연관성이 높은 업무를 관장하고 있는 곳은 학무국의 초·중등교육과와 사회체육과이다. 이들 조직들에서의 업무는 기본적으로 시·도교육청의 해당과의 업무와 다르지 않다. 다만, 지역교육청은 관장 업무에 관련된 정책을 결정하는 권한은 없으며 시·도교육감이 위임한 고등학교를 제외한 중학교 이하 각급 학교의 교육정책을 집행한다는 점만 다를 뿐이다(이민희 외, 2005 : 78).

지역교육청은 시·도교육청과 단위학교를 연결하는 교량적인 역할을 수행하다 보니 자체 계획에 의한 정책집행보다는 단위학교가 상부지침을 시행하도록 공문을 발송하고 시행사항을 점검하고 그 결과를 시·도교육청에 보고하는 일이 우선이라고 인식하였다(노종희·송광용·신현석, 2002 : 59). 특히 지역교육청의 경우 대부분의 행정업무를 교육부의 지시에 따라 교육청이 추진하기 때문에 사업 자체의 자율성이나 지역의 창의성이 배제되기 쉽고 인력과 재정이 부족하여 소기의 목적을 달성하기 어렵다.

4) 단위학교

교육행정의 미시적 차원은 단위학교 경영이다. 단위학교 경영은 일반적으로 단위학교에서 교육활동에 참여하는 사람들이 교육목표를 달성하는 데 보다 효과적으로 일할 수 있도록 필요한 자원을 확보하고 여러 사람들의 노력과 자원을 조화롭게 결합해 나가는 활동이라고 할 수 있다(주삼환 외, 2001 : 353). 즉, 하나의 학교가 유지되고 소기의 교육목표를 달성하려면 우수한 교사와 지원 인력을 확보·배치·평가·보상하는 일이 필요하고(인적 요소), 업무를 수행하는 틀과 규칙을 마련해야 한다(구조적 요소). 교육활동에 필요한 재원과 시설 그리고 기자재 등이 필요한 만큼 있어야 할 뿐 아니라 그것을 아끼고 적절하게 잘 활용해야 한다(물적 요소). 또한 학교 밖 세상의 변화에 민감하게 대응해야 하며 학부모와 지역사회의 요구를 경청하여 학교운영에 반영해야 한다. 상급기관에서 내려오는 행정적 업무도 차질 없이 수행해야 한다(환경적 요소)(한용진 외, 2007 : 233).

최근 서구 선진국의 경우 공교육체제의 혁신과 학교조직의 개혁을 통해 교육의 경쟁력을 향상시킬 목적으로 교육개혁 프로그램의 하나인 단위학교 책임경영(school-based management)을 실시하고 있다. 이것은 중앙이나 지역교육행정기관이 가지고 있던 교육과정과 인사 및 재정에 관한 권한을 개별학교로 이양 또는 위임하고 경영의 자율권을 가진 단위학교별로 전 구성원이 참여·협력하여 스스로 의사결정을 하여 실천하고 학교경영 성과에 대하여 책임을 묻는 제도이다. 단위학교 책임경영제, 교사 중심의 단위학교 책임경영제, 학부모 중심의 단위학교 책임경영제, 공동체 중심의 단위학교 책임경영제 등으로 구분된다(김미환 외, 2007 : 282-283). 최근 단위학교 경영은 학교장 중심에서 학교운영위원회를 중심으로 하는 공동체 경영 개념으로 바뀌고 있다(한용진 외, 2007 : 235).

단위학교는 크게 초·중·고등학교로 구분된다. 그중 고등학교의 경우 1990년대 중반 이후 교육개혁으로 '고교체제의 다양화·특성화·자율화' 등이 추진되면서 우리나라의 주된 고교 체제였던 일반고와 전문고 외에 특수목적고교, 특성화고교, 자율학교, 자립형 사학 등과 같은 고등학교들이 설치되었다. 이후 2020년 초·중등교육법 시행령에 따르면 고등학교를 일반고등학교, 특수목적고등학교, 특성화고등학고, 자율고등학교로 구분하였다.

최근 본격적인 교육자치의 구현을 위해 교육행정의 주체를 시·도교육청으로부터 단위학교로 전환하는 한편, 단위학교별로는 학교자치를 위해 학교 내 권한의 배분과 의사결정 구조가 변화하고 있다. 초등학교, 중학교, 고등학교 등 단위학교의 행정조직은 학교마다 특성이 있을 수 있으나 일반적으로 학교 운영을 위한 수직적·계선적 기구인 교무분장조직, 수평적·전문적 자문기구인 각종 위원회 그리고 학교운영위원회 등으로 구성된다(김미환 외, 2007 : 279-280).

단위학교 내 계선적 기구인 교무분장조직은 학교경영에 있어 중추적 역할을 하는 조직이다. 이때 교무(敎務)란 학교의 교육목표 달성을 위하여 교원과 직원을 중심으로 한 조직구성원들이 수행하는 교육활동 및 사무활동 전반을 지칭하는 것이다. 단위학교에서 학교의 장은 교무의 최종 책임자이며 교직원들에게 역할, 권한과 책임을 분담하는 교무분장의 주관자이다. 단위학교별 교무분장은 지역교육청에서 정하는 보직교사의 명칭과 학교장이 정하는 보직교사의 종류 및 그 업무분장이 조직구성의 기본 틀이 되고 있다. 일반적으로 교무분장조직은 교장을 정점으로 교감, 보직교사, 교사 및 직원으로 구성되며, 학생관리, 교과지도, 생활지도, 보건위생, 문서관리, 재무관리, 시설설비관리 등 여러 업무들을 중심으로 교무분장이 이루어진다(김미환 외, 2007 : 280).

단위학교에서의 업무추진 방식은 교육행정업무를 시·도교육청이나 지역교육청의 지침, 공문을 토대로 학년 초 학교교육과정 및 학년교육과정 추진계획에 교육정책(개혁)

과제를 포함시키고 학교·학년 행사나 해당 부서별로 추진하고 계획 추진 후 실적을 확인하는 등 자체 점검을 하고 결과의 피드백을 실시한다. 행정업무 추진체계는 주로 교장 → 교감 → 부장교사 → 업무담당 교사의 계선조직을 활용하고 지침이나 교육청의 상세한 지시가 있거나 중요과제의 경우에는 부장회의나 동학년회의에서 협의를 거친 후 추진하게 된다는 것이다(노종희·송광용·신현석, 2002 : 63).

또한 단위학교에서는 교장과 교직원 간의 위계적 구조뿐 아니라 교육활동의 전문가인 교사집단이 수평적 구조 속에서 효율적인 학교경영을 위해 보조·자문하여 협력하는 체제를 구축하고 있다. 단위학교에 따라 기구의 종류와 명칭은 다르지만 일반적으로 전체교직원회, 기획위원회, 인사자문위원회, 학생지도위원회, 징계위원회, 성적관리위원회, 학교교육과정위원회, 생활지도위원회, 교과협의회, 학년협의회 등을 설치·운영하고 있다(김미환 외, 2007 : 280).

CHAPTER 06

학교조직에 대한 이해

1. 학교조직의 특성

기본적으로 학교조직은 사회복지조직과 유사한 점이 있다. 두 기관 모두 인간의 성장을 실현시키고자 하는 목적을 가지고 있을 뿐 아니라 인간봉사조직으로서 개인의 복지를 보호·유지 또는 증진시키는 것을 주요 기능으로 한다. 이런 유사점들로 인해 학교사회복지사가 학교에서 일하는 데 유리한 점이 있다.

그러나 학교조직은 학교만의 고유한 조직적 특성도 가진다. 학교조직은 어떤 관점에서 보느냐에 따라 다양하게 설명될 수 있다. 그중에서도 학교사회복지에서는 체계이론과 생태학적 관점에서 학교조직을 이해하고자 한다. 지금까지 우리나라 학교조직에 대한 선행연구들을 정리해서 우리나라 학교조직의 특성을 살펴보면 크게 네 가지로 정리해 볼 수 있다.

1) 전문적 관료제

오늘날 학교조직은 그 규모가 커지고 업무가 복잡해지면서 Weber가 정의한 순수한 형태의 관료제가 아닌 전문적 관료제(professional bureaucracy)로 인식되고 있다(성민선 외, 2004 : 155-156 재인용). 일찍이 Weber는 관료제의 특징으로 분업과 전문화, 몰인정성, 권한의 계층, 규칙과 규정, 직업지향성 등을 들었는데 학교조직은 이러한 Weber의 관료제적 특성 이외에도 또 다른 특징을 가진다는 것이다. 구체적으로 학교가 전문적 관료제로서 어떤 특성을 가지는지를 살펴보면 다음과 같다(성민선 외, 2004 : 159; 노종희·송광용·신현석, 2002 : 17-18).

첫째, 분업과 전문화이다. 학교는 전문화와 과업의 세분화에 대한 필요에 영향을 받는다. 학교가 초·중·고등학교로 나누어져 있고 학교 내에 과학, 수학, 음악 등 여러 교과가 설치되어 있다. 학교 안에는 교무, 학생, 연구부 등으로 나누어져 있고 각 교과별 조직과 학년별 조직 등 교직원이 분담하는 부서들이 있다.

둘째, 몰인정성이다. 학교조직은 인화단결을 자주 내세우지만 조직관계에서 보면 Weber의 몰인정성 원리가 폭넓게 적용되고 있다. 학교조직 내 권한은 교육법(교육기본법, 초·중등교육법, 고등교육법), 교육공무원법, 사립학교법, 교육과정령, 교(학)치, 각종 예규 및 지침 등 각종 법규에 기초하여 이루어지고 조직구성원 간의 상호작용은 특별한 목적 아래서 사무적으로 이루어지며 학교조직 운영에 있어서 개인적인 사정이나 문제가 고려되기 어렵다.

셋째, 직업지향성이다. 교사는 4년간의 대학교육과 함께 교사자격증을 소지하여야 하며 교감과 교장이 되기 위해서는 각각 일정 기간의 교직경력과 함께 자격연수를 받아야 하는 등 교사들의 채용은 전문적 능력에 기초한다. 또한 승진은 연공서열과 업적에 의해 결정되며 고정급여와 퇴직금이 보장된다.

넷째, 단층의 권한 계층이다. 학교조직은 명확하고도 엄격하게 규정되어 있는 권위의 계층을 가지고 있다. 그러나 권한의 계층상 하위에 있는 교사들도 고도의 전문가적 교육을 받은 전문가집단이기 때문에 다른 관료제조직과는 달리 그 층이 많지 않고 권한 또한 분산이 된다. 또한 학교는 다른 기계적 관료제나 단순관료제에서보다 구성원들 간의 관계가 훨씬 느슨하게 결합되어 있어 비교적 독립적으로 일한다.

다섯째, 기본적으로는 규칙과 규정에 근거하지만 자유재량도 많다는 것이다. 학교조직은 복무지침, 내규, 교원편람 등을 통해 조직구성원들의 행동을 통제하기도 하고 과업수행을 일정한 통일성을 보장하기 위해 표준화된 지식과 기술을 사용한 교육과정을 수행한다. 그러나 교사가 수행해야 할 과업은 매우 복합적이므로 하나하나 표준화할 수 없을 뿐 아니라 주로 교사들은 각 학급에서 혼자서 가르치고 상사나 동료에 의해서 거의 관찰되지 않으며 다양한 특성을 가진 학생들에 대해 즉각적, 개별적으로 대응해야 할 경우가 많아 관리자가 직접 감독할 수가 없기 때문에 교사에게 폭넓은 재량권이 주어진다. 또한 교사들은 고객과 긴밀한 관계를 가지고 있는 반면에 동료들과는 느슨한 관계를 가진다(노종희·송광용·신현석, 2002 : 17-18).

2) 이완결합체제

이완결합체계는 학교조직만의 고유한 구조적 특성이다. Weick는 학교조직을 조직의 하위요소들이 서로 연결은 되어 있으나 각자의 독자성을 유지하면서 어느 정도 분리되어 있는 이완결합체계(loosely coupled system)로 보았다. 예를 들면, 일상의 학교생활 속에서 교사들은 극히 적은 시간 동안만 학교행정가와 대면하게 되며 자신들의 교육활동에 관해 거의 간섭받지 않고 학생들을 가르친다. 학교조직 내에서 교사는 형식적인 교장의 지시와 통제를 받을 뿐 전문적 자율성을 인정받으며 학생들에 대해서 폭넓은 자유재량권을 받는다. 각 학교들은 교육과정 운영과 학교경영 전반에 있어서 광범위하게 재량권을 행사하고 있다(성민선 외, 2004 : 156-157).

3) 교육목적의 모호성

학교의 교육목적은 학교 조직체에 방향을 제시해 주고 학교의 존재 이유가 된다. 교육의 궁극적인 목적은 인간을 육성하는 것이나 학교는 지・정・의의 다면적이고 추상적인 목적들을 실천 속에서 통합하려고 노력한다. 그러나 교육의 실천에서 목적수행을 위한 방법이나 기술을 명세화하는 것은 어렵고 불확실하다. 한 마디로 학교조직의 목적은 모호하고 그 실천기술이 불명확하며 참여가 유동적이라고 것이다. 이런 특성은 인간을 대상으로 하는 인간봉사조직의 공통된 특성이기도 한데, 이러한 조직에서는 의사결정의 대부분이 합리적 의사결정 모델로는 설명하기 어려우며 체제의 안팎에서 끊임없이 제기되는 문제들, 수많은 해결방안들, 유동적이고 다양한 참여자들의 혼란스러운 상호작용 틀 속에서 의사결정이 이루어지는 쓰레기통 모델로 표현되기도 한다(성민선 외, 2004 : 158).

4) 순치조직

대표적인 학교조직인 공립학교는 그 조직에 들어오는 사람들을 통제하지 못하며 그 조직의 구성원들도 조직에의 참여에 대한 선택의 여지를 갖지 못한다. 이처럼 조직과 개인에게는 선택권이 없고 참여만 하게 되는 것을 순치(domesticated)조직이라고 한다. 예를 들면, 아동들은 6세부터 의무교육 기간 연령까지 학교에 다녀야 한다. 그래서 학교는 종종 그 학교에 들어오기를 좋아하지 않는 학생을 다루어야 하고 또 반대로 학교에 등록되지 않았으면 하고 바라는 학생을 가르쳐야 할 필요가 있게 된다(성민선 외, 2004 : 158). 순치조직으로서 학교는 조직의 안정성은 보장되지만 변화에는 느리다. 순치조직에 있어서 가장 어려운 문제는 참여자들의 동기유발에 있다. 참여자들은 조직에 관여할 필요가 없다고 하더라도 참여하도록 강요당하고 있다.

이 외에도 박상완(2006 : 284-286)은 초등학교 교사를 대상으로 교사평가에 대한 교사들의 인식에 대해 조사하면서 관련하여 학교조직의 문화적 특성을 제시하였는데 교사들이 인식하는 학교조직의 문화적 특성은 다음과 같다. 첫째, 개인주의적 문화와 협력문화가 공존하고 있다. 개인주의적 특성은 교직문화의 대표적인 특성으로 이해되어 왔다. 교원, 특히 초등학교 교원들은 자신의 고유한 공간과 독립된 영역을 확고하게 가지고 있는 동시에 동학년 간의 가족적인 문화와 협력 문화의 영향을 강하게 받고 있다. 즉, 동학년 간 상호협력이 활발하게 이루어지고는 있지만 이는 타 학년에 비해 상대적인 것이며 교사 개인의 자율성을 침해하지 않는 선에서 제한적이고 형식적인 협력이 이루어진다고 볼 수 있다.

둘째, 연장자, 경력자 존중의 문화이다. 학교 내에서 경력자나 연장자를 존중하고 우대하는 문화가 강하게 형성되어 있다. 경력자나 연장자 중심의 문화는 교사평가가 갖는 능력주의 문화와 갈등을 일으킬 수 있다. 교원들은 평가결과의 공개나 평가결과의 등급화, 서열화에 적극 반대하고 있다. 특히 좋은 평가를 받는 젊은 교원은 우대되고 존경받기보다는 교원들 사이에서 따돌림을 당할 수도 있고 기존에 열심히 노력하던 교사들은 평가에서 좋은 성적을 받으려 한다는 주위의 시선으로 위축될 수 있다.

셋째, 교원들은 전문가로서의 자존심과 자부심이 강한 집단으로 교직은 전문직이라는 인식을 강하게 가지고 있다. 이러한 전문가로서 강한 자부심을 가지고 있는 교원들은 '비전문가'인 학부모들이 '전문가'인 교사를 평가한다는 점에서 강한 거부감을 가지고 있다.

넷째, 보수주의적 문화이다. 가르치는 일의 복잡성, 효과 측정의 어려움 등으로 교직에는 과거의 경험에 따르는 보수주의적 성향이 발달하게 된다. 교육의 효과는 단기간에 나타나는 것은 아니며 또 이를 측정하고 평가하기도 어렵다. 이에 따라 새로운 것을 받아들이기보다는 과거의 방식을 답습하고 반복적으로 수행하는 경향이 발달하게 된다.

다섯째, 구성원 간 인간관계가 중시되는 온정주의 문화이다. 교직에서 인간관계가 중시되는 이유는 교원들의 교육배경과 동학년 중심의 학교문화와 관련되어 있다. 초등학교 교원의 양성과정은 교육대학으로 한정되어 있어 교원들은 대부분 동일 교대 출신들로 선후배 관계를 형성하고 있다. 전보제도가 있지만 대체로 같은 교육구에서 근무하기 때문에 교원들은 서로 한두 단계만 지나면 알 수 있을 정도로 '동질적이고 좁은 관계'를 형성하고 있다.

2. 학교의 조직구조

학교사회복지사는 학교라는 독특한 특성을 지닌 장에서 학교사회복지사의 역할을 적극적으로 수행하기 위해서는 학교 내 교원조직, 교무분장조직, 학부모조직, 학생조직 등의 역할 및 기능에 대해서 정확히 파악해야 하며 학교 내 이들 관계와 상호 역동성에 대해 잘 이해해야 한다. 특히 이들 조직 내 분위기 및 문화, 의사소통 구조 및 권한, 역할 등에 대한 이해는 필요한 경우 업무협조 및 지원을 원활히 받을 수 있는 협력자인 동시에 학생의 학업 및 복지 증진을 위한 학교환경의 변화에 유용한 지원세력이 될 수 있기 때문이다.

1) 교원조직

학교조직의 공식적 구조에서 나타나는 위계적 지위는 교장, 교감, 교사로 구성된다. 우리나라는 각 지방교육청마다 각급 학교의 교원조직의 예시안을 제시하고 학교 실정에 맞추어 교원조직 구성과 업무분장을 하도록 권고하였다. 초등학교와 중·고등학교는 교원조직의 차이를 보이는데, 초등학교는 학급담임제 방식이고 중·고등학교는 교과담임제 방식이다.

〈표 6-1〉 학교장과 교감의 역할

구 분	역할 및 업무
학교장	교무를 통괄하고 소속직원을 감독하며 학생을 교육한다(초·중등교육법 제19조, 제20조).
교 감	교장의 명을 받아 교무를 정리하며 학생을 교육하고 교장 유고 시 교장을 대리한다(초·중등교육법 제20조).

(1) 학교행정가

초·중등교육법에 의하면 교장은 교육에 관한 모든 업무를 통괄하고 소속 교직원을 지도·감독하며 학생을 교육하는 것이 임무로 규정되어 있다. 즉, 교장의 영향력과 의지에 따라 학교조직 풍토 및 학생들에 대한 지도방침이 좌우될 수 있다. 따라서 교장의 인식 정도에 따라 학교사회복지 활동의 폭이 좌우된다. 학교행정가의 기능은 학교행정체제 및 교육체제 속에서 실제 담당하는 직무 내용과 연관되므로 학교의 수준, 규모, 소재지, 환경, 관련 집단의 성격은 물론 학교장 자신의 자질과 능력 등 여러 요인에 의해 차이가 있을 수 있다(김이경 외, 2005 : 43).

교감은 교장을 보좌하여 교무를 관리하고 학생을 교육하며 교장이 직무를 수행할 수 없을 때에는 그 직무를 대행한다. 43학급 이상의 초·중·고등학교에는 복수교감제를 두어 각각 교육과정 운영과 교육과정 지원을 관할하도록 하고 있다(성민선 외, 2004 : 164).

(2) 교사

교사는 학교조직의 중심축이다. 교육법에서는 학교조직 구성원들의 역할과 업무내용을 공식적으로 규정하고 있다(초·중등교육법 제20조, 초·중등교육법 시행령 제32~42조). 교사는 법령이 정하는 바에 따라 학생을 교육하도록 역할이 공식화되어 있다. 교사로는 정교사(1·2급)·준교사·전문상담교사(1·2급)·사서교사(1·2급)·실기교사·보건교사(1·2급) 및 영양교사(1·2급)가 있다. 교사의 역할을 분석한 다양한 연구들을 검토한 결과 학교조직의 목적을 달성하기 위해서 교사가 수행해야 할 역할은 일차적으로 교과지도자로서의 역할, 생활 및 특별활동 지도자, 학급경영관리자, 연구 및 연수자, 행정관리자, 학부모 및 지역사회관계자로서의 역할로 구분하고 있다(전제상, 2000 : 10-11). 그러나 교사의 역할은 고정되어 있는 것이 아니라 시대, 사회, 문화, 관점 등에 따라 변화되고 있고 그에 따라 요구되는 교사의 직무 수행능력도 달라진다(김이경 외, 2005 : 19).

우리나라 교육 관련 법규에 직·간접적으로 규정된 교사 직무 내용을 정리하면 〈표 6-2〉와 같다(김이경 외, 2005 : 22). 우리나라 교사 직무 영역 분석에 관한 다양한 연구들을 종합해 볼 때 교사의 직무 영역은 크게 7가지로 정리할 수 있다. 첫째, 수업 지도 영역으로 여기에는 수업의 계획 및 준비, 수업 실시, 학생의 학습평가 및 피드백 제공 등이 포함될 수 있다. 둘째, 학생과의 상호작용, 학생지도 영역으로 수업 이외 학생 생활지도와 특별활동지도 등이다. 셋째, 학급경영 영역으로 학급의 물리적, 심리적, 교육적 환경 조성, 학생활동 지원 및 지도 등이다. 넷째, 학교교육과정 편성 및 운영 영역으로 학교교육계획 수립, 학교교육과정 편성 및 운영 등이다. 다섯째, 학부모 및 지역사회와의 관계 영역으로 학부모와의 의사소통, 협력 관계 정립, 지역사회와의 협력 관계 등이다. 여섯째, 학교경영에의 참여 영역으로 학교의사결정에의 참여, 학교에 대한 기여, 학교경영 및 업무 지원 등이 포함된다. 일곱째, 전문성 신장 활동 영역으로 전문가로서의 자율성, 사명감, 자신의 교수에 대한 반성 및 전문성 개발 활동, 연구 활동 등이 포함된다(김이경 외, 2005 : 25).

〈표 6-2〉 교사 직무 규정의 내용 및 관련 법령

영 역	하위영역	내 용	관련 규정
학생 교육	교육과정 및 수업	• 교사는 법령이 정하는 바에 따라 학생을 교육한다. • 교육과정을 운영하며 방송 프로그램, 정보통신매체, 교외체험학습 등을 활용하여 학생에게 수업할 수 있다.	• 초 · 중등교육법 제20조 제4항, 제23조 제1항
	학생평가	• 학생의 학업성취도 및 인성 등을 종합적으로 관찰, 평가하여 학생지도 및 상급학교의 학생 선발에 활용할 수 있는 자료를 작성, 관리한다.	• 초 · 중등교육법 제25조
	학생생활지도	• 학생의 인격이 존중되는 교육적 방법으로 훈육과 훈계 등의 방법으로 지도할 수 있다.	• 초 · 중등교육법 제18조 동법 시행령 제31조
	학생자치활동 지도	• 학생의 자치활동을 권장, 보호하기 위하여 필요한 사항을 지원해야 한다.	• 초 · 중등교육법 시행령 제30조
	건강증진지도	• 학생의 체위향상, 영양관리, 질병의 치료와 예방 등을 위한 필요한 지도를 하여야 한다. • 체력 향상을 도모하기 위하여 신체검사를 실시한다.	• 학교보건법 제7조, 제9조 • 학교신체검사규칙 제2조
전문성 신장	자질함양	• 교원은 교육자로서 갖추어야 할 품성과 자질을 향상시키기 위한 노력을 해야 한다.	• 교육기본법 제14조 제2항
	연구개발	• 교육공무원은 그 직책을 수행하기 위하여 연구와 수양에 노력해야 한다.	• 교육공무원법 제38조 제1항
	연 수	• 교원은 수업에 지장이 없는 한 소속기간의 장의 승인을 얻어 연수기관 또는 근무 장소 이외의 시설 또는 장소에서 연수할 수 있다.	• 교육공무원법 제41조
복 무	이행의무	• 공무원은 성실의 의무, 복종의 의무, 친절 공정의 의무, 비밀엄수의 의무, 청렴의 의무, 품위유지의 의무 등을 수행해야 한다.	• 국가공무원법 제56~61조, 제63~66조
	금지의무	• 직장 이탈 금지의 의무, 정치운동의 금지의 의무, 영리업무 및 겸직 금지의 의무, 품위유지의 의무 등을 수행해야 한다.	
	근무성적평정	• 근무실적 중 학습지도, 생활지도, 학습경영, 교육연구 및 담당업무	• 교육공무원승진 규정 제16조
대외 관계	전문/ 교원단체참여	• 교원은 상호협동하여 교육의 진흥과 문화의 창달에 노력하며 교원의 경제적, 사회적 지위를 향상시키기 위하여 각 지방자치단체 및 중앙에 교원단체를 조직할 수 있다.	• 교육기본법 제15조 제1항

출처 : 김이경 외(2005), p. 22 재인용.

2) 교무분장조직

학교마다 공식조직 구성에 차이가 있지만 중학교와 인문계 고등학교는 대체로 비슷한 교원조직 구조를 가진다. 최근 교원조직은 교과과정 중심의 교원조직으로 바뀌어 가는 추세로 크게 교육과정운영부와 교육과정지원부로 나뉜다. 교육과정운영부는 주로 학년과 학과 중심으로 조직되어 있으며 학년조직은 1학년부, 2학년부와 같이 학년을 근거로 추진하기 위한 조직으로 학년 교육과정 운영을 담당한다. 교육과정지원부는 학교마다 차이가 있지만 생활지도, 특별활동, 교무기획, 연구부 등 교육지원 업무를 중심으로 조직되어 있다(성민선 외, 2004 : 164).

교원조직에는 이 외에도 각종 협의회와 위원회가 존재한다. 협의회는 특정한 과업을 수행하기 위하여 부정기적으로 개최된다. 기획협의회, 직원협의회, 학년협의회, 교과협의회, 성적관리위원회, 교육정보화추진위원회 등을 포함하여 상당히 많이 존재한다. 기획협의회는 교장, 교감, 부장, 교사, 행정실장으로 구성되어 학교 운영의 주요 업무를 협의하며 매주 1회 이상 개최되며 학교 일이 논의되는 가장 중요한 회의체이다. 직원협의회는 모든 직원이 참석하는 회의로 학교 경영의 주요 문제에 대한 협의가 이루어진다. 학년협의회는 동학년 담당교사로 구성되며 학년의 교과 및 생활지도의 제 문제를 협의한다. 이 밖에 교과협의회와 교육과정편성운영위원회 등이 교육과정 운영과 관련하여 중요한 의미를 갖는데 그 중요성만큼 의사소통이 활발한 것은 아니다. 교과협의회에서는 대체로 교과 운영, 수행평가 규정, 평가 방식 등에 대한 논의가 이루어지는데 한 학기에 두 차례 열린다. 교육과정편성위원회에서는 교과와 특별활동을 망라하여 교육과정 편성과 운영에 대한 제반 협의가 운영과 관련된 협의가 이루어지며 분기별로 1회 개최된다. 이 밖에 자문위원회로는 학교운영위원회, 인사자문위원회 등이 구성된다(김 용, 2004 : 138).

3) 학부모조직

교원조직과 함께 최근 학교운영에 영향력이 큰 조직이 학부모조직이다. 학부모조직은 교육의 또 다른 주체인 학부모들이 교육의 대상자인 학생들의 권익을 보호하기 위하여 또 학교는 지역사회의 협조를 얻기 위해서 조직된다. 학부모조직으로는 학교운영위원회, 학부모회, 어머니회, 녹색어머니회, 학급급식위원회, 학교급식후원회, 명예교사회 등이 있다.

학교운영위원회는 대표적인 학부모조직으로서 교육에 있어 주민자치의 원리를 실현하고 단위학교의 자율성을 확대하고 학교교육의 효과를 극대화하기 위하여 학부모, 교사, 지역사회 인사 등이 참여하여 교육의 중요사항을 공동으로 심의하는 기구이다. 학교운영위원회는 초·중등교육법에 의해 1996년부터 전국 국·공립의 초·중등학교에서 설치·운영되고 있다. 사립학교는 2000년부터 의무적으로 설치되었다.

학교운영위원회는 학생 수에 따라 5인 이상 15인 이내에서 학부모위원(40~50%), 교원위원(30~40%), 지역위원(10~30%)으로 구성하도록 되어 있다(초·중등교육법 시행령 제58조). 이때 학교의 장은 학교운영위원회의 당연직 교원위원이 되며 그 외의 교원위원은 교원전체회의에서 무기명 투표로 선출된다. 지역위원은 학부모위원 또는 교원위원의 추천을 받아 학부모위원과 교원위원이 무기명투표로 선출한다. 학교운영위원회의 심의사항은 학교헌장 및 학칙의 제·개정, 학교 예산안 및 결산, 학교교육과정의 운영방법, 교과서 및 교육 자료의 선정, 방과 후 활동 및 수련활동, 학교급식 등에 관한 사항이다.

학교운영위원회는 그동안 단위학교의 의사결정과정에서 전통적으로 소외되어 왔거나 주변에 놓여 있던 교사집단, 학부모집단 그리고 지역사회인사들이 학교운영위원회라는 제도를 통하여 학교운영에 관한 의사결정 과정에 참여하고 함께 결정하도록 하였으며 학교경영에 대한 투명성을 확대하였으며 단위학교 구성주체들의 책무성을 강화하였다는 점에서 의의가 있다(김성열, 2006b : 77-78). 그러나 현재 학교운영위원회는 심의기능만 수행하고 있고 인사권과 재정권이 부여되지 않아 그 기능과 위상이 미약한 편이며 위원 구성에서도 집행기관의 장인 학교장이 위원이 됨으로써 심의·의결자가 집행자가 되는 모순을 안고 있다. 또한 학교운영위원들의 대표성도 충분히 보장되어 있지 않고 있으며 특히 학생들의 참여가 보장되고 있지 않다는 점에서 보완을 필요로 한다(이기우, 2004 : 67).

학교사회복지사는 학교 내 교원조직에 대한 이해와 아울러 학교운영위원회를 포함한 학부모조직에 대해 잘 이해하고 자원으로 활용해야 한다. 또 학교운영위원회는 앞에서 언급하였듯이 지역위원까지 포함되어 있어 학교가 개방체계로 변화하는 데 큰 역할을 하고 있는 조직이다. 지역위원은 학교 소재지를 생활근거로 하는 자로서 교육행정을 수행하는 공무원, 학교 소재지역을 사업 활동의 근거지로 하는 사업자, 해당 학교를 졸업한 자, 기타 학교운영에 이바지하고자 하는 자를 말한다. 따라서 지역사회복지관의 행정가가 그 지역 내 학교의 지역위원으로 들어간다면 학교사회복지활동이 학교와의 긴밀하고 원활한 관계를 유지하는 데 큰 역할을 할 것이다(성민선 외, 2004 : 169).

4) 학생조직

학생조직은 청소년참여의 일환으로 매우 중요한 의미를 가진다. 청소년들이 자신들의 생활에 영향을 주는 학교 및 학급생활 관련 정책이나 과정에 관심을 가지고 그에 대해 의견을 제안하고 건의하는 것에서부터 자신의 공통관심 분야에 따라 다양한 자치활동을 한다는 것은 학교교육의 목적에 부합될 뿐 아니라 청소년 권리이기도 하다.

각급 학교는 초·중등교육법 제17조에 의거하여 학교의 자치활동을 권장·보호하도록 되어 있어 학생들의 조직인 학생회가 구성되는 데 학교마다 학생회조직의 자율성과 권한을 보장해 주는 정도에 차이가 있다. 최근 들어 학생 인권과 참여에 대한 관심이 커지면서 학생조직의 활성화에 대한 요구가 커지고 있다. 학교사회복지사는 학교 내에서 학생들의 인권을 보호하는 옹호자로서의 역할을 해야 할 경우가 많으므로 학생조직에 대한 관심과 학생조직과의 의사소통 채널을 확보하는 것이 필요하다(성민선 외, 2004 : 169-170).

Part 03

학교사회복지의 이론과 실천

CHAPTER 07 학교사회복지의 관점 및 접근 모델

CHAPTER 08 학교사회복지사의 역할과 특성

CHAPTER 09 학교사회복지의 실천과정

CHAPTER 10 학교사회복지실천을 위한 주요 이슈와 고려점

CHAPTER 11 학교사회복지와 학생인권

CHAPTER 12 교육복지우선지원사업

CHAPTER 07

학교사회복지의 관점 및 접근 모델

1. 학교사회복지의 이론적 관점

학교사회복지 이론은 학교사회복지사와 학교사회복지전문직의 가치와 윤리에 근거하며 학교사회복지사가 행하는 실천에서의 결정을 안내한다. 만약 이론적 틀이 학교사회복지사를 안내하지 않는다면 학교사회복지사의 개입이나 실천은 단편적, 임의적이거나 심지어는 편파적일 수 있다. 많은 개념과 구조 간에 관계를 설명해 주는 좋은 이론보다 더 유용한 실천계획은 없다(Garrett, 2006 : 42). 학교사회복지사가 학교사회복지를 적용하고 실천함에 있어서는 여러 가지 이론에 근거하지만 그중에서도 특히 일반체계이론과 생태학적 접근이 유용하다는 견해가 지배적이다. 따라서 본 장에서는 일반체계적 관점과 생태학적 관점을 중심으로 이론의 개요와 학교사회복지실천에 있어서의 적용방법을 중심으로 살펴보고자 한다.

1) 일반체계적 관점

(1) 기본 가정 및 내용

일반체계이론은 Ludwig von Bertalanffy가 생물학적 유기체와 그들 환경 간의 역동적 관계를 설명하기 위한 원리를 인간, 즉 개인 또는 집단에 적용시킨 것이다. 일반체계이론에서 체계란 상호작용에 참가하는 일련의 요소를 의미한다(Bowen, 2004 : 54). 체계이론에 따르면 하나의 생활체는 그것을 구성하는 여러 부분으로 되어 있고 여러 부분 간의 상호작용과 관련성에 의해 조직화될 뿐 아니라 계층적으로 상하체계와 서로 관련하여 작용하고 있다고 본다. 또한 생활체계의 원인과 결과는 순환적으로 이루어지며 직선적 인과관계로는 설명할 수 없다. 체계이론은 인간을 서로 관련성을 가지고 존재하는 단위의 복합적 전체로 보기 때문에 분석 대상이 상대적 존재라는 것을 전제로 한다(성민선 외, 2004 : 222).

일반체계이론은 전통적 사회복지 관점과 실천을 변화시키는 데 많은 영향을 주었다. 첫째, 변화되어야 할 표적이 클라이언트라는 관념을 깨고 문제해결을 위해서는 환경이나 환경의 일부인 사회복지사, 기관, 활용되는 방법이나 제도 등이 변화의 표적이 될 수 있다는 점을 일깨웠다. 둘째, 지금까지 서비스 수혜자나 이용자로만 생각되어 온 클라이언트가 변화에 영향을 미치는 행동체계로서 기능할 수 있다는 점을 통해 변화 가능성이 하나의 방향이나 대상이 아니라는 점을 인식하게 하였다. 그 결과 체계이론은 상황 속의 인간이라는 개념을 강조한 Hollis에서부터 Pincus와 Minahan, Goldstein 등의 통합사회복지 실천모델에 영향을 주었고 오늘의 사회복지 계획론이나 지지네트워크 이론, 케어매니지먼트 이론을 구체화하는 등 상당한 영향을 미쳤다(성민선 외, 2004 : 224).

일반체계이론의 틀에서 보면 학교는 보다 자발적이고 덜 조직화된 개인적, 집단적 네트워크인 비공식적 조직과는 달리 공식적 조직으로서 특정한 목표를 달성하기 위해 정교하게 제도화되며 사회적 상호작용과 수행을 지배하는 엄격과 규칙과 규범을 가진 사회체계이다(Bowen, 2004 : 54). 학교는 사회적 상호작용 체제로서 외부의 힘에 의해 영향을 받고 자신의 이익을 위해 정책에 영향력을 발휘하기도 하는 개방체제이다. 또한 행정가, 교사, 학생 등 다양한 사람들로 구성되며 분업, 전문화, 계층이 존재하며 학교의 여러 구성요소들은 전체에 기여하고 전체는 각 구성요소에 영향을 미친다. 또한 학교는 학생들을 교육하고자 하는 공통의 목표를 지향하며 공유된 문화를 가지고 있다(안우환, 2006 : 31-32).

일반체계이론은 학교사회복지사로 하여금 학교가 복잡한 속성과 하위체계(전체의 부분), 상위체계(suprasystems : 환경적 범주)로 이루어진 사회체계라는 것을 이해하도록 돕는다. 침투성이 있는 경계를 가진 개방체계로서 학교는 환경과 역동적인 평형상태(equilibrium)에서 기능한다. 즉, 학교는 내적 · 외적 투입과 산출 모두를 가진다. 개방체계는 하위체계와 상위체계의 역동적 상호작용을 통해 행해지는 피드백 과정을 통해 일정한 평형상태를 유지하게 된다. 일반체계이론의 주요 내용과 특성을 학교에 적용해서 살펴보면 다음과 같이 목표지향적인 학교, 하위체계, 상위체계, 사회조직적 과정이라는 네 가지 측면으로 볼 수 있다.

① 목표지향적인 학교

일반체계이론의 중요한 가정은 모든 체계는 목적이 있고 목표지향적이라는 것이다. 사회체계로서 학교는 체계에서 개인과 집단 간의 집합적인 노력을 통해 목표를 달성하기 위해 존재한다. 예를 들어, 학급에서 학생들의 성적과 학년 말 실행평가는 사회체계로서의 학교의 가장 중요한 목표이다.

Edgar Schein(1985)은 학교와 같은 사회체계가 갖는 두 가지 주요 목표를 제시하였다. 첫째, 외적 적응(external adaptation)으로서 체계의 사명과 목적을 나타내는 것이다. 둘째, 내적 통합(internal integration)으로 이것은 체계에서 내적 기능을 나타낸다. 학교는 높은 수준의 외적 적응이 없이도 높은 수준의 내적 통합을 달성할 수 있지만 반대로 헌신, 지지적 응집력, 돌봄, 지지와 같은 내적 결속감 없이는 학교의 미션을 달성할 수 없다. 그러나 내적 통합은 성공적인 수행이나 높은 수준의 외적 적응에 의해 촉진될 수 있다. 우리는 우리가 속한 팀이 우승팀이 되었을 때 높은 긍정적 책임감을 느낀다. 학교는 여러 가지 다른 방법에 의해 유사한 외적 적응과 내적 통합을 이룰 수 있다. 일반체계이론에서는 이를 동귀결성(equifinality)의 개념과 다중귀결성(multifinality)의 개념으로 설명한다. 전자는 개방체계의 경우 어떤 결과가 하나의 원인이 아닌 복합적인 원인에 의해 나올 수 있다는 것이다. 예를 들어, 학생이 결석하는 이유에는 학업에 대한 흥미가 떨어진 것도 있지만 부모의 방임, 친구의 괴롭힘, 게임에의 몰입 등 다양한 원인이 있을 수 있다. 후자는 어떤 행동이 예상했던 어떤 결과 이외에도 다양한 결과를 초래할 수도 있다는 것이다. 예를 들어, 학생이 문화체험 프로그램에 참여한 결과 스트레스 해소는 물론 친구들과 사귀는 계기도 마련하고 인솔교사가 학생을 더 깊게 이해하도록 하고 심지어는 미래에 대한 꿈을 갖게 되는 계기도 된다. 반면 친구들과 어울리면서 집에 늦게 오거나 힙합 춤에 빠져 공부를 등한시할 수도 있다.

② 하위체계

사회체계로서의 학교는 교실, 교사, 사회복지사, 간호사 등의 하위체계를 갖는다. 이러한 하위체계는 모두 동등한 힘을 가지는 것은 아니다. 기업체와 마찬가지로 학교는 위계적 사회체계이다. 교장 및 행정가는 학교 내에서 승인된 리더이다. 교사 및 학교사회복지사와 같은 다른 전문가 직원은 교장을 비롯한 학교행정가의 밑에서 활동한다. 그리고 학생은 위계의 가장 밑바닥에 있다. 하위체계는 더 큰 체계의 부분이기도 하며 그 자체가 사회체계이기도 하다. 예를 들면, 단일학급은 하나의 사회체계이다. 학급 안에서의 사회적 관계는 학교 전체나 교육청에서 만들어질 수도 있지만 교실 내 규범에 의해 통제되기도 한다. 반대로 학급에서의 사회체계는 좌석배치, 신분의 계층, 권위구조, 학습의 차이, 능력, 성별, 나이에 의해 만들어진 복잡한 상호작용 네트워크와 관계로 구성된다(Bowen, 2004 : 56). 학교가 목표를 성공적으로 달성하느냐 여부는 체계 내의 여러 가지 하위체계를 어떻게 촉진하느냐에 따라 좌우된다.

③ 상위체계(suprasystem)

학교는 개발체계로서 공식적·비공식적 피드백 과정을 통해 학교를 둘러싼 환경과 자원, 에너지, 정보 등을 교환하면서 활동한다. 일반체계적 관점에서 환경이란 체계의 경계 밖에 있으면서 체계에 영향력을 발휘하는 신체적·사회적 요인의 총체를 의미한다. 학교는 상위체계와도 역동적 상호작용을 하고 있는데 이는 크게 세 가지 차원으로 구분된다. 즉, 교육구(district) 차원, 지역사회(local community) 차원, 제도적(institutional) 차원이다(Bowen, 2004 : 56).

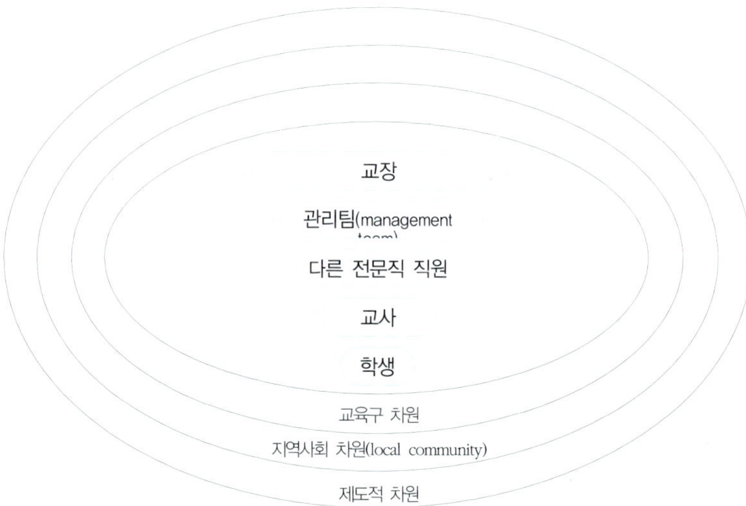

|그림 7-1| 학교체계

출처 : Bowen(2004), p. 56.

교육구(district)는 개별학교들을 관할하는 특정 지역 교육청을 의미한다. 지역사회(local community) 차원은 학교가 위치하고 학생들이 사는 근접한 공간으로서의 장을 의미한다. 여기에는 지역의 인구사회학적 특성, 권력구조, 지역사회 규범, 피고용자, 작업장,

근린지역, 가족, 동료집단, 사적 또는 공적 지역사회기관, 학교 등이 포함된다. 지역사회 차원에서의 학교개혁은 학생의 학업성취를 지지하는 제도와 지역사회성원들 간의 관계 네트워크를 확립하고 강화하는 데 관심을 가진다(Bowen, 2004 : 57). 마지막으로 제도적(institutional) 차원은 일명 조직 분야(organization fields)라고 불리기도 하는 것으로 여기에는 지역사회 차원의 정책과 실천에 영향을 미치는 중앙 및 지방교육 정책, 정치 및 행정의 메커니즘, 사회복지, 법원의 결정, 노동조합의 기능, 교사협회 등이 포함된다.

④ 사회조직적 과정(social organizational process)

Coleman은 학생의 성취에 있어 학교 차원의 요인이 미치는 영향을 조사하면서 학생의 학업성취에 있어 교사의 특성(교육과 경험)과 학교 자원요인(물리적 시설, 교과과정, 학생에 대한 지출)이 일반적으로 가장 낮은 영향을 미친다는 것을 보고하였다(Bowen, 2004 : 58 재인용). 이러한 연구결과를 통해 학생의 학업성취에 있어서는 조직의 구조적 측면 이외에 학교 내 사회조직적 과정을 검토할 필요성이 인식되었다.

사회조직은 사회체계의 한 차원으로서 사람들 간의 관계 네트워크, 교환의 형태와 상호호혜성의 차원, 사회지지, 개인과 집단행동을 규정하는 수용된 표준과 규범, 가치를 포함한다. 실제 학교 내 사회적 조직과정을 주목한 연구들(Bowen, 2004; Shouse, 1997)에 따르면 학생의 학업성취를 위한 학업에 대한 압력(academic press)과 공동체의식(sense of community), 사회통제(social control)와 사회지지(social support)들이 학생 및 학교의 사회경제적 상태에 따라 서로 다른 영향을 미치고 있음이 나타났다.

이러한 연구결과는 학교사회복지의 개입에 있어 다음과 같은 시사점을 가진다. 첫째, 학교사회복지의 개입은 각 학교의 독특성을 반영해서 행해져야 한다. 둘째, 학생의 학업적 성취를 증진시키는 지렛대인 사회조직적 과정을 구체시하는 것이 중요하다는 것이다. 셋째, 학교사회복지사의 고용은 저소득 학생의 비율이 높은 학교에 더 적합하다는 것이다. 학교에서의 돌봄(caring)과 양육(nurturing)의 개발은 학업적 압력이 높을 때 학생의 학업적 성취에 있어 더 큰 긍정적 결과를 초래하기 쉽다는 것이다.

이 밖에도 학생의 학업성취와 교육행위에 있어 근린지역사회의 부정적 영향(범죄와 무질서라는 부정적 영향)과 지역주민으로부터의 긍정적 지지의 영향(사회지지)에 대한 연구도 주목할 필요가 있다. Bowen과 Bowen(1999)의 연구는 학교 관련 성과에 범죄와 폭력과 같은 지역사회의 사회통제가 갖는 영향을 설명하고 있다. 그에 따르면 지역사회에서 안전의 위협을 경험한 학생이 높을수록 학교출석률은 낮고, 그들의 학업적 성취는 낮은 것으로 나타났다. 학업실패의 위험에 있는 4,772명의 중·고등학교 학생을 조사한 Nash(2002)에 따르면 지역사회에서의 범죄와 폭력에 노출되는 것과 학교성과 간에는 유의미한 관계가 있었다. 범죄에의 노출은 교육행동(출석, 문제행동의 회피, 성적)에 부정적인 영향을 미칠 뿐 아니라 간접적으로는 학교생활이 의미 있고 소속감을 갖게 한다는 생각을 감소시켰다(Bowen, 2004 : 62-63 재인용).

이러한 발견들은 학교와 학생 및 가족이 살고 있는 근린지역 간의 다리를 놓는 일이 얼마나 중요한지를 알게 한다. 일반체계론적 관점에서 보면, 학령기 아동 및 청소년의 학교 성공은 학생과 가족이 살고 일하는 다층의 환경을 대상으로 개입하는 것이 필요하다는 것을 보여준다. 학교사회복지사는 근린지역사회 안전을 증가시키기 위한 전략을 개발하기 위해 법집행기관과 근린지역집단과 파트너로서 일할 수 있다.

(2) 학교사회복지실천에 있어서의 적용

학교사회복지사가 일반체계이론을 실천에 적용할 때 보다 구체적으로 행할 수 있는 점들을 살펴보면 다음과 같다. 첫째, 학교사회복지사는 학생의 기능과 학습 성과에 부정적으로 영향을 미치는 집단적 과정에 대해 이해해야 한다. 만약 학교 분위기에서 따스함, 지지, 인센티브 등이 부족하다면 학습과 교육은 어렵게 된다. 만약 학생이 살고 있는 근린지역이 안전하지 않고 아동의 행동을 모니터할 수 있는 지지적인 성인이 부족하다면, 학생은 집에서부터 학교까지 안전한 통학길을 확보하지 못할 것이다. 그런 상태에서 등교를 하였을 경우 그 학생은 수업에 몰두할 준비가 되어 있지 못한다. 학교사회복지사는 이런 상황에 이들 환경의 질을 변화시키기 위해 직접 또는 다른 사람들과 협력해서 개입하게 된다(Bowen, 2004 : 54).

둘째, 학교사회복지사는 학생이 학교에서 잘 적응하고 학업성취를 높일 수 있도록 학교환경을 조성하기 위해 고도로 중앙 집중화된 관료제 내에서 변화매개체로서 효과적으로 일하는 지식, 기술, 기술을 개발해야 한다. 변화매개체계로서 역할을 수행하기 위해 학생과 가족이 살고 있는 근린지역사회를 포함해 광범위한 지역사회의 범주에서 활동하는 것을 필요로 한다. 학교사회복지사는 개인이나 가족과 마찬가지로 학교와 지역사회도 인구학적, 사회적 특성이 매우 다양하다는 것을 이해해야 하며 이것을 감지하는 민감성을 개발해야 한다(Bowen, 2004 : 65).

셋째, 학교의 사회조직적 과정과 관련하여 경험적으로 드러난 연구결과에 근거하여 실제적 개입과 구체적 활동이 이루어질 수 있어야 한다. 전술한 바와 같이 일반적 체계이론적 관점에서 보면, 학교와 지역사회에서의 사회조직적 과정은 그들의 구조와 제도적 범주와 분리될 수 없으므로 학교사회복지사는 이러한 점을 중요하게 사정해야 하며 이를 변화시킬 수 있도록 노력해야 한다. Shouse(1997)의 조사에서 나타났듯이 학생의 학업적 성취에 있어 학업적 압력과 공동체의식의 영향은 학교에 출석하는 학생의 평균 사회경제적 상태에 따라 다양하다는 것이 제시되었다. 그 외에도 많은 다른 구조적 변수들이 학교와 지역사회에서의 사회조직적 과정에 영향을 미칠 수 있다. 예를 들어, 학교규모에 대한 연구에 따르면 규모가 큰 학교에서 학업에 대한 압력과 공동체의식을 개발하는 데 어려움이 많다는 결과나 학령기 청소년의 사회적 관계는 사회경제적 불평등이 높은 근린지역사회에서 더욱 제한받는다는 연구결과들이 있다. 이러한 결과들은 학교사회복지사로 하여금 학교 규모가 작은 학교를 옹호하거나 생태학적으로 불이득을 받고 있는 근린지역에서는 지역사회개발 협력과 같은 구조적 개입을 통해 사회조직적 과정에 영향을 미칠 수 있게 한다(Bowen, 2004 : 66 재인용).

넷째, 체계론적 학교사회복지는 학교, 학생, 부모, 사회, 지역 및 정부 사이에 일상적으로 현존하는 교류관계와 독립적 관계의 정도를 검증하는 데 유용한 도움을 준다. 예를 들면, 이들 실태 각각은 학교의 요구에 적합한 교육 프로그램을 만들기 위한 개혁이나 변화를 옹호하는 자원으로 연계되는 것이다. 일반체계이론의 입장에서 볼 때 학교는 학교사회복지서비스를 통합하는 거점이 될 수 있으며 학교사회복지사는 통합자 또는 케이스매니저가 될 수 있는 것이다(성민선 외, 2004 : 224-225).

다섯째, 체계론적 관점에 의하면 학교에서 공동체의식과 학업을 증진시키고 지역사회에서 사회적 통제와 사회적 지지를 증진시키는 것이 학생의 학업성취 및 적응을 위해 유용하다는 것을 알 수 있었으므로 학교사회복지사의 개입 초점은 이를 어떻게 실제 현장에 적용하고 그 성과를 어떻게 입증하느냐에 있다. 따라서 학교사회복지사는 또래 및 성인 자원봉사자, 멘토링 등 학교 및 학교를 둘러싼 환경에서 학생을 지원하는 지지적 자원을 동원, 활용하여 학생과 연결시키는 프로그램을 적극 활용할 수 있다.

여섯째, 성공적인 학생 지원을 위해서는 학생을 둘러싼 교실, 학교정책 및 규칙, 하위체계 등 학교체계는 물론 학교를 둘러싼 외부체계의 변화도 동시에 이루어져야 한다. 학교 조직 및 운영에서의 바람직한 변화는 학생을 위한 중요한 교육적 진전을 야기할 수 있다. 만약 학교체계의 변화 없이 학생의 학업성취만을 향상시키고자 한다면 그러한 시도는 좌절되거나 실패하기 쉽다. 또한 열악한 학업성취의 원인이 학교의 제도적, 조직적 구조에 있기보다는 학교 밖의 개인, 가족, 지역사회에 있을 수도 있다. 이런 경우 학교사회복지사는 학교의 피고용자인 동시에 학생과 가족을 위한 옹호자로서, 학교개혁과 학생과 가족의 지지 니드를 드러내기 위해 개입의 계획과 실행에서 중요한 목소리를 낼 수 있어야 한다(Bowen, 2004 : 66).

일곱째, 학교사회복지사는 지역사회네트워킹과 학교와 지역사회기관 간의 서비스 협력에 더 많은 관심을 가져야 한다. Winter와 Gourdine(2000)은 새로운 2000년대를 맞이하여 학교사회복지사의 직무명세서에 근린지역사회와 학교 간의 보다 긍정적 상호작용을 촉진하는 역할인 지역사회조직가(community organizer)의 역할을 추가하였다고 하였다. 특히 학교사회복지사는 소수 학생과 부모가 다수의 행정가와 교사 중심인 학교에서 느낄 수 있는 문화적 불일치를 줄이고 보다 문화적 이해를 촉진하도록 하기 위한 시도에서 인종과 민족 집단 간의 지역사회 연결(connection)을 증가시키는 개입 등을 할 수 있다(Bowen, 2004 : 66 재인용).

2) 생태학적 관점

(1) 기본 가정 및 내용

생태학 이론은 일명 상호작용 및 교류에 대한 이론으로서 유기체와 환경 간의 광범위하고 복잡한 상호교류를 다룬다. 이것은 '학교탈락(dropout)', '정서장애' 또는 '지진아(slow leaner)' 등과 같은 이름이 붙여진 학생들의 정적 행동에 관심을 갖기보다는 환경과의 상호 역동적 교류하는 것에 관심을 가진다(Allen-Meares, 2004 : 76). 따라서 생태학적 접근은 사람 간, 다양한 제도, 체계 간의 교류의 성격을 이해하는 기본 틀을 제공하고 사회복지사로 하여금 아동의 상황 또는 어려움에 기여하는 모든 체계를 구체시하고 고려하도록 한다. 특히 클라이언트를 지원하기 위해서는 하나의 특정 체계에 국한하기보다는 관련된 여러 체계 내에서 함께 변화가 시도될 때 보다 효과적이고 영향력 있는 변화가 일어날 수 있다는 것을 강조한다.

생태학적 이론을 보다 구체적으로 이해하기 위해 이를 구성하는 주요 개념에 대해 살펴보면 다음과 같다. 첫째, 생태학적 관점에서 환경이란 미시체계(microsystem), 중간체계(mesosystem), 외체계(exosystem), 거시체계(macrosystem), 시간체계(chronosystem) 등의 다섯 가지 체계로 구성되며 이들 환경적 체계가 서로 상호작용하여 발달에 영향을 미친다는 것이다(홍봉선·남미애, 2007 재인용). 미시체계란 자주 얼굴을 맞대고 경험하는 관계를 말한다. 예를 들면, 가족관계, 친구와의 관계, 교사와의 관계 등을 말한다. 중간체계는 미시적 체계들이 서로 겹치는 부분에 의해서 생기는 대인관계를 의미한다. 예를 들어, 청소년의 경우 학교에서는 학생이지만 집에 돌아가면 누구의 자녀로 살게 된다. 따라서 학교에서 있었던 일은 가정에 영향을 미치고 집에서 있었던 일은 학교에 영향을 미친다. 외체계는 직접 경험하지는 않지만 한 사람의 경험에 영향을 미치는 사회적 구조를 말한다. 예를 들면, 청소년들에게 아버지의 직장은 외적 체계로 존재한다. 아버지가 직장에서 불쾌한 일을 경험하면 이러한 경험은 청소년에게 영향을 미치게 된다. 거시체계는 사회문화적 규범이나 신념과 관련된다. 시간체계는 시간(전 생애)에 걸쳐 일어나는 변화와 사회, 역사적인 환경을 의미한다. 즉, 어떤 사건의 효과가 시간적 경과에 따라 변화되며, 동일한 사건에 대해서도 시대에 따라 그 의미와 해석이 달라질 수 있다. 예를 들어, 부모의 이혼이 아동에게 미치는 부정적인 억압은 이혼 첫 해에 가장 크거나 과거에 비해 오늘날 여성들의 사회진출에 대해 개방적으로 변하는 경우 그들은 모두 이러한 시간적 경과에 따라 상황이 달라진다.

둘째, 인간을 둘러싼 환경이란 물리적 환경 이외에도 문화, 자원, 기대, 규범, 정책 등 다양한 요소들로 구성된다는 것이다. 먼저 문화는 개인에 상당한 영향을 미칠 수 있는 환경적 변수이다. 문화는 물리적 환경, 상호작용의 사회적 네트워크, 다른 문화집단과의 또는 간의 상호작용, 타고난 문화의 특성에 의해 영향을 받고 오랜 세월을 거쳐 유지되거나 수정된 패턴을 가지고 진화된다. 사회 내의 빈곤, 힘의 불균형, 억압, 제도의 민족적 차별주의들은 인간의 대처와 적응형태에 영향을 미친다. 백인, 중류계층 미국인이 정상으로 고려될 때, 다른 문화는 상대적으로 달라 보인다. 우세한 문화집단은 이들 다른 집단을 부정적으로 인식할 수 있다. 그런 문화적 규범에 맞지 않는 사람들은 지배적인 사회에 적응하기 위해 대처전략을 개발할 수 있다. 반대로 이들 대처전략을 지배 사회는 일탈로 규정할 수도 있다. 문화차이도 적응에 영향을 미친다. 예를 들어, 아동은 학교문화가 가족문화와 같든, 다르든 학교문화에 적응해야 한다. 이들 간 격차가 클수록 아동은 적응을 위해 더 많은 스트레스를 받게 되고 적응을 위한 더 많은 욕구를 가진다. 이들 문화 간의 불일치가 클수록 보다 역동적인 문화변동의 과정이 일어난다.

자원이란 필요할 때 지지 또는 원조를 제공할 수 있는 사람, 가족, 조직 또는 체계 등이 포함되는 것으로 크게 공식적 자원과 비공식적 자원 등으로 대별된다. 기대는 확립된 사회구조 내에 바탕을 두고 틀에 짜여진 행동과 규범적 책임이라고 할 수 있으며 이것은 크게 역할과 과업으로 구성된다. 예를 들어, 아동에게는 학급성원, 학생, 가족구성원, 동아리 회원 등 다양한 역할이 주어진다. 학생은 환경으로부터의 기대를 충족시키기 위해, 역할에 필요한 필요조건을 충족하기 위해 다양한 과업을 수행한다. 따라서 학생을 사정할 때는 클라이언트를 둘러싼 여러 환경의 다양한 측면을 고려해야 한다.

셋째, 인간과 환경 사이에 형성되는 상호 교류에 관한 개념으로 적응을 강조한다. 인간은 가정, 학교, 직장, 근린이웃, 지역사회, 정부, 지구 등 다양한 환경체계와 상호작용을 하며 이들 각각의 환경체계들은 인간의 가치, 신념, 행동에 영향을 미친다. 이러한 과정을 통해 적응해 간다. 생태학적 관점에서는 인간과 환경 간의 긍정적인 적응(fit)은 환경과 사람 간의 균형을 이룰 때 생긴다고 가정한다. 문제는 인간은 삶 속에서 지속적으로 변화하고 개발되기 때문에 인간과 환경 간의 균형을 유지한다는 것은 쉽지 않다는 점이다. 결과적으로 자연스러운 인간의 변화는 환경체계의 변화를 야기하고 또한 환경체계 역시 끊임없이 변화한다는 것이다. 즉, 개인-환경 상호작용은 계속 변화하고 상호작용적이다(Garrett, 2006 : 43).

넷째, 생태학적 틀은 사람의 역량(competence), 위기, 적응유연성(resilience), 본질적 능력, 강점, 자산(asset) 등을 강조한다. 생태학적 관점에서는 모든 사람은 타고난 강점과 역량이 있으며 삶을 통해 성장하고 개발되고 건강하게 되는 자연스러운 경향성을 가진다고 본다. 또한 인간은 곤경이나 위험에 대처하거나 적응하거나 극복하는 데 사용할 수 있는 자산들을 가지고 있는데, 이러한 보호요인으로는 가족, 사회집단, 지역사회 내에 거주, 동료지원과 부모와의 건강과 관계, 적절한 생활수준을 유지할 수 있는 재정자원, 외적 사회지지(친척과 친구), 긍정적 사회능력, 적응유연성(Resilience) 등이 포함된다(Allen-Meares, 2004 : 82).

생태학적 관점을 지지하는 경험적 연구를 한 Sameroff 외(1998)에 따르면 20가지 환경적 위기 요소를 6가지 범주로 소개하고 있다(즉, 가족 과정, 부모 특성, 가족구조, 지역참여, 동료와 지역사회 분위기). 또한 그들은 환경적 위험요소가 증가할 때(개인적 요인의 심각성과 나타난 위험요인이 무엇인지에 관계없이), 청소년의 심리학적 적응, 자기 유능성(self-competence), 활동에의 참여, 학업수행이 감소된다는 것을 발견하였다. 또한 환경적 위험의 수가 증가할수록, 문제행동은 증가하였다. 반면 Search Institute의 조사(2002)에 따르면 위기에 대한 보호요인으로 40개의 발달적 자산(assets)을 소개하고 있다(Bye & Alvarez, 2006 : 45 재인용). 이들 자산의 절반은 외부적 카테고리로 범주화되었다(사회적 지지, 지역사회자원, 중요한 타자로부터의 기대, 시간의 건설적인 사용). 보호요인으로 내적 자산으로는 학습, 긍정적 가치, 사회적 유능성, 긍정적 정체감 등이 작용하였다. 이들의 연구에 따르면 아동이 자신의 자산을 많다고 보고할수록 리더십을 보이고, 좋은 건강을 유지하고 가치의 다양성과 학교에서 성공하는 것으로 나타났다. 또한 자산의 수가 증가할 때 학생의 음주 및 약물 사용, 폭력행동, 성 행동은 감소하였다.

다섯째, 개입의 초점은 클라이언트와 환경 간의 상호작용에 둔다. 생태학적 관점에 근거한 사회복지사의 개입은 개인, 가족, 집단, 지역사회의 잠재력을 극대화하여, 사람의 장점을 개발하는 것과 환경체계를 변화시키는 것 두 가지 측면을 포함한다. 또한 사회복지사와 클라이언트는 클라이언트의 생활 상황에서 문제를 구체시하고 해결하며 사람과 환경과의 더 나은 적응을 위해 협력한다. 생태학적 관점에서 성공적인 사회복지 활동이란 클라이언트를 역량강화(empowering)하고 자기유능감(competence)을 강화하는 것이다. 따라서 사회복지사의 개입은 사회적 네트워크와 다른 지지체계와의 접촉을 개발할 뿐 아니라 적극적인 의사결정과 문제해결을 통해 자기 주도성을 개선시킴으로써 다른 사람들에 관련된 클라이언트의 능력을 확대시키는 것에 초점을 둔다(Garrett, 2006 : 44).

여섯째, Swarts와 Martin(1999)은 이러한 관점에 토대가 되는 몇 가지 가정을 하였다(Allen-Meares, 2004 : 76). 먼저, 인간의 행동은 특정한 장에 따라 가치를 달리할 수 있다는 것이다. 즉, 학생의 어떤 행동은 가정이나 지역사회에서는 적절하지만 학급에서는 일탈된 행동으로 간주될 수 있다. 또한 일탈이라는 것은 항상 잘못된 행동을 의미하는 것이 아니라 특정 장(학교나 가정, 교회 등)에서의 가치와 상반되는 행동을 의미한다.

다음으로 장 안에는 양방향(bi-directionality)의 상호작용이 있다는 점이다. 예를 들어, 교사와 학생 간에는 두 가지 교류가 있다. 교사는 학급에 긍정적으로 순응하는 학생에 대해 긍정적으로 반응하며 그 학생의 행동을 강화하지만 정반대인 경우에는 다르게 반응할 수 있다는 것이다. 마지막으로 특정한 장에서 사람의 적합성(fit)을 향상시키기 위해서는 사람보다 생태체계(ecological-system)가 변화되어야 한다. 즉, 교사, 부모, 동료집단의 기대, 신념, 체계, 행동의 변화는 학생을 위한 더 나은 적응(fit)을 초래한다.

생태학적 관점에서 본 아동의 문제

생태학적 관점에서는 부조화의 일차적인 원천이 아동의 행동 자체보다는 부모, 가족 혹은 아동의 영양 상태나 건강에 있다고 할 수 있다. 한 예로서 지능지수가 약 80 정도인 아동을 진료하였다. 아이는 불행하게도 아버지가 졸업한 프린스턴 대학에 입학해야 한다는 높은 기대를 가진 부모의 가정에 태어났다. 그는 고등학교에서 대학 진학반에 들어갔으나 성적이 형편없었다. 아버지는 아이가 게으르다고만 하였고 어머니는 어린아이 취급을 하였으며 형들은 경멸하였고 선생님은 꾸중만 하였다. 아이는 공부한다고 학교에 오래 남아 있기는 했지만 더 이상 견딜 수가 없었다. 건강은 악화되었고 마침내 우울증에 빠져 자살을 시도하였다. 다행히 살아나서 정확히 검사를 받은 결과 모든 사람들의 이해와 수용을 얻게 되었다. 아이는 심한 부조화에 빠져 있었던 것이다. 자기가 할 수 있는 것과 주위 사람들이 그에게 기대하는 바를 조화시키지 못한 것이 명백하였다(김미경 외, 2006 : 19 재인용).

(2) 학교사회복지실천에 있어서의 적용

① 문제 및 개입목표

생태학적 관점은 학생과 환경요인과의 상호작용에 초점을 둔다. 생태학적 관점에서 보면, 학생은 부모, 가족, 친구, 학교교직원, 지역사회 등의 작은 사회체제와 끊임없이 상호작용하며 살고 있으며 또한 그들이 기능해야 하는 다양한 사회체계(예를 들면, 학교, 가정, 근린이웃, 또래집단)의 분리할 수 없는 부분으로 간주된다. 생태학자들에 따르면 이러한 작은 체제가 조화롭게 작용할 때에는 문제가 생기지 않지만, 이들 체제 간의 균형이 상실되면 부조화가 발생하고 아동의 능력과 환경의 요구 및 기대 간에 불일치가 생긴다고 본다. 이러한 관점에서는 문제를 학생 내부에 있는 장애로 보기보다는, 학생과 그를 둘러싼 환경 간의 적절한 적응(goodness-fit)의 부족, 학생과 환경 간의 부조화 상태 혹은 불일치 상태로 간주한다. 따라서 학교라는 장에서 학생이 경험하는 문제는 학교 환경에서 기대하는 학업 및 사회적 과업과 학생이 갖는 학업능력 및 행동 간의 불일치 문제로 본다.

이런 불일치를 다루기 위해, 학교사회복지사는 두 가지 측면의 개입에 집중할 수 있는데, 하나는 학생의 대처능력과 성장 가능성을 강화시키고, 다른 하나는 환경의 질을 개선시키는 것이다. 전자는 학생-초점의 개입이라고 할 수 있는데, 이 개입의 목표는 특별한 기술의 교육을 통해 위험에 있는 학생의 사회적 능력을 증가시키는 것이다. 예를 들면, 외현화 및 내재화 문제, 사회적 문제, 장애학생, 취약한 가정의 아동 등에 대한 개입이다.

후자는 체계중심의 개입이라고 할 수 있으며, 이 개입의 목표는 학교, 가정, 근린이웃,

지역사회로 하여금 문제에 있는 학생행동을 유발하거나 악화시킬 수 있는 위험스러운 위험요인의 영향을 최소화할 뿐 아니라 이들 개발을 통해 학생의 니드에 보다 민감하도록 만드는 것이다. 예를 들면, 학교 토대의 예방 프로그램, 취약한 학생집단을 위한 개입, 자문과 다학문적 팀 성원으로서 개입, 학교 재구조화에 부모, 지역사회 참여시키기 등이 해당된다. 이러한 이중 초점을 가진 생태학적 관점은 학교사회복지사로 하여금 취약한 가정, 학교, 근린이웃, 지역사회에 속해 있는 학생을 위해 유해한 환경을 변화할 수 있도록 할 뿐 아니라 학생을 돕는 데 학교가 역할을 다할 수 있도록 한다.

Germain에 따르면 학교사회복지사는 아동과 학교뿐 아니라 가족, 학교, 지역사회와 학교의 상호작용 지점에 서 있다. 그는 아동과 부모, 지역사회가 사회적 역량을 개발하도록 돕고 동시에 아동, 부모, 지역사회의 욕구와 열망에 대한 사회적 민감성을 돕도록 하는 입장에 있다(Allen-Meares, 2004 : 77 재인용).

② 사정

생태학적 사정은 학생과 환경과의 조화 및 일치를 이해하게 할 뿐 아니라 학생을 위한 개입에 직접적인 영향을 미치는 중요한 요소이다. 학교사회복지사가 사정에 있어 다루어야 할 점을 살펴보면 다음과 같다(Garrett, 2006 : 47). 첫째, 생태학적 관점에서 사정은 학생 및 학교의 생태학적 체계의 구성요소들이 다양하게 사정되어야 한다. 학생과 학교의 생태학적 체계의 구성요소는 |그림 7-2|와 같다. 모든 학생은 특별한 존재로 고려되어야 하며 학생 및 학교의 하위체계 간의 교류 및 상호작용도 개별적으로 고려되어야 한다.

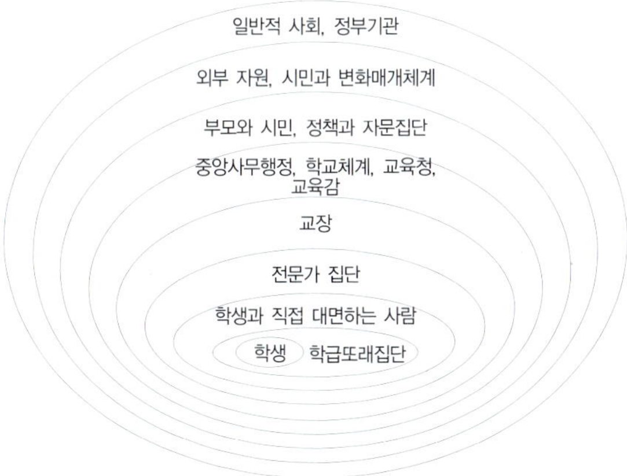

|그림 7-2| 생태학적 체계의 구성요소

출처 : Allen-Meares(2004), p. 85.

둘째, 생태학적 이론에서 사정은 학생과 그와 관련된 많은 환경체계 간의 적합성(goodness of fit)에 초점을 두어야 한다. 생태학적 관점에서 행동은 환경에 대한 적응 상태로 간주되며 모든 행동은 어떤 목적을 가지고 있다고 간주한다. 따라서 사정에 있어 학교사회복지사는 단지 행동만을 사정하는 것이 아니라 어떤 상황에서 행동이 일어나며, 행동이 왜 일어나는지를 알아보아야 하고, 그들이 사적 또는 환경적 스트레스에 어떻게 반응하는지를 알아보아야 한다. 역기능적이거나 역생산적으로 보이는 일부 행동들도 적응적이거나 또는 어려운 환경에서 생존하기 위한 장점으로 재구성될 수 있다.

셋째, 생태학적 사정은 학생이 자신의 다양한 환경에 미치는 영향과 그들 간의 상호작용에 초점을 두어야 한다. 즉, 학생은 학급에서, 또래집단에서, 가족에게 어떤 영향을 미치는가? 학생이 출석하지 않을 때, 이들 영역에서의 역동성이 어떻게 변화되는가? 다른 사람들은 학생을 어떻게 인식하고 있으며 그들은 학생에게 어떻게 반응하는가? 학생에 의해 영향을 받고 영향을 주는 이들 간의 상호관계는 어떠한가?를 사정해야 한다.

넷째, 학생과 다른 사람들이 상호작용하는 데 영향을 미치는 문화적 요인과 가치를 고려해야 한다.

다섯째, 학교사회복지 사정은 단지 학생뿐 아니라 학교의 장에서 상호작용하는 환경체계에도 관심을 가져야 한다. 즉, 학생의 주거지, 학교건물, 근린지역, 지역사회, 도서관, 그 외 놀고 공부하는 장소 등이 포함된다. 예를 들어, 과밀되고, 열악한 난방, 쉬거나 공부할 공간이 없는 가정이나 아파트에서 사는 학생들은 더 좋은 환경에 접근할 수 있는 학생에 비교해 불리한 상황에 있다.

생태학적 관점에서 학생 및 학교의 사정 시 고려해야 할 점

Allen-Meares와 Lane(1987)은 생태학적 사정을 위한 분석틀을 제시하였는데 이것의 적용에 있어서는 다음과 같은 것을 고려해야 한다고 제시하였다.

1. 포괄적인 생태체계 사정은 학교, 가정, 지역사회 등 다중 생태체계를 대상으로 자료를 수집해야 한다.
2. 사정은 중요한 타자, 다른 사람, 학생의 직접적 관찰 등 세 가지 출처로부터 나온 자료여야한다. 학교사회복지사는 가정, 학급, 비공식적 장에서 학생을 관찰해야 하며 다양한 범주에서, 다양한 사람들과 하루 일상에서의 학생 행동에 대해 사정해야 한다. 학교사회복지사는 가능한 한 많은 학교의 장－학급, 복도, 운동장, 식당 등에서 학생을 관찰하여야 한다. 학생을 알고 학생을 상호작용하는 교사와 다른 교직원들의 조언을 구해야 한다. 다른 장에서 학생의 기능에 대해 확인하기 위해 학교기록이 검토되어야 한다. 가정은 학생

의 학습을 어떻게 지지하고 이들 학생들은 가족에게 어떻게 영향을 미치는지도 살펴보아야 한다.

3. 사람(인지적, 감정적, 행동적, 신체 특성)과 상황적 범주(역사적 · 규범적 환경, 행동적 · 심리사회적 환경, 신체적 환경)를 묘사하는 중요한 데이터 변수 모두에서 사정해야 한다. 예를 들어, 표준화된 검사에서 학생의 지적 기능은 정상 이상을 보였지만 교사의 면담에서는 학생이 학급에서 성취가 낮고 특별한 병이 없음에도 불구하고 자주 잔다는 것을 알게 되는 경우이다.
4. 포괄적인 사정은 가능한 한 많은 요소들을 포함해야 한다. 예를 들어, 친구를 잘 사귀지 못하는 학생을 이해하기 위해, 학교사회복지사는 여러 장소에서 아동의 사회기술을 사정하고 다양한 사람으로부터 정보를 얻고 또래에게 사회적 관계의 측정(sociometric rating) 등 실시해서 객관적인 정보를 얻어야 한다. 또한 사회복지사는 사회적 장, 또래 상호작용, 학생의 사회적 · 생태적 지위(niche), 지지적 · 사회적 상호작용의 존재 또는 결핍, 학생이 다른 사람에게 영향을 미치는 방법 등을 평가해야 한다.
5. 사정은 포괄적인 학생 상황의 특징으로 통합되어야 한다.
6. 사정을 통해 문제에 대한 기술, 목표 및 개입전략을 도출해야 한다.

출처 : Allen-Meares(2004), p. 86.

③ 개입내용

첫째, 학교사회복지사는 생태학적 관점에서 〈표 7-1〉과 같은 목표를 달성하기 위해 노력한다(Allen-Meares, 2004 : 88).

〈표 7-1〉 생태학적 관점에서 학교사회복지사가 추구하는 목표

- 아동, 부모, 관련된 성인이 새로운 사회기술 또는 능력을 갖도록 하는 것
- 아동과 가족을 지원할 새로운 자원과 사회복지서비스 기관을 구체시하고, 학교와 지역사회에서 새로운 프로그램을 개발하는 것
- 성인의 생각을 변화시키는 것(예를 들어, 학생에 대해 부정적 견해를 가지고 있는 교사)
- 지식과 이해를 증진시키는 것(예를 들어, 교육자들에게 아동학대와 방임에 대해 교육시키는 것)
- 활동을 재구조화하는 것[예를 들어, 하루 종일 장(setting)에서 기능하는 데 어려움이 있는 학생을 위해 수정된 교육스케줄을 개발하는 것]
- 적절한 지역사회기관(예를 들어, 정신건강과 청소년서비스)과 학교 토대의 서비스와 새로운 연대를 개발하는 것
- 교사, 부모, 지역사회기관 직원을 위한 새로운 역할을 개발하는 것(예를 들어, 집단사회복지실천 리더로서 교사, 자원봉사자로서 부모, 학교자원으로서 기관 직원)
- 욕구가 존재하는 곳에 새롭고 혁신적인 프로그램을 개발하는 것(예를 들어, 대안 프로그램, 융통성 있는 스케줄, 임신한 여학생을 위한 학교 내 프로그램, 일하는 부모의 아동을 위한 방과후 학교 프로그램, 신체적 장애가 있는 아동을 위한 수정된 신체교육 프로그램)

출처 : Allen-Meares(2004), p. 88.

둘째, 생태학적 접근을 행함에 있어 강점 토대와 역량강화 접근을 적극적으로 활용한다. 학교사회복지사는 결핍에 초점을 두기보다는 강점을 구체시하고 확립하며 역량강화를 하도록 돕는 데 초점을 둔다. 학교에서 생태학적 관점에서 개입한다는 것은 쉽지 않다. 종종 학교사회복지사는 모든 문제를 학생 내부의 장애로 보려는 유혹에 시달린다. 왜냐하면 환경의 변화를 시도하는 것보다 학생들이 역기능적 상황에 적응하도록 돕는 것이 더 쉽기 때문이다(Dupper, 2002 : 5-6).

셋째, 학교사회복지사는 학생의 욕구와 환경적 자원 간에 적합성(fit)을 갖도록 사람과 환경의 상호작용에서 일한다. 이를 위해 사람과 환경 간의 상호작용을 충실히 사정하는 것이 필요하다. 그중 토대가 되는 것은 개인의 대처행동에 대한 사정이다. 구체적으로는 생존을 위한 대처행동, 관계에 대한 대처행동, 성장과 성취를 위한 대처행동이다.

넷째, 학교사회복지사는 문화적 이해를 가져야 한다. 자신의 문화가 아닌 다른 문화에서 완전한 역량을 발휘한다는 것은 매우 어려운 일이다. 문화적 차이를 이해하면서 일하기 위해서, 학교사회복지사는 학교의 지배문화, 집단의 경제적 관심, 문화집단의 억압의 역사, 민족차별주의와 편견, 다른 언어와 예술의 사용, 집단에 영향을 미치는 정치적 이슈, 아동양육 요인, 가족구조, 문화가치, 전통에 대해 학생과 가족의 문화변동 수준에 주의해야 한다(Garrett, 2006 : 44).

다섯째, 학교사회복지사는 상호교류에 개입한다. 학생의 학교 경험은 학생의 사회적 기술에만 영향받는 것이 아니라 학급, 더 나아가 학교 전체 분위기에 의해 형성되기도 한다. 개별학생 또는 학생집단 이외에도 또래와 교사의 태도, 학교 전체 분위기를 변화시키기 위해 노력해야 한다.

〈표 7-2〉 생태체계적 관점에 의한 학교사회복지 실천방법 및 프로그램의 예

구 분	개입방법 및 프로그램
개별적 차원	– 사회적 기술훈련(코칭, 모델링 행동기법을 통해 동료들에게 수용될 수 있는 기술, 자기통제기술, 비공격적인 집단기술과 자기 주장적 기술을 가르침) – 문제해결 훈련(문제에 대한 대안적 해결방안의 모색과 해결책 발견) – 개별상담(청소년의 환경적 안전과 두려움, 우울과 자살 충동적 사고를 사정, 감정정화, 억압된 분노 조절 지원)
동료집단 차원	– 동료관계 강화(학급 내 집단 따돌림이나 집단 괴롭힘 감소를 위해 학급에 관여) – 협동적 활동들(사회적으로 인정받는 동료들과 함께 협동적 게임이나 특별활동) – 짝 치료(두 아동 또는 동료 청소년들이 작업이나 놀이를 통해 사회적 상호작용) – 동료 원조자의 활용(사회적으로 인정받는 동료의 활용) – 지지집단의 활용

학교 차원	– 사회적 위계성을 육성하는 교실이나 학교풍토 대신 개방적 환경의 조성 – 다양한 특별교과 활동들 – 교사 대상의 자문(교사들과의 협력적 작업) – 학급이나 학교 전학 – 과제 할당(점심시간이나 쉬는 시간에 동료들의 따돌림으로 인해 어려움을 겪고 있는 아동들을 위해 교직원들과 함께 할 수 있는 과제 할당) – 조언자들을 지지체계로 활용(학교와 관계있는 성인들을 행동문제를 지닌 학생과 연계) – 전교 차원의 프로그램(전교 차원의 집단 따돌림 예방운동 전개)
가족 차원	– 가족을 단위로 하거나 특정 성원을 대상으로 한 단기간의 상담, 자문, 의뢰
지역사회 차원	– 문제를 가지고 있는 학생이나 가족들을 지역사회 자원과 연계, 협력

출처 : 성민선 외(2004), p. 230.

여섯째, 옹호자의 역할의 강조이다. 학생집단을 위한 옹호(advocacy)는 여러 차원에서 일어날 수 있다. 학생을 위한 프로그램을 개발하기 위해 학교 차원에서 옹호할 수도 있고, 지역사회 서비스 개선을 위해 지역사회 차원이나 지방 및 중앙정부 차원에서도 활동할 수 있다. 옹호자와 관련된 기술들은 〈표 7-3〉과 같다.

〈표 7-3〉 옹호자의 기술

– 학생의 학습과정에 영향을 미치는 생물학적, 의학적, 심리학적, 문화적, 사회적, 정서적, 법적, 환경적 요인의 다양한 면들을 문서화하기 위해 적절한 정보를 수집하는 것
– 특정 문제 상황을 해결하기 위해 또는 아동과 그들 가족을 위한 새로운 자원을 개발하기 위해 학교 토대의 서비스프로젝트 또는 다른 프로그램에서 지역사회기관과 협력하는 것
– 지역 교육기관 및 지역사회의 내부와 외부에 있는 자원을 구체시하고 개발하는 것
– 학생, 부모, 학교체계, 근린이웃, 지역사회의 특성과 욕구에 대한 체계적인 관찰과 사정을 하고 학생 특성과 이들 환경 특성과의 상호작용 결과를 평가하는 것
– 중앙 및 지방 차원의 정책을 분석하고 영향을 미치는 것
– 상황을 명료화하고 정보를 주고받고, 개입계획에 대한 과정을 모니터링하고 각기 다른 입장을 조정하기 위해 클라이언트체계에 있는 사람을 자문하는 것
– 학교–지역사회–학생–부모관계에 있어 행해지는 영향력을 사정하고 이들 영향력을 해석하는 것

출처 : Allen-Meares(2004), p. 88.

일곱째, 관련된 사람들과의 협력이 필요하다. 사회복지사는 환경적 체계를 변화시키기 위해 다른 사람과 일하는 것이 필요하다. 예를 들어, 사회복지사는 학생과 직접 일하는 것이 아니라 부모가 학생을 가정에서 도울 수 있도록 학교 친구들이 학생의 상황을 이해하도록 하거나 학급에서 교사로 하여금 자리를 재배치하도록 도울 수 있다. 학교사회복지사는 교사와 다른 직원과 상대적으로 쉽게 접근할 수 있을 뿐 아니라 학교 환경에서 매일의 상호작용에서 학생을 관찰할 수 있는 능력을 가진다. 또한 학교사회복지사는 더 큰 환경적 체계가 변화하도록 도울 수 있다(Garrett, 2006 : 48).

여덟째, 학생의 능력 강화이다. 학교사회복지사는 학생이 다른 사람과 관계하는 능력을 개선하고 자신의 역량을 증가시키고 자아존중감을 확립하도록 돕는다. 이를 위해 학생과 환경에 대한 정보를 얻고, 사정하여 적절한 반응을 개발하고, 행동의 자율과 자유를 얻도록 돕는다. 예를 들어, 학급에서 어려움이 있는 학생에게는 학급이 자신에게 기대하는 것이 무엇인지를 알고 자신의 행동이 어떻게 교사 또는 또래를 성가시게 하는지를 알 수 있도록 도와야 한다. 그에게 다른 사람을 화나게 하지 않으면서 자신의 니드를 충족시킬 수 있는 방법과 학교 장에서 수용될 수 있는 행동을 그가 선택한다는 것을 알 수 있도록 도와야 한다.

아홉째, 예방의 강조이다. 학교사회복지사는 문제를 예방할 수 있는 훌륭한 위치에 있다. 생태계적 접근의 개입은 위기에 있는 학생을 돕기 위한 중요한 예방적 접근이다.

열째, 가족에 대한 개입과 참여이다. 가족과 학교가 기능적 관계를 형성하고, 서로 파트너십을 갖고 도울 때 학생의 적응과 성장은 물론 학교도 성공과 개혁이 이루어질 수 있다. 이를 위해서는 부모가 학교에 참여할 수 있도록 다양한 기회를 제공할 필요가 있다.

2. 학교사회복지의 접근 모델

학교사회복지가 각 학교의 상황과 여건에 따라 다양하게 적용되었는데 Allen-Meares 외(2004)는 학교사회복지의 접근 모델을 크게 6가지로 정리, 소개하고 있다. 먼저 1972년에 Alderson이 제시한 학교사회복지 접근 모델인 전통적 임상 모델(traditional clinical model), 학교변화 모델(school change model), 지역사회학교 모델(community school model)과 사회적 상호작용 모델(social interaction model)의 네 가지와 Costin이 3년간의 시범사업을 통해 제시한 학교-지역사회-학생관계 모델(school-community-pupil relations models), 그리고 최근 미국공립학교 개혁의 일환으로 추진되고 있는 사업과 관련한 학교연계 통합서비스(school-based integrated services)이다(성민선 외, 2004 : 254-274; Allen-Meares et al., 2004 재인용).

1) 전통적 임상 모델

전통적 임상 모델(Traditional Model)은 학업을 방해하는 정서적·심리적 문제를 가진 개인 학생에 초점을 둔다. 이 모델에서 중요한 가정은 개별아동 또는 그 가족이 역기능적이며 어려움을 경험하고 있다고 간주한다. 따라서 개입목표는 학교와 관련된 사회적, 정서적 어려움을 가진다고 구체시된 학생이 보다 효과적으로 기능할 수 있도록 돕는 것이며 주된 서비스 대상은 구체시된 학생과 그 가족이다. 요약하면, 학교사회복지사는 아동과 그 가족에게 개별사회복지실천(casework) 서비스를 제공하는 것이며 학교체계 그 자체는 학교사회복지사 활동의 초점이 아니다. 따라서 학교교직원들은 아동이 학교에서 어떻게 지내는지에 대한 그들의 생각과 통찰력을 제공하기 위해 사정과정에서만 참여하게 된다. 이 모델의 이론적 토대는 정신분석, 자아심리학에 근거한다(Allen-Meares et al., 2004 : 33).

전통적인 임상 모델에서 학교사회복지사는 학생을 클라이언트로 인식한다. 따라서 전통적 임상 모델을 활용하는 학교사회복지의 주 업무는 개별 사회사업, 학생의 문제와 관련된 부모와 가족과의 회의, 아동의 보다 심도 있는 상담을 위한 지역사회기관으로의 의뢰 등이다. 주로 학생문제를 진단하고 상담하는 상담자의 역할, 문제를 치료하는 치료자의 역할, 학생의 문제를 가족과 교사에게 설명하는 정보 제공자의 역할, 정서적 지지자 등의 역할을 한다(성민선 외, 2004 : 255).

2) 학교변화 모델

학교변화 모델(School Change Model)은 학생들의 문제는 학교제도에서 비롯되며 그 원인을 학교제도 및 환경이 제공한다고 가정한다(성민선 외, 2004 : 258). 이 모델의 목표는 학생으로 하여금 학업수행을 하지 못하게 하는 요인으로 간주되는 학교정책, 즉 역기능적 학교 규범과 상황을 변화시키는 것이다. 따라서 주된 개입의 초점은 학교이다. 서비스의 대상은 전체로서 학교, 즉 모든 사람과 하위집단인 클라이언트로 간주된다. 학교사회복지사의 역할은 역기능적인 학교규범과 상황을 구체시하고, 학생과의 직접적인 활동, 교사와 행정가에 대해 개별 또는 집단적으로 자문 등을 행하며 주로 옹호, 협상, 자문, 조정을 수행한다(Allen-Meares et al., 2004 : 33-35).

이 모델에서는 학교조직을 구성하고 있는 모든 구성체, 즉 교장, 교사, 학생, 행정지원 등 모두가 학생들의 교육목표를 달성하기 위한 분위기를 조성하여야 하며 교칙과 학교운영방침 등은 학생중심으로 이루어져야 한다고 본다. 본 모델은 사회과학이론 중 특히 일탈이론과 조직이론을 이론적 배경으로 하고 있다. 이 모델의 개입은 학교사회복지사가 교직원으로서 충분한 신뢰관계가 있으며 학교 내 의사결정에 참여할 수 있는 지위가 있을 때 가능해진다. 학교변화 모델을 효과적으로 실천하기 위해서는 학교사회복지사가 내부적 의사소통의 절차에 관여할 수 있고 학생과 교육환경에 대한 문제를 공식적으로 제의하여 학교가 그 방안을 강구할 수 있도록 하는 위치에 있어야 한다. 특히 우리나라에서 학교변화 모델이 적용되기 위해서는 먼저 학교사회복지사의 전문성과 신뢰성이 확보되어야 한다(성민선 외, 2004 : 259). 학교사회복지가 제도화되지 않는 상태에서 학교변화 모델의 적용은 현재 우리나라 상황에서는 찾아보기 힘들며 단지 일부 학교사회복지사들이 학교규정개선위원회나 학교선도위원회에 참여하는 정도인 실정이다.

3) 지역사회학교 모델

지역사회학교 모델(Community School Model)은 1차적으로 학교를 이해하지 못하거나 신뢰하지 못하는, 박탈된 또는 불리한 상태에 놓인 지역사회에 초점을 둔다. 이 모델에서 어려움이란 빈곤과 다른 사회적 상황, 학교교직원들의 문화적 차이와 빈곤에 대한 이해 부족 등이라고 간주한다(Allen-Meares et al., 2004 : 35). 따라서 이 모델의 목표는 학교가 제공하는 것에 대해 지역사회에 교육시키고, 학교교직원에게 지역사회의 역동성과 작동하는 사회적 요인에 대해 설명하여 빈곤학생의 박탈된 상황을 완화시키도록 학교 프로그램을 개발하는 것이다. 이에 개입대상은 지역사회와 학교 모두가 해당된다.

개입과정은 학교와 지역사회가 함께 지역교육협의체를 구성하여 협의체의 결정으로 해당 지역사회에 적합한 교육 프로그램을 학교에서 실행하는 것이다. 개입내용에는 지역사회를 대상으로 학교의 교육내용과 방침 설명하기, 지역사회의 환경에 대한 이해와 자원 개발하기, 교직원들에게 지역사회의 역동성과 사회적 요인들에 대해 설명하기, 혜택을 받지 못하는 학생을 원조하는 학교 프로그램 개발하기, 학생의 어려움을 야기하는 결핍환경을 시정하기 등이 포함된다. 지역사회로 하여금 학교에 대한 신뢰를 회복하며 교육목표 달성에 협조·지원해 줄 수 있는 공동체로 발전하도록 하는 것이 개입의 핵심내용이다(성민선 외, 2004 : 262). 이 모델에서 사회복지사는 지역사회활동에 스스로 참여하여 지역사회가 의문을 제기하고 이슈를 일으키도록 하고, 지역사회와 학교가 서로를 이해하도록 도우며, 지역사회가 학교 프로그램에 참여하도록 촉진하는 것이다. 학교사회복지사의 주된 역할은 조정, 옹호, 아웃리치 등이다(Allen-Meares et al., 2004 : 35).

지역사회학교(Community School)는 아동이 신체적, 정서적, 사회적으로 학습할 준비를 갖출 수 있도록 보장하기 위해 다양하면서 중요한 가정 건강과 사회서비스를 통해 최선의 질 높은 교육적 실천을 이루는 공공학교이다. 아침 일찍 문을 열고 점심, 저녁,

주말, 여름 동안 지역사회학교는 지역사회생활의 진정한 센터로서 기능한다. 아동이 학교에 출석하고, 의료적 · 치과적 치료를 받고, 문제에 대해 상담을 하고, 읽기 기술을 증진시키기 위해 방과후에 머물고, 게임을 하고, 컴퓨터를 하고, 음악과 미술교육을 받고, 숙제를 함께 지도하고, 운동하고, 여름 캠프에 참여하도록 하는 장소이다. 부모와 지역사회 리더는 학교에서 중요한 역할을 담당한다. 부모는 그들의 아동 교육에 참여하도록 격려되고 성인교육을 받으며, 지지와 조언을 받고, 학생이 학교에서 성공적으로 지낼 수 있도록 어떻게 도와야 하는지를 배우며, 다른 부모를 만나고 자신들의 프로그램, 지지집단, 활동들을 개발한다(Quinn, 2006 : 106-107). 〈표 7-4〉는 지역사회학교 모델-Children's Aid Society 사례이다.

〈표 7-4〉 지역사회학교 모델(Children's Aid Society) 사례

뉴욕시의 가장 오래되고 큰 청소년 봉사조직인 아동원조단체(CHILDREN'S AID SOCIETY)가 뉴욕시 교육위원회와 전례 없는 파트너십을 형성하였다. 3년간 시 차원의 계획을 거쳐 최초의 CAS가 1992년에 문을 연 이래로 현재 뉴욕시에 13개(5개 초등학교, 7개 중등학교, 1개 고등학교)의 지역사회학교가 운영 중이다.

• **지역사회학교의 목표 :**
아동들이 생산적인 성인기를 준비할 수 있도록 아동의 학습과 발달을 촉진시키는 것. 아동의 학습과 발달은 그들의 가족, 학교, 지역사회에서의 계속적인 경험을 통해 영향을 받는다는 점을 인식하여 학생, 가족, 학교, 지역사회, 교육정책의 5가지 영역에서의 파트너십 접근을 통해 운영하고자 함

• **프로그램 내용 :**
성인교육, 이민자 지원, 학습, 스포츠, 예술, 발달 프로그램, 아동건강 보험 등록, 의료와 치과서비스, 정신건강서비스, 조기 아동기 프로그램, 지역사회개발 등과 같은 다양한 서비스를 아동과 부모에게 제공함

• **활동과정 :**
- 학교 스텝(교장, 부교장, 교사) 위원회, CAS 스텝, 부모로 구성되는 학교리더십팀이 한 달에 한 번 만나 계획 및 의사결정을 함
- CAS는 뉴욕교육위원회와 지역학교 교육구와 협력을 위한 동의서를 작성함

• **CAS 학교의 인력 :**
- 전일제 소장(full-time director : 노련한 사회복지사가 담당함)
- 전일제 프로그램 직원, 교육조정가(coordinator-CAS를 위해 시간제로 일하는 교육위원회 직원), 부모조정가(CAS에 의해 고용된) 등
- 각 사이트에는 교사, 청소년전문가(youth worker), 프로그램 전문가(댄스교사 또는 미술가), 고등학교, 대학생 등으로 구성됨

• **CAS 모델의 특징 :**
- 포괄성(comprehensiveness) : 아동과 가족의 다중 니드를 다루기 위해 공동 계획함
- 일관성(coherence) : 주요 파트너(학교, CAS, 부모)와 합동계획과 의사결정을 행함
- 헌신(committment) : CAS과 그들의 파트너학교는 학생과 그들 가족을 위해 헌신함

출처 : Quinn(2006), pp. 112-113.

4) 사회적 상호작용 모델

사회적 상호작용 모델(Social Interaction Model)은 학생과 학교 간의 상호작용에 초점을 둔다. 사회적 상호작용 모델에서는 학교를 상대로 한 가정, 지역사회와 학생의 기대가 모두 다르기 때문에 역기능이 발생하며 이는 다시 학생들의 문제에 영향을 줄 수 있다고 본다. 학생의 문제발생과 해결에 기여하는 주체는 다양하기 때문에 학교사회복지사는 어느 특정한 체계에만 개입하는 것이 아니라 이들 모든 체계의 상호작용에 개입하여 문제를 해결하고자 한다(성민선 외, 2004 : 264). 이 모델의 목표는 학생과 학생 간의 상호원조 체계의 개발을 촉진하고 상호작용에 있어 장애를 제거하는 것이다.

개입의 대상은 당사자(아동, 아동의 집단, 가족, 학교, 지역사회) 간의 교환의 종류와 질이다. 학교사회복지사는 당사자 간의 상호목표를 구체시하고 의사소통을 개선하고 지원하며 상호원조체계를 구축한다. 학교사회복지사는 당사자 간의 더 나은 이해를 위한 조정자(mediator), 명확하게 하는 자(clarifier), 촉진자(facilitator)의 역할을 한다. 이러한 조정에는 당사자 간에 서로 공통의 그리고 공유된 점을 구체화시키는 것을 포함한다. 사회복지사는 당사자들이 서로 특정 목적이나 목표를 세울 수 있도록 돕기 위해 당사자 간의 공동의 이해를 나타낸다(Allen-Meares et al., 2004 : 35). 그러나 학교사회복지사가 각 기관과 기관, 체계와 체계 간의 중재활동을 하기 위해서는 책임과 권한을 부여받도록 하는데 우리나라에서는 아직 이러한 책임과 권한을 부여받은 경우가 없는 실정이다(성민선 외, 2004 : 264).

5) 학교-지역사회-학생관계 모델

학교-지역사회-학생관계 모델(School-Community-Pupil Relations Model)은 코스틴(Costin) 등이 학생서비스에서 계획된 변화를 위해 다수의 대학이 컨소시엄의 형태로 시범사업을 실시하면서 개발된 모델이다. 이 모델은 학생, 학교, 지역사회에서 상호작용의 복잡성을 강조한다. 1차적인 목표는 이들 세 축의 상호작용에서 변화를 야기시키는 것이며 그런 다음 학교의 유익하지 못한 제도적 정책이나 실천을 어느 정도 수정하는 것이다. 관심은 학생집단과 학교의 특성에 주어진다. 초점은 개별집단성원의 인성개발이 아닌 학생집단의 상황에 있다. 각 문제는 유사한 상황(무단결석자, 임신한 청소년 또는 학습욕구를 가진 아동)에 있거나 그들의 독특한 특성이 학교와 지역사회에서의 상황과 상호작용할 때 역기능적 단위를 형성하는 학생집단을 포함한다.

문제발생의 책임은 학생집단에 있다고 보지 않고 학교와 지역사회에 있다고 본다.

사정절차는 먼저 학생의 특성과 학교와 대상학생집단을 위한 교육기회의 질에 영향을 미치는 지역사회 상황을 조사하고 평가한다. 그 다음 니드를 사정하고 문제를 복잡하게 만드는 문제 상황을 구체시한다. 또한 행정가, 교사, 다른 학교교직원, 영향을 받는 집단(학생과 부모)에게 자문한다. 서비스 계획의 개발과정은 학교사회복지사가 행정가, 교사, 다른 학교교직원과 계속적인 자문을 한 뒤, 행정가와 이와 관련해서 참여와 지지가 필수적인 사람들에게 서면화된 계획을 제출한다. 그 뒤 서비스에 대한 동의를 얻고 서비스 계획을 실행하는 데 책임을 진 사람들과 업무분담의 조절한다.

학교사회복지사는 대상학생 집단으로 하여금 그들이 보는 문제를 진단하고 분명히 밝힐 수 있도록 돕는 것, 학생 불만을 위해 개별적 또는 집단적으로 옴부즈만으로 돕는 것, 갈등을 해결하기 위해 교사, 학생, 행정가들의 비공식집단을 형성하는 것, 변화매개체계 또는 문제해결팀을 구축하는 것, 교사, 행정가, 가족, 기관들과 협상가, 조정자, 자문, 옹호가로서 활동, 학습과 적응을 방해하는 학교활동과 제도 등을 구체화하도록 교사와 행정가를 지원하는 것 등을 행한다(Allen-Meares et al., 2004 : 35). 학교-지역사회-학생관계 모델에서 학교사회복지사는 학교와 지역사회의 요구와 기대에 부응하지 못하는 학생집단의 스트레스를 완화시킬 수 있도록 학교-지역사회-학생관계 체계에 변화를 가져와 학생집단이 학습기회를 보다 더 효과적으로 활용할 수 있도록 원조하고자 한다.

6) 학교연계 통합서비스

학교연계 통합서비스(School-Linked Integrated Services)는 학교사회복지실천의 모델이 아니라 1990년대에 들어 사회분열, 사회 위험요인의 증가, 교육의 불평등의 문제를 심각하게 인식하면서 비롯된 미국 교육개혁의 일환으로 나타나게 된 서비스다. 학교중심 서비스(school based services), 완전 서비스학교(full service school) 등으로도 불리고 있는 이 서비스는 지역사회기관과 학교가 아동과 가족에게 학교 내 또는 학교 근처에서 다양한 보건·사회복지서비스를 통합적으로 제공하고자 공조하는 혁신적인 서비스 전달체계라고 정의할 수 있다. 학교연계 통합서비스는 학생과 그 가족이 가진 복잡하고도 다양한 문제들을 효과적으로 해결하고 이들의 욕구를 충족시키며 서비스의 단편성과 중복성을 최소화하기 위해서 학교 내 또는 학교 근처에서 교육, 복지, 보건, 정신건강, 정서적 서비스, 보육서비스, 고용서비스 등을 모두 포함하는 통합적인 서비스를 제공함으로써 학생의 교육뿐 아니라 그 가족의 기능 강화도 함께 이루고자 한다. 이러한 서비스를 제공하는 장으로서 학교는 교육과 복지서비스를 전달하는 이중 목적을 수행해야 한다(성민선 외, 2004 : 269).

학교연계 통합서비스에서는 학교가 다양한 지역사회기관과 공식적인 공조관계를 형성하는데 이때 학교사회복지사는 중심적 역할을 담당해야 한다. 또한 학교사회복지사는 제공되는 통합서비스가 교육성과의 증진에 기여할 수 있도록 교육계획서 수립과정에 참여하고 학교와 지역사회기관 간의 연계자와 조정자의 역할을 수행한다. 또한 지역사회와 자원의 조사·개발, 학교와 지역사회 간의 공식적 계약관계의 주선, 학생에게 제공되는 서비스의 관리와 서비스의 평가 같은 업무를 담당해야 한다. 우리나라에서는 교육복지투자우선지역 지원사업이 학교연계 통합서비스와 유사한 모습으로 나타나고 있다(성민선 외, 2004 : 270).

이상에서 본 내용을 정리해 보면 각 접근 모델과 서비스는 그것이 기초로 하고 있는 이론적 배경과 관심의 초점에는 분명한 차이를 나타내지만 학생들의 교육목표 달성을 향해 노력한다는 점에서는 동일하다. 그 목표에 접근하기 위한 개입이나 서비스의 초점을 개인, 학교, 지역사회, 학교와 지역사회의 관계, 제도적인 부분 또는 통합적인 전달체계 중 어디에 두느냐에 따라 독특한 접근 모델이나 서비스가 결정된다. 그러나 각 접근 모델에서 설명하는 많은 부분들은 학교사회복지실천에서 공통적으로 필요한 것이기 때문에 현재 실천현장에서는 일반적으로 여러 특성이 골고루 혼합되어 운영되고 있다고 해도 과언이 아닐 것이다(성민선 외, 2004 : 273).

〈표 7-5〉 학교사회사업을 위한 실천 모델

구 분	전통적 임상 모델	학교변화 모델	지역사회학교 모델	사회적 상호작용 모델	학교-지역사회-학생관계 모델
초 점	사회적 또는 정서적 어려움을 가진 것으로 구체시된 학생	학교라는 환경(학교규범과 상황)	학교를 이해하지 못하거나 신뢰하지 못하는 억압되고 불리한 조건에 놓인 지역사회	학생과 학교 간의 상호작용; 상호작용에서 문제를 구체시하는 것	생활주기 안의 다양한 스트레스 상황에 학생의 특성과 상호작용하는 학교, 지역사회결핍, 특정 체계의 특성
목 표	학교와 관련된 사회적 또는 정서적 어려움을 가진다고 구체시된 학생이 보다 효과적으로 기능할 수 있게 하는 것	역기능적 학교규범과 상황을 변화시키는 것	지역사회 이해와 지지를 개발함; 빈곤학생의 박탈된 상황을 완화시키도록 학교 프로그램을 개발하는 것	상호원조체계의 개발을 촉진함; 상호작용에 있어 장애를 제거함	학교-지역사회-학생관계에 있어 변화를 초래해서 대상학생집단의 스트레스를 완화할 수 있게 함

대상체계	학교-클라이언트와 그들 가족	전체 학교	지역사회와 학교는 대상인 동시에 다른 체계가 됨	상호작용의 장	
어려움에 대한 관점	1차적으로 가족, 특히 부모아동문제에서 야기되는 아동의 정서적 또는 정신적 어려움	역기능적 학교 규범과 상황	빈곤과 다른 사회적 상황; 학교교직원들의 문화적 차이와 빈곤의 효과에 대한 완전한 이해 부족	사회적 상호작용이 일어나는 속에 의사소통과 상호 원조를 함에 있어 학생-클라이언트와 다양한 체계의 어려움	
사회복지사의 과업과 활동	casework 특히 학생과 부모에 대한 것; 집단과 하나의 집단으로서 가족과의 활동, 학생, 부모, 교직원 사이에 연계기능	역기능적인 학교규범과 상황을 구체시함. 학생과의 직접적 활동, 특히 group work; 개별적 또는 집단적으로 교사와 행정 간에 대한 자문	지역사회활동에 스스로 포함되는 것; 지역사회가 의문을 제기하고 이슈를 일으키도록 하는 것; 지역사회와 학교가 서로를 이해하도록 돕는 것; 지역사회가 학교 프로그램에 참여하도록 촉진하는 것	일반시민을 구체시하고 강조함. 상호목표를 세움; 의사소통을 개선하고 지원함; 상호원조체계를 구축함; 개인, 집단, 지역사회 간의 직접적 활동	대상학생집단으로 하여금 학교가 비판적일 때 그들이 보는 문제를 진단하고 분명히 밝힐 수 있도록 돕는 것; 학생 불만을 위해 개별적 또는 집단적으로 옴부즈맨으로 돕는 것; 관심에 대해 목소리를 내고 갈등을 해결하기 위해 교사, 학생, 행정가들의 비공식 집단을 형성하는 것; 변화매개체계 또는 문제해결팀을 구축하는 것
사회복지사의 주요 역할	지지적 협력과 자문을 하도록 함	옹호, 협상, 자문, 조정	조정, 옹호와 아웃리치	조정, 자문, 가능케 함	옹호, 자문, 협상
이론적 토대	정신분석, 심리사회적, 자아심리학, casework 이론과 방법	사회과학이론, 특히 일탈이론; 조직이론	지역사회-학교 개념, 의사소통 이론	체계이론, 사회과학이론, 의사소통이론	사회학습이론, 체계이론과 파생이론들(조직개발, 상황이론, 체계문제 등)

출처 : Allen-Meares et al.(2004), pp. 34-37의 표와 내용을 일부 재조정하여 인용함.

CHAPTER 08

학교사회복지사의 역할과 특성

1. 인간서비스 전달체계로서의 학교와 학교사회복지사

학교는 다양한 차원에서 이해될 수 있는데 그중 하나는 학교가 아동에 대한 교육을 제공할 목적으로 창조된 인간봉사서비스 전달체계(human service delivery system)라는 관점이다. 교육은 지식과 기술 습득과 사회화라는 광범위한 스펙트럼으로 볼 수 있다. 일반적으로 교육체계의 최적의 목적은 적절한 지식과 기술을 모두 갖추고 가족, 직장, 시민생활의 광범위한 지역사회에서 좋은 시민으로 충분히 참여할 수 있는 유능한 학생의 산출이다. 그러나 학교체계는 더 큰 상위체계인 사회의 하위체계로서 공공 생활의 다양성과 도전에 의해 영향을 받기도 하고 그들이 속한 지역사회의 성격을 갖기도 한다.

최근 학교들은 사회적, 정신건강, 건강 욕구를 가진 다양한 학생들의 요구를 충족시키기 위해, 서비스 관련 전문가를 고용하고 학생들의 욕구를 충족시키기 위한 서비스들을 통합시키고 있다. 학교사회복지사는 사회기관 또는 정신건강클리닉이 아닌 학교에서 사회복지서비스를 전달하는 전문화된 인간서비스전문가(specialized human service professionals)이다. 학교사회복지사는 개별학교에 고용되기도 하지만 교육구에 고용된 학교사회복지사는 여러 개의 학교를 위해 일하기도 한다. 또한 학교사회복지사는 다른 전문화된 원조전문가와 같이 학교서비스팀의 일원으로 일할 수도 있다. 이들 팀은 학교심리학자, 가이던스 카운슬러, 간호사, 기타 전문가들로 구성되며, 이들은 주로 학교에서 학생과 가족의 정신건강, 사회적, 건강 욕구를 위해 일한다. 학교사회복지사는 이들 원조전문가들과는 다른 독특한 역할을 하지만 종종 중복된 역할을 수행하기도 한다. 학교에서 원조전문직 역할 간의 중복은 종종 이들 간에 갈등과 경쟁을 유발하기도 한다.

학교가 아동 및 청소년을 위해 필요한 다양한 서비스가 행해지는 중심 센터로 인식되면서, 학교를 중심으로 여러 가지 서비스를 연결하려는 최근의 경향들은 학교사회복지사로 하여금 아동의 다양한 심리사회적 니드와 교육적 니드 간에 균형을 맞추는 데 보다 활발한 역할을 하도록 요청한다. 이러한 학교 및 지역사회의 변화로 인해 학교사회사회복지사는 전통적인 역할 이외에 사례관리, 조정, 지역사회연계, 지역사회조직과 자원관리, 조정 역할 등이 더 확대되고 있다. 특히 학교와 지역사회 연계 서비스가 강조되면서 학교사회복지사에게 문화다양성(diversity) 전문가의 자질이 요청된다. 학교는 다양한 경제사회적, 문화적 배경을 가진 부모, 가족, 지역사회 성원들이 만나는 곳이므로 문화적 다양성 지역에서 보다 전문적이고 교육적이고 지지적일 필요가 있다(Franklin, 2006 : 301).

2. 학교사회복지사의 역할 유형

학교사회복지사는 미시, 중간, 거시 등 다양한 체계에서 개입하면서 다면적(multifaceted) 역할을 수행한다(Openshaw, 2007 : 5). 그러나 학교사회복지사의 역할은 고정된 것이 아니라 시대적 상황이나 학생의 욕구, 학교의 당면문제에 따라 다소 변화할 수 있으며 동일한 학교사회복지사라고 하더라도 문제에 따라 역할이 다소 상이할 수 있다.

보다 구체적으로, 학교사회복지사의 역할에 대한 학자들의 구분을 살펴보면 먼저 Allen-Meares(1994)는 학교사회복지사의 역할을 크게 전문적인 임상사회사업가의 역할, 교육적 카운슬링의 제공, 학생-학교-가정-지역사회의 연계자, 지역사회의 자원활용, 정책입안의 다섯 가지로 제시하였고 이 중 전문적인 임상사회사업가의 역할이 가장 중요한 역할이라고 하였다. 김기환(1997)은 학생의 심리정서적 문제를 예방하고 해결하는 심리치료전문가의 역할, 빈곤가정이나 결손가정의 학생에게 심리치료 외에 사회복지서비스 제공자의 역할, 교직원이나 학부모에게 학생문제 예방교육 및 활동의 역할, 학교가 지역사회에 기대하는 내용과 학교의 교육목적을 주민에게 홍보하거나 반대로 지역사회의 욕구를 학교 당국에 전달하는 연계자의 역할, 학교 내외의 타 전문직과 협력하여 학교행정이나 교육행정이 학생을 위한 최선의 결정이 되도록 하여야 하는 역할 등 다섯 가지 역할을 해야 한다고 하였다.

한인영 외(1997 : 45-47)는 학교사회복지사의 역할을 심리치료 전문가의 역할, 사회복지 서비스 제공자, 교직원이나 학부모에 대한 교사의 역할, 학생-학교-가정-지역사회의 관계를 증진시키는 연계자의 역할, 학교 내외의 타 전문직과의 협력자로 구분하였다.

또한 Lee(2006 : 52-53)는 학교사회복지사의 역할을 임상가, 협력자, 자문가, 다학문적 팀 성원, 교육자, 사례관리 옹호자, 연계자, 중개자, 변화매개자, 정책형성가로 제시하였다. Openshaw(2007 : 2)는 학교사회복지사의 공통적인 기본과업을 팀의 일원으로서 학교체계에서 다른 사람들을 자문, 직접서비스 · 자문 · 프로그램 개발에서 다양한 역할을 적용하는 사정, 아동과 부모에 대해 개인 · 집단 · 가족형태로 직접적 개입, 프로그램 개발을 도움 등 크게 네 가지로 구분하였다.

학교사회복지사의 역할은 조금씩 변화되어 왔다. 초기에는 지역사회 토대의 접근에서 일하다 1950년대와 1960년대에는 개인에 초점을 두는 임상적 접근으로 변화하였다. 최근에는 생태학적 접근을 강조하면서 임상가, 협력자, 자문가, 다학문적팀 성원, 교육자, 사례관리자, 옹호자, 연계자, 중개자, 변화매개자, 정책형성가 등 다양한 역할을 수행한다. 본 장에서는 학교사회복지사의 역할을 가장 광범위하게 제시하고 있는 Lee(2006)의 견해를 중심으로 살펴보고자 한다. Lee가 제시하는 학교사회복지사의 역할들의 대부분은 현재 우리나라에서 시행되고 있지만 그중 일부는 아직 우리나라에서 현실화되기 어려운 역할들도 존재한다. 그러나 현재 미국 등에서 실시되는 이러한 역할들 모두는 미래지향적으로 볼 때 우리나라 학교사회복지사에게도 절실히 요청되는 역할들이므로 함께 다루고자 한다.

1) 임상가의 역할

전통적인 임상서비스는 학교 및 교육구에서 일하는 학교사회복지사의 중요한 역할 중에 하나이다(Markward, 1993). 임상적이라는 단어는 정신의료사회사업 또는 장기치료적 서비스를 제공하는 것과 관련된 사회복지사라는 협의의 정의에서부터 개인, 가족, 소집단에게 전달되는 직접서비스 개입의 형태를 의미하는 용어로 개념이 확대되고 있다. 학교사회복지사의 임상적 역할에는 진단자(diagnostician), 카운슬러(counselor), 집단촉진자(group facilitator) 등이 포함되며 학생문제의 사정에 있어서는 진단가의 역할을 수행한다.

카운슬러의 역할은 개인 또는 집단카운슬러와 같이 추후지도(follow-up) 서비스로서 수행된다. 집단촉진자의 역할은 사회기술집단(social skills group), 슬픔(grief) 집단, 분노관리 집단, 부모집단, 직원팀 집단 등에 적용될 수 있다(Lee, 2006 : 55).

초기에 클라이언트를 구체화하는 것은 매우 중요하다. 왜냐하면 아동이 필요한 서비스를 받지 못하면 부정적인 생활 결과로 고통을 받기 때문이다. 지원이 필요한 학생들은 결석, 빈약한 또래 관계, 권위에 대한 도전, 우울, 싸움, 약물남용 등의 행동을 보인다. 진단자로서의 학교사회복지사는 학생의 사정을 위해 부모나 후견인은 물론 학생에게 서비스를 제공하는 기관담당자를 만나 협력할 수도 있다.

사정단계 동안 학교사회복지사는 자신의 임상적 개입이 학생의 문제를 돕는 데 도움을 줄 수 있는지를 결정한다. 사회복지사정은 사회력(social histories), 적응적 행동 평가척도, 학급 및 운동장에서의 학생관찰, 지역사회사람들과의 면담 등을 통해 이루어진다. 초기에 학교사회복지사는 신뢰를 구축하고 문제에 더 나은 이해를 위해 학생과 개별적으로 일할 수 있는데, 이것은 학교사회복지사의 개입의 범위 내에서이다. 학생에게 더 많은 지지가 필요하다고 생각되는 사례의 경우, 학교사회복지사는 학생에게 학교사회복지사와 함께 개별적 또는 집단에서 작업할 것을 제안하기도 하고 다른 외부 도움을 받는 것에 대해 의견도 제시한다. 학교사회복지사는 학생이 행동을 연습하거나 표현하도록 돕기 위해, 안전한 환경과 통제된 장에서 개별적 문제를 다룰 수 있도록 하기 위해, 구조화된 집단의 장을 사용할 수 있다. 개별 또는 집단개입 동안, 가족 세션이나 또는 부모와의 분리된 만남에서 드러날 수 있는 가족문제들을 파악할 수 있다. 보통 가족과의 개입은 짧게 이루어지나, 필요한 경우 가족이 지역사회기관에 있는 다른 전문가에게 의뢰할 수도 있다. 지역정신건강 또는 외부 전문가들이 학생과 가족의 정신건강욕구를 다루기 위해 학교사회복지사와 협력할 수 있다.

요약하면 임상가로서 학교사회복지사는 1차적으로 아동과 부모에게 다양한 임상적, 카운슬링 서비스를 제공한다. 그 외 종종 학교-가정-지역사회 연계의 역할에서도 임상가의 역할이 수행되기도 한다. 임상가로서 사회복지사는 주로 개인의 심리사회적 변화에 집중하지만 사회체계 변화를 야기하기 위한 노력도 병행한다(Franklin, 2006 : 302).

사례 1 - 임상가로서의 학교사회복지사의 개입

13살의 7학년 엘렌(Ellen)은 교실이나 복도에서 지나치게 시끄러운 말소리, 반항적인 성격, 산만한 행동 등으로 학교사회복지사에게 의뢰되었다. 학교사회복지사는 복도에서 시끄럽게 행동하면서 관심을 받고자 하는 엘렌의 행동에 주목했다. 엘렌은 성격이 밝았지만 충동성과 지배에 대한 니드가 그녀의 학습을 방해하였다.

교장과 교사는 학교사회복지사에게 엘렌을 의뢰하였고 학교사회복지사는 학생, 부모와의 면접, 학급에서의 관찰 등을 통해 사정하였다. 부모와의 면담을 통해, 학교사회복지사는 엘렌이 주의력결핍 장애로 인해 정신과 치료 중이라는 것을 알았으며 가족력을 통해 가족 내에 해결되지 않는 상실이 있음을 알게 되었다.

개입 계획은 엘렌과 정신과의사의 면담내용을 토대로 교사, 엘렌의 엄마, 교장이 학교사회복지사와 함께 참여하였고 이들은 정기적으로 임상적 계획을 검토하였다. 엘렌은 학교를 통해 개별 그리고 집단상담을 받게 되었고 약물치료가 병행되었으며, 그 과정에 단기간의 정신병원 입원치료도 받았다. 엘렌이 정신병원에서 치료받는 동안 어린 시절 성폭행당한 사실이 노출되었고 그와 관련된 분노를 다루게 되었다(Lee, 2006 : 55).

2) 다학문적 팀 및 협력자의 역할

학교사회복지사는 혼자서 일하지 않고 다학문적 팀 성원의 일원으로 일하거나 관련 전문가들과 협력자(collaborator)로서 일을 수행한다. 다학문적 팀 성원의 역할에서, 학교사회복지사는 다른 교사뿐 아니라 간호사, 작업치료사, 물리치료사, 언어치료사, 학교심리학자, 카운슬러, 교장과 밀접히 일한다. 다학문적 팀의 일원으로서 학교사회복지사는 특별한 니드를 가진 학생의 배치, 재검토(review), 퇴학 등의 영역에서 학생과 가족의 니드를 충족시키기 위해 지역교육기관과 지역사회의 자원을 동원하는 데 협력적으로 일한다. 따라서 학교사회복지사는 다학문적 팀 성원으로서 효과적으로 일하는 방법과 팀 작업을 돕는 방법을 알아야 한다. 다학문적 실천에서는 각기 다른 전문가들이 자신의 고유 전문직의 역할을 수행할 뿐 아니라 더불어 다학문적 팀의 공통의 목표를 달성하도록 연결하는 것도 중요하다. 다학문적 팀에서 학교사회복지사만의 독특한 역할은 다학문적 계획 및 개입과정에 가정, 학교, 지역사회 관점을 갖도록 하는 것이다(NASW, 2002 : 3). 다학문적 팀 성원으로서 학교사회복지사는 독립성, 융통성, 새롭게 창조된 전문가활동을 수행하고 가능한 새로운 과업을 실시할 수 있는 능력, 공통된 목표의 지향, 서비스 과정에 대한 반영(reflection) 등의 기술이 필요하다(Openshaw, 2007 : 3).

또한 학교사회복지사는 협력자로서 역할을 수행한다. 협력자는 자문가와는 달리 다양한 시간에, 다양한 환경 안에서 동등하게 가치 있는 기여를 하도록 하는 것이 중요하다. 협력가는 공동의 문제해결 노력으로 이끌기 위한 정보의 교환을 행한다. 협력적 관계는 한 사람이 독립적으로 일으킬 수 있는 것보다 더 많은 생각에 대한 자극, 접근, 해결을 가능하게 한다. 계속적인 피드백과 지지의 과정에서 성공이 강화되고 팀은 강해지며 협력 수준이 높을수록 집단이 더 협력적이고 목표달성을 위한 헌신을 할 가능성이 높다. Waxman은 학교사회복지사와 다른 정신건강전문가가 다양한 전문가집단들과 협력을 증진시키는 방법을 몇 가지 소개하였는데 그 구체적인 내용은 〈표 8-1〉과 같다.

〈표 8-1〉 학교사회복지사와 타 전문직과의 협력 증진 전략

1. 협력에 대해 긍정적이고, 지지적이고 감수성을 높게 한다.
2. 특정한 문제에 대응하기 위해, 학교 내 다학문 전문가로 구성된 팀을 구성하도록 제안하고, 다기관 간 팀에서 리더십과 협력적 역할을 행한다.
3. 서로 상이한 전문가들이 함께 일함에 있어 생길 수 있는 장애를 극복하기 위해 기관장 또는 기관과 협의한다.
4. 자원 갈등과 논쟁에서 조정가(mediator)로서 일한다.
5. 자원을 조사하고 조정하는 노력에 있어 주도적인 자세를 취한다.
6. 학교 내 또는 학교와 기관 간 프로그램 및 관계 유지에 대한 공식적 협약과 공식적 메커니즘을 개발한다.
7. 다른 정신건강전문가가 학생의 행동문제뿐만 아니라 학업성취에서도 소기의 성과를 이룰 수 있도록 돕는다.
8. 효과적인 팀 접근에 필요한 세부 실천 지침을 제공한다.

출처 : Franklin(2006), p. 303.

사례 2-협력자로서의 학교사회복지사의 개입

존슨(Johnson) 선생님은 그의 학급에서 광대의 역할을 하고 계속 소란을 일으키는 존(John)을 어떻게 다루어야 할지 몰라 매우 난감해하였다. 존은 그의 행동문제로 몇 차례 교장실에 불려 갔지만 별 효과가 없었다. 학교사회복지사는 행동문제를 가진 학생을 돕기 위해 교사와 학생 간의 협력적 모임을 제안하였다. 그리고 학교사회복지사는 존, 존슨 선생님, 존의 부모, 존의 외부 치료자들에게 전화해 협력적 모임의 필요성을 설명하고 모임을 마련하였다. 그 모임에서 사회복지사는 존의 강점과 존이 학교에서 보다 잘 적응하였을 때가 있었음을 강조하였다. 이에 다른 참여자들도 존이 성숙하고 목표지향적이었던 때에 대해 그 당시의 상황과 경험을 이야기하였다. 그 결과 모임에 참여했던 사람들은 존이 늘 문제를 일으키는 것이 아니라 안정될 때도 있다는 새로운 가능성을 인식하게 되었으며, 존이 언제 안정되기 어려운지를 파악하여 그때 주변에서 돕는다면 적응을 도울 수 있을 것이라고 생각하게 되었다. 이에 교사와 존은 존이 안정될 때와 안정되기 어려운 때를 알리는 특별한 신호를 정하고 안정이 어려울 때 학교 내에서 어떤 도움을 받을 수 있는지를 서로 이야기하였고 이러한 행동을 잘 유지했을 때 존이 교사로부터 어떤 보상을 받을 수 있는지를 함께 결정하였다(Franklin, 2006 : 304).

사례 3 - 다학문적 팀의 일원으로서의 학교사회복지사의 개입

마크(Mark)는 정신과의사로부터 정신분열 경향을 띤 양극성 장애(bipolar disorder)로 진단된 16살 소년이다. 그는 정서장애로 학교에서 특별교육서비스를 받았고 진단에 의해 약물치료를 받았다. 또한 그는 그의 어머니가 그의 증상을 악화시킨다고 믿는 어떤 음식에 알레르기를 가지고 있었다. 마크는 junior high에서 고등학교로 어렵게 전학 왔고 첫 학기 그의 출석은 일정하지 않았다. 그는 종종 늦잠을 잤고 그의 어머니는 아침에 그를 깨우는 데에 어려움이 많았으며 아침마다 어머니는 마크의 약 복용을 일일이 챙겨야 했다. 마크는 학교에서 자주 졸았지만 그의 성적은 평균 이하에서 그다지 떨어지지 않았다. 학교사회복지사는 학교출석 문제, 교실에서의 수면, 학교에서의 부적절한 행동을 돕기 위해 마크와 면담을 하였다. 학교사회복지사는 마크와 마크의 어머니를 돕기 위해서는 관련된 전문가들의 팀 접근이 필요하다고 판단하였고 이에 마크의 정신과의사, 학교간호사, 특별교육교사, 마크의 어머니가 최근 상담받고 있는 임상심리가와 협력하는 팀 접근을 사용하였다. 궁극적 목표는 마크가 그의 회피행동을 중단하고 자신과 자신의 상황을 스스로 성공적으로 다룰 수 있도록 함으로써 더 독립적일 수 있도록 돕기 위한 것이었다.

학교사회복지사는 마크의 어머니와 먼저 협력하였고 이로 인해 마크와 학교사회복지사, 교감의 면담이 이루어졌다. 이 모임에서는 마크의 무단결석에 대해 논의하였고 마크는 어머니가 자신을 깨우려고 하고 그가 이를 거절할 때 무단결석이 일어난다는 것을 설명하였다. 또한 학교사회복지사는 마크와 어머니와의 독립에 대해 다루고 있는 심리학자와 계속적인 협력을 하였고 임상심리가가 책임과 독립에 대해 어머니와 마크와 함께 일하는 작업을 강화하였다. 심리학자는 나이에 적절한 행동을 개발하였고 마크의 학교 회피행동을 감소시키기 위한 학교사회복지사의 노력을 지지하였다.

마크의 등교거부 결과를 설명한 교감, 마크의 독립성과 책임성을 강조한 임상심리가, 회피행동을 드러낸 학교사회복지사, 다학문적 팀과 적절하게 잘 협력한 마크 어머니의 노력으로 마크의 출석문제는 상당한 진전이 있었다. 팀은 마크가 계속적으로 학교수업을 받을 수 있도록 돕고, 더 많은 독립성을 기르도록 돕기 위한 최선의 방법에 대해 의견을 교환하였다. 또한 향후 졸업 후 직업목표(전환기 계획)가 검토되었다. 학교사회복지사는 마크를 상대로 출석시간을 지키는 것의 중요성, 자기신뢰(self-reliance), 전환기 계획 및 향후 고용에 대한 회피행동 등을 연결하도록 하였다(Lee, 2006 : 57).

3) 교육자와 행동코치의 역할

교육자(educator)로서의 학교사회복지사는 학생, 교사, 가족과의 활동에서 특별한 정보나 지식을 알리고 활동에 대한 이해를 깊게 하도록 돕는다. 예를 들어, 부모교육, 가치명료화, 의사소통 기술과 같은 영역에서 부모와 교사를 위해 워크숍을 제공한다. 교사를 상대로 정신건강 개입분야, 장애학생에 대한 이해, 행동적 전략, 지역사회자원 사정과 문화적 역량 등의 주제와 관련한 학교교직원 훈련이나 워크숍 등을 행할 수 있다.

이 밖에도 사회기술훈련, 문제해결 훈련, 분노조절 훈련, 부모훈련, 생활기술훈련 등은 학교사회복지사가 학교에서 실시하는 유용한 교육 프로그램이다.

학교사회복지사가 이들 교육에서 자주 사용하는 내용은 다음과 같은 것이 있다(Franklin, 2006 : 305). 첫째, 클라이언트가 알 필요가 있는 정보를 잘 설명한다. 예를 들면, 문제해결 단계를 알기 쉽게 설명한다. 둘째, 제시된 기술을 위한 모델로서 역할 한다. 즉, 학생이 문제에 대한 해답을 풀고, 그 뒤 학교사회복지사가 클라이언트가 보는 동안 문제해결이 어떻게 풀어지는지 시범을 보인다. 셋째, 역할극을 통해 배운 기술을 직접 해보게 한다. 예를 들어, 학생과 함께 학교사회복지사가 직접 문제해결과 관련된 역할극을 한다. 넷째, 학생들이 배운 기술을 직접 실행하며 그것과 관련된 피드백을 제공한다. 다섯째, 실제 생활에서 학생이 배운 것을 실천하도록 요청한다. 여섯째, 평가를 한다. 사회복지사는 학생과 실제 생활에서의 성과를 평가하기 위해, 또한 학습을 증진시키기 위한 다음 단계를 시작하기 위해 일정한 작업이 종료된 후에는 평가의 시간을 가진다.

사례 4 – 교육자와 행동코치(behavioral coach)로서의 개입

샐리(Sally)는 정서장애를 가진 7학년 학생이며 대인간 의사소통기술을 위한 개별 교육계획(Individual Education Plan)을 받았다. 샐리는 학교에서 자신의 정서를 적절하게 표현하는 데 상당한 어려움이 있었다. 자신의 욕구를 표현하기 위해 말을 사용하기보다는 공격적이며 욕을 하며 교사에게 고함치고 또래친구와 싸우곤 하였다. 사정을 실시한 후 학교사회복지사는 갈등관리와 효과적인 언어적·비언어적 의사소통기술을 위한 구체적인 목표를 세우기 위해 샐리와 만났다. 학교사회복지사는 샐리와 함께 사회복지사와의 활동에서 배우고 있는 새로운 갈등관리와 의사소통기술을 매일, 매주 어떻게 참여할지에 대해 의논하고 동의하였다. 샐리는 개별 및 집단상담에서 학교사회복지사와 함께 훈련을 받았다. 또한 학교사회복지사는 담임교사와 함께 일하였는데 담임교사는 그들이 어떻게 하면 샐리가 적절한 방법으로 자신의 욕구를 표현할 수 있는지 돕기 위한 여러 가지 아이디어를 제공하였다(Lee, 2006 : 58).

4) 사례관리자 및 조정자의 역할

학교사회복지사는 학생과 가족을 위해 사례관리자의 역할을 한다. 학생 및 관련된 모든 사람들과 의사소통을 하고 학생과 가족의 욕구가 충족될 수 있는 목표와 개입계획을 수립한다. 또한 개입계획을 모니터링하고 조정하기 위해 관련된 가족, 학교직원, 지역사회기관을 점검한다. 학생 및 가족, 모든 서비스 제공자들이 개입계획을 따를 수 있도록 격려하고 촉진한다(Lee, 2006 : 58).

학교사회복지사는 조정자의 역할을 수행한다. 학교사회복지사의 조정자(coordinator) 역할은 크게 두 가지 차원에서 이루어질 수 있다. 하나는 전체 학교 차원에서의 서비스 조정자(service coordinator)이며 또 하나는 단위학교 내부에서의 개입조정자(intervention coordinator)이다. 전자의 경우 교육청에 근무하는 학교사회복지사의 역할에 해당된다고 하겠다. 서비스 조정자(service coordinator)는 뛰어난 협력과 중재(mediation)기술을 가져야 하고, 미시와 거시적 차원의 변화 모두와 관련되어야 한다. 모든 학교직원과 행정가와 함께 계획하고 협력할 시간을 가져야 한다. 실제 행정가는 담당해야 할 일과 책임이 너무 크고 학교심리학자는 심리검사 등으로 인해 스케줄 조정에 융통성이 많지 않고 학교카운슬러는 기본적으로 학생의 개인적 변화 전략에 초점을 두고 있다. 따라서 서비스의 중복이나 누락의 위험을 막고 새로운 욕구에 대한 신속한 대응을 위해서는 조정이 필요하다. 학교사회복지사는 이들 간의 조정을 통해 학생의 니드를 충족시키기 위한 논리적 선택을 해야 한다. 왜냐하면 사회복지사는 융통성 있는 직무설명서(job description)를 가지고 있고, 합의의 형성, 협상, 조정, 집단 촉진은 물론 가족과도 안정된 활동을 할 수 있기 때문이다.

이와 같은 서비스 실행의 강점과 도전을 논의하기 위해 학교사회복지는 학교에 중요한 영향을 미치는 사람(stakeholder : 학생, 부모, 교사, 직원, 행정가 등)의 핵심집단과 정규적인 모임을 촉진하는 것이 필요하다(Frey & Walker, 2006 : 95-100).

사례 5 - 사례관리자 및 조정자로서의 개입

메리(Mary)는 학교를 자주 결석하지만 경찰에 발견된 적은 없고 지역사회청소년서비스 프로그램과도 접촉한 적이 없었다. 그녀의 최초 문제행동은 무단결석이었다. 사회복지사가 이미 메리와 메리 가족과 함께 일하였지만 그녀는 학교를 자주 결석하였다. 메리 행동의 재(再)지도 계획을 세우기 위해 학교사회복지사는 메리의 가족과 청소년서비스 모임을 개최하였다. 그 후 한 달 동안 그녀의 행동은 개선이 되었고 학교사회복지사는 다시 필요한 서비스 및 개입을 시도하였지만 결국 다시 학교를 결석하는 옛날 행동이 반복되기 시작하였다.

그러던 중 메리는 프로그램에 참여하지 않는 기간 동안, 자동차 절도를 저질렀다. 청소년법원의 선고 전 단계 동안, 학교사회복지사는 지금까지 메리에게 행한 개입과 메리가 이룬 작지만 성공적인 변화, 효과적이었던 개입 등을 설명하기 위해 가족서비스와 청소년서비스국의 대표 및 부모와 함께 관선변호사를 만났다. 이러한 노력 결과 법원에서는 메리를 여자청소년을 위한 그룹홈에 배치하고 가족과 개인상담을 받도록 명령하였다. 학교사회복지사의 여러 가지 사례관리의 노력 결과, 메리에게는 처벌 대신 자신의 행동을 직면하도록 하는 상담 및 보호가 이루어지게 되었다(Lee, 2006 : 59).

5) 옹호자의 역할

중재자의 목표가 양측 모두와의 타협을 통해 논쟁에 대한 해결을 이루는 것이 목표라고 한다면 옹호자의 최종 목표는 클라이언트 편이 이기는 것이다. 사회복지사는 클라이언트를 위한 연설자가 되고, 클라이언트를 위해 환경에 대해 논쟁하고 협상하고 조정한다. 이 역할은 취약계층의 권리를 옹호하는 데 매우 중요하다. 특히 발달장애청소년, 임신한 청소년, 제한적인 자원을 가진 부모, 소수 청소년의 경우에는 더욱 그러하다(Franklin, 2006 : 306).

학교사회복지사는 학생과 학부모가 학교의 장에서 혹은 다양한 정부 차원에서, 목소리를 내도록 돕기 위해 옹호자의 역할을 한다. 교육체계는 거대하고, 경직되고 학생과 가족의 니드에 덜 민감하다. 학교사회복지사는 정치적 영향력이 부족한 학생을 위해 옹호한다. 예를 들어, 학교사회복지사들이 청소년복지지원법의 개정을 요구하기 위해 협회 차원에서 의견서를 내는 등의 국가적 차원에서의 옹호활동을 할 수 있다. 지역적으로는 지역신문에의 투고 등을 통해 옹호활동을 할 수 있다. 또한 개별학생을 위한 옹호로는 교사와 교장들이 학생의 생활을 더 이해하도록 돕기 위해, 학생에 대한 정보를 알림으로써 학생에 대한 입장을 대변할 수 있다. 예를 들어, 교사는 학생이 학교수업을 마치고 귀가한 뒤 동생을 돌보고 부모가 술 취해 있는 동안 형제들을 돌봐야 한다는 것을 알지 못할 수 있다. 개인 옹호의 목적들은 학교 과제에서 학생을 면제하는 것이 아니라 가정, 학교, 지역사회기관 간의 노력을 조정함으로써 그들을 정서적, 감정적으로 지지하는 것이다. 학생을 옹호하는 많은 노력들은 개별 교육계획(Individual Education Plan) 모임, 학교개입팀(school intervention team) 모임, 아동학대팀 또는 청소년서비스팀 모임 등에서 이루어진다(Lee, 2006 : 59-60).

또한 학교사회복지사는 다양한 상황에 있는 학생과 가족을 옹호해야 한다(NASW, 2002). 학교사회복지사는 부모가 자신들의 권리를 이해하도록 돕기 위해 옹호자로서 활동한다. 특히 학교체계로부터 배제되거나 소외된 부모를 찾아서 그들에게 학교의 누군가가 자신들을 지지한다는 것을 알려야 한다. 그들의 참여는 아웃리치와 모집을 통해 가능하다.

이처럼 학교는 학생 옹호를 위한 중심장소(locus)이다. 만약 학교가 옹호되어야 할 중심장소(locus)라면 학생 학습 장애를 줄이기 위해 지역사회나 지역사회기관을 대상으로 옹호활동을 해야 한다. 학교가 학교사회복지사의 고용주인 경우 옹호문제는 종종 윤리적 갈등을 초래한다. 학교사회복지사는 아동을 위한 최선의 것과 학교의 명령 사이에서 균형을 이루어야 한다(Lee, 2006 : 59-60).

사례 6 – 옹호자로서의 개입

찰리(Charlie)는 조용하고 부끄러움이 많은 8학년 학생으로 이전에 학급동료로부터 괴롭힘을 당했다. Columbine High School 총격사건 이후 가을에, 찰리는 그를 괴롭히고 있는 학생에게 난폭한 말을 하기 시작하였다. 그는 자신의 난폭한 말이 자신에게 새로운 힘을 준다는 것을 알게 되었다. 그 가을에, 그는 자신을 괴롭히는 학생을 위협한 행동으로 여러 차례 교장과 면담하였고 결국 정학을 당하였다. 최근 그가 학교 운동장에서 칼로 학생을 위협하는 일이 발생하였다. 가장 최근에는 그가 방과 후에 학생들을 위협하고 총을 발사할 것이라고 위협함으로써 문제가 생겼다. 위험사정은 찰리의 할머니, 경찰간부, 정신건강워커, 가족서비스워커, 학교사회복지사에 의해 이루어졌다. 그 당시, 찰리는 다른 사람을 신체적으로 해치지는 않았지만 모든 사람들은 그가 위험한 행동을 할 가능성이 높다고 하였다. 더 큰 위험이 있다고 생각한 근거에는 찰리가 난폭한 행동을 통해 자신에게 힘이 보충된다고 인식하는 점이 크게 작용하였다. 학교는 다른 학생을 보호하기를 원했고 찰리는 교육받기를 원했다. 타인에게 구체적인 손상이나 상해를 일으키기 전까지는 기다려야 한다는 의견과 예방 차원에서 찰리의 니드와 다른 학생의 안전을 위해 개입이 필요하다는 의견으로 나누어졌다. 학교사회복지사는 찰리의 할머니와 교장과의 중개역할을 하였다. 이들 간의 균형을 잡는다는 것은 매우 어려운 타협이었다. 결국 교육구(school district)에서 찰리에게 home school을 제공하고 개인교사를 배치하고 정신건강서비스를 받도록 제안하였다. 이로 인해 찰리는 집에서 계속 교육을 받을 수 있었고, 상황은 조금씩 진정되었으며 찰리가 자신의 분노를 조절하는 방법을 배우도록 정선건강서비스를 제공함으로써 폭력의 위험을 감소시켰다. 또한 학교사회복지사는 찰리의 학급에서 찰리를 괴롭힌 학생들과 함께 작업함으로써 급우들로 하여금 자신들의 행동이 어떻게 사건을 초래하게 하는지를 알도록 도왔다. 또한 찰리에게는 정신건강상담가와의 상담이 종료되면 다음 가을학기에 학교에 출석할 수 있도록 허락하였다(Lee, 2006 : 61).

6) 전환기 계획가의 역할

학교사회복지사의 역할 중에는 중학교, 고등학교, 전문대학교 등 학생에 맞는 교육이나 직업을 준비하도록 돕는 전환기 계획가(transitional planner)의 역할이 있다. 학교생활에서 전환기는 다양한 형태를 띤다. 1학년에서 2학년으로 학년이 올라가거나 초등학교에서 중학교로 입학을 하거나 전학을 해서 새 학교에 적응하는 과정 등이 여기에 해당된다. 전환기 계획가의 역할은 학생의 니드에 따라, 학교사회복지사의 직무에 따라 다양하다. 미국의 경우 IDEA법에 따라 학생에게 특별교육 계획을 세우도록 하는 것을 필수조건으로 제시하였고 학생의 IDEA팀에 의해 개발된 이 계획은 중학교와 고등학교를 통해 학생의 교육적 방향을 학생에 맞게 짜는 과정을 시작하였다. 이 계획의 목적은 학생이 고등교육이나 직업을 준비하도록 돕기 위해 능력과 고용 가능한 기술을 증가시키도록 돕는 것이다. 이 계획에 따라 학생이 선택한 분야에서 최종 고용의 목적을 달성하도록 계속적인 사정을 하고 모니터링한다. IDEA팀의 성원으로서 학교사회복지사는 직업에 대한 학생의 사회적·정서적 발달을 사정한다. 이들은 팀으로서, 학생이 공적 기관이나 피고용주와 상호작용을 하는 데 필요한 사회적 기술을 최대화하기 위해 훈련기회를 개발한다. 이 훈련은 교실에서 일어나며 학생들은 작업장에서의 요구를 역할극하며 학교와 작업에서 직무 코칭을 갖게 한다. 또한 고등학교 이후 자녀의 미래에 대해 확신하지 못하는 부모와 함께 지지적인 고용과 주거를 제공하는 지역사회 성인 프로그램에 참여하도록 하는 것도 포함된다(Lee, 2006 : 61-62).

7) 정책창안자 및 개발자

학교사회복지사는 정책창안자(policy initiator) 및 개발자(developer)의 역할을 수행한다. 학교는 교육서비스가 어떻게 전달되는지, 누가 서비스를 받는지를 안내하는 정책에 의해 운영되는 체계이다. 학교사회복지사는 학교 및 지역사회 내에 있는 아동과 청소년의 사회적·정서적 발달에 영향을 미치는 정책에 영향력을 행사하고 또한 창안하고 개발한다. 교육공동체의 일부로서, 학교사회복지사는 단위학교의 정책에서부터 시 교육청의 정책, 더 나아가 정부정책을 검토하고 이들 정책이 학생에게 어떻게 영향을 미치는지 모니터링해서 새로운 정책을 개발하거나 현존 정책을 수정하도록 도울 수 있다. 학교사회복지사는 정책을 만드는 위원회에 참석하거나 보조금을 신청하는 것을 통해 전문가조직 성원으로서, 교육적 과정에 이득을 주는 프로그램을 만드는 데 기여한다. 언제, 어떻게 정치적 노하우를 사용하는가 하는 지식은 이 역할에서 중요한 기술이다.

사례 7 – 정책형성가로서의 개입

학교사회복지사가 팀의 일원으로 있는 지역사회 아동보호팀에서 지역사회를 위한 보다 1차적 예방 프로그램이 필요하다는 의견이 제기되었다. 그들은 매일 만나 아동학대와 방임의 결과에 대해 계속적으로 다루어 왔는데, 검토 결과 아동학대를 예방하기 위해 보호행동에 대해 학생과 가족을 교육시키는 노력보다는 그들의 모든 노력이 주로 아동학대가 일어난 이후 서비스에 초점이 주어진다는 것을 알게 되었다. 아동보호팀은 아동학대를 예방하는 1차적 예방 전략에도 균형 있는 초점이 이루어지길 희망하였다.

그 결과 지역사회에서의 성적 학대 사건을 줄이기 위한 1차적 예방 전략으로 개인의 안전(personal safety)이라는 제목으로 성학대에 대한 학교 건강 프로그램을 개발하였다. 학교간호사와 함께 학교사회복지사는 교과과정 개발과 관련하여 시애틀의 아동위원회에서 일하였다. 개인의 안전(personal safety) 단원이 학교건강 관련 교과과정의 일부가 되기 위해 이 안이 교과과정 조정과 행정위원회에서 검토되었고 받아들여졌다. 마지막으로 학교위원회에 앞서 교과과정 수정안에 대한 논의가 공공 모임에서 발표되었다. 학교사회복지사는 아동학대와 관련된 니드를 구체화하였고 이에 대한 방안을 제시하였다. 부모와 학교위원회의 긴 토론 끝에, 개인의 안전이라는 단원은 학교 교과과정의 일부가 되었고 예방적 교육 프로그램을 통해 성학대를 예방하는 정책으로 만들어졌다(Lee, 2006 : 62).

8) 자문가의 역할

자문(consultation)은 전문적 자문가와 다른 사람에게 직접적 서비스 책임을 가진 피자문가 간에 문제해결과정을 공유하는 과정을 통해 직무 관련 문제 해결을 위한 목적으로 자발적 관계에서 일어나는 개입방법이다. 학교사회복지사의 자문은 교사, 교장, 다른 학교직원 또는 지역사회성원들에게 이루어질 수 있다. 학교사회복지사는 피자문가에게 정보, 교육, 지지를 제공하고 학생을 위한 행동 계획을 개발하도록 돕는다. 자문의 초점은 개별 아동, 가족일 수도 있고 학급 정책 또는 절차, 프로그램 또는 서비스일 수도 있다. 종종 교사들은 교실에서 행동문제를 가진 아동과 일함에 있어 조언과 교육을 원한다. 자문은 교사가 변화를 만듦에 있어 편안하게 느낄 수 있도록 돕고자 단기간의 교육적 그리고 지지적 개입을 행하는 것이다. 피자문가가 편안하고, 수용되며, 존중된다는 느낌을 갖는 것이 중요하다. 선행연구들에 따르면 자문(consultation)은 클라이언트, 자문을 받는 사람, 체계 차원에서 효과적이라는 보고들이 제시되고 있다.

사례 8 – 자문가로서의 개입

고등학교에서 학교사회복지사는 사회기능과 정신건강 문제와 관련하여 행정가와 교사를 위한 자문가의 역할을 종종 한다. 교장은 학교사회복지사가 정신병원에서 퇴원한 학생과 일하기 위해 또래 카운슬러의 집단을 어떻게 만드는지에 대한 방향을 제공해 주기를 원하였다. 교장은 이런 형태의 또래 카운슬링 접근이 현명한지를 알고 싶어 했다. 질문에 대해 '예스'나 '노'라는 대답 대신에, 학교사회복지사는 탐색적 접근을 행하고 생각의 전후를 검토할 목적으로 질문을 하였고 교장이 자신의 무엇을 생각하는지를 질문을 통해 구체화할 수 있도록 도왔다. 그 결과 그는 이 접근을 계속하기로 결정할 수 있었다(Franklin, 2006 : 302).

9) 중재자의 역할

중재자(mediator)의 역할은 사회복지가가 클라이언트와 그의 환경 사이에 있고 두 당사자 모두에게 문제해결 서비스를 제공하는 것이다. 예를 들어, 학교폭력문제로 인해 학급 내 피해자와 행위자가 발생했을 경우 사회복지사는 학생 간, 교사·행정가 간, 부모와 교사 간의 갈등을 조정하기 위해 중재 기술을 사용할 수 있다. 중재의 내용은 학생들이 운동장에서 싸운 것에서부터 신체적 손상이나 사망 등을 야기하는 우발적 또는 계획된 폭력까지 매우 다양하다.

중재(mediation)는 학교사회복지사가 교육구와 클라이언트 모두에게 기여할 수 있는 역할이다. 학교사회복지사는 학교와 지역사회에서 학생과의 생산적 관계를 촉진하기 위해 조정과 갈등해결전략을 배우고 사용할 수 있어야 한다(NASW, 2002). 중재는 상당한 비용이 소요되는 공식적 재판과정을 거치지 않고 학생, 부모, 학교갈등을 해결하기 위한 구조화된 노력이다. 학교사회복지사는 요구되는 변화를 초래하거나 부모와 학교 간에 갈등을 풀기 위한 상호 합의 가능한 방법을 찾도록 하는 효과적인 자연중재자일 수 있다(Openshaw, 2007 : 11).

10) 가능하게 하는 자 및 촉진자의 역할

촉진자(facilitator)의 중심 역할은 바람직한 변화를 달성하기 위해 다양한 기술을 사용해서 학생, 부모 또는 직원을 돕는 것이다. 이런 임파워먼트 기능은 현재와 미래 도전을 충족시키기 위해 내적 통제를 확립시키는 것이다. 클라이언트가 스스로 할 수 있는 일은 클라이언트를 위해 해서는 안 된다. 촉진자의 역할은 클라이언트가 스스로를 도울 수 있도록 하고, 클라이언트 능력의 범위 내에서 이루어진다.

사례 9 – 가능하게 하는 자 및 촉진자로서의 개입

학교사회복지사는 부모집단의 조정자로서 일하고 교과과정 활동에서 초등학교 교장을 돕고 있다. 집단이 발달하면서, 학교사회복지사는 내적 리더로서 역할하는 부모 중의 한 명을 이들 부모집단에서 리더십을 발휘하도록 격려하였다. 학교사회복지사는 바람직한 목표가 달성될 수 있도록 리더인 부모가 외부 자원에 관심을 갖게 하였다. 리더인 부모가 집단에서 장족의 발전을 나타낼 때마다 사회복지사는 칭찬하고 자기 주도성을 강화하였다. 부모 리더가 사회복지사에게 자신의 역할을 양보하려고 할 때, 사회복지사는 재빨리 집단 진전에 대한 공을 부모 리더에게 돌려주었고 집단에서 어떤 변화와 성취가 일어났는지를 설명하였다. 또한 학교사회복지사는 프로그램의 성공 요인을 자신의 역할보다는 부모 리더와 집단성원의 기여와 공헌으로 돌렸다(Franklin, 2006 : 303).

11) 다양한 문화전문가

21세기에 새롭게 등장하는 학교사회복지사의 역할은 문화전문가(cultural specialist) 또는 다양한 생활양식에서의 전문가 등이다. 사회복지사는 문화적으로 다양한 학생 집단은 물론 다양한 문화와 경제적 배경의 사람들과 적절한 관계를 유지해야 한다. 여러 가지 문화적 갈등은 학교, 부모, 학생 간에 문제로 나타난다. 이들 역할에서 가장 중요한 큰 열쇠는 다양한 사람들이 서로 효과적으로 상호작용할 수 있도록 지식과 기술을 개발하는 것이다. 이를 위해 학교사회복지사는 다양한 문화에 대한 학습과 이해가 있어야 하며 서비스훈련 및 패널집단을 통해 다양한 문화적 선호와 생활 스타일을 배워야 한다. 또한 문화적 차이점과 갈등을 조정하는 것도 사회복지사가 이 역할에서 수행해야 할 중요한 요소이다(Franklin, 2006 : 306).

12) 지역사회 개입

학교사회복지사는 지역사회 개입(community intervention)을 행한다. 학교사회복지사는 학생과 그의 가족들을 돕기 위해 지역사회 자원에 대한 광범위한 지식과 기술을 활용할 수 있다. 지역기관 위원회나 협의회의 참여는 이들 지식을 증진시키고, 학생들에게 개인적 욕구에 맞는 기관서비스를 받도록 돕는다. 어떤 경우 학교사회복지사는 사회적 니드를 구체시하고 가출청소년을 위한 쉼터와 같은 지역사회 내에 새로운 서비스를 개발하기 위해 영향력을 동원하는 등 일련의 활동을 행할 수 있다. 특히 빈곤가정과 교육에 대한 관심이 낮은 지역사회에서는 교육에 대한 긍정적 태도를 증진시키고, 학교가 지역사회로 연결되고 지역사회 니드에 책임 있는 서비스를 제공할 수 있도록 격려하는 것이 필요하다. 교육 프로그램의 개발과 학령 전 아동보호 프로그램, 방과후 프로그램 등은 학교와 지역사회 모두에게 상호 이득이 된다.

3. 학교사회복지사의 직무

학교사회복지사의 직무 표준화는 학교사회복지사의 전문성과 정체성을 확보하고 학교사회복지서비스의 질을 향상시키고 더 나아가 급변하는 교육환경의 변화에 대처하기 위해서도 필요하다. 학교사회복지사의 직무가 명확히 제시되지 않는다면 서비스의 질적 저하는 물론 타 전문직과의 역할구분을 모호하게 하여 관련 전문직들 간에 역할갈등을 초래하고 전문성을 보장받기 어렵다.

미국에서 최초로 학교사회복지사의 직무에 대한 연구는 Costin(1969)에 의해 이루어졌으며 그 이후 Allen-Meares(1994)는 Costin의 척도를 수정하여 다섯 가지 직무로 분석하였다. 즉, 행정적 그리고 전문적 직무, 가정-학교 연계, 학생에 대한 교육적 상담, 가족의 지역사회자원 원활화와 옹호, 지도력과 정책결정이었다(안철수 · 진혜경 · 안정선, 2006 : 106 재인용). 1989년에서 1990년에 걸쳐 NASW와 ETS(Education Testing Service)는 전국적인 직무분석을 실시한 결과 초보 학교사회복지사에게 요구되는 가장 중요한 다섯 가지의 직무 차원은 아동과 가족과의 관계와 서비스, 교사와 학교직원과의 관계와 서비스, 기타 교직원에 대한 서비스, 행정적 과업과 전문적 과업, 기관 간 협력, 예방과 옹호로 나타났다.

미국 NASW(National Association of Social Workers)는 학교사회복지 서비스 표준을 제시하고 있으며 정기적으로 개정하고 있다. 서비스 표준은 학교사회복지사가 어떤 학교, 지역에서 일하든 관계없이 동질의 서비스가 제공될 수 있도록 보장한다. 2012년에 개정된 표준은 크게 진화하는 교육 배경, 원칙, 목표, 영역별 표준(1~11개 항목)의 네 가지 영역으로 구성되었다. 그중 영역별 표준 내용만을 발췌해서 제시하면 다음과 같다.

미국 학교사회복지 서비스의 표준[1]

□ 표준의 목표

이 표준은 학교사회복지사가 제공해야 하고 학교 관리자가 지원해야 하고 학생 및 가족이 기대해야 할 서비스 범위를 광범위하게 정의하고자 개발되었다. 이것은 학교사회복지사가 학교체계 내에서 효과적으로 일하기 위해 필요한 기술, 지식, 가치, 방법 및 사회복지사의 민감성을 향상시키고자 고안된 것이다. 이상적으로, 이러한 표준은 사회복지 실천, 연구, 정책 및 교육에서 학교사회복지 서비스와 관련된 명확한 지침, 목표 및 목표의 개발을 촉진할 것이다.

1 National Association of Social Workers(2012). Standards for School Social Work Services.

이 표준의 구체적인 목표는 다음과 같다.

- 학교사회복지 실천 및 서비스에 대한 기대를 확립한다.
- 학교사회복지 서비스가 NASW의 윤리강령을 준수한다는 것을 보장한다.
- 학교사회복지 서비스가 최고의 품질로 학생 및 가족에게 제공될 수 있도록 보장한다.
- 클라이언트의 존중과 존엄의 유지, 비밀보장, 지지적 서비스로의 접근, 의사결정 시 적절한 참여 등 클라이언트의 권리를 옹호할 근거를 제공한다.
- 학교사회복지사의 준비, 학교사회복지 서비스와 관련된 지속적인 교육 자료 및 프로그램의 개발을 위한 기초자료를 제공한다.
- 학교사회복지사가 학교의 성공을 지원하기 위해 지역, 주 및 연방 차원에서 공공정책 개발 및 개선에 참여하도록 장려한다.

□ 영역별 표준(Standards)

표준 1) 윤리와 가치

학교사회복지사는 사회복지 전문직의 윤리 및 가치를 준수한다. 또한 학교사회복지 실천의 독특한 특성과 그들이 서비스를 제공하는 학생, 학부모 및 교사의 욕구를 이해해야 한다. 동시에 윤리적 결정을 내리는 지침으로 사회복지사 윤리강령을 준수해야 한다.

표준 2) 자격

학교사회복지사는 NASW 및 교육부에서 정한 전문적인 실천 규정(provisions)을 충족해야 한다. 사회복지직뿐만 아니라 지역 교육체계에 대한 기본적인 지식과 이해력을 지니고 있어야 한다.

표준 3) 사정

학교사회복지사는 학생의 학업성취 및 사회, 정서, 행동의 향상이라는 목표를 가지고 개인, 가족 및 체계/조직에 대해 사정을 해야 한다(즉, 교실, 학교, 이웃, 지역사회, 지방 및 주)

표준 4) 개입

학교사회복지사는 실천에서 근거에 기반한 실천을 이해하고 행해야 한다.

표준 5) 의사결정과 실천 평가

학교사회복지사는 서비스 전달을 안내하고 서비스를 개선, 확대하기 위해 정기적으로 서비스를 평가하는 데 데이터를 사용해야 한다.

표준 6) 기록 유지

학교사회복지사는 학교사회복지 서비스 관련 계획의 실행 및 평가에 관한 정확한 데이터와 기록을 유지해야 한다.

표준 7) 업무량 관리(Workload Management)
학교사회복지사는 소속 학교 또는 교육구의 교육 사명 내에서 자신의 책임을 완수하기 위해 업무를 조직하고 중요한 역할을 명확히 한다.

표준 8) 전문적 개발
학교사회복지사는 학생들에게 가장 최신의, 유익하고 문화적으로 적절한 서비스를 제공하기 위해 계속적으로 지식과 기술을 향상시켜야 한다.

표준 9) 문화적 역량
학교사회복지사는 학생과 그 가족들이 다문화적 이해와 역량의 맥락에서 서비스를 제공받도록 해야 한다.

표준 10) 다학문적 리더십과 협력
학교사회복지사는 긍정적인 학교 분위기를 조성하도록 지도력을 발휘해야 한다. 그리고 서비스의 접근성과 효율성을 높이기 위해 학교 행정가, 학교 직원, 가족 및 지역사회 전문가와 협력해야 한다.

표준 11) 옹호
학교사회복지사는 모든 학생들이 학업 성취를 높이기 위한 교육과 서비스를 평등하게 이용할 수 있도록 노력하는 옹호 활동에 참여해야 한다.

우리나라는 1993년부터 학교사회복지사가 활동하기 시작하면서 이들의 활동이 학교사회복지사의 역할로 인식되기 시작하였다. 2000년 이후 학교사회복지의 활동이 서울시교육청, 사회복지공동모금회, 교육부의 전국 16개 시·도 연구시범학교 운영 등 점차 학교사회복지사의 활동이 공식화되면서 이들의 공통적인 역할규정이 필요하게 되었다(윤철수·진혜경·안정선, 2006 : 88). 우리나라도 학교상황에 적절한 학교사회복지사의 직무규정과 표준안을 마련하기 위해 학교사회복지학회 및 학교사회복지사협회 차원에서 노력하고 있다.

홍순혜(2005)는 학교사회복지사의 직무를 6개 영역, 24개로 분류하였으며 이들 직무가 교사 및 전문직종들과 중첩되는지에 대해 분석하였다. 홍순혜(2005 : 125-126)에 따르면 학교현장에서 근무하는 학교사회복지사에게 다양한 직무에서의 능력이 요구되고 있으며, 특히 교사를 포함한 타 전문가들과의 공유영역에서는 학교사회복지사가 타 전문가들과 함께 일할 수 있는 팀워크의 능력, 조정자의 능력을 필요로 하며, 타 전문직과는 차별적이면서도 효과적인 개입능력을 필요로 함을 알 수 있다고 하였다.

〈표 8-2〉 학교사회복지사의 직무

영 역	학교사회복지사의 주 업무	타 전문직과의 공유	
		공유 여부	타 전문직종
학생문제에 대한 직접적 개입	사례관리		
	지역사회 자원개발 및 연결		
	급식 및 직접적 서비스 제공	○	교사
	개별상담 및 집단상담	○	교사, 전문상담교사
학부모에 대한 개입	학생 또는 학교와의 매개		
	지역사회 자원 개발 및 연결		
	학부모 상담 및 교육	○	교사, 전문상담교사
	가정방문		
교사에 대한 개입	자문 및 연수		
	학생 또는 학부모와의 매개		
학교 차원의 개입	학교 분위기 또는 문화개선		
	위기개입	○	전문상담교사
	학교폭력 대처 및 예방	○	전문상담교사
	학교징계위원회	○	교사
전체 학생 대상 개입	자원봉사활동 지도		
	예방교육	○	보건교사
	인성교육	○	교사
	복지교육		
기타 활동	동아리 지도	○	교사
	문화체험	○	교사
	학교행사 기획 및 진행	○	교사
	신입생 오리엔테이션	○	교사
	CA활동 지도 및 관리	○	교사
	휴식 공간, 쉼터 운영	○	전문상담교사

출처 : 홍순혜(2005).

노혜련과 김상곤(2004)은 Costin의 척도를 활용하여 우리나라 사회복지사의 직무를 7가지 차원으로 제시하였다. 즉, 학생에 대한 사회복지서비스, 교사와의 협력적 활동, 가정에 대한 사회복지서비스, 사례관리, 전문적 활동, 정책결정 및 행정, 가정-학교-

지역사회 연계이다. 그 결과 미국과 마찬가지로 우리나라 학교사회사업실천에 있어서도 정책결정 및 행정, 가정-학교-지역사회 연계의 실제 수행 빈도는 상대적으로 낮은 순위로 나타났다(윤철수 · 진혜경 · 안정선, 2006 : 107 재인용).

〈표 8-3〉 학교사회복지사의 세무직무 및 표준화 방안

세부과업		직무등급			
		빈도	중요도	우선도	난이도
1. 개별개입(학생)	1) 개별사정	2	3	3	2
	2) 개별상담	3	3	2	2
	3) 사례관리	2	4	3	3
2. 집단개입(학생)	1) 성장집단개입	1	3	1	2
	2) 문제해결집단개입	2	4	3	3
	3) 학급개입	2	3	2	2
	4) 특별 프로그램(캠프 등)	1	2	1	2
3. 가족개입	1) 가정방문	2	3	2	2
	2) 가족지원	2	3	3	3
4. 학교체계지원	1) 교사지원	3	3	2	3
	2) 정책참여	1	4	1	3
	3) 학교환경지원	2	2	2	2
5. 지역사회개입	1) 지역사회자원개발 및 관리	2	4	3	2
	2) 지역사회연계	2	4	3	2
	3) 지역사회지원	1	2	1	3
6. 일반 행정업무 및 기타업무	1) 인력관리	1	3	2	3
	2) 전문성 신장활동	2	4	3	3
	3) 행정서류관리	3	3	2	2
	4) 시설 및 비품관리	2	2	1	2
	5) 학교사회복지실 홍보	1	3	3	1

출처 : 윤철수 · 진혜경 · 안정선(2006), p. 112 재인용.

최경일 외(2019)가 학교사회복지 실천지침 개발 연구에서 제시한 실천지침은 〈표 8-4〉와 같다.

〈표 8-4〉 학교사회복지 실천지침(안)

구 분	내 용
윤리와 가치	– 사회복지사 윤리강령 준수 – 아동 · 청소년의 건강한 성장 도모 – 학생의 교육기회 균등 실현 – 학생의 잠재력과 능력 증진
명칭과 자격	– 명칭 : 학교사회복지사(school social worker) – 자격 : 학교사회복지사 사회복지사 1급 취득 후 수련을 한 자
실천관점	– 생태체계적 관점 – 강점 관점 – 임파워먼트 관점 – 네트워크 관점
업 무	– 학교 내외부 환경 및 욕구조사 – 서비스 계획 수립 – 사례발굴 및 선정 – 개입(학생-가족-학교) – 네크워크 구성 및 운영 – 환경 변화와 개선 – 학교사회복지실 운영 – 기록 및 평가 – 전문성 강화 및 역량 개발
서비스 내용	〈보편적 서비스〉 – 건강한 학교 문화 조성 – 학교사회복지실 쉼터 운영 – 학교교육활동 지원 〈선별적 서비스 : 대상 특성별 사례관리〉 – 욕구와 문제에 따른 사례관리 • 학습능력 부진 아동 • 학교 부적응 아동 • 정신건강 위기아동(자해 외) • 학교폭력 가해/피해 아동 – 가족 기능 지원을 위한 사례관리 • 저소득 가정 아동(빈곤) • 아동학대 피해아동(학대) • 시설아동(가족해체) • 조손 및 한부모가족 아동(가족구조) • 다문화, 탈북가족 아동(가족문화)
서비스 방법	– 상담(개인/집단/가족) – 가정방문 – 지역사회환경조사 – 사례관리 – 프로그램(학생/가족/학교) – 네트워크(지역사회 연계)
지식과 능력	– 아동 · 청소년 발달과 특성에 대한 전반적인 이해 – 학교 조직에 대한 이해 – 교육과정 및 학교 행정 이해 – 사례 특성별 지식 및 기술 – 상담 관련 지식 및 기술 – 사례관리 실천 지식 및 기술 – 프로그램 개발, 운영, 평가 – 네트워크 이론과 지식 – 슈퍼비전의 지식과 기술

출처 : 최경일 · 최혜정 · 서동미 · 김숙기(2019), pp. 30-31.

학교사회복지사의 실천을 다층모델에 의거해 수준별 목표와 대상, 실천전략, 개입방법을 제시하면 〈표 8-5〉와 같다. 먼저 학교사회복지사는 크게 세 개 층 수준의 개입을 할 수 있는데, 첫 번째 층은 건강한 학교생활 및 학교문화 형성을 위한 예방 프로그램 및 실천을 목적으로 한다. 이것은 일반 학생이나 학교 전체를 대상으로 하며 인권교육, 학교폭력 예방교육 등 예방적 개입이다. 두 번째 층은 단기적 문제(대인간 갈등, 사회적 기술 부족, 정신 건강 욕구 등)나 위기상황에 있는 학생에 대해 단기적, 조기 개입을 통해 문제행동을 감소하고 적응력을 향상하고자 하는 것이다. 이를 위해 특별한 욕구가 있는 클라이언트, 또래집단, 학급 등 소집단에 대해 조기에 개입해서 문제를 신속하게 해결하도록 한다. 마지막 층은 만성적, 심각한 문제를 가진 학생 및 가족에 대한 개입이다. 이것의 목표는 학생의 역기능을 완화하거나 기능이 회복되도록 돕는 데 있다. 이를 위해 개별적, 집중적, 장기적 개입을 행한다. 학교사회복지사가 어떤 층에 개입하든지 간에 학생에 대해 직접적인 서비스를 제공할 뿐 아니라 가족, 친구, 교사, 지역사회가 역량을 강화하여 학생을 지원할 수 있도록 간접 서비스를 제공한다.

〈표 8-5〉 다층 모델에 의한 학교사회복지사의 실천

수 준	목 표	대 상	실천전략	개입방법
마지막층	역기능 완화 기능의 유지 및 회복	만성적인 심각한 문제(학업, 행동 또는 사회, 정서적 문제)를 가진 학생 및 가족	개별적, 집중적, 지속적, 장기적 개입	– 직접서비스 : 학생 및 가족에게 상담, 교육 등 직접 제공 – 간접서비스 : 가족, 학교 구성원, 지역사회의 역량강화를 위한 개입(예 교사자문, 지역사회협력 등)
두 번째 층	조기개입을 통해 문제행동 감소 및 적응력 향상	단기적 문제(대인 간 갈등, 사회적 기술 부족, 정신 건강 욕구 등)나 위기상황에 있는 학생 및 소그룹	단기개입, 조기개입(학업, 사회, 정서 개입), 소그룹(또래집단, 학급 등)	
첫 번째 층	건강한 학교생활 및 학교문화 형성을 위한 예방 프로그램 및 실천	전체 학생 및 학교	예방적 개입(인권교육, 학교폭력 예방 등)	

4. 학교사회복지사와 협력하는 타 전문직의 역할 이해

학교사회복지사는 학교에서 다른 전문직과 함께 일을 한다. 따라서 학교사회복지사의 역할과 기능을 보다 분명히 알기 위해 학교 내 일하는 타 전문가의 역할을 알고 유사점과 차이점을 이해하는 것이 필요하다. 〈표 8-6〉은 우리나라의 학교 관련 인력의 역할을 제시한 것이고, |그림 8-1|은 미국의 학교 관련 인력의 역할을 제시한 것이다.

〈표 8-6〉 우리나라 학교의 장에서 일하는 관련 인력의 역할

구 분	역 할
보건교사	학생건강관리 보건교육 정신보건 관련 업무 : 스크린 및 정신의료기관과의 연계 보건과 관련한 프로그램의 모니터링
전문상담교사	진로지도 심리상담 심리치료 심리검사 교육적 정보제공
특수교사	특수장애 학생 스크리닝 특수장애 학생에 대한 개별화된 교육서비스 제공 및 교내 생활지도 특수장애 학생의 사회적 · 직업적 재활을 위한 연계활동
학교사회복지사	가정–학교–지역사회와 관련한 생태체계적 관점의 적용 사례관리 제공 및 자원과 서비스 과정 조정 자원개발과 동원을 위한 지역사회활동 학생, 가족의 강점 · 능력 활용 사례회의 팀 모임 진행 및 관리

출처 : 윤철수 · 진혜경 · 안정선(2006), p. 127 재인용.

간호사

- 학생의 건강욕구, 개입과 기대하는 결과를 결정하기 위해 임상적 간호지식과 사정기술을 적용함
- 장애(disabling), 건강상태의 특성과 교육적 관련성에 대해 학교지역사회를 교육시킴
- 건강회복, 안녕 증진, 학습에 장애가 되는 건강문제의 최소화 또는 제거에 초점을 두는 개별건강보호 계획을 개발시킴
- 학교건강실천과 프로토콜을 만들고 알리고 모니터링함

카운슬러

- 포괄적인 개발적 생활지도와 통합된 상담서비스에 있어 학교 토대의 조정자로서 기여함
- 중등과정 후 교육과 학교-직장훈련 프로그램을 조정함
- 교육적/학업적 교과과정과 프로그램 정보를 위한 broker resource(중개자원)
- 전체 학교구성원을 위해 학업적, 개인적, 사회적/정서적, 직업과 관련한 개인 그리고 집단상담에 대한 최초의 만남을 제공함

교육개혁
팀 형성
프로그램 계획
위기개입/카운슬링
전인적 아동발달
지역사회 지지구축
사정과 의뢰
학교 지역사회 안녕(wellness)

심리학자

- 교육을 개선시키기 위해 개인과 집단을 위한 학습이론을 적용함
- 특별학습/행동장애를 가진 개인에 독특한 니드를 위해 계획을 조정하고 평가함
- 스포츠와 운동을 포함해 교과과정 개발에서 심리학 이론과 실천의 사용을 촉진함
- 조사연구/학교 프로그램을 디자인하고 실행하고 분석함
- 위기개입을 포함하여 정신분석적 개입을 실시함

사회복지사

- 생태학적 관점을 심리사회적 사정에 적용하여 학습에 영향을 미치는 가정, 학교, 지역사회 요인을 연결함
- 학생과 가족을 위한 자원을 동원하고 조정하기 위해 사례관리서비스를 실시함
- 학생과 가족을 위한 포괄적인 지역사회자원을 창조하기 위해 사회적 행동을 행함
- 고위험 학생의 가족을 위한 효과적인 전략을 개발하기 위해 가족체계의 역동성을 사용함

|그림 8-1| 미국 학교에서 일하는 관련 전문직의 역할

출처 : Franklin(2006), p 297.

5. 학교사회복지사의 전문성 및 교육

학교사회복지 서비스의 질은 학교사회복지사의 전문성과 관련이 깊다. 학교사회복지 관련 이론과 기술을 습득하고 현장 적용 능력을 향상하기 위한 지속적, 전문적인 교육과 관리가 매우 중요하다. 학교사회복지에서 중요하게 고려되는 교육에는 크게 수련제도, 보수교육, 슈퍼바이저 교육 등이 있다.

1) 수련제도

수련제도는 대학에서의 정규과정을 수료한 뒤에 일정 기간 이상 수련을 거쳐 비로소 자격시험이 주어지는 제도를 말한다. 이는 전문가의 자질 및 역량 향상을 통해 전문가가 제공하는 서비스의 수준을 제고한다. 우리나라의 경우 정신건강사회복지와 의료사회복지 분야에서는 수련제도가 이미 정책되어 있었다.

학교사회복지 영역에서도 수련제도가 필요하다는 주장은 일부 학자 및 실천가들에 의해 제기되었지만 사회복지사업법 개정(2018. 11. 23. 정춘숙 의원 대표발의) 이전까지 학교사회복지 분야에서는 수련 없이 실습과 자격시험, 합격 후 연수로 자격이 부여되었다(이종익 · 최 웅, 2020 : 4-7). 그러나 개정된 사회복지사업법에 의하여 보건복지부령으로 정하는 수련기관에서 수련을 받은 사람은 학교사회복지사의 국가자격을 부여할 수 있게 되었다. 현재는 이종익 · 최 웅(2020)의 연구를 비롯해서 학교사회복지사협회와 학교사회복지학회를 중심으로 수련제도 및 교육과정이 논의되고 있다.

2) 보수교육

학교사회복지사 보수교육은 학교사회복지사 자격증을 취득한 자가 학교사회복지사로서 전문적인 업무를 수행하기 위해서 정기적 혹은 수시로 새로운 지식, 기술, 법과 정책, 혹은 가치관과 윤리 등을 학습하는 것이다. 우리나라의 경우 학교사회복지사 보수교육은 시험에 합격하여 학교사회복지사 자격증을 취득한 자를 대상으로 2005년부터 시작되었다. 이후 두 차례 기준을 변경하는 등 개선의 노력을 하였지만 학교사회복지사의 법적 근거가 명확치 않아 큰 실효를 거두지 못했다.

그러나 2018년 11월에 사회복지사업법 일부개정법률안이 국회에 통과되어서 학교사회복지사는 보수교육을 반드시 받아야 하는 의무교육대상자가 되었다. 즉, 학교사회복지사 자격증을 소지하여 학교나 학교사회복지 관련 기관이나 단체 등에서 근무하는 경우 반드시 보수교육을 이수해야 하는 의무교육대상이 되었다. 사회복지사의 보수교육은 연 1회, 1회 8시간으로 한국사회복지사협회가 주관하는 데 반해 학교사회복지사의 보수교육은 연 12시간이며 학교사회복지사협회에서 주관한다(최경일 · 죄현숙 · 최혜정, 2020 : 29-33).

3) 슈퍼바이저 교육

슈퍼바이저 교육은 실습생이나 수련생의 교육을 담당하는 슈퍼바이저에 대한 교육이다. 학교사회복지에서 슈퍼바이저 교육의 중요성은 매우 강조되었지만 학교사회복지가 제도화되지 않은 상황에서 실습생이나 수련생에 대한 교육이 활성화되기 어려웠다. 그러나 국가자격제도 시행 이후 수련생을 교육하고 지도할 수련슈퍼바이저 교육은 매우 시급한 상황이다. 최근 엄경남 · 김희명 · 안정선(2020)이 학교사회복지사 수련슈퍼바이저 교육과정을 개발하였는데, 이를 시작으로 슈퍼바이저 교육에 대한 다양한 논의와 준비가 이루어져야 하겠다.

CHAPTER 09

학교사회복지의 실천과정

사회복지가 일련의 연속적인 과정으로 이루어지듯이 학교사회복지도 일련의 과정으로 이루어진다. 학교사회복지실천의 개입과정은 학자마다 조금씩 다르게 구분하고 있다. Allen-Meares 외(2000)는 학교사회복지서비스의 실천단계를 크게 다섯 가지 단계로 설명하였다. 첫째, 학교사회복지사 본인에 대한 사정, 둘째, 학교사회복지서비스에 대한 신뢰와 당위성 구축, 셋째, 학교와 지역사회의 자료와 역동성 조사, 넷째, 학교사회복지계획서의 작성, 협상 및 수행, 다섯째, 평가와 보고서 작성 단계이다. 김연옥·이상균(1998)은 학교사회복지 단계를 진입 전 단계, 진입단계 : 탐색, 진입단계 : 적응, 협력 및 정착 단계의 4단계로 제시하였다. 전재일·이경은·이상희(1999)는 학교사회복지 실천단계를 준비과정, 사정과정, 수행과정, 평가 및 종결 과정 등 4단계로 구분하였다. 안철수·진혜경·안정선(2006)은 계획 및 사정 단계, 실행단계, 평가 및 종결 단계로 구분하였다(표 9-1 참고). 본 장에서는 계획단계, 사정단계, 개입단계, 평가단계의 네 가지 단계로 구분하고자 한다.

〈표 9-1〉 학교사회복지의 개입단계

본 연구	Allen-Meares 외(2000)	김연옥 · 이상균(1998)	전재일 · 이경은 · 이상희(1999)	안철수 · 진혜경 · 안정선(2006)
계 획	1. 학교사회복지사 본인에 대한 사정 - 학교업무와 자신의 적성의 일치 - 지역문화 습득 - 전문적 윤리강령과 학교 업무와의 일치성 사정	1. 진입 전 단계 - 학교행정책임자와의 관계 형성 - 지역사회조사 - 학교 내 물리적 공간의 확인 및 확보	1. 준비과정 - 학교사회복지에 대한 승인획득 및 초기 관계 형성단계 - 사업계획 수립을 위한 환경체계에 대한 자료수집단계	1. 계획 및 사정 단계 - 본인 사정 - 관계 형성 및 협력체계 구성 - 학교 및 지역사회사정 - 욕구조사

계 획	– 전문지식, 개입기술 정도, 관심영역 인식 2. 학교사회복지서비스에 대한 신뢰와 당위성 구축 – 교장 또는 다른 행정가와의 신뢰관계 형성 – 학교사회복지업무에 대해 공식적, 비공식적으로 당위성 인정받음	– 학교 내 협력가능인력 파악 – 연간 활동계획 수립 – 서식개발 – 보조인력 확보 및 교육 – 홍보물 작성 2. 진입단계 : 탐색 – 지역사회 기반 방문 및 연계체계 수립 – 학교조직 이해 – 학교욕구조사 실시 – 교직원 관계 형성	– 학교사회복지계획을 설정하는 계약단계	– 프로그램 운영계획 및 실행준비 – 공간확보 및 구성 – 학교사회복지 홍보
사 정	3. 학교와 지역사회의 자료와 역동성 조사 – 학교체계, 비공식권력 구조, 교육철학 인지 – 교육법, 아동복지법, 청소년기본법, 특수교육법 인지 – 학생수, 연령, 성별, 기타 자원, 욕구 파악 – 학교와 지역관계 사정		2. 사정과정 – 욕구조사 단계 – 문제, 자원 및 장애요인 확인단계 – 중재계획 수립단계	
실 행	4. 학교사회복지계획서의 작성, 협상 및 수행 – 학교행정가와 협력하여 서비스의 우선순위 정함 – 학교의 욕구에 맞는 개입계획과 목표 설정 – 책임을 맡은 행정가와 사업계획 재검토, 연간계획 확정	3. 진입단계 : 적응 – 학생을 둘러싼 담당교사와의 역할중첩 조정 – 학교교육방침 수용과 학생대변 간의 균형 유지 – 외부자원 연계의 어려움과 이의 극복 – 교사 간 역할분담 – 대체 기관의 확보 4. 협력 및 정착 단계 – 공동작업의 활성화 – 활용 가능한 외부기관 확보 – 학교 내 서비스 조직으로서의 위상 확보 – 학교–가정의 유기적 연계를 통한 통합적 지도	3. 수행과정 – 가치와 지식체계 – 중재기술	2. 실행단계 – 대처전략 – 학교사회복지의 지속적인 인식화 – 홍보
평 가	5. 평가와 보고서 작성 – 연간업무 보고 – 연간보고서 배포 – 새 계획서 작성		4. 평가 및 종결 과정 – 사례평가 – 집단중심 프로그램평가 – 학교사회복지 운영평가 – 종결	3. 평가 및 종결 단계

1. 계 획

1) 계획을 위한 준비단계

현실적이고 체계적인 계획이 수립되기 위해서는 충분한 준비가 필요하다. 학교사회복지실천을 위한 준비 차원에서 학교사회복지사가 알아야 할 기초개념에 대해 한국학교사회복지사협회(2006)에서는 학교, 학생, 가족, 지역사회 차원의 네 가지 영역으로 제시하였으며 Harris와 Franklin(2006 : 277-291)은 사회정치적·다문화적 범주, 사회복지사 자신, 학교조직, 지역사회, 가족과 부모 범주 등 다섯 가지 영역으로 제시하였다. 본 장에서는 학교사회복지사가 학교사회복지실천을 위한 준비 차원에서 검토해야 할 부분을 크게 학교, 학생, 가족, 지역사회, 사회복지사 자신, 사회정치적 그리고 다문화적 범주 등 여섯 가지 영역으로 구분하여 제시하였다.

(1) 학교에 관한 이해

학교는 사회복지사들이 주로 일하는 사회복지기관과 유사한 점도 있지만 상이한 목적, 조직 및 기능을 수행하고 있다. 따라서 학교사회복지사는 계획 수립에 앞서 학교에 대한 기본적인 사항을 이해하는 것이 필요하다. 학교사회복지사가 학교에 대해 알아야 할 사항은 교육에 관한 이해, 물리적 환경에 관한 이해, 드러나지 않는 것들에 대한 이해, 학교조직에 대한 이해, 장애물과 강점 파악, 학교사회복지사에게 요구되는 것에 대한 이해 등이 있다(한국학교사회복지사협회, 2006).

(2) 학생에 관한 이해

학교사회복지사는 1차적으로 학생을 위해 활동한다. 따라서 학생들의 욕구, 사회경제적 배경, 문화적 특성, 주변 환경, 학교생활 욕구 등에 대한 기본적인 이해를 하는 것이 필요하다(한국학교사회복지사협회, 2006).

(3) 가족에 관한 이해

가족은 학생의 발달 및 성장을 위한 가장 중요한 환경이다. 따라서 가족은 학교사회복지에 있어 학생을 지지하고 보호하는 데 중요한 역할을 하는 파트너인 동시에, 경우에 따라 학생의 발달과 성장을 위해 필요한 자원이 없거나 적절한 보호를 해주지 못하거나 오히려 악영향을 미칠 경우 변화가 필요한 개입대상이기도 하다. 학교사회복지사는 계획 수립에 앞서 가족의 문제, 학부모의 학교사회복지에 관한 욕구를 파악해야 한다(한국학교사회복지사협회, 2006).

(4) 지역사회에 관한 이해

지역사회는 청소년들에게 있어 구체적인 생활의 원천적 거점이다. 지역사회는 사람이 태어나서 성인이 될 때까지는 물론 전 생애를 통하여 가장 직접적이고 실체적인 생활의 장소이고 인격형성의 장소이다. 또한 지역사회는 청소년의 교육의 장이 될 뿐 아니라 지역사회에 존재하는 모든 물질적·문화적·인간적 자원은 청소년을 위한 교육적 자원이다. 뿐만 아니라 지역사회에는 청소년에게 유용한 자원들이 잠재되어 있으며 지역사회는 중앙정부가 작성한 정책의 효과가 구체적으로 발생하는 전선(front line)이다(홍봉선·남미애, 2007). 학교사회복지사는 지역사회가 학생 및 학교의 성장을 위해 협력하고, 건강한 환경을 조성하도록 하기 위해 지역사회에 관한 기본적 이해, 지역사회 자원, 지역사회 역동성에 대해 이해하는 것이 필요하다.

(5) 학교사회복지사로서의 자신에 대한 이해

학교사회복지 서비스 제공의 가장 중요한 도구는 학교사회복지사 자신이 된다. 학교사회복지사 자신에 대한 사정과 역량강화 노력은 서비스 질 향상에 직접적인 영향을 미친다. 따라서 학교사회복지사는 지속적으로 자신에 대해 성찰을 해야 한다. 학교사회복지실천 업무가 본인에게 맞는지, 사회복지사 윤리강령을 실천에 적용하고 있는지, 학교사회복지사로서의 지식, 기술 수준에 대해 인식하고 지속적으로 노력하고 있는지, 학교사회복지사로서의 자신의 강·약점은 무엇이며 어떤 개선노력을 해야 하는지, 실천의 대상체계에 대한 이해도는 높은지, 지역사회문화에 대한 편견은 없는지 등 자신에 대한 사정을 실시한다(윤철수·진혜경·안정선, 2006 : 204).

특히 전문가 가치와 윤리에 대한 검토가 있어야 한다. 학교는 사회복지 가치보다는 교육적 가치가 주된 규범인 세팅이다. 이러한 우선순위 간의 차이점은 클라이언트 권리와 서비스 니드와 관련해서 윤리적 딜레마를 갖게 할 수 있다. 이런 딜레마를 효과적으로 다루기 위해 학교사회복지사는 사회복지 가치와 관점에 대한 분명한 개인적 이해와 더불어 사회복지와 학교교육이 서로 다른 부분과 우선순위에서의 차이점을 분명히 알고 있어야 한다.

개입 철학의 차이도 이해해야 한다. 학교는 아동과 청소년을 학생으로 보는 반면 사회복지사는 그들을 클라이언트 또는 소비자(consumer)로 본다. 학교조직의 위계질서에서 보면, 학생은 자신에게 미치는 중요한 성과(outcome)를 결정함에 있어 가장 힘이 없고 참여가 낮은 집단이다. 반면 소비자 또는 클라이언트로서의 아동과 청소년들은 자신과 관련된 개입, 의사결정, 반응에서 더 많은 취사선택권을 가진다. 또한 교육현장에서는, 일반적으로 위기에 있는 학생들을 결핍모델(deficit model)로 설명하고자 한다. 이 모델에 따르면 학생들의 열악한 학업수행은 학생의 개인적, 인지적, 동기적 결핍과 그들 환경에서의 병리적인 것에서 기인한다고 가정한다. 이러한 관점은 사회복지사들이 주로 사용하는 강점 관점(strengths perspective)과는 매우 상반된다. 강점모델은 바람직한 목표를 달성하기 위해 클라이언트를 사회복지사와 함께 일하는 파트너로 본다(Harris & Franklin, 2006 : 279-281). 이러한 차이점들을 이해하는 것이 학교사회복지실천에 있어 갈등과 딜레마를 줄일 수 있다.

또한 학교사회복지사는 학교폭력, 물질남용, 홈리스, 아동학대, 학교중퇴 등을 다룰 수 있는 전문적 지식과 기술이 필요하다. 학교사회복지사의 역량을 강화하기 위해서는 전문가인 학교사회복지사 자신의 자기주도적 학습노력, 한국학교사회복지사협회의 자격획득과 유지를 위한 의무교육·보수교육 체계 마련, 학교사회복지사 간의 조직화를 통한 조직적 학습과 공유, 동료 슈퍼비전 활성화가 필요하다.

(6) 사회정치적 그리고 다문화적 범주에 대한 이해

교육체계는 공공의 관심에 있기 때문에 정치, 종교, 대중매체 활동 등에 영향을 받는다. 그중 학교에 영향을 미치는 관계당사자(stakeholder)로는 학교위원회, 학부모집단, 지역사회 내에 학교와 관련 있는 다양한 기관 및 단체 등이 있는데, 이들에 대해 이해할 필요가 있다.

학교사회복지의 진입을 위한 운영관련 전략

첫째, 학교사회복지사가 무엇인지 먼저 알려라. 학교사회복지의 존재를 알리기 위해 학교담당자, 교감, 교장 등 여러 대표들과 만나고 알리는 직업이 중요하다. 또한 사회복지계의 용어가 아니라 일반인들이 이해하고 공감할 수 있는 내용으로 학교사회복지를 알리는 것이 중요하다.

둘째, 전문성에 대해 알려라. 프로그램의 체계성과 전문성에 대한 강조와 더불어 사회복지 인력에 대한 역할을 알린다. 또한 프로그램 시작 전과 후에 계획성과 평가서 및 보고서가 학교 측에 전달되어 평가결과를 공유하고 전문가에 의한 효과성이 어떻게 검증되는지도 보여야 한다.

셋째, 지역사회 내 다양한 자원을 발굴, 활용하라. 예를 들어, 특수교사연구회, 자원봉사담당교사간담회 등의 모임에 적극적으로 참여하고 학교사회복지를 알리고 소문을 내는 전략을 사용할 수 있다. 이러한 지역사회모임에 참여하는 것은 학교사회복지의 세력화를 위한 자연스러운 방법이 될 것이다.

넷째, 학교욕구에 민감하라. 프로그램은 사회복지기관 중심의 개발이어서는 안 된다. 기본적으로 학교의 욕구조사를 실시하고 현재 학교가 필요한 부분은 무엇인지 파악하고 욕구에 따른 프로그램을 개발해야 한다.

다섯째, 학교와의 상호협력관계를 지속적으로 유지하라. 학교사회복지의 책임을 지역이나 담당인력기관만이 지게 되면 학교는 학교사회복지 실시에 의존적이며 제삼자적인 입장에서 평가적인 위치만을 가지려 하게 된다. 학교사회복지의 궁극적 목적은 학생복지와 학교를 지원하는 데 있음을 밝히고 초기부터 적극적으로 협력하는 협력적인 관계가 될 수 있도록 한다. 학교의 적극적인 도움 없이는 학교사회복지의 효과성이 없음을 수시로 강조하며 각각의 책임과 역할을 명확히 하고 공식적인 서면협약의 절차를 갖도록 한다. 프로그램의 의뢰나 대상자 의뢰에 있어서도 공문서의 형식을 취하는 것이 좋다.

여섯째, 프로그램을 발전시키고 변화시켜라. 초기에는 1차적 욕구에 따라 문제중심형으로 프로그램을 실시하나 학교사회복지의 발전과 보급을 위해서는 예방적 프로그램으로 보완, 전환될 필요가 있다. 학교진입 초기에 학교생활 부적응 학생 대상 프로그램 등 문제중심형 프로그램을 집중적으로 실시하다 보면 학생들이 학교에서의 낙인화를 두려워하여 학교사회복지에의 접근을 기피하고 더 나아가 예방적 사업에도 참여를 기피하고 결과적으로 학교사회복지의 보급과 강화는 어려움에 봉착하게 될 것이다(윤철수 · 진혜경 · 안정선, 2006 : 195-197).

2) 학교 내 관계 형성 및 협력체계 구성

학교는 다면적 과정과 사람들로 구성된 복합적인 조직체이다. 학교사회복지사는 학교사회복지의 목적을 달성하기 위해 학교 행정가, 교사, 학교 내 타 전문가, 학부모 등과 신뢰로운 관계 형성 및 협력적 관계를 유지해야 한다. 이것은 계획단계에서만 아니라 서비스 실행 및 평가 등 학교사회복지의 전 단계에서도 중요하게 고려되어야 할 부분이다.

(1) 학교행정가와 관계 형성

학교행정가란 학교의 교장, 교감, 행정실장 및 직원 등을 통칭한다. 학교사회복지가 본격 실행되기 이전에는 주로 학교행정가인 교감, 교장 및 행정실과의 접촉빈도가 높다. 초기 이들과의 만남은 학교사회복지의 본격 진입을 위한 첫 단추로서 매우 중요하고 의미가 깊다. 특히 초기 학교에 대한 사정, 욕구파악 등과 관련이 있으며 학교사회복지실 환경조성을 위해 반드시 거쳐 가는 과정으로서 중요한 의미가 있다(윤철수 · 진혜경 · 안정선, 2006 : 211).

조직으로서 모든 학교는 학교교장의 행정적 스타일에 의해 따른 분위기와 독특한 특성을 가진다. 개방적 체계의 교장은 외적과 내적 압력 모두에 반응적이며 이들 압력에 더 쉽게 반응하고 적응함으로써 체계로서의 조직에 적응하도록 한다. 폐쇄적 체계의 행정가는 공식화, 힘의 집중, 권위의 계급화 등에 가치를 둔다. 자유방임형 스타일의 교장은 목표와 실행 의무 모두에 있어 협력 부족을 야기시키는 수동적 리더십을 가진다(Harris & Franklin, 2006 : 282). 따라서 학교사회복지사는 학교행정가가 갖는 교육철학과 방침, 학생 및 학교조직에 대한 생각 등을 고려할 필요가 있다.

(2) 교사와의 관계 형성

교사는 다른 직원들보다 학생과 더 많이 접촉하고 매일 학생의 활동에서 많은 부분을 통제하기 때문에, 학교사회복지활동을 위한 교사들의 지지는 매우 중요하다. 특히 교사와 학생 간의 관계가 학생의 학업적 성취와 행동에 영향을 미치기 때문에 더욱 중요하게 고려되어야 한다. 학생의 학업 능력에 대한 교사의 기대는 아동에 대한 교사의 행동에 영향을 미치며, 교사는 자신들이 학업 능력 향상이 가능하다고 믿는 학생들에게 보다 효과적으로 상호작용한다는 것은 이미 알려진 바 있다. 한 연구결과에 따르면 교사들은 빈곤학생과 소수 학생의 학업적 성취에 대해 기대가 더 낮고, 학생의 성취와 관련한 이런 낮은 기대는 자기 충족적 예언(self-fulfilling prophecy)이 될 수 있다는 것이다.

학교 내 교직원과의 관계를 발전시키기 위해서는 좋은 대인관계기술은 물론 교직원의 관심과 우선순위에 대한 인식과 존중 등이 필수적이다. 또한 좋은 관계를 저해하는 잠재적인 장애요인도 이해해야 한다. 예를 들어, 교사는 사회복지서비스와 관련하여, 사회적, 건강서비스 프로그램(social and health services program)에 따른 기록유지와 부가적인 책임과 관련하여 증가한 업무부담에 대해 걱정할 수 있다. 학교사회복지서비스의 계획단계에 교사 및 다른 직원을 참여시키고 정보를 알리는 것은 중요성에 있어서의 갈등을 최소화시키고 더 많은 지지를 받을 가능성을 증가시킨다.

특히 학교사회복지실의 활동에 대해 동의하며 힘을 실어줄 수 있는 교내에 영향력 있는 교사와의 긍정적 관계 형성이 필요하다. 교사와 학생문제를 의논할 시에도 학교사회복지사는 객관적 입장에서 교사의 의견과 생각을 충분히 경청하며 비밀보장의 범위 내에서 학생에 관한 의견을 교환하고, 교사가 학생에게 있어 매우 중요한 영향력을 행사할 수 있는 중요한 존재임을 인식시키고 격려한다. 학교사회복지사는 교사의 역할을 빼앗거나 경쟁하는 존재가 아니라 교사 자신을 돕기 위해 존재하는 조력자라는 사실을 인식하게 한다. 특히 교사와의 관계성과 교사 지지 및 학교사회복지에 대한 인식 전환을 위해 교사 대상의 서비스나 이벤트를 기획하여 실시하는 것도 효과가 높다(윤철수 · 진혜경 · 안정선, 2006 : 213).

(3) 타 전문직과의 관계 형성

학교 내에서 교사 이외에도 학교카운슬러, 양호교사, 도서관 사서, 행정가 등 타 전문가들이 일하고 있다. 학교사회복지사는 학교 내에 근무하는 교사 이외의 전문직이나 관련인력에 대해 잘 알고 이들과 긍정적인 관계를 형성하는 것이 필요하다. 왜냐하면 이들은 또 다른 방법으로 학생을 도울 뿐 아니라 경우에 따라서는 학교사회복지사와 협력해서 공동의 목적을 추구하기 위한 협력가가 될 수 있기 때문이다. 일반적으로 사회복지서비스와 다른 학교 전문가 사이에 갈등을 야기할 수 있는 네 가지 이슈는 직무보장(job security), 직무나 역할에서의 중복, 자원에 대한 경쟁, 과다한 업무 등이다. 학교사회복지사는 이들 타 전문직과 적절한 관계를 유지하면서 이들이 학생을 지원하는 데 최대한의 지원역할을 수행할 수 있도록 해야 하며, 차별화된 역할과 명확한 역할분담으로 갈등을 피해야 한다.

행정실과도 좋은 관계를 형성해야 한다. 행정실은 학교사회복지사 급여, 보험 등의 지급 및 관리, 학교사회복지 예산의 지급 및 관리, 프로그램 시 필요한 물품구매, 학교사회복지실 설치 및 구성, 시설관리 시에 직접적으로 연결되어 있는 부서이다. 행정실과의 관계가 좋지 않은 경우, 예산지급의 차질, 결재지연, 시설관리의 누수 등으로 사업수행에 장애가 발생하는 경우도 있다(윤철수 · 진혜경 · 안정선, 2006 : 212-213).

(4) 학부모와의 관계 형성

부모체계와 학교체계가 아동의 교육에 함께 포함되어 좋은 방법을 찾을 때 아동은 학교와 일상생활에서 더욱 성공적일 가능성이 높다. 학교사회복지사가 부모와 좋은 관계를 형성하기 위해서는 다음과 같은 노력을 행할 수 있다. 첫째, 학교교직원들이 가족의 심리사회적 강점과 니드를 이해하고 취약한 가족을 지지하도록 도울 수 있도록 학교교직원을 교육한다. 둘째, 부모의 니드 사정에 기초하여 부모와 가족을 위한 적절한 프로그램 개입을 제공한다. 셋째, 학교 운영 및 프로그램에 부모 참여를 확대하기 위해 학교교직원, 전문가 팀을 돕는다(Harris & Franklin, 2006 : 288).

또한 학교사회복지사는 소속 학교의 학부모집단의 특성을 확인한다. 즉, 학교행사에의 참여도, 경제활동 여부, 활용 가능한 학부모 모임 구성 여부 등을 확인한다. 활용 가능한 모임의 대표적인 것으로 학부모총회가 있다. 보통 3월 초, 중순에 열리는 학부모총회는 학교에 학부모가 가장 많이 모이는 기회로, 임원진을 선발하고 학교운영위원 중 학부모위원을 선발하는 시간이 된다. 이때 학교 측의 양해를 받아 학교사회복지실을 소개할 수 있는 기회를 갖거나 간단한 학부모대상의 설문조사를 실시하여 자녀양육의 어려움, 욕구 등을 확인할 수 있다.

이 외에도 학교에는 다양한 학부모집단이 있다. 학부모의 영향력을 활용하여 학교를 변화시키거나 필요한 자원에 접근하기에 용이한 조직일 수 있다. 그러나 학교 측과의 관계에서 오히려 갈등을 유발하는 문제가 발생할 수도 있으니 조심스럽게 접근해야 할 필요가 있다. 학부모에 대한 학교사회복지 인식화와 관계 형성을 위한 방법으로 가정통신문의 활용, 학부모대상 설문 실시, 학부모대상 서비스의 개발 및 실시 등이 있다. 가장 일반적인 학부모대상 서비스는 집단 프로그램 및 교육, 자원봉사단 등이 있다(윤철수 · 진혜경 · 안정선, 2006 : 218).

(5) 특별한 과업수행을 위한 다학문적 팀 구성

학교사회복지서비스를 위한 계획에 있어 전문가 팀 구성이 필연적인 경우가 있다. Streeter와 Franklin(2002)은 학교사회복지시가 그들의 활동을 다양한 전문가와 함께 확대하기 위해서는 다학문적 팀 모델(transdisciplinary)을 채택하는 것을 제안하였다. 이 모델은 전문가들은 전통적 학문적 경계를 넘어, 다른 서비스 제공자와 함께 가르치고, 배우고 일하도록(teaching-learning-working) 노력해야 한다. 다양한 전문직으로 구성된 하나의 팀으로, 다학문적 팀은 전공을 넘어 정보, 지식, 기술을 모으고 교환하기 위해 초점화된 시도들을 통해, 각각 팀 성원의 보편적인 핵심 지식과 능력을 확대시키려고 노력한다. 학문 간 경계를 확장시키기 위해서는 계획된 개별학습(individual study), 팀 성원 간의 1대 1 지도, 계획된 그리고 종합적인 가르치고 배우고 학습하는(teaching-learning-working) 과정 등 다양한 전략들이 있다(Harris & Franklin, 2006 : 284-285).

3) 공간확보 및 구성

학교사회복지를 효과적으로 수행하기 위해서는 학교 내에 반드시 활동공간이 필요하다. 학교사회복지실은 학생과 근접한 위치에 있을수록 좋다. 초등학교의 경우 대부분 학년별로 층을 나누어 사용하는데, 이때는 중간층 정도에 학교사회복지실을 배치하는 것이 좋다. 중·고등학교의 경우는 학생이 자주 이용하는 매점이나 식당 옆이나 학교 건물의 중간층에 위치하면 학생의 접근성을 최대한 높일 수 있다. 중요한 것은 학생들이 쉬는 시간과 점심시간 등을 자유롭게 이용할 수 있는 것이 중요하며 학생이 어려워하거나 부담스러워 하는 장소인 생활지도부(학생복지부)실이나 교무실에 근접한 장소에 학교사회복지실을 배치하는 것은 학생의 자유로운 왕래가 어렵기 때문에 지양하여야 한다. 학교사회복지실의 기본공간으로는 개별실천, 집단실천, 나눔쉼터(교실카페), 사무공간이 마련되는 것이 좋다. 나눔카페에는 학생들이 좋아하는 보드게임기, 만화책, 노래방기기 등을 적절히 배치하여 쉬는 시간이나 점심시간에 이용 가능하게 함으로써 학생의 자발적 공간이용을 높이는 것이 좋다(윤철수·진혜경·안정선, 2006 : 241).

4) 학교의 니드 및 경험적으로 지지된 개입의 계획

학교사회복지사는 실천을 위한 계획을 세울 때 다음과 같은 요소들을 고려해야 한다. 첫째, 학교에서 사회복지사가 서비스를 계획하고 실행함에 있어 중요한 조직적, 지역사회범주, 전문가적 우선순위, 학생 및 가족의 니드, 정치적 고려 등을 고려해야 한다(Harris & Franklin, 2006 : 277). 모든 아동이 학교에서 성공하는 데 동등한 기회를 가지고 있지 않다는 것은 분명하다. 대부분의 학교조직은 저소득 학생이나 다문화가정 학생보다는 중상류 계층 학생의 니드와 능력에 더 적합하다. 따라서 욕구가 높은 학생에 대한 개입이 우선적으로 고려되어야 한다.

둘째, 학교 및 학교사회복지 차원의 성과를 조화시켜야 한다. Austin(1999)에 따르면 사회복지는 건강한 지지체계와 건강한 자아감과 같은 학생을 위한 개인적 성과에 관심을 갖는 데 반해, 교육은 학년을 올라감, 고등학교 졸업 등과 같은 공적 결과에 관심을 가진다고 하였다. 사회복지와 교육에서 상호 관심을 갖는 성과(outcome)는 학교폭력, 십대 임신과 같은 문제인데, 사회복지는 생활의 질에 장애가 되는 것으로 보는 반면 학교는 교육적 성과에 대한 장애로 인식한다. 학교사회복지사가 학교의 승인과 지지를 받고 학생과 가족의 즉각적인 니드를 다루기 위해 더욱 융통성을 가질 수 있는 영역은 상호 관심의 분야에 있다. 학교 내부에 새로운 서비스나 프로그램 제안을 하거나 외부에 사업신청을 할 때 이들 성과를 조화롭게 연결하는 것이 필요하다.

셋째, 학교사회복지사는 예방적 차원과 위기개입에 대한 요소 간에 적절한 균형을 유지해야 한다. 학교 토대의 예방 프로그램은 사회복지관점을 반영하고 사회복지기술을 이용하여 개인과 학교변화 전략을 통합해야 한다. 예를 들어, 갈등해결 프로그램, 생활기술훈련 프로그램 등이 해당된다. 또한 위기개입 프로그램도 필요하다. 학교사회복지사와 다른 학생 서비스전문가들은 학교위기 시 이를 돕기 위해 요청되는 경우가 있다. 예를 들면, 학생들의 신체적 공격, 무기 사용, 자살, 아동 신체와 성적 학대, 폭탄위협, 자연 재해 등이다. 이런 위기사항에 포괄적인 위기관리를 위한 개입이 필요하고 사회복지사는 다른 전문가들과 팀을 이루어 개입할 수 있다(Harris & Franklin, 2006 : 289-290).

5) 지역사회기관과의 연계

학교사회복지사는 지역사회와 좋은 협력관계를 유지하는 것이 매우 중요하다. 왜냐하면 학교가 지역사회의 청소년들이 필요로 하는 모든 것을 해줄 수 없는 반면, 이미 지역사회에서는 이것들을 갖추고 있고 기꺼이 나눌 수 있기 때문이다. 그러나 제한된 자원과 경쟁적인 정치적 우선순위의 시대에서 자발성은 쉽게 나오는 것이 아니기 때문에 지역사회에 지속적으로 알리고 개발하는 것이 필요하다. 아동과 청소년에 대한 예방교육 프로그램과 이들이 직면하는 특정 문제에 관련한 활발한 지역사회 연합은 학교 내에서 아동과 청소년을 위한 변화와 지지를 위한 강력한 자원임에 틀림없다. 따라서 학교사회복지사는 준비단계에서 다양한 지역사회기관에 대한 지식 및 정보를 갖추는 것이 필요하다.

6) 서비스 평가 및 보고에 대한 계획

학교는 공적 자금의 지원을 받아 운용되기 때문에 공공교육에서 책임성은 중요하다. 학교사회복지사는 사회복지개입이 교육적 성취를 향상시킨다는 것을 증명해야 하고 학교를 지원하는 사적·공적 자금이 제대로 잘 사용된다는 것을 증명해야 한다. 따라서 서비스 평가는 매우 중요하며 이러한 평가는 서비스 계획 단계에서부터 포함되어야 한다. 성과측정은 사회복지와 교육 모두에 중요하게 고려되어야 하는데, 예를 들면 출석,

학년, 행동변화 등이다.

계획단계에서 서비스 실행 및 평가를 검토하기 위해서는 서비스 및 프로그램에 대해 누구를 대상으로, 무엇을, 어떻게, 어디서 할 것인지에 대한 다음과 같은 질문을 제기하는 것이 필요하다(Jonson-reid, 2006 : 230-232). 다음의 〈표 9-2〉는 학교사회복지사의 생각을 조직화하는 데 도움이 될 수 있다.

〈표 9-2〉 평가 계획에서 검토되어야 할 사항

선행연구 검토	나는 누구에게 서비스를 제공하나?	나의 대상 이슈 또는 목표는 무엇인가?	전달된 개입은 어떠한가?	서비스는 어디서 전달되는가?	변화 측정 방법
이미 무엇이 행해졌는가? 나는 같은 접근을 할 수 있는가?	인구사회학적 특성과 기본선(baseline) 사정 : 나의 클라이언트 체계와 이전의 작업과 비교해 유사한 점 또는 차이점은 무엇인가?	내가 합리적으로 영향을 줄 것으로 기대하는 것은 무엇인가?	개입의 지속기간과 내용은 무엇인가?	학교환경의 어떤 측면이 프로그램에 적합한가?	개입이 긍정적 영향을 미쳤다는 것을 어떻게 측정할 수 있는가?

그 외 학교사회복지사는 관련된 서식들을 갖추어야 한다(표 9-3 참고).

〈표 9-3〉 관련서식

구 분	내 용
1. 의뢰 및 접수	상담신청카드 담임의뢰 접수(intake sheet)
2. 사정 및 계획	사정기록지 사례관리계획(계획표, 사례회의보고서)
3. 개입과정	개별상담일지 월별 개별상담현황표 집단활동계획서, 집단활동과정기록지 지역사회자원조사서 타기관의뢰서
4. 종결 및 평가	종결평가서 기타 문서관리 자원봉사신청서
5. 기타 양식	업무보고 각종 기안 및 공문서 정리

출처 : 윤철수 · 진혜경 · 안정선(2006), pp. 238-240.

2. 사 정

학생을 사정하고 다루는 능력은 직접서비스 제공의 핵심이다. 학교사회복지사는 체계적 사정과 조사에 대한 기술을 가져야 하며 개별화된 학생의 니드를 사정하고 개입을 계획하기에 직접적으로 유용한 정보를 제공해야 한다. 특히 아동의 가족과 이웃 등 환경을 강조하는 생태학적 관점에 근거한 사정, 학생과 학생을 둘러싼 환경 등 다차원적인 요소들을 포함시킨 집합적 사정, 강점관점에 근거한 사정을 행한다(NASW, 2002).

사회복지실천에서의 사정과 마찬가지로 학교사회복지에서의 사정은 다원적인 정보원(multiple information)을 활용하여 균형 있고 객관적인 정보수집과 사정이어야 한다. 이러한 정보원에는 학생이나 부모, 친구뿐 아니라 학교생활기록부(건강기록부 포함), 교사, 직원(예를 들면, 학교급식담당자 등), 타 전문가(예를 들면, 보건교사, 진로상담교사 등)의 소견, 기타(예를 들면, 학생의 주치의, 진단서, 방과 후 교사 등)의 의견이 포함될 수 있다. 또한 사정은 다면적인 사정(multidimensional assessment)을 필요로 하여 학생뿐 아니라 대상을 둘러싸고 있는 다체계(예를 들면, 부모, 친구, 교사, 사회체계)의 영향도 함께 고려해야 한다(성민선 외, 2004 : 277-279). 본 장에서 학생에 대한 사정, 학급사정, 학교체계 사정, 지역사회 사정을 중심으로 살펴보고자 한다.

1) 학생에 대한 사정

학생에 대한 사정에 있어서는 학교생활 전반에 대한 사정을 필요로 한다. 여기에는 학생의 학업수행능력, 학생의 행동평가, 교우관계, 교사와의 관계, 학교내・외에서의 생활 그리고 훈육 등이 포함된다(성민선 외, 2004 : 275-290).

2) 학급사정

학급은 학교에서 학생이 주로 생활하는 환경이므로 학급역동성이 학생에게 미치는 영향은 매우 강력하고 지속적이다. 학급은 집단으로서의 공통적 성격과 함께 나름의 독특한 특성을 가지고 있다. 학교사회복지사는 학급의 특성과 역동성, 학급 내 인간관계, 학급활동의 내용에 대해 사정하며 학급 내의 일반자료(예 학생수, 교사의 나이, 성별, 수업방식, 교실의 크기, 학급의 성적수준 등)와 학급 분위기(예 학급규칙, 의사소통양식 등)에 대해서도 파악해야 한다. 또한 학생의 가족 및 학생 개인, 학급교사에 대한 정보를 가지고 있어야 한다. 학급을 사정하는 데 가장 중요한 것은 담임교사가 학급의 상호작용과 학급 내 주요 문제행동에 대해 잘 파악하고 이에 대해 학교사회복지사와 의논하고 공동대안을 모색하는 것이다. 학교사회복지사는 교사와 협조체제를 구축하고 학급문제를 대처하는 프로그램을 개발하는 것이 바람직하다(윤철수 · 진혜경 · 안정선, 2006 : 225).

3) 학교체계 사정

학교사회복지사는 소속 학교에 효율적으로 서비스를 제공하기 위해 학교라는 체계를 파악할 필요가 있다. 학교사정에는 학교의 조직구조와 과정, 학교의 문화와 분위기, 학교의 정치적 환경 등이 포함될 수 있는데 구체적인 내용은 〈표 9-4〉와 같다(윤철수 · 진혜경 · 안정선, 2006 : 226).

〈표 9-4〉 학교사정에 포함되어야 할 내용

구 분	내 용
1. 학교의 유형	초 · 중 · 고 남녀공학, 인문계 · 실업계, 대안학교, 국 · 공 · 사립 등의 구분(사립학교의 경우, 재단에 대한 사정), 학교급별 특수성[실업계 고등학교 : 지원학생의 평균 성적, 해당 학교 지원율, 취업률, 진학률, 가정의 경제력이나 지원 정도 등, 중학교 : 진학유형(실업계 진학률 등)]
2. 학교의 역사	얼마나 오래된 학교인가(신설학교, 역사와 전통이 있는 학교, 학교의 자랑거리 등 포함)
3. 학교시설	건물배치도 및 교실배치도(교실, 특별실, 탈의실, 화장실, 급식실, 도서실, 운동장, 휴식공간의 수와 배치 상태)
4. 학교정책	도, 시 학교의 교육목표, 특화사업
5. 학교 분위기	리더십 스타일, 파워역동 등
6. 학교에 대한 지역사회의 인식	학교에 대한 평판
7. 학교조직	교장, 교감, 교무분장조직도
8. 행정직(교장, 교감, 행정실장)	분류, 교육수준, 경력, 교육철학과 행정 스타일
9. 교사	부장교사, 담임교사, 비담임교사, 특수교사, 보건교사, 임시교사의 수, 교사의 연령, 성별분포, 경력분포(총 경력, 해당 학교 근무경력), 교육수준, 교사모임(친목회, 노조, 동아리), 교사 간 역동
10. 전문가 직원	사서, 영양사, 학교사회복지사, 방과후 교사 등의 수, 교육수준 파악
11. 기타 직원	행정직 사무원, 기사, 공익근무요원, 조리원 등
12. 학생	총 학생수, 학년별 학생수, 학급수, 학급당 학생수, 저소득학생, 중식지원학생, 차상위계층 학생, 요보호학생, 한부모가정 학생, 장애학생, 학생회조직과 운영현황, 동아리 현황, 학생의 학업성취도 수준
13. 학부모	조직유형과 활동내용(학교운영위원회, 어머니회 등), 학교에 대한 관심과 참여 정도
14. 교육 프로그램	교육과정 및 학교 프로그램
15. 외부 협력업체	급식업체 등
16. 지역사회에 대한 개방도	

출처 : 윤철수 · 진혜경 · 안정선(2006), p. 227.

4) 지역사회 사정

학교사회복지사는 학생에게 필요한 외부 자원을 개발하거나 연결하기 위해 지역사회에 대한 사정을 해야 한다(표 9-5 참고). 학교사회복지사는 지역사회의 인구사회학적 특성, 지역사회의 문화, 사회정치적 역동성, 지역 니드 및 갈등, 자원, 지역사회에서 공식적·비공식적 파워를 가진 사람, 관련 기관에 대한 지식 및 정보를 아는 것이 필요하다. 지역사회에 대한 인구학적 데이터는 인구조사, 시 자료, 국가자료 등과 같은 자료로부터 쉽게 얻을 수 있다. 지역사회의 문화와 역동성에 대한 의미 있는 자료들은 상호작용과 관찰을 통해 얻을 수 있다. 사회복지사가 지역사회의 사회정치적 역동성에 정통할 방법은 시위원회와 학교위원회 모임 등에 참여하는 것이다. 또 다른 방법은 지역사회 니드, 갈등, 동맹과 익숙하게 되는 지역사회조직에 참여하는 것이다.

학교사회복지사가 지역사회사정을 위해 활용할 수 있는 자원으로는 학생에서부터 노인까지 다양한 시민, 전문가, 기업체, 서비스 제공자, 경제수준, 인종, 문화, 소득이 포함된 인구학적 데이터, 병원, 정신건강서비스, 교회, 사회서비스기관 등이 있다.

〈표 9-5〉 지역사회 역동성의 분석

1. 지역사회에서 중요한 그룹형태나 사회범주는 무엇인가?(종교, 정치, 인종, 경제, 사회계급) 이들 집단의 특별한 문제 또는 지역사회 오리엔테이션은 무엇인가?
2. 지역사회에서 주요 제도는 무엇인가? 가장 힘 있고 영향력 있는 사람 또는 사회적 공익기업은 무엇인가?(학교, 교회, 병원, 은행, 도서관, 복지기관 등)
3. 지역사회에서 인간봉사기관과 직원의 상태는 어떠한가? 서비스에서의 차이는 무엇이고 이들 기관은 얼마나 효과적인가?
4. 지역사회생활에서 시민에 의해 높은 참여가 있는가? 아니면 수동적인가? 아니면 공감적인가?
5. 지역사회에서 파워 구조가 운영되고 있는가? 어떤 집단, 어떤 개인이 포함되어 있는가? 그것에 중요한 것은 무엇인가?
6. 지역사회에는 어떤 리더십이 존재하는가? 누가 중요한 리더인가? 누가 비공식적 리더인가? 널리 인식되거나 수용되는 리더는 누구인가? 지역사회 의사결정은 어떻게 이루어지는가?
7. 지역사회 내에 존재하는 의사소통의 수단은 무엇인가?(공식적 그리고 비공식적, 서면 그리고 구두 등)
8. 지역사회 내에서 협력 또는 갈등을 위해 어떤 힘이 만들어지는가?
9. 지역사회에서 대표적인 가치는?
10. 지역사회 내에서 중요한 사회문제 또는 이슈는 무엇인가? 그들 중에서 다양한 집단과 개입의 위치는 무엇인가? 이들 이슈에 대한 지역사회 감정은 강한가? 또는 억제되었는가?
    어떤 집단이 이 문제를 풀기 위해 중심에 있는가? 갈등이 지역사회에서 특별한 사회적 기능에 기여하는가?
11. 지역사회에서 상호작용과 일반적인 지역사회 개발에 영향을 미친 중요한 외적 또는 환경적 영향력은 무엇인가?
12. 지역사회-복지적 관점으로부터, 변화를 위한 힘, 저항하는 힘, 방해하는 힘은 무엇인가?
13. 교육을 위한 지역사회 헌신/지지의 성격은 무엇인가?

출처 : Harris & Franklin(2006), p. 287.

5) 욕구조사

학교 진입 초기 학교사회복지사의 전문성을 입증할 수 있는 다양한 방법 중 하나는 학생, 가정, 지역사회가 가지고 있는 문제와 욕구를 파악하기 위하여 과학적으로 조사하고 분석한 욕구조사 결과를 바탕으로 프로그램을 기획하는 것이다. 다각적 욕구 조사를 통해 욕구에 부합하는 프로그램을 개발할 수 있으며 이는 학교사회복지사의 책임성 수행에 있어서도 중요한 요인이 된다. 실질적으로 욕구조사는 욕구를 조사했는가의 실행 자체보다는 적절한 욕구조사도구의 개발과 욕구조사 결과의 반영과 평가가 중요하게 대두되고 있다(윤철수 · 진혜경 · 안정선, 2006 : 229).

3. 개 입

학교사회복지사는 계획 및 사정을 토대로 구체적인 개입을 행하게 된다. 개입단계에서 학교사회복지사는 크게 직접적 개입과 간접적 개입을 행할 수 있다. 직접적 개입에는 대상 학생에 대한 개별사회복지실천 및 집단사회복지실천이 포함되며 간접적 개입으로는 가정, 교실, 학교, 교사 및 타 전문가에 대한 개입 등이 해당된다. Germain & Gitterman(1996)에 따르면 생태학적 관점으로부터 실천전략의 초점을 크게 세 가지 차원으로 제시하였다. 첫째, 보다 효과적인 개별적, 상황적 평가와 행동적 기술을 통해 스트레스를 다루는 개인의 능력을 개선시킨다. 둘째, 사회 및 물리적 환경이 개인의 니드에 적절하게 반응할 수 있도록 역량을 강화시킨다. 셋째, 인간-환경 간 교환(exchange)의 질을 개선시킨다는 것이다. 한마디로 이것은 학교사회복지사의 개입목표라고 할 수 있다.

1) 직접적 서비스

(1) 개별학생에 대한 개입

개별학생에 대한 개입은 만남에서부터 종결까지의 일련의 과정이라고 할 수 있다. 그 과정별로 학교사회복지사의 목표 및 과제를 살펴보면 다음과 같다.

① 시작단계

- 목표

원조관계를 어떻게 시작하는가는 이후의 전 과정에 영향을 미친다는 점에서 그 의의가 매우 크다. 학교사회복지사가 학생과 처음 접촉하게 되는 방법으로는 크게 교사 및 다른 사람으로부터 의뢰받는 방법, 학생이 직접 찾아오는 방법이 있을 수 있다. 그중에서도 교사 및 다른 사람으로부터 의뢰되어 오는 경우에는 비행 등의 문제로 징계의 차원에서 개입이 이루어지는 경우, 담임교사 등이 생활지도의 어려움 등으로 도움을 요청해 만나는 경우 등이 해당된다. 특히 학교사회복지사를 찾아오는 청소년은 자신을 둘러싼 문제로 인해 매우 지치고 절망감에 젖어 있는 경우가 많기 때문에 이러한 시기에 적합한 개입은 현재 당면한 문제의 완화뿐만 아니라 청소년으로 하여금 문제해결능력을 고양시켜 미래의 삶에도 긍정적인 영향을 미칠 수 있다.

첫째, 인테이크(intake)이다. 인테이크란 학생이 전문적 도움을 얻기 위해 학교사회복지실을 찾아왔을 때 학교사회복지사가 그의 문제와 욕구를 확인하여 그것이 학교사회복지실의 정책과 서비스에 부합되는지의 여부를 판단하는 과정을 의미한다. 접수과정에서 학교사회복지사는 청소년의 문제와 욕구를 분명하게 확인하고 청소년의 욕구가 학교사회복지의 기능과 자원과 정책에 부합되는지의 여부를 판단해야 한다. 이를 통해 학교사회복지사는 청소년에 대한 서비스의 시작, 다른 기관에로의 의뢰 등을 결정하게 된다.

둘째, 참여 유도이다. 비자발적 청소년은 물론 자발적으로 기관에 찾아오는 청소년 역시 인간의 보편적인 감정인 변화의 두려움으로 인해 초기 관계를 맺는 것은 쉬운 일이 아니다. 따라서 이러한 초기 저항에 적절히 대응하여 참여 동기를 고취시키는 것은 청소년으로 하여금 문제해결의 주체자로 느끼게 할 뿐 아니라 긍정적인 자아존중감을 갖게 하므로 그 자체에 치료적 의미가 있다.

- 과제

첫째, 문제 확인이다. 청소년이 놓여 있는 체계에 대한 심층적 분석보다는 현재 명백하게 드러나는 문제를 확인한다. 청소년이 생각하는 문제가 무엇인지를 파악하는 것은 학교사회복지사에 대한 청소년의 신뢰감을 높여주어 관계 형성에 긍정적으로 기여할 뿐 아니라 문제상황을 둘러싼 청소년의 느낌을 이해함으로써 문제에 대한 이해도를 높이게 된다.

둘째, 의뢰이다. 의뢰란 청소년을 다른 기관으로 보내는 것으로 청소년의 문제가 기관의 목적과 기능에 부합되지 않을 때, 다른 기관이 청소년 문제 해결에 더욱 적합하다고 판단될 때 행하게 된다. 적절한 의뢰를 위해 학교사회복지사는 다른 기관의 정책과 자원, 그리고 지역사회의 여타 자원에 대해 잘 파악하고 있어야 한다.

셋째, 관계 형성 및 동기 고취이다. 청소년을 원조관계로 참여시키기 위해 필요한 과제는 학교사회복지사와 청소년의 관계의 성립이다. 청소년으로 하여금 두려움을 없애고 사회복지사를 신뢰하고 좋은 관계를 유지하기 위해서는 공감적 이해, 진실성, 청소년에 대한 존중적 태도 등이 필요하다. 비자발적인 청소년의 경우 청소년의 저항적 태도의 실체를 있는 그대로 이해하고 청소년이 원하는 것을 하도록 도와주고 용기를 주는 것이 필요하다. 또한 참여에 대한 학생 및 가족의 동의를 얻어야 한다.

② 사정단계

- 목표

첫째, 자료수집 및 사정이다. 자료수집이 말 그대로 자료를 모으는 일이라고 한다면 사정은 이보다 한 단계 진전된 것으로 사실적 자료를 해석하고 의미를 부여하여 실천적 개입을 위한 함의를 도출해 내는 활동이다. 이러한 자료수집과 사정은 원조과정 전체를 통해 계속되는 활동이지만 이 단계에 보다 집중적으로 이루어진다.

둘째, 계획이다. 자료 수집과 청소년의 문제와 상황에 대한 일차적 사정이 끝나면 문제해결을 위한 사전준비가 완료된 것이며, 이 다음 단계로서 실질적인 문제해결 과정의 시작인 계획단계가 이어진다. 이 단계에서 학교사회복지사와 청소년은 개입목표를 설정하고 이를 달성하기 위한 계획을 수립해야 하는데 특히 중요한 것은 청소년의 자기결정권 보장이다.

- 과제

첫째, 문제 규정이다. 이 단계는 접수 및 참여 유도 단계에서의 문제 확인보다는 보다 심층적으로 문제의 성격과 원인에 대한 이해가 행해진다. 주로 청소년이 갖는 문제 유형으로는 인간관계에서의 갈등, 공식적 조직과의 문제, 역할수행상의 문제, 생활 전환기에서 파생되는 문제, 심리·행동적 문제, 자원의 부재나 결핍의 문제, 의사소통의 어려움 등이 있다. 문제의 규정에 있어서는 청소년의 해결되지 않은 욕구 파악, 욕구를 충족시키는 데 장애가 되는 요인, 문제의 심각성, 지속기간, 변화의 가능성 정도 등을 고려해야 한다.

둘째, 청소년의 자원에 대한 사정이다. 청소년의 자원으로는 교육 정도와 취업 경험, 문제해결능력과 의사결정능력, 개인적 자질과 성격, 물리적·재정적 자원 소유, 문제해결에 대한 동기와 의지 등을 고려해야 한다.

셋째, 환경적 측면에 대한 사정이다. 청소년을 둘러싼 환경의 적절성과 부적합성, 긍정적인 면과 취약한 면 등을 사정한다.

넷째, 개입목표 설정 및 계약 성립이다. 청소년이 당면한 여러 가지 문제를 고려하여 개입목표의 설정 및 청소년과 개입에 대한 협의를 해야 한다. 개입목표의 설정에 있어서 고려되어야 할 문제는 다음과 같다. 먼저 청소년이 스스로 인정하는 문제이어야 하고, 사회복지사와 청소년 모두가 이해할 수 있게 분명한 용어로 정의되는 문제이어야 한다. 사회복지사와 청소년 모두가 현실적으로 해결 가능한 문제이어야 한다. 또한 다루어야 할 문제가 여러 개 있을 경우 우선순위를 정한다. 우선순위의 결정에 있어서는 문제의 긴박성, 심각성, 청소년이 가장 시급히 해결되었으면 하고 바라는 문제, 한정된 시간·노력·자원으로 가장 효과적으로 해결될 문제 등으로 고려하여야 한다.

효과적인 개입의 관건은 구체적이며 선명한 목표 설정에 달려 있다. 목표가 분명하지 않으면 개입은 실패할 가능성이 크고 개입 결과의 평가 또한 불가능하다. 바람직한 목표가 설정되기 위해서는 누가, 무엇을, 어느 정도, 어떤 조건에서, 언제 등의 내용이 구체적으로 밝혀져야 한다.

③ 개입단계

- 목표

개입단계는 학교사회복지사와 청소년이 상호 합의하여 결정한 개입목표를 구체적인 행동으로 실천하는 단계로서 이 단계가 학교사회복지실천과정의 핵심단계이다.

첫째, 계획 실행과 진전과정에 대한 모니터링이다. 학교사회복지사는 설정된 목표를 구체적인 하위 목표나 과제로 세분화시켜 실행해야 하며 이러한 활동의 효과 여부를 설정된 목표에 비추어 계속적으로 평가하여야 한다. 개입활동의 타당성, 정확성, 효율성에 대한 평가를 바탕으로 개입의 수정과 지속성이 결정된다.

둘째, 변화의 지속이다. 학교사회복지사는 개입으로 야기된 변화가 고정되고 지속되기 위해 도와주어야 한다.

- 과제

첫째, 개입방법의 선택이다. 학교사회복지사가 선택하는 개입방법은 청소년의 욕구, 기관 특성, 문제 상황의 성격, 학교사회복지사의 능력에 따라 매우 다양하게 선택될 수 있다. 일반적으로 청소년에 초점을 두는 직접적인 서비스, 환경에 초점을 두는 간접적 서비스로 양분될 수 있다. 세부적으로는 인간 중심 상담, 행태주의 상담, 과제 중심 모델, 정신분석, 교류분석, 현실치료 등이 있다.

둘째, 개입 실행이다. 청소년의 문제해결과 수립한 치료목표를 달성하는 데에 가장 효과적인 개입방법이 선택된 다음에는 학교사회복지사의 구체적인 활동으로 이어진다. 보다 자세한 내용은 13장에서 20장까지의 내용을 참고하기 바란다.

④ 종결단계

개입과정은 개입에 대한 최종 평가와 청소년과 학교사회복지사 간의 전문적 관계를 종결시킴으로써 끝나게 된다.

- 목표

첫째, 개입활동에 대한 최종평가이다. 평가에 있어서는 청소년과 합의해서 세운 개입목표가 어느 정도 달성되었는지, 사용된 자원과 얻어진 성과는 적절한 비율이었는지, 서비스에 대해 청소년은 만족하는지, 개선되어야 할 점은 무엇인지 등 다양한 측면이 고려되어야 한다.

둘째, 종결이다. 적절한 시점에서 청소년에게 긍정적인 성과를 얻게 한 다음에 돕는 관계를 끝내는 일은 상당한 기술과 신중한 계획이 필요하다. 종결에서 사회복지사는 청소년이 종결에 대한 반응을 긍정적으로 처리하고 지금까지 변화된 부분이 지속될 수 있도록 강화해야 한다.

- 과제

첫째, 적합한 평가방법 설정이다. 상담에 대한 평가는 성과, 과정, 학교사회복지사라는 3개의 각각 다른 차원에 걸쳐 이루어질 수 있는데, 무엇보다도 적합한 평가방법 및 도구가 사용되어야 한다.

둘째, 종결 시기의 결정이다. 종결은 크게 청소년에 의한 일방적인 종결, 기관의 기능과 관련된 시간 제약에 의해 결정된 계획적인 종결, 사회복지사가 직책이나 직장을 떠남으로써 재촉된 종결 등으로 분류해 볼 수 있는데, 가장 원만한 종결 시기는 문제해결 정도를 고려해 청소년과 합의해서 결정하는 것이다.

셋째, 정서적 반응의 상호 해결이다. 사회복지사는 종결에 대한 청소년과 사회복지사의 부정적 감정들을 해결하고 긍정적 감정들을 유지한 상태에서 돕는 관계를 끝내야 한다. 또한 청소년을 도와서 그가 당면하고 있는 문제를 해결하는 것뿐만 아니라 앞으로 그를 괴롭힐 어쩔 수 없는 곤란들을 극복할 수 있도록 청소년을 강화시키는 것이다.

넷째, 획득된 이득의 강화이다. 원조과정에서 얻어진 청소년의 변화가 원조관계가 끝난 다음에도 지속될 수 있도록 지지·강화한다.

다섯째, 필요한 경우에는 다른 기관에 청소년을 의뢰한다.

(2) 집단에 대한 개입

학교는 많은 집단, 즉 교사, 부모, 교실, 학생으로 구성된 조직이다. 모든 활동은 집단 범주 내에서 생긴다. 교실, 위원회 모임, 사정, 식당, 스포츠, 다른 활동 등이다. 집단은 활동이 바람직하고 자연적 집단이 변화를 강화할 수 있을 때, 사회화 기술의 발달과 관련하여 특히 유용하다. 집단은 효과적이고, 비용효과적인 개입방법으로 여겨지고 있다.

학교에서 집단사회복지실천은 세 가지 모델로 적용된다. 치료(remedial), 상호작용(reciprocal), 사회목표(social-goal) 모델이다. 치료(remedial) 모델은 학생의 역기능적 행동을 변화시키려는 목적으로 집단치료를 제공한다. 상호작용 모델은 Alcoholics Anonymous(Alateen)에 의해 실시되었던 것과 같이 집단활동을 통해 상호원조 또는 지지를 제공하는 데 초점을 둔다. 사회목표(social-goal) 모델은 공동체의식이나 민주시민으로서 갖추어야 할 덕목이나 기술을 함양하는 데 초점을 둔다. 예를 들면, 사회기술과 분노관리집단과 같은 집단을 통해 사회적 자각 또는 책임을 다룬다.

학교사회복지사가 활발히 개입하는 집단으로는 사회적 기술, 신입학생을 위한 지지, 분노관리, 부모와의 분리와 관련된 지지와 슬픔관리 등이 있다. 또한 레크리에이션 집단은 현장체험(field trip)을 제공하고 새로운 기술을 가르친다. 또한 학교사회복지사는 또래 상담자와 같이 학생들이 그의 친구들을 도울 수 있는 카운슬링 기술과 집단사회복지실천을 가르친다. 또한 일반 학생들이나 특별교육학생이 고등학교 졸업을 앞두고 있을 때, 공립학교를 떠날 수 있도록 전환기 전문가(transition specialist)와 함께 학생과 부모를 돕는다. 학교사회복지사는 집단사회복지실천을 통해 부모를 도울 수 있다. 부모기술에 대한 교육과 부모로 하여금 특별한 장애를 가진 학생에 적응하도록 교육하는 것은 학교사회복지사의 보편적인 과업이다(Openshaw, 2007 : 9). 집단에 대한 개입의 보다 구체적인 내용은 홍봉선·남미애(2007)를 참고하길 바란다.

2) 간접적 서비스

(1) 교실에 대한 개입

학교사회복지사는 종종 학생과 교사와 함께 학급에서 일한다. 교사는 이 과정에서 협력가(collaborator) 또는 공동 촉진자(co-facilitator)가 될 수 있다. 이들이 교실에서 공통으로 관심을 갖는 것 중 대표적인 것은 새로 전학 온 학생이 학급에서 잘 지내도록 하는 것이다. 전학생은 학급의 집단 역동성을 변화시킨다. 학급 균형이 이루어지기 전에는 시간과 지원이 필요하다. 이 외에도 학급성원이 전학이나 다른 프로그램에 참여하기 위해 떠날 때, 정학되거나 퇴학당할 때, 균형이 깨어진다. 이러한 상황에서는 교사와 다른 사람들에 의한 다양한 접근이 필요하다.

학교사회복지사는 이러한 문제에 대한 관심을 가져야 할 필요를 명확히 하고 자문과 지지를 제공함으로써 이 과정에서 중요한 역할을 할 수 있다. 전학 온 학생이 읽기, 쓰기에 어려움이 있을 수 있고, 다른 학교에서 정학당했을 수도 있고, 비행으로 인해 이전에 특별교육 프로그램을 이수한 학생일 수도 있고 가출청소년일 수도 있다. 학교사회복지사와 교사가 이런 문제에 함께 관심을 가지고 노력한다면 학생의 적응은 더 쉽게 이루어질 수 있을 것이다.

학급개입의 사례 1

초등학교에서 학교사회복지사는 학급에서 서로 존중하며 행동하기 위해 규칙을 정함에 있어 교사와 함께 학급집단을 공동으로 촉진할 수 있다. 학급을 몇 개의 소집단으로 나누고 각 집단에서는 누가 누구를 좋아하는지와 학급에서 행해야 하는 바람직한 행동 규칙은 어떤 것들이 있는지에 대해 합의하는 것 등에 대한 연습이 행해졌다. 행동을 위한 새로운 기술과 사회적 기술은 역할극을 통해 실시되었고 학습된 개념은 학급 교사에 의해 매일 강화되었다(Franklin, 2006 : 316-317).

(2) 학교에 대한 개입

학교는 아동의 행동과 성취에 두 번째로 중요한 영향을 미친다. Allen-Meares에 따르면 질 높은 학교모델은 학교의 분위기와 학업적 기대, 교사와의 상호작용의 질과 밀도, 교사와 교육적 프로그램의 풍부함(resourcefulness), 다른 인종, 사회적·경제적 지위 배경에 있는 아동에 대한 민감성(responsiveness), 부모에게 기꺼이 접근하고 서로 갈등을 풀고 지지함, 정책과 교육 프로그램에 존재하는 인간성과 융통성의 정도가 중요한 요인이라고 제시하였다. 학교의 건강한 분위기를 촉진하는 활동에는 교사, 직원, 자원봉사자의 노력과 성취를 인정하는 일이 있다. 어떤 학교는 매년 교사 감사일을 정해서 축하하고 어떤 학교에서 학교사회복지사는 학생과 학급이 교사에게 감사를 표현하는 방법을 개발하였다(Franklin, 2006 : 318).

학교개입의 사례 2

중학교 학생들이 새로운 도시 중학교에서 전학 왔는데 학교 건물 안에는 이전에 사용한 낡은 가구와 기구들이 그대로 있었다. 첫 달 동안, 학생은 유리창을 깨뜨리고, 가구를 아래로 던지고, 벽에 낙서를 하였다. 교사는 학생들이 학업에는 거의 에너지를 쓰지 않고 들떠있다고 생각하였고 학교행정가도 학생들의 행동을 일탈된 것으로 보았다. 학업성적도 떨어졌다. 학생, 교사, 부모와 이야기한 다음, 학교사회복지사는 학생은 학교 건물에 대해 강한 적개심을 표현하고 있다고 잠정 결론을 내렸다. 학교사회복지사는 교장과 더불어 상황의 사정을 위해 학생을 포함시켰다. 그 결과 그들 나이 집단에 어울리는 보다 적절한 학교환경을 조성하는 데 학생을 참여시키는 활동계획이 수립되었다. 학교 건물 앞에 붙어 있던 초등학교라는 간판도 제거되고 적절한 규모의 가구들이 배치되었다. 예술부 학생들이 벽에 멋진 그림을 그리기 위해 학생들과 협력하였다. 또한 학교 학훈을 만들기 위해 학교에서 프로그램이 개발되었고 교사에게는 학생들이 학교상황에 대한 그들의 분노를 표현하는 것을 허락하는 대안적 방법을 배울 수 있도록 직원교육이 이루어졌다. 몇 주 내에, 학교 내 기물파괴는 사라지고, 학생들은 본연의 일을 할 수 있었다(Franklin, 2006 : 318).

(3) 가정에 대한 개입

가족과 학교는 아동의 세계의 하위체계이며 생태학적 범주의 일부이다. 가족과 학교가 서로 일치될 때 아동의 성숙과 생산성을 지지할 수 있는 상호의존적 체계이다. 부모가 학교와 파트너십을 갖는 것은 다양한 방법이 있다. 예를 들면, 일반적인 회의, 학부모회의, 사회적 이벤트, 학급에서 학부모 보조로 일하는 것, 정책결정에 참여하는 것과 같은 활동에의 참여 등이다.

학생들은 취약한 가정에서 지내는 경우도 많다. 가정에서 물질남용, 폭력, 빈곤, 홈리스, 안전의 문제 등을 가지고 있는 경우 아동은 제대로 양육되기 어렵다. 다문화가족들은 빈곤, 언어문제, 적응문제, 문화 특성에 대한 오해, 사회복지서비스의 지원을 받지 못함으로 인해 여러 가지 어려움이 있다. 학교사회복지사는 취약한 가족을 계속적으로 지지하고 건강하게 기능하도록 조력한다.

가족개입의 사례 1

에릭슨(Erikson) 부인은 2명의 딸과 15살 난 발달장애 아들 존슨(Johnson)을 데리고 있는데 전세 집에서부터 쫓겨나 홈리스가 되어 일시쉼터에서 지내고 있다. 어머니와 일용직인 아버지는 수년간 물질남용자이며 도움을 요청하는 계속적인 요구로 가족들은 지쳐 있었다. 존슨은 가정문제, 자동차문제, 관심의 상실 등으로 인해 심적 고통을 받았고 만약 학급친구들이 자신이 홈리스 상태라는 것을 안다면 친구들을 잃지 않을까 두려워하였다. 학교사회복지사와의 상담에서는 그의 슬픔과 심적 고통이 초점이 되었다. 에릭슨 부인과의 관계가 계속되면서, 사회복지사는 가족들이 적당한 주거에서 살도록 돕기 위해 그의 자원을 동원함으로써 즉각적인 위기에 반응하였다. 그들은 존슨의 휠체어 이용이 용이하도록 1층에 사는 것을 희망하였다. 쉼터에서 이용 가능한 자원과 지지가 부족하였기 때문에, 사회복지사는 주의 주택당국에 접촉하였고, 어머니와 함께 신문의 광고란을 샅샅이 찾았다. 어머니와 광고를 찾는 일이 바로 성공적이지는 않았지만 어머니가 자신을 위해 계속적으로 찾을 수 있도록 격려하였다. 또한 존슨에 대한 지지와 상담은 존슨이 경험하였던 고통을 완화해 주었다(Franklin, 2006 : 314).

또한 학교사회복지사는 다양한 이유로 학생의 가정을 방문할 수 있다. 어떤 경우에는 학생의 비행이나 결석 등의 이유로 가정방문을 하기도 한다. 또는 학교직원이 전화로 부모와 접촉을 할 수 없을 때 아동의 학교생활의 어려움을 의논하기 위해 가정방문을 한다. 경우에 따라 학교에서 마련한 프로그램과 행동관리계획을 강화할 수 있는 활동에 부모를 참여시키기 위해 가정방문을 하기도 한다. 경험적 연구결과에 따르면 가족중심의 서비스는 가족이 아동을 보살피도록 돕고 시설에 입소되는 것(out-of-home placement)을 막으며 가정에 대한 개입과 부모참여는 학교에서 학생이 성공적으로 적응하도록 돕는다고 보고하였다(Openshaw, 2007 : 8).

가족개입의 사례 2

15살인 밥(Bob)은 9학년으로 공립 고등학교에 다닌다. 그의 엄마는 그를 학교에 보내려고 하지만 대부분 실패하게 되고 아들을 침대 밖으로 나오게 할 수 없어 절망감을 느꼈다. 밥이 학교에 갔던 날, 엄마가 학교 앞에서 차를 세워 내리게 하자마자 그는 학교 밖으로 뛰쳐 나왔다. 학교사회복지사는 그의 행동이 학교공포증에 기인한 것이라고 진단하였다. 밥을 학교에 출석시키기 위해 학교사회복지사와 부교장이 아침에 밥의 집으로 가서 그를 깨우고 그가 준비될 때까지 기다렸다. 그런 다음 밥과 함께 학교를 갔다. 학교사회복지사와 밥은 만약 그가 학교에 가서 아무도 만나지 않고 건물 안으로 들어갈 수 있다면 학교를 다닐 수 있을 것이라고 약속하였다. 또한 학교 건물 안에 있을 때 필요한 경우 학교사회복지사의 사무실을 이용하도록 하였고 그가 불안을 느낄 때마다 휴식을 취하도록 하였다. 최초의 가정방문 이후 계속해서 학교사회복지사와 부교장이 학교에 밥을 데려오는 것은 불가능하였다. 학교사회복지사는 밥이 사무실에 올 때마다 상담과 지지를 제공하였다. 상담은 인지행동치료와 스트레스 완화를 포함하였다. 학교사회복지사는 그에게 긴장을 느낄 때 이완할 수 있도록 깊은 호흡과 시각적 상상을 가르치고, 필요한 경우 학교사회복지사무실에서 쉴 수 있도록 하였다. 시간이 경과한 후 이들 개입은 성공적이었고, 그는 정규적으로 학교에 출석할 수 있었다(Openshaw, 2007 : 9).

(4) 자원 및 프로그램 개발

학교사회복지사는 학교사회복지의 목적을 달성하기 위해 기존 지역사회 자원을 발굴, 연결하고 필요한 경우 새로운 자원이나 프로그램을 개발하기도 한다. 먼저 학교사회복지사는 지역사회 프로그램과 학교를 연결한다. 학생들의 건강과 정신건강을 증진시키기 위해 지역사회 내 건강과 정신건강 서비스에의 접근을 촉진시킨다. 법적인 문제가 발생했을 때 학교사회복지사는 법원에 문제를 의뢰하기도 하고 법원에 가서 학생을 대변하기도 한다.

또한 학교사회복지사는 니드를 가진 아동과 가족을 위해 지역사회자원을 연결한다. 학교사회복지사는 학생과 가족이 공식적·비공식적 지역사회자원에 접근해서 효과적으로 사용할 수 있도록 역량강화를 해야 한다(NASW, 2002 : 11-12). 기존 자원이나 서비스로 학생의 교육적 목적을 달성하기 어렵다고 판단되면 새로운 자원과 프로그램을 개발하는 것이 필요하다.

4. 평 가

1) 프로그램 및 실천평가의 의의

평가연구는 크게 두 가지로 양분되어 있는데, 하나는 프로그램 평가(program evaluation)이고 다른 하나는 실천평가(practice evaluation)이다. 전자의 경우 프로그램과 조직에 대한 평가이고 주로 거시적(macro) 사정인 데 반해 후자는 개인, 집단, 가족에 초점을 두고, 개별 실천가와 실천개입에 초점을 둔다. 그러나 이 두 가지는 유사한 연구개념, 원칙, 방법, 전략을 사용한다(Jayaratne, 2006 : 327).

프로그램 및 실천을 평가하는 이유는 조금 상이하다. 공식적 프로그램 평가는 평가된 프로그램이 다른 프로그램보다 효과적이고 효율적이라는 것을 증명한 다음 이들 프로그램의 존재, 계속성, 다른 것의 제거 등을 정당화할 수 있다. 이를 통해 프로그램의 우수성과 효과성이 입증될수록 프로그램에 많은 자금이 제공될 수 있다. 그러나 평가는 정치성을 벗어나기 어렵다. 프로그램 평가의 목적, 형태, 방법들은 프로그램 및 프로그램 평가에 관심을 갖는 사람(stakeholder)에 의해 좌우되기도 하고 반대로 이데올로기, 가치, 정치적 반대에 의해 방해를 받기도 한다. 즉, 프로그램의 성격뿐 아니라 정치적 요소가 프로그램 평가에 영향을 미치기도 한다(Jayaratne, 2006 : 328).

반면 실천의 평가는 프로그램 평가와는 다소 다른 역사를 가진다. 이것은 사회복지직에 보다 더 깊은 뿌리를 둔다. 사회복지에서 실천의 평가는 사회복지사가 무엇을 목적으로 개입하였고 그 개입이 클라이언트에게 영향을 미쳤다는 것을 무엇을 통해 알 수 있느냐는 질문에서 시작된 것이다. 먼저 사회복지사가 무엇을 목적으로 개입하였는가 하는 질문은 사회복지사가 개입한 이유, 과정, 성격, 개입 특성에 대해 자세히 제시함으로써 얻을 수 있다. 이러한 질문에 사회복지사가 단순히 집단사회복지실천을 하고 있다고 답변하는 것은 적절하지 않고 14개 세션으로 구성된 자아존중감 프로그램에서, 첫 세션에서는 집단성원들이 자신의 의견을 편안하게 표현할 수 있도록 디자인된 자기주장훈련연습을 실시하였다고 답변하는 것이 보다 유익하다. 이러한 설명은 어떤 목표를 달성하기 위해, 어떤 상황에서 어떤 변화를 초래하기 위해 어떤 의도적인 개입을 하였는지에 대한 구체적인 정보가 제시되어야 한다. 다음으로 클라이언트에게 어떤 영향을 미쳤는가 하는 질문은 성과와 관련된 문제이다. 즉, 개입의 목적이 달성되었는가 하는 점이다. 이런 경우 개입전과 개입 후에 자기주장 정도를 비교해서 증가되었다면 이 프로그램은 증명할 수 있는 효과를 가졌다고 할 수 있다(Jayaratne, 2006 : 328-329).

이러한 프로그램 및 실천평가는 윤리(ethics), 책임성(accountability), 가시성(visibility), 서비스의 확대(expand service) 등의 차원에서 사회복지사에게 중요하다(Jonson-reid, 2006 : 226). 이는 학교사회복지사에게도 마찬가지인데 구체적인 의의를 살펴보면 다음과 같다. 첫째, 윤리적 측면이다. 학교사회복지사가 학생 및 학교를 대상으로 무엇을 제공하였는가를 아는 것은 사회복지실천 윤리와 관련된다. 학교사회복지사가 학생의 학교생활과 관련하여 학업적, 그리고 사회정서적 장애를 극복하도록 돕기 위해 가장 효과적이고 효율적인 방법을 사용하는 것은 학교사회복지사의 윤리적 책임이다.

둘째, 책임성이다. 학교사회복지는 국가 및 지방정부 등으로부터 많은 재정지원을 받게 된다. 따라서 공적 자금을 지원받아 행해진 사업이나 프로그램이 당초의 목표를 효과적, 효율적으로 달성하였는지를 증명할 책임이 있다.

셋째, 가시성이다. 학교사회복지사는 자신과 자신의 활동이 다른 사람에게 보일 수 있도록 해야 한다. 예를 들어, 학생들과 교내봉사활동에 참여하거나 교내회의에 참석하거나 교직원회의에서 아동학대에 대한 발표를 하는 것 등이 해당된다. 또 다른 형태로는 다른 사람으로 하여금 그가 무엇을 실행하고 있는지를 알게 하는 것이다. 예를 들어, 학교사회복지사의 개입 이후 학생 출석률이 향상되었음을 학교나 학교위원회에 보고하는 것은 학교사회복지사가 학교의 수행을 돕는 가치 있는 일원이라는 것을 보여준다.

넷째, 서비스의 확대이다. 평가는 서비스의 확대를 지지하는 좋은 정보를 제공한다. 만약 학교사회복지사가 서비스나 프로그램을 통해 학생의 니드가 해결되고 학생에게 실질적인 효과가 생긴다는 것을 증명하기 위해 객관적인 데이터를 제공할 수 있다면 프로그램의 유지 및 추가 자금 지원 등에 유리하다.

2) 평가의 유형

평가는 크게 과정평가와 산출평가로 대별된다. 형성평가(formative evaluation)로 불리기도 하는 과정평가(process evaluation)의 목적은 실천이나 프로그램을 수정하거나 새롭게 다듬기 위해 유용한 정보를 1차적으로 얻는 것이다. 이것은 먼저 학교사회복지사가 개입하려고 한 것이 제대로 서비스 과정 속에서 제대로 잘 전달되었는지를 확인하는 데 초점이 있다. 즉, 만약 평가의 목적이 독립변수(X)가 종속변수(Y)에 영향을 미치는지를 알기 위한 것이라면, 독립변수(X)에 대해 알수록, X와 Y 간의 관계를 확립할 수 있는 가능성이 더 크다(Jayaratne, 2006 : 331-332).

이러한 이유로 과정평가에서는 프로그램 모니터링이 매우 중요한데 그 이유는 다음과 같다. 첫째, 프로그램이 의도된 대로 전달되는지 여부를 확인하게 한다. 이러한 과정에서 프로그램에서 유지되어야 할 부분, 비효과적인 부분, 삭제되어야 할 부분들이 파악된다. 둘째, 프로그램 계획시에는 생각하지 못하였던 원인과 결과 사이에 부가적인 정보를 얻을 수 있다. 셋째, 모니터링은 반복(replication)과 확산(diffusion)을 가능하게 한다. 개입에서 의도한 것이 실제에서 그대로 적용되는 동안 어떤 과정과 내용으로 진행되었는지를 구체적으로 설명할 수 있다면 이와 같은 프로그램을 다른 곳에서도 그대로 반복해서 실시할 수 있고 그 결과 좋은 프로그램을 확산할 수 있다.

산출평가(outcome evaluation)는 프로그램의 성공 또는 실패에 대한 정보를 얻기 위한 목적으로 실시된다. 산출평가는 프로그램이 의도한 목표를 충족한 정도를 알아보는 것이다. 산출평가에서는 연구자가 어떤 변화가 기대되는지를 구체시하고, 변화를 사정하는 방법을 모색하고 데이터 수집을 위한 방법을 계획한다. 의도된 산출의 정의가 구체시될수록, 좋은 산출지표를 얻을 가능성이 높다. 예를 들어, 편모 가족의 아동에게 친척이 아닌 성인 자원봉사자를 연결하는 프로그램이 반사회적 행동을 줄이고, 학업태도, 행동, 수행에서 긍정적인 변화를 초래하고, 가족뿐 아니라 다른 또래집단과의 관계를 개선하고 자아개념에 긍정적으로 영향을 미칠 것이라는 것을 가설을 설정하였다고 하자. 이 경우 반사회적 행동은 알코올, 약물사용, 비행행동으로 조작화할 수 있다. 또한 자아개념의 측정을 위해서는 전체적 자기 가치(global self-worth), 사회적 수용, 자기확신을 측정하는 측정도구를 사용함으로써 자아개념을 측정하고자 할 수 있다. 이러한 산출변수들을 분명히 하고 프로그램 실시 전과 후를 측정한다면 당초 목표했던 변화가 일어날 수 있는지 사정할 수 있다(Jayaratne, 2006 : 333).

실천에서, 과정평가의 실시는 프로그램의 효과를 증가시키기 위한 전략으로 간주되고, 실천가와 프로그램 행정가에 의해 종종 지지된다. 반면 산출평가의 실시는 프로그램의 계속성에 의문이 생길 때 실시되고, 주로 자금제공자와 후원자에 의해 요청된다(Jayaratne, 2006 : 331). 이러한 두 가지 평가유형은 좋은 실천을 위한 중요한 요소이므로 분리하여 생각할 수 없고 학교사회복지사는 이 두 가지 평가를 고려해야 한다.

3) 평가단계

평가단계는 크게 평가연구의 디자인, 평가사정, 평가실행, 평가결과 및 보고서 제출 등의 일련의 과정으로 구성된다. 그중 평가연구의 디자인 부분이 평가의 중심틀을 구축하는 것이기 때문에 여기서는 평가의 디자인에 대해 집중적으로 다루고자 한다.

평가연구의 디자인을 보다 쉽게 설명하기 위해 세 가지 다른 평가연구를 예로서 설명하고자 한다(Jayaratne, 2006 : 336-353). '조사 1'은 학교폭력을 줄이기 위해 남자청소년을 대상으로 인지적 행동개입 프로그램을 실시한 사례이고, '조사 2'는 성폭력과 데이트 폭력 예방을 위해 실시한 프로그램 평가이고, '조사 3'은 학교의 정학 프로그램에 대한 평가 연구이다.

첫째, 평가목적이 명확해야 한다. 평가목적에는 조사에서 무엇을 평가하고자 하는가가 명확히 제시되어야 한다. 〈표 9-6〉에서 '조사 1'은 행동변화를 목적으로 하는데 반해 '조사 2'는 지식과 태도에 영향을 미치는 것을 목적으로 한다. 이 세 가지는 산출에 초점을 맞추어져 있다. 그러나 두 가지 연구의 경우 산출이 무엇인지가 보다 구체적이지 않다. 즉, '조사 1'에서 폭력이 의미하는 것이 무엇인지와 '조사 2'에서 지식과 태도가 무엇인지 하는 점이다. 이들 질문들은 실행을 위해 질문되어야 한다.

〈표 9-6〉 평가목적의 예

〈조사 1의 평가목적〉 학교폭력을 줄이는 데 있어, 감정이 격하고, 행동장애가 있는 남자청소년에 대한 인지적 행동개입(예를 들어, 분노훈련)의 효과성을 측정하는 것이다.

〈조사 2의 평가목적〉 성폭력과 데이트폭력 예방 프로그램의 평가이다. 이 연구는 참여자의 지식과 태도에 있어 단기와 중간효과에 대한 평가를 하고자 한다.

〈조사 3의 평가목적〉 이 연구의 평가목적은 중등학교 학생의 정학에 있어 학교 점심시간에 잡아두는 것 대 학교 밖 정학 프로그램의 효과는 어떠한가? 학교정책은 중등학교 학생의 정학빈도에 어떻게 영향을 미치는가? 학교지역사회가 인지하는 대안적인 징계 프로그램의 효과성은 무엇인가?

둘째, 목표(goals)와 목적(objectives)이 분명하고 구체적이고 측정 가능해야 한다. 학교사회복지사가 평가를 하는 대상은 크게 학생중심 개입과 체계중심 개입을 평가할 수 있다. 학생중심 개입에서는 대상 학생에 대한 개입 결과를 평가하기 위해 표준화된 질문지, 학생 관련 학교기록, 개별화된 측정점수, 행동 측정 등을 행할 수 있다. 〈표 9-7〉은 학교성공 프로그램에서 실행 후 프로그램 효과를 측정하기 위해 활용한 목표들이다.

〈표 9-7〉 학교성공(school success) 프로파일의 측정 차원

사회환경 프로파일		개인적응 프로파일	
근린지역	지역사회 지지 지역사회 청소년행동 지역사회 안전	개인신념과 안녕	사회지지 신체적 건강 행복감 개인적 적응 자아존중감
학교	학교만족 교사지지 학교안전	학교태도와 행동	학교 참여 출석문제
친구	친구지지 또래집단 수용 친구행동		
가족	가족응집성 가족지지 가정에서의 학업성취 부모교육 지지 학교행동기대	학업성취	성적

출처 : Franklin(2006), p. 299.

체계중심 개입은 학교나 지역사회 차원의 변화를 사정하기 위한 것이다. 학교 차원의 평가에서는 학교 분위기, 학교에서의 비행경험 정도 등 표준화된 질문지나 출석률, 무단결석률 등 학교기록을 활용할 수 있다. 지역사회 변화도 사정이 가능하다. 예를 들면, 지역사회 청소년 자살률, 실업률, 비행률을 고려할 수 있다(표 9-8, 표 9-9 참고).

〈표 9-8〉 학교 및 지역사회 차원에서 프로그램/개입영향을 사정하기 위한 기록 데이터

학교 차원	지역사회 차원
– 학교 전체 출석률 – 무단결석률 – 학교등록 – 성적과 평균성적 – 표준화된 테스트 점수 – 비행문제/학습문제로 의뢰된 학생 – 정학처분 받은 학생 수(학교 내, 학교 밖) – 중도탈락률 – 대학합격률 – 진학률 – 상 받은 학생 수 – 학생파괴로 지출한 비용 – 학대와 방임 의뢰 – 경찰의뢰 – 특별교육의뢰자 – 무료 급식제공자 – 특별활동에 포함된 학생 수	– 체포, 주의, 보호관찰 위반 – 학생의 비행률 – 경찰에 발견된 학생의 성격과 유형 – 지역 차원의 십대임신율 – 지역 차원의 성 관련 질병률 – 지역 차원의 아동학대와 방임률 – 지역 차원의 청소년자살률 – 지역 차원의 청소년실업률 – 지역 차원의 청소년물질남용률 – 지역 차원의 가출 및 홈리스 청소년 – 가족보존(family preservation)과 청소년위탁보호배치 (youth foster care placement) – 아동 프로그램을 위한 자금액수

출처 : Dupper(2002), pp. 230-231.

〈표 9-9〉 가족, 학교, 지역사회의 개입 영향을 사정하기 위한 기준과 지표

– 부모–아동 상호작용의 질 – 가족이 적절한 프로그램과 서비스에 대해 알고 그들이 필요로 하는 것에 접근하는 과정 – 서비스의 이용 – 학교 및 지역사회 프로그램에 대한 부모 만족 – 학교에 대한 부모의 태도 – 학교에 부모 관련과 참여 – 학교안전에 대한 교사와 학생의 지각 – 지역사회의 심리적 느낌에 대한 교사와 학생의 지각 – 교과과정이 동기를 유발하고 혁신적인지에 대한 학생의 지각 – 학교행정가의 기대, 태도와 행동 – 학교에서 행해지는 프로그램/서비스의 수 – 학교활동에서 지역사회참여 – 학교와 지역사회 간의 조정과 협력 – 학교–지역사회 협력의 범위 – 학교 프로그램/개입/솔선에 대한 대중매체의 보도 – 아동과 가족을 위한 지역사회 옹호의 정도(예를 들어, 아동 프로그램을 위한 자금의 양) – 장기간 재정적 토대의 확립

출처 : Dupper(2002), p. 232.

평가목표는 연구자가 무엇을 평가하고자 하는지를 분명하게 알 수 있도록 진술되어야 한다. '조사 1'은 목표를 가설로 설정하여 척도 점수로 기대되는 변화를 측정하고자 하였고 '조사 2'는 지식과 태도의 변화를 조사하고 이들 변화가 시간에 따라 유지되는지를 보고자 하였다. '조사 3'은 특정 집단(학생) 내의 행동변화를 보고자 하는 것뿐 아니라 관계당사자(stakeholder) 중 한 집단이 프로그램에 대해 어떻게 생각하는지에 대해 관심을 두고 있다.

〈표 9-10〉 평가목표의 예

〈조사 1의 평가목표〉 분노조절훈련을 받은 학생은 통제집단 학생보다 분노조절척도 점수가 더 높고, 분노표현척도 점수는 더 낮을 것이다.

〈조사 2의 평가목표〉 프로그램 목표는 청소년 성폭력과 데이트폭력의 범위와 원인에 대한 지식을 증가시키고, 또한 지역사회 자원에 대한 지식을 증가시키고, 청소년 성폭력과 데이트폭력에 대한 민감성(intolerance)을 증가시키는 것이다.

〈조사 3의 평가목표〉 프로그램의 목표는 중등학교 학생의 정학에 있어서 학교 점심시간에 잡아두는 것과 학교 밖 정학 프로그램의 효과를 비교하는 것이다. 또한 광역 학교지역사회가 대안적인 징계 프로그램에 대해 어떻게 지각하고 있는지에 대한 정보를 얻는 것이다.

셋째, 타당하고 신뢰할 수 있는 목표성취(goal attainment) 측정이 구체시되어야 한다. '조사 1'과 '조사 2'는 자기보고의 측정에 근거하지만 '조사 1'은 계획된 직원에 의해 실시된 관찰에 의한 측정도 포함된다. 반대로 '조사 3'은 학교 행정데이터 베이스의 사건 발생 데이터를 사용한다. 목표획득을 측정하는 효과적인 방법으로는 목표성취 척도(Goal Attainment Scale)가 있다. 이것은 시간에 따른 성취의 정도를 측정한 것으로 〈표 9-12〉와 같은 행해진 변화를 한눈에 볼 수 있다.

〈표 9-11〉 목표측정 방법

〈조사 1의 목표측정 방법〉 두 개의 자기보고측정과 관찰을 통해 특정 행동의 출현을 측정한다. 자기보고측정(self-report measures)은 상태-특성 분노표현척도(the state-trait anger express inventory)와 자기통제평가척도(self-control rating scale)를 사용한다. 행동측정은 직원의 매일 보고(daily report)를 통해 행해졌다.

〈조사 2의 목표측정 방법〉 지식, 태도, 행동 또는 기대되는 행동, 발생률을 측정하기 위해 네 가지 도구를 개발하였다. 이를 위해 나이 든 청소년용 측정도구의 질문을 참고하였다.

〈조사 3의 목표측정 방법〉 학생들의 정학률을 조사한다. 이를 위해 학교에서 보관 중인 파일에서 규율위반과 부수적인 처벌에 대한 정보가 사용된다.

〈표 9-12〉 목표성취척도

목표성취 스케일(Goal Attainment Scale)				
• 학생이름 : 샐리 • 목표 설정 날짜 : 2020. 7. 1. • follow-up 날짜 : 2020. 12.		• 목표설정자 : 린다와 샐리 • 제시된 목표의 수 : 4개 • 달성된 목표 : 3개		
예상된 성취 수준	〈목표 1〉 나쁜 감정을 극복하기 위한 노력을 행하는 것	〈목표 2〉 나쁜 감정의 빈도를 줄이는 것	〈목표 3〉 대학진학을 위해 결정하는 것	〈목표 4〉 딸과의 관계 종결
예상된 것보다 많이 적게	우울을 멈추기 위한 노력을 하지 않음 1/16, 2/20	5일간 나쁜 기분을 느낌 1/16, 2/20	아무것도 하지 않음	3/6 딸이나 딸의 입양부모에게 편지 쓰는 것을 시작하였으나 완료하지 못함. 최종
예상된 것보다 다소 적게		4일간 나쁜 기분을 느낌	대학을 방문하였으나 신청하지 않음	딸과 딸의 입양부모에게 편지를 쓰기 시작함
예상된 수준	1/23 다음과 같은 활동을 시작함 : 바이올린, 요리, 친구와 놀기 1/30 최종	2/6 나쁜 감정 또는 침체된 감정을 보고함 일주일 중 3일 2/13 최종	3/6 적어도 한 학교를 방문하고 신청함 3/6 최종	딸과 딸의 입양부모에게 보낼 편지를 완성함 3/6 내용에 만족함
예상된 것보다 다소 많게	2/6 일주일당 2시간 행동을 취함 2/13, 2/27		1개 대학에 방문하고 신청함. 다른 대학은 방문하지만 신청하지 않음	딸과 딸의 입양부모에게 보낼 편지를 완성함 3/6 내용에 만족함. 둘 다에게 편지를 보냄
예상된 것보다 매우 많게	우울할 때마다 행동을 취함 3/6	2/27 2일간 바쁜 기분을 느낌 3/6, 1/30	적어도 2개 대학에 신청함	딸과 딸의 입양부모에게 보낼 편지를 완성함. 편지 내용에 대해 치료자와 부모에게 이야기함 둘 다에게 편지를 보냄

출처 : Jayaratne(2006), p. 349.

넷째, 적절한 연구 설계가 선택되고 실행되어야 한다. '조사 1'은 단일사례(single-subject) 디자인 중 복수기초선(multiple baseline) 디자인을 사용하였다. 이것은 한 행동에 대해서 기초선과 개입을 반복하는 ABAB 등의 디자인과는 달리, 하나의 동일한 개입방법이 여러 개의 사례들 혹은 각기 다른 세팅들에 대해 반복적으로 적용되는 것이다. '조사 2'는 비동일통제집단 디자인(non-equivalent control group design)을 사용하였다. 이것은 통제집단을 갖는다는 점에서는 실험 디자인과 유사하나 통제집단의 구성이 무작위로 할당되는 것이 아니라는 점에서 차이가 있다. 조사 2에서는 비슷한 조건을 가진 대상을 두 집단으로 구분하여 프로그램을 실시한 치료집단과 프로그램을 실시하지 않은 비교집단을 비교하였다. '조사 3'은 대안적 징계 프로그램의 효과성을 평가하기 위해 유사실험 디자인(quasi-experimental design)을 사용하였다. 첫 번째와 두 번째 주 동안 정학당한 학생들은 학교 밖에서 징계(detention)를 받게 하였고 네 번째와 다섯 번째 주 기간 동안 정학당한 학생들은 학교 내에서 점심시간에 징계를 받게 한 뒤 그 결과를 비교하였다. 질적 조사디자인이 행정가와 선택된 교사, 학생자원봉사자를 대상으로 행해졌다.

〈표 9-13〉 연구설계의 예

〈조사 1의 연구설계〉 주된 연구 디자인으로 단일사례(single-subject), 복수 기초선(multiple baseline) 디자인을 사용하였다.

〈조사 2의 연구설계〉 본 연구에서는 비동일통제집단 디자인(non-equivalent control group design)을 사용하였다. 치료집단을 위해 프로그램에 자발적으로 참여하고자 한 7학년 학생을 선택하였고 비교집단은 동일한 학교의 7학년 학생으로서, 프로그램에 참여하지 않는 학생으로 이루어졌다.

〈조사 3의 연구설계〉 대안적 징계 프로그램의 효과성을 평가하기 위해 유사실험 디자인(quasi-experimental design)을 사용하였다. 첫 번째와 두 번째 주 동안 정학당한 학생들은 학교 밖에서 징계를 받았고(detention), 네 번째와 다섯 번째 주 기간 동안 정학당한 학생들은 학교 내에서 점심시간에 징계를 받았다. 질적 조사 디자인이 행정가와 선택된 교사, 학생자원봉사자를 대상으로 행해졌다.

다섯째, 데이터 수집방법이 분명해야 한다. 데이터 수집은 직접 데이터가 수집되는 방법에 대한 것으로 연구문제에 대한 경험적인 확인을 위해 자료를 수집하는 데는 다양한 방법들을 사용할 수 있다. '조사 1'은 학생의 경우 표준화된 측정도구에 직접 응답하도록 하였고 교사에게는 관찰을 통해 자료를 수집하도록 하였다. '조사 2'는 사전-사후에 서베이 자료수집을 하였다. '조사 3'은 징계 관련 자료를 바탕으로 한 문헌연구와 학생과 교직원을 대상으로 하는 서베이를 실시하였다.

〈표 9-14〉 데이터 수집방법의 예

〈조사 1의 데이터 수집방법〉 학생에게 매주 상태-특성 분노표현척도(the state-trait anger express inventory)를 실시하였고 교사에게는 매주 매일 보고(daily report)를 실시하였다. 반대로 자기통제평가척도(self-control rating scale)는 조사 전과 조사 후, 프로그램 종결 후 6개월 후에 실시되었다.

〈조사 2의 데이터 수집방법〉 폭력예방 프로그램의 평가에서는 사전-사후 전략을 사용하였다. 그들은 프로그램의 초기와 마지막 세션 동안, 그리고 다시 6개월 후에 사전, 사후 질문지를 실시하였다.

〈조사 3의 데이터 수집방법〉 조사기간 동안 징계를 받은 학생들의 실태 및 결과가 컴퓨터 데이터에 의해 표로 만들어졌다. 또한 징계와 관련된 지역사회 반응을 알아보기 위해 학교직원과 학생을 대상으로 정학과 관련된 미완성 조사(open ended survey)를 실시하였다.

학교사회복지에서 목표가 달성되었는지를 알기 위한 평가자료 수집방법들은 〈표 9-15〉와 같다.

〈표 9-15〉 평가 자료 수집방법

- **기존자료** : 출석, 의뢰, 징계기록, 폭력기록, 아동학대 기록과 같은 객관적 상황에 대한 기록
- **시험** : 정규시험의 결과(학업추이 분석)
- **관찰** : 교실, 운동장, 집 등에서 체계적으로 관찰될 수 있는 행동에 대한 기록(행동빈도, 기간, 강도 등에 초점. 예를 들어, 과제수행기간, 의사표현의 횟수, 울음의 시간, 교사의 지시와 실행의 시간, 조용한 독서시간에 떠든 횟수 등)
- **척도** : 특정 행동, 태도, 감정의 강도, 발생빈도와 같은 점수를 측정하는 척도. 본인이 직접 체크하거나 주위의 교사, 부모 또는 또래들이 측정하는 방법
- **설문지** : 구조화 또는 비구조화 설문지 형태
- **시뮬레이션** : 학생에게 가상적 문제상황을 주고 이러한 상황에서 사람들이 어떻게 할 것 같은지 질문하는 방법 시뮬레이션은 학생의 사회적 유능감을 알아보기 위해 처음 개발된 것으로 사회적으로 적절한 행동을 얼마나 알고 있는지 구별하는 데 유용한 방법
- **그래픽** : 빠르게 개입집단의 결과를 보고할 수 있는 방법으로 단일한 행동변화를 보여주거나 여러 변수의 변화를 묘사하는 데 사용됨. 대표적으로 생태도가 포함되며 그래픽과 서술보고를 함께 사용하면 더욱 효과적인 보고서가 됨
- **면접** : 대화 안에서 효과적인 의사소통 기술과 해석기술을 사용하여 상황과 관련된 정보를 획득하기 위해 사용됨
- **자기보고** : 클라이언트의 일지나 자신의 감정, 행동을 묘사한 기록, 클라이언트 스스로의 변화과정을 모니터링할 수 있는 방법

여섯째, 자료처리 및 통계분석이다. '조사 1'은 단일사례 디자인에서 도출된 자료 결과를 해석하는 방법 중 시각적 분석을 사용하였다. 이는 기초선과 개입선을 그려놓은 그래프를 보면서 개입 이전에 비해 개입 이후의 표적 행동들에서 눈에 띌 만한 변화가 있었는지를 확인하는 방법을 사용하였다. '조사 2'는 집단비교를 위해 t-test와 ANOVA를 사용하였다. '조사 3'은 Chi-Square를 사용하여 집단 간의 상관관계를 검토하고자 하였다. 분석과 해석은 방법론과 측정의 차원에 의해 안내된다. 따라서 단일사례연구로

부터 시계열적 데이터는 통계적으로 분석되기 어렵지만, 그것들은 경향과 방향을 시각적으로 검토할 수 있게 한다. 반대로 집단을 비교하는 평가는 통계적인 분석이 가능하고 결과통계는 개입의 영향을 해석하도록 도울 수 있다.

〈표 9-16〉 자료처리 및 통계분석

〈조사 1의 자료처리 및 통계분석〉 자기보고 데이터에 의거한 조사결과, 한 학생은 기초선에서부터 개입단계까지 부정적인 변화 형태를 보였지만 나머지 3명의 학생의 데이터형태는 모호하거나 변화하지 않았다. 통계적 분석은 실시되지 않았다.
〈조사 2의 자료처리 및 통계분석〉 이 조사는 어떤 즉각적인 효과를 측정하기 위해 학생의 사전사후 점수를 비교하였다. 또한 프로그램 종료후 6개월의 follow-up 동안 비교집단학생과 개입을 비교하였다. 이를 위해 t-test와 ANOVA를 실시하였다.
〈조사 3의 자료처리 및 통계분석〉 두 가지 상황 아래 정학의 빈도를 비교하기 위해, Chi-Square 분석을 사용하였다.

4) 평가 보고

평가 연구의 전 과정이 끝나면 1차적으로 평가 결과의 결론을 공표하는 것이 필요하다. 평가 결과를 공표하는 방식은 여러 가지가 있을 수 있다. 먼저 학교사회복지사는 평가와 보고서 작성을 통해 행정가에게 연간업무를 보고하고 목표가 성취된 것, 변화가 요구되는 항목에 중점을 두어 만든 연차 보고서를 교사에게 배포하여야 한다. 또한 평가 결과를 차기 연도 사업수행과 학교사회복지 인식화와 홍보를 위해 적극 활용한다. 학교사회복지 운영위원회를 개최하여 공식적인 보고회를 갖는 방법도 있다. 전체적으로 학교사회복지실 운영의 평가는 사례, 각종 프로그램 및 행사, 지역사회연계 및 자원 활용, 학교지원 및 다양한 차원에서 이루어지며 연간 운영계획서의 틀에 따라 공통형식으로 전체 학교사회복지 운영에 대한 평가서를 작성하고 세부적인 집단 프로그램 및 행사 등은 시기에 따라 평가서를 작성한다. 개별상담 및 사례에 대한 실적은 연간 실적 분석을 통해 보고서로 작성한다(윤철수 · 진혜경 · 안정선, 2006 : 257-258).

연말 보고서는 몇 가지 목적을 위해 이루어진다. 즉, 개입의 효과성을 사정하고, 사회복지서비스의 효과성을 지역교육기관의 행정가와 다른 적절한 사람에게 해석하기 위한 것이다. 그런 보고서는 클라이언트의 특성과 달성된 변화에 대해 가치 있는 자료를 제공하기 때문에 다음 해의 사업계획을 위한 토대의 역할을 한다. 또한 행정가에게 요약된 보고서를 제출될 때, 사회복지서비스의 기여가 입증된다. 보고서는 각각의 기관, 상황에 따라 내용과 형식이 상이하나 Epsilon 학교의 경우 크게 다섯 가지 부분으로 나누어졌다(표 9-17 참고). 즉, 소개, 시간단계에 개발된 서비스계획의 성과평가 보고, 간접적 성과 요약, 개별적 의뢰의 성과 평가, 다음 해에 대한 권고 등이다(Jayaratne, 2006 : 351-353).

〈표 9-17〉 학교사회복지서비스 보고서(Epsilon 학교)

소개 : Epsilon 학교 학교사회복지서비스 계획이 이전 해의 권고내용을 바탕으로 준비되었다. Epsilon 학교의 목표성취에 기여하도록 디자인된 계획은 학교사회복지사와 교장이 개발하고 학교 토대의 관리팀에 의해 수용되었다. 다음 보고서는 다음 해에 대한 추천을 가지고 이 사업의 성과를 제시한다. 학교사회복지서비스는 학교사회복지사와 두 명의 대학원생 인턴에 의해 제공되었다.

Epsilon 학교사회복지서비스 계획의 성과(outcome) 보고			
목표(objective)	개 입	데이터 수집방법	성 과
1. 전환기 과정에서 촉진함으로써 다른 학교 또는 다른 학교의 교육적 프로그램에서 이동해 온 학생의 대처능력을 증가시키는 것	① 학기를 통해 'buddies'로서 일할 학생자원봉사 위원회를 개발하고, 훈련하고 성공적 과정을 모니터링 함 ② 3번의 교사모임에서 프로그램을 논의함 ③ 학생을 받아준 학교에서 4학급 모임을 실시함 ④ 교사와의 자문 ⑤ 이동 시기에 아동을 지지하기 위한 방안으로 부모를 위한 팸플릿 준비	교사의 관찰 보고 학생의 자기보고 학교 또는 프로그램에 참여한 평가점수, 그리고 최초 채점기간의 말에 현재 교사에 의해 완성된 평가점수	전환기 프로그램에서 단지 학생의 5%만이 계속된 지지를 필요로 함 일부 학생의 의뢰는 프로그램에서 변화에 대처할 능력이 거의 없기 때문임
2. 파괴적 행동으로 의뢰된 학생의 점심시간 작업 'on task'를 75%까지 증가시킴	① 점심시간 동안 활동을 제공하기 위해 대학생 클럽(fraternity)을 모집함 ② 교장과 프로그램을 모니터링함	P.M에 학생의 행동을 교사에게 보고함 총체적인 프로그램 평가(프로그램 평가보고서 참조)	의뢰된 파괴적 행동 학생의 85%가 행동에서 중요한 변화가 있었음. 나머지 15%는 부가적인 서비스가 필요하였음
3. ㅇ아파트에서 살고 있는 의뢰된 학생의 과제수행을 75%까지 증가시킴	① 학생을 위해 공부방을 제공하기 위해 아파트 매니저와 일정을 정함 ② 감독할 5명의 부모를 모집 ③ 학생의 과제를 돕기 위한 방법을 논의하기 위해 부모와 교사와 만남	참여한 학생의 과제의 수행에 대한 교사의 기록	목표는 기대 이상으로 달성됨. 모든 학생은 과제의 80%를 제출함
4. 교사, 학생, 부모와의 긍정적인 관계를 증가시킴	① 인터뷰 기술에서 교사를 위한 in-service 프로그램을 개발함 ② 교실관리를 위해 대학원과정 학생을 배치함 ③ 4학년과 5학년을 위해 캠프에서 계획된 위원회의 성원으로 활동함	교사, 부모, 학생이 완성한 질문지, 비공식적 인터뷰, 학교에 의한 캠프 프로그램의 평가	봄에 open house에 부모의 참여가 증가됨. 또한 교사-부모 회의에서 부모의 참여가 증가됨 교장이 교사에 의한 가정방문이 증가되었음을 보고함 학생의 학교출석이 10% 증가함

5. 존슨가의 6명의 자매의 연령에 맞는 의사소통 기술이 증가됨	① 12주 동안 자매집단과 1주일에 2번 모임을 함 ② 긍정적 언어적 상호작용을 증가시키고 신체적 상호작용을 감소시킬 수 있는 방법을 논의하기 위해 교사와 협력함 ③ 존슨 부인의 언어적 상호작용을 증진시키기 위해 협의를 가짐 ④ 종결시간에, 자매가 그들이 준비한 점심시간에 그들의 부모를 초대함	학급, 운동장에서 4주 동안 각 자매들에 대한 시계열적(time-series design) 디자인 부모와의 인터뷰 : 변화된 행동에 대해 집단 세션 동안 언어적 상호작용의 주기적 diagrams	쌍둥이 중 하나는 참여를 거절하였는데 그것은 그녀가 문제를 가지고 있지 않다고 이야기하였기 때문임 다른 자매들은 의사소통에서 현저한 변화를 가져옴 유치원 교사는 그녀가 1학년에서 성공적으로 지낼 준비가 되었다고 느낌

간접적 성과

2차적 이득은 다음과 같은 평가에서 나왔다.

1. 학생자원봉사자 멘토(목표 1)는 리더십을 제공하는 능력이 증가되었음을 보고하였고 이전에 목표를 성취한 클라이언트였던 4명의 멘토가 사회복지사와 함께 일을 맡았다.
2. 학생의 점심시간 작업 'on task' 행동을 증가시키는 것(목표 2)은 학생의 이득을 위해서뿐만 아니라 교사와 점심보조인력이 스트레스를 덜 받았다. 점심시간 활동을 제공하는 것과 덧붙여 대학생들은 학생을 위한 모델역할로서 이바지하였고 일부 프렌드십이 개발되었다.
3. 아파트하우스의 공부방을 통해 더 많은 과제들이 수행되었다(목표 3). 그리고 프로그램은 일부 부모와 더 밀접한 작업관계를 구축할 기회를 제공하였다.
4. 교사, 학생, 부모 간의 보다 긍정적인 관계가 증가되었기 때문에(목표 3) 학교와 지역사회프로젝트 모두에서 부모와 교사자원봉사활동이 다소 증가되었다.
5. 자매간에 의사소통기술이 증가되었다(목표 5). 그러나 6명 중 4명은 적어도 한 과목에서 성적이 증가되었다.
6. 사회복지사로서 나는 학교와 지역사회에 더 수용되었다는 것을 느낀다.
7. 계획, 실행, 성과의 평가는 두 사회복지대학원 인턴을 위해 가치 있는 경험을 제공하였다.

개별적 의뢰의 성과평가

한 해 동안 75명의 개별학생이 사회복지서비스에 의뢰되었다 일부는 점심시간 프로그램과 전환 프로그램을 통해 부가적인 서비스를 필요로 하는 것이 나타났다. 의뢰된 학생의 개별적 사정이 진행되었고 특수교육학생에게 적용하는 개별교육계획(IEP)과 같은 형태로 기록되었다. 초기사정과정을 통해, 15명의 학생이 특별교육과(special education department)에 의뢰되었고 12명의 학생은 아동복지와 지역사회기관에 의뢰되었다. 나머지 40명의 학생 중 현재 문제는 낮은 성취, 공격적 행동, 열악한 사회기술, 낮은 자아존중감에 중요하게 맞추어졌다. 위에서 보고된 것처럼 많은 이들 클라이언트가 서비스계획에서의 프로그램에 이득을 받았다. 덧붙여 각 개인의 목표를 충족하기 위해 계획된 개입은 부모와 교사와 개별과 집단카운슬링과의 협력과 자문을 포함하였다. 성과평가는 40명의 학생에 대한 150개의 목표의 75%가 정해진 시간 내에 충족되었다.

내년 학교사업을 위한 권고

1. 전환기 프로그램의 성과평가에 기초해, 학생멘토집단이 내년에 다시 활용되도록 경험 있고 새로운 멘토로 구성되어야 한다. 훈련도구는 이미 개발되었고, 학교교사는 계획에 대해 잘 알고 있다. 사회복지서비스는 멘토를 지지하기 위해 사용되어야 하며, 프로그램 조종자로서 계속되어야 한다. 부모 소책자는 좋은 반응을 보였고 교사와 부모에 의해 권고된 변경된 내용들이 통합될 것이다.
2. 점심시간 프로그램의 평가는 학생과 교사 모두에게 충분한 이득을 준 것으로 나타났다. 동일한 대학생 클럽(fraternity)이 다음 해에 서비스를 제공할 수 있을 가능성은 불확실하다. 따라서 대안적 자원을 탐색할 필요가 있다.
3. 교사는 ㅇ아파트 공부방에서 이득을 얻은 아동들보다는 과제문제를 가진 학생을 더 구체시하였다. 부가적인 공부방 자원을 찾기 위한 학교-지역사회 협력의 마지막 모임 전에 프로그램이 행해졌다. boy club은 관심을 받게 되었고 학교사회복지사와 교장은 이를 유용한 자원으로 생각할 것이다.
4. 교사, 학생, 부모 간의 긍정적, 신뢰로운 관계를 촉진하기 위해 제한된 시간 내에 과업을 달성할 수 있도록 각각의 노력에 계속적인 지지를 해야 한다.
5. 존슨 가족과 지지적인 접촉을 유지해야 한다.
6. 달성되지 않은 목표의 검토는 가을에 만들어질 것이고 다음 해에 제공될 서비스에 통합될 것이다.

5) 조사연구에 있어 윤리문제

인간을 대상으로 하는 모든 조사연구에는 윤리성과 정치성의 문제가 따라다닌다. 학교사회복지사는 학생 및 학교를 대상으로 조사를 할 때 사회복지의 윤리와 사회복지 조사연구에 있어서의 윤리를 잘 알고 대처하는 것이 필요하다. 학교사회복지사는 조사에 있어 다음과 같은 내용들을 명심해야 한다.

첫째, 사회복지에서 조사연구의 목적은 1차적으로 클라이언트를 위한 것이라는 점을 중요시해야 한다. 똑같은 조사연구에 있어서도 기자들의 경우 보도가 1차적인 목적이라는 것은 전문직에 따라 각기 다른 윤리의식을 가질 수 있음을 알아야 한다.

둘째, 자발적 참여와 동의를 얻는 것이 필요하다. 조사는 응답자에게 시간과 에너지를 빼앗고 경우에 따라 사적 정보가 드러나는 경우도 있기 때문에 기본적으로 조사에서는 자발적인 참여를 원칙으로 해야 하며 응답자에게 조사 참여에 대한 동의를 얻는 것이 필요하다.

셋째, 신체적 또는 정신적 위해로부터 조사대상자를 보호해야 한다. 많은 자료 수집 방법들이 응답자 개인의 기억에 의존한다. 개인들이 떠올리기 싫어하는 것을 되새기게 만듦으로써, 옛날의 상처를 재현하고 심각하게 할 가능성이 있다. 응답자의 생각과는 다른 것을 강요하듯이 하는 질문들, 개인들의 정보를 노출하여 개인들을 어렵게 할 가능성이 있는 문제 등도 조사연구의 과정에서 개인들에게 해를 끼칠 수 있다. 경험적 조사연구들이 대규모의 수로 진행되는 미국에서는 이러한 이유들로 인해 대학이나 연구소에서 연구계획에 대한 사전심사를 받도록 하고 있다. 그러나 사전심사는 절차만으로 이러한 문제들이 근원적으로 해결될 수는 없으며 이에 대한 연구자의 의식적인 주의가 필요하다(김영종, 2002 : 451).

넷째, 조사는 익명으로 처리되며 비밀 보장되어야 한다. 조사는 응답자가 누구인지를 드러나지 않아야 하며 이를 공개되어서는 안 된다. 이것은 조사자의 윤리인 동시에 연구의 응답률을 높이는 데 기여한다.

다섯째, 개입의 성격, 연구의 목적, 알려진 위험과 이득에 대한 설명을 조사대상자에게 해야 한다. 조사자는 조사에 앞서 조사의 목적, 활용방안 등에 대해 응답자에게 간단히 공지해야 하며 조사로 인해 받을 수 있는 이득과 위험에 대해서도 공지하는 것이 필요하다.

어떤 조사전략은 다른 것보다 더 많은 윤리적 문제를 야기하기 쉽다. 예를 들어, 통제집단의 사용은 어떤 사람들의 경우에 윤리적으로 정당화할 수 없는 것으로 간주되기도 한다. 모든 절차의 원인과 결과를 주의 깊게 사정하는 것과 평가 조사를 하기 이전에 가능한 한 조사대상자의 승인을 받아야 하는 것이 조사자의 책임이다. 예를 들어, 민감한 문제에 대한 아동 조사의 경우에는 부모나 후견인에 대해 서면화된 동의가 필요할 수 있다.

학교사회복지사는 종종 민감한 문제에 연루되게 되고, 학교의 장에서 비밀보장은 복잡하게 된다. 기록을 유지할 때 비밀보장을 유지하는 것이 여러 가지 어려움이 있다는 것이 일반적인 것임에도 불구하고, 기록 유지는 실천에서 매우 필요하다. 따라서 기록의 안전한 유지를 위한 위치의 확보와 과정을 구체시하는 데 상당한 노력을 해야 한다. 패스워드(password)가 컴퓨터 파일을 보호하기 위해 사용되고 파일 캐비닛을 위해 열쇠를 사용하기도 한다. 가능한 한 컴퓨터 파일을 다른 장소에서 사용하는 것을 피해야 한다.

CHAPTER 10

학교사회복지실천을 위한 주요 이슈와 고려점

1. 학교에서의 비밀보장

모든 학교사회복지실천의 기본적인 원칙은 비밀보장이다. 그러나 학교의 장은 사회복지사가 클라이언트의 비밀보장을 유지하기에 가장 어려움이 많은 곳 중 하나이다. 학교사회복지사는 종종 어떤 정보가 공유되어야 하는지, 누구와 정보를 나누어야 하는지를 결정해야 한다. 특히 학교심리학자, 학교상담사, 학교간호사와 같이 학교의 타 전문직과 관계된 법과 정책이 학교사회복지사와 다를 경우 더욱 복잡하게 한다.

비밀보장과 관련된 유사 용어

비밀보장(confidentiality)은 일반 생활에서의 비밀보장과 전문가 영역에서의 비밀보장으로 대별될 수 있는데 우리는 전문가 영역에서의 비밀보장에 대해 검토하고자 한다. 전문가 영역에서의 비밀보장은 보다 복잡하다고 할 수 있는데, 이것은 모든 사회복지사가 사회복지전문직의 핵심원칙에 있어 헌신을 통해 지켜야 할 윤리적 원칙이다. 비밀보장은 절대적 개념이 아니다. 사회복지사 윤리에 의거해, 사회복지사는 서비스과정에서 획득된 모든 정보에 대해 비밀을 보장해야 한다. 그러나 이 정보는 의무적인 전문가 도리(compelling professional reason)에 의해 공개될 수도 있다(Kopels, 2006 : 197).

사생활(privacy)보호는 타인으로부터 간섭받지 않을 권리를 가지며, 자신에 대한 정보를 스스로 통제(control)할 수 있어야 한다는 것이다. 사생활보호는 절대적인 것이 아니다. 간섭받지 않거나 스스로 자신의 정보를 통제함에 있어 개인의 이해는 일반 공공의 보호에 있거나 또는 사회에서의 일상기능을 위해 시민에 대해 정보를 알릴 합법적 필요에서 정부의 이해에 맞붙게 된다(Kopels, 2006 : 197).

> 비밀보장 면책특권(privilege) 또는 면책특권된 의사소통(privileged communication)은 직업상 또는 보호된 관계 내에서 획득된 클라이언트 정보는 법원 소송에서 공개하지 않을 수 있다는 것이다. 변호사의 경우 변호사와 고객 간 비밀보장 원칙에 따라 변호사와 고객 간의 기밀대화나 의사 교환에 대해 비공개 특권이 주어지며 고객은 이 같은 내용의 공개를 거부하거나 다른 사람이 공개하는 것을 금지할 수 있다. 이 특권은 양측 간 교환되는 특정 문서 등을 포함하는 모든 형태의 커뮤니케이션에 모두 적용된다.

1) 학교사회복지실천에서 비밀보장이 갖는 의의

학교 내에서 비밀보장 유지는 학교장의 독특한 요인에 의해 더욱 복잡하다. 먼저 학교 내 경쟁적인 정보 요구들은 비밀보장에 대한 윤리적 책임을 가지고 있는 사회복지사에게 갈등을 야기한다. 학교 내 법적 또는 윤리적으로 비밀보장의 책임을 공유하는 사람들은 전문가인 사회복지사, 심리학자, 카운슬러 등이 있다. 그러나 학교행정가, 교사, 보조교사 등 학교교직원들은 그런 가치 또는 책임에 제한받지 않고, 비밀보장 유지라는 윤리적 관점을 공유하지 않는다. 그들의 관심의 초점은 학생들의 정서적 안녕이 아니라 교육적 욕구이다. 일반적으로 학생들에 대한 정보를 얻고자 하는 학교교직원들은 정보공유가 학생의 학업성취에 대한 합법적인 관심이며 자연스러운 학교 풍토라고 생각한다. 그렇기 때문에 만약 학교사회복지사가 그들과 학생의 특성에 대해 이야기하지 않는다면 자칫 오해와 좌절을 야기할 수 있다. 학교교직원들은 사회복지사처럼 비밀보장에 대한 윤리적 책임을 지지 않기 때문에 왜 학교사회복지사가 그들과 정보를 공유하지 않는지에 대해 이해하지 못한다(Kopels, 2006 : 198).

학교교직원 이외에도 아동과 관련한 정보를 얻는 데 관심을 갖는 사람들로는 부모, 이웃, 다른 서비스 제공자, 경찰, 지역사회성원과 같은 관계당사자가 있다. 부모는 왜 학교사회복지사가 미성년자인 그들의 자녀에 대한 정보를 그들에게 공개하지 않는지를 이해하지 못한다. 부모들은 자신들이 부모이고 아동이 미성년자이기 때문에 자신들이 그들의 자녀가 이야기한 모든 것을 알 자격이 있다고 생각한다. 그러나 자녀가 이야기한 모든 정보를 알고자 하는 것은 부모의 알 권리와는 다르고, 사회복지사의 입장에서 갖는 비밀보장 유지를 위한 책임과도 다르다. 학교사회복지사가 명심해야 할 것은 모든 부모가 아동의 복지를 개선시키기 위한 목적으로 정보를 찾는 것만은 아니라는 점이다. 어떤 부모들은 아동과 갈등에 있다. 이런 경우 사회복지사와 자녀가 함께 다룬 내용에 대해 부모가 사실 그대로 안다는 것은 부모-자녀 사이의 간극을 더욱 크게 하고,

아동의 신체적 또는 정신적 건강에 위험을 초래할 수 있다. 마지막으로 학교사회복지사는 왜 사람들이 아동에 대한 정보를 요청하는지를 고려해야 한다. 이전에 언급한 바와 같이 이들 중에는 아동의 복지에 대한 진정한 관심과 걱정으로 알고자 할 수도 있다. 일부 사람들은(예를 들어, 학교행정가) 안전한 학교의 유지를 위한 정보를 얻는 데 관심을 가질 수도 있고 경찰 또는 지역사회성원과 같은 일부 사람들은 비행을 저지르거나 지역사회 환경을 위험하게 하는 아동에 대한 정보를 얻고자 한다. 그러나 또 다른 사람들은 가십거리나 호기심을 목적으로 하는 경우도 있고, 긍정적 동기가 없는 사람도 있다(Kopels, 2006 : 199).

2001년에 미국학교사회복지협회(School Social Work Association of America)에서는 학교에서의 비밀보장에 있어 긍정적인 진술을 채택하였다. 즉, SSWAA에 따르면 학생에 대한 최선의 이익을 보장하는 것이 정보의 비밀보장 유지 대 공유에 대한 결정을 함에 있어 고려되어야 할 중요한 요인이라고 하였다. 학교사회복지사는 정보 공유의 결과를 고려해야 하고 그들의 결정에 대한 책임을 생각해야 한다. 사회복지사는 특정 상황에서 비밀보장과 관련된 그들의 책임을 명확히 하기 위해 중앙 및 지방의 법을 잘 알아야 한다(Kopels, 2006 : 201).

우리나라의 경우 학교에서 학교사회복지사의 비밀보장과 관련된 단일의 법적 필수조건은 없지만 개인정보보호가 강화되고 있다. 미국의 경우 지역마다 다소 차이는 있지만 학생의 교육기록, 장애 관련 특별교육기록, 질병 및 건강과 관련된 정보 등에 대해 연방법, 주법 등에 의해 비밀보장을 명시하고 있다. 따라서 학교사회복지사는 학교에서 정보공개에 영향을 미치는 관련법을 잘 알고 있어야 한다.

2) 학교에서 비밀보장을 어렵게 하는 상황

학교사회복지사는 비밀보장과 관련하여 고지된 동의를 받아야 한다. 이것은 학생이 서비스의 내용과 방법에 대해 이해하고 참여한다는 것을 비롯하여 비밀보장의 원칙에 대해서 설명을 듣고 이해하며 학생면담 관련 정보의 유출 시 학생의 동의를 필요로 한다는 것을 학생에게 설명하고 필요한 경우 서면동의를 구하는 것이다. 서면계약서에 서비스의 내용과 방법이 표기되는 것이 일반적이지만 비밀보장의 원칙은 보다 자세한 설명을 요한다(성민선 외, 2004 : 293-294).

그러나 사회복지사는 비밀보장을 유지하는 동시에 비밀보장을 지키지 못할 상황이 있다. NASW의 윤리에서는 사회복지사가 의무적인 전문가의 이유로 인해 비밀보장적 정보를 공개하도록 허용하고 있다. 미국의 경우 비밀보장의 예외 조항은 학생이 아동학대를 받고 있을 때, 자해위험이 있을 때, 그리고 타인을 해칠 위험이 있을 때, 사례회의나 교육목적으로 정보를 활용할 때다. 구체적으로 살펴보면 다음과 같다.

(1) 아동학대와 방임 보고

종종 학교사회복지사는 아동학대 또는 방임의 상황에 직면한다. 상담과정 중 학생은 사회복지사에게 자신의 부모로부터 학대받고 있음을 고백할 경우도 있다. 또한 아동의 몸에서 베이고 멍든 자국을 발견할 경우 사회복지사는 아동이 학대받고 있는 것이 아닌가를 의심해야 한다. 주의력결핍 문제를 가진 학생으로 교사로부터 의뢰된 학생의 경우 상담결과 학생의 가족이 홈리스이기 때문에 잠잘 곳이 없어 교실에서 매우 피곤하다는 것을 알게 될 경우도 있다. 이런 경우 학교사회복지사는 아동학대의 신고의무자이므로 아동학대 사실을 인지하였을 때는 아동학대예방센터로 신고해야 할 의무가 있다. 실천의 장에 관계없이, 사회복지사는 아동학대를 발견 시 보고해야 할 의무가 있다. 실제 학대 또는 방임이 일어나는지를 정확히 알 수는 없지만 의심이 갈 경우에 보고해야 한다. 법에 따르면 사회복지사는 아동학대 또는 방임에 대한 의심이 일어난 시간, 이유, 상황에 대해 보고해야 한다고 명시되어 있다. 아동학대 또는 방임에 대한 위임된 사람의 보고의무의 인정은 비밀보장의 예외로서 법에 명시되어 있다.

(2) 고지 의무(duty to warn)

사회복지사가 클라이언트 정보를 공개하는 또 다른 특별한 의무는 고지 의무(duty to warn)와 관련된 사항이다. 이것은 학생이나 가족에게 학교 사회복지서비스를 이용하는 과정에서 발생될 수 있는 제반 위험 정도를 판단하는 데 필요한 중요사항을 미리 알려주는 것을 말한다. 예를 들어, 특별한 이유로 비밀보장 원칙이 제한될 수 있다는 것을 미리 알리는 것이다. 사회복지사가 아동학대와 관련해서 법에 보고할 의무를 갖는 상황과는 달리, 클라이언트에게 고지하거나 보호할 의무는 개인이나 다른 사람에 대한 위험이나 위해의 정도를 사정한 결과 사회복지사의 임상적 판단에 근거한다(Kopels, 2006 : 205). 즉, 고지의 의무가 법적 강제 사항은 아니지만 전문가 윤리에서는 매우 중요하다. 따라서 학교사회복지사는 주어진 상황에서 비밀보장의 한계와 정보를 획득하는 목적과 정보가 어떻게 사용되는지에 관해 클라이언트에게 알려야 한다.

(3) 자신 및 다른 사람에 대한 위해

아동이 자해할 위험이 있을 경우와 타인을 해칠 위험이 있을 경우에는 '사회복지사 윤리강령'에 입각한 클라이언트의 안전보호 원칙을 이행해야 하는 것으로 부모, 교사, 예상되는 피해대상자 등에게 신속하게 통보하여야 한다. 특히 중·고등학생들은 자살 충동과 행동이 타인에게 알려지는 것에 대해 민감하게 반응하게 되는데 학교사회복지사는 학생의 안전우선 원칙을 이해시켜야 할 필요가 있다(성민선 외, 2004 : 293-294).

3) 학교사회복지실천에 있어 비밀보장을 위한 고려점

학교사회복지사는 비밀보장의 원칙과 예외 사항을 초기 면담시간에 설명해 줌으로써 이후에 발생할 수 있는 학교사회복지사에 대한 부정적인 반응을 피하도록 한다. 또한 학생이 학교사회복지사에게 가질 수 있는 부정적인 감정을 표현하도록 하고 이를 확인시켜 준다. 학생의 생명보호 및 안전이 무엇보다 중요하며 학교사회복지사는 학생의 생명보호를 위해 노력한다는 점을 인식시키고 이해시킨다. 예를 들어, '비밀을 지켜주지 않아 나에게 화가 많이 났구나. 그런 감정이 생기는 것을 충분히 이해할 것 같다. 하지만 책임 있는 전문가로서 나는 너의 생명과 안전을 무엇보다 중요하게 생각하고 보호해야 할 의무가 있다고 생각한다'. 학교사회복지사로서의 역할과 임무를 설명할 때 학생들은 궁극적으로 이러한 노력이 자신에게 도움을 주기 위한 것이라는 것을 깨닫고 이해한다(성민선 외, 2004 : 293-294).

학교에서 비밀보장의 유지는 매우 복잡한 문제이다. 학교사회복지사가 학생의 정보와 관련해서 비밀보장 또는 정보공개와 관련하여 최선의 결정을 하기 위해서는 1차적으로는 관련법, 전문가의 윤리에 대해 잘 알고 있어야 하며 법과 윤리에 일치되는 개입을 하는 것이 필요하다. 기본적으로 사회복지사가 활동하는 과정에 얻게 되는 모든 정보는 비밀보장의 원칙을 적용받는다는 전제에서 시작해야 한다. 이것을 배경으로 하되, 학교사회복지사는 이들 정보를 제공해야 하는 의무적인 전문가 도리(compelling professional reason)가 있는지를 고려해야 한다. 이들 의무적인 전문가 도리는 사회복지사가 특정 상황에서 공개해야 할 의무를 지니기 때문이다. 예를 들면, 아동학대 보고 또는 개인이 자신 또는 다른 사람을 해치는 것을 막기 위해 정보를 공개할지에 대한 자유재량을 가질 때이다. 만약 학교사회복지사가 특정 상황에서 정보를 공개하는 것이 정당하다고 믿는다면, 최선의 실천원칙은 공개 결정으로 향해야 한다.

사회복지사는 다음과 같은 요인을 고려해야 한다(Kopels, 2006 : 209-210). 첫째, 법에 이들 정보의 공개를 명시하거나 허용하고 있는가?(예를 들면, 사례관리평가에서 아동에 대한 정보)

둘째, 정보공개를 통해 무엇을 달성하고자 하는가? 만약 학생이나 다른 사람에 대한 심각한 해를 막기 위해서라면, 정보는 공개되어야 한다. 만약 사람들 간의 흥미나 가십거리를 얻기 위한 것이라면 정보는 공개되어서는 안 된다.

셋째, 사회복지사는 상황의 위험에 대한 현실적이고 주의 깊은 사정을 실시하였나? 지적장애를 가진 아동이 주위의 관심을 끌기 위해 폭탄테러 위협을 할 수 있는지, 위협을 실행할 능력이 없는지 확인한다.

넷째, 학교사회복지사는 공개와 관련된 모든 결정과 행동을 문서화하고 있는가? 이것은 왜 특정 행동이 공개되어야 하는지뿐 아니라 왜 특정 행동이 공개되어서는 안 되는지에 대한 이유를 문서화하는 것을 포함한다. 만약 학교사회복지사가 슈퍼바이저 또는 자문가와 이 문제에 대해 상의한다면 자문을 통해 받은 조언내용 또한 문서화되어야 한다.

다섯째, 사회복지사는 목적달성을 위해 단지 필요한 최소한의 정보만을 공개하였는가? 사회복지사가 교장에게 다른 아동이 특정 학생을 괴롭힌다는 정보를 제공할 때 그 학생의 이름만 필요한데도 불구하고 그 학생 어머니의 직업까지 공개한다는 것은 부적절한 정보공개이다.

여섯째, 학교사회복지사는 정보공개와 관련하여 정보를 공개하지 않을 학생의 권리와 정보공개로 인한 다른 사람의 이득 간의 균형을 유지하는가? 단지 개인이 정보를 원하기 때문에 그들에게 그것이 제공되어서는 안 된다는 것을 명심해야 한다.

비밀보장과 관련된 결정을 내리는 데 있어 학교사회복지사를 돕기 위해 NASW(2001)와 School Social Work Association of America(SSWAA, 2001)는 다음과 같은 몇 가지 지침을 제공하였다.

〈표 10-1〉 비밀보장과 관련된 미국 학교사회복지사의 지침

– 학교사회복지사는 주마다 따르기 때문에, 비밀보장과 미성년자에 적용되는 교육구 정책뿐 아니라 특별한 주법과 규정에 대해 잘 알아야 한다. 예를 들어, 학교사회복지사는 성병으로 치료를 필요로 하거나, 출산통제에 대한 정보와 접근, 임신과 관련된 건강보호와 상담을 필요로 하는 미성년자 학생을 보호하기 위해 주 법에 대해 잘 알고 있어야 한다.
– 고지된 동의를 얻기 위해, 학교사회복지사는 서비스 초기에, 비밀보장의 원칙과 한계에 대해 솔직하게 학생과 가족에게 말해야 한다. 예를 들어, 모든 주에서는 학교사회복지사는 아동학대와 방임으로 의심되는 것을 지방아동보호기관이나 경찰에 보고해야 하며 이 정보가 비밀보장에서 공유되었다고 할지라도 보고해야 한다고 명시되어 있다. 만약 학생이 자신 스스로 또는 다른 사람을 해칠 계획을 가지고 있다는 것이 나타나면, 학교사회복지사는 이들 정보를 공개해야 한다.

- 공개정보(disclose)는 학생이나 부모로부터 다른 학교직원에게 알리는 것에 대한 동의를 얻고 전문가적 판단으로 행한다.
- 부모는 그들 자녀교육의 기록을 조사하고 세밀히 검토할 권리를 가진다. 그러나 학교사회복지사가 필요해서 사용한 개인적 노트는 교육적 기록에 고려되지 않고 비밀보장된다.
- 기밀의 보고서는 필요할 때만 팩스로 보내진다. 그런 경우에 표지에 이 자료는 비밀보장되어야 하며 지명된 수취인에 의해서 전문가적 사용을 위해서만 가능하다는 것을 적어야 한다.
- 학교사회복지사는 기밀의 정보를 공유하는 사람을 나타내는 서면화된 문서를 유지해야 한다.
- 학교사회복지사는 개별장애인교육법(Individual with disabilities education act) 비밀보장의 한계와 정보의 공유에 대해 잘 알고 있어야 한다.
- 기밀 정보를 공유하는지, 하지 않는지를 결정함에 있어 명확한 정책이나 법이 없는 경우, 학교사회복지사는 학생에 대한 그들의 책임을 고려하고 가족과 학교, 지역사회에 대한 책임과 이것의 경중을 생각해야 한다. 특히 학교사회복지사는 이 정보가 나누어지는 것이 왜 중요하며 학생과 학생의 가족이 정보공유 결정에 의해 얻는 이득이 무엇인지를 잘 생각해야 한다. 어떤 기밀 정보를 공유하기 전에, 학교사회복지사는 비밀보장의 불이행과 관련된 결정을 함에 있어 학생과 학생의 부모를 참여시켜야 한다.
- 학교사회복지사는 정보의 공유로 인한 결과를 숙고하고 정보 공유에 대한 책임을 생각해야 한다. 그러나 전문사회복지사로의 어떤 행동은 보호를 위한 합리적인 기준, 즉 유사한 상황에서 합리적인 사람들이 할 수 있는 것에 의해 판단되어야 한다는 것을 기억하는 것이 중요하다.

출처 : Dupper(2002), pp. 7-9.

2. 학교사회복지실천에 있어 윤리적 딜레마와 접근문제

1) 학교사회복지실천에 있어 윤리적 딜레마

학교사회복지사는 학교에 대한 책임과 클라이언트에 대한 책임 간의 갈등, 전문가 윤리와 특정 법과의 갈등, 해야 하는 것과 개인적 가치 간의 갈등이 있는 곳에 많은 윤리적 딜레마에 직면할 수 있다. 학교사회복지사는 법과 윤리적 책임 간의 균형을 이루어야 한다. 이를 위해 학교사회복지사는 관련 법, 중앙 및 지방정부의 정책, 학교위원회의 규칙 등에 정통해야 한다.

학교사회복지실천에서 당면할 수 있는 윤리적 딜레마의 예는 다음과 같다(Dupper, 2002 : 7).

- 임신 10주의 14살의 소녀가 아기를 낳기를 원하고 있지만 학교사회복지사가 부모에게 그녀의 임신을 알리지 못하게 하는 경우
- 지능검사에서 정상범위 내에서 낮은 점수를 보유한 학생이 특별교육에 의해 제공되는 특별한 도움을 필요로 하지만, 이러한 도움을 받는 것이 학생에게 평생 특별교육 대상자라는 부정적인 꼬리표가 되는 경우
- 성적으로 활발한 학생이 학교건강 클리닉에 임명된 학교사회복지사에게 콘돔을

요청하였지만 최근 학교가 부모의 서면 동의서를 가진 경우에만 콘돔을 배포할 것을 정책으로 채택한 경우

- 개인적으로 학생의 행동문제와 관련하여 약물의 사용이 아동의 복지와 자유를 방해한다고 믿는 학교사회복지사에게 부모가 행동에 혼란을 보이는 아동을 위해 약물 처방을 희망하는 경우

2) 학교사회복지실천에 있어 접근 이슈

접근(access) 이슈는 교육서비스에 대해 접근이 차단되거나 접근 가능성이 낮아진 것에 대해 실제적 또는 구조적 노력을 행하는 것과 관련된 것으로, 여기에는 인위적 또는 신체적 장애, 장벽, 정책, 실천 또는 행정적 문제 등이 포함된다(Nettles, 2006 : 251-252).

첫째, 의무적인 학교출석이다. 의무적인 학교출석 문제는 학생, 부모, 학교라는 3개의 실체가 책임 또는 의무를 가진다. 학생이 인지적 결정을 할 수 있을 때 학교 출석에 대한 책임을 진다. 이것의 실패는 무단결석이라고 한다. 부모가 자녀를 학교에 출석시키지 않을 때 이것을 교육적 방임(educational neglect)이라고 한다. 학교가 학생의 학교출석을 보장하지 못할 때 이것을 의무에 대한 제도적 방임(institutional neglect of a duty)이라고 한다(Nettles, 2006 : 252). 학교는 학생이 학교출석의 의무를 이행하지 못할 경우 이를 이행하도록 책임을 져야 한다.

둘째, 학생에 대한 적법 절차(due process)이다. 학교가 학생을 다른 학교로 이동시킬 경우에는 적법 절차가 필요하다. 적법 절차는 학생에게 법령 또는 보통법의 특권과 공립학교에서의 교육의 기회가 거부되기 전에 어떤 보호와 절차를 제공하는 헌법적 권리이다. 학교가 학생을 학교 밖으로 내보내거나 이동시킬 경우에는 학생을 보호하기 위한 일정한 절차가 필요하다. 학교사회복지사는 징계가 법에 일치될 수 있도록 학생의 기록을 주의 깊게 분석해야 한다(Nettles, 2006 : 252).

셋째, 가출 및 홈리스 학생이다. 가출이나 홈리스 등은 청소년만의 문제가 아닌 여러 가지 이유에 의해 발생되는데 설사 가출하거나 홈리스인 경우에도 교육이 유지되도록 보장하는 것이 필요하다. 예를 들어, 가정위탁이나 가출청소년쉼터 등 여러 가지 시설들을 활용해 주거지원을 행할 수 있다.

넷째, 다문화가정 학생문제이다. 다문화가정의 아동 및 청소년들은 언어, 빈곤, 따돌림 문제, 아동학대, 문화차이 등 다양한 문제로 어려움을 겪는다. 학교는 주류문화의

가치를 중심으로 운영되고 가르치기 때문에 그들의 문화적 배경과 가치가 학교에서 배운 가치와 일치하지 않는 학생들은 전형적인 교육적 기대에 상반되는 방법으로 반응할 수 있다. 문화적 배경과 가치가 학교문화의 가치와 상반되는 많은 학생의 경우, 학교는 적대적 환경일 수 있고, 그들의 일탈은 문화적 충돌에 의해 야기될 수 있다.

사회복지사는 학생의 병리적 문제를 찾기보다는, 문화적 충돌이 학생의 학습과 행동상에 어떤 어려움으로 발현되는지를 우선적으로 검토하고 설명할 수 있어야 한다. 이를 위해 학교사회복지사는 문화적 차이에 민감해야 하고 문화적 유능성(cultural competence)을 갖추고 다양한 아동과 가족과 학교가 효과적으로 상호작용할 가능성을 높일 수 있도록 도와야 한다. 예를 들어, 학교 내 적응을 위한 프로그램을 제공하거나 지역사회 프로그램을 연결할 수 있다.

3. 최선의 실천을 창출하는 것

학교를 둘러싼 관련 전문직의 경쟁, 재정적 문제와 같은 복합적인 문제로 인해 미국을 중심으로 최선의 실천을 강조하는 새로운 경향이 생기고 있다. 최선의 실천(incorporating best practices)이란 첫째, 과학적으로 신뢰할 수 있는 효과성을 가지고 있는 것, 둘째, 사회복지의 가치와 클라이언트의 기대를 고려할 수 있는 것, 셋째, 개인 학생, 학생 소집단, 가족, 학교와 지역사회를 위해 최소 비용으로 최대 성과를 이끌어 낼 수 있는 것을 강조한다.

미국 학교사회복지에 있어 새롭게 강조되고 있는 최선의 실천의 본질적 요소는 미국 사회복지전문직의 가치와 윤리와 일치된다. 즉, NASW의 윤리강령에서 제시한 바대로 ① 사회정의와 사회변화, ② 문화적 그리고 윤리적 다양성의 민감성, ③ 전문적 유능성(professional competence), ④ 평가와 연구의 강조이다. 특히 사회복지사는 사회복지와 사회복지 윤리에 적합하고 경험에 근거한 지식에서 실천을 해야 한다고 제시된 바 있다(Dupper, 2006 : 219).

1) 경험에 근거한 실천

그중에서도 핵심인 경험에 근거한 실천 단계를 살펴보면 다음과 같다(Dupper, 2006 : 213-217).

1단계 : 경험에 기초한 실천 적용을 위한 동기 갖기

많은 사회복지교육가들이 경험에 기초한 개입 선택의 중요성을 강조함에도 불구하고 과다한 사례부담과 서류작업에 직면한 대부분의 많은 사회복지사들은 전문 문헌을 찾을 시간이 없다. 대신 그들은 자신의 지혜, 당국의 요청, 직관 등에 의존한다. 책임성과 조사가 증가하는 시기에, 좋은 의도보다 최선의 적절한 과학적 증거에 기초한 실천 결정을 만드는 것이 중요하다. 실천 결정을 함에 있어 분석적이고 과학적인 기술을 사용하는 감정이입적이고, 따스한 마음을 가진 실천가가 되는 것이 가능하다.

2단계 : 찾을 수 있는 실천 질문(의문)들을 형성하기

두 번째 단계는 답변 가능한 질문을 개발하는 것과 관련된다. 즉, 구체적인 클라이언트나 클라이언트 체계에 대한 설명, 개입방법, 바람직한 성과를 포함하는 것이다. 예를 들면, 어떤 개입과 프로그램이 학생 정학에 대한 비처벌적 대안으로 가장 적절하게 작용할 수 있을까?라는 질문을 가질 수 있다.

3단계 : 검증된 문헌 중에서 포괄적이고 효과적인 실천 효과성 조사

예를 들어, 학교폭력 프로그램에 대한 문헌들을 알고 싶다면 데이터베이스 찾기에 이들 용어를 주요 검색어로 사용할 수 있다. 온라인에 접근할 수 있는 학교사회복지사의 중요한 데이터베이스로는 RISS, 한국사회복지학회, 한국학교사회복지학회(www.sswaa.org) 등이 있다.

4단계 : 타당성(validity), 신뢰도(reliability), 유용성(usefulness)과 관련된 실천효과성 연구문헌의 비평적 분석

특정한 연구 또는 메타 분석의 중요한 평가를 검토한다. 이것은 내적·외적 타당성, 변화를 사정하기 위해 사용된 측정의 타당성과 신뢰도, 제기한 조사 질문에 답함에 있어 유용성과 관련하여 특정한 연구에서 사용된 방법론의 분석을 포함한다. 특별한 개입이나 프로그램이 특정 클라이언트 또는 클라이언트 체계를 위해 효과적이라는 증거는 무엇인가? 당신의 실천 의문에 충분히 답을 하기에 부족한 부분은 무엇인가? 등에 대한 질문들을 할 수 있다.

5단계 : 고지된 동의를 얻고 경험(evidence)에 기초한 개입 적용

만약 특정한 실천 의문에 대해 경험적으로 지지된 치료/개입을 발견하였다면, 그 다음 당신은 그 다음 이들 경험적으로 지지된 치료/개입의 적용을 통해 상호 일치된 목표를 추구할 것이다. 실행의 본질적 측면은 세심한 주의와

본래 의도한 개입의 모니터링이다. 실천가는 특정 치료/개입에 참여하기 위해 클라이언트로부터 고지된 동의를 얻는 것이 중요하다. 소수 아동의 경우, 부모나 법적 후견인은 이런 고지된 동의를 주어야 하며 소수 아동은 서면 또는 구두로 합의를 해야 한다. 이런 공지된 합의는 치료/개입에 참여함에 있어 위험과 잠재적 이득에 대한 사정도 포함되어야 한다.

6단계 : 실행기준에 대한 개입성과 측정

이 단계는 아동의 현재 문제에 적합한 목표를 공식화하는 것을 포함한다. 개입전과 개입 단계 동안 수집된 데이터를 비교함으로써 바람직한 방향으로의 변화를 측정하는 것이 중요하다.

7단계 : 경험에 기초한 실천을 하도록 다른 사람을 교육하기

일단 특정 개입이나 프로그램이 효과적이라고 보인다면, 이런 정보는 다른 동료들과 일하면서 전문가 회의에서 공유하는 것이 중요하다. 슈퍼바이저나 동료들과 함께 경험적으로 지지된 최선의 실천을 구체시하고 보급하는 것이 필요하다. 또한 사회복지교육가는 권위(authority)적인 강의에서 경험(evidence) 토대의 강의로 전환해야 한다. 전문학교사회복지사협회는 효과성 연구에 기초한 학교사회복지 최선의 실천지침을 개발하고 보급해야 한다.

2) 최선의 실천을 위한 적용

경험에 근거한 최선의 실천은 학교 예방 프로그램의 개발과 실행에 유용하다. 위험에 있는 청소년 또는 근린지역에 대해 학교가 할 수 있는 것은 많지 않지만 그럼에도 불구하고, 학교환경 내에서 학교가 할 수 있는 것은 많다. 생태학적 렌즈(ecological lens)를 통해 학교와 관련된 문제를 개념화하는 것이 중요하다. 대부분의 학생 일탈은 개인적 부적응이나 병리보다는 복잡한 요인들의 상호작용에 의해 야기된다. 선행연구들에서는 학생의 파괴적인 행동을 일으키고 가속화시키는 학교 위험요인과 여러 가지 위험에 처해 있음에도 불구하고 아동의 발달을 촉진하고 위험을 완화하는 학교 보호요인을 제시하였다(표 10-2 참고). 이들 연구결과에 근거하여, 학교사회복지사는 다양한 프로그램 계획 시 학교 위험요인의 영향을 최소화하고, 다양한 학교 보호요인을 실행하는 방법을 모색해야 한다. 예를 들어, 친구와 교사 같은 가족 외부의 성인 간의 강한 관계를 형성하도록 지지하는 프로그램은 스트레스 또는 박탈의 시기에 중요한 보호요인이 될 수 있다(Dupper, 2006 : 219).

〈표 10-2〉 학교의 위험요인과 보호요인

학교 위험요인	학교 보호요인
– 정학과 신체적 처벌 – 처벌적이거나 부적절한 출석정책 – 학년유급 – 교사의 부정적 기대와 태도 – 자극적이고 혁신적인 커리큘럼의 부재 – 큰 규모의 학교	– 정서적으로 중요한 성인과의 애착관계 – 적절한 환경 구조와 통제 – 대처와 자기존중감을 지지하는 발달적 접근의 커리큘럼

선행연구들에서는 성공적인 학교 토대의 예방적 프로그램을 위한 몇 가지 중요한 요소들을 제시하였다. 〈표 10-3〉은 학교의 장에서 학생중심의 개입의 개발과 실행에 있어 최선의 실천 지침이다(Dupper, 2006 : 221). 〈표 10-4〉는 학교 토대의 예방 프로그램과 학교변화 프로그램의 개발과 실행에 있어 최선의 실천지침이다.

〈표 10-3〉 학생중심의 예방적 프로그램 지침

– 인지–행동 개입은 정신치료와 집중적인 개별사회복지실천(intensive casework approach)과 비교해 학교의 장에서 행동문제를 최소화하는 데 효과적인 것으로 나타났다. 인지–행동 개입은 아동의 생각, 감정, 행동에 아동의 환경에 있는 중요한 타자의 영향을 고려한다.
– 효과적인 인지–행동전략은 모델링, 역할극, 행동적 우발성(behavioral contingency), 자기–모니터링과 자기–지도(self-instruction), 문제해결 훈련

〈표 10-4〉 학교 토대의 예방 프로그램 지침

– 성공적인 학교 토대의 예방 프로그램(school-based prevention)은 개별 아동에 접근하는 것 이상이다. 전체 학교환경을 변화시키려고 노력한다.
– 개인–변화전략은 강의보다는 상호작용적 교육기술(예를 들어, 또래와의 역할극의 사용 등)을 사용하여 학생의 지식, 기술, 태도, 신념 또는 행동을 변화시킴으로써 사회적 유능성(social competence)을 개발하기 위해 시도한다.
– 학교–변화전략은 학교의 문화를 변화시키고 행동적 규범을 의사소통하는 데 목적을 둔 프로그램과 관련된다(예를 들어, 알코올이나 약물의 사용은 청소년을 위한 규범이 아니다).
– 예방 프로그램은 중요한 중학교/고등학교 시기의 청소년에게 초점이 맞추어져야 하며, 구체적인 학습계획과 학생용 자료를 갖춘 잘 테스트되고 표준화된 개입을 사용한 다년간의 개입을 고려해야 한다.
– 효과성이 높은 예방 프로그램은 행동에 대한 규범을 구체시하고 의사소통하는 데 초점이 주어지고 장기간 전달되고 계속적으로 학교환경에서 강화되는 사회적 유능성 기술(social competency)에 초점을 맞춘 포괄적인 지도 프로그램을 포함한다.

CHAPTER 11

학교사회복지와 학생인권

1. 학생인권의 의의

지금까지 청소년은 가정에서는 물론 학교나 지역사회에서 미숙한 성년으로 취급되었고 보호라는 이름하에 자신의 의사보다는 보호자 및 성인의 의지에 따라 양육되어 왔다. 자신의 인권이 무엇인지도 모르고 성인이 될 때까지는 무조건 참고 견디어야 한다고 배워왔다. 그 결과 타인의 권리도 별 의식 없이 침해하기도 한다. 이것은 학생의 경우도 마찬가지이다. 전 세계적으로 이제는 청소년을 보호와 양육의 대상으로만 볼 것이 아니라 독립된 인간으로서 자신의 삶을 주체적으로 살아갈 수 있도록 자기결정권과 사회참여권을 적극적으로 보장해 주어야 한다는 주장이 지배적이다(한국청소년개발원, 2004 : 137-138).

인권이란 인간이 인간이기 때문에 갖는 생래적인 권리와 개인이 사회, 국가와의 관계에서 행사할 수 있는 권리의 총합이라고 할 수 있다. 세계인권선언 제1조에서는 "모든 인간은 태어날 때부터 자유롭고, 존엄성과 권리에 있어 평등하다"라고 천명되어 있다. 이같이 모든 인간은 공통적으로 누구에게도 양도할 수 없는 기본적 권리를 가지고 있다. 이를 흔히 보편적 인권이라고 한다.

학생권이란 한마디로 학생이라는 특정한 신분이 갖는 사람들의 권리를 말한다. 학생은 본질적으로 인간이며 동시에 한 사회의 구성원이다. 따라서 그는 인간이기 때문에 누려야 하는 기본적이고 본질적인 권리와 함께 학생이라는 제한된 사회적 지위나 자격 내에서 갖게 되는 특정한 권리를 동시에 가진다. 이러한 학생권은 윤리적 측면에서는 학생도 권리의 주체로서 신분, 지위, 능력의 고하간에 관계없이 인간으로서 동등하고 정당한 대우를 받아야 하는 점에서 의의가 있다. 또한 교육적 측면에서 학생권을 보면, 한 개인이 권리의 주체가 되기 위해서는 자율적인 능력이 요청되는데 이는 교육을 통해 형성된다. 결과적으로 학교에서는 이런 교육적 역할을 충실히 할 의무가 부여되며, 이런 역할을 충실히 하기 위해서는 학교 교육과정 속에서 다시 학생의 권리가 인식되고 존중되어야 한다는 것이다(조금주 외, 2006 : 20-21).

물론 학교 안에서 학생의 권리 행사는 무제한적이거나 절대적인 것이라고 볼 수 없다. 학교는 교육 활동을 계획적이고 체계적으로 수행해야 할 책임과 함께 이를 위해 소속 구성원들을 관리하고 또 행위를 통제할 권한도 가지고 있다. 따라서 학생의 권리 행사도 이와 같은 학교의 고유한 권한 범위 안에서 제한되고 억제될 수 있다. 그러나 문제는 학교 측이 이 권한의 범위를 넘어서서 합리적 근거나 이유 없이 학생의 권리를 침해하게 된다든지 둘 사이의 이해관계가 대립되어 갈등을 일으키게 될 때 나타난다. 그러므로 양측의 권리와 이해관계가 대립될 때, 어떻게 균형을 맞추느냐의 문제와 어떤 근거와 기준으로 그 균형점을 찾아야 하는가의 문제가 중요하게 대두된다(조금주 외, 2006 : 21).

학생권을 이해하기 위해서는 학교의 제도적 특성 및 재학관계의 성질, 그리고 학생의 법률적 지위, 학생의 사회적 지위, 청소년 헌장 및 국제협약 등에 대한 기본 이해가 함께 이루어져야 한다. 최윤진(1998 : 80-81)은 학교의 제도적 특성, 재학관계의 성질, 학생의 법률적 지위와 관련하여 학생권을 설명한 바 있는데, 본 장에서는 최윤진(1998)의 견해를 바탕으로 학생의 사회적 지위, 청소년헌장 및 국제협약을 추가해서 제시하고자 한다.

첫째, 학교의 제도적 특성에 대한 부분이다. 학교는 국가로부터 국민 교육의 의무를 위임받은 기관이다. 즉, 국가는 학교에 재원 및 학교운영에 필요한 전반적인 것을 제공하고 학교행정가나 교사에게 국가에 고용된 공복으로서 공무원이나 준공무원 신분을 부여하는 대신 학교에 부과한 의무 수행을 촉구할 권리를 가진다. 따라서 학교는 학생에 대한 보호와 교육에 일차적인 책임이 있는 반면 군대나 경찰과 같이 공공기관의 성격도 가지고 있다. 따라서 학교 밖 사회구성원의 공공안전과 이익 등 외부의 전체 국가 사회적 책임 수행을 위해 내부 구성원에게 책임을 부과하기도 하고 그와 관련하여 학생의 권리가 제한될 수도 있다.

둘째, 학교와 학생 간 재학관계에 대한 법적 근거이다. 학교와 학생 간 재학관계에 대한 법률적 이론들은 친권이양론, 특별권력관계이론, 재학계약설 등이 있다(표 11-1 참고). 이들 각각의 이론들은 학생의 권리를 설명하는 데 여러 가지 문제점과 제한점이 있는 것으로 나타나지만 여전히 재학관계를 설명하는 데 중요한 관점으로 작용하고 있다. 이런 이론 중 어떤 관점을 취하느냐에 따라 학생의 권리의 내용과 허용범위에 영향을 받는다.

〈표 11-1〉 학교와 학생 간의 권리에 대한 법률적 이론

이 론	특 징	비판 및 한계
친권이양론 (In Loco Parentis Doctrine)	– 학생이 학교에 있는 경우, 학교는 부모의 친권을 이양받아 부모를 대신해서 학생을 통제하고 지도할 수 있다고 보는 관점 – 공교육 제도 도입 이후 보편적으로 적용되고 있음	– 부모와 자녀 관계는 학교와 학생과의 관계와는 근본적으로 다름 – 학생도 인권의 주체이므로 설사 부모라고 해서 마음대로 자녀의 인권을 이양할 수 없음 – 이양한다면 전권이 아닌 부분적 권한 이임
특별권력관계이론	– 교원과 학생은 특별권력관계에 있다고 보는 견해 (즉, 교원은 국가나 지방자치단체에 대해 공법상의 근무관계에 대한 포괄적인 의무를 지고 학생은 공법상의 영조물, 즉 공공시설의 이용관계에 있고 이때 관리자와 이용자 간에 특별권력관계가 생김) – 특별권력은 명령권과 징계권을 가지며 구체적 법률적 근거 없이도 명령, 지시에 복종해야 함	– 입헌군주제라는 독일의 역사적 특성에서 생성된 관념 – 반법치주의적, 반민주주의적 성격을 가져 비판 많음 – 학생의 인권을 침해할 소지가 높음
재학계약설	– 학생과 학교는 서로 계약에 의해 만들어지는 관계이며 학칙이 학생의 기본권을 제한하는 내용을 갖는다면 계약상의 구속력에 의해 학생이 복종해야 한다고 보는 견해	– 계약이란 사인 간의 계약이므로 헌법상의 기본권이 적용되기 어려움 – 학생은 제약이 많아 계약자로서의 요건을 갖추지 못함

출처 : 최윤진(1998), pp. 80-81을 요약·정리하여 표로 제시하였음.

그러나 핵심적인 것은 학생은 재학관계(在學關係)라는 특수한 상황에서 보호받아야 할 '사회적 지위권'을 가진다는 것이다. 즉, 학생은 '배움을 목적으로 한 특수집단'이기 때문에 그들에게는 우선적으로 교육목적을 추구하는 데 요구되는 특별한 권리가 보장되어야 한다. 그러므로 특수한 사회적 지위를 갖는 학생은 사회나 국가에 대해, 교육당국에 대해, 학교에 대해, 교사에 대해, 학부모에 대해, 동료 및 선후배 등 각기의 교육 관련 주체에 대해 일정한 권리를 갖는다. 구체적인 내용으로는 다음과 같은 것들이 포함된다(이수광, 2000).

〈표 11-2〉 학생으로서 각 교육 관련 주체에 대해 갖는 권리의 내용

영 역	학생권의 구체적 내용
1. 사회 및 국가에 대하여	① 교육의 기회 균등 ② 무상 의무교육 ③ 공교육비의 공적 부담 ④ 교육 및 문화환경 조성 – 학교 주변에 대한 강화 – 올바른 청소년 문화 정책 추진 ⑤ 사회참여권
2. 교육당국에 대하여	① 교육 내용의 적절성 보장(교육 내용 선정과 조직) ② 학교를 선택할 수 있는 권리(학생들의 희망, 능력, 통학 거리 등 고려) ③ 공정하고 일관성 있는 교육 제도 운영 ④ 과밀 학급 해소 및 분교(分校) 유지 ⑤ 부실하고 무능한 교사 퇴출
3. 학교에 대하여	① 적성과 능력에 따라 수강 과목 및 특별 활동을 선택할 수 있는 권리 ② 교육 활동에 충실할 것을 요구할 수 있는 권리 ③ 적합한 학습 환경을 갖추어 주도록 요구할 수 있는 권리 – 학생들의 체격을 고려한 책걸상 – 교실의 온도, 위생, 크기 – 학생들의 다양한 욕구를 충족할 수 있는 공간과 시설 – 각종 질병(특히 전염병)과 안전사고로부터의 예방과 보호 ④ 교육과정의 정상적 운영을 요구할 수 있는 권리(HR, 예체능 과목 등) ⑤ 표현의 자유 – 예술 작품, 학교 신문, 동아리 활동, 학생회 활동 등의 자유 – 학교의 부당한 정책에 대한 정당한 의사 표현의 자유 ⑥ 부당한 검열이나 수색을 당하지 않을 권리 ⑦ 부당한 복장 및 두발 단속을 받지 않을 권리 ⑧ 가정환경, 성적, 성, 외모, 종교 등으로 인해 차별받지 않을 권리
4. 교사에 대하여	① 교육의 전문성을 요구할 수 있는 권리 ② 인격적 대우를 받을 권리 – 폭력 및 폭언 – 성적 괴롭힘 – 차별 대우(성, 장애, 성적, 경제력 등) – 부당한 심부름
5. 부모에 대하여	① 학부모의 대리만족 수단이 되지 않을 권리 ② 성적으로 인한 압박을 받지 않을 권리 ③ 무리한 과외 활동을 거부할 권리
6. 동료 및 선후배에 대하여	① 동등하게 학교생활에 참여할 수 있는 권리 ② 폭력, 폭언, 따돌림 등의 피해로부터 보호받을 수 있는 권리

출처 : 이수광(2000) 재인용.

셋째, 학생의 법률적 지위이다. 학생은 국법상 지위에 따라서는 국가의 구성원(국민)으로서 갖는 권리와 학교라는 조직체의 구성원으로서 갖는 권리가 있다. 권리의 내용에 따라서는 실체적 권리와 절차적 권리로 구분되며, 권리의 인정 근거에 따라서는 헌

법상의 권리와 비헌법상의 권리로 나누어진다. 헌법상 보장되는 대표적인 기본권들은 인간의 존엄권, 행복추구권과 평등권, 자유권적 기본권, 생존권적 기본권, 청구권적 기본권, 참정권 등이다. 그러나 이러한 일반권의 소유자로서 지위는 학생이라는 특정 신분에 의해 그 범위와 한계가 제한되기도 하고 또 학생이라는 지위에 따른 특정권이 주어지기도 한다.

넷째, 학생의 사회적 지위이다. 학생이란 신분은 사회제도에 의해 생성된 사회적 개념이다. 그렇기 때문에 학생에게는 그 사회가 지향하고 있는 '사회적 합목적성'이 뒤따르게 된다. 그러므로 학교의 구성원인 학생은 그 사회가 지향하고자 하는 '사회적 합목적성'을 추구해야 한다. 동시에 학교의 보호, 양육, 교육 등에 대한 권리와 함께 학교가 부여하는 '올바른 학생상'에 부응해야 할 의무를 가지게 된다.

그러나 문제는 기존 사회의 '사회적 합목적성'이라는 것이 언제나, 항상 타당한가 하는 것이다. 그것은 사회와 상황에 따라 달라지고 또 마땅히 달라져야 한다. 사회(학교)는 사회적 합목적성을 이유로 학생들의 인권을 규제하고 간섭하기도 한다. 흔히 성인들은 학생들의 자유와 복지를 규제하면서 겉으로는 학생들의 보호와 양육, 교육, 선도 등의 형태로 표현한다. 그렇다면 이 같은 간섭이 과연 학생을 위한 것인지 아니면 기성세대의 가치나 문화를 주입시키기 위한 통제의 수단으로 사용하는 것인지는 논의해 볼 필요가 있다.

다섯째, 청소년헌장 및 국제협약이다. UN이 정한 '아동권리협약'은 모든 아동권리의 근간이 되는 기본 원칙을 담고 있다. 세계 대부분의 국가가 이를 비준하였고 우리도 비준하였다. 따라서 우리나라도 아동권리를 보장하고 이행할 책임과 의무를 가진다. 이 중 학교에서의 학생의 인권과 관련된 내용과 조항은 〈표 11-3〉과 같다(배경내, 1998).

〈표 11-3〉 국제아동권리협약 중 학교에서의 학생 인권과 관련된 내용

권리내용	
제6조	생존과 발달을 확보할 권리
제12조	자신에게 영향을 미치는 모든 문제에 대해 의견을 표명할 권리
제13조	모든 종류의 정보와 사상을 표현할 자유
제14조	사상, 양심, 종교의 자유
제15조	결사 및 평화적 집회의 자유
제16조	사생활과 명예에 대한 자의적이고 위법적인 간섭과 비난으로부터 보호받을 권리

제19조	부모나 보호자로부터 신체적 · 정신적 폭력과 학대, 착취 등을 당하지 않을 권리
제26조	사회보장제도의 혜택을 누릴 권리
제27조	적정한 생활수준을 누릴 권리
제28조	무상의무교육을 비롯한 교육을 균등하게 받을 권리, 청소년의 존엄성과 조약의 정신에 위배되는 학교규율로부터 보호받을 권리
제29조	인권과 기본적 자유, 유엔헌장의 정신에 합치되는 교육을 받을 권리
제31조	휴식, 여가 및 문화생활을 누릴 권리
제36조	모든 형태의 착취로부터 보호받을 권리
제42조	조약의 원칙과 조약이 규정한 청소년의 권리를 알 권리

출처 : 배경내(1998).

2. 학생인권의 유형과 내용

학생인권의 유형에 대해 조금주 외(2006 : 38-48)는 크게 학생의 평등권, 자유권, 기타 보호복지권으로 구분하여 설명하고 있다. 본 장에서는 기본적으로 조금주 외(2006)가 제시한 학생인권 유형을 소개하고 마지막 부분에 최근 강조되고 있는 정보에 대한 권리를 추가해서 설명하고자 한다.

1) 학생의 평등권

우리나라 헌법에서는 국민은 법 앞에 평등하고 누구든지 성별, 종교 또는 사회적 신분에 의하여 정치적, 경제적, 사회적, 문화적 생활의 모든 영역에 있어서 차별받지 않는다고 규정하고 있다. 또한 국민이 능력에 따라 균등하게 교육을 받을 권리가 있음을 명시하고 있다. 여기서 균등하게 교육을 받는다는 의미는 소극적으로 차별대우를 받지 아니할 권리뿐만 아니라 적극적으로 국가가 교육 시설을 확충하고 장학제도를 정비하여 경제적 빈곤층에서도 실질적으로 균등한 교육을 받도록 해야 함을 의미하는 것이다.

학교에서 다양한 이유로 부당한 차별이 발생하고 이로 인해 학생들이 고통당하는 사례들이 발생하기도 한다. 구체적으로는 남학생과 여학생 사이의 성별에 따른 차별과 불균등한 처우, 학업 성적이나 지능 등에 따른 차별, 어려운 가정 형편이나 경제적 여건에 의해 받는 불이득과 차별, 신체적 장애로부터 받는 불이득과 차별 등을 들 수 있다. 따라서 교육의 기회가 모든 청소년들에게 균등하게 제공되어야 할 뿐만 아니라 자신의 성별, 성적, 사회적 신분과 처지 등의 이유로 교육에서 차별을 받아서는 안 된다.

2) 학생의 자유권

(1) 학문의 자유

학문의 자유 보장이란 학문 활동이 특정 목적에 의하여 제약을 받지 않고 오직 진리 추구를 목적으로 하며, 즉 진리의 발전을 위하여 창조적인 자유가 필요하다는 인식과 함께 연구하고 가르치는 사람의 생각과 판단이 정치나 행정적 판단 혹은 요구보다 우선되어야 한다는 것과 권력으로부터의 자유가 학문 발전의 기본 조건이 되어야 함을 의미한다. 근래에는 중・고등학교에서도 학문의 자유가 확대 적용된다는 주장이 확산되고 있다. 초・중・고등학교에서 학생의 학문의 자유를 침해할 소지가 있는 주요 사항으로는 국가에 의한 교육과정, 교과서에 대한 통제, 학교나 교육 행정기관의 학교 도서에 대한 통제 등이 과도할 경우이다.

(2) 표현의 자유

표현의 자유는 언론의 자유와 출판의 자유를 포함하고 있다고 볼 수 있다. 표현의 수단이 담화, 연설, 대화 같은 구두의 형식인 경우 언론의 자유라 하고, 서적, 간행물, 도서와 같은 경우 출판의 자유라 한다. 표현의 자유는 인간의 필수적인 인권임을 감안할 때 청소년의 바람직한 성장을 위해서도 꼭 필요한 권리라고 볼 수 있다. 다만, 학생의 경우에는 재학관계라는 특수한 상황에 있기 때문에 일반 국민과는 달리 표현의 내용, 방식, 정도에 있어서 제한이 가해질 수 있다. 학생의 언론의 자유와 관련된 대표적인 판례들의 주요 견해를 요약해 보면, 학생들의 자유로운 의사 표현은 그것이 학교의 정상적인 운영이나 다른 학생의 권리에 본질적이고도 중대한 피해를 주지 않는 한, 그리고 그 내용, 방법, 시간, 장소 등이 지나치게 비교육적이거나 비정상적인 경우를 제외하고는 학교 안에서도 최대한 보장되어야 함을 주장하고 있다. 또한 학생의 출판에서는 학교 신문, 교지 등 학생들에 의해 출판되는 것이 포함되는데, 학생의 출판의 자유가 불합리하게 제한되는 인권침해의 사례들은 주로 학교 내외 출판물들에 대한 과도한 사전 검열과 제한, 통제 등이 행해지는 경우 등이다.

(3) 종교의 자유

종교의 자유란 개인이 자신이 원하는 종교를 원하는 방법으로 수용하고 따를 수 있는 자유를 의미한다. 이것은 신앙의 자유와 선교의 자유 등 적극적인 자유뿐 아니라 무신앙의 자유, 선교 및 종교활동을 강요받지 않을 수 있는 소극적 자유까지 포함한다. 근래 학교에서는 D고 K군 사태를 계기로 학생의 종교의 자유의 성격과 내용에 대한 논란이 야기된 바 있었다. 이와 관련해서 제기된 주요 쟁점은 강제 배정 방식에 의해 입학이 허용되는 종교 재단의 사립학교에서 종교 의식과 교육이 가능한지의 문제였다. 유사한 타 학교 사례들 중에는 입학 시 학생의 충성 선서로 인한 학생 양심의 자유 침해 여부 문제, 학생회장 선출 시 특정 종교인의 조건을 요구하는 학교 제도가 부당한 차별로 인한 인권 침해의 여부 등이 있었다.

(4) 집회, 결사의 자유

통상적인 결사의 자유가 국가 권력과 시민 사이의 충돌 문제라면 학생의 결사의 자유는 학교 당국과 학생 사이의 충돌 문제가 주류가 된다. 학교 내 집회 결사의 자유와 관련하여 제기되는 주요 이슈는 학교 내 공식적인 학생회 활동, 동아리 활동, 클럽활동 등과 학교 밖의 집단 활동 및 집회 등에 대해서 학교 당국의 불합리한 간섭과 과도한 제한과 통제 혹은 비협조적인 자세와 무관심에 관한 것이다.

(5) 두발, 복장 등 외양에 관한 자유

과거에는 특별권력관계이론의 영향 아래 뚜렷한 법적 근거 없이 학교의 학생에 대한 두발 복장 제제가 당연시되기도 하였으나 근래에는 이것이 학생의 기본권을 부당하게 제한할 수 있음이 지적되고 있다. 특히 학생의 개성의 존중 및 선택권을 보호하려는 입장과 헌법에서 보장하고 있는 프라이버시권과 행복추구권 등의 포괄적 개념에 의하여 외모 등에 관한 학생의 권리가 보장되어야 한다는 주장이 높아져 가고 있다.

두발 자유는 개성의 자유로운 발현권이나 자기결정권, 사생활의 자유 등 헌법에서 보장하고 있는 기본적 권리로서 학생에게도 보장되어야 한다. 만약 두발 자유를 제한해야 하는 경우라도 교육현장의 질서유지와 교육목적 달성을 위해 제한된 필요성이 인정되는 극히 제한적인 경우에 한하는 것이 필요하다. 또한 교육당사자 간에 합의된 규정과 절차에 근거하여 교육의 실현을 방해할 수 있는 상태나 행위만을 규제해야 한다.

(6) 소지품 압수, 수색으로부터의 자유

우리나라 헌법에서는 "체포, 구금, 압수 또는 수색을 할 때에는 절차에 따라 검사의 신청에 의하여 법관이 발부한 영장을 제시하여야 한다"고 규정하고 있다. 이러한 규정은 국민의 재산과 주거, 특히 프라이버시를 보호한다는 취지이므로 학교에서도 통용되어야 한다. 그러나 일선 학교에서 생활지도라는 명목하에 학생의 소지품 검사와 압수, 수색 등이 적절한 절차 없이 빈번히 이루어지고 있어서 학생의 사생활을 침해할 소지가 많다. 부당한 압수 수색에 대해서는 법률에서 금지하듯이 법률에 의하지 않거나 사전 영장 없이 학생의 소지품 등이 수색당하거나 압수당해서는 안 됨을 의미한다고 볼 수 있다. 또 교육목적에 의해 부득이 행해질 경우라도 그 범위와 기준이 분명해야 하며 지나친 압수나 수색 행위에 의해 학생 개인의 사생활의 권리가 함부로 침해되어서는 안 됨을 나타낸다.

3) 기타 학생의 보호복지권

(1) 학교로부터 부당한 처벌이나 징계를 당하지 않을 권리

교육상 행해지는 학생에 대한 벌의 방식, 체벌의 정도, 징계 방법은 선택과 적용에 있어서 대상 학생 행동의 심각성, 성숙 정도, 벌의 효과 등이 신중히 고려되어 적절한 방법으로 행해져야 한다. 감정적이거나 과도한 벌은 학생의 인격권을 침해할 가능성이 크다. 또한 처벌의 효과에 관해서도 문제학생의 위법 사실에 대해 '응징'보다는 '예방지도' 및 '교육적 효과'를 얻을 수 있도록 배려되어야 할 것이다.

특히 체벌은 통제와 권위에 수동적으로 반응하는 인간을 양성할 위험이 크므로 금지되어야 하며 교육공동체는 회초리를 들지 않고도 교육적 효과를 낼 수 있도록 노력해야 한다. 또한 학교생활규정은 학생회, 교직원회, 학부모회 등 교육공동체의 의견을 수렴하여 학생이 이해하기 쉬운 언어로 규정하여야 하며 학교생활규정을 '…를 할 수 있다', '…을 보장받는다'는 등의 권리중심으로 만들어 학생들이 존중되어야 할 권리의 주체라는 사실을 교육공동체(학생, 교사, 교육전문가, 학부모 등)가 분명히 알게 하고 그들의 인권보장을 위해 노력해야 한다. 무엇보다 정학이나 퇴학 등 학생을 단기 또는 장기간 학습환경으로부터 분리시키는 것은 학생에게 심각한 부정적인 결과를 초래한다는 선행연구들이 많으므로 적용하지 않는 것이 바람직하며 보다 교육적이고 바람직한 제재가 필요하다.

(2) 적법절차에 관한 권리

학교에서 학생 징계와 관련해서 최소한의 절차로서 징계 처분의 이유와 증거에 관해 통지를 받아야 하고 학생의 의견을 설명할 수 있는 청문의 기회가 주어져야 하는 등 적법 절차의 권리가 보장되어야 한다. 적법절차의 권리를 학생에게 보장하는 것은 효율성 중심의 행정편의주의를 방지할 뿐 아니라 학생도 자신과 관련된 주요 결정에 관해 알고 대처하며, 또 결정과정에 참여하도록 함으로써 민주시민의 능력을 기를 수 있게끔 할 수 있다.

(3) 학생이 안전사고로부터 보호받을 권리

학교는 위험이나 유해한 환경이 아닌 안전하고 쾌적한 환경과 시설 속에서 질 높은 교육내용과 적절한 교육방법으로 효과적인 교육을 학생들에게 제공하도록 노력해야 한다. 학교를 둘러싸고 발생하는 모든 유형의 사고를 안전사고라고 할 때, 안전사고는 학생들의 교육활동 중에 일어나는 것이 대부분이다. 그러나 방과 후 운동장에서의 놀이활동, 통학 도중의 교통사고 등 교육활동 이외에 발생하는 사고 등 광범위한 시간과 장소에서 일어날 소지가 있음을 감안하여 평소 학교 안전 교육의 강화와 피해보상제도의 확립, 안전사고에 대한 법률 지식 등의 습득을 통해서 학생에 대한 교육권과 환경권을 보장해 주어야 한다.

(4) 쾌적한 학교 환경에서 교육받을 권리

헌법 제35조 환경권은 물론 청소년 기본법 제5조 제4항에서는 '청소년은 안전하고 쾌적한 환경 속에서 자기 발전을 추구할 권리'가 있다고 규정하고 있다. 과밀 학급, 학교시설의 노후화, 그리고 학교 주변의 유해환경 등 열악한 물리적 교육 주변 환경은 학생의 기본적 인권을 침해할 소지가 크다. 이러한 점에서 화장실, 휴게실, 교실에 대한 쾌적한 환경 마련, 냉·난방, 교실 공기정화, 안전유리로 된 유리창 확보 등이 이루어져야 한다. 특히 열악한 급식환경의 문제는 학생들에게 집단식중독 현상을 발생하게 하는 등 청소년의 건강권을 심각하게 침해하는 사태를 초래하고 있다. 따라서 학교는 학생의 식생활 등 기본적 생활이 정상적으로 이루어져 학생들이 건강하게 성장하며 교육받을 수 있는 여건을 조성하여 학생의 기본권을 보장해 주도록 노력해야 할 것이다.

(5) 건강권

건강권은 생명・건강을 지키는 인간의 권리를 의미하는 것으로, 이전에는 하나의 선언적 권리로 인식해 왔지만 근래에는 건강권을 인권의 하나로 인정하는 경향이 국제적으로 확산되었다. 우리나라 헌법에서는 국민의 건강권을 포괄적으로 보장하고 있으며, 보건의료법에서는 국가가 어린이의 건강 증진과 학교보건의료의 관리를 해야 한다고 규정하고 있고, 청소년복지지원법 제7조, 아동복지법 제4조 1항에서도 아동 및 청소년의 건강과 복지에 대한 책임을 규정하고 있다. 그 외에도 학교급식법에서 학교급식에 대한 규정을 하고 있다.

(6) 빈곤층 등 소외 학생에 대한 복지권

복지권은 기본적 생계를 유지할 수 없는 결핍으로부터 벗어날 수 있는 권리뿐 아니라 보편적인 권리로서 무상의무교육의 기본 교육을 받을 권리도 포함된다고 할 수 있다. 국민기초생활수급권자 학생, 소년소녀 가장 등의 소외계층 학생에 대한 문제와 고충을 해결해 주는 사안이 두루 포함되어야 한다. 따라서 결식아동에 대한 지원, 학습 필요한 교재 및 재료구입비, 방과후 안전한 보호 등이 보장되어야 한다.

(7) 노동권

청소년은 부당한 노동착취로부터 보호받아야 함과 동시에 성장과정에 걸맞은 노동의 권리도 보장받아야 한다. 20세기 산업사회의 발전 속에서 청소년들은 노동시장으로부터 격리되어 보호받는 세대로 간주됨으로써 실제적인 경제생활 영역에서 소외된 채 무능한 소비 중심 세대로 성장해 왔다. 그러나 청년실업 문제의 심화 등으로 인하여 선진국에서는 청소년의 취업기회 확대 및 취업역량 강화를 위한 다양한 시도를 행하고 있다. 청소년의 근로활동(만 18세 미만인 연소근로자)은 정신적・신체적으로 성장단계에 있고 교육이 우선되어야 하는 시기이므로 성인근로자와는 달리 특별한 보호가 필요하다. 헌법에 의하면 만 18세가 되지 않은 연소자의 근로에 대해서는 성인근로자에게 적용되는 근로기준법상의 기본적인 근로조건 기준(근로기준법 제63조)이 당연히 적용됨은 물론, 그 외에도 청소년보호법 등 별도의 보호 장치가 마련되어 있다.

(8) 학생정보공유(sharing student information)

학교는 학생을 돌보는 데 있어 공동적인 관심사를 공유하는 지방 기관 또는 다른 사람과 협력할 수 있다. 이때 학생과 관련된 기록들을 다른 기관이나 학교 밖으로 알릴 경우 정보공개 전에 미리 해당 학생들에게 서면으로 동의를 얻어야 한다.

3. 학교사회복지사의 개입

지금까지 학교에서는 학생들을 지도한다는 명분하에 학생들의 인권을 빈번히 침해해 왔다(표 11-4 참고). 학교에서 학생들을 대상으로 이루어지는 지도에는 크게 교과지도와 생활지도가 있다. 이 중 생활지도는 학생들이 학교규율을 내면화하고 문제행동을 일으키지 않도록 하는 것에 중점을 둔다. 이러한 취지하에 대부분의 학교에서는 '학생에 걸맞은 태도와 용모'를 갖추도록 규정을 정하여 이를 수시로 검열하고 있다. 담임과 학생부의 생활지도는 주로 조회시간이나 종례시간, 등교시간에 이루어지며, 수업시간이나 쉬는 시간, 심지어 시험시간에도 일상적으로 이루어지고 있다. 결국 학생들이 학교에서 보내는 모든 시간이 생활지도시간인 셈이다. 여기에 더하여 일상적인 생활지도의 허점을 보완하기 위해, 정기적 혹은 불시에 두발검사나 소지품검사, 심지어는 속옷검사 등 각종 검사를 실시한다.

〈표 11-4〉 학생의 인권과 관련된 변천

구 분	문제제기	교육청 및 학교의 대응	문제점
두발 제한	- 1983년 두발 자율화 조치 이후 학교들이 '앞머리 3cm 이내', '귀밑 3cm 이내' 등으로 자체 규정을 두어 학생의 반발이 일어남	- 2000년 8월 서울시교육청은 여름방학 개학과 함께 일선 학교에 '학교규정개정위원회'를 설치, 두발제한 등 각종 학교규칙을 새로 마련하라는 공문 보냄. 교육청 차원에서의 두발 길이 및 염색에 대한 지침 등 규제는 없으나 학교장이 재량으로 규정한다는 방침이 강조됨	- 학생 인권과 밀접한 관련이 있는 학교생활 규칙 개정이 학교장의 재량에 맡겨져 있어 내용의 합리성 및 기본권 보호원칙에의 부합성은 여전히 문제로 남음
	- 2000년 8월 初, 강제이발 및 두발제한 등의 문제로 인해 학생들이 거리에서 인터넷을 통해 서명운동 및 청와대, 교육청에 민원 제기함	- 2002년 9월 교육부가 학교생활 규정예시안을 공고함	- 예시안의 통과로 일부 규제가 완화된 것은 있지만 두발 규제권이 학교장에게 넘어가 한계가 있음

	– 2005년 6월 국가청소년위원회가 학생 두발 제한 관련 제도 개선 권고 결정을 내림		
	– 2006년 7월 서울 D고 3학년 ㅇ군이 두발 규제, 강제보충수업 등 학생인권 개선을 요구하며 1인 시위 벌임	– 학교에서는 특별교육이수라는 중징계를 내림	
	– 2006년 11월 수원시 ㅇ고에서 수능을 앞둔 고3에게 두발검사 및 강제이발 실시를 하겠다는 공지문이 게시. 학생들이 '머리를 잘리는 게 아니라 인권이 잘려나가는 것'이라고 항의	– 학교에서는 머리를 단정히 자르도록 지도하는 것에 그치겠다고 입장을 정리함	– 여전히 강제 두발 단속이 일어나고 있음
복장 자율	– 복장 자율화에 대한 학생들의 요구가 높아짐	– 1983년 교복자율화 실시 – 1986년 복장자율화 보완조치 채택(학교장에 재량에 맡김) – 1990년 교복 착용을 적극 권장하라고 공식 지시	– 현재 교복차림이 부활됨
체벌	– 1998년 1월 교육개혁위원회에서 학생체벌 금지 권고	– 1998년 3월 초중등교육법 및 시행령 개정, '교육상 불가피한 경우를 제외한' 체벌금지원칙 마련	
	– 1999년 2월 국회에서 교사체벌권을 위원입법으로 추진 – 2000년 1월 헌법재판소를 통해 교사의 체벌 재량권 인정 결정 내려짐	– 2002년 교육부가 학교생활규정예시안을 통해 구체적인 체벌 규정 마련	
	– 2002년 9월 국가인권위원회가 교육부의 학교생활규정예시안의 개정권고	– 2002년 11월 교육부는 국가인권위원회의 권고 거부	
	– 2003년 유엔 아동권리위원회는 우리나라 아동체벌을 전면 금지토록 권고 – 2004년 6월 대법원 학생체벌에 대한 가이드라인 제시 – 대구 ㅇㅇ고에서 지각한 학생에게 200대 때린 체벌 발생	– 2006년 8월 교육부는 체벌 금지를 법제화하기로 함	– 교육부는 원칙적으로는 체벌을 금지하면서도 교육상 불가피한 체벌의 경우 학교규정에 명시해 시행하도록 함

출처 : 조금주 외(2006), pp. 1-4 요약 · 정리함.

생활지도를 통해 주로 강조되는 내용은 지각이나 결석을 하지 말 것, 교사에 대한 예의를 갖추고 권위에 복종할 것, 교육에 정해진 대로 용모를 단정히 할 것, 학업에 불필요한 물품을 소지하지 말 것, 흡연이나 유흥업소 출입 등 교칙에 어긋나는 행동을 하지 말 것 등이다. 지도규정과 교칙을 어긴 학생들은 체벌이나 훈계, 단체기합, 생활점

수 감점, 물품압수, 징계처분 등의 처벌을 받게 된다.

그러나 엄밀한 의미에서 이러한 형태의 '검열행위'는 분명 인간의 기본권을 침해하는 행위이다. 학생들에 대한 생활지도를 빙자한 다양한 형태의 검열이 과연 교육적으로 꼭 필요한 것인지 다시 생각해 볼 필요가 있다. 학교마다 생활지도 시 검열대상이 되는 종목은 다소 다르지만 머리에서 발끝까지 학생들을 규제하고 있다는 점은 동일하다. 이는 학생들의 사생활, 표현의 자유, 신체의 자유 등을 침해하는 것이라고 볼 수 있다. 두발이나 복장 등에 대한 각종 규제는 '교칙'에 근거하고 있다. 그러나 문제는 그 교칙에 학생들의 의견이 얼마나 반영되었는가 하는 점이다(한국청소년개발원, 2004 : 187-193).

학교에서 학생의 인권이 보장되기 위해서는 국가적·사회적 차원에서 다음과 같은 차원에서의 노력이 필요하다(조금주 외, 2006). 첫째, 헌법이 보장하는 기본권의 본질적 내용을 침해하지 않는 범위 내에서 학교 규칙이 제정되도록 하고, 그럼에도 불구하고 학교의 자율성을 보장할 수 있는 그런 수준의 법적 장치가 필요하다. 둘째, 민주적인 학교 규칙 재·개정 절차가 보장되어야 한다. 이를 위해서는 학생 대표와 교사 대표가 학교 규칙을 재·개정하기 위한 협의체를 의무적으로 구성하도록 하는 법제화가 효과적일 것이다. 셋째, 교사와 학생의 소통을 강화하고 보장할 수 있는 장치가 필요하다. 넷째, 학생, 교사, 학부모를 대상으로 하는 인권교육이 시급하다. 다섯째, 교육과 인권의 가치 갈등을 해결할 수 있는 교육철학적 합의를 모색해야 한다. 이를 위해 교직단체, 인권단체, 그리고 교육행정기관 등이 참여하는 상설적인 청소년 인권 협의체가 필요하다.

개별학교나 지역단위 학교에서도 학생의 인권 증진과 학교의 건강한 교육환경 조성을 위한 바람직한 변화를 위한 노력이 강구되어야 하는데, 특히 이러한 부분에 학교사회복지사의 역할은 매우 중요하다. 학교는 학교 내에서 일어나는 일을 통제할 권리를 가지고 있고 학생은 학교로부터 보장받아야 할 학생권을 가지고 있다. 따라서 이들 학교에서의 통제가 학생의 권리를 존중하고 공정하게 처우되도록 이들 간에 균형을 갖도록 하는 것이 필요한데 이것은 실제 상당한 딜레마를 유발한다. 학교사회복지사는 학교에서 사회복지사가 지향하고 있는 민주주의와 가치가 보존될 수 있도록 해야 하며, 또한 아동의 권리와 자녀양육에 대한 부모의 이해, 질서 있게 학습환경을 유지해야 할 학교의 의무 간에 균형을 유지하도록 도와야 한다. 이를 위해 학교사회복지사는 다음과 같은 방법으로 학생의 권리와 학교의 통제와 관련된 문제를 해결하기 위해 도울 수 있다(Kopels, 2004 : 145). 첫째, 신체적 처벌에 대한 제한을 위해 지역학교위원회와 일하고 로비할 수 있다. 둘째, 국가적 차원의 로비집단을 돕는다. 셋째, 학생과 교사를 위해 학생의 권리와 통제에 대한 합리적 기대를 구체시한 학교윤리집을 개발하기 위해 학교교직원과 행정가와 일할 수 있다. 넷째, 부당하거나 불공정하게 처벌받은 학생을 돕기 위해 옹호자로 활동한다. 다섯째, 학급관리와 관련하여 교사를 위한 훈련을 마련하고, 신체적 처벌과 과혹한 처벌규정에 대한 대안을 제시한다. 여섯째, 비교육적인 학교 처벌규정 개정을 옹호한다. 일곱째, 학교에서 퇴학된 학생에게 대안적 교육 프로그램을 연결한다.

CHAPTER 12

교육복지우선지원사업

1. 발생배경과 의의

전통적으로 우리나라는 학문을 숭상하는 유교문화, 과거제도 등으로 교육을 중요하게 생각해 왔을 뿐 아니라 부존자원의 절대 부족으로 인하여 인적자원을 국가발전의 원동력으로 간주해 왔다. 해방 후 그렇게 길다고만 할 수 없는 시간 내에 아시아에서는 두 번째로 OECD에 가입할 정도의 경제적 발전도 인적자원에 투자한 교육의 효과라고 할 수 있다. 현재 교육은 직업선택뿐 아니라 사회적 지위・계층에 이르기까지 한 개인의 모든 삶을 결정하는 중요한 요소가 되었다. 한마디로 우리나라에서 교육은 개인의 안녕과 복지를 결정짓는 핵심 요소일 뿐 아니라, 경제성장의 초석이며 우리 사회를 굳건하게 지켜내고 있는 최후의 보루이다.

반면 그 이면에는 입시 위주의 교육, 폐쇄적인 교육풍토, 교육복지의 미비, 교육권의 인식 부족 등의 복합적 요인의 작용으로 공교육의 부실 및 사교육 팽창 문제 등이 생겨났다. 이는 다시 학교붕괴, 학교부적응문제, 학생자살, 등교거부 등으로 연결되고 급기야는 교육 격차, 교육 불평등 문제로 심화되었다. 뿐만 아니라 교육문제를 개인의 책임으로 전가시키고 학교, 교사, 학생 간의 권위적・수직적 관계를 당연시하는 시각들이 만연되면서 학교 및 교육개혁은 사회적 숙제로만 남겨져 있었다.

그런 와중에 우리나라는 1997년 경제위기 이후 신빈민층의 발생, 사회적 양극화 문제 심화가 중요한 사회문제로 대두되면서 저소득 계층에 대한 적극적 지원을 통해 사회적 평등과 통합을 도모하고 21세기 정보사회에 부합하는 인적자원 개발을 추구해야 한다는 당위성이 강조되었다. 이를 위한 방법으로 기존의 개별 아동·청소년의 복지수준 향상을 위한 정책보다 지역의 교육·문화·복지수준을 총체적으로 제고시키고 이에 따라 학교와 지역사회가 적극적으로 대처할 수 있는 거시적 정책의 수립·추진을 요구하게 되었다. 이러한 시대적 상황의 산물인 '교육복지투자우선지역지원사업(이하 교복투사업)'은 교육 불평등 문제를 완화하고자 시도한 위로부터의 산물이었다.

교복투사업은 저소득층 영·유아 및 학생(아동 및 청소년)의 출발점 평등을 통해 교육기회를 실질적으로 보장하는 국가 차원의 지원사업이다. 저소득층의 교육·문화·복지수준을 총체적으로 제고하기 위해 학교와 지역사회가 함께 하는 사업이고, 학교가 중심이 되고 지역사회가 지원하는 지역사회 교육공동체 구축사업이라는 점에서 의의가 있다. 이 사업은 거시적으로는 인간의 출발점 평등지향의 가치를 근간으로 하는 교육평등, 교육복지를 지향하고 있다. 실천적으로는 단위학교에 사회복지사가 중심이 된 '지역사회교육전문가'를 배치하여 지역사회자원과 연계하여 학생들의 교육과정에서의 불평등을 해소하고 교육여건을 개선해 주는 프로그램 및 활동이다. 이는 학교사회복지실천의 연장선에 존재한다. 따라서 교복투사업은 학교사회복지와 그 맥을 같이하는 학교사회복지의 일환으로 간주할 수 있다.

이후 교복투사업은 2010년도까지 전국 100개 지역 538개교에서 추진되었다. 이러한 사업지역의 확대에도 불구하고 사업의 한계는 지속적으로 제기되어 왔다. 2003년도 이래 재정(특별교부금) 지원사업 위주로 운영함으로써 제도화 수준이 미흡하였으며, 지역(zone)기준을 적용함에 따라 저소득층 학생이 밀집한 학교의 경우에도 4개 이상의 학교가 지역으로 묶이지 않으면 지원대상에서 제외되는 선정기준이 경직되었다. 매년 특별교부금(시책사업) 재원에 의존함으로써 안정적이고 예측 가능한 사업 수행에 애로점이 있으며, 특별교부금 재원에 의존한 획일적인 사업 운영으로 시·도교육청의 자발적, 자율적 사업의지와 역량 발휘를 제약하였다. 이에 2010년 12월 초·중등교육법 시행령(제54조) 일부를 개정하여 사업의 법령상 근거를 만들고, 교육과학기술부 훈령을 제정하여 구체적인 지원 내용과 관리·운영 절차를 마련하였다.

〈표 12-1〉 초·중등교육법 시행령 개정

초·중등교육법 시행령 제54조(학습부진아 등에 대한 교육) 개정안 ③ 교육과학기술부장관과 교육감은 제1항의 규정에 의한 학생이 밀집한 학교에 대하여 교육·복지·문화 지원 프로그램 등을 포함한 종합적인 지원 시책을 강구하여야 하며, 밀집학교의 선정기준 등 필요한 세부사항에 관하여는 교육과학기술부장관이 정한다.

또한 매년 특별교부금으로 지원하는 교복투사업 재원을 보통교부금으로 전환하여 기준재정수요액으로 산정될 수 있도록 지방교육재정교부금법 시행령을 개정하였다. 그리고 저소득층이 밀집한 학교라도 지역 단위에 포함되지 않을 경우 지원대상에서 제외되는 문제를 개선하기 위해 지역단위 선정에서 단위학교별 선정으로 방식을 변경하였다. 교육부 지원 타 사업과 중복지원을 허용함으로써 교육지원청과 단위학교 내 관련 사업과 연계 운영을 강화하였다. 이에 사업명칭을 '교육복지우선지원사업'으로 변경하였다. 이처럼 '교육복지투자우선지역지원사업'을 법제화하고 재정지원을 특별교부금 시책사업에서 보통교부금으로 전환함에 따라 교복투사업은 또 한번의 성장의 기회를 맞이하게 되었다.

2. 추진체계 및 지원체계

'교육복지우선지원사업'의 추진체계는 다음과 같다. 중앙 차원에서는 한국교육개발원에 위탁하여 시·도별로 통일된 성과관리가 이루어질 수 있도록 성과관리 모델을 개발하여 제시하고 사업관계자 연수 등 사업지원을 추진하도록 하였다.

시·도교육청 차원에서는 시·도교육복지협의회를 통하여 적합한 성과관리 모델을 자체 특성 및 판단에 비추어 활용하여 단위학교의 사업 활성화를 위한 성과관리 및 지원업무를 담당하도록 하고, 교육지원청 차원에서는 지역교육복지지원센터를 통하여 지역의 교육 공동체 구축, 지역 차원의 사업 계획을 수립하며 사업학교의 효과적인 운영을 위한 지원뿐만 아니라 사업학교에 속하지 않은 대상 학생들을 위한 사업을 추진하도록 하였다.

단위학교 차원에서는 교육복지 전담부서를 두고 교육복지 구현을 위해 필요한 사업계획을 수립·시행하며 지역사회 유관 기관과의 연계·협력을 활성화하고 관련 사업을 통합적으로 연계·운영하도록 하였다.

지원체계로는 시·도교육청 간 협의체를 두어 사업의 효과적인 수행을 위한 시·도 간 협력을 촉진하도록 하였다. 또한 사업의 효과적인 운영을 위하여 사업학교와 교육지원청 및 교육청에 민간전문인력(프로젝트조정자, 지역사회교육전문가)을 배치하여 활용하도록 하였다.

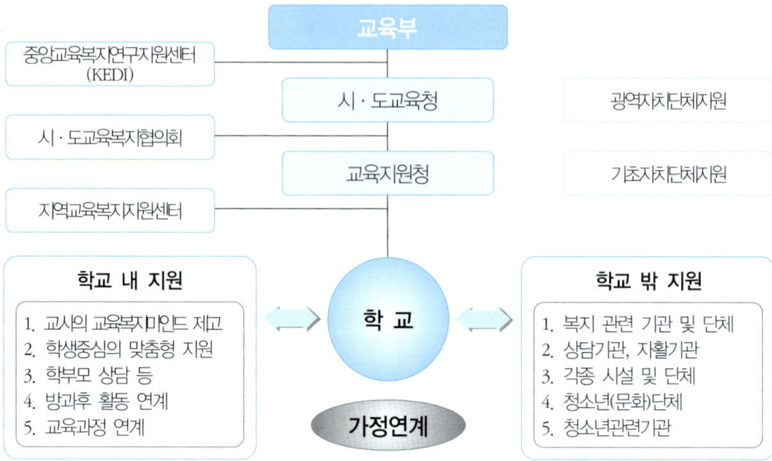

|그림 12-1| 교육복지우선지원사업의 추진 및 지원 체제

〈표 12-2〉 추진체계 변경 내용

구 분	변경 전 체계	현행 체계
사업명칭	교육복지투자우선지역지원사업	교육복지우선지원사업으로 변경
법령상 근거	미흡(초 · 중등교육법 제28조)	명확화(초 · 중등교육법 시행령 일부개정, 교육부 훈령 제정 등)
재정지원 방식	특별교부금, 대응투자(1 : 1) 및 시 · 도 자체 사업예산	보통교부금 기준재정수요에 반영
사업대상 지역 및 학교급	– 전국 도시지역 저소득층 밀집 학교(읍면지역 제외) – 초 · 중학교 위주, 일부 고등학교(6교) 포함	전국 저소득층 밀집 초·중학교
사업학교 선정 방식	인접한 4개 학교 이상이 묶인 지역(zone) 단위로 선정	저소득층 밀집 학교별 선정(지역기준에서 탈피하되, 지역사회와의 연계 · 협력은 강화)
대상 학교 선정 기준	기초생활수급자와 한부모가정 자녀가 70명 또는 10% 이상인 학교	시 · 도교육청 실정 · 여건에 맞도록 자율성 확대
보통교부금 산정 기준	없음	기초생활수급자가 50명 이상인 초 · 중학교
단위학교 내 관련사업 연계 운영(Wee클래스, 학력향상중점학교 등)	연계 안 됨	개별 학교의 여건·실정에 맞추어 관련 사업 운영 및 재정 집행 시 유연성 제고 및 통합적 연계 운영 강화

추진·지원체제	– 교육부 : KEDI 중앙연구지원센터 – 시 · 도교육청 : 시 · 도교육복지협의회 – 교육지원청 : 지역교육복지지원센터 – 단위학교 : 교육복지위원회	좌동
사업평가/ 성과관리	투입 · 과정 중심의 연 1회 별도평가 (시 · 도 및 지역교육청, 단위학교)	– 공시 · 정량지표 중심 성과평가로 전환 – 연수, 컨설팅 제공 등 운영 내실화 지원에 역점

〈표 12-3〉 변경된 협의 및 지원체계의 역할 구성

기 관	역 할	구 성
광역(시 · 도) 교육복지협의체	– 광역수준의 교육복지정책 및 사업연계 조정, 협력 – 교육지원청의 사업계획 심의, 승인	교육청, 자치단체, 시 · 도 관련기관단체 책임자 등
지역교육복지 협의체	– 지역수준의 교육복지사업 연계 조정, 협력 – 사업계획 심의, 적절한 사업 운영 모형 적용	교육청, 자치단체, 학교, 지역지원팀, 지역관련기관단체 책임자 등
중앙교육복지 연구지원센터	– 교육취약집단 관련 데이터 축적, 관리 (데이터베이스 구축/교육복지 지표 산출) – 변화하는 정책 수요에 부응하는 정책 개발 – 지역별 교육격차 주기적인 점검 – 교육복지 관련 정책 효과 분석 – 교육복지 분야 정문인력 양성 및 훈련 지원 – 유관 연구 사업과의 연계 · 협력방안 모색 등	KEDI 교육복지연구센터에 위탁
시 · 도연구지원 센터	– 교육복지사업 기획, 운영 평가에 대한 전문적 지원 및 연구 – 학교사업 컨설팅 및 담당자 연수	교육복지 전문가 등(기존 시 · 도연구지원센터 확대 강화)
지역지원팀	– 학교의 교육복지사업 기획 · 운영 지원 – 학교-지역 간 연계 · 협력 지원 – 지역교육복지 협력 네트워크 구축 및 허브(hub)기능 수행 – 지역교육공동체 구축 방안 마련 – 사업학교에 대한 컨설팅 지원 – 현장 밀착형 연수	교육복지사업 경력이 풍부한 전문인력 등(교육지원청에서 직영 혹은 대학 등 기존 기관 · 단체 중 지정하여 위탁운영 가능)
(학교) 교육복지위원회	– 학교의 교육복지우선지원사업 계획 수립 – 사업추진과정 심의, 총괄 기획 및 운영	교장, 교감, 행정실장, 사업전담부서(부장, 담당교사, 지역사회교육전문가), 단위사업별 담당부장 등

* 협의 및 지원체제는 기존 유사 협의 및 지원체제를 계승 · 발전시킬 수 있으며 명칭도 자유롭게 정할 수 있음.

3. 프로그램 및 서비스 내용

교복투사업은 개별 저소득층 아동·청소년이 겪는 문제 사태를 총체적으로 해결하려는 사업이다. 총체적 지원이란 모든 학생에 대하여 여러 종류의 지원을 모두 함께 해야 한다는 의미가 아니라 학생이 필요로 하는 모든 영역을 다루어야 한다는 의미이다. 학교 단위에서는 저소득층 아동·청소년들의 요구 조사에 기초하여 프로그램을 개발하여 운영하되, 그 프로그램들이 한 아동·청소년의 삶에 유기적으로 통합될 수 있도록 하고 있다.

이 사업의 주요 영역은 학습, 정서·문화, 심리·심성, 복지 등으로 나누어져 있으며 각 영역별로 주로 운영되는 프로그램들이 있다. 그러나 이 프로그램들이 사업을 대표하는 프로그램들이라고 보기는 어렵다. 프로그램은 고정되어 있지 않고 대상 학생들의 필요와 학교, 지역사회의 특성에 기초하여 개발하는 것을 원칙으로 하고 있다(김정원, 2008).

〈표 12-4〉 교복투사업 프로그램의 목표 및 추진 방향과 내용

영 역	목 표	추진방향	프로그램 예시
학 습	학력증진과 학습 지원	• 저소득층 학생의 학습결손 누적 방지를 위한 학습동기 유발에 역량 집중 • 교원의 전문성 제고 • 지역사회의 자원 활용	• 도서관 활성화 사업 • 기초 학력 부진 학생 학습지도 • 교과 관련 특기적성 활동 • 일대일 학습 지원 • 방과후 교실 • 특수학급 활성화 • 학습자료 개발, 교과연구 등 교원전문성 신장
정서 · 문화	다양한 문화 · 체험	• 저소득층 학생의 안정적 인성 발달과 다양한 문화적 욕구 충족 기회의 제공을 위해 학교와 지역사회가 함께 노력 • 저소득층 아동이나 학생만이 아닌 지역의 모든 아동과 청소년을 대상으로 한 지역 전체의 문화 활성화에 기여할 수 있도록 노력 • 지방자치단체와의 연계를 통하여 아동 및 청소년이 활용할 수 있는 기반시설 확충 요구	• 문화 관련 체험학습 등 • 클럽활동을 활용한 문화활동 • 토요휴업일 프로그램 • 동아리활동, 축제

심리 · 심성	특별한 문제 또는 욕구 충족을 통한 정신 건강 도모	• 저소득층 학생들 중 성장 과정에서 방임, 방치 등의 경험으로 인한 심리적 문제로 학교생활이나 일상생활에 적응하기 어려운 학생들을 위한 치유와 지원 제공 • 저소득층 학생을 포함하여 지역의 아동 청소년들이 긍정적 자아개념, 건강한 사회성을 기를 수 있도록 적절한 지원을 제공	• 학생상담 및 치유 –개별상담 및 집단상담 –사례관리 –가정방문 및 가족상담 –부적응 학생 진단 및 치료 • 멘토링 사업
복 지	건강한 신체 발달지원 및 보호	• 건강한 신체 발달을 위해 필수적인 복지서비스를 제공함으로써, 정상적인 생활을 영위할 수 있도록 지원 • 부모와 학교의 보호 없이 학교 밖에서 많은 시간을 보내는 아동과 청소년들에 대한 학교와 지역사회 공동의 지원체제를 구축 • 교육복지투자우선지역 내 영 · 유아의 교육 · 보육 프로그램에 대한 실질적 접근기회 보장을 위한 지원 확대	• 급식비 지원 • 건강 검진 및 치료 • 학생복지 지원사업
기 타	사업운영 지원		• 학부모 연수 • 교사연수

출처 : 류방란(2006)을 참고하여 재구성.

단위학교에서는 이러한 영역을 참조하여 학생들의 특성, 학교의 형편, 지역사회와의 연계 가능성 등을 고려하여 사업계획을 수립하여 프로그램을 운영하고 있다.

변경된 '교육복지우선지원사업'에서도 프로그램 및 서비스 내용은 크게 변화가 없으나, 운영에 있어 몇 가지를 강조하고 있다. 먼저 사후 관리보다는 연수, 컨설팅, 매뉴얼 제공 등 사전에 운영 내실화를 도모하고 성과관리를 강화하는 데 중점을 두고 있으며, 지역사회 및 유관기관과의 연계 · 협력 및 지역 개발 강화를 강조하였다. 교육부 지원 타 사업과 중복지원이 가능하도록 하고, 유관사업과의 연계 · 운영을 강화하도록 하여 각 학교의 여건 · 실정에 맞추어 유연하게 운영 · 관리할 수 있도록 권장하였다.

4. 사업 효과

교복투사업이 어떠한 사업효과가 있는지는 교육투사업의 목표가 제대로 달성되었는지를 파악하는 것일 뿐 아니라 앞으로 이 사업이 유지, 확대되어야 하는지의 방향성을 결정하는 데도 매우 중요하다. 지금까지 교복투사업의 효과에 대해 연구된 내용을 토대로 정리하면 다음과 같다.

먼저 한국교육개발원의 2010년도 사업 평가보고서의 내용이다. 평가 결과 대부분의 학교에서 집중지원학생들의 기초학력 미달 비율이 대체로 감소한 것으로 나타났으며, 집중지원학생들의 학업능력이 향상된 사례가 다수 확인되고 있다. 집중지원학생의 학습능력 향상을 위하여 사업학교에서 학생들의 학습 수준과 실태에 따라 다양한 방식의 학습능력 향상 프로그램을 지역 지원과 연계하여 실시한 것으로 나타났다.

한국교육개발원(KEDI)이 수행한 '교육복지투자우선지역지원사업'의 종단적 효과분석 연구(2차년도) 결과에 따르면, 교복투사업을 추진하는 학교의 저소득층 학생들의 학교생활적응, 수업태도, 학업효능감, 사회성, 학부모의 학교신뢰도, 교사의 학생지도 효능감, 학생을 위한 정서적 지원 등에서 사업을 추진하지 않는 학교(이하 '비사업학교')에 비해 향상된 것으로 나타났다. 교복투사업의 효과를 분석하기 위해 초등학교와 중학교 학교급별로 사업학교와 비사업학교를 각각 50개교씩 표집하여 초·중학생 7,061명을 2년간 추적 조사한 결과, 학생들의 학교생활적응이나 정서발달 등에서 사업학교 저소득층 학생이 비사업학교 저소득층 학생에 비해 더 긍정적으로 발달하고 있음을 확인할 수 있었다.

김정원 외(2007)의 연구에서는 교복투사업 대상 학교들을 대상으로 학교 차원 배경 및 투입, 과정 변인의 학교 차원 효과 변인과의 관계를 분석하고, 학생, 학교 차원의 배경 및 투입, 과정 변인의 학생 차원 효과 변인과의 관계를 분석하였다. 그 결과 학교 차원에서는 사업연차가 높아질수록 학생과 학부모의 학교에 대한 신뢰가 높아지고 학교 내 학생들의 문제 행동이 감소할 뿐만 아니라 수업태도가 좋아지며, 학생과 교사와의 관계가 긍정적으로 변화함을 보고하고 있다. 또한 교복투사업이 그 목적에 맞게 운영되는 수준이 높을수록 저소득층 학생에 대한 학교의 역할 기대, 학생에 대한 교사의 관심과 지원, 학부모의 학교에 대한 신뢰, 학교 학생들의 생활태도 변화 등 대부분의 학교 차원의 효과가 높게 나타났다. 사업 추진을 위한 학교장의 리더십이 높은 학교일수록 학교에 대한 학부모의 신뢰 수준과 학교 학생들의 생활태도 변화 수준이 높았음을 보고하고 있다. 학생 차원의 효과로는 4년차 사업 지역에서 1년차에 비해 학생의 자아개념이 높고 학교생활 및 학업태도가 보다 긍정적으로 나타났으며, 또 학생들의 학교생활 및 학업에 대한 태도도 좋은 것으로 나타났음을 보고하고 있다.

김정원 외(2008)의 연구에서는 김정원 외(2007)의 연구보다 효과측정의 범위를 보다 확대하여 분석하였는데 이 연구결과에서도 이전 연구와 부분적으로 일관성을 보이고 있다. 사업이 그 목적에 맞게 운영될수록, 학교장의 사업추진을 위한 리더십이 높을수록 학교 차원의 제반 효과가 높게 나타났는데, 이것은 이전 연구와 같은 결과였다. 더불어 지역교육청 혹은 시・도교육청으로부터 사업 운영을 위한 지원을 많이 받는 학교일수록 교사 효능감, 저소득층 학생에 대한 학교의 역할 기대, 학교에 대한 학부모의 신뢰 정도, 학교 학생들의 생활태도 변화가 높게 나타났다.

또한 학생 차원의 효과를 '기초문해력', '자기주도적 학습능력', '자기효능감', '일상생활습관 및 학교적응' 등으로 구분한 결과, 2006년도에 조사된 자료에서 연차별 효과가 나타났던 것과 유사한 영역인 학생들의 자기효능감과 일상생활습관 및 학교적응 등에서 3차년도 사업지역이 1차년도 사업지역에 비해 높은 것으로 나타났다. 이는 이 사업과 해당 영역의 학생 효과가 밀접하게 관련되어 있음을 시사하는 것이라 할 수 있다. 자기주도적 학습능력의 경우에는 사업 관련 변인과 부분적으로 관련을 보였는데 학교장의 사업 추진을 위한 리더십이 높을수록, 교육지원청 혹은 시・도교육청으로부터의 사업 추진을 위한 지원을 적극적으로 받는 학교일수록 학생들의 자기주도적 학습능력이 높은 것으로 나타났다.

5. 개선점

'교육복지우선지원사업'이 학교사회복지의 이념과 실천을 담보하기 위한 관련 과제들을 중심으로 '교육복지우선지원사업'의 향후 과제를 제시하면 다음과 같다.

1) 교육복지(기본)법의 제정

교복투사업은 시범사업 초기부터 법제화의 필요성이 대두되었지만 여러 가지 어려움으로 초・중등교육법 일부 개정을 통해 '교육복지우선지원사업' 추진을 위한 최소한의 법적 기준 정도만 마련된 상태이다. 주지하듯이 '교육복지우선지원사업'의 효과는 단시간에 이루어질 수 있는 것이 아니라 장기적인 전망에서 보다 체계적이고 전문적인 접근이 필요한 사업이다. 교육투사업의 토대가 된 영국, 프랑스 사업이 성공적으로 운영된 데에는 사업 자체도 중요하지만 사회복지제도의 성숙, 교육과 복지의 통합적 접근, 타 전문직과의 팀워크 등 사업을 지탱하는 여건들이 함께 구축되어 있었기 때문이다.

교육복지의 여건이 미성숙한 우리나라에서는 이러한 난관을 효과적으로 극복하면서 '교육복지우선지원사업'이 소기의 성과를 거두기 위해서는 강력한 제도적 뒷받침과 지원이 동반되지 않으면 안 된다. 부처 간의 이기주의, 이해집단 간의 견해 차이 등을 초월해서 가칭 교육복지기본법 등의 제정을 통해 이 사업이 국가의 책임이라는 것을 명시하고 조직, 재원, 인력 등 관련 내용을 구체화함으로써 사업의 지속성과 통일성을 보장하는 것이 필요하다. 최근에 개정된 초·중등교육법 일부 개정을 통해 본 사업의 법적 안정성을 확보한 것은 다행이지만, 본 사업이 장기적 정책으로 추진되기 위해서는 미흡한 조치이다.

이와 관련하여 학교사회복지계에서는 학교사회복지에 관한 단독입법의 제정을 희망한다. 2011년에 이주영 의원이 대표 발의한 학교사회복지법안이 국회에 상정되었다. 이 법은 학교에 학교사회복지사업에 관한 전문 지식을 가진 학교사회복지전문인력을 배치하도록 하고, 학교사회복지전문인력의 업무를 규정하였다(안 제18조 및 제19조). 이처럼 단독법 제정에 시간이 많이 소요된다면 가칭 교육복지기본법 안에 학교사회복지의 근거를 마련하는 것도 차선책이 될 수 있을 것이다.

2) 안정적 사업 추진 체제 마련

'교육복지우선지원사업'은 빈곤문제, 아동 및 청소년문제, 학교부적응, 지역문제 등 복합적인 요소와 관련된 사업이다. 특히 '교육복지우선지원사업'을 실시하는 지역은 저소득 밀집지역으로 학교나 교육청의 재정상태가 상대적으로 열악하다. 그러나 '교육복지우선지원사업'의 개편을 통해 특별교부금이 보통교부금으로 전환되면서 안정적 예산을 확보를 위한 기반은 마련되었다고 볼 수 있으나 책임이 시·도교육청으로 이관되면서, 시·도별 의지에 따른 사업 운영의 격차가 발생할 우려 또한 제기되고 있다. 이를 개선하기 위해서는 안정적인 사업추진체계 마련이 시급하다. 장기적으로는 교육복지전달체계가 구축되고 교육복지 직렬이 신설될 필요가 있다. 단기적으로는 시·도교육청 및 지역교육청에 장학관, 장학사, 교육복지사로 구성된 전담부서가 마련되어야 한다.

3) 교육복지환경의 조성

교사와 '지역사회교육전문가'가 함께 지역사회와의 연계를 통하여 저소득층 학생들의 학습증진, 학교생활 적응력 제고 그리고 복지향상을 도모하는 '교육복지우선지원사업'의 목적을 효과적으로 달성하기 위하여서는 그 근간이 되는 교육복지환경이 조성되어야 한다. 홍봉선(2004)이 제시한 아래의 교육복지의 과제가 그 방향이 될 수 있을 것이다.

첫째, 교육복지에 대한 정부의 의지를 분명히 하고 관련법과 조직이 정비되어야 한다. 교육이 경제적 생산과 사회적 배분에 있어 효과적인 기제임을 인정하고 교육과 관련해서는 무엇보다도 공교육의 강화, 충분한 투자와 정부의 적극적 역할을 강조해야 한다. 또한 교육복지가 소외계층에 대한 보상적 차원이나 보호적 차원이 아니라 권리적 차원, 인적자본에 대한 투자로 행해져야 하며 교육복지의 제도화를 위한 법과 조직이 정비되어야 한다.

둘째, 교육복지의 적용대상이 확대되어야 한다. 교육복지는 타고난 능력에 관계없이 모든 사람들에게 교육기회를 고루 분배하고 선택하도록 하되 취약 집단의 교육기회 확충에 우선순위를 두어야 한다.

셋째, 교육복지가 포괄적, 연속적으로 이루어져야 한다. 모든 사람들의 생애주기에 따른 교육욕구를 고려하고 충족할 수 있는 교육이 교육복지의 영역이 되어야 한다. 이를 위해서는 교육복지는 취학 전 아동에서부터 학교교육은 물론 평생교육, 계속교육까지 연결되어야 한다. 또한 교육복지는 교육 불평등 해소를 위해 교육기회의 보장에서부터 교육과정의 보장, 교육결과의 보장을 포함해야 한다.

넷째, 교육복지는 사회복지, 교육, 노동 등 다차원적 접근이어야 한다. 최근 발생되는 교육문제를 근본적으로 해결하기 위해서는 현재 해당 지역의 유아로부터 청소년, 성인에 이르기까지 모든 주민에 대한 교육, 문화 및 복지수준을 함께 향상시키는 지역 차원의 총체적 노력이 반드시 병행되어야 한다. 즉, 모든 사람들의 교육권을 보장하기 위해서는 취학장려비, 생계보조비, 양육비, 아동수당, 보육시설의 확대, 방과후 프로그램 확대, 빈곤부모의 자립강화 등 사회보장제도를 근간으로 한 종합적인 접근이 이루어져야 한다.

다섯째, 교육복지서비스의 전문화이다. 교육복지정책 및 서비스를 행함에 있어 사회복지사들이 교육현장에 배치되어야 한다. 즉, 중앙 및 지방의 교육복지정책 및 행정부서에도 사회복지사가 배치되어야 하며 학교에는 반드시 학교사회복지사가 배치되어야 한다.

여섯째, 교육복지를 위한 기반조성이다. 전인적 교육제도의 실시, 학교시설 및 환경의 개선, 교사들의 근무조건 개선, 지역별, 성별, 계층별 교육장애가 개선되어야 한다.

4) 아동 · 청소년지역종합센터로서의 학교

급변하는 사회환경에서 이제 더 이상 교육은 학교 안에서만 이루어질 수 없다. 또한 학교가 교육의 기능만 담당할 수도 없다. 학교는 지역공동체와 끊임없이 상호작용하고 연결되어 있다. 학생에게 필요한 교육은 학교뿐만 아니라 지역사회와 함께 학생의 일상에서 이루어져야 한다. 또한 교육이 잘 되기 위해서는 복지, 문화, 건강 등 다양한 영역과 연결되어야 한다. 이를 위해 학교의 기능과 역할이 달라져야 한다. 우리 지역에서 가장 많은 아동 및 청소년이 많은 시간을 보내고 있는 곳이 학교이다. 학교는 아동청소년을 위한 종합센터가 되어야 한다. 이를 위해서는 학교가 개방하고 지역과 타 전문가와 협력해야 한다. 지금까지의 우리의 학교는 매우 폐쇄적인 운영과 강한 보수성으로 인하여(정기섭, 2001; 최희선, 2003; 문용린, 2005; 함수곤, 2005) 외부 전문직의 학교 진입을 쉽사리 허용하지 않았다. '한 명의 아이를 키우기 위해서는 온 마을이 든다(It takes a Village to rear a child)'는 외국의 격언처럼, 아동·청소년의 건강한 발달을 위해서는 교육, 보건, 사회복지서비스가 통합적으로 제공될 수 있는 체계가 필요한 것이다(이상균, 2001). 그리고 학교에 학교사회복지사, 상담가 등을 비롯한 다양한 전문직들이 교사와 함께 학생들의 학습 증진과 생활지도를 해 오고 있는 외국 선진국의 경우처럼 이제 우리나라도 과감히 학교를 개방하고 보수성을 탈피하여야 한다. 현재도 학교에 보건 혹은 사서 전문직이 일부 있으나 이들은 모두 보건교사, 사서교사로서, 그 명칭이 보여주듯이 교사의 자격과 역할이 상당히 중시되고 있는 실정이다.

현재 진행 중인 교복투사업을 일정 부분 학교개방과 외부 전문직의 학교 진입에 대한 신호탄으로 볼 수도 있으나 여전히 학교는 문턱이 높고 외부 전문직과의 협력에 소극적이다. 교복투사업이 외국 선진국의 학교사회복지 수준의 전문성을 발휘하기 위해서는, 우선 무엇보다도 학교가 교육 원래의 목적을 달성하고 학생들의 복지 증진을 위해 교사 이외의 다른 전문직과의 소통과 협조가 필수적이라는 것을 인식하여야 한다. 이러한 방향으로 학교 문화가 개선될 필요가 있다.

5) '교육복지우선지원사업'에 대한 (학교)사회복지계의 지원 강화

'교육복지우선지원사업'이 학교사회복지의 일환이라는 주장은 본 서의 여러 곳에서 주장되고 있다. 뿐만 아니라 교복투사업이 시작되어 지금에 이르기까지 교복투사업의 학교사회복지적 의의와 (학교)사회복지계의 교복투사업의 지원에 관한 주장은 있어 왔다(홍봉선, 2003; 윤철수, 2006). 사회복지계의 '교육복지우선지원사업'에 대한 지원과 협조의 필요성은 여전하며 오히려 증대되었다고 생각된다. 그동안에 실시되었던 공동모금회에 의한 학교사회복지 시범사업은 큰 성과를 남겼지만 이제 거의 종료되었고 '학교폭력

예방을 위한 사회복지사의 활용방안 사업'도 실제적으로는 종료되었다. 서울시교육청 사업과 몇몇 도시에서 제도적 혹은 실험적 학교사회복지가 실시되고 있으나 현재도 전국적인 단위에서 실시되고 있으며 국가의 주도에 의해 기하급수적으로 확대하고 있는 '교육복지우선지원사업'의 규모에 비하면 그 세가 미미해 대중적 인식에서 한계가 있다. '교육복지우선지원사업'을 통한 학교사회복지의 구현이 불가피한 실정이다.

현재 우리나라는 교육복지, 학교사회복지, 교육복지우선지원사업이라는 용어들이 혼재되어 심지어는 같은 학교사회복지사라도 각기 다른 개념으로 받아들이고 있다. 다시 한번 강조하지만 '교육복지우선지원사업'은 학교사회복지의 하나의 모델로 인식해야 한다. 앞서 제시한 바와 같이 '교육복지우선지원사업'은 사업목적, 내용, 인력 등 모든 부분에서 학교사회복지와 맥을 같이하고 있다. 특히 본 사업의 주 담당 인력인 프로젝트 조정자, 지역사회교육전문가는 대부분이 사회복지사로 구성되어 있다.

'교육복지우선지원사업'은 학교사회복지의 다양한 모델 중 한국적 모델로 성장, 발전시켜 나가야 한다. 바람직한 한국형 학교사회복지 모델을 만들기 위해서는 먼저 학교사회복지학회나 실천가 협회에서 '교육복지우선지원사업' 정책기획에서부터 집행, 평가에 이르는 과정에 보다 적극적으로 참여해야 한다. 다양한 연구와 논의를 통해 이론, 개입방법과 내용, 기술 등을 발전시켜 나가는 데 주도적인 역할을 강화해야 한다. 특히 사업의 확대를 지원하는 자격 있는 전문가의 양성은 시급하다. 한국사회복지학회나 한국사회복지사협회 등의 일반 사회복지계의 협조와 지원도 확대되어야 하는 것은 마찬가지이다.

6) 전문인력의 신분 및 처우개선

'교육복지우선지원사업'의 전문가인 전술한 프로젝트조정자, 지역사회교육전문가는 교사에 비해 불안한 신분과 열악한 처우에서 일하고 있다. 이는 '교육복지우선지원사업'의 지속적 성장, 나아가 학교사회복지로의 안정적 정착에 큰 장애물로 여겨진다. 김민 외(2006)에 따르면 학생들이 인식하는 교복투사업의 만족도는 지역사회교육전문가에 대한 관계와 깊은 상관관계가 있다고 하였다. 이는 학생들에게는 전문적이고 역량 있는 전문가의 개입이 사업 만족도에 영향을 미치는 매우 중요한 요인임을 확인하는 결과이다. 전문적이고 역량 있는 전문가의 투입을 위한 그들의 참여를 촉진하는 첫 조치는 그들의 신분 안정에서 시작되어야 함은 너무나 자명하다. 따라서 적합한 신분 유지 및 처우 개선이 이루어져야 한다.

Part 04

학교사회복지의 실천사례

[학생중심의 개입 사례]

CHAPTER 13 외현화 및 내재화 행동문제에 대한 개입

CHAPTER 14 무단결석과 학업중단에 대한 개입

CHAPTER 15 정서 · 행동장애를 가진 학생에 대한 개입

CHAPTER 16 취약집단 학생을 위한 개입

[학교, 가정 및 지역사회체계 중심의 개입 사례]

CHAPTER 17 학교 차원의 위기개입

CHAPTER 18 가족개입과 부모참여

CHAPTER 19 학교교직원 및 지역사회에 대한 자문

CHAPTER 20 지역사회 및 정책에 대한 개입

CHAPTER 13

외현화 및 내재화 행동문제에 대한 개입

사회에서는 학교폭력문제나 왕따로 인한 자살 등의 문제에 관심을 갖지만 이 외에도 교사와 학교사회복지사가 관심을 가져야 하는 학생의 문제행동에는 여러 가지가 있다. Achenbach(1991)는 아동 및 청소년의 문제행동을 크게 외현화 문제와 내재화 문제로 구분하였는데 외현화 행동(externalizing behavior)문제는 타인에게 해를 끼치거나 공격적인 행동, 싸움, 비행 등 외현화되고 과소통제된 행동을 의미하는 것으로 학교현장에서 주로 발견될 수 있는 것은 교실행동문제, 학교폭력, 또래의 성추행 등이 있다. 반면 내재화 행동(internalizing behavior)문제는 소극적이고 사회적으로 위축된 행동, 신체적 증상 등 내재화되고 과잉통제된 행동을 의미하는 것으로 학교현장에서 주로 발견될 수 있는 것은 불안과 두려움, 외로움과 철회, 슬픔, 우울 및 자살시도 등이다. 대부분의 학교 당국자들은 학생의 외현화 행동문제에 대해서는 상당한 관심을 가지지만 조용하게 고통받는(suffer quietly) 많은 학생들에 대해서는 잘 알지 못하거나 지원을 하지 않는다. 본 장에서는 오늘날 학교에서 일반적으로 발생되는 외현화, 내재화 행동의 여러 가지 유형 및 특징을 검토하고 이에 대한 학교사회복지사의 개입 및 학교 차원에서 외현화 및 내재화 행동문제를 최소화시키거나 예방하는 데 유용하다고 평가된 프로그램 및 서비스를 소개하고자 한다.

1. 외현화 행동문제

1) 교실에서의 행동문제

(1) 특성

교실에서 일어나는 학생의 행동문제로는 좌석에서 이탈하는 것, 큰 소리로 또는 난폭하게 소리치는 것, 교사의 지시에 순종하지 않는 것, 거짓말 등이 포함된다. 교실에서의 행동문제는 교사뿐 아니라 학생에게도 지장을 준다. 미국의 1994년 조사에 따르면 중·고등학교 교사의 46%가 교실부적응 행동으로 수업을 방해받았고 학급 학생의 17%가 일주일에 적어도 6번 다른 학생으로 인해 학습에 방해를 받았다고 보고하였다(Dupper, 2002 : 43 재인용).

교실에서의 행동문제는 학습 환경과 관련된 하나 또는 여러 요인들의 결합으로 인해 발생될 수 있다. 예를 들어, 어떤 학생은 급우들로부터 과제를 수행하지 못하는 바보 학생(stupid kid)으로 취급받기보다는 말썽꾸러기(troublemaker)로 인식되는 것이 학급에서 덜 낙인화된다고 생각하고 그런 역할을 계속 한다. 대부분의 경우 학급에서 학생행동은 또래와의 상호작용에 의해 야기되거나 가속화된다. 예를 들어, 통학버스에서 다른 친구들로부터 계속 괴롭힘을 받고 조롱을 받는 학생의 경우, 이러한 괴롭힘이 학급에서의 부적응을 유발하기도 한다. 이 외에도 교사의 빈정거림이나 적절하지 못한 말, 학생에 대한 낮은 학업적 기대, 가정에서의 어려움이나 긴장으로 인해 정서적으로 불안정한 것 등은 학생으로 하여금 학교 과업에 집중하는 것을 어렵게 만든다(Dupper, 2002 : 43).

아동이 교실에서 보이는 대부분의 행동문제는 학교사회복지사, 교사와 학생의 노력으로 안정될 수 있다. 그러나 학교사회복지사나 교사의 관찰에 의해 드러나지 않는 학생의 문제행동에 대해 주목할 필요가 있는데, 이를 사정하기 위해서 아동·청소년 행동점검표(Korea-Child Behavior Ckecklist : K-CBCL)를 활용할 수 있다. 이것은 Achenbach와 Edelbrock(1983)이 개발한 것을 오경자 외(1997)가 번역하여 표준화된 행동평가도구다. 이것은 4~17세까지의 아동을 대상으로 표준화한 것으로 크게 사회능력척도와 문제행동 증후군 척도로 구성되어 있다(표 13-1 참고).

〈표 13-1〉 K-CBCL 검사의 구성

전체 척도	하위척도	문항수	비 고
사회능력 척도	사회성	6	사회능력척도는 6세부터 적용
	학업수행	7(6)*	학업수행척도는 초등학교 이상에만 적용
	총 사회능력	13(12)	
문제행동 증후군 척도	위 축	9	
	신체증상	9	
	불안/우울	14	
	사회적 미성숙	8	
	사고의 문제	7	
	주의집중문제	11	
	비 행	13	
	공격성	20	
	내재화 문제	31**	위축, 신체증상, 불안/우울의 척도의 합
	외현화 문제	33	비행, 공격성 척도의 합
	총 문제행동	117	문항 2, 4를 제외한 전체 문항의 합
	성문제	6	4~11세만 적용
	정서불안정	10	6~11세만 적용, 한국판에만 추가한 특수척도

* 초등학생은 영어를 제외하면 6임.
** 문항 103은 위축과 불안·우울 척도에 모두 포함되므로 한번 뺌.
출처 : 김미경 외(2006), p. 57 재인용.

(2) 학교사회복지사의 개입

학교사회복지사는 교실에서의 행동문제를 다루기 위해 다음과 같은 개입을 행할 수 있다(Tracy & Usaj, 2006 : 155-156). 첫째, 학생들에게 효과적인 지시를 사용한다. 효과적인 지시(command)는 아동의 관심을 얻고 유지하는 데 유용하다. 학교사회복지사는 학급에서 아동의 이름이나 학급명을 사용하고 명확한 방향을 제시해야 한다. 예를 들면, "숙자야. 너의 이름을 종이에 적어라", "2학년 3반, 목소리를 낮추세요"라고 지시해야 한다. 소리를 지르거나 고함을 치지 않고 안정되고 중립적인 목소리를 사용해서 학생에게 무엇을 원하는지 구체적이고 정확하게 이야기해야 한다. 또한 긍정적 문장을 사용하는 것이 필요하다. 예를 들면, "복도에서 달리지 마라"고 이야기하기보다는 "복도에서는 조용히 걸어라"라고 이야기하는 것이 더 바람직하다. 학생들에게 한꺼번에 많은 메시지를 전달하기보다는 각 행동 단계마다 분리된 코멘트를 하는 것이 유용하다. 예를 들면, "책상에서 책을 꺼내라. 그리고 95페이지를 펴라"라고 이야기하는 것이 아동들이 이해하기가 훨씬 쉽고 명료하게 전달된다. 학급에서의 긍정적이지 못한 행동들은 대부분 고칠 수 있는데, 특히 교사나 성인이 효과적인 지시를 제시할 때 감소된다. 〈표 13-2〉는 비효과적인 지시의 보기이다.

〈표 13-2〉 비효과적인 지시의 예

- 다중의 지시로 구성(예 연필을 깎아 이름과 날짜를 오른편에 쓰고, 수학책을 꺼내 25~30페이지까지 써라)
- 모호한 지시(예 너는 착하구나. 너는 좋은 아이구나)
- 의문형 지시(예 너가 혼자 문제를 풀거니? 왜 모든 시간에 듣지 않니?)
- 불명확한 말씨(예 자, 이제 책을 꺼내자, 너는 현재 그것을 할 수 있니?)
- 결과 없이 반복된 지시(예 조용히 해라, 나는 너희에게 조용히 하라고 말했다. 나는 다시 이 이야기를 하고 싶지 않다)
- 확대된 지시(예 절대 그것을 다시 이야기해서는 안 된다. 그것을 다시는 해서는 안 된다)

출처 : Tracy & Usaj(2006), pp. 155-156.

둘째, 바람직한 행동에 대한 긍정적 강화를 하는 것이 필요하다. 긍정적 강화는 행동을 강화시키고 장차 미래에 그 행동이 일어날 가능성을 증가시킨다. 칭찬, 미소, 포옹, 치하 등과 같은 적절한 사회적 강화의 사용은 출석률을 증가시키고, 또래친구에 대한 적절한 대화를 높이며 순응(compliance)을 증진시키며 무심코 성인의 관심에 의해 유지되어 온 많은 부정적 행동을 감소시킬 수 있다.

셋째, 학생들에게 요약과 적절한 피드백을 제공해야 한다. 학교사회복지사는 학급활동의 종결 시 지금까지 다루어진 것에 대한 간략한 요약과 피드백을 제공하는 것이 중요하다. 또한 개별학생에게 규칙위반, 과제, 타임-아웃에 관한 피드백을 제공할 수 있으며 특정 기준을 충족한 학생에게는 매일 칭찬카드(daily report card)를 작성해 줌으로써 자신의 노력을 인식하고 자랑스럽게 여길 수 있도록 할 수 있다.

교실에서의 행동문제를 다루기 위해 학교사회복지사에게 유용한 프로그램으로는 학교생존 집단이 있다. 또한 학교사회복지사는 교사로 하여금 학급에서의 행동적 관리전략을 변화시켜 학생의 문제행동을 감소시키도록 도울 수 있는 있는데, 이와 관련하여 유용한 프로그램은 좋은 행동 게임, 효과적인 교실관리 프로그램이 있다.

학교생존 집단(School Survival Group) : 이 프로그램은 학교 행동문제를 가진 중·고등학교 학생을 위한 것으로 사회적 인지이론(social cognitive theory)에 근거한 것이다. 이것은 모든 인간은 자신과 자신의 세계에 대해 알고 있는 것에 근거해, 자신이 할 수 있는 최선의 것을 행하며 인간의 행동이란 환경과의 상호작용 시, 사건을 해석하고 문제를 풀기 위한 최선의 노력의 결과라는 가정에 근거한다. 이 프로그램의 1차적 목표는 학생들의 비생산적 교실행동의 이면에 깔려있는 왜곡된 사회적 인식에 대한 의식적 지각을 증가시키는 데 있다. 즉, 학생들의 내적 통제에 대한 지각을 바꾸는 데 초점을 둔 것으로, 집단성원들은 또래 및 교직원과의 갈등적 상황에 대한 다양한 대처방법을 습득하게 된다. 이 프로그램은 10회기로 구성된 구조화된 집단으로 각 회기마다 집단에서 다루고 토의되어야 할 구체적인 과업 및 내용을 갖는다.

집단은 매주 1회, 40~50분씩 10주간 만나고 크게 세 가지 단계로 구성된다. 첫째, 1회기에서 5회기까지는 학생들로 하여금 갈등적인 학급 상황에서 그들이 어떻게 비생산적으로 생각하고 행동하는지를 지각하도록 하는 데 초점을 둔다. 이를 위해 교류분석에서의 '인생각본', '게임', '자아상태' 등을 활용한다. 두 번째 단계는 6회에서 7회기로서 여기서는 선택을 강조하는 구조화된 문제해결 과정을 배우고 실행하는 단계이다. 마지막 8회에서 10회기에서는 특별한 학교 생존기술의 습득에 초점을 두는데 여기서는 학교에서 또래 또는 성인과의 갈등적 상황을 어떻게 처리할 수 있는지를 알기 위해 역할극을 주로 활용한다. 집단성원에게는 과제(예를 들어, 자기-모니터링 체크리스트)가 주어지고 집단회기와 회기 사이에 완성하게 한다. 매주 각 회기에 참석한 학생들은 최종 집단 회기인 피자파티에 초대된다. 이 프로그램 평가 결과 최초 검증에서는 단기간의 효과가 있는 것으로 지지되었고 두 번째 실험에서는 집단에 참여한 청소년들의 행동에서 외적 통제보다는 내적 통제가 증가된 것으로 보고되었다(Dupper, 2002 : 52-53).

좋은 행동 게임(Good Behavior Game) : 이 프로그램은 문헌에서 가장 잘 알려진 행동개입 프로그램으로 중학교 1학년 학생의 초기 공격적 행동을 줄이기 위해 고안된 교실팀(classroom team) 토대의 프로그램이다. 이 프로그램의 진행방법은 다음과 같다. 먼저 교사는 학생이 특히 파괴적이거나 비생산적인 행동을 보일 때, 프로그램 실시 시간을 선택한다. 그리고 학생들에게 게임을 소개하는데, 특히 이 게임은 모두가 노력하면 집단 전체가 과제를 달성할 수 있다는 것을 알린다. 교사는 이긴 팀에 주어지는 보상과 보상을 알린다. 이긴 팀에게 주어지는 보상으로는 그 시간 이후 학교가 마칠 때까지 우승 표시를 할 수 있는 것, 휴식시간과 컴퓨터 시간을 늘려주는 것이다. 만약 두 팀 모두 이기게 되면, 보상으로 비디오테이프 상영, 15분간의 자유시간, 숙제면제 또는 끝나는 시간에 특별한 미술 프로젝트와 같은 작은 이벤트를 제공한다. 교사는 학급 학생을 두 팀으로 나누고, 파괴적 행동을 하는 학생도 두 팀으로 분리시킨다. 각 팀은 자신들의 집단의 특성을 반영하는 팀명을 정하고 교사는 칠판에 모든 학생이 볼 수 있도록 팀명이 적힌 차트를 걸어둔다. 그런 다음 게임 관련된 집단 규칙을 다시 검토하고, 각 팀원들이 규칙을 어기는 시간과 횟수에 따른 벌점을 적는다(예를 들어, 언어적 또는 신체적 혼란, 허락 없이 자리를 옮기는 것, 그 외 지시에 따르지 않는 것에 대한 벌점을 제시한다). 교사는 게임이 종결되는 시점에 각 팀의 벌점을 알리고, 벌점이 상대적으로 적은 팀을 승자팀으로 선정한다. 만약 두 팀 모두 교사가 사전에 결정한 한계 벌점을 초과하지 않으면 두 팀 모두 승자가 된다. 게임이 반복되면, 교사는 점차 허용되는 벌점을 줄이거나 게임을 지속하는 시간을 늘려나간다. 경우에 따라 만성적으로 파괴적인 학생들은 게임에 참여하고 싶지 않다고 말하거나 고의적으로 규칙을 위반할 수 있다. 이런 경우 교사는 한 사람이 자신을 통제하지 못해 전체 팀이 벌칙을 받는 것은 공정하지 않다는 것을 설명해야 한다. 이 프로그램은 일주일에 3번, 10분씩 실시되고 최대 3시간까지 실시한다. 프로그램의 평가 결과 학급에서 프로그램에 참여한 집단은 그렇지 않은 비교집단보다 유의미하게 덜 공격적이고 부끄러워하는 행동을 덜 보이는 것으로 나타났다. 9개월 후 추후지도에서 교사는 공격행동에서 10%의 감소를 보고하였으며, 학생은 19%의 감소를 보고하였다(Dupper, 2002 : 180-182).

효과적인 교실관리 프로그램(Effective Classroom Management) : 이 프로그램은 교사들이 학급에서 사용하기 위해 의사소통기술(예를 들면, I-messages, 명료한 반응, 감정의 반영), 문제해결기술(예를 들어, 브레인스토밍, 대안적 해결 평가, 행동계획 개발하기 등), 자기존중 강화 기술을 교육하는 서비스 중(in-service) 훈련과정이다. 프로그램 평가 결과 프로그램에 참여한 남학생 집단은 통제집단보다 더 낮은 알코올 경험을 가졌고 여학생 집단은 통제집단보다 마리화나 사용이 낮은 것으로 나타났다(Dupper, 2002 : 179-184).

2) 집단따돌림

(1) 특성

따돌림은 교사와 학교사회복지사가 주목하는 또 하나의 외현화 행동이다. 학령기의 따돌림 행동은 일부에 의해 정상적인 성장과정의 일부로 간주되기도 하지만 분명히 따돌림은 또래에 의한 아동학대(peer child abuse)로 인식되어야 한다. 집단따돌림은 국가에 따라, 학자에 따라 다양하게 정의되고 있는데, 우리나라 집단따돌림과 유사한 개념으로는 미국의 집단괴롭힘(bullying), 일본에서의 이지메가 있다. 서구의 괴롭힘은 가해자가 집단뿐 아니라 개인이 개인을 가해하는 행위도 포함하는 데 반해 일본의 경우 가해자가 집단을 이루고 집요함이나 잔인성이 상대적으로 강하다. 그러나 우리나라의 경우 집단따돌림이란 물리적 공격보다는 배척에 초점을 맞추는 개념이다. 집단따돌림의 행위는 작게는 집단에서 은밀히 배척하는 것에서부터 공공연하게 무시하거나 괴롭히는 행위는 물론 더 나아가서는 신체적인 가혹행위 등도 포함되는데, 그중에서도 신체적 가해보다는 심리적 폭력이 더 크게 차지한다(홍봉선・남미애, 2007).

학생들은 학교에서 다양한 이유로 따돌림을 당한다. 예를 들어, 신체적으로 매력이 없는 청소년, 옷을 잘 입지 못하는 여자청소년, 신체적으로 멋진 여자청소년, 다른 학생과 잘 맞지 않는 여자청소년들은 따돌림을 당할 가능성이 더 높다. 남자청소년의 경우에는 전통적인 사내다움(macho)의 이미지에 맞지 않는 경우, 이질적인 종교를 갖거나, 독특하고 평범하지 않는 옷, 신체적 허약함, 외모에서의 차이 등으로 인해 또래로부터 따돌림을 받을 가능성이 더 높다.

집단따돌림에는 따돌림가해자, 피해자, 방관자가 관련되는데 이러한 따돌림 행동은 희생자, 가해자(perpetrator), 방관자 모두에게 단・장기간 부정적 영향을 미칠 수 있다. 만성적 따돌림을 당한 청소년은 낮은 학업성적, 높은 무단결석 및 중퇴율, 성인기까지 지속될 수 있는 자아존중감의 상실과 소외감을 경험한다. 게다가 따돌림의 피해학생들은 자신을 괴롭히는 사람을 복수하기 위해 싸움을 걸거나 학교에 흉기를 가져오기도 한다. 더 나아가 따돌림은 피해청소년은 물론 다른 청소년에게도 영향을 미친다. 예를 들어, 따돌림을 목격한 학생은 종종 위협받고, 자신에게도 결국 그런 일이 발생하지 않을까 하는 두려움을 갖는다. 특히 학교 교사가 따돌림에 대해 아무런 조치를 취하지 않을 때 더욱 그러하다. 따돌림을 목격한 학생은 학업보다는 학교에서 어떻게 하면 그런 피해를 당하지 않을까를 걱정하기 때문에 학업에 몰두하지 못한다. 가해청소년들에게도 부정적인 결과가 초래된다. 괴롭히는 학생은 청소년법원에서 유죄 선고를 받을 가능성이 학급 또래에 비해 5배나 높고 성인이 되었을 때, 자녀가 공격적인 문제를 가질 가능성이 높다. Olweus(1993)에 따르면 6학년에서 9학년까지의 따돌림 가해 학생의 60%가 24세에 이르기까지 하나 이상의 형사사법 유죄판결을 받았다고 하였다(Dupper, 2002 : 43-45).

집단따돌림에 관련된 가해자, 피해자, 방관자 등은 각기 독특한 심리사회적 문제와 어려움을 갖는다(홍봉선・남미애, 2007). 따돌림 피해청소년들은 첫째, 또래에 대해 신뢰감을 갖지 못하고 따돌림에 기인한 외로움, 분노, 슬픔, 우울, 모욕감, 억울함 등과 같은 다양한 부정적 정서를 가지고 있다. 또한 무기력하게 가만히 있는 등 스스로를 고립시키고 회피반응을 보이는 경향이 있다(김용태・박한샘, 1997). 이와 같은 감정의 억압은 자살과 같은 극한 행동이나 폭발적 정서 분출, 정신장애 등의 어려움을 야기시킬 수 있는 위험이 내포되어 있다. 둘째, 따돌림 피해청소년들은 대부분 정확한 자기인식이 결여되어 있는 경우가 많다. 대부분의 청소년들은 피해자들이 따돌림 당할 만한 원인을 제공한다고 지각하지만 피해자들은 자신이 따돌림 당하는 이유에 대해 잘 인식하지 못하기 때문에 따돌림이 계속 악순환이 되고 있다. 셋째, 따돌림 피해자들은 기본적으로 대인관계 기술, 의사소통 기술과 같은 사회적 기술이 부족하다. 이상에서 볼 때 따돌림 당하는 아이들은 대인관계상의 취약점을 가지고 있으며 자신에 대해서도 타인들로부터 받아들여지지 않는 아이라는 부정적인 자아개념을 가지고 있는데, 이것은 어린 시절부터 내재된 부분도 있겠지만 따돌림과 소외를 반복 경험한 결과에 의해 야기될 수도 있다.

반면 따돌림 가해청소년들은 친구를 따돌리는 심리·사회적 역동을 갖는다(이혜영, 1999 : 24-25). 첫째, 좌절 및 공격성을 표현한다. 원호택(1997)에 따르면 청소년기 정체감 형성과정에서 경험하는 좌절은 공격행동이나 적대적 행동을 유발하는데, 이런 좌절을 가져다준 대상에게 공격행동을 하는 것이 아니라 희생양이 될 수 있는 약자를 찾아 따돌림이나 음해하는 공격을 한다고 한다. 둘째, 따돌림 당한 경험에 대한 보복과 공감능력이 부족하다. 따돌림을 당한 학생들이 동시에 다른 친구를 따돌리는 경우가 많다는 점을 고려하면 '나도 당했었다'는 느낌과 따돌림 당할 때의 어려웠던 경험에 대해 보복하고자 하는 경향이 있을 수 있다. 이런 경우 자신이 하는 행동이 타인에게 어떤 결과를 초래하는지보다는 자신의 분노 표현에 심리적 에너지를 더 많이 투자하기 때문에 타인에 대해 진정한 관심을 보이기가 어렵다. 셋째, 또래의 압력이 작용한다. 따돌리는 학생들 중에는 주도하는 학생보다 동조하는 학생들이 훨씬 많다. 예컨대, 따돌림 당해 괴로워하는 주변 친구들을 보고도 교사에게 알리지 않는다든지 따돌림 당하는 아이를 친구로 사귀지 않는 것 등은 따돌림 현상에서 또래의 압력이 큰 힘을 발휘하고 있음을 알 수 있다. 학생들이 또래의 압력으로 인하여 자신도 모르게 따돌리게 되는 것을 막기 위해서는 청소년들의 심리적 개별화에 역점을 둘 필요가 있다.

이 외에도 집단따돌림에서 가해자와 피해자 이외에 중요한 역할을 하는 사람이 방관자(bystander)들이다. 이들은 크게 두 가지 유형으로 나눌 수 있는데 가해자들의 괴롭힘을 암묵적으로 동조하며 피해자는 당연히 그런 취급을 받아야 한다고 여기는 지지적 방관자(supportive bystander)와 자신이 고통을 받는 피해자를 돕지 못하는 현실에 대한 죄책감을 느끼는 죄의식 방관자(guilty bystander)이다. 지지적 방관자는 왕따의 피해자가 괴롭힘을 당하거나 왕따의 가해자가 괴롭히는 것은 충분한 이유가 있고 괴롭힘을 당해도 마땅하다고 생각하고 괴롭힘을 당해도 도와주지 않는다. 죄의식 방관자는 왕따의 피해자가 괴롭힘을 당할 이유가 없다고 생각하며 괴롭히는 학생은 나쁘고 피해자를 도와주고 싶거나 가끔은 도와주는 학생들이다(권준모, 1999).

또래로부터 따돌림과 공격의 대상이 된다는 것은 청소년기를 거치며 경험하는 사건 중 가장 위협적인 일이다. 왜냐하면 또래관계의 경험이 중요한 사회적 발달과업으로 등장하는 청소년기에 있어서 따돌림은 주요한 사회적 지지망으로서 또래들을 상실하게 됨을 의미하는 것이기 때문이다. 따라서 여러 가지 적응상의 문제를 경험하게 되고 급기야는 자살을 결행할 정도의 극심한 정신적 고통과 아픔을 겪게 한다. 뿐만 아니라 집단따돌림의 가해자의 경우 자신도 따돌림을 당할까 두려워 집단따돌림을 묵인하거나 방조함으로써 양심의 가책을 느끼게 하거나 열등감을 조장할 수 있다. 이처럼 집단따돌림은 개인의 인권을 침해하고 바람직한 청소년문화의 형성을 저해하며 청소년들의 도덕성 발달과 가치관 형성에 부정적인 영향을 미친다.

(2) 학교사회복지사의 개입

첫째, 따돌림 피해 및 가해학생에 대한 개입이다. 따돌림은 상대적으로 동등한 상태에 있는 또래 간의 갈등이라기보다는 힘이 없는 아동에 대해 힘 있는 아동들이 못살게 구는 것이기 때문에 조정(mediation)과 같은 갈등해결전략(conflict resolution strategies)은 비효과적이다. 따라서 학교사회복지사는 따돌림 피해 학생을 보호하기 위해 보다 적극적인 노력을 강구해야 하며, 다른 교사들도 유사한 노력을 하도록 격려해야 한다. 학교사회복지사가 따돌림 가해자와 그 부모를 만나 면담할 경우, 먼저 가해청소년과 개별적인 상담시간을 갖고 학급에서 따돌림 행동을 참을 수 없는 시간과 그런 충동이 언제 완화되는지를 이야기하는 것이 필요하다. 또한 대화 도중 자칫 피해청소년이 선생님께 일러바쳤다고 잘못 생각하지 않도록 주의해야 한다. 상당수의 피해청소년들은 이런 두려움으로 인해 소리 없이 고통받고 있으며 그 결과 자신의 부모들이 따돌림문제로 학교에 찾아가는 것을 원하지 않는다(Dupper, 2002 : 45).

둘째, 학교 전체 및 학급에 대한 개입이다. 지금까지 우리나라에서 집단따돌림의 연구와 프로그램의 대부분은 집단 내의 다른 학생들의 영향을 배제한 채 가해자와 피해자 개인의 성격이나 행동적 문제에 중점을 두었다. 그러나 한 학급에서 집단따돌림이 발생할 경우 그것을 개개인의 문제로만 볼 것이 아니라 집단의 역동을 고려해야 할 필요가 있다. 특히 집단따돌림 방관자가 집단따돌림에 관심을 가지고 피해학생들에게 도움을 줄 수 있도록 방관자를 대상으로 또래지지 프로그램의 실시할 수도 있다(윤성우·이영호, 2007 : 271-292). 이 외에도 학교가 안전한 장소가 되고 다양성이 존중받는 곳이 될 수 있도록 전체 학교체계 내에서 집단따돌림에 대한 풍토 및 분위기를 개선하는 것이 필요하다.

따돌림문제를 다루기 위해 학교사회복지사에게 유용한 프로그램으로는 따돌림 예방 프로그램, 학교 토대의 예방교육, 사회성 기술훈련, 집단따돌림 방관자에 대한 또래지지 프로그램이 있다.

따돌림 예방 프로그램(Bullying Prevention Program) : 이 프로그램은 최초로 학교에서 따돌림 문제를 대상으로 한 개입으로 가장 많이 알려진 프로그램이며, 학교 차원, 학급 차원, 개인 차원의 개입으로 구성된 포괄적인 예방 프로그램이다. 이 프로그램은 따돌림 행동의 기회와 보상을 줄이기 위해 현존하는 사회환경을 재구조화함으로써, 학생들 간의 희생과 따돌림 문제를 줄이기 위해 고안된 다차원적, 다중 구성요소로 이루어진 프로그램이다. 대부분의 프로그램은 일반 학생을 대상으로 이루어지지만 따돌림 가해자와 피해자로 확인된 학생에 대해서는 부가적으로 개별적 개입이 이루어진다.

학교 차원에서는 학교에서의 따돌림의 성격과 발생을 사정하기 위해 학생용 질문지를 조사하고, 따돌림 문제의 토론을 위해 특정한 날을 할애하고, 문제에 대한 지각과 지식을 증가시키고, 프로그램의 실행을 계획하고 학교의 모든 프로그램 측면을 조정하기 위해 따돌림예방조정위원회를 만들고, 휴식시간 동안 학생을 감독하기 위해 조정된 체계의 개발이 행해진다.

학급 차원에서는 따돌림에 대한 학급규칙을 확립하고 강화하고, 따돌림에 대한 지식과 공감을 증가시키기 위해 학생과의 정규적인 학급모임을 개최하고, 친사회적 규범과 행동을 격려하고 부모와도 만남을 가진다. 개인 차원에서는 따돌림 피해자와 가해자로 확인된 학생에게 개입하고, 따돌림 희생자를 위한 지지와 보호를 하고 관련된 부모와 토의를 한다.

이 프로그램에서는 따돌림, 피해자, 가해자에 대한 정보, 피해자 및 가해자 부모를 위한 권고 등이 수록된 책자를 제공하고, 학급에서의 따돌림 관련 비디오 상영, 학교 차원에서의 학교 전체의 설문조사가 행해진다. 전체 교직원은 3시간의 교육에 참여하며 교직원을 위한 교육안이 마련된다. 또한 친구를 찾고 유지하는 학생의 기술 형성, 문제해결, 정서관리, 따돌림에 대한 반응 등에 초점을 둔 교사대상 기술교육은 1주일에 1번 총 11회 행해지고 같은 주에 15~20분의 후속 회기가 한 차례 이루어진다. 프로그램 평가 결과, 따돌림 문제에 대한 지각이 증가되고 부모와 교사의 활발한 참여, 따돌림 행동에 대한 명확한 규칙의 개발, 따돌림 희생자에 대한 지지와 보호가 증가된 것으로 보고되었다. 또한 부수적인 효과로 학생들 간의 따돌림에 대한 신고가 증가하였고, 학급 분위기의 개선, 싸움, 훔침, 무단결석과 같은 비행보고가 감소하였다(Dupper, 2002 : 141-142).

학교 토대의 예방교육(Successful School Based Prevention Programs) : 따돌림에 대해서는 사후 치료적 개입보다 예방교육이 강조된다. 학교의 장에서도 학교에서 발견된 문제를 공통적으로 예방하기 위해 관심이 집중되고 있다. 학교사회복지사는 개인과 가족에게 임상적 서비스만을 제공하는 사람이 아니라 학교 토대의 예방 프로그램과 같이 보다 큰 체계의 변화를 위해 개입을 실행하는 지식과 전문기술을 가지고 있어야 한다. 선행연구에서 제시한 성공적인 학교 토대의 예방 프로그램을 위한 중요 요소를 살펴보면 〈표 13-3〉과 같이 개인과 전체 학교 환경 변화에 초점을 두고, 개인 변화 전략에 있어서는 강의형식보다는 경험적 기술을 사용하고 학교 변화 전략에 있어서는 학교 문화와 분위기에 영향을 미칠 수 있도록 계획되어야 한다. 또한 성공적인 학교 토대 예방 프로그램은 한번에 끝나는 프로그램이 아니라 표준화되고, 구체적인 교육계획을 가진 수년간의 개입을 필요로 한다(Dupper, 2002 : 134-135).

〈표 13-3〉 성공적인 학교 토대의 예방 프로그램에서 사용될 수 있는 중요한 요소

-개인변화와 학교변화 전략 모두를 포함하라. -개인변화전략은 상호작용적 교수기술을 사용함으로써(예를 들어, 역할극과 또래와의 실천을 행하는 것) 학생의 지식, 기술, 태도, 신념, 행동을 변화시키도록 함으로써 아동의 사회적 유능감(social competence)을 개발하도록 시도한다. -학교변화전략은 학교의 문화를 변화시키고, 행동적 규범을 분명히 하고 이를 의사소통하는 데 초점을 맞춘다(예를 들어, 알코올과 약물의 사용은 청소년을 위한 규범이 아니다). -개인변화와 학교변화전략은 자세한 교육계획과 학생 자료를 가지고 잘 검증된, 표준화된 개입을 사용한 다년간의 개입으로 구성되어야 한다.

출처 : Dupper(2002), p. 135.

사회성 기술훈련(Social Skills Training) : 이것은 교실 환경에서 행동주의 모델을 적용한 것이다. 학생들이 미흡한 사회성 기술을 나타내는 것은 적절하게 행동하는 방법을 알지 못하기 때문이라는 가정에 근거한다. 사회성 기술훈련은 아동의 사회적 능력(social competence)을 향상시키기 위한 직접적이고 계획적인 지도를 말한다. 사회성 기술훈련은 패키지 형식으로 이루어지는 것이 보통인데, 설명(instruction), 모델링(modeling), 역할놀이 혹은 시연(role-play, rehearsal), 정적 강화(positive reinforcement) 등의 기법들이 종합적으로 적용된다. 훈련의 일반적인 구성요소는 첫째, 사회기술의 정의(기본원리), 둘째, 사회기술의 구체적인 실행단계(설명), 셋째, 행동 모델링(시범), 넷째, 역할놀이(시연), 다섯째, 복습(연습), 여섯째, 테스트, 일곱째, 숙제이다. 〈표 13-4〉는 사회기술훈련 프로그램 개발의 중요한 부분인 사회적 기술 분석의 사례에 대한 예시이다(김미경 외, 2006 : 170).

〈표 13-4〉 사회적 기술 분석의 사례

사회적 기술 분석		
문제행동	화가 날 때(별명/어려운 과제) 남을 때리거나 욕하거나 물건을 집어던진다.	
대체행동(사회적 기술)	화가 날 때의 바람직한 대처행동(상대를 해치지 않고 자신의 기분을 말한다)	
사회적 기술이 사용되어야 할 상황	1. 집 3. 학원	2. 학교(쉬는 시간, 점심시간)
현재 수준	1. 문제행동 : 100%	2. 사회적 기술 : 0%
사회적 기술의 정의(기본 원리)	화가 날 때 상대방을 해치지 않고 자신의 기분을 말한다.	
사회적 기술의 단계(설명)	1. 하던 일을 멈춘다. 3. 바른 방법으로 말한다.	2. 적절한 말을 찾는다.
목표 수준	1. 문제행동 : 20%(10번의 기회), 3일 연속 2. 사회적 기술 : 80%(10번의 기회), 3일 연속	

출처 : 김미경 외(2006), p. 170 재인용.

집단따돌림 방관자에 대한 또래지지 프로그램 : 이 프로그램은 집단따돌림 방관자가 집단따돌림에 관심을 가지고 피해학생에게 도움을 줄 수 있도록 방관자를 대상으로 한 또래지지 프로그램이다. 총 8회기로 구성되며 중학교 한 학급에서 스스로 방관자라고 평가한 학생을 대상으로 실험집단과 통제집단으로 구별하여 프로그램을 실시하였다. 실시된 프로그램 내용으로는 프로그램 소개 및 집단따돌림에 대한 이해, 실제 집단따돌림의 사례 논의하기, 일일 왕따 체험, 역할극 시행하기, 모의 학급재판소, 학급 신문 만들기, 왕따 없는 반 만들기, 자신의 변화된 모습 발견하기 등이었다. 프로그램 평가 결과 또래지지 프로그램에 참여한 실험 집단학생들은 따돌림 상황에 대한 관심을 가질 수 있었으나 실제적으로 피해자를 도울 수 있는 도움행동 및 따돌림 상황에 대한 변화를 주지 못한 것으로 보고하였다(윤성우 · 이영호, 2007 : 271-292). 프로그램 평가 결과, 부분적으로 유의미한 결과가 발견되었지만 방관자에 대한 개입 프로그램이라는 측면에서 학교의 장에서 활용하는 것은 의미 있는 개입이 된다고 판단된다.

3) 또래들의 성추행, 성폭행

(1) 특성

청소년기는 성인과 같은 생식능력을 갖게 될 뿐 아니라 성과 관련하여 성인의 역할이 가능한 시기이다. 현대 청소년들의 경우 과거에 비해 빠른 신체적 성숙을 보이는데 반해 교육기간의 연장으로 인해 사회적으로 용인되는 방법으로 성욕구를 해결할 수 있는 기간까지의 시간이 상대적으로 길어짐으로 인해 성적 갈등과 고민은 더욱 증가되고 있다. 따라서 청소년기에 나타나는 성적 욕구를 조정하고 적절하게 분출할 수 있도록 하여 심리적 갈등을 해소하는 것은 청소년기에 필요한 발달과업이며 이러한 과업이 적절하게 수행되지 못할 때 정신건강상에 문제를 초래하기도 한다.

인간의 성은 단순히 생식과 종족보존의 본능적 요소만이 아니고 대인관계, 특히 남녀관계에 있어 관계를 유지하며 친밀한 의사소통의 의미를 내포한다(안동현 외, 1999). 청소년기는 의존적인 욕구가 강한 아동기에서 탈피하여 자신을 발견하고 이해하고 수용함으로써 자아정체감을 형성하는 시기이기도 하고 이성교제는 물론 사회적 관계를 확대시킴으로써 성인으로서의 독립적인 삶을 영위하기 위한 준비를 행하는 시기이다. 청소년기의 성은 성적 욕구의 충족을 위한 심리, 생리적인 측면과 더불어 자신의 성정체감과 자아정체감을 형성하는 데 필요한 심리, 애정적 욕구의 표현이며 가족과 분리되고 아동기의 역할에서 벗어나 독립적인 삶을 추구하려는 궁극적 목적도 있다(김기환, 1999b). 따라서 청소년기에 신체적인 성과 심리적인 성, 그리고 사회적인 성이 어떻게 균형 관계를 이루고 있으며, 청소년이 성을 어떻게 받아들이고 어떻게 표현하며 어떻게 충족하는가를 배우는 것은 성정체감은 물론 자아정체감 형성에 영향을 미칠 뿐 아니라 청소년기는 물론 그 이후의 삶의 적응과 발달에 중요한 영향을 미친다(홍봉선・남미애, 2007).

그러나 성적 욕구를 조절하고 성적 갈등과 고민을 적절하게 해결하지 못할 때, 또래 성추행, 성폭행문제가 발생하기 쉽다. 또래에 의한 성추행 및 성폭력은 또래에 의해 청소년이 성추행, 성폭행을 당하는 것으로, 다른 성폭행과 마찬가지로 청소년의 인격을 침해한 범죄인 동시에 사회문제이다. 청소년 성폭력이 발생하는 이유는 크게 세 가지 관점에서 살펴볼 수 있다(김인숙 외, 2000 : 317-318). 첫째, 개인적・심리학적 관점이다. 이것은 성폭력 가해자의 특성에서 성폭력의 원인을 찾는 것이다. 즉, 개인의 인성적 자질 중에 나타나는 부적응적 요소와 성심리 발달을 중심으로 설명하는 것이다.

둘째, 사회구조 및 문화적 관점이다. 이는 성폭력 가해자 개인보다는 성폭력을 발생시키는 사회적 요인에 초점을 둔다. 그중 대표적인 것이 폭력하위문화적 관점으로서 청소년의 경우 또래집단을 형성하여 자신들의 집단 결속과 개인적 우월성을 입증하기 위해 성폭력을 행한다는 것이다.

셋째, 페미니스트적 관점이다. 이것은 크게 두 가지 견해로 대별되는데, 하나는 학습을 통해서 남성답다는 것은 공격적이며 지배 지향적인 것으로 인식되기 때문에 남성들은 여성의 의지와는 달리 이성과 성관계를 갖고자 할 때 강압적 수단을 사용하게 된다는 것이다. 또 다른 하나의 관점은 가부장적 자본주의 사회에서 여성이 차지하는 정치적·경제적 지위라는 맥락에서 발생한다고 보는 것으로 여성의 성의 상품화, 상품광고 및 대중매체에서 보여주는 여성의 대상화는 여성에게 비인간화라는 굴레를 씌워 여성을 남성 폭력의 대상으로 만든다는 것이다.

성폭력 유형에는 강간·준강간, 성추행, 언어적 성폭력, 친족성폭력, 학교성폭력, 사이버공간의 성폭력 등이 있다. 이 중 학교성폭력은 교육자에 의해 자행되는 성폭력으로서 한 번 피해를 입은 학생이 그 학교에 남아 있는 한 교육자의 권위에 의해 저항하지 못하고 지속적으로 피해를 당하게 되거나 한 명의 가해자로 인해 다수의 피해자가 발생할 수도 있다.

사이버 공간의 성폭력은 사이버 공간에서의 원치 않는 성적인 언어나 이미지를 사용함으로써 상대방의 통신환경을 저해하고 위협적·적대적·공격적인 통신환경을 조성하거나 성적인 은유나 암시로 상대방이 불쾌감을 느끼게 하는 경우를 말한다. 이러한 성폭력은 통신공간에서의 여성의 접근 기회를 차단하고 활동 영역을 위축시킨다는 점에서 심각한 문제라 할 수 있다.

또래들의 성추행(sexual harassment)은 교사와 학교사회복지사가 직면하는 또 다른 심각한 걱정거리이다. 미국의 조사에 따르면 여학생의 85%, 남학생의 76%가 학교에서 여러 가지 형태로 성적 괴롭힘을 경험하였다고 하였으며 25%는 자주 그런 경험이 있다고 보고하였다. 이들 결과에 따르면 또래의 성적 괴롭힘의 형태는 음담패설을 하거나 성적 루머를 퍼뜨리거나 신체의 일부를 내보이는 등 비신체적 형태에서부터 만지거나 움켜잡거나 꼬집는 것과 같은 신체적 형태들까지 다양하다. 또래 성추행의 가장 일반적인 형태는 성과 관련된 말, 조크, 제스처, 표정 등의 대상이 되는 것이다. 그 다음으로 많은 것은 성적 방법으로 만지거나, 잡거나, 꼬집는 것이다. 이들 조사에 따르면 아동의 이런 첫 경험은 중학교와 고등학교 때 가장 많이 일어나고, 청소녀는 청소년보다 또래 성추행의 결과로 더 고통받는다고 하였다. 예를 들어, 성추행 결과 학교에 가고 싶지 않다(33%), 학급에서 이야기하고 싶지 않다(32%), 학교에서 집중하는 것이 어렵다(28%)고 하였다.

반면 "그런 행동은 일부 학생의 문제이다", "많은 사람들이 그렇게 한다", "그것은 별로 대단한 일이 아니다"라는 식의 가해자와 교직원의 태도는 상당한 문제인 것으로 나타났다. 특히 교직원의 이와 같은 무관심한 태도는 설사 학교에 그런 일이 발생한다고 해도, 학교에서 또래 성추행을 중단시키기 위해 개입하지 않기 때문에 학교에 있는 성인에게로 확대될 가능성도 있다(Dupper, 2002 : 45-46 재인용).

우리나라의 경우 청소년 성폭력은 이전부터 심각한 수준이었고 특히 성폭력 가해자가 19세 이하의 청소년에 의해 저질러진다는 점은 이미 많은 선행연구에서 보고된 바 있었다(최영애, 1996; 김상원 외, 1998; 장희숙·조현각, 2001). 또한 우리나라 청소년 중 청소년기에 성관계 경험이 있는 청소년들의 조사결과에 의하면 청소년의 성관계의 경우 사랑이나 합의에 의한 자발적인 성행위도 증가하지만 강요나 순간적인 충동에 의해 심리·생리적 성욕구를 해결하기 위한 성행위가 많다(한국성문화연구소, 1997; 강영삼 외, 1997; 윤가현, 1999; 김기환, 1999b; 김혜경·이종민, 2001; 김혜원·이해경, 2002; 김혜원, 2002). 특히 우리나라 청소년의 성교 경험은 무계획적, 충동적, 음주행위와 밀접히 관련이 높았다. 이러한 결과를 통해 유추해 본다면 지금도 또래에 의한 성추행, 성폭행의 가능성은 상당히 있음을 짐작할 수 있다.

(2) 학교사회복지사의 개입

첫째, 청소년의 성 자율권 존중이다. 청소년의 성은 성기 중심적이거나 위험한 물건으로 다루어져야 한다는 성인 위주의 시각과는 차별하여 이해되어야 한다. 보호와 배제라는 논리로 무시되거나 가려져 왜곡되게 인식되어 왔던 성적 존재로서의 청소년을 있는 그대로 이해하고 수용하는 것이 필요하다. 따라서 우리나라 청소년에 적합한 새로운 성윤리가 확립되어야 한다. 그들을 우리 사회의 시민으로 인정하고, '시민'으로서 가지는 '권리와 의무', '자율권과 책임감'을 부여하듯이 청소년의 성적 주체성과 자율권도 보장되어야 한다.

둘째, 학교 차원에서의 건강한 성문화 형성과 양성평등 교육이 필요하다. 성에 대한 이중적 기준은 우리 사회에서 널리 묵인되고 있는 것으로 가부장적 성문화 속에서 성차별과 성적 고정관념을 통해 형성되었다고 본다. 특히 혼전순결이나 혼외의 성행위에 대한 남성의 태도가 성 이중 규범의 대표로 꼽힌다. 그런데 이러한 이중적 기준은 자기모순을 야기시킨다. 즉, 남성은 여성에게는 순결을 강조하지만 남성은 자신의 성적 욕구의 충족을 위해 대상을 찾는 것이다. 특히 여자 청소년들이 성적 욕망을 표현하면 마치 이들을 매춘부나 함부로 다루어도 되는 사람쯤으로 여기게 된다(Durham, 1998 : 374). 이 때문에 청소년들의 성은 분열적이고 단편적일 수밖에 없으며 타자와 자신을 다룰 줄도 배려할 줄도 모르는 성기 중심적이고 남성 중심적인 어른들의 성문화로 편입되어 가는 수밖에 없다(엄기호, 1998 : 5). 진정한 남녀의 성관계란 매매나 강제가 아니라 동의와 사랑을 기반으로 하고, 항상 애정과 책임이 따르며, 또 성기 중심의 육체적 접촉만으로 환원될 수 없고 전인적인 감수성의 교류가 포함되어야 하며, 상대방이 동의하지 않는 어떠한 성행위와 상품화된 성은 범죄이며, 나아가 인간의 평등과 존엄성을 침해하는 반인간적 행위라는 사실을 교육시키는 것이 필요하다.

셋째, 학교 내에서 청소년에 맞는 성교육의 실시이다. 청소년의 건강한 성정체감 형성을 적극 지원하기 위해서는 체계적, 과학적인 성교육이 행해져야 한다. 유럽은 성교육의 주제가 청소년의 성행동을 문제로 보기보다는 임신과 같은 성행동의 결과를 문제시하기 때문에 성행동 결과에 대한 책임과 피임법을 구체적으로 가르치는 것을 강조한다. 반면 미국에서는 청소년의 성행동 그 자체를 문제로 보고 이를 감소시키는 것을 성교육의 주제로 삼고 있다. 우리나라의 경우에도 바람직한 성교육이 되기 위해서는 우선적으로 청소년 성문제에 어떻게 접근할 것인가에 대한 사회적 합의와 입장 정리가 필요하다.

청소년의 성적 활동, 성과 관련된 질병, 원치 않은 임신 등의 문제들은 이제 학교에서 성교육을 해야 하느냐 하는 문제에서 어떻게 성교육을 가르쳐야 하느냐로 방향이 전환되고 있다. Frost와 Forrest(1995)에 따르면 성적 경험이 없는 학생에게는 더 나이가 들 때까지 성관계를 연기할 수 있도록 촉진하고 성적으로 적극적인 학생의 경우에도 안전한 성관계가 이루어지도록 돕는 성행동 교육 프로그램(sexuality education program)이 성경험이 없는 학생에게는 첫 성관계를 지연시키고 성적으로 활발한 청소년의 경우에는 피임도구 사용을 증가시키는 데 효과적인 것으로 보고하였다. 의사소통, 협상, 거절 기술을 가르치고, 금욕적(abstinence) 성교육에다 피임, 안전한 성, 보호받지 못하는 성관계의 위험에 대한 의료적으로 정확한 정보를 결합한 성(sex)교육 프로그램은 어린 청소년들 중에 성행동 시작의 출발을 늦추고 피임도구 사용을 증가시키는 데 효과적인 것으로 나타났다. 또한 클리닉, 학교와 연계된 건강센터를 통한 가족계획서비스, 콘돔제공 프로그램 등 쉽고 편리한 접근들은 원하지 않은 임신을 예방하는 데 도움을 준 것으로 보고된다. 그러나 단지 금욕적 접근만을 사용한 프로그램은 비효과적인 것으로 나타났는데, 왜냐하면 이것은 성관계의 시작을 늦추는 데 실패하였을 뿐 아니라 의료적으로 정확하지 않아 자칫 오해를 일으킬 수 있는 정보를 제공하기 때문이다(Dupper, 2002 : 105-106).

반면 많은 부모들의 우려와는 달리 성행동에 초점을 둔 프로그램(예를 들어, HIV교육 프로그램, 학교 토대의 클리닉, 콘돔사용 프로그램) 등은 성행동을 증가시키지 않는 것으로 나타났다(Dupper, 2002 : 145-146 재인용). 미국에서 과학적으로 효과가 있다고 증명된 성교육 프로그램들은 절제(abstinence)와 피임(contraception) 모두를 다루는 프로그램이었다. 청소년임신 예방의 실행 및 성공에 있어서는 지역사회 지지와 부모의 참여가 무엇보다 중요하다. 왜냐하면 이들 이슈들은 다양한 생각과 정서적으로 적잖은 어려움을 야기하는 문제이기 때문에, 학교사회복지사는 어떤 접근이 십대 임신과 성 관련 질병을 예방하는 데 효과적인지에 대해 교육자와 일반 시민들에게 알리는 것이 필요하다. 또한 학교사회복지사는 청소년 성행동 및 임신과 관련된 지역사회 저항에 직면하기 위해, 이들 프로그램의 계획과 실행과 관련하여 광범위한 지역사회 협력체계를 구축해야 한다.

우리나라의 경우 아하서울시립청소년성문화센터(http://ahacenter.kr), 구성애의 푸른 아우성(http://www.aoosung.com), 기타 시·도에서 운영되는 성문화센터에서 청소년 성과 관련된 유익한 자료 및 프로그램을 갖추고 있다. 이제 우리나라 학교에서도 무조건 숨기고 참으라는 방식에서 성별, 연령별, 성적 행동의 단계별, 청소년의 특성별, 상황별로 세분화해서 다양한 유형별에 대한 접근이 필요하다. 특히 인간평등과 인간존엄의 가치관을 바탕으로 한 전인적 성교육을 통해 청소년이 자신의 성행위에 대한 의사결정 능력을 갖도록 하며, 상호 간의 동의에 의해서 긍정적이고 단계적으로 성적 표현을 하도록 교육시키는 것이 필요하다.

넷째, 또래 성추행 및 성폭행 학생에 대한 개입이다. Kopels와 Dupper(1999)에 따르면 학생들의 또래 성추행문제에 대한 개입에 있어서는 소송과 같은 법적 처리보다는 친사회적이며 포괄적이며 또래 성추행을 유발하는 학교환경 요인의 제거에 초점을 맞추는 것이 필요하다고 하였다. 이들 개입에는 학교 내 성추행에 대한 분명한 정책, 항의 절차(grievance procedure), 피해자에 대한 적절한 지원, 학생, 부모, 교사를 위한 민감성

훈련 등이 포함되어야 한다(Dupper, 2002 : 46 재인용). 또한 학교사회복지사는 미혼모, 가해청소년, 관련된 가족에 구체적이고 실질적인 서비스를 제공한다.

4) 학교폭력

(1) 특성

청소년폭력은 학자와 국가에 따라 다양하게 정의되고 있는데 2004년에 입안된 「학교폭력 예방 및 대책에 관한 법률」 및 동법 시행령에 의하면 학교폭력이라 함은 학교 내외에서 학생 간에 발생한 폭행·협박·따돌림 등에 의하여 신체·정신 또는 재산상의 피해를 수반하는 행위로서 대통령령이 정하는 행위를 말한다. 대통령령이 정하는 행위라 함은 상해·폭행, 감금, 협박, 약취·유인, 추행, 명예훼손·모욕, 공갈, 재물손괴 및 집단따돌림 그 밖에 피해자의 의사에 반하는 행위를 가하거나 하게 한 행위를 말하며 이는 학생 간의 폭력행위에 한정한다. 반면 교육계 일부와 많은 사회단체에서는 교사의 학생에 대한 폭력(소위 말하는 교육적 체벌도 포함), 획일적 제도(교복, 두발 등) 등의 학교의 폭력도 포함해야 한다고 주장한다(21세기청소년공동체희망 외 25개 시민단체, 2005). 학교폭력을 학생들 간의 폭력으로 한정하여 그 대책을 강구하는 것은 학교폭력의 표피적 현상에만 대응을 하는 것으로서 학교폭력의 효율성 있는 근본적인 대책과는 거리가 있다(홍봉선·남미애, 2007 재인용).

우리나라 학교폭력의 경우 가해청소년과 피해청소년이 뚜렷하게 구별이 되지 않고 이들 모두 공통의 특성을 가진다고 하겠는데, 구체적으로 가해자 중심으로 학교폭력청소년의 특성과 당면문제를 살펴보면 다음과 같다(홍봉선·남미애, 2007). 첫째, 폭력행위에 대한 책임의 부정이다. 이러한 부인행동은 크게 두 가지 이유에서 기인된다. 하나는 청소년들의 폭력은 사소한 시비에서 시작되는 경우가 많아 폭력의 책임이 모호한 경우가 많으며 별명 부르기, 사회적 규율 위반 등의 사소한 시비를 자신에게 대한 위해(harm)로 받아들이기 때문에 이에 대해 신체적으로 징벌한다고 하더라도 이는 일종의 정의실현이자 자기방어라고 받아들인다는 것이다. 또 다른 이유로는 교사나 부모와 같은 권위를 가진 성인들이 상대 청소년을 처벌하지 않을 것이라고 믿기 때문에 자신이 스스로 상대 청소년에게 폭력을 가함으로써 처벌을 한다는 것이다. 둘째, 폭력가해청소년의 상당수가 폭력피해 경험을 가지고 있다. 즉, 피해청소년이 가해청소년이 되기도 하고, 가해청소년이 피해청소년이 되기도 한다는 것이다. 셋째, 가정이나 학교에서 폭력적 훈육을 받은 경험이 많을 뿐 아니라 이를 통해 폭력을 학습하게 된다는 것이다. 넷째, 공격적 성향이 크다는 것이다. 학교폭력을 행사하는 학생은 대부분 공격적 성향을 가지고 있으며 또한 주변의 상황에 의하여 폭력을 행사하도록 암묵적으로 기대되며 이로 인해 실제로 폭력을 실현해 간다(강동욱, 1999 : 266). 다섯째, 현실에 대한 부적응이다. 청소년들의 폭력행위는 개인이 생활환경에 적응하지 못한 상태로부터 탈출하는 행동이기도 하다. 학교나 가정에서의 욕구불만이나 소외감, 열등감, 죄악감 등은 더욱더 현실생활에 적응하기 어렵게 하고 이에 자신을 이해해 줄 지지그룹을 더욱더 필요로 하며, 동료부터 승인을 얻으려고 하거나 동료에의 충성심을 높이려고 하고, 나아가 폭력에 대한 저항감이나 죄책감을 극복하기 위해 또 폭력을 사용한다. 청소년에게 있어 폭력은 그 자체보다 폭력이 동료와 함께하는 행동이라는 점에 더 많은 의미를 부여하고 있다.

결론적으로 학교폭력의 원인(原因)은 크게 원인(遠因), 근인(近因), 촉발요인(促發要因)이 복합적으로 작용한다고 하겠다. 즉, 학교폭력의 원인(原因)은 공격성과 심리적 불안정성이 높은 청소년기 그 자체가 학교폭력의 원인(遠因)으로 작용하며, 학교폭력을 일으키는 청소년 개개인의 개별적 성격이나 성향 등의 특성이 폭력을 유발하는 근인(近因)으로 작용한다. 그러나 비록 원인이나 근인이 있다고 하더라도 학교폭력을 다 일으키는 것은 아니고 실제 폭력행위를 행사하는 그 시점에서는 이를 자극하는 촉발요인들이 주된 영향을 미치게 되는데, 이런 촉발요인(促發要因)으로는 학교폭력을 조장하는 유해환경이라고 할 수 있다(홍봉선, 1998 : 132). 이러한 관점에서 본다면 학교폭력의 원인(遠因)을 바꾸는 것은 거의 불가능한 일이므로 결국 학교폭력에 대한 대처는 근인(近因)과 촉발요인을 변화시키는 것이 절대적으로 필요하다(홍봉선 · 남미애, 2007).

(2) 학교사회복지사의 개입

첫째, 학교 차원에서의 학교폭력에 대한 시각 및 개입 전환이다. 학교폭력 청소년들은 비난이나 처벌의 대상이 아닌 교육의 대상이며 상대적으로 복지의 욕구가 큰 청소년임을 명심해야 한다. 따라서 학교폭력의 해결에 있어서는 무엇보다도 청소년들의 인권이 존중되어야 하며 해결과정에서 청소년이 대상화되지 않도록 하는 것이 중요하다. 또한 폭력피해를 당한 학생들의 2/3가 가해 경험을 가지고 있다는 현실을 감안해 볼 때 가해–피해라는 이분법적 사고에서의 방향 전환이 필요하다. 특히 이분법적 논리에 기초하여 문제학생과 일반학생을 분리하여 문제학생에 대해 처벌 위주의 대응을 하는 것은 일시적인 충격은 될지 몰라도 근본적인 대책은 되지 못한다. 학교에서 퇴학당한 청소년들의 비행 증가는 이러한 처벌 위주의 대응이 초래하는 폐해를 단적으로 보여준다. 이것은 또 다른 폭력과 범죄의 재생산을 낳을 수 있고 장기적으로는 이들에 대한 통제를 위한 사회적 비용의 엄청난 증대를 예고한다. 따라서 현재의 단속과 처벌방식에서 벗어나 보다 근본적인 문제해결을 위해서는 치료적이고 예방적인 차원에서의 대책이 강구되어야 하며 무엇보다 문제학생을 학교와 사회에서 분리하는 것이 아니라 학교나 사회 내에서 건강하게 적응할 수 있도록 하는 노력이 행해져야 한다.

둘째, 학교문화가 개선되어야 한다. 학교폭력은 가정, 학교, 사회의 영향에 의해 일어나는 청소년 문제 중의 하나에 불과하다. 학교폭력은 학생 간의 폭력 외에도 교장-교사, 교사-학생, 학교-학생, 수도권-지방의 제도화된 폭력과 연결되어 있다. 따라서 진정한 학교폭력의 해결을 위해서는 제도화된 폭력을 없애는 것이 중요하며, 특히 교육적 목적이라고 해서 행해지는 체벌이나 강압적인 징계들이 개선되어야 한다. 더 나아가서는 학교가 개방화되어야 한다.

셋째, 학교 내 학교폭력 예방 및 대응을 위한 인프라가 구축되어야 한다. 학교폭력 문제는 학교 내의 자원만으로 접근하기 어려울 수 있다. 따라서 학교와 경찰, 지역복지시설, 정신건강센터, 상담실, 시민단체 등이 연계, 협력해서 접근할 수 있도록 지원체계를 구축하는 것이 필요하다.

넷째, 고위험 청소년에 대한 사정이다. 최근 학교폭력 사건이 증가하면서 학교 차원에서 잠재적인 폭력학생을 발견하는 것은 매우 중요하다. 〈표 13-5〉는 이들 학생의 사정에 있어 유용한 지침이다. 학교사회복지사는 폭력을 저지를 위험이 높은 학생을 발견하기 위해 사정도구들의 사용에 있어 신중하게 고려해야 할 점이 있다. 어떤 하나의 위험요인이 모든 폭력학생에게 전부 해당되지 않을 수도 있고, 개인의 개별적인 위험요인들이 자칫 잠재적 폭력청소년으로 오인될 가능성도 있다는 것이다. 반대로 어떤 개별적 위험요인은 설사 다른 위험요인이 현재 나타나지 않고 학생에게 폭력의 우려가 발견되지 않는다고 해도 즉각적인 관심을 필요로 하는 것도 있다. 예를 들면, 약물남용 또는 의존으로 인해 증상을 경험하고 있는 청소년들은 즉각적으로 다루어져야 하며, 다른 학생에게 폭력 위협을 가하는 학생은 포괄적인 사정과 부모 회의들이 행해져야 한다. 또한 학교사회복지사는 다중의 고위험요인을 가진 학생에 초점을 두어야 한다 (Dupper, 2002 : 47).

〈표 13-5〉 잠재적 폭력학생의 사정을 위한 지침

– 폭력적인 그림이나 글을 쓰는 것 – 다른 사람에 대해 폭력적인 위협을 행하는 것 – 과거 폭력 행동이나 공격적인 행동력을 가짐 – 최근 친구들 중요한 사람과의 관계 단절 경험이 있음 – 주변으로부터의 소외(isolation) – 놀림을 당하거나 당하고 있다는 지각 – 동물을 괴롭힘 – 물질남용 – 가족적 스트레스 요인 : 가족으로부터 받는 스트레스는 좌절감, 분노, 무기력을 일으킴 – 학교에 대한 낮은 관심 – 사회적 철회(withdrawal) : 또래와 가족 지지로부터의 철회는 잠재적 폭력의 원인이 됨 – 위험한 물건(무기 등)의 부적절한 사용 또는 소지 – 또래에 의해 이상한 사람으로 인식됨

출처 : Dupper(2002), pp. 48-49.

다섯째, 학교폭력 청소년 당사자에 대한 개입이다. 학교폭력 가해청소년에 대해서는 애정욕구를 비롯하여 분노, 거부, 거절 등을 폭력적 방법이 아닌 사회에서 수용되는 적절한 방법으로 표현하는 방법을 배울 수 있도록 주장훈련(assertion training), 역할연습(role play), 심리극(psychodrama), 이완훈련(relax training)이 효과적이다. 학교사회복지사가 학교폭력문제를 다루는 데 유용한 프로그램으로는 두 번째 단계, 다체계적 치료(Multisystemic Therapy), 긍정적 청소년 선택 훈련, 창조적인 갈등해결 프로그램, 가족과 교사의 관심 연결(Linking the Interests of Families and Teachers)이 있다.

두 번째 단계(Second Step) : 이 프로그램은 아동의 사회적 유능감을 증진시키고 충동성과 공격적 행동을 감소시키기 위해 아동의 공감기술, 충동조절 기술, 분노관리 기술을 개발하도록 돕는 폭력예방 사회기술 커리큘럼이다. 이 과정은 35분씩 총 30개 레슨으로 구성되고 매주 1회 내지 2회 학급에서 가르치도록 되어 있다. 이 교육은 토론과 역할극이 중심이 되는데 이를 위한 시나리오 구성을 위해 그림카드가 활용된다. 프로그램 평가 결과 신체적 공격행동은 감소되고 자연적, 친사회적 행동은 증가한 것으로 나타났다(Dupper, 2002 : 54).

긍정적 청소년 선택 훈련(Positive Adolescents Choices Training) : 이 프로그램은 고위험에 있는 청소년의 공격성과 범죄피해화(victimization)를 줄이는 데 초점을 둔 것이다. 프로그램 대상은 심각한 행동문제를 가지고 있거나 폭력 경험 또는 폭력에의 노출 또는 폭력 피해 경험이 있는 12에서 16세 사이의 고위험청소년이며 주요 교육 내용은 건설적인 비평 주기, 부정적 피드백 받기, 협상하기 등을 배운다. 이것은 10명 내외의 학생들로 구성된 집단이 19주 동안 일주일에 1~2회 만난다. 프로그램 평가 결과 부정적 피드백을 제공한 학생의 능력이 개선되고 학교에서 신체적 공격이 의미 있게 줄어드는 데 효과적인 것으로 나타났다. 또 다른 연구에서는 PACT에 참여한 청소년집단은 그렇지 않은 비교집단에 비교해서 38%가 반사회적 폭력행동이 감소하였다고 보고하였다(Dupper, 2002 : 57).

창조적인 갈등해결 프로그램(Resolving Conflicts Creatively Program) : 이 프로그램은 가장 유망한 폭력 예방 프로그램으로 공공건강전문가들에 의해 널리 인식되는 프로그램으로 학생들이 갈등을 해결하는 평화로운 방법을 탐색함으로써 안전한 환경을 가질 수 있도록 학교변화를 창조하고자 한다. 이 프로그램은 폭력행동에 가담하는 학생들은 자신들의 삶에서 어떻게 갈등을 관리하는지 잘 모른다는 가정에 근거한다. 이 교육은 청소년들에게 자칫 폭력행동으로 야기될 수 있는 일상생활에서의 갈등을 다루는 방법과 대안을 제공한다. 이것의 1차적 목표는 장기적으로는 폭력의 감소와 폭력과 관련된 행동을 감소시키고, 단기적으로는 학생과 성인 간의 협력적 관계를 촉진시키며, 상호문화적 이해와 긍정적 관계를 증진시키고, 학생의 학업적 성취를 더 증가시키며, 학생과 교사 모두를 위해 결석자의 수를 감소시키는 데 있다. 프로그램 평가 결과 71%의 교사들이 학급에서 신체적 폭력이 감소하였다고 하였고 72%의 교사는 학생이 다른 사람의 견해를 이해하는 기술이 증가하였다고 보고하였다(Dupper, 2002 : 136-138).

사례-학교폭력학생에 대한 학교사회복지사의 개입

1. 사례개요 :
   - 사고 발생일 : 2019년 11월 5일
   - 평소 학급 내에서 말수가 적고 조용한 J군이 과일칼로 같은 반 학생인 K군의 머리를 가격함. 평소 내재된 분노가 폭발하면서 돌발적으로 한 행동으로 가해학생인 J군 역시 긴장을 한 상태로 칼날을 자기 손에 쥐고 내려쳐서 자신의 인대가 끊어지는 부상을 입었고, 피해학생인 K군은 칼 머리 부분으로 가격당해 머리가 조금 찢어져 함께 병원으로 이송함. 피해학생인 K군은 CT 촬영 결과 이상이 없어 3바늘을 꿰매고 귀가함. 가해학생인 J군 역시 손가락 신경 손상의 우려가 있으나 입원 치료가 필요치 않아 처치 후 귀가함

2. 초기면접 : 가해학생의 모와 대면 상담 실시
   - 폭력사고 후 직접 개입이 이루어지지 못하였고 학교의 폭력 대책 회의 후 개입이 지시됨
   - 사고 후 바로 가정 내 학습이 결정되어 본인과 만남이 이루어지지 못하고 일주일 뒤 어머니와 1차 만남이 이루어짐

<table>
<tr><td>상담일시</td><td colspan="3">2019년 11월 일 일요일</td><td>상담시간</td><td colspan="3">14 : 00~15 : 00</td></tr>
<tr><td>내담자</td><td>성 명</td><td colspan="2">윤○○(가해학생의 모)</td><td>학 번</td><td>2-</td><td>담 임</td><td>○○○</td></tr>
<tr><td rowspan="2">연락처</td><td rowspan="2">주 소</td><td rowspan="2" colspan="2"></td><td>전화번호</td><td></td><td>핸드폰</td><td>- -</td></tr>
<tr><td>E-mail</td><td colspan="3"></td></tr>
<tr><td>상담내용 분류</td><td colspan="7">학교폭력(가해학생 어머니)</td></tr>
<tr><td rowspan="5">가족관계 및
동거사항</td><td>관 계</td><td>성 명</td><td>연 령</td><td>직 업</td><td>동거 여부</td><td colspan="2">GENOGRAM</td></tr>
<tr><td>부</td><td>전○○</td><td>49</td><td>노동</td><td>○</td><td rowspan="4" colspan="2"></td></tr>
<tr><td>모</td><td>윤○○</td><td>48</td><td>주부</td><td>○</td></tr>
<tr><td>형</td><td>전○○</td><td>19</td><td>고3</td><td>○</td></tr>
<tr><td>제</td><td>전○○</td><td>13</td><td>초6</td><td>○</td></tr>
<tr><td rowspan="4">주요문제</td><td colspan="2">심리・정서적
측면</td><td colspan="5">사고 이후 집을 나오지 않고 복지사와의 면담도 거부함
집 안에서 동생과는 평소와 다름없이 생활하지만 외출은 거부하고 자신의 행동에 대해 많이 후회하고 있다고 함
어머니 역시 가해학생의 행동 원인을 알 수 없다고 하며, 전문상담에 대해 거부반응을 보임 → 전문적 상담의 필요성을 설명하고 어머니의 동의를 구함 → 어머니가 대상학생에게 상담의 필요성 먼저 설명하고, 복지사가 전화로 한 번 더 설명하여 상담을 실시하기로 함 → 심리검사 결과를 바탕으로 추후 상담 지원 및 필요 활동을 지원하기로 학교와 협의함</td></tr>
<tr><td colspan="2">가족(구조적)
측면</td><td colspan="5">드러나는 구조적 문제는 없지만 현재 아버지가 일(건축) 관계로 집을 비운 상태(1개월 정도). 형제간에도 사이가 원만하고 특히 남동생과는 친구처럼 잘 지낸다고 함</td></tr>
<tr><td colspan="2">경제적 측면</td><td colspan="5">자가와 부모 모두 경제활동에 참여하고 있지만 경제적으로 넉넉하지는 못함. 특별히 경제적 지원을 요청하지 않음</td></tr>
<tr><td colspan="2">피해학생과의
문제</td><td colspan="5">피해학생은 가해학생에 대해 특별히 감정은 없고, 학교에 돌아와도 모른 체하겠다고 하지만 학교에서 자신이 폭력 경험이 있는 전학생이라 자신이 가해학생을 괴롭혔다고 하는 것에 더 많은 분노를 느낀다고 함
피해학생의 부모님은 처음에는 상황에 많이 놀라셨지만 평소 피해학생의 행동에 대한 이해와 이전 학교에서의 폭력사고 경험 등으로 인해, 가해학생에 대해 치료비 외에는 특별한 문제를 제기하지 않음. 다만, 피해학생의 평소 욱하는 성격 때문에 걱정이 많다고 함</td></tr>
</table>

<table>
<tr><td rowspan="5">개입계획</td><td colspan="2">본 사례의 가해학생은 평소 학교생활을 성실하게 하였고, 담임교사에게도 착한 학생으로 인지되는 학생이었음. 또래관계는 친한 친구가 같은 학년에 1~2명 정도밖에 되지 않아 어려움이 있었던 것으로 보임. 학급 내에서 왕따가 구체적으로 일어나지 않았지만 말수가 적고 소극적인 성향이었음. 피해학생인 K군은 타 학교에서 학교폭력으로 본교로 전학을 온 학생으로 같은 반 아이들이 두려워하는 존재였음. 사고 당일 가해학생이 같은 반 학생과 싸움을 하고 있었는데 말리는 과정에서 K군이 J군을 몇 대 때리게 된 것이 사고의 발단이 됨. K군의 행동에 분노한 J군이 과도를 이용해 K군에게 폭력을 가함
어머니와의 상담 후 주요 문제를 확인하고 개입계획을 세움</td></tr>
<tr><td>심리·정서적 문제</td><td>-○○시 정신건강센터에 상담 의뢰
-상담결과 바탕으로 구체적 프로그램 연결
-분노조절, 사회성 향상 프로그램
-학교 내 정기적 상담 실시</td></tr>
<tr><td>가족(구조적) 측면</td><td>어머니가 지속적으로 아버지에게 비밀로 하기를 원하고 있지만 가정 내 학습과 필요한 경우 병원치료, 복교 문제 등이 남아 있어 가능한 한 아버지에게 사실을 알리고 협력을 할 수 있도록 설득함</td></tr>
<tr><td>경제적 측면</td><td>당장 필요한 경제적 지원 요청은 없는 상황이지만 병원치료가 필요한 경우 치료에 대한 부담을 나타내어 학교와 협의 후 지원 방안 마련</td></tr>
<tr><td>피해학생에 대한 개입</td><td>피해학생 역시 분노조절에 어려움이 있어 주 1회 학교 내 상담 및 청소년 동반자 프로그램 의뢰
방학 중 정기적인 상담 실시 계획 수립 및 전달</td></tr>
</table>

3. 주요 개입 내용 :

① 심리 정서적 측면

- 개입의뢰 : ○○시 정신건강센터 임상심리사와의 상담 실시(사건 발생 후 10일 만에 이루어짐)
- 심리검사 결과를 미술치료 프로그램 연계(6개월)
- 청소년 상담지원센터 장기 상담 실시
- 3월 복교 이후 주 1회 복지사 및 담임교사 정기 상담
- 7월 케이스 종결

② 가족문제

- 아버지에게 알리는 것에 대해 본인과 모 모두 반대하여 어머니만 개입하여 처리함
- 대학생이 되는 형을 많이 따라서, 형을 통해 가정 내 생활지도 협조 구함
- 인근 초등학교에 다니는 동생의 심리적 위축이 우려되어 해당 학교 복지사에게 케이스 의뢰함

③ 경제적 문제

- 심리진단 결과 병원 치료보다 사회성 향상이나 자기표현 능력 향상이 더 필요하다는 자문에 의해 지역기관 프로그램 연계로 경제적 문제는 크게 발생하지 않음
- 학생 부상에 따른 치료비는 가해학생 측이 모두 부담함

- 3학년 진급 후 급식비 등의 지원요청을 하도록 안내하였지만 어머니가 거부함. 힘들면 요청하시겠다고 함
- 체험 학습비, 방과후 학교 참가비는 지원함

④ 학교생활 지원
- 학기 초 담임교사의 적극적 노력으로 학급 적응 프로그램 실시(담임교사 실시)
- 담임선생님이 담당하는 만화애니반에 참여시킴
- 같은 반 친구들과 사고 이전보다 훨씬 관계가 좋아졌고 자기 표현력이 향상됨

⑤ 피해학생에 대한 개입
- 본인이 원하는 경우 언제든지 복지실을 내방할 수 있도록 담임교사에게 협조를 구함
- 주 1회 정기적 상담 실시
- 3월 진학 이후 가해학생이 직접 사과를 하도록 함. 이후 서로에 대해 무시하며 지내지만 특별한 문제는 발생하지 않음
- 담임과 학부모의 협조를 통해 원만하게 학교생활을 함

⑥ 기타
- 해당 교육청의 전문상담자가 학교로 내원하여 해당 학생들을 상담함
- 학급 단위 프로그램 실시를 하려고 했지만 시기적인 문제로 성립되지 못하고 학교 관리자들의 특별 교육으로 대체함

4. 개입종결 :
- 본 케이스는 2020년 7월 직접적 개입은 종결됨. 현재 두 학생 모두 건강하게 학교생활을 잘 하고 있으며, 고등학교 진학을 기다리고 있음

2. 내재화 행동문제

1) 불안과 두려움

(1) 특성

아동은 흔히 정상적인 성장과정에서도 공포, 걱정, 불안, 수줍음 등을 일시적으로 경험한다. 불안(anxiety)과 유사한 용어로는 공포, 공황이 있다. 불안(anxiety)이 미래에 발생할지도 모르는 나쁜 사건에 대한 걱정이 두드러지며 더 지속적인 특징이 있다면 공포(phobia)는 현재 일어나고 있는 실제적으로 지각된 위험에 대한 강한 정서적 반응으로

회피나 도피를 유발한다. 공황(panic)은 극도의 두려움이나 테러에 갑작스럽게 압도되는 상태를 말한다(김미경 외, 2006 : 215-217). 그러나 심한 불안은 학생의 신체적, 정신적, 정서적, 사회적 그리고 영적 건강에 영향을 미친다. 그중 사회불안장애(social anxiety disorder)는 단순한 '부끄러움' 이상의 것으로 사회적 상호작용이 있는 상황이나 수행 상황 등 하나 이상의 상황에서 사회적 두려움을 갖는 것과 관련이 있다. 아동 및 청소년기 사회불안장애는 학업성취 부진, 낮은 자아존중감, 외로움과도 관계가 있으며 이후 다른 주요 우울장애, 물질 남용, 자살 시도와 연관이 있다. 더욱이 아동 및 청소년의 사회불안은 성인기까지 방치된 채 지속되는 경우가 많으며 이 경우 성인기에 발병한 사회불안에 비해 그 정도가 더 심각한 것으로 보고되고 있다(김정민, 2008 : 14).

아동 및 청소년에게는 수많은 요인들이 불안을 야기하거나 악화시키는데, 예를 들면, 질병, 손상, 부적절한 영양, 물리적 부적절성, 역기능적인 가족생활, 생활에서 의미를 찾지 못함, 삶의 목적 상실 등이 해당된다. 학생들은 가정문제로 인해 불안해할 수 있는데 이것은 학교에서의 압력에 의해 악화되기도 한다. 학생의 불안에 영향을 미칠 수 있는 학교 상황으로는, 수업시간 학업과 관련된 질문에 답하도록 요청받거나 사람들 앞에서 과제를 수행하도록 요청받을 때, 평가받는 활동에 참가할 때, 학교의 변화 또는 학급의 변화, 과외활동에서 탁월하도록 압력을 받을 때, 또래 압력, 학교 규모, 밝기, 온도, 환기, 소음, 위생, 과밀, 청결, 접근 가능성, 교사의 성격과 행동 등이 해당된다(Dupper, 2002 : 68-69).

학교사회복지사는 아동의 불안과 두려움이 정상적인 발달의 부분인지, 아니면 개입이 필요한지를 결정하기 위해 다양한 사정도구를 사용할 수 있는데, 그중 가장 자주 사용되는 도구는 Achenbach의 Child Behavior Checklist(Achenbach, 1979), 행동문제 체크리스트(Quay & Peterson, 1983) 등이다(Dupper, 2002 : 68-69 재인용). 일반적으로 불안 또는 공포는 세 가지 유형의 복잡한 양상으로 나타나는데, 즉 외현적 행동 반응(도망치기, 떨리는 목소리, 눈 감기), 생리적 반응(심장박동, 호흡의 변화, 근육 긴장, 복통), 주관적 반응(무섭다는 생각, 자신을 비난하는 생각, 신체 위험에 대한 심상)이 포함된다. 이들 중 한두 가지는 불안장애를 가진 여러 아동들에게 명백하게 나타나기 때문에 증상의 세 가지 범주 또는 그에 따르는 반응양상을 이해하는 것이 필수적이다. 〈표 13-6〉과 같이 불안의 범주는 크게 신체적/공황(somatic/panic), 일반불안(general anxiety), 분리불안(separation), 사회공포증(social phobia), 학교공포증(school phobia)으로 분류된다(김미경 외, 2006 : 215-217).

〈표 13-6〉 불안범주와 증상

불안범주	증 상
신체적/공황	– 신경이 예민하다. – 놀랐을 때 그 일을 현실같이 느끼지 않는다. – 심장고동이 빠르고 잘 떤다. – 이유 없이 잘 놀란다. – 당황하였을 때는 숨을 쉬기가 어렵다.
일반불안	– 다른 사람들이 나를 좋아할 것인지를 걱정한다. – 자신을 포함하여 다른 것들에 대해서도 걱정을 한다. – 걱정이 너무 많다. – 미래 및 과거의 지나간 일들에 대해서도 걱정한다.
분리불안	– 집에서 떨어져 잘 때 두렵다. – 어디에 가더라도 부모를 따라간다. – 나쁜 일이 일어나는 악몽을 꾼다. – 집에 혼자 있는 것을 두려워한다.
사회공포증	– 낯선 사람들과 함께 있는 것을 좋아하지 않는다. – 모르는 사람들과 함께 있으면 신경이 예민해진다. – 사람들에게 모르는 것을 이야기하기가 어렵다. – 잘 모르는 사람들과 이야기하는 것을 부끄러워한다.
학교공포증	– 학교에 있으면 머리가 아프다. – 학교에 갈 시간이 되면 배가 아프다. – 학교에 가는 것이 걱정스럽다. – 학교에 하루 종일 머무르기가 어렵다.

출처 : 김미경 외(2006), p. 217.

등교거부와 학교공포증

어떤 아동들은 학교에 가는 날 아침에 식탁 앞에서 창백하면서도 조용히 앉아 있고 눈에는 눈물이 차 있으며 숟가락은 밥그릇 주위를 맴돌고 있다. 부모의 회유에 아동이 숟가락 가득히 밥을 떠서 먹거나 우유를 한 잔 가득 부어 마시는 것은 아주 힘든 일이다. 곧 토하거나 배변을 위해 화장실에 가야 한다고 말한다. 학교 버스를 타야 하는 시간이 가까워질수록 점차 흥분하고 애원하고 울고 엄마를 비난하기도 한다. 그러한 행동을 꾀병 부리거나 주의를 끌기 위한 것으로 오해해서는 안 된다. 이는 강한 공포로 나타나는 행동적, 생리적 특징이다. 그러나 집에 머무르도록 허용한다면 아동은 안심하고 일상적인 활동으로 돌아갈 것이다.

이런 증상은 '등교거부(school refusal)' 혹은 '학교공포증(school phobia)'이라 불린다. 이는 학교 환경의 어떤 측면에 대한 공포나 보호자로부터의 분리에 대한 불안에 기인할 수 있다. 이 중 전자에 해당하는 것이 엄밀한 의미의 '학교공포증'이고 후자에 해당되는 것이 '분리불안장애'의 특수한 형태라 볼 수 있다. 즉, 자기가 없을 때 엄마에게 어떤 해가 일어나지 않을까 하는 두려움 때문에 학교 가기를 꺼릴 수 있다. 어린 시절 숙제를 안 했다거나 선생님께 꾸중 들을 것이 걱정이 되어 학교에 가기가 싫었는데 갑자기 배가 아픈 것처럼 느껴지는 경우를 흔히 경험했을 것이다. 이때 실제로 배가 아픈 경우도 있고 아픈 것처럼 느끼는 경우도 있다. 그런데 이런 증상이 심각해서 학교에 가는 것을 두려워하며 아침식사 시간에 메스꺼움, 복통, 그리고 다른 신체 증상으로 고통을 받다가도, 학교에 가지 말고 집에 있어도 좋다는 허락을 받으면 증상이 곧 없어지는 경우가 있다. 청소년기에 들어와서는 '학교에 가기 싫다'는 직접적인 표현보다 집에서는 학교에 간다고 하고 다른 곳에서 시간을 보내거나 비슷한 또래들과 어울려 폭력이나 비행에 빠지기도 하고 심하면 가출까지 하는 경우도 있다. 어떤 청소년들은 또래들로부터 따돌림을 당하기도 하고 개인적 문제나 학교성적과 관련해서 스트레스를 받기도 하는데, 이는 신체적으로 급격한 변화와 자아가 발달되는 민감한 시기에 있는 청소년들의 성격형성과 학교 및 사회생활 전반에 영향을 미칠 수 있다.

특히 새로운 환경에 대한 경험과 이해가 부족할 뿐 아니라 대처능력이 부족한 아이들로서는 학교생활에 거는 기대감보다 무서움과 두려움을 더 많이 느끼게 된다. 이 같은 우려를 씻고 아이가 새로운 환경에 잘 적응하도록 하기 위해서는 미리 아이의 정신건강 상태를 살피고 심리적으로 안정할 수 있도록 도와주어야 한다.

출처 : 김미경 외(2006), pp. 221-222.

(2) 학교사회복지사의 개입

아동기 대부분의 불안과 공포는 보통 심각하게 고려되지 않고 등한시되곤 한다. 아동과 청소년기 불안과 두려움을 줄이기 위한 효과적인 프로그램으로는 인지-행동치료를 들 수 있다. 불안에 대한 인지행동치료는 크게 두 가지 가정에 근거한다. 먼저 인지적 모형에 따르면 자신과 자신의 사회적 수행에 대해 왜곡된 판단을 내리는 인지과정으로 인해 사회불안이 야기된다고 본다. 즉, 자신과 자신의 수행에 대한 부정적인 사고와 기대가 불안을 초래한다는 것이다. 더욱이 불안의 경험은 사회적 기술을 효과적으로 사용하지 못하게 함으로써 적절한 사회적 수행을 방해한다. 한편 행동적 모형에 따르면 사회적 기술 결핍으로 인해 사회적 상황에 실패함으로써 불안이 야기되고 따라서 자신과 자신의 사회적 수행에 대해 부정적 평가를 내리게 된다고 본다. 나아가 또 다른 실패에 대한 두려움으로 인해 사회적 상황을 회피하는 행동은 사회적 기술을 학습할 기회를 얻지 못하게 함으로써 사회불안을 악화시키게 된다(김정민, 2008 : 14).

아동의 불안을 감소시키기 위해 학교사회복지사가 활용할 수 있는 유용한 프로그램으로는 스트레스 예방접종훈련, 1차적 정신건강 예방 프로젝트가 있다. 그리고 우리나라에서는 김정민(2008)이 여자청소년의 사회불안 감소를 위해 실시한 인지행동집단치료 프로그램이 있다.

스트레스 예방접종훈련(Stress Inoculation Training Ⅰ) : 이것은 13회기로 구성된 학교 토대의 프로그램이다. 인지적 재구조화, 문제해결, 불안관리를 사용함으로써 스트레스와 관련된 부정적인 정서적 각성(emotional arousal)과 다른 심리적 문제를 줄이기 위해 고안된 것이다. 고등학생에게 적용한 프로그램의 평가 결과 개입 이전에 높은 스트레스 상황을 가진 청소년들이 프로그램 이후에 불안과 우울 증상에서 매우 유의미한 변화를 보인 것으로 보고되었다(Dupper, 2002 : 75-77).

1차적 정신건강 예방(Primary Mental Health Prevention) 프로젝트 : 이것은 학교 토대에서 정서와 행동문제로 인해 고위험에 노출된 아동을 구체시하고 개입하기 위한 것으로 가장 오래되고 신뢰받는 프로그램이다. 이 프로그램은 40년간 사회문제해결 기술을 가르치고, 이혼한 부모를 둔 아동을 돕고, 또래관계를 촉진하고, 협력적 학습을 지지하기 위해 실시되어 온 프로그램이다. 이것은 전통적인 학교 토대의 정신건강전문가 혼자만으로는 부가적인 지지를 필요로 하는 많은 아동에 대한 개입이 적합할 수 없다는 생각에 기초한다. 이 프로그램은 정신건강전문가의 역할을 재구조화하고, 구조화된 놀이방 환경에서 초기 부적응을 보이는 아동과 보다 집중적으로 일할 수 있는 아동 준전문가를 배치한다. 핵심적인 개입요소는 아동과 훈련된 준전문 아동치료사가 계속적인 상호관계를 개발하는 것이다. 아동 준전문가는 24시간에서 36시간의 집중적인 훈련과 지속적인 교육 워크숍을 받은 사람 중에서 신중하게 선별한다. 이들의 만남은 표현적 놀이(expressive play)를 촉진하도록 특별한 도구들을 갖춘 구조화된 놀이치료실에서 행해진다. 놀이치료실 내에서는 부적정한 행동에 대해서는 어느 정도의 제한을 두지만, 모든 정서의 표현과 탐색이 촉진된다. 준전문 아동치료사는 아동에게 차례를 지키고, 규칙을 따르고 과업에 참석하는 것과 같은 생활기술을 가르친다. 매주 또는 격주의 슈퍼비전 모임에서 정신건강전문가와 아동치료사 간의 회의가 개최된다(Dupper, 2002 : 76).

사회불안 감소를 위한 인지행동집단치료 프로그램 : 이것은 김민정(2008)이 개발한 것으로 주된 목적은 청소년의 사회불안 감소를 위해 인지행동집단치료 프로그램을 적용한 것이다. 총 12회기로 구성되며 불안검사 후 점수가 높은 학생 5명을 대상으로 주 1회 1시간 30분에서 2시간씩 진행되었다. 프로그램에서 다루어진 내용은 다음과 같다. 1회기의 '상황-생각-감정-행동 패러다임'은 다양한 일련의 상황 그림 카드를 사용하여 다음에 전개되는 이야기를 만들어 보게 함으로써 동일한 상황이라도 그것을 어떻게 이해하는가에 따라 감정과 행동이 달라짐을 알게 하는 것이다. 3, 4회기의 '나의 애벌레 생각/나비 생각'은 먼저 집단 구성원들에게 구체적인 문제 상황을 제시하여 집단원의 부정적인 자동적 사고 찾기를 돕는다. 각 집단원은 제시된 상황에서 자신의 부정적인 자동적 사고를 찾아 확인하고 그것을 '애벌레 생각' 칸에 적어 넣는다. 치료자는 보기 싫은 애벌레가 아름다운 나비가 되는 과정을 시각 자료로 함께 간단히 설명한 후 부정적인 '애벌레 생각'을 적응적인 '나비 생각'으로 바꾸어 '나비 생각' 칸에 놓는다. 또한 치료자는 인지적 도전과정(예 소크라테스식 대화)을 통해 집단원의 왜곡된 신념이 변화되도록 유도하거나 역할극 등을 통해 집단원이 자신의 왜곡된 신념에 대한 통찰을 얻도록 이끈다. 프로그램의 후반부 회기들은 인지적 재구성을 포함한 노출 훈련으로 이루어지는데, 여기서는 손인형을 사용한 역할극의 형태 혹은 집단 내 특정 상황을 조성하고 이에 노출시키는 방법으로 진행되었다. 한편 사회적 기술훈련은 시선 접촉, 얼굴표정, 목소리의 톤과 크기 등을 다루는 기본 기술에서 듣기, 질문하기, 상대방에게 관심 보이기, 자기 주장하기 등의 의사소통 기술 나누기, 도움주기, 참여하기, 초대하기, 칭찬하기 등의 친사회적 기술 등을 훈련하도록 하였다. 프로그램 평가 결과 프로그램에 참여한 청소년은 사회적 불안 및 부정적인 자동적 사고가 감소되고 전반적인 사회적 기술이 유의하게 향상되었으며 그 결과는 프로그램 종료 1년 추후검사와 2년 추후검사에서도 거의 변동이 없이 유지되는 것으로 나타났다(김민정, 2008 : 13-24).

2) 외로움/수줍음

(1) 특성

학교생활을 통해 사회적 관계가 본격화되기 시작하는 학령기 아동은 또래 관계를 통해 사회적 상호작용의 방법과 기술뿐 아니라 사회적 상호작용을 통한 거울 자아를 통해 자아에 대한 개념을 발달시키기도 한다. 그러나 외로움이나 수줍음은 이러한 사회적 관계에 어려움을 유발한다(민하영, 2002 : 52).

수줍음(shyness)은 대인관계에서 흔히 관찰되는 행동으로 일반적으로 적극적이고 사교적인 행동과 대조적인 개념으로 이해된다. 수줍음은 때로는 새로운 상황에 대한 적응적 기제로 사용되기 때문에 반드시 문제행동으로만 볼 수 없지만 수줍음이 지나칠 경우에는 개인의 사회생활에 큰 불편을 가져다준다. 특히 학령기에 있는 아동기에는 생활의 터전이 가정으로부터 학교로 확장되면서 다양한 종류의 사회적 접촉을 경험하게 된다.

이때 수줍음이 많은 아동의 경우에는 제한된 사회적 상호작용만을 하게 되고 적절한 사회적 기술을 습득하지 못하여 대인관계를 형성하고 유지하는 데 어려움을 경험하게 될 뿐 아니라 학교생활에 적응하는 데도 문제가 초래될 수 있다.

수줍음은 이처럼 아동의 대인관계와 학교생활, 심리적 및 정서적 적응에 있어서 중요한 역할을 함에도 불구하고 개념의 모호성과 문제의 내재적 특성으로 인해 그동안 큰 주목을 받지 못하였다. 아동 및 청소년의 수줍음에 대한 국내연구 결과를 정리해 보면 수줍은 아동들은 대인관계에서 위축되거나 친구들과 어울리기를 주저하는 등 많은 스트레스를 경험하고, 자아존중감이 낮고 학업성취도가 낮으며, 사회적인 적응이 낮다(이현숙·정현희, 2004 : 79-100).

또한 많은 학생들은 빈약한 또래 관계나 또래로부터의 배제로 인해 외로움(loneliness)을 느낀다. 아동 및 청소년의 외로움은 또래 관계의 불만족 또는 배척아, 고립아, 위축아 등 사회적으로 수용되지 못한 아동의 정서적 상태를 반영한다(민하영, 2002 : 52). 외로움은 크게 '사회적인 외로움'과 '감정적인 외로움'으로 구분해 볼 수 있는데, 사회적인 외로움은 사회적 관계 네트워크 부재의 결과로 기인하거나 그룹의 부분에서 느끼는 감정이다. 즉, 사회적인 외로움은 소속감을 느끼지 못하는 것이다. 반면 감정적인 외로움은 다른 사람과의 친밀한 애착에서 근접함을 느끼지 못하는 것이며 다른 사회들의 관심을 받지 못하거나 진정으로 알아주지 못하는 것이다(김성해·송 순, 2001 : 79).

아동 및 청소년의 외로움에는 가정상황(편부모가정, 재혼가정 등), 자아존중감, 부모의 양육태도 및 가족 분위기 또래집단과의 관계, 형제와의 관계 등 다양한 요인이 관련된다(김성해·송 순, 2001 : 79-81). Bullock(1998)은 아동기에 있어 외로움과 문제적 수줍음의 감정을 일으키는 요인으로 새로운 학교 또는 이웃으로 이사 또는 전학, 친구의 상실, 대상 또는 소유의 상실, 부모 이혼의 경험, 애완동물 또는 중요한 사람의 죽음 경험, 또래의 거절, 친구를 만들 사회적 기술의 부족, 친구를 만드는 데 장애를 초래하는 개인적 특성(수줍음, 불안, 낮은 자아존중감) 등을 제시하였다(Dupper, 2002 : 69-70). 그중에서도 또래 관계의 부족은 외로운 아동으로 하여금 또래와 상호작용하고 중요한 생활기술을 배울 기회를 놓치게 하며 나중에 문제를 유발할 위험이 높다. 괴롭힘이나 또래 성추행의 다른 형태들도 외로운 감정을 유발한다. 예를 들어, 또래로부터 피해를 받은 유치원 아동은 높은 수준의 외로움, 스트레스를 갖고, 피해받지 않은 아동보다 학교에 대한 부정적 태도 등을 보이는 것으로 나타났다.

(2) 학교사회복지사의 개입

학교에서 외롭거나 수줍어하는 아동을 지원하는 실천 프로그램은 빈약하다. 이들을 위해 학교사회복지사가 행할 수 있는 유용한 전략으로는 역할극과 독서치료를 활용하여 아동이 사회적 상황에서 다른 사람과 상호작용하는 것을 다루는 것이다. 이 외에도 수줍어하는 학생을 돕기 위해 다양한 전략을 사용할 수 있는데 그 내용은 〈표 13-7〉과 같다(Dupper, 2002 : 77-78).

〈표 13-7〉 수줍어하거나 철회된 아동을 돕기 위한 전략

- 수줍어하는 아동들이 관심을 보이는 것을 중심으로 관심 목록을 작성하고 대화나 학습활동에 있어 이들 관심을 사용한다. - 학급에서 다른 학생이 볼 수 있도록 그들의 좋은 미술작품 또는 과제를 전시하라. - 그들을 학급에서 인기 있는 급우와 짝이 되도록 하거나 친구가 될 수 있도록 촉진하고 또래와의 잦은 관계에 포함시켜라. - 아동이 백일몽에 잠겨있는지를 자주 체크하라. - 수줍어하는 아동이 사회적 발달목표를 정하도록 돕고, 자기주장, 동료와의 상호작용을 시작하는 것 또는 다른 사회적 기술과 관련된 훈련을 제공함으로써 그들을 도와라. - 그들에게 사회적 통찰력을 개발하기 위해 필요한 정보를 제공하라(예를 들어, 전학 온 친구들은 처음 친구를 사귀는 데 어려움을 느낀다, 괴롭힘은 반드시 친구가 너를 좋아하지 않는다는 것을 의미하는 것은 아니다 등). 그리고 그들에게 또래친구와의 생산적인 접촉을 하거나 보다 효과적으로 또래와 관계 형성에 반응하는 방법을 제시하라. - 그들에게 그들이 할 수 있는 바람직한 역할을 제공하고, 부끄러울 수 있는 사회적 상황에서 다른 사람과 상호작용을 하도록 하라. - 그들에게 다른 사람과 인사하고 직접 만나거나 전화로 이야기하는 방법, 특히 '나도 같이 놀까' 등의 주장적 요구를 할 수 있도록 사회적 교류를 먼저 열 수 있도록 가르쳐라. - 하루에 몇 분이라도 매일 그들과 이야기할 시간을 가져라. 그리고 그들이 당신에게 이야기하는 것을 주의 깊게 듣고 특별하게 반응하라. - 수줍어하는 아동의 이야기를 담은 책을 통해 독서치료를 사용하라. 수줍어하는 아동은 사회기술에 있어 직접적인 지도가 필요하다.

출처 : Dupper(2002), p. 78.

학교사회복지사는 수줍음을 타는 아동을 대상으로 사회적 기술훈련 프로그램을 실시할 수 있다. 선행연구에 따르면 수줍음의 원인은 명확하지 않지만 사회적 기술과 수줍음은 밀접한 관련이 있으며 사회적 기술을 증진시키면 수줍은 아동의 대인관계, 학교적응이 향상된다는 보고들이 제시되고 있다(이현숙·정현희, 2004 : 79-100 재인용). 우리나라의 경우 이현숙·정현희(2004 : 79-100)의 연구가 있다. 이 프로그램은 LeCroy(1994)가 사회기술 향상을 목적으로 개발한 집단상담을 프로그램을 번안해서 수줍어하는 초등학생 5, 6학년에게 적용한 것이다. 집단인원은 13명이었고 총 8회기로 진행되었으며 실험집단과 통제집단이 구성되었다. 구체적인 프로그램 내용은 〈표 13-8〉과 같다.

〈표 13-8〉 수줍음 아동을 위한 사회적 기술 훈련 프로그램

회 기	제 목	목 표
1	멋진 만남	1. 프로그램의 목적과 내용을 소개함으로써 흥미를 유발한다. 2. 자기소개를 통해서 집단원간의 친밀감을 형성한다. 3. 집단규칙을 정하고 서약하기를 통해 집단에 대한 책임을 형성한다.
2	칭찬합시다	1. 다른 사람들과 긍정적인 상호작용을 할 수 있게 된다. 2. 칭찬을 주고받는 기술과 대화기법을 배운다. 3. 자신의 장점을 찾아봄으로써 자아존중감을 향상시킨다.
3	마음이 보여요	1. 자신의 감정상태를 알 수 있게 된다. 2. 다른 사람의 감정상태를 이해할 수 있게 된다. 3. 공감하는 기술을 배우게 된다.
4	이것 좀 도와줄래?	1. 도움이 필요할 때 도움을 요청할 수 있게 된다. 2. 도움을 요청하는 기술을 배우게 된다.
5	'No'라고 말하자	1. 원하지 않는 상황에 처했을 때 자신의 의사를 표현할 수 있게 된다. 2. 정중하게 거절하는 방법을 배우게 된다.
6	나의 선택	1. 특정한 상황에 대해서 가장 합리적인 결정을 내릴 수 있게 된다. 2. 합리적인 의사결정 방법을 배우게 된다.
7	갈등상황 벗어나기	1. 갈등상황에 처했을 때 벗어나서 좋은 관계를 형성할 수 있게 된다. 2. 갈등에서 벗어나는 방법을 배우게 된다.
8	와! 이제 시작	1. 전체 프로그램의 내용을 되새겨 본다. 2. 함께한 친구들에게 감사의 마음을 표현하고 칭찬한다. 3. 앞으로의 다짐을 이야기한다.

출처 : 이현숙 · 정현희(2004), pp. 79-100.

프로그램 평가 결과 사회적 기술훈련 프로그램은 수줍어하는 아동의 사회적 기술 증진, 불안과 우울의 감소, 자아존중감 증진에 효과가 있는 것으로 나타났다.

이 외에도 대인관계 문제해결훈련(interpersonal problem solving)을 활용할 수 있다. 이것은 먼저 학생에게 먼저 자신의 문제가 무엇인지를 정하도록 하고 난 뒤 이런 문제를 해결하는 많은 해결책들을 먼저 찾아 있는 대로 기술하게 한다. 그런 다음 제시된 각 해결책의 장단점, 이 해결책의 영향 등을 검토하게 하고 그중 가장 자신에게 맞는 하나의 해결책을 선택하고, 해결단계를 정하여 이를 실행하고 스스로 평가하도록 하는 방법이다.

3) 슬픔

(1) 특성

아동 및 청소년은 성장하면서 다양한 슬픔(grieving)을 경험할 수 있다. 그중 중요한 사람의 상실로 인한 슬픔은 큰 고통이다. 아동은 애완견의 죽음을 포함해서 질병이나 사고로 인한 사랑하는 사람의 죽음을 경험한다. 사랑하는 사람과의 분리는 다양한 형태의 슬픔을 야기한다. 상실로 고통받는 아동은 학교환경에 대처하기 어렵고 집중력 부족, 과업의 미완수, 피로, 과다한 정서적 노출 등의 증후를 보인다.

아동 및 청소년에게 슬픔을 야기하는 것 중 또 다른 것으로는 부모의 이혼을 들 수 있다. 최근 우리나라의 경우 이혼이 급속도로 증가하고 있으며, 그에 따라 이혼가정의 아동 또한 두드러지게 증가하고 있는데 이들 중 일부는 학령기 자녀이다. 이혼가정 아동이 일반가정의 아동에 비해 문제행동을 더 많이 보이고 심리적으로 적응하지 못한다는 연구결과도 있지만, 반대로 이혼가정 아동의 적응이 부정적이지 않다는 연구결과도 있다. 이는 아동이 이혼으로 인해 받는 영향의 정도가 개인차에 따라 다를 뿐만 아니라 다양한 변인들이 그 개인차를 결정하기 때문이다(이종숙, 1997; 황은숙, 2001).

초등학교에 해당되는 학령기는 부모와의 떨어짐으로 인한 영향을 가장 많이 받는 시기이다(Carlile, 1991; Wallerstein & Kelly, 1980). 이 시기에 부모를 상실한 아동들은 긴장감과 감정처리문제, 생활의 변화, 책임감의 증대 등에서 비롯되는 심각한 스트레스를 경험한다. 특히 부모의 이혼을 경험한 아동들은 학업성적의 하락과 함께 분노나 공격성, 후퇴, 억압, 죄의식, 대인관계문제, 자아개념 저하, 비사회적 행동을 경험하게 되며, 수많은 상실감과 대인관계에서의 실패감, 새로운 가족으로의 전이에서의 어려움을 경험한다(Wallerstein & Kelly, 1980). 이와 같은 아동의 스트레스는 아동의 연령, 성별 등과 같은 개인적 특성뿐만 아니라 가족구조, 이혼 원인, 사회적 지지 등과 같은 다양한 환경적 요인에 따라 달라질 수 있으며, 무엇보다 부모를 상실한 이후 경험하는 생활의 질, 일상생활에서 나타나는 스트레스 등과 밀접한 관련이 있다. 아동에게 미치는 부정적인 영향은 이혼이라는 사건 자체보다는 부모의 이혼과 관련된 여러 가지 요인들이 상호작용하거나 축적된 것이다(송다영 외, 2003 재인용).

Wallerstein과 Kelly(1980)는 부모의 별거나 이혼이 아동의 학교생활에 미치는 영향을 알아보기 위해 이혼 후 6개월, 1년, 5년의 시점에서 아동을 지속적으로 관찰하는 종단적 연구를 하였다. 연구결과 부모의 이혼을 경험한 아동 모두가 심리사회적 문제를 경험하는 것은 아니었으며, 그 정도도 상이한 것으로 나타났다. 특히 일 년 후에는 학교에서 잘 극복한 아이들과 변화가 없는 아이들, 그리고 극복에 실패한 아이들로 구분이 되었다. 이 중 적응[1]에 성공한 아동들은 교사에게 일대일의 지지와 상담을 요구하거나 학교활동에 적극적으로 관여하는 특징을 보였고 교사 자신도 아동의 변화에 매우 민감하게 대처한 것으로 보고된 반면, 부적응적인 아동들은 학교에서 자신의 입지를 잃어버리고 이혼 초기에 저하된 학업을 회복하지 못한 아동들인 경우가 많았다. 이와 같은 결과는 5년 후 관찰에서도 일관되게 나타났다.

이와 같은 결과를 통해 학령기에 있는 이혼가정 아동의 적응은 가족, 부모의 요인뿐만 아니라 교사의 태도와 지지가 주요한 영향을 미친다는 것을 알 수 있다. 학교생활 자체가 공부와 교사 및 친구들과의 대인관계를 통해 슬픔과 분노의 스트레스를 이완시키고 이혼가정 아동의 심리적 갈등을 극복할 수 있는 기반을 제공하는 효과가 있으므로 교사가 아동의 삶에서 주요한 변화가 일어난 것을 파악하고 지지적인 환경을 만드는 노력은 매우 중요하다(송다영 외, 2003 재인용).

가정뿐 아니라 교실도 아동의 복지를 위해 안전하고 도움이 될 만한 환경으로 규정될 필요가 있다. 비록 부모의 이혼으로 인해 상당한 고통과 상실감을 경험한다 할지라도 대부분의 상처는 회복되며, 그 과정에서 교사의 역할은 매우 중요하다. 그것은 학령기 아동의 중요한 타자인 교사가 아동에 대한 이해와 지식이 있다면 교실은 아동에게 가장 희망을 주는 장소가 될 수 있기 때문이다(Carlile, 1991; Goldstein-Hendley et al., 1986). 교사는 학생의 부모가 이혼 혹은 별거하기 전 아동의 기능수준을 가장 잘 알고 있는 사람 중 한 사람이며 아동의 정서나 집중능력, 학습에 대한 열의뿐만 아니라 전반적인 사회 심리적 기능을 관찰하고 도움을 줄 수 있는 중요한 대상이다(Wallerstein & Kelly, 1980).

그러나 송다영 외(2003)의 연구에 따르면 대부분의 교사들은 한부모가족 아동의 심리상황에 대해 잘못 이해하고 있는 부분이 많고 한부모 아동에 대한 부정적인 인식도 있는 것으로 나타났다. 그것은 학생의 수행 정도에 따른 평가라기보다는 아동을 바라보는 교사들의 시선에 전통주의적 가족주의나 이혼에 대한 부정적인 가치관이 혼재되어 있는 요인도 작용하는 것으로 나타났다. 아동과 청소년의 슬픔 반응을 측정하기 위해 개발된 몇 가지 표준화된 도구로는 Hogan 부모 형제 사별 도구(Hogan Parent/Sibling Inventory of Bereavement : HSIB), 상실반응 리스트(Loss Response List) 등이 있다(Dupper, 2002 : 71).

1 여기서 적응은 부모의 이혼 전과 비교하여 학업성취도에서 변화가 적거나 있어도 일정 기간 이후에는 다시 이전의 학업성취도를 회복하는 것, 대인관계에서 공격적이나 철회하는 경향이 나타나지 않는 것, 수업시간에 주의 집중할 수 있는 것 등을 의미한다.

(2) 학교사회복지사의 개입

첫째, 학교사회복지사는 학생들에게 그들의 상실을 슬퍼할 기회를 주어야 한다. 또한 일상적 토대에서 상실을 경험한 아동에게 민감한 학교 분위기를 창출하도록 해야 한다. McGlauflin(1998)은 개별 학생을 돕고 슬픔과정을 전체 학교에 통합하기 위해 학교전문가를 위한 권고표를 제시하였다(표 13-10 참고). 이것은 죽음이나 상실을 경험한 아동 또는 그들이 학교에 돌아온 후에 그들과의 공감적 대화를 나누도록 하는 데 유용하다(Dupper, 2002 : 71 재인용).

둘째, 부모의 갈등이나 별거, 이혼을 경험한 아동들에 대한 예방적 혹은 사후적 개입이 이루어질 수 있도록 한다. 즉, 이혼이나 사별 후 갈등을 겪고 있는 아동에게 적합한 상담 및 지지가 필요하며 부모와의 협력도 강구되어야 한다. 또한 전체학생들을 중심으로 다양한 가족을 수용하고 이해할 수 있도록 돕는 다양한 시청각 교재나 토론방법을 활용한 교육 프로그램의 개발과 사회복지적 실천이 매우 필요하다.

셋째, 이혼한 가정의 아동에게 효과적인 프로그램으로는 이혼가정 아동의 개입 프로그램(Children of Divorce Invention Program)과 아동지지집단(Child Support Group)이 있다(Dupper, 2002 : 104-105). CODIP는 학교 토대의 집단개입 프로그램으로 이혼으로 야기된 행동과 정서적 문제를 완화하기 위해 고안된 프로그램이다. 이것은 유치원에서부터 초등학교까지의 아동이 주된 대상이다. 이혼과 관련된 감정과 태도에 대한 토론, 이론과 관련된 이슈와 이혼과 관련한 잘못된 오해, 적절한 대처기술, 긍정적 자기 그리고 가족지각, 이혼의 발생이 자신의 잘못과 관련한다고 생각함으로써 갖는 자기 비난의 감소 등에 대한 토론 등으로 구성된다. 프로그램 평가 결과 아동의 자기보고에서는 불안이 감소하고, 부모 보고에서는 아동의 적응력이 높아졌다고 하였고 선생님들의 보고에서는 아동의 문제행동이 감소되었다고 제시되었다.

아동지지집단(Child Support Group)은 이혼한 아동을 위한 14주 기간의 학교 토대의 프로그램이다. 이것은 크게 지지 또는 특정한 주제, 기술형성(skill building), 기술적용(skill-transfer) 등의 세 가지 요소로 구성된다. 지지 또는 특정 주제단계에서 특별한 이슈에 대한 토론은 만화, 그림, 뉴스기사, 게임을 통해 실시된다. 기술형성 단계는 아동에게 낙인 감정, 부모의 이혼과 관련된 감정에 대해 가르치고 다른 사람에게 감정과 사건을 말로써 결합해서 이야기할 수 있도록 가르치게 한다. 기술적용 단계에서는 이혼과 관련된 문제에 대해 자기통제(self-control)와 문제해결 기술을 어떻게 적용할 수 있는지를 가르친다. 또한 이 프로그램은 4번의 부모 워크숍과 부모가 집에서 사용할 수 있는 자료 등

부모에 대한 개입도 포함된다. 프로그램 평가 결과 아동들의 적응문제가 덜 일어나는 것으로 나타났다.

〈표 13-9〉 학교에서 슬픔과정을 통합하기 위한 권고

– 슬픔을 가치 있는 생활기술로서 인식하라. 사람들이 일상생활에서 불가피하게 직면하는 많은 상실에 대해 슬퍼하는 것을 배우는 것은 가치 있는 생활기술이다. 죽음과 관련된 이야기를 하기 위해 특정 역사적 날을 활용하는 것은 학급에서 슬픔에 대해 배우고 생활에서 슬픔이 갖는 중요성을 알게 하고자 할 때 중요하다.
– 기회를 인식할 수 있게 하라. 학교사회복지사와 다른 학교전문가들은 개인 또는 학교지역사회에게 중요한 기념일을 기억하도록 하기 위해 추모위원회를 만들 수 있다. 그 밖에도 아동과 성인이 죽은 사람에 대한 추억을 가질 수 있게 하고 그들의 생활에서의 변화, 더 나은 시간을 위한 열망을 표현할 수 있도록 하는 것이 필요하다. "너는 너의 아버지 죽음에 대해 여전히 많은 것을 생각하고 있구나" 또는 "모든 변화에 익숙해지는 것은 매우 어렵다"와 같이 이야기함으로써 수용적으로 반응하는 것은 비탄자에게 더 큰 위안이 될 수 있다.
– 슬픔의 자각을 존중하라. 사별은 일상적으로 사람들이 유지하는 것과는 다른 의식의 시간이며 혼미한 시간이다. 따라서 이 시간 동안은 존중감과 관대함으로 다루어져야 한다. 이들 반응이 정상적인 것이며 예측 가능한 것이라는 것을 이야기하는 것은 매우 지지적일 수 있다.
– 동정이 아닌, 온정적인(compassion) 상태에서 이야기하라. 학교에서 정서적으로 편안한 분위기를 창출하기 위해 교직원과 아동은 상호 간에 깊은 이해를 할 수 있는 온정적인 분위기를 갖는 것이 필요하다.
– 감정을 보이는 것을 두려워하지 마라. 감정을 보이고 공유하는 것은 어떤 사람이 다른 사람에게 줄 수 있는 최대의 선물이다. 이것은 의미 있고, 인간적인 시간이다.
– 아동에게 그들의 슬픔을 표출할 수 있는 기회를 제공하라. 교사와 다른 학교전문가들은 아동에게 상실에 대해 글을 쓰는 것을 허락하거나 그들의 상실과 관련된 특정 주제의 연구를 할 수 있도록 할 수 있다. 또한 방 한쪽에 "특별한 구역"을 만들어 아동이 필요한 경우 아동이 그 공간에서 일정 시간을 보낼 수 있도록 하거나 또는 색칠하거나 그림을 그리거나 춤을 추는 것 등과 같은 것을 통해 표현할 수 있도록 장려하라.
– 학교에서 모든 가능한 고별인사를 허락하라. 종종 사람들은 고통을 피하기 위해 고별인사 없이 떠나기를 희망한다. 아이러니컬하게 사람들은 분리의 고통을 경험하지만 그것을 혼자 경험한다. 학교에서의 최고의 슬픔 교육은 학생이 전학가거나, 학급에 변화가 있거나, 애완견이 죽거나 하는 일이 발생했을 때 모든 고별인사를 허락하는 것이다. 모든 고별인사의 중요성을 인식함으로써, 학교공동체는 생활의 모든 영역에서 슬픔과정을 인식할 수 있다.
– 죽음이나 상실에 대해 아동과 이야기하라. 아동이 상실을 경험할 때, 전문가는 학교에서 그 일에 대해 이야기할 시간을 갖는 것이 필요하다. 예를 들면, "나는 너의 형이 죽었다는 것을 들었다. 이것은 너에게 매우 힘든 시간일 것이다"라고 이야기하는 것이 필요하다. 설사 아동이 이런 전문가의 질문에 즉각적으로 반응하지 않는다고 해도, 그 자체만으로 공감을 나눈 것이므로 매우 중요하다.
– 가능한 한 정직하라. 가능한 한 전문가는 자신이 무엇을 알고 있고 무엇을 모르는지, 무엇을 함께 이야기할 수 있는지, 없는지에 대해 솔직하게 이야기할 필요가 있다. 이것은 아동의 니드를 존중하고 학교의 한계를 알게 한다.
– 계속적인 일상적인 훈육과 높은 기대 : 학교는 슬픔을 경험하는 학생에게 가장 안정되고 예측할 수 있는 장소이다. 학교에서 슬픔에 대해 존중을 갖고 이야기하는 동안, 슬픔에 빠진 학생은 가능한 한 정상적으로 기능하고 부적절한 행동을 하는 것에 한계를 유지함으로써 이득을 얻을 수 있다.
– 세월이 지난 후에도, 상실에 대해 잊지 마라. 상실은 각 개인의 정체성의 중요한 일부이다. 죽음이나 이혼날을 기억하거나, 죽은 사람과의 관계 등을 기억하는 것은 그들의 관계를 지속적으로 존중하는 것이다.
– 서로 지지하라. 학교에서 건강한 슬픔을 지지하는 것은 쉬운 일이 아니다. 전문가들은 아동이 잘 적응할 수 있도록 따스함과 공감적 태도로 지속적인 지지를 제공해야 한다.

출처 : Dupper(2002), pp. 79-80.

사례-부모의 실종으로 슬픔에 잠긴 학생에 대한 학교사회복지사의 개입

1. 사례개요 :
   - 접수일시 : 2019년 9월 27일
   - 의뢰자 : 담임교사
   - 의뢰 사유 : 父의 갑작스러운 실종 이후 자살로 인한 위기개입
   - 내담자 : 박○○(○○중 2-7반)

2. 개인력과 가족력 :

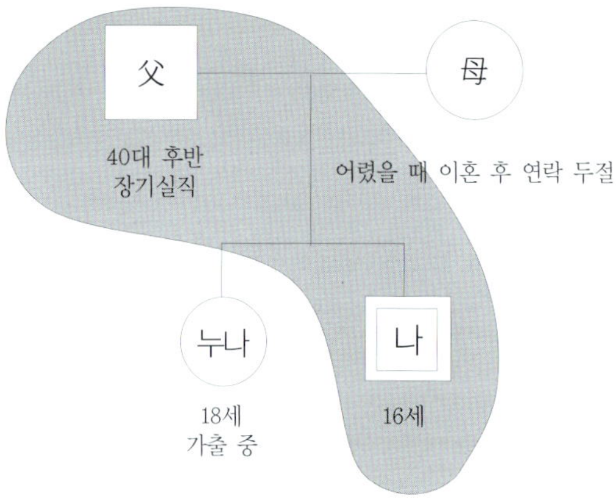

   - 父 : 47세, 요리사 자격증을 소지하고 있으며 간간히 식당 주방 업무를 했으나 지금은 장기실직 상태. 학생이 어렸을 때 모와 이혼을 한 후 무당 일을 하는 분과 장기간 동거함. 집을 담보로 빚이 3천만 원 정도 있으며, 술을 지속적으로 먹음. 큰 형이 부산에 거주하고 있으나 왕래가 거의 없고, 학생과의 관계는 돈독함
     20일경 큰아버지에게 가서 잘 지내라는 쪽지만 남겨둔 채 연락 두절되었고 일주일 후 ○○ 방면 호수에서 사체로 발견됨
   - 母 : 학생의 유아기에 이혼 후 현재 주민등록증이 말소됨
   - 누나 : 고등학교 자퇴 후 가출 해 20살의 남학생과 동거 중
   - 학생 : 아버지와 관계가 돈독해 아버지처럼 요리사가 되기를 희망함. 친구들 중 부모님과 같이 살고 있는 경우를 매우 부러워하고 있음. ○○이라는 친구와 관계가 밀접하나 깊지 못함. 아버지가 집에 안 계시면 지역 내 방임되어 있는 아이들과 종종 2~3일 간격으로 가출해 늦게까지 술, 담배를 하는 경우가 왕왕 있었음

3. 경제력 :
   자가. 집 담보로 빚이 있음. 수급 아님

4. 사정 및 개입과정 : 위기 개입, 경제적 심리적 지원

〈초기 개입〉

① 친인척들과 법적/재산/장례 절차 개입
- 실종신고, 사망신고 등 법적 처리
- 자산 파악 후 빚 처리
- 장례 준비

② 심리적 위기개입
- 일일 2회 이상 전화 통화 및 지지
- 신체적, 정신적, 인지적 변화 체크
- 학생 위주의 욕구 파악

③ 향후 거주 문제 정리
- 친척들 간 의견 대립 조정
  : 큰 아버지 식구들이 키우기 힘든 사정 피력, 아버지의 전 동거녀가 아이를 양육하는 것에 대해서는 친척들 모두 반대. 아이는 동거녀와 살기를 원함. 동거녀는 경제적 여건 어려움으로 양육 기피. 학생의 의견을 존중해 동거녀와 살도록 하되 경제적 지원 방안 마련토록 함

④ 경제적 지원
- 수급 등록, 외부기관 신청으로 월 10만 원 생계비 추가 지원, 학교 내 급식비 및 체험학습비 면제 조치

〈중기 개입〉

① 심리적 안정을 위한 정서 멘토링
- 담임교사와 정기적 사례회의를 통한 교사 멘토링
- 본교 실습생과의 1 : 1 학습 멘토링

② 또래 관계 향상 및 진로 계발을 위한 요리교실 참여
- ○○복지관 지역자원 연계로 요리 자격증 취득 과정 등록

③ 동거녀 양육기술 훈련
- 월 1회 가정방문을 통한 심리적 지지 및 상담

④ 큰 아버지와 관계 형성
- 학생의 학교생활에 대한 정기적 공유

5. 종결(중학교 졸업까지)

① 슬픔에 대한 심리적 안정
- 아버지에 대한 좋은 감정 남음
- 우울감을 극복할 수 있는 훈련으로 대처능력 향상
- 누나 및 친인척들과의 관계 회복 측면의 긍정적 변화 지지

② 학교 적응력 향상
- 가출 빈도 감소
- 반 아이들과의 또래 관계 향상(담임교사 서술)

③ 비공식적 자원망 확대
- 큰 아버지와 관계 향상 : 중3 1학기 이후 큰아버지 집으로 거주 옮김
- 담임교사 및 대학생 멘토링을 통한 관계 향상
- 가출한 누나와 연락되며 관계 향상됨

④ 경제적 안정
- 수급지원을 통한 월 30여만 원의 생계비 보조, 생활장학금으로 학교생활에 필요한 학용품 및 요리교실 참여로 관심 분야 파악됨

4) 우울과 자살

(1) 특성

일반적으로 '우울'이라는 용어는 불행한 기분이 만연하는 경험을 말한다. 우리 모두는 가끔 슬프고 우울하고 침울하고 기분이 언짢음을 느끼고 어떤 때는 이유도 모르면서 우울함을 느낄 수도 있다. 그러나 대개 이런 감정은 곧 사라지고 정상적인 활동을 되찾는다. 반면에 임상적인 우울증은 모든 사람들이 때때로 갖게 되는 기분의 동요나 이따금씩 찾아오는 우울보다 훨씬 더 심한 경우이다(김미경 외, 2006 : 249).

우울한 아동들은 슬픔을 떨쳐 버리지 못하고 그들의 일상생활, 사회적 관계, 학업수행 등 전반적인 기능에 방해를 받는다. 우울 아동과 청소년들의 일반 증상은 〈표 13-11〉과 같이 기분, 행동, 태도, 사고, 신체변화 등에서 다양하게 나타난다. 우울한 일부 아동은 일반적으로 슬프거나 불행해 보이지만, 불행함에 대해 불평하지 않고 그에 대해 인식하지 못할 수도 있다. 아마도 눈에 띄는 주요 증상은 위축이나 성마름이다(김미경 외, 2006 : 250).

오늘날 우울은 과거보다 더 어린 시기에 발생되는 경향이 있으며 어린 시절에 발생한 우울은 지속되고, 재발되어 성인기까지 연결된다. 아동기의 소년과 소녀는 우울장애에 동등한 위험에 있는 것으로 나타나지만, 청소년기 동안 소녀는 아동보다 두 배 이상 우울을 갖는 것으로 나타났다. 우울을 갖는 대부분의 아동들은 가족력에 장애를 갖기 쉬우며, 그들은 어린 시절에 우울을 경험한 부모를 갖는 경향이 있다. 아동기의 우울은 종종 불안, 파괴적 행동, 물질남용 장애, 당뇨병과 같은 신체 질병을 동반한다. 아동기의 우울은 임상적으로 우울한 아동은 우울하지 않은 또래보다 자살할 가능성이 5배 이상 높기 때문에 특별한 관심을 필요로 한다. 또한 우울한 청소년들도 물질남용과 자살행동을 할 위험이 높다.

청소년 자살은 그 자체로 자기 파괴적인 행동이며 남아 있는 가족과 주변 사람들에게

치명적인 고통을 주고 사회불안을 야기하며 전염성이 강하다는 점에서 심각한 사회문제라고 할 수 있다(김순규, 2008 : 67). 자살은 상황 발생 후 즉각적인 치료 개입이 거의 불가능하기 때문에 예방이 무엇보다 중요하다. 자살은 크게 자살생각, 자살시도, 그리고 자살이라는 세 가지 유형의 행동을 포함한다. 청소년 자살은 청소년기의 발달단계의 특성과 관련하여 성인과는 다른 몇 가지 특성을 가진다(김순규, 2008 : 71). 첫째, 청소년자살은 우울증과 정신분열증과 같은 정신질환으로 인한 경우보다는 가족이나 친구 관계에서 느끼는 분노, 좌절, 충동성 등 심리적 갈등이나 정서적 요인에 의해 유발되는 경우가 많다. 둘째, 청소년 자살은 충동적으로 일어나는 경우가 많으며, 셋째, 청소년의 자살은 삶에 대한 의지의 완전한 포기가 아니라 자신의 괴로움을 극단적인 방법으로 표현하는 경우가 많다.

청소년들의 자살률을 악화시키는 요인들은 무엇인가? 사회학자와 정신건강전문가들은 문화적, 심리적, 의학적 요인들이 복합적으로 작용하다고 지적한다. 이들 요인으로는 가정과 학교에서 모두 보살펴 주는 성인으로부터 일반적인 소외감과 고립감, 높은 이혼율, 부모 학대, TV의 노출로부터 야기된 충동조절력 저하, 우울, 정신건강서비스에 대한 낮은 접근성, 무기 등 자살도구의 이용 가능성 등이 관련된다(Dupper, 2002 : 71-74). 또한 학교환경은 청소년이 가장 많은 시간을 보내는 곳으로 자살생각과 관련하여 가족 못지않은 영향력을 갖는데, 친구지지와 교사와의 관계도 자살생각에 중요한 영향을 미친다. 최근에는 집단따돌림이나 학교폭력의 문제가 주요한 자살원인으로 대두되고 있다. 청소년 자살위험성에 영향을 미치는 요인을 연구한 김현주(2008 : 84)에 따르면 학교적응이 청소년자살 가능성에 가장 영향을 미치는 변수로 나타났는데, 따라서 학교를 기반으로 하는 청소년자살 예방 프로그램의 실시는 매우 중요하다고 하겠다. 반면 자살의 보호요인으로는 자존감, 부모의 지지, 교사의 지지, 친구의 지지, 지역사회에 대한 결속력 정도, 지각된 사회적 자원 등이 포함된다(김순규, 2008 : 75).

일반적으로 우울은 자살의 가장 강력한 예측인자이다. 따라서 학교사회복지사와 다른 전문가들은 아동과 청소년기에 우울 증상을 경계하는 것이 필요하다. 불행히도 아동기와 청소년기의 우울을 인식하고 진단하는 것은 우울의 증상이 아동의 발단단계에 따라 다양하게 나타나기 때문에 어렵다. 예를 들어, 청소년기에 부루퉁하거나 짜증을 내는 행동은 정상적인 반응일 수도 있고 우울의 증상일 수도 있다. 단일 또는 복합적인 이들 증상들의 기간이나 심각성은 아동기와 청소년기 우울을 사정하는 데 중요한 요인이다. 〈표 13-10〉은 아동기와 청소년의 우울과 관련된 몇 가지 전형적인 표시를 제시하였다.

〈표 13-10〉 우울 아동 및 청소년의 일반 증상

영 역	일반 증상
기 분	– 정상적인 슬픈 감정보다 더 과장되고 더 지속적인 슬픔의 감정을 경험 – 이 밖에 흥분감, 죄책감, 수치심, 비판에 대한 과민 등의 감정
행 동	– 침착하지 못함과 초조함, 감소된 활동성, 느린 말 표현, 때때로 심한 울음 – 이런 행동들은 일상적인 행동의 변화이며 오랫동안 지속되고 일상의 기능을 방해 – 언어적인 빈정거림, 소리침, 파괴적 행동과 같은 공격적이거나 부정적인 행동을 통해 자신의 슬픔을 표현, 기분전환을 위해 알코올이나 약물 남용
태도변화	– 무가치감과 자존감 저하 – 스스로 부적절하다고 생각하고 다른 사람들도 그렇게 보고 있다고 믿음 – 걱정과 두려움은 그들 삶을 지배, 학교에 대한 태도 변화 – 미래에 대한 두려움, 실패할 거라는 확신
사 고	– 자신의 내적 사고와 긴장에 집착 – 자기집중(self-focus)을 하고 극도의 자기비판과 자기의식 – 사고패턴은 느리고 논리적 사고는 왜곡되며 미래에 대한 염세적인 관점
신체변화	– 섭식과 수면의 어려움을 경험 – 두통, 위통, 메스꺼움과 같은 신체 증상 호소 – 일상생활의 에너지 상실

출처 : 김미경 외(2006), p. 250.

아동과 청소년의 우울을 사정하는 표준화된 사정도구로는 아동의 우울 목록(Children's Depression Inventory), 벡 우울 목록(Beck Depression Inventory)이 있다(Dupper, 2002 : 71-74).

(2) 학교사회복지사의 개입

첫째, 우울한 학생의 발견 및 개입이다. 아동의 경우 우울이 있는지를 발견하는 것이 쉽지 않다. 또한 아동 및 청소년의 우울증은 품행장애 및 약물 남용 등의 문제행동과 중복되어 나타날 수 있으므로 잘 알아채지 못할 수 있다. 대부분의 우울 학생들은 학급에서 위축, 집중 곤란, 동기결여 등의 문제를 나타내며 이는 사회적 상호작용의 문제와 학업성취 곤란으로 이어질 수 있다(표 13-11 참고). 따라서 학급에서 나타날 수 있는 우울의 증상과 그 영향을 이해할 수 있어야 한다(김미경 외, 2006 : 271).

〈표 13-11〉 학급에서 나타나는 우울증의 증상과 그 영향

우울 증상	영 향
동기결여	학업에 관심이 없다.
긍정적 정서 결여	행동적 강화제를 찾기 어렵다.
피 곤	과제를 끝내기 어렵다

집중력 결여	과제에 주의집중하고 끝내기가 어렵다
인내심 부족	과제를 끝내는 데 실패한다.
사회적 관계 손상	교사와 또래와의 관계 형성이 어렵다.
슬픔, 헤픈 눈물	위축되고 또래로부터 소외되며 학습할 에너지가 없다.
인지적 편견	실패에 대한 지나친 지각을 하며 피드백을 부정적으로 해석한다.
고조된 자의식	집단활동에 참여하기 어렵다.
초조/공격성	급우들의 활동에 방해가 되고 학습을 하지 못하며 과제를 끝내지 못한다.
위 축	다른 사람과 어울리지 못하며 무시당하는 경향이 있다.

출처 : 김미경 외(2006), p. 271.

선행연구들에 따르면 단기 정신치료, 특히 인지행동적 치료(cognitive-behavioral therapy)가 아동과 청소년의 우울 완화를 도울 수 있다고 보고된다. 이 치료의 행동적 측면은 즐거운 경험을 증가시키고, 사회적 기술을 향상시키며, 의사소통과 갈등해소 및 사회적 문제해결 기술을 개선하는 것과 같은 목표에 초점을 둔다. CBT는 청소년의 우울치료에서 가족치료나 비지시적인 지지치료보다 더 효과적인 것으로 나타났으며 우울이 완화된 후에도 치료효과를 유지하기 위해서 CBT를 하면 재발 확률이 낮아진다는 것이 발견되었다(김미경 외, 2006 : 268).

둘째, 일반 학생을 대상으로 한 주기적인 자살예방 교육의 실시이다. 학생들은 자신들의 또래친구에 대해 가장 친밀한 사람이기 때문에 학교사회복지사는 모든 학생들에게 청소년자살의 위험요인을 교육하고, 만약 위험에 처한 친구들이 발견되면 즉시 학교사회복지사나 교사에게 이러한 정보를 알리도록 해야 한다. 선행조사에 따르면 자살청소년의 상당수는 다른 친구들에게 자살 계획을 알렸지만, 상대 청소년들은 그런 내용을 성인에게 알리는 것은 비밀을 누설하는 것으로 인식하기 때문에 아무에게도 도움을 요청하지 않는 것으로 나타났다.

셋째, 학교를 중심으로 한 체계적이고 통합적인 위기관리 프로그램이 구성되어야 한다. 특히 효과적인 자살예방 프로그램은 자살로 이끄는 조건들을 사전에 약화시키기 위한 전략들로 이루어진 일차적 예방, 자살사고나 행동들에 대해 즉각적인 중재와 치료를 제공하는 이차적 예방, 그리고 일단 자살이 발생한 후 자살 시도자의 치료와 재적응을 돕거나, 완성된 자살 후 주변인들의 외상과 애도를 다루는 삼차적 예방 등을 모두 포함하는 체계적이고 통합적인 위기관리 프로그램이 필요하다. 특히 학교는 대부분의 학생들이 대부분을 시간을 보내고 교사에 의해 학생들의 행동, 인간관계, 수행 등이 지속적으로 관찰되고 검토되며 학생과 부모, 교사, 정신건강전문가, 사회복지서비스기관 등이 함께 만날 수 있는 곳이라는 점에서 자살예방과 중재를 위한 이상적인 조건들을 갖추고 있다(이승연, 2007 : 98).

그러나 자살시도 학생들이 다양한 경고신호를 보인다는 사실에도 불구하고, 많은 선생님들은 이들 사인에 잘 주목하지 못하고 적절한 행동을 취하지 못하는 경우가 있다. 이들 문제를 다루기 위해, 학교사회복지사는 교사가 학교위기관리팀의 중요한 구성원이며 자살예방은 학교사회복지사만의 업무가 아니라 일반교사, 행정가, 학생들을 포함한 다각적인 접근이 필요함을 인식시키고 교사를 위한 교육과 훈련을 제공해야 한다.

넷째, 자살위험이 높은 학생에 대한 개입이다. 청소년의 자살을 예방하기 위해서는 학교가 중심이 되어 자살의 위험성이 높은 청소년들을 항상 사정해서 개별적이고 지속적으로 지원할 수 있는 시스템을 갖추고 타인 및 가족의 지지, 학교생활 적응에의 지원을 강화하여 청소년의 우울을 유발하지 않도록 해야 한다. 또한 청소년 스스로도 자신의 어려움을 해결해 나갈 수 있는 문제해결능력 및 자아통제력을 강화시키는 등의 다차원적인 서비스가 이루어져야 한다(김현주, 2008 : 87-88).

다섯째, 학생 자살 시 대처방법이다. 만약 자살이 일어난다면, 학교사회복지사는 문제를 최소화하고 모방 자살이 일어나지 않도록 학교가 다음과 같은 단계를 취하도록 도울 수 있다. 먼저, 교직원과 죽은 아동의 친구, 부모들에게 소식을 알리기 위해 즉각적으로 비상연락망(calling tree)을 확인하여 연락해야 한다. 다음으로 교장과 경찰서장이 비밀을 유지하게 하고, 학생과 가족을 지원하기 위해 학교전문가를 배치해야 한다. 특히 중요한 것은 자살행동을 미화하지 않도록 하고 자살에 대해 매체의 노출을 최소화하는 것이다(Dupper, 2002 : 81-82).

사례-우울한 학생에 대한 학교사회복지사의 개입

1. 인테이크

- 상담의뢰 배경 :

2019년 9월, 담임교사에 의해 의뢰됨. 대상학생은 매일 학교에서 수업시간에 엎드려서 잠만 자며 결석이 잦고, 매우 무기력한 상태로 상담이 필요한 학생이라고 함. 이에 매일 오후 자율학습시간을 이용하여 대상학생과 지속적으로 관계를 가지며 라포 형성 후 상담하기로 결정함

- 의뢰자 : 담임교사
- 주호소문제 : 우울 및 학교부적응(무단결석, 학습 및 학교생활의욕 저하)
- 개입기간 : 2019년 9월~현재(종결단계)

2. 사정

– 개인력

대인관계적
– 친구관계가 단절되어 있음 – 초등학교 4학년 2학기쯤 학교에서 따돌림 당함 – 대상학생은 개인상담 중 어머니에 대한 강한 분노를 자주 표현함
신체적 · 정서적
– 대인관계에서 가지는 긴장감, 우울수준이 높음 – 또래관계 단절 – 첫 만남에서 눈 맞춤이 전혀 이루어지지 않음 – 인터넷 과다사용 : 중독수준으로 매우 심각함
학습적
– 기초학력 부진 – 담임교사에 의하면 학교 자체적으로 실시한 검사에서 언어 표현력이 떨어지는 것으로 나타나긴 했으나 인지능력이 낮지는 않은 것으로 판단됨 – 학습멘토링 프로그램시 대상학생은 기초학력이 부진하긴 하나 이해력이 좋은 것으로 보임

– MBTI 성격유형검사 실시 : ISFP 유형

* ISFP 유형 :
– 말 없이 다정하고 속마음이 따뜻하고 친절함. 그러나 상대방을 잘 알게 될 때까지 이 따뜻함을 잘 드러내지 않음. 인간과 관계되는 일을 할 때 자신과 타인의 감정에 지나치게 민감하고, 결정력과 추진력이 부족함
– MBTI 16가지 성격유형 중 가장 부드러운 유형으로 타인에 대한 배려가 깊어 때로는 지시나 부탁을 잘하지 못하고 또 타인의 부탁을 잘 거절하지도 못하는 성격이며, 예민하고 민감한 성격유형

– MMPI 실시(2019. 11. 12)

* 검사결과 및 해석
– 자신의 능력이나 미래에 대해서 비관적이며 자신감이나 자존감의 저하
– 문제 상황에서 적절한 대처가 어렵고 비효율적인 대처에 의존할 가능성 많음
– 정서적으로 상당히 우울하고 불안해 보이며, 긴장되고 무력감마저 경험하고 있음
– 성격적으로 자기중심적이고 미숙하며 의존적인 면이 많음. 기저에 분노감과 울분이 가득해 보이나 이를 적절하게 표현하지 못하고 수동–공격적인 행동 패턴 보임
– 대인관계에서 회피적인 태도 보이며 밀접한 관계 형성을 맺는 것이 어려움

– 대상학생 강점
  · 성격이 차분하고 꼼꼼한 편이고 손재주가 있어 손으로 하는 활동을 좋아함
  · 친해지고자 하는 친구나 대상학생을 지지해 주는 교사에게는 애정을 표현함(교사에게 종이로 학을 접어 선물하거나 친구에게 자기 집에 놀러 가자고 이야기함)
  · 이해력이 좋고 영리함
  · 흥미 있는 활동에 높은 집중력 보임
– 가족력
  · 경제형태 : 기초생활수급자(의료보호 1종)

- 가정형태 : 부자가정이나 기능적으로 조손가정
- 조모 : 79세. 허리, 다리, 손가락 디스크로 지속적으로 치료받고 계심. 대상학생의 어머니가 집을 나간 후 대상학생을 양육해 오고 계심
- 아버지 : 일용직. 경제활동으로 거의 지방에 있고 한 달에 1~2회 집에 오심. 대상학생에 대한 관심이 낮음
- 어머니 : 대상학생이 5살일 때 집을 나간 후 연락두절
- 남동생 : ○○초등 6학년. 몸이 허약한 편

관계	직업	동거 여부	특이사항
조모	무직	○	다리, 허리 디스크
부	일용직	○	주로 지방에 있음
모	-	×	연락두절
남동생	초등학생(6학년)	○	체질적으로 허약

3. 목표 및 개입과정

- 목표

구 분	목 표
학 생	심리·정서적 지지 및 치료
가 족	조모 양육부담 감소
학 교	무단결석일수 감소

- 개입과정

구분	욕구/문제	지원 서비스	서비스 제공자	지원 기간
학생	1. 심리·정서적 지지 및 인터넷 중독문제	- 정서적 지지자 형성 - 게임중독 예방 프로그램 - 개인상담 실시	- 대학생 멘토링자원봉사자 - ○○시 ○○상담센터 - ○○시청소년상담지원센터	2019. 11. 12~현재 2019. 12. 15~17 2020. 6. 24 ~7. 29, 4회
	2. 대인관계능력 향상	- 대인관계기술 지도 - 체육활동 수영교실 지원 - 특기적성 ○○반 지원	- 지역사회교육전문가 - ○○YMCA - 본교 방과후학교 업무 담당자	2019. 9~현재 2020. 3~5 2019. 11. 26~12월 말
	3. 학습 결여문제 및 자신감 결여	1 : 1 학습지도(학습멘토링)	- 지역사회교육전문가 - 대학생 멘토링 자원봉사자	2019. 11. 12 ~2020. 3. 6
	4. 진로문제	- 고등학교 정보 제공 - 제과제빵학원 연계	- 지역사회교육전문가 - ○○제과제빵학원 - ○○종합사회복지관 (한 달간 출석률에 따라 둘째 달부터 학원비 지원)	2020. 12 2020. 12

가족/학교	1. 심리상태 진단	- 심리검사실시(MMPI) - 소아정신과 상담, 약물 치료	- ○○상담연구소 - ○○병원 소아정신과, 종합사회복지관(치료비 지원)	2019. 11. 6 2020. 11. 11 2020. 12. 2
	2. 조모 의료지원	- 건강검진, 의료비 및 차비 지원	- ○○종합사회복지관	
	3. 경제적 지원	- 매달 장학금 지원(10만 원) - 고등학교 교복 지원	- ○○종합사회복지관 - ○○기간 교복지원사업 추천(현재 미확정)	2019~지속 2020. 12. 19

4. 종결 및 평가

대상학생은 2019년 9월부터 현재까지 1년이 넘는 기간 동안 지속적으로 지역사회기관과의 네트워크를 통한 사례관리가 되어온 케이스. 심리 · 정서적인 지지와 문제해결에 초점을 두고 학생 및 가족, 학교의 욕구를 충족하기 위한 접근을 함. 총 6개 지역기관이 대상학생의 서비스와 관련하여 연계됨

〈차후계획〉

- 대상학생 및 가족의 의사에 따라 향후 정신과 상담 여부 결정
- 자존감 향상 및 진로탐색 위한 학원수강비 지원 : 제과제빵학원 수강비 지원(○○종합사회복지관 연계)
- 현재 고등학교 진학을 앞두고 있으며 진학 후에는 ○○복지관에서 지속적인 관리하기로 함

3. 학교사회복지사의 개입

외현화 및 내재화 행동문제를 가지고 있는 학생에 대한 개입 시 학교사회복지사가 염두에 두어야 할 핵심내용을 정리하면 다음과 같다.

첫째, 청소년과의 면담 그 자체가 청소년에게 치료적인 효과를 초래할 수 있다. 청소년에 대한 심층적인 이해를 통해 가능성을 발견하고 협력적인 관계를 유지할 수 있다. 청소년의 입장에서 공감하고 경청하려는 자세가 필요하다. 또한 가출이나 따돌림 등 특정 문제에만 초점을 두기보다는 청소년의 전체 생활(가정, 학교, 친구관계 등)과 생각, 행동을 이해하기 위한 사정이 필요하다. 청소년의 사정을 위해 도움이 되는 질문들의 예시는 다음과 같다.

청소년과의 인터뷰 예시

이름 :

면접날짜 :

도입질문 :

학교에서 집에서 친구들과 있을 때 어떻게 행동하는지에 대해 몇 가지 질문을 하면서 시작하려고 합니다.

올해 학교에서 어떻게 지냈는지에 대해 말씀해 주세요.

학급친구들과 비교했을 때의 성적	좋지 않음	좋음	매우 좋음
교사와의 관계	나쁨	보통	좋음
다른 친구들과 잘 어울리는가	잘 어울림		문제가 있음
학교에서 자주 문제를 일으켰는가	예		아니요
학교를 좋아하는가	예		아니요
학교에서 나타나는 불안, 공포, 걱정	예		아니요

학교에 있는 동안 하고 싶거나 잘 하는 것은 무엇인가요?(예 활동, 수업, 다른 사람 돕기 등)

학교에서의 어려움이나 문제는 무엇인가요?(예 말하기, 과제하지 않기, 싸움 등)

얼마나 자주 ____________________을 하나요?(학생이 말하는 목록 적기)

언제 ____________________가 일어나나요?

어디서 ____________________가 일어나나요?

누구와 있을 때 ____________________가 일어나나요?

________________는 얼마나 심각한가요?(누구가를 다치게 하는지, 일을 미루게 되는지)

_____________________후에 보통 어떤 일이 일어나나요?(선생님은 어떻게 하나요? 다른 아이들은 어떻게 반응하나요? 어떤 것을 회피하나요? 교무실에 불려가나요?)

다른 아이들과 어떻게 지내나요?

친구들이 있나요?('그렇다'라고 대답했다면 이름은 무엇인가요?)

최소한 수용할 만한 수의 친구들이 있는가	예	아니요
다른 친구들에게서 무시당하거나 거절당했는가	예	아니요
괴롭힘이나 따돌림을 당했는가	예	아니요
다른 아이들을 괴롭히거나 따돌리는가	예	아니요
자주 싸우는가	예	아니요

가족과 함께 집에 있을 때는 어떤가요?

부모님과 문제가 있다	예	아니요
다른 가족 구성원들과 문제가 있다	예	아니요
가족끼리 갈등이 많다	예	아니요
집에 있을 때 불안, 공포, 걱정이 있다	예	아니요

당신이 가족과 함께하기를 좋아하는 재미있는 것들은 무엇인가요?

친구들이나 스스로 하고 싶은 재미있는 것들은 무엇인가요?

출처 : 신성만 외(2015), pp. 229-230.

둘째, 청소년은 성장과정 중에 있기 때문에 부모, 친구, 교사, 지역주민 등 다양한 환경으로부터 영향을 받는다. 따라서 청소년에 대한 개인상담만으로는 효과적일 수 없다. 청소년에게 긍정적인 영향을 줄 수 있는 다양한 환경적 개입이 함께 행해져야 한다.

셋째, 청소년의 자율성을 지지하는 것이 강조되어야 한다. 독립성과 자율성이 발달하는 청소년 시기에는 청소년에게 그가 원하는 무언가를 할 수 없거나 하면 안 된다고 이야기하면 본능적이고 강한 감정으로 반응할 수 있다. 심지어 처음에 자신이 그것에 대해 특별히 관심이 없었음에도 불구하고 왜 자신이 그것을 하면 안 되는지 논쟁할 수 있다(신성만 외, 2015 : 168). 결과적으로 청소년과 작업을 할 때는 청소년의 자율성을 지지하는 것이 좋다. 예를 들어, 복지관 프로그램 참여를 망설이는 청소년에게 "복지관 프로그램에 참여할지 말지는 전적으로 네가 선택할 일이야. 나는 너를 돕고 싶지만 궁극적으로는 네가 원하는 것을 선택하는 거야. 누구라도 억지로 너에게 참여를 강요할 수는 없어"라고 말할 수 있다. 이처럼 청소년의 의사를 존중할 것이라는 명확히 함으로써 청소년의 우려를 줄일 수 있다.

넷째, 청소년의 책임성을 강조한다. 자신의 삶은 자신이 결정한다. 자율성이 강조되는 청소년 시기에는 자율성과 더불어 책임성도 강조되어야 한다. 자신의 삶에 대한 중요한 결정에 대해 자신이 결정하고 그에 대해 책임진다는 것을 강조해야 한다. 상담이나 서비스 제공에 있어서도 사회복지사가 청소년에게 일방적으로 결정하고 받아들이도록 요구하는 것이 아니라 청소년에게 의향을 물어보고 청소년이 자신이 스스로 결정하였다는 느낌을 갖도록 하는 것이 좋다. 예를 들어, "당신이 이 문제와 관련해서 어떤 행동을 할지 말지는 전적으로 당신에게 달려 있습니다"라고 말해 클라이언트의 책임성을 강조할 수 있다.

다섯째, 청소년의 문제행동에 대해 규범적이고, 설교적이고 권위적인 대화보다는 스스로 자신의 행동에 대해 생각해 볼 수 있는 질문을 하는 것이 좋다. 예를 들어, 동기강화상담에서 주로 사용하는 결정저울을 통해 자신을 성찰해 볼 수 있다. 예를 들어, 흡연을 하는 청소년에게 일방적으로 흡연은 건강에 해로우니 금연해야 한다고 말하면 청소년은 거부감을 갖거나 흡연할 수밖에 없는 이유를 설명하게 되고 급기야는 논쟁적으로 될 수 있다. 이런 경우 결정저울을 사용하면 청소년 스스로 자신에 대해 성찰할 수 있게 한다. 먼저 청소년에게 흡연을 통해 얻는 이점과 단점을 먼저 적어보고 그 다음 금연을 했을 때의 이점과 단점을 적어보도록 한다. 청소년이 작성한 뒤에는 열린 질문, 반영, 인정하기, 요약하기와 같은 기법을 사용하면서 그 내용에 대해 함께 이야기하는 것이다. 한마디로 사회복지사가 옳고 그름을 판단하는 것이 아니라 청소년 스스로 흡연에 대해 성찰할 수 있도록 한다.

〈표 3-12〉 결정저울

결정저울	
현재 행동의 좋은 점	현재 행동의 좋지 않은 점
목표로 삼는 새로운 행동 : 이것을 했을 때 얻는 좋은 점은 무엇인가?	이것을 했을 때 예상되는 어려움은 무엇인가?

출처 : 신성만 외(2015), p. 183.

또한 학교에서 잘못을 저질렀을 때 회복적 반성문을 작성해 보도록 하는 것도 좋은 방법이 된다. 기존 반성문의 경우 학생이 잘못을 저질렀다고 단정하고 이에 대한 반성을 요구하는 경우가 많다. 그러나 회복적 반성문은 현재 처해 있는 상황에 대해 객관적으로 볼 수 있도록 질문한다. 특히 타인에 의해서 뭔가 잘못했다고 지적당하거나 단정지어지는 것이 아니라 주변 사람들에게 자신의 행동이 어떤 영향을 끼쳤는지 학생 스스로 성찰할 수 있는 질문과 기회를 주고 피해회복을 위해 무엇을 할 수 있는지도 학생 스스로 결정하도록 하는 것이다.

회복적 반성문의 예

1. 무슨 일이 있었나?
(말, 행동 등을 누가, 언제, 어디서, 무엇을, 어떻게, 왜)

2. 자신의 행동으로 가장 큰 피해 혹은 상처를 받은 사람은 누구(들)라고 생각하나? 그렇게 생각하는 이유는?(친구, 학교, 학부모 등)

3. 자신이 한 행동으로 발생한 피해를 회복하기 위해 직접적으로 할 수 있는 일은 무엇인가?

4. 선생님과 주변(친구나 학부모 등) 사람들이 본인에게 해주었으면 좋겠다고 생각하는 것은?

5. 이번 일을 통해 배운 점은 무엇인가?

출처 : 한국평화훈련원(2014). 인천 신흥중학교 회복적 반성문.

여섯째, 청소년에 대한 이해를 돕기 위해 교실이나 교육복지실에서의 행동관찰도 중요하다. 특히 교육복지실에서 학생이 보여주는 행동이나 태도, 다른 친구와의 상호작용들은 학생의 문제해결을 위해 좋은 단서들이 된다. 이를 위해 교육복지실에서 학생의 문제행동이 나타날 때 관찰기록지를 사용하는 것도 좋다. 문제행동이 나타날 때 그 행동이 어떠한지, 문제행동이 나타나기 직전에 어떤 일이 발생했는지, 문제행동 바로 직후에 나타나는 현상은 무엇인지 기록하는 것이 좋다. 학생 관찰에 앞서 학교사회복지사는 다음 항목의 질문을 검토하는 것도 도움이 된다.

학생 관찰을 위한 질문

〈무엇을?〉
그 행동은 정확히 어떤 행동인가요?
얼마나 자주 일어나나요?
얼마나 오래 지속되나요?

〈누가?〉
아이의 기분이 어떤가요?

아이는 의학적 문제나 발달적 문제를 가지고 있나요?
이 행동은 일반적으로 나타나는 횟수와 비교할 때 차이가 있나요?(평균 이상)
이 행동은 일반적으로 나타나는 특성과 비교할 때 차이가 있나요?(다른 것 같나요?)

〈어디서〉
그 행동은 학교, 보육시설, 놀이터, 교실, 식당에서 일어나나요?
집에서 일어나나요?

〈언제?〉
행동을 하기 전에 무슨 일이 일어나나요?
하루 중 특정 시간에 그 행동이 일어나는 경향이 있나요?
특정한 사건이나 전환 동안에 그 행동이 일어나는 경향이 있나요?

〈그 후 어떤 일이 발생했는가?〉
그 행동에 부모님은 어떻게 반응하나요?
그 행동에 선생님은 어떻게 반응하나요?
그 행동에 친구들은 어떻게 반응하나요?

〈왜 지금인가?〉
아이의 시간표가 바뀌었나요?
집이나 가족에게 무슨 일이 일어났나요?
아이에게 무슨 일이 일어났나요?(예 의학적으로)

출처 : 신성만 외(2015), p. 231.

일곱째, 심각하고 어려운 문제보다는 작고 쉬운 것부터 시작한다. 가출, 학교폭력, 자해 등의 심각한 문제는 해결하는 데 많은 시간과 노력이 필요하다. 그런 변화는 반드시 엄청난 일로 인해 시작되는 것이 아니다. 일상적이고 소소한 일에서 변화가 시작된다. 따라서 학교사회복지사는 어려운 문제를 가지고 있는 학생에 대해서도 자신감과 가능성을 회복하고 스스로 자신을 아끼고 사랑할 수 있도록 다음과 같은 시도를 출발점으로 할 수 있다.

학생과 협력적인 관계에 도움이 되는 좋은 주제들

- 사회성 기술 향상시키기
- 자신의 감정과 생각 표현하고 공감하기
- 성공적인 학교생활을 위한 전략 익히기
- 자신 및 가족의 장점 나누기
- 자신이 한 긍정적인 행동을 찾아보고 장려하기
- 일상생활 계획을 수립하고 지키는 연습하기
- 좋아하는 일이나 잘 하는 일 더 해보도록 하기
- 위험하거나 부정적 행동에 대처하는 방법 찾기

CHAPTER 14

무단결석과 학업중단에 대한 개입

1. 무단결석

1) 특성

학생은 사회로부터 부여받은 특별한 지위로서 학생으로서의 다양한 의무와 책임을 가진다. 그중 가장 대표적인 것은 학교에 출석해서 주어진 학업을 성공적으로 이행하는 것이다. 그러나 일부 학생은 학교출석이나 학업유지가 어려운 경우가 있는데 무단결석, 은둔형 외톨이, 학업중단청소년이다.

무단결석(truancy)은 학교와 관련하여 가장 중요한 문제이다. 무단결석은 학생의 학업적 발달 및 장려, 졸업, 자기존중감, 고용 가능성에 중요한 요인이 될 뿐 아니라 비행의 가장 영향력 있는 예측 요인 중의 하나이다. Ingersoll과 LeBoeuf(1997)는 학생들이 학교를 무단결석을 하는 다양한 이유에 대해 제시하였다. 즉, 학생들은 학교폭력의 희생자가 되는 것을 두려워하고, 교사가 강의하는 것에 지겨움을 느끼며 성적과 관련해서 또래들과 계속 경쟁하는 것을 힘들어할 수 있다. 어떤 학생은 동생을 돌보기 위해 학교를 빠질 수도 있다. 또 어떤 학생들은 교사나 또래와의 상호작용 문제로 인해 학교를 빠질 수도 있고 어떤 학생은 부모가 그들의 교육적 욕구를 방임해서 학교에 출석하지 않을 수도 있고 어떤 학생은 학교공포증이나 가정 밖에서 기능할 수 없기 때문인 경우도 있다. 분명한 것은 만성적인 무단결석은 학교 중퇴의 예측인자가 된다(Dupper, 2002 : 89 재인용).

등교거부자는 아직 학교를 그만둔 것이 아닌 상태에서 학교에 가지 않는 것을 의미한다. 대표적으로는 은둔형 외톨이가 있다. 은둔형 외톨이 청소년의 문제는 유독 일본에만 존재하는 독특한 사회 현상으로 보고되고 있었지만 2000년 삼성사회정신건강연구소에 의해 은둔형 외톨이 청소년 문제가 우리나라에도 존재하고 있다는 것이 밝혀져 사회적으로 큰 반향을 불러일으켰다(여인중, 2005). 은둔형 외톨이란 최소한의 사회적 접촉 없이 3개월 이상 집 안에 머물러 있으면서, 진학・취업 등의 사회 참여 활동을 하지 않고 있으며, 정신장애나 중증도 이상의 지적장애가 은둔의 직접적인 원인이 아닌 이를 일컫는 말이다(황순길・여인중 외, 2005). 은둔형 외톨이 청소년들은 말 그대로 은둔하고 있기 때문에 이들의 생활방식은 가족을 제외한 타인에게는 잘 알려지지 않는다. 따라서 일반 대중들에게 사회적 문제로 인식되기가 어렵다. 뿐만 아니라 가족들조차도 가정 내 폭력이나 여타 심각한 상황에 이르기 전까지는 단지 수줍음이 많고 내성적인 성격의 일환 정도로 여기며 문제의 심각성에 대하여 인지하지 못하는 경우가 많다. 그래서 어떠한 외부의 적극적인 지원 없이는 언제까지나 고립되어 살 가능성이 농후하다(이시형 외, 2000).

다른 다양한 유형의 위기 청소년은 타인과 더불어 생활하는 가운데 그들의 행동, 정서적인 문제가 비교적 쉽게 노출되고 발견된다. 따라서 사회 문제의 범주에 포함되어 문제 해결을 위한 여러 가지 도움을 받을 수 있다. 그러나 은둔 생활이 길어지면 학업을 중도에 포기하게 되고, 적절한 교육도 받지 못하게 되어 결국 사회생활에 필요한 기술이나 지식을 얻기가 어렵다. 이후 취업이나 정상적 사회생활로 복귀하기가 힘들어져 성인이 되어서도 부모의 경제적 원조로 살아갈 수밖에 없고 결국 이는 막대한 사회적 비용을 유발하게 되는 상황이 된다. 또한 은둔 생활이 길어지면서 우울, 불안, 자살 충동의 경향성이 높아질 수 있으며 심한 경우에는 정신의학적인 문제를 보이거나 폭력적인 성향을 띠어 심각한 가정문제나 사회문제로 비화할 가능성이 높다(皆川邦直, 2001). 실제로 가족들은 은둔형 외톨이 자녀로부터 가정 폭력을 당하면서 문제의 심각성을 알게 되고 사회에서도 은둔형 외톨이에 의한 존속 살인이나 소녀 감금과 같은 문제가 발생되었을 때 비로소 심각성을 알게 된다.

지금까지의 선행연구를 토대로 정리한 은둔형 외톨이 청소년의 특성은 다음과 같다(이향남, 2008). 첫째, 은둔형 외톨이 청소년은 정신적 장애가 직접적인 원인이 아니다. 은둔 상태가 장기화되면서 정신의학적인 문제가 발생될 가능성이 있지만 일단 은둔형 외톨이 청소년이 정신 의학적 문제에 의해 발생되는 것은 아니라는 점이다. 둘째, 사회적 소통의 단절이 지속적인 문제로 나타난다는 것이다. 청소년기는 인지적 특성상 자아정체성이 확립되는 시기이므로 타인과 구별되는 자신의 독창성을 찾으려고 노력한다. 혼자 있더라도 문제가 되지 않고, 오히려 자신의 정체성을 명확하게 하는 데 도움이 될 수도 있다. 그러나 은둔형 외톨이 청소년에게는 사회적 소통의 단절이 복합적이고 지속적인 문제로 존재한다. 셋째, 은둔형 외톨이 청소년이 스스로의 힘으로는 해결하기가 쉽지 않다는 것이다. 따라서 은둔형 외톨이 청소년은 사회적 지원과 관심을 필요로 하는 청소년으로 보아야 한다.

은둔형 외톨이가 되는 원인에는 여러 가지 이유가 있으나 그중 학교라는 환경체계와 관련한 요인으로는 입시 위주의 교육풍토와 교우나 교사와의 관계에서의 갈등으로 인한 등교거부이다. 규칙적인 등교를 거부하고 난 뒤 규칙적인 생활리듬이 깨지고 주야가 전도된 생활을 하게 된다. 스스로 등교 거부를 선택했더라도 학교에 가지 않고 혼자 지내는 것은 청소년들에게 불안감을 주고 새로운 스트레스 문제를 야기하게 된다. 등교 거부로 학교에서의 또래 관계의 기회를 상실함으로써 인간관계의 기술이 부족해지는 현상이 발생한다. 결국 등교 거부로 인한 이차 증상, 즉 신경증, 섭식장애, 과호흡 등 패닉 장애, 가벼운 우울증, 섭식 장애 등의 이차 증상을 호소하는 경우가 많다(이향남, 2007 재인용).

2) 학교사회복지사의 개입

무단결석에 대한 학교사회복지사의 개입은 크게 무단결석에 대한 예방과 무단결석 프로그램으로 대별해 볼 수 있다.

(1) 무단결석에 대한 예방적 프로그램

학교환경은 학생 출석과 학업수행에 있어 필수적인 요소이다. 학교출석을 증가시키는 데 관심을 갖는 학교사회복지사와 다른 교직원들은 학생을 환영하고 반기는 학교를 창출해야 한다. 이를 위해서는 교사가 소외되어 있는 학생을 칭찬하거나 출석이 좋은 것에 대해 학업적 인센티브를 제공하고 학교로 하여금 언어적 질책과 다른 처벌의 형태를 최소화하고 학급에서 경쟁을 덜 강조하도록 권유할 수 있다.

무단결석을 예방하는 몇몇 학교 차원의 프로그램들이 개발되었는데, 이들 프로그램의 주요 내용을 살펴보면 가정에서 학생이 이탈되는 것을 막는 접근, 만성적 무단결석 문제를 일으킬 위험이 높은 학생과 부모를 위한 조기 발견과 상담 서비스 제공, 지역사회 시민이나 기업체와 광범위한 협력을 통해 무단결석을 다루는 방법 등이 있었다. 대표적인 것으로는 학교개발 프로그램, 학교전환적 환경 프로젝트, 아동발달 프로젝트(Child Development Project)가 있다(Dupper, 2002 : 144-145).

학교개발 프로그램(School Development Program) : 이 프로그램은 1차적으로 저임금, 흑인 학생으로 구성된 초등학교 문화의 전환을 목적으로 한 것이다. 기본적으로 중요한 성인이 아동의 학습에 중요한 역할을 수행하고, 특히 학업적 실패 위험에 있는 아동을 위해서는 학교와 가정 간의 목표와 가치가 일치하는 것이 중요하다는 가정에 기초한다. 이를 위해 학교행정가, 교사, 지지 스텝, 부모로 구성된 대표위원회와 관리팀을 만든다. 이들 학교관리팀은 학교를 위한 목표를 구체시하고, 이들 목표를 충족시키기 위한 활동을 계획하고, 활동을 모니터링하고 계획한 대로 활동이 유지되기 위해 교정적 활동(correction action)을 행한다. 학교관리팀은 부모 프로그램과 학생 행동문제를 다루기 위해 고안된 다학문적 정신건강팀의 확립과 실행을 전체적으로 검토하며, SDP는 학생의 사회적, 정서적, 학업적 발달을 촉진하기 위해 다학문적 팀 등 학교공동체(school community)를 구축한다. 프로그램 평가 결과, 참여한 학생들은 참여하지 않은 다른 학생집단보다 학년이 더 높아지고 학업성취와 자기보고된 사회적 유능감이 유의미하게 높았다(Dupper, 2002 : 147-148).

학교전환적 환경 프로젝트(School Transitional Environment Project) : 이 프로그램은 초등학교에서 중학교로, 중학교에서 고등학교로 입학하는 동안, 변화하는 학교문화와 분위기가 덜 위협적이고 중압감을 덜 느끼도록 하는 데 초점을 둔다. Greenberg 외(2000)에 따르면 STEP's의 핵심적인 구성요소는 새로 입학한 학생들을 위해 함께 머무는 공동의 생활지도교실(homeroom)을 활용하고 여기에 또래지지자(cohort)를 배치하고 필요한 경우 소규모의 학습공동체를 창조하기 위해 학급을 소단위로 재구조화하기도 한다. 생활지도교실(homeroom) 교사의 역할은 아동의 또래지지자(cohort)에 대해서는 조언가(advisor)의 역할과 학생, 가족, 나머지 학교 성원 간의 연계자(liaison)로서 기능하게 된다. 프로그램 평가 결과 학교환경의 재구조화가 학생의 스트레스 수준을 낮추고, 불안, 우울, 비행행동이 감소하였다고 보고하였다(Dupper, 2002 : 147-148).

무단결석과 같은 학생문제에 대한 학교 토대의 예방 프로그램은 학교사회복지사에게 많은 도전거리를 제기한다. 왜냐하면 체계적 변화를 도모하는 일은 교장, 교사, 교직원, 부모, 지역사회로부터 확고부동한 헌신을 필요로 하는 어려운 과업이기 때문이다. 특히 뚜렷한 문제가 발생하지 않은 상태에서 예방의 강조는 예산상의 문제 등 여러 가지 이유로 우선순위에서 뒤로 밀리기 쉽다. 따라서 학교사회복지사는 이런 문제와 도전에 직면하기 위해, 학교사회복지사는 정치적 감각을 개발하고 예방적 차원에서의 최신 연구경향 및 학교문제를 최소화하고 예방하는 데 효과적인 특정 예방 프로그램에 대해 정통해야 한다. 그리고 학교행정가, 학교위원회 성원, 공공과 이들 지식을 공유해야 한다. 이 외에도 외부에 제안서를 제출해서 예방 프로그램을 위한 재원을 확보할 수도 있다(Dupper, 2002 : 149-150).

(2) 무단결석에 대한 프로그램

첫째, 학교사회복지사는 무단결석 청소년에게 효과적인 프로그램을 개발, 활용할 수 있다. 무단결석에 대한 대응으로 처벌적인 접근법만이 효과적이라는 뚜렷한 증거가 없음에도 불구하고 일부 학교 차원에서는 여전히 처벌적 접근에 상당한 비중을 둔다. 미국의 연구결과에 따르면 당근과 채찍을 병행한 프로그램이 무단결석률을 줄이는 데 효과적이라는 보고들이 제시되고 있다. 대표적인 것으로는 무단결석 개입 프로그램, 무단결석 감소와 강도 억제 프로그램이 있다(Dupper, 2002 : 149-150).

무단결석 개입 프로그램(Truancy Intervention Program) : 이 프로그램은 조기개입과 강제의무교육법을 결합한 것이다. TIP은 5번 사전에 통보 없이 학교를 결석한 학생을 컴퓨터에서 찾아내고 그런 다음 주의 담당자가 학생 및 부모에게 강력한 편지를 보내게 된다. 편지내용에는 부모나 후견인이 아동의 정기적인 출석에 대한 법적 책임을 가지고 있으며 만일 그것을 이행하지 않았을 때 받게 되는 조치를 명시한다. 이 프로그램은 다소 강압적이지만 프로그램의 실시 결과 전체 학생의 무단결석이 줄고, 60%는 성적이 개선되었다고 보고하였다.

무단결석 감소와 강도 억제(Truancy Abatement and Burglary Suppression) 프로그램 : 이것은 당근과 채찍의 접근을 사용하는 또 다른 접근법으로 지역 경찰, 공공학교, 지역사회 기관의 협력으로 이루어진다. 경찰이 학교를 다니지 않는 비행청소년을 뽑아 그들을 TABS센터에 보낸다. 이 센터에서는 그들의 부모와 접촉하고 학교카운슬러는 부모와 학생이 정규적으로 학교에 출석하는 것을 돕고 상담결과 사회서비스가 필요하다면 서비스와 연결한다. 만성적인 무단결석의 경우, 경찰은 부모에게 소환장을 주고, 학생에게 상담프로그램에 참여하도록 요청한다. 이 프로그램에 대한 경찰의 평가결과에 따르면 30일간의 추적기간 동안, 낮시간 청소년범죄율이 줄고 난폭한 청소년범죄율이 감소하였다고 하였으며 학생의 출석은 개선되었다고 하였다.

둘째, 학교 차원에서 은둔형 외톨이 청소년들의 문제를 예방하기 위해서는 은둔형 외톨이의 우려가 높은 학생의 조기발견 및 개입이 필요하다. 특히 무단결석 아동에 대한 방문상담도 효과적이다. 은둔형 외톨이 청소년 100케이스를 대상으로 방문 상담의 효과를 검증한 미야니시(宮西熙夫, 2005)의 연구에 따르면 은둔형 외톨이 청소년들에게는 방문 상담이 효과가 있고, 방문자는 또래 혹은 젊은이의 경우가 효과가 있으며, 방문의 효과가 나타나기 시작한 것은 평균 6개월째부터라고 하였다. 이는 우리나라의 적용에 있어서도 유용한 지침이 될 수 있다고 본다.

셋째, 무단결석 학생을 지원하고 조기개입을 위해 지역사회기관과 연계하고 자원을 활용한다. 일본의 경우 은둔형 외톨이 청소년을 지원하기 위해 보건소 및 정신건강센터, 스쿨 카운슬러 활용 보조 사업, 청소년자립학원, 등교거부를 생각하는 전국 네트워크, NPO 법인 뉴스타트 등 공사가 협력하여 다양한 지원을 행하고 있다. 특히 학교 차원에서는 문부과학성 주관의 사업으로 각 지역 교육청에 은둔형 외톨이 청소년, 특히 등교 거부와 관련하여 개입하는 스쿨 카운슬러 활용 보조 사업을 행하였다. 조직의 구조는 기존의 문부과학성-교육위원회-학교의 구조를 그대로 사용하고 있으며 30학급 이상 학교를 기준으로 2개교에 1명의 스쿨 카운슬러를 배치하였다(이향남, 2007). 학교사회복지사는 학교단위에서 등교 거부를 행하거나 행할 우려가 높은 학생을 조기에 발견하고 이들이 보건소 및 정신건강센터, 청소년상담실, 지역기관 등의 서비스를 활용할 수 있도록 연결하는 기능을 수행할 수 있다.

사례 – 장기결석에 대한 학교사회복지사의 개입

1. 클라이언트 인테이크

–상담일 : 2020년 5월 3일

NO.1

<table>
<tr><td>성 명</td><td colspan="2">채○○</td><td>성 별</td><td>여</td><td>주민등록번호</td><td>87○○○○–26○○○○○</td></tr>
<tr><td>주 소</td><td colspan="6">○○시 ○○구</td></tr>
<tr><td>전화번호</td><td colspan="2">TEL) ○○○–○○○○
H.P) 010–○○○○–○○○○</td><td>학 력</td><td>중졸</td><td>종 교</td><td>무교</td></tr>
<tr><td>상담경로</td><td colspan="6">김○○, 김○○ 아동의 장기결석으로 인한 담임교사 의뢰의 건</td></tr>
<tr><td colspan="7">가족사항</td></tr>
<tr><td>관 계</td><td>성 명</td><td>연 령</td><td>학 력</td><td>직 업</td><td>동거여부</td><td>기 타</td></tr>
<tr><td>본 인</td><td>채○○</td><td>33세</td><td>중졸</td><td>무</td><td>동거 중</td><td>–</td></tr>
<tr><td>남 편</td><td>김○○</td><td>47세</td><td>중졸</td><td>단순노무직</td><td>동거 중</td><td>–</td></tr>
<tr><td>자 녀</td><td>김○○</td><td>12세</td><td>초등재학 중</td><td>학생</td><td>동거 중</td><td>○○초 5–5반</td></tr>
<tr><td>자 녀</td><td>김○○</td><td>11세</td><td>초등재학 중</td><td>학생</td><td>동거 중</td><td>○○초 4–4반</td></tr>
<tr><td rowspan="2">분 류</td><td>보호구분</td><td colspan="5">■ 수급자(4월 말경 신청됨) □ 조건부 수급자
□ 저소득 □ 일반</td></tr>
<tr><td>세대유형</td><td colspan="5">□ 어르신 □ 장애인가족
□ 아동(한부/모, 노손, 일반) ■ 기타(지적장애 의심)</td></tr>
<tr><td rowspan="2">생활상태</td><td>경제상황</td><td colspan="5">월수입금액(100만 원), (정부보조금 : 원)</td></tr>
<tr><td>주거상황</td><td colspan="5">□ 자가 □ 전세(만 원)
□ 월세( ) ■ 기타
(무상으로 주거 중)(방 2칸, 부엌 1칸)</td></tr>
<tr><td rowspan="2">건강상태</td><td>질병유무</td><td colspan="2">■ 유 □ 무</td><td>장애유무</td><td colspan="2">□ 유 ■ 무</td></tr>
<tr><td>질병내역</td><td colspan="2">시력이 나쁘며, 어지럼증으로 인한 병력이 있음</td><td>장애내역</td><td colspan="2">지적장애 3급</td></tr>
</table>

상담기록내용
ct의 남편은 4월 20일(일)경 가족들과 함께 나들이를 나갈 준비를 하던 중 갑자기 집에서 쓰러짐 ct 남편은 현재 뇌출혈로 ○○병원의 중환자실(3층)에 입원한 상태이며, 4월 말일경 폐 수술을 다시 받음 의식이 거의 없으며, 병원에서는 의식이 깨어나더라도 일반생활은 못할 것이라는 판단을 내림 4월 말경 구청과 연계되어 기초생활보호대상자로 ct의 자녀(김○○, 김○○)가 선정됨. 또한 ○○복지관에 의뢰하여 도시락을 지원받을 수 있도록 요청할 예정임. 앞으로 구청에서 월 생계비와 의료비가 지원될 예정이며, ct에게 필요한 교통비와 식비가 급한 상황이라서 긴급생계비 명목으로 42만 원이 5월 2일자로 먼저 입금됨 ct의 남편은 현재 살고 있는 집 바로 옆의 가내수공업 공장에서 5년 정도 배달직으로 일을 하였으며, 매월 말경에 100만 원의 수입이 있었음. 생활이 어렵다는 것을 주인이 알고 방세를 내지 않고 무상으로 거주함. 완구공장에서는 사장의 부인과 친척들로만 구성되어 소규모로 족두리 등을 제작하는 일을 하고 있으며, ct 남편이 쓰러지기 전까지는 ct와 사모님과의 갈등만 있었을 뿐 원만한 관계를 유지하였다고 함. 또한 ct 남편이 4월 20일까지 근무한 급여 중 12만 원만 ct에게 지급된 상황이며, 공장 사모님과 연락을 한 결과 나머지 돈은 차후 줄 예정이라고 함. ct가 금전관리가 미흡하여 전액월급을 주지 않았다고 함 공장사장과 사모님을 비롯한 사모님 친정어머니를 만나 본 결과, 이들은 ct가 아이들 학교도 보내지 않고 돈도 마음대로 쓰면서 부모역할도 못하고 남편이 쓰러진 것도 ct 때문이라고 하면서 ct에게 반말과 욕설을 퍼붓고 있음. 이것으로 인하여 ct는 집에서 잠자는 것을 두려워하며 겁을 먹고 있는 상황임 ct는 아이들과 함께 ○○병원 보호자실(3층)에서 자거나, 병원 내에서 만난 ○○동 ○○교회 집사라는 분의 도움으로 찜질방을 돌아다니고 있음. ct는 현재 큰 충격과 더불어 사람에 대한 두려움으로 곁에서 지속적으로 잠자리 및 식사를 도와주고 있는 남자교인에 대한 불안감이 심한 편임 ct의 큰 딸 J는 △△으로 오기 전에 살던 □□도 ○○에서 인근 지역주민이었던 사람에게 성폭행을 당하였고 그로 인해 △△으로 이사 오게 되었다고 함. J는 평상시 말수가 거의 없고, 자기표현을 하지 않는 아동임. 학업능력은 부진한 편이며, 동생에게 이끌려 다니는 편임. J 역시 심리적인 불안감이 내포되어 있으며, 꾸준한 상담치료가 병행되어야 함 ct의 집을 방문해 본 결과, 평상시 대화는 일반인처럼 가능하나 10일 넘게 쌀이 있어도 아이들에게 밥을 해먹이지 않고 있었으며, 마르지 않은 빨래를 옷장에 넣어놓고 집안환경이 아주 비위생적인 편이었음. 방이 2칸이나 1칸의 방에는 자전거 2대가 그대로 방치되어 있었음. ct는 아이들에게 밥을 해먹일 생각보다는 아침부터 큰방에 있는 수족관 물을 빼고 있었고, 수족관 안에 살아 있는 열대어가 있었지만 남편이 병원에 입원해 있는데 이런 것은 중요하지 않다는 말씀으로 보아 정확한 상황판단에 어려움이 있는 것으로 판단됨. ct는 1남 5녀이나 모두 친척들이 서울에 거주하고 있는 상황이며, 남편은 2남 1녀이지만 도와줄 수 있는 친인척이 전무한 상황임 ct의 공장 사장이 ○○생명에 ct 남편 이름의 보험을 들어놓은 상태이고 보험금 수령과 관련한 행정업무를 함께 도와줄 수 있는 사람이 필요함. ct는 이 보험금을 사장이 횡령할까 봐 걱정하고 있으며, 돈 관리 부분에서도 미흡하여 걱정이 큰 상황임. 아이들은 불안한 부모의 모습으로 인해 학교 가는 것을 거부하고 있으며, ct는 학교 등교를 거부하는 아이들을 관리하지 못한 상황임(ct 역시 자녀를 학교에 보내고자 힘쓰고 있지만 아이들은 이런 어머니를 구타하면서 학교 가기 싫다는 이유로 등교를 거부한 지 12일차에 들어감) 현재 상황으로 필요한 서비스는 자녀들이 학교에 등교할 수 있도록 하는 것과 ct 곁에서 행정적인 업무를 도와주고 가사지원서비스를 제공해 줄 수 있는 자원봉사자가 필요한 상황임. 그리고 ct 자녀들은 인근의 마을사람들이 자신의 모에게 해대는 욕설과 비난으로 말수가 적어진 상황임. ct에게는 사장 및 사모님으로 인한 불안감을 해소시킬 수 있는 심층상담이 필요함. 차후 이들이 편안하게 거주할 수 있는 주거지 선정이 시급함 본교에서는 담임선생님 및 학교사회복지사가 아동들이 학교에 등교할 수 있도록 아침마다 가정방문을 갈 예정이며, 사회복지사는 지역사회기관의 다양한 서비스를 제공받을 수 있도록 연계·의뢰할 예정임

2. 사회적 관계 관련 정보

구 분	지원처 (이름/소속)	지원 내용	접촉 기간	접촉 빈도
공식적 자원	아동보호종합센터	- ct 및 자녀의 심리치료 실시 - 다양한 지역사회 자원망 연계	20일	주 2회 이상 (○○병원 및 주거지 방문)
	○○시 구청 (사회복지과)	- 긴급의료비 지원	10일	주 1회 (주거지 방문)
	주민자치센터 (사회복지과)	- 국민기초생활보호대상자 선정	7일	총 2회 (주거지 방문 및 대면상담)
	종합사회복지관	- 집중지원사례관리 대상 가정 선정 (1 : 1 가사지원서비스, 정기후원금 지급 등)	20일	주 1회 (주거지 방문 및 대면상담)
	종합사회복지관 (자원연계팀)	- 중식지원(도시락 배달 서비스)	25일	주 5회 (○○병원 도시락 배달)
	○○모자원 (모자보호시설)	- 모자보호시설 제공	15일	총 4회 (모자보호시설 방문)
	○○병원 (원무과, 간호과)	- ct 가족의 주거지 제공	30일	총 30회 (주거지 제공)
비공식적 자원	○○교회	- ct 가족의 숙식, 식사 제공	50일	총 35회 (대면 및 전화연락)
	ct의 친정가족 (큰언니, 큰오빠)	- ct 가정의 보금자리 제공 및 일거리 제공	15일	총 10회 (대면 및 전화연락)

3. 사례관리 계획서

가구번호 : 1 아동번호 : 1

작성일시		2020년 5월 1일			작성자 (주조정자)	지역사회교육전문가
아동성명		김○○ 김○○	성 별	여	나 이	초등 5학년(만 11세) 초등 4학년(만 10세)
개입체계		문제/욕구	서비스 목표	서비스 계획 내용	서비스 제공방법	활용가능 자원
아 동	김○○	학교무단결석, 불안증세, 폭력행동/주거할 수 있는 안전한 집	-학교등교 -심리 · 정서치료	- 아동의 등교를 위해 담임교사 및 복지사의 일일 가정방문 후 학교로 인솔 - 아동 내면의 정서치료를 위한 미술치료 실시	학령기 아동의 학교 교육의 필요성 숙지, 불안정한 심리치료 실시	- ○○시아동보호종합센터 - 보건소 및 ○○병원

<table>
<tr><td>아 동</td><td>김○○</td><td>학교무단결석/친척이 있는 곳에서 주거하고 싶어함</td><td>-학교등교
-안전한 주거지 제공</td><td>- 아동의 등교를 위해 담임교사 및 복지사의 일일 가정방문 후 학교로 인솔
- ct 가정에 도움을 줄 수 있는 인적자원망 모색 및 주거지 도움을 줄 수 있는 사회복지기관 모색</td><td>학령기 아동의 학교 교육의 필요성 숙지, 모자보호시설 연계</td><td>- ○○시아동보호종합센터
- ○○모자원</td></tr>
<tr><td>가 족</td><td>채○○
(어머니)</td><td>자녀의 학교무단결석/자신과 자녀를 보살펴 줄 친인척의 도움이 절실함</td><td>- ct 모의 심리치료
- ct 가족을 보살펴 줄 인적자원망 모색</td><td>- ct 모는 지적장애로 판정되며, 남편의 사고로 인한 불안정한 심리상태의 치료가 필요함
- ct 모는 자녀의 학교무단결석을 방임하고 있으므로 부모의 아동교육에 대한 인식교육이 필요
- ct 가족을 곁에서 보살펴 줄 수 있는 친인척의 도움이 필요함(주거지 문제, 생계비, 식사 등)</td><td>불안 및 우울증세를 감소시킬 수 있는 약물복용 권유, 올바른 자녀양육 교육 숙지, ct 가정의 친인척의 도움요청 및 지역사회기관의 인적·물적 자원연계</td><td>- ○○병원
- ○○시아동보호종합센터
- ○○종합사회복지관
- ○○종합사회복지관
- 구청 및 주민자치센터
- ○○병원</td></tr>
<tr><td colspan="2">아동과 가족의 강점 활용 방안</td><td colspan="5">- 본 사례아동의 가정은 홀로 자립하고자 하는 욕구가 강함(근로의욕 역시 강함)
- ct들은 심리치료 후, 어머니의 의견에 순종적이며, 의존적인 성향을 보임
- ct 가정에는 ○○도권에 거주하면서 음식점을 하고 있는 친인척이 존재하여 인적자원망으로 충분히 활용 가능한 자원이 있음</td></tr>
<tr><td colspan="2">사례회의 결과</td><td colspan="5">본 사례 아동의 가족은 자녀와 어머니 모두 외부지원에 대한 도움을 간절히 원하고 있으며, 또한 자립 의지가 강하나 사례 아동의 어머니는 지적장애인으로 외부인력의 도움이 필요한 상황임
ct 가정의 외가댁의 큰언니와 큰오빠가 동생을 곁에서 도와주고자 하는 의지가 있으므로, 차후 ct 가정이 친인척의 도움을 바탕으로 외부자원의 지원과 더불어 자립할 수 있도록 기반을 마련하는 일이 중요할 것으로 사료됨</td></tr>
</table>

4. 종결 기록지

가구번호 : 1 아동번호 : 1

<table>
<tr><td>작성일시</td><td>2020년 6월 5일</td><td>작성자(주조정자)</td><td>지역사회교육전문가</td></tr>
<tr><td>아동성명
(연령, 성별)</td><td>김○○ (만 11세, 여)
김○○ (만 10세, 여)</td><td>사례번호</td><td>NO.1</td></tr>
<tr><td>종결유형</td><td colspan="3">■ 다른 지역으로 이주
□ 국민기초 수급자격의 변동
□ 연령범주의 초과
□ 서비스 거부 및 포기
■ 기타(ct 가정을 곁에서 보살펴 줄 수 있는 친인척의 도움이 절실히 필요한 것으로 판단되어 ○○에 거주하는 친척집으로 이주하게 됨)</td></tr>
</table>

<table>
<tr><td rowspan="4">사례 요약</td><td colspan="2">아동과 가족의 문제와 욕구</td><td>개입목표</td><td>서비스 내용</td></tr>
<tr><td>아동</td><td>- 학교무단결석
- 불안정한 심리상태변화로 인한 폭력적이고 우울증세를 나타냄</td><td>- 학교출석
- 심리·정서 치료를 통한 안정적인 심리상태 유지</td><td>- 아동의 학교출석을 위한 아침등교 시 가정방문
- 담임교사, 복지사, 친척 등의 주기적인 만남 및 전화상담을 통한 안정적인 심리상태 유지(병원치료 병행)</td></tr>
<tr><td>가족</td><td>- 지적장애를 가진 어머니가 홀로 2명의 자녀를 양육하기에는 어려움이 큼
- 신뢰가 가는 친인척의 보살핌이 절실히 요구됨</td><td>- 친인척의 지원망 획득</td><td>- ct 가정에 도움을 줄 수 있는 큰언니와의 대면을 통해 주거지를 해결함
- ct 가정의 자립을 위해 친정오빠의 음식점에서 일을 하고 생활비를 마련할 수 있도록 직장을 제공함</td></tr>
<tr><td>환경</td><td>- ct 가정 주변에 친인척이 주거하여 곁에서 보살펴 줄 수 있는 환경이 필요하며, 3명의 가족구성원이 모두 함께 거주할 수 있는 안정적인 거주지가 필요함</td><td>- 가족이 함께 생활할 수 있는 안정적인 주거지 획득</td><td>- 3명의 가족이 함께 생활할 수 있는 공간을 마련하여 친척들과 함께 생활할 수 있도록 함(음식점 가게 내부의 공간 활용 예정)</td></tr>
<tr><td rowspan="2">개입효과</td><td>아동의 변화</td><td colspan="3">- ct 어머니의 정신과 치료 병행으로 안정을 되찾고 있으며, 자녀들 역시 안정적인 심리상태를 되찾음
- 학교생활에서의 친구들과의 대인관계에서 적극성을 표출함(수업태도가 적극적으로 변화됨)
- 학교 준비물 준비 및 과제준비를 철저히 숙지하고 있음</td></tr>
<tr><td>가족·환경의 변화</td><td colspan="3">- 꾸준한 정신과 병원치료를 통해 가족 모두의 안정된 심리상태를 되찾고 있음
- 친인척의 도움으로 ct 어머니는 일자리와 주거지를 획득하게 되어 생활의 안정을 되찾음
- 수원종합사회복지관의 다양한 복지지원서비스를 통해 ct 가정의 자립에 도움을 제공함</td></tr>
<tr><td>통합사례 관리자 종합 의견</td><td colspan="4">본 사례는 갑작스러운 ct 부의 부재로 지적장애를 가진 어머니와 자녀의 생계문제가 결합된 긴급한 사례였음. ct 모의 지적장애와 더불어 불안장애로 자녀들을 방임하고 있는 상황에서 학교와 지역사회는 방임된 자녀를 학교생활에 빠르게 적응할 수 있도록 지원하였음. 또한 매월 생계비지원 및 ct 가족의 친인척의 지원망을 연결하여 본 가정이 홀로 자립할 수 있는 환경적 요소를 마련해 주었음. 차후 ct 모의 친정식구들이 거주하는 □□도 ○○으로 거주지를 이동하여 친척들의 보살핌과 더불어 ○○종합사회복지관의 도움으로 ct들은 다양한 사회복지자원을 지속적으로 지원받을 수 있도록 함. 본 사례는 다양한 인적·물적 자원망의 빠른 지원과 인력병행으로 긴급위기상황을 안정적으로 극복한 케이스로 판정됨. 차후 본 사례관리 사후 관리를 위하여 ○○복지관 담당 사회복지사와의 연계를 지속해 나갈 수 있도록 할 예정임</td></tr>
<tr><td rowspan="2">사후관리/의뢰계획</td><td colspan="2">담당자</td><td>사후관리/의뢰 내용</td><td>사후관리/의뢰 주기</td></tr>
<tr><td colspan="2">○○종합사회복지관 사례관리 담당자</td><td>- ct 가정의 자립을 위해 다양한 복지지원 서비스의 지속적인 제공(방과후 교육활동, 아동미술치료, 가족문화체험, 1:1 멘토링 프로그램 등)</td><td>- 상반기 : 월 2~3회
- 하반기 : 월 1회</td></tr>
</table>

2. 학업중단

1) 특성

학업중단이라는 용어는 그동안 학교학업중단, 중퇴생, 중도탈락, 학업중도탈락, 학업중퇴자, 탈학교청소년, 학교밖 청소년 등 다양한 기준에서 혼재되어 사용되어 왔다. 그러나 2003년 개정된 청소년기본법 제42조에 학업중단 청소년이라고 규정함으로써 학업중단이라는 용어가 광범위하게 사용되고 있다(이병환, 2007 : 71). 학업중단 청소년이란 여러 이유로 학업을 포기하는 학생을 의미하는 것으로 우리가 주목하고자 하는 것은 학교로부터 처벌을 받아 일시 또는 영구적으로 학교를 다니지 못하는 학생들이다. 일반적으로 중퇴청소년이라고 불리는데, 이는 정규학교를 다니다가 비행, 질병, 가사 또는 다른 이유로 졸업을 하지 못하고 도중에 학업을 중단하는 청소년을 의미한다. 중퇴는 자퇴(권고퇴학), 제적(명령퇴학) 등을 포함하는데 자퇴와 제적은 본인의 의사에 따른 것인가, 아니면 학교의 명령으로 퇴학당한 것인가에 따른 구분이다. 최근 중퇴 처분의 자제를 촉구하는 사회적 요구로 인해 학교에서도 중퇴라는 용어를 사용하고 있지 않으나 권고 전학을 종용하여 자퇴 형식을 취하는 중퇴는 여전히 있다.

청소년의 중퇴에 대해서는 긍정적인 시각도 있으나 대부분 부정적인 관점을 견지한다. Elliot 외(1974)는 긴장 이론의 관점에서 중퇴 후 비행률이 줄어든다고 주장한 반면 Wolfgang 외(1987)는 중퇴 후 비행이 증가하였다고 주장하고 있다. 또한 중퇴는 직업선택의 기회제한에서부터 실업, 복지에 대한 의존, 비행행동까지에 이르는 부정적인 결과를 초래한다(Helen et al., 1997 : 395-415). 중퇴 그 자체는 비행이라고 보기는 어렵지만 우리 사회에서 학업중단이 문제가 되는 것은 청소년이 학교를 다니지 않는 이유가 청소년 자신들의 자발적인 선택이라기보다는 외부적 요인에 의해 선택될 수밖에 없는 청소년이 많다는 점과 학교를 그만둔 이후 청소년의 삶이 매우 열악하고 다른 삶을 살 수 있도록 돕는 사회적 지원이 전무하기 때문이다.

지금까지 중퇴와 관련된 선행연구들을 정리해 보면 중퇴청소년은 다음과 같은 특성을 가진다. 첫째, 중퇴 원인에 있어 개인적 요인보다는 학교적·사회적 요인 등 환경적 요인이 크다는 점이다. 중퇴에 관한 선행연구를 통해 학생을 중퇴로 이끄는 요인을 분석해 보면 크게 부모의 태도, 가족 형태 등과 같은 가정적 원인, 공부가 싫어서, 성적불량, 무단결석 및 교칙위반 등의 학교 부적응과 같은 개인적 요소, 선배·교사의 구타,

학교에 대한 불만, 처벌 경험 등의 학교적 요인, 유해환경 등의 사회적 요인 등 크게 네 가지로 대별해 볼 수 있다. 이 중 중퇴에 보다 중요하게 작용하는 것은 개인적 요인보다는 가정요인, 학교요인, 사회요인들이다(Margaret & Antia, 1992 : 95-113; Karl et al., 1997 : 87-107; Melissa, 1994 : 721-761; Russell, 1995 : 583-625; Helen et al., 1997 : 395-415).[1] 특히 학교 부적응과 같은 개인적 요인도 엄격히 말하자면 청소년 개인의 문제라기보다는 중퇴를 하도록 학교에서 밀어내고 사회에서 끌어당기는 외적 요인이 크게 작용함을 감안해 볼 때 중퇴 원인은 학교나 사회, 가정에 보다 많은 책임이 있음을 알 수 있다(표 14-1 참고).

〈표 14-1〉 조기에 학교를 떠나는 이유

학교적 요인	개인적 요인
– 비인간적 학교 – 고등학교 진학에 대한 준비 부족 – 학급 규모가 큼 – 학급에서 학생을 둘러싼 반복적인 굴욕 – 성적 저하, 숙제를 수행할 수 없음 – 교사나 학생과 잘 지내지 못함 – 정학이나 강제퇴학 당함 – 학교와 잘 맞지 않음 – 안전하다고 느끼지 못함 – 대학입학 프로그램에 가입되지 못함 – 적어도 10일 동안 학교를 가지 않거나 10번 정도 수업에 참가하지 않음	– 직업을 갖거나, 부양할 가족이 생기거나, 학교와 직업을 병행하는 데 어려움이 발생함 – 결혼하여 임신하거나 부모가 되고, 돌보아야 할 가족이 생김 – 가족 갈등 – 중퇴 친구를 가짐 – 여행하기를 원함 – 약물이나 알코올 문제를 가짐 – 기회나 운이 중요하고, 자신은 자신의 삶에 통제력을 가지지 않았다고 생각함 – 때때로 자신이 무가치하거나, 전혀 좋지 않거나, 자랑스러운 것이 많이 없다고 느낌

출처 : Dupper(2002), p. 91.

둘째, 청소년이 학업중단을 결심하는 것은 자신의 문제 상황을 적극적으로 해결하기 위한 선택도 있지만 도피하거나 어쩔 수 없는 불가피한 상황에서 행해지는 경우도 상당히 있다는 것이다. 문제는 능동적인 원인으로 중퇴한 청소년의 경우는 중퇴 이후 자신의 진로개척에 적극적인 태도를 보일 수 있지만 도피적, 불가피한 원인에 의해 중퇴한 청소년의 경우 자신의 계획이나 장래에 대한 의지가 불투명하여 진로를 선택하는 과정에서 오랫동안 방황할 것으로 예상되고 이와 같은 심리적·정서적 갈등은 문제행동으로 연결될 가능성이 상대적으로 높다고 하겠다.

셋째, 학업중단 이후 많은 청소년들이 적절한 보호나 지원을 받지 못하고 방치되어 있다는 점이다(홍봉선 외, 1996 : 19-20).

1 Margaret과 Antia는 어머니의 학력, 빈곤, 초기 학업성취 여부에 따라 중퇴율이 달라진다고 하였고 Karl, Doris과 Carrie는 가족의 사회경제적 상황, 가족 형태, 다른 위험요인 등 가정환경이 중퇴에 크게 작용함을 연구하였고 Melissa는 학교에서의 유급경험, Russell은 학교의 구조적 특성이나 학교 분위기 등 학교 관련 요인이 중요함을 강조하였다. Helen 등은 아동기의 초기경험이나 가족스트레스, 약물남용이 중퇴의 중요한 요인임을 밝혔다.

학업중단은 개인적으로 누구나 누려야 하는 성장과 발달을 위한 교육기회의 박탈을 초래함으로써 '의미 있는 자아'를 형성할 수 있는 기회를 빼앗을 뿐만 아니라 장기적으로는 진로 개척에 심각한 문제를 야기해 안정적인 직업을 갖기 어렵게 한다. 따라서 이러한 낮은 자아개념의 형성과 사회적 기술 결여는 청소년의 삶의 질을 저하시킬 것이다. 다양성이 결여된 교육과정, 학생의 인권이 존중되지 않는 학교환경에서 적응하지 못하였다고 해서 무방비 상태인 학교 밖으로 내모는 것은 청소년의 학습권, 복지권에 위배된다고 하겠다. 특히 우리나라의 경우 교육 수준이 사회경제적 계층 형성에 중요한 변수인 학력 위주의 사회이며 진학 이외에는 다른 특별한 대안도 없는 현실을 감안해 볼 때 중퇴청소년을 제도권으로 수용하는 노력은 무엇보다도 중요하다고 하겠다.

1989년 UN 총회에서 만장일치로 통과된 '아동의 권리에 관한 국제협약'은 국제법의 효력을 가지고 있는 것으로 우리나라에서도 1991년에 협약하여 서명함으로써 협약에 대한 준수가 의무화되었다. 이 법의 내용 중 제28조에는 청소년의 교육권을 보장하고 있는데 교육의 기회균등권, 고등교육의 기회 부여, 등교 고취와 중도 탈락 방지 등이 있다.

2) 학교사회복지사의 개입

첫째, 학교사회복지사는 학생들의 비행이나 부적응에 대해 정학이나 제적의 확대를 방지하기 위해 옹호자로서 노력해야 한다. 학생들이 일찍 학교를 떠나는 것은 자발적인 것이라기보다는 추방(pushouts)되었다고 표현되는 것이 더 적절할 것이다. 추방(pushouts)은 학생으로 하여금 학교를 떠나도록 야기하는 학교 상황에 더 초점을 둔 것이다. 어떤 학생의 경우에는 전적으로 개인적 요인으로 학교를 떠나기도 하지만 학교사회복지사는 기본적으로 학업중단 문제를 개인적 문제로 한정해서는 안 되며 자발적인 측면과 강제적인 측면도 함께 고려해야 한다(Dupper, 2002 : 89-92). 학생이 학교에서 잘 적응하지 못한다면 적응을 돕기 위한 제도적 장치를 보완하고 개발하는 것이 국가나 사회의 책임이다. 따라서 학교사회복지사는 학교가 학생에 대한 처벌로 학생을 떠나보내는 것이 아닌 다양한 대안적 프로그램을 활용할 수 있도록 제시하는 것이 필요하다.

옹호자로서, 학교사회복지사는 정학과 제적과 같은 배타적 정책(exclusionary policies)의 영향을 학교 직원이 인식하도록 해야 한다. 그리고 학교위원회가 사회적 취약자 또는 문화적으로 다른 학생들을 대상으로 정학과 추방이 아닌 좋은 대안적 프로그램을 실행하도록 격려해야 한다. 이들 옹호적 노력에는 학교위원팀을 만나는 것, 학교위원회와

주어진 프로그램의 목표와 효과성에 대해 사전에 검토하는 것이 해당된다. 또한 학교 사회복지사는 학생징계 프로그램과 관련하여 프로그램의 실행과 관련된 교사 또는 다른 학교전문가에 대해 지속적인 자문과 안내를 제공함으로써 간접적으로 참여할 수 있다(Dupper, 2002 : 59-63).

둘째, 무단결석 학생과 부모에 대한 직접적인 서비스 제공과 더불어 학교사회복지사는 학교출석에 위험 요인이 있음에도 불구하고 학교에 보다 잘 참석하고자 노력하는 학생을 찾아내고 보상을 주는 지지 프로그램도 행해야 한다.

셋째, 학교사회복지사는 학교의 징계 프로그램 중 더 인간적이고 합리적인 정책을 옹호할 필요가 있다. 학교사회복지사는 효과적이면서도 사회복지가치와 일치되는 다양한 대안 프로그램에 대해 많은 정보를 알 필요가 있다. 처벌보다 상담(counseling component), 갈등해결전략, 컴퓨터 개별지도 프로그램 등 다양한 대안 프로그램을 제안해야 한다.

넷째, 학업중단이 결정된 학생에 대한 개입이다. 학업중단 청소년들에게 새로운 교육기회를 제공하기 위해 다양한 형태의 대안교육 시설 및 프로그램에 대한 정보를 제공하고 학교 밖에서도 지속적인 자기 개발과 계속적으로 교육받을 수 있는 기회를 부여해야 한다. 이를 위해 지역사회기관, 교육자, 청소년관련기관, 행정가들과 협력하여 학업중단의 심각성을 알리고 이에 대해 지역사회가 공동으로 대처, 협력할 수 있도록 노력해야 한다. 특히 학교 밖 청소년지원센터를 적극적으로 활용할 필요가 있다. 학교복지사가 무단결석 및 학업중단과 관련된 대안 프로그램으로 활용할 수 있는 유용한 프로그램으로는 갈등해결과 조정 프로그램이 있다(Dupper, 2002 : 59-63).

갈등해결과 조정 프로그램(Conflict resolution and Mediation Program) : 이 프로그램은 학교에서 또래 간에 생기는 불가피한 갈등을 해결하는 데 효과적인 것으로 나타났다. 이 프로그램의 본질은 학생들에게 주의 깊게 듣고 다른 사람의 견해에 존중하고 의미 있는 차이가 있다는 것을 받아들이고 상호 만족스러운 창의적인 해결을 개발하는 것이다. 또래조정(peer mediation)은 학생들이 서로 협상해서 상호 이득이 되는 합의에 도달하기 위해 문제해결단계를 사용하도록 돕는 중립의 제3자에 개입하는 것이다. 또래 조정자의 역할은 과정을 전체적으로 조망하면서, 편견을 갖지 않고 문제해결을 위한 논쟁 작업을 함께 해나가는 것이다. 또래조정자(peer mediator)는 또래 또는 교사에 의해 지명되는데, 그들은 그들 또래에 의해 존경받고 신뢰받고 리더십과 의사소통 기술을 가진 것으로 증명된 사람들이다. 프로그램 평가 결과, 갈등에 대한 학생의 태도가 개선되고,

비폭력적 문제해결 방법에 대한 이해가 증가되고, 의사소통 기술을 증진시키는 데 효과적이었다고 한다. 또한 싸움에 대한 학교 정학의 수를 감소시키고 학생들의 갈등관리 능력을 개선시키는 데 효과적이었다는 보고도 있다(Dupper, 2002 : 59-63).

사례-학교폭력으로 징계를 받은 학생에 대한 학교사회복지사의 개입

<table>
<tr><td>상담자</td><td colspan="2">○○○</td><td>상담기간</td><td colspan="2">2019년 8월 26일~2019년 12월 30일</td></tr>
<tr><td colspan="6">내담자 현황</td></tr>
<tr><td>이 름</td><td>○○○</td><td>나이(학년)</td><td>16세(중 1학년)</td><td>건강상태</td><td>양호</td></tr>
<tr><td colspan="3">가계도</td><td colspan="3">생태도</td></tr>
<tr><td colspan="3">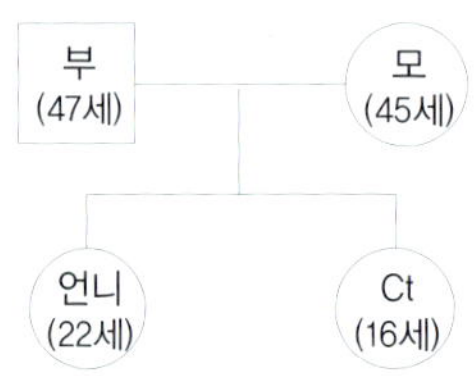
</td><td colspan="3">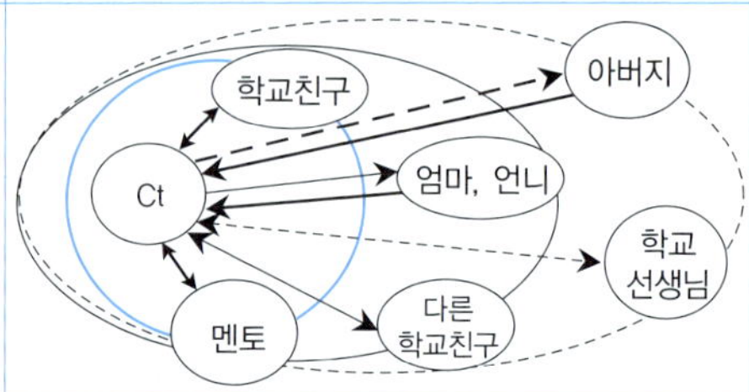
</td></tr>
<tr><td colspan="6">개인력(강점 중심)</td></tr>
<tr><td colspan="6">- 자아가 매우 강하고 리더십이 있는 학생임
- 새터민으로 우리나라로 넘어오기까지 형언할 수 없을 만큼 힘든 생활을 견뎌서 어느 정도의 힘든 생활은 잘 극복해 나감
- 대인관계에 큰 문제는 없고 친구관계가 폭이 넓고 타 학교 친구도 많이 있는 것 같음
- 어른들에게 관심과 인정을 받고 싶어 하는 욕구가 강함
- 과제 수행능력이 다른 학생들에 비해 매우 탁월한 능력을 가지고 있고, 특히 암기력이 뛰어남
- 이해력이 뛰어나고 자신의 잘못에 대해 쉽게 수긍하면서 반성하는 모습을 가지고 있음</td></tr>
<tr><td colspan="6">가족력(경제상황 포함)</td></tr>
<tr><td colspan="6">- 새터민 가족으로 기초생활수급자이며, 아버지와 어머니는 수급비용에만 의지하지 않고 더 나은 생활을 위해 생계활동을 열심히 하는 등 생활력이 매우 강함
- 아버지와 어머니는 자녀들에 대한 애착이 매우 강하면서 탈북 당시 아이들과 6년 가까이 떨어져 지내온 것과 우리나라로 넘어오는 힘든 과정을 겪게 한 부분에 죄책감을 가지고 있음
- 언니는 6살 많으며 ○○고등학교에 진학하여 올해 수능을 봤고, 대학진학 예정임
- 엄마와 언니와는 강한 애정을 갖고 있으나 아버지하고는 약간 소원함을 보이는데, 그 이유는 언니와 차별화된 대우 때문이라고 함(용돈문제, 귀가시간문제 등)</td></tr>
<tr><td colspan="6">내담자의 문제/욕구</td></tr>
<tr><td colspan="6">- 쉽게 학교폭력에 휩쓸려 문제를 일으킴(내담자는 학교폭력에 휘둘리고 싶지 않다고 함)
- 공격성과 폭력성이 내재되어 있지만 조절 가능한 것으로 보임
- 학교 선생님들의 차별적인 대우와 시선이 느껴지고 선입견으로 자기를 대하는 것 같다고 함
- 자신이 할 수 있는 것은 힘자랑뿐이라고 생각함(학업성적으로는 나이 어린 동급생보다 우월할 수 없다고 생각함)
- 착하게 학교생활을 하고 싶은데 잘 안 되고 자꾸 나쁜 친구들과 본의 아니게 어울리게 된다고 계속 노력하고 싶다고 함</td></tr>
</table>

사례관리 과정	
목 적	학교폭력에 가담하지 않도록 자신의 감정조절 능력을 키우고 긍정적인 사고를 가질 수 있도록 한다.
세부목표	- 미술치료 집단 프로그램에 참여하면서 스스로의 모습을 볼 수 있도록 한다. - 분노조절 프로그램에 참여하여 자신의 감정을 조절하는 방법을 배우게 한다. - 멘토 선생님과 친분을 형성하고 긍정적인 지지를 받을 수 있도록 한다.
내 용	- 2019년도 1학기 여름방학 시작 일주일 전 ○○에서 1학년 19명이 두 집단으로 나누어 1 : 1 대결을 하다가 주민의 신고와 피해학생의 학부모 신고로 학교폭력사건으로 접수되어 학교폭력자치위원회가 열리고 학생들의 징계여부 결정 - 여름방학이 지나고 개학하자마자 일주일 동안 1 : 1 대결자 7명 교내봉사 5일 수행, 나머지 12명은 훈계조치 명령이 떨어지고, 내담자는 교내봉사 5일을 수행하면서 복지실에서 개별상담을 꾸준히 하게 되었음 - 징계수행이 끝나자마자, 징계 사후특별교육으로 미술치료 집단 프로그램과 분노조절 프로그램에 참여하게 되었고, 징계수행자뿐만 아니라 훈계 조치를 받은 12명도 함께 두 집단으로 나누어서 프로그램을 참여하게 하면서 내담학생이 집단에서 어떠한 역동을 보이는지 관찰하게 되었음 - 집단 상담이 두 달가량 진행되어 오고 있는 중, 내담학생의 아버지와 통화를 시도했고 아버지께서 복지상담실로 내방하셔서 탈북 전의 생활과 탈북 당시 아이들을 두고 떠나야 했던 사연, 어머니가 북송되었다가 다시 탈북하고, 뒤이어 6년 만에 아이들과 재회하면서 ○○을 탈출하여 ○○로 가서 우리나라로 오게 된 사연을 듣게 됨 - 담임교사 및 생활지도부 담당교사와 학생의 힘든 상황을 공유하면서 교사들로 하여금 내담학생에 대한 이해를 구함 - 교장선생님과도 내담학생의 사연을 공유하고 흔쾌히 정서적 지지자로 나서주시면서 내담학생에게 자신감과 힘을 실어주심 - 멘토링에 참여시키면서 정서적 지지를 위해 멘토 선생님과의 친밀감을 높이고 스트레스 해소를 위한 여지를 두게 함
분석 및 평가	- 내담 학생의 공격성과 폭력성, 그리고 거짓말과 눈치 보는 습관은 탈북과정에서 어린 나이(만 5세)에 부모와 헤어져 6년간 지내오면서 학습된 것이라 분석됨 - 북한의 학습과정과 우리나라의 학습과정이 너무나 달라 학습에 대해서 일찍 포기하고 나이 어린 동생들에게 인정받기 위한 방법은 폭력뿐이라 생각했던 것 - 자신에게도 남들보다 뛰어난 능력이 있다는 것을 모르고 자신의 상황들을 포장하기 위해 강한 모습, 공격자세, 거친 말투를 의도적으로 사용한 것으로 분석됨 - 자아는 매우 강한데 자신을 사랑하는 방법을 모르고 있다고 판단되어 멘토링에 참여시키면서 멘토 선생님과 친밀도를 가지면서 자신의 감정을 순화시키도록 함 - 표정이 밝아지면서 학교생활에 대한 자신감을 가지게 됨
계 획	- 내담학생이 2020년도에도 멘토링에 참여하고 싶어 함(내년 멘토링 참여시킬 예정) - 분노조절 프로그램이 도움이 많이 된 듯함. 2020년도에는 대안활동을 통해 자신의 적성을 찾을 수 있는 프로그램에 참여 예정 - 아버지의 높은 관심으로 전화상담 계속될 예정 - 학습 멘토링 프로그램(○○복지관 연계) 참여 희망함

CHAPTER 15

정서 · 행동장애를 가진 학생에 대한 개입

1. 정서 · 행동장애의 개념 및 특성

정서 · 행동장애는 지난 수십 년간 여러 가지 용어로 표현되어 왔으나 그중에서도 가장 빈번하게 사용되어 온 용어는 정서장애(emotionally disturbed)와 행동장애(behaviorally disordered)이다. 현재까지도 공식적으로 사용되는 용어는 각 단체나 개인의 견해에 따라 매우 다양하다. 우리나라의 특수교육진흥법은 '정서장애(자폐 포함)'라는 용어를 사용하고 있으며 미국의 장애인교육법(IDEA)은 '심각한 정서장애(seriously emotionally disturbed)'라는 용어를 사용하고 있다. 최근에 이르러서 정서 및 행동장애 영역과 관련된 30여 개 단체들의 모임인 미국의 국립 정신건강 및 특수교육협회(The National Mental Health and Special Education Coalition)에서 정서 및 행동장애라는 용어 사용을 제안하였다(김미경 외, 2006 : 13). 우리나라는 1994년 12월에 개정 · 공포된 특수교육진흥법에서 정서 · 행동장애의 특성을 6항목으로 나누고 다음 행동 중 한 가지 이상의 증상을 지니며 장기간 심하게 그 증상을 나타내는 자로 기준을 선정하였다(표 15-1 참고).

〈표 15-1〉 우리나라 정서 및 행동장애의 정의 및 기준

'다음 행동 중 한 가지 이상의 증상을 지니며 장기간 심하게 그 증상을 나타내는 자'를 정서 · 행동장애아로 분류한다.
가. 지적, 신체적 또는 지각적인 면에 이상이 없음에도 학습성적이 극히 부진한 자
나. 친구나 교사들의 대인관계에 부정적인 문제를 지닌 자
다. 정상적인 환경에서 부적절한 행동이나 감정을 나타내는 자
라. 늘 불안해하고 우울한 기분으로 생활하는 자
마. 학교나 개인 문제에 관련된 정서적인 장애로 인하여 신체적인 통증이나 공포를 느끼는 자
바. 감각적 자극에 대한 반응, 언어, 인지능력 또는 대인관계에 결함이 있는 자

그러나 이러한 정의는 학업 성적에만 초점을 두어 학습, 사회적 능력, 직업, 대인관계 등 다양한 면을 포함하지 못하고 있으며 내적 정서가 상대적으로 강조되어 행동문제를 덜 포함하고 있으며 장애에 영향을 미치는 사회적 요인에 대한 언급이 없어 개인의 문제로만 간주될 우려가 있다.

정서·행동장애라는 개념 정의는 단지 장애 정의를 통한 적절한 교육 서비스의 제공이라는 것 외에 장애를 가지고 있는 개인이나 가족에게는 개인적, 사회적으로 어떠한 불이익도 주어져서는 안 될 것이다. 일탈된 행동을 하는 개인이 문제가 아닌 일탈된 행동이 나올 수밖에 없는 사회 환경이 문제라는 것을 인식해야 할 것이다. 우리나라 정서·행동장애아의 출현율은 국립특수교육원(2001)에 따르면 학령기 아동의 2.71%가 장애아동으로서 이 중에 정서·행동장애아는 0.15%, 자폐성 발달장애는 0.15%로 나타났다. 6~11세 초등학교 학생 중에서 약 1만 2,000명이 이 장애범주에 속하는 것으로 추정된다. 이는 UN에서 장애인의 평균 출현율을 산업재해를 포함하여 약 10% 수준으로 보고 있으며, 미국 내의 특수교육대상 정서·행동장애아 출현율을 학령기 아동의 약 10%로 추정하고 있는 것과 비교하면 상당한 차이가 있다. 정서·행동장애로 확인되는 경우는 남학생이 여학생보다 많은 것 같다. 학령기 행동장애 아동들에 대한 조사에서는 남학생 대 여학생의 비율이 약 4 : 1이라고 한다. 정서·행동장애로 확인된 남학생들은 외현화 장애들을 가지기 쉽고 반사회적 공격성을 보이며 정서·행동장애 여학생들은 불안과 사회적 위축과 같은 내면화 장애를 더 많이 보인다(김미경 외, 2006 : 31-32 재인용).

2. 정서·행동장애의 유형

1) 주의력결핍 과잉행동장애

(1) 개념 및 특성

주의력결핍 과잉행동장애(Attention Deficit Hyperactivity Disorder)는 학령기 아동의 흔한 정신과적 질환으로서 과잉행동(hyperactivity), 부주의(inattention), 충동성(impulsivity)이 그 주요 증상이다. 주의력결핍은 인지 영역의 장애인 반면 과잉행동과 충동성은 행동 영역의 장애들로서 여러 가지 문제를 야기한다. 즉, 가정생활은 학교생활에서도 통제가 어렵고 학습부진이나 학습장애, 공격행동, 분노발작, 또래들과의 잦은 싸움으로 인한 사회적 고립감 및 소외감 등을 나타낸다. 이상과 같은 문제들이 내재화되면서 정서적 불안정, 사회적 위축, 자존심의 결여 등이 부수적으로 수반된다. 이러한 행동문제들은 학령 전기 아동에서는 발달과정상 정상적으로 나타날 수 있는 현상이지만 ADHD 아동들은 유아기부터 신경행동학적 특성이 정상아동과 다를 수 있어 이를 발달장애로 보기도 한다.

한편 ADHD 아동의 약 50% 정도는 청소년기 ADHD로 이행되고 이들 청소년 ADHD의 30~70%는 성인기에서도 사회 · 심리적 문제를 야기한다. 출현율은 연구자에 따라 다양하지만 학령기 아동의 약 5~20%가 이 질환을 보이는 것으로 알려져 있고, 여아보다는 남아에게서 3~9배 정도 더 흔히 발병되는 것으로 보고되었으며 국내 연구로는 학령기 아동 중에는 2~5% 정도가 있는 것으로 보고되고 있다. 이 장애의 과잉행동적 증상들은 연령의 증가에 따라 점차 감소된다는 증거들이 있지만 부주의, 충동성 등은 동일한 연령의 정상아동들과 비교할 때 여전히 문제가 되고 있다. 또 이차적으로는 학업수행의 결함 및 품행장애를 보이는 경우가 많으며 청소년기는 물론 성인기까지 심리 적응, 학업 성취 및 적응, 신경심리적 상태 등의 문제가 지속된다는 결과들이 있다(김미경 외, 2006 : 278-279).

ADHD 아동의 특성은 〈표 15-2〉에 제시된 DSM-IV-TR(2000)의 진단기준에 나타난 내용을 근거로 고찰해 볼 수 있다(강진령 역, 2008 : 86-88). 이러한 18항목에 이르는 진단기준은 어느 특성 부분이 우세 현상을 보이느냐에 따라 다시 세 가지 우세형으로 갈라진다. 즉, 주의력결핍 및 과잉행동-충동성의 두 가지 특성이 모두 지난 6개월간 지속되었다면 복합형으로, 주의력결핍의 9개 항목에만 해당되는 경우에는 주의력결핍 우세형으로, 그리고 과잉행동-충동성 영역의 9개 항목에만 해당되는 경우에는 과잉행동-충동성 우세형으로 구분된다. 그러나 ADHD는 하나의 특정 증상이 두드러지는 것이 아니라 아동의 인지적, 행동적, 정서적 특징들이 매우 복합적으로 얽혀 있다. 이 때문에 이 장애를 논의하는 데 있어서도 증상과 관련된 복합적인 측면들을 동시에 고려해야만 한다. 일부에서는 과잉활동 증후군을 구성하는 행동들이 품행장애(Conduct Disorder), 학습장애(Learning Disability) 그리고 다른 정신병리를 가진 아동들도 ADHD를 보이기 때문에 ADHD는 고유한 진단적 위치를 가질 수 없다고 주장하기도 한다(김미경 외, 2006 : 280-282).

〈표 15-2〉 ADHD의 진단기준

A. 다음 중 ① 또는 ②에 해당된다.
① 부주의에 관한 다음 증상들 중 6가지(또는 그 이상)가 6개월 동안 부적응적이고 발달수준에 적합하지 않은 정도로 지속된다.
• 부주의(Inattention)
– 흔히 세부적인 면에 대해 면밀한 주의를 기울이지 못하거나, 학업, 직업 또는 다른 활동에서 부주의한 실수를 저지른다.
– 흔히 일 또는 놀이를 할 때 지속적인 주의집중에 어려움이 있다.
– 흔히 다른 사람이 직접적으로 말을 할 때 경청하지 않는 것처럼 보인다.
– 흔히 지시를 따르지 못하고, 학업, 잡일 또는 직장에서의 임무를 수행하지 못한다(반항적 행동이나 지시를 이해하지 못함으로 인한 것은 아님).
– 흔히 과업과 활동 조직에 어려움이 있다.
– 흔히 지속적인 정신적 노력을 요하는 과업(학업 또는 숙제)에의 참여를 피하고 싫어하고 저항한다.
– 흔히 활동하거나 숙제하는 데 필요한 물건들(예 장난감, 학습과제, 연필, 책 또는 도구)을 분실한다.
– 흔히 외부 자극에 쉽게 산만해진다.
– 흔히 일상활동에서 잘 잊어버린다.
② 과잉행동 및 충동에 관한 다음 증상 중 6가지(또는 그 이상)가 6개월 동안 부적응적이고 발달수준에 맞지 않는 정도로 지속된다.
• 과잉행동(Hyperactivity)
– 흔히 손발을 가만히 두지 못하거나 의자에 앉아서도 몸을 움직거린다.
– 흔히 앉아 있도록 기대되는 교실이나 기타 상황에서 자리를 뜬다.
– 흔히 부적절한 상황에서 지나치게 뛰어다니거나 기어오른다(청소년이나 성인에게는 주관적 안절부절못함으로 제한될 수 있다).
– 흔히 여가활동에 조용히 참여하거나 놀지 못한다.
– 흔히 끊임없이 움직이거나 마치 자동차에 쫓기는 것처럼 행동한다.
– 흔히 지나치게 수다스럽게 말한다.
• 충동성(Impulsivity)
– 흔히 질문이 채 끝나기 전에 성급하게 대답한다.
– 흔히 차례를 기다리지 못한다.
– 흔히 다른 사람의 활동을 방해하고 간섭한다(예 대화나 게임에 참견함).

B. 손상을 초래하는 과잉행동 및 충동 또는 부주의 증상들이 만 7세 이전에 있다.
C. 증상으로 인한 손상이 2가지 이상의 장면에서 나타난다(예 학교 또는 직장, 가정에서).
D. 사회, 학업, 직업 기능에 임상적으로 심각한 손상이 초래된다.
E. 증상이 광범위 발달장애, 정신분열증 또는 기타 정신증 장애의 경과 중에만 발생하지 않으며 다른 정신장애(예 기분장애, 불안장애, 해리장애 또는 성격장애)에 의해 더 잘 설명되지 않는다.

출처 : 강진령 편역(2008), pp. 86-88.

ADHD의 원인에 대해서는 현재로는 확실하게 밝혀져 있지 않으며, 대개의 연구들은 원인론적 접근방법보다는 현상론적 접근방법을 많이 취하고 있는 실정이다. ADHD 아동 및 청소년의 특성은 크게 발달 특성, 인지 특성, 기질 특성, 가족 특성으로 세분화해 볼 수 있다(김미경 외, 2006 : 290-294). 첫째, 발달 특성이다. 영아기나 유아기에는 잘 드러나지 않지만 학령기가 되면 학교에서 지켜야 할 규칙이 명백해지고 뚜렷한 목적이 있는 행동을 요구받기 때문에 주의력결핍 과잉행동의 특성은 객관적으로 확인이 가능할 만큼 뚜렷하게 나타난다. 이 아동들은 학업성적이 나쁜 편이고 또래와의 상호작용에서 문제를 일으키며 교사가 요구하는 여러 가지 규칙 및 과제 완수에 문제를 야기한다. 그러나 청소년기가 되면 아동의 과잉행동-충동성 특성은 괄목할 만큼 감소 현상을 보이지만 이러한 문제를 가지지 않은 또래들과 비교하면 여전히 높은 수준을 나타낸다.

둘째, 인지 특성이다. ADHD를 포함한 정서장애 아동들의 지능은 일반아동들과 비교했을 때 평균 8~10 정도가 떨어지는 것으로 추정된다. Barkey(1990)에 따르면 이 아동들이 대부분이 정상적인 지능을 가지고 있는 것으로 미루어 보아 이들은 인식 기능 자체가 없다기보다는 그것을 상황에 적용하는 데 어려움을 겪는 것으로 보인다고 해석하였다. 학업수행과 관련하여 ADHD 아동들은 약 40%가 특수교육을 받고 있고 25~35%의 아동들은 한 번 이상의 낙제를 경험한 것으로 보고되었다. 이러한 학업 수행상의 문제는 이들이 이미 취학 전부터 학업 전 기능 습득에 문제를 나타내기 때문에 어느 정도 예견된 것이라고 볼 수 있다.

셋째, 기질 특성이다. 이것은 ADHD 아동이 다른 아동에 따른 기질적 차이가 있다고 보는 것이다. 실제 일반 아동과 ADHD 아동을 조사한 결과 활동수준, 주기성, 접근성, 적응성, 반응강도 등에서 의미 있는 차이가 있다고 보고되고 있다.

넷째, 가족 특성이다. ADHD 아동이 있는 가정은 일반적으로 가족구성원 간에 부정적인 상호작용을 경험하고 부모통제 경향이 짙으며 형제간에도 갈등이 심하다. 특히 이들의 어머니는 우울을, 아버지는 반사회적 행동을 나타낼 확률이 높은 것으로 조사되었는데 만일 부모 자신이 주의력결핍 과잉행동의 특성이나 관련 문제를 가질 경우에는 아동의 문제가 더욱 증폭된다. 이러한 문제로 말미암아 ADHD 아동의 부모들은 양육에 자신감을 잃게 되고 스트레스를 받게 되며 부부갈등을 겪게 되기도 한다.

ADHD 아동 및 청소년의 사정은 부모나 교사의 문제행동 관찰 및 인지, 소아청소년정신과 의사 등 전문가에게 자문의뢰, 부모와 교사에 의한 행동평정척도 작성, 신체검사(납중독 및 빈혈, 영양결핍 여부, 갑상선 기능 검사 등), 발달사, 정신상태 검사, 지능 및 학습능력 검사, 신경심리검사, 가정환경 조사들로 구성된다. ADHD를 진단하고 평가하는 도구로는 한국 ADHD 진단검사(K-ADHDS)가 있는데, 이는 ADHD라고 진단된 아동 및 청소년을 대상으로 국내 최초로 전국 규모의 표준화된 진단도구이다(김미경 외, 2006 : 294-295). 사정도구 중 아이오와 코너스 교사평정척도(The IOWA Conners Teacher Rating Scale)는 교사에 의해 아동의 공격성과 과잉행동성이 간략하게 측정되는 검사도구로, 국내에서는 신민섭 등이 번안하여 ADHD 약물치료 효과를 평가하는 데 사용하고 있다(표 15-3 참고). 주관적 목록(inventory)은 학생에 대한 부모 또는 교사의 개인적 지각을 사정한 것이므로 학생의 실제적 행동은 강조되지 않거나 지나치게 강조될 수 있다. 지능검사와 학습능력은 그들이 학습장애를 가지고 있는지를 결정하기 위해 사용된다. 학급에서 아동행동, 점심시간과 운동장과 같은 시끄럽거나 비구조화된 장, 게임에 참여할 때 아동의 행동에 관심을 갖는 것이 필요하다.

〈표 15-3〉 IOWA 코너스 척도

번 호	문 항	전혀 그렇지 않다(0)	약간 그렇다(1)	상당히 그렇다(2)	매우 그렇다(3)
부주의/과잉행동 하위척도					
1	안절부절못하거나 조바심을 낸다.				
2	혼자 콧노래를 부르거나 이상한 소리를 낸다.				
3	쉽게 흥분하고 충동적이다.				
4	부주의하고 쉽게 주의가 분산된다.				
5	한번 시작한 일을 끝내는 데 어려움이 있다.				
적대적/반항 하위척도					
6	싸움이나 말다툼을 잘 한다.				
7	잘난척한다.				
8	폭발적으로 화를 낸다.				
9	반항적이다.				
10	비협조적이다.				

출처 : 김미경 외(2006), p. 60 재인용.

(2) 학교사회복지사의 개입

첫째, 학교사회복지사는 ADHD의 아동을 위한 포괄적인 사정을 행한다. 학교사회복지사는 부모 또는 후견인, 교사로부터 정보를 얻는 일을 수행한다. 학교사회복지사의 중요한 역할은 학생의 행동에 다른 요인들이 작용할 수 있기 때문에 ADHD에 대한 체계적이고 포괄적인 사정이 행하는 것이 중요하다.

둘째, 학교사회복지사는 ADHD의 아동을 위한 직접적 개입을 행할 수 있다. ADHD 아동에 대한 개입으로는 주로 행동수정과 인지행동치료가 적용된다. 〈표 15-4〉에서는 ADHD 아동 및 청소년을 위한 개입방법을 제시하고 있는데 이는 학교사회복지사의 개입에 있어서도 주의 깊게 고려해야 할 지침이 될 수 있다.

〈표 15-4〉 ADHD 아동 및 청소년을 위한 개입방법

아동이 집중할 수 있도록 강화한다. 즉, 집중했을 때 교실에서의 특권, 분단장, 장난감 만지기, 자유시간 5분 등과 같은 유형의 보상을 제공한다. 또는 칭찬, 악수, 미소 등의 무형의 보상을 한다. – 과제하기, 조용히 하기, 자기 자리에 앉아 있기, 과제 마치기 등에 대한 규칙을 정하여 종종 반복하고 규칙을 따르는 아동에게 반드시 강화한다. – 일단 과제에 집중하면 강화하고, 강화시간의 길이를 점차 증가시킨다. – 구체적으로 기대되는 행동이 무엇인지(예 과제에 집중하기), 그리고 계약서의 항목과 일치했을 때 어떤 강화제를 쓸 것인지에 대해 반드시 아동과 함께 계약서를 작성한다. – 아동에게 주어지는 교사의 지시, 설명, 교수의 특성과 명료도가 어떤 영향을 끼치는지 평가한다. – 산만하게 하는 자극을 줄이는 방법으로 환경을 구조화한다(예 대상아동을 제일 앞자리에 배치, 개인 열람석 제공, 시끄러운 곳에서 조용한 장소로 배치). 이것은 벌의 형태가 아니고 산만한 자극을 줄이려는 의미임을 알린다. – 더 바람직한 과제를 수행하기 위해 필요한 덜 바람직한 과제를 완성할 수 있도록 덜 바람직한 과제 뒤에 더 바람직한 과제를 덧붙인다. – 큰 과제를 작은 과제로 나누어 준다. – 적절한 모델 역할을 할 아동과 직접적으로 일할 수 있는 동료 혹은 가정에서의 교사를 선정해 준다. – 이해의 가능성을 증가시킬 수 있는 다양한 방법으로 지시를 한다. 예를 들면, 아동이 언어적 지시를 이해할 수 없으면 다른 대안적 방법을 습관화시킨다. 또한 간단하고 구체적인 지시를 한다. – 이전 단계의 완성 후 하나하나 추가적인 단계들로 지시를 준 다음 지시를 이해했는지 확인한다. – 가장 쉽게 집중하는 환경적 상황을 결정하기 위해서 다양한 배치를 시도해 본다. – 부적절한 행동을 조장하거나 자극하는 동료들로부터 아동을 떼어 놓는다. – 과제를 시작하거나 계속할 때, 완성했을 때 반드시 강화한다. – 간단한 과제를 아동에게 주고 과제의 성공이 증명되었을 때 시간을 점차로 증가시킨다. – 아동의 학업 과제가 능력 수준에 맞는가를 확인하고 가능한 한 적은 양의 숙제를 매번 낱장에 하게 한다. – 이야기하는 동안 아동의 손 혹은 어깨를 어루만지는 등의 신체적인 접촉을 유지하고 대화 시 반드시 눈 맞춤을 한다. – 아동을 정보의 근원지와 가까운 장소에 앉히고 책상 주위의 산만한 자극을 줄인다. – 과제 완성에 필요한 시간을 제한하고 교사는 아동과 일정한 거리를 유지하여 집중 여부를 감시한다. – 아동이 과제를 행하지 않을 때 아동 가까이에서 움직이거나 말을 하는 등의 촉구를 제공한다.

출처 : 김미경 외(2006), pp. 302-303.

셋째, 학교사회복지사는 부모들이 ADHD의 아동을 다루는 데 있어 실제적인 이득과 잠재적인 위험을 이해하도록 도와야 한다. 특히 학교사회복지사는 ADHD 아동을 둔 부모들을 위해 부모교육 및 훈련을 실시할 수 있는데, 이때 부모교육에 포함될 수 있는 내용은 다음과 같다(신현균 · 김진숙, 2000 : 99-103).

스트레스에 효과적으로 대처하기 : ADHD 아동의 부모들은 아이 때문에 너무 걱정하고 아이의 문제에만 사로잡혀 지내는 경우가 많으며 마음이 조급해져서 아이를 대할 때 여유가 없어져 아이를 더 많이 야단치고 더 많이 지적하게 된다. 그럴수록 아이의 문제는 더 악화되고 부모는 점점 더 무력감과 분노감을 느끼게 된다. 따라서 부모로 하여금 스트레스에 효과적으로 대처하도록 도와야 한다.

자녀와 좋은 관계 맺기 : 부모 말을 잘 안 듣는 아이에게 부모의 말을 잘 듣게 만들고 싶다면 가장 먼저 부모와 자녀가 좋은 관계를 맺어야 한다. 이를 위해서는 먼저 긍정적인 관심을 기울이는 법을 익혀야 한다. 아동에게 주는 관심은 그 자체가 강력한 보상이다. 관심과 칭찬은 아무 때나 주는 것이 아니라 아동이 바람직한 행동을 했을 때 주어야 하며 그것을 억제해야 할 때를 구별하게 하는 것이 필요하다. 또한 자녀와 함께 노는 시간을 만들고 자녀의 놀이에 참여하는 것은 관계의 증진에 매우 도움이 된다.

자녀의 자존감 키워주기 : ADHD 아동들은 행동 특성상 야단을 많이 맞고 공부에서도 실수를 많이 하는 등의 문제를 오랫동안 보여 왔기 때문에 자존감이 낮아지기 쉽다. 그래서 그런 기간이 오래되면 자신감이 떨어져서 할 수 있는 일도 안 하려고 하기 때문에 능력이 있어도 그것을 발휘하지 못하게 된다. 자존감이 낮은 아동은 일이 잘못되면 무조건 다른 사람 탓으로 돌리거나 열등감이 많거나 욕구 좌절을 참지 못하고 인내력이 부족하기 쉽다. 따라서 아동의 자존감을 높여주는 다양한 방법 등을 안내하는 것이 필요하다(표 15-5 참고).

〈표 15-5〉 ADHD 아동의 자존감을 높여주는 방법

1. 지시하거나 훈육하기 전에 먼저 좋은 관계를 형성한다. 아동에게 어떤 것을 가르치려고 하기 전에 자주 함께 시간을 보내고 놀아주는 것이 좋다.
2. 아동에게 애정을 보여준다. 긍정적인 언어 표현, 밝은 얼굴표정 같은 비언어적 표현, 적극적으로 이야기를 들어주기, 신체 접촉 등을 통해서 아동으로 하여금 자신이 소중한 존재라는 사실을 느끼게 도와준다.
3. 아동에게 완벽을 요구하지 말자. 자녀를 부모가 원하는 사람으로 만들려는 욕심을 버려야 한다. 아무리 열심히 해도 끝없이 요구받는다면 지치고 질리게 되는 것이 당연하다. 아동이 어느 정도 노력하면 도달할 수 있는 목표를 세우고 그것을 성취하면 인정해 주는 것이 자존감을 높인다.
4. 아동의 장점을 찾고 장점에 초점을 맞춘다. 누구나 최소한 한 가지는 잘하는 것이 있다. 아동이 잘못하는 것만 지적하지 말고, 아동 스스로가 유능한 영역을 찾을 수 있도록 격려한다. 공부에 국한하지 말고 운동이나 착한 행동도 인정해 준다.
5. 80-20의 규칙을 실천한다. 20%의 잘못된 행동을 야단치기보다는 80%의 잘하는 행동을 무시하지 말고 칭찬해주는 것이 자존감을 높인다.
6. 칭찬과 처벌의 균형을 맞춘다. 한번 야단치기 전에 다섯 번 칭찬하는 것이 좋다. 계속 야단을 맞는 아동은 잘못을 인정하기보다는 적개심만 쌓게 된다. 잘하는 행동을 많이 칭찬하면 아동은 마음에 여유가 생겨 잘못을 지적받았을 때 그것을 인정하기 쉬워진다.
7. 아동을 모욕하는 말이나 폭력은 삼간다. 부모가 먼저 자신의 감정이나 분노를 조절할 수 있어야 하고 화가 났을 때는 감정을 솔직하게 표현할 수 있어야 한다. 또 억양이나 얼굴표정 등의 비언어적인 측면에도 신경을 써야 한다.
8. 아동을 형제나 다른 아동과 비교하지 말자. 아동의 부족한 점을 다른 사람과 비교하는 것은 기를 죽이고 의욕을 떨어뜨린다. 모든 사람은 동일할 수 없으므로 다른 사람과 비교하기보다는 스스로 최선을 다하도록 격려하는 것이 바람직하다.
9. 자기 스스로 감정, 사고, 행동의 소유자가 되도록 가르친다. 아동이 자신의 인생에서 주인이 되어 자신의 일을 스스로 하고 그 일에 책임을 질 수 있게 도와야 한다. 이는 어려서부터 조금씩 자기 일을 자율적으로 하게 함으로써 가능하다.

10. 아동을 대신해서 결정을 내려주기보다는 아동 스스로 옳은 결정에 이르도록 도와준다. 당장은 부모가 결정을 내려주는 것이 편리하고 실수도 줄이겠지만 어려운 일을 스스로 해낼 수 있는 능력을 키워주어야 자존감도 높아진다. 이를 위해 다양하게 생각하고 결과를 미리 생각해 보는 것을 가르친다.
11. 실수를 비난하기보다는 다음에 똑같은 실수를 하지 않도록 가르친다. 비난과 교육을 구별해야 한다. 잘못했을 때 비난하는 것은 자존감의 최대의 적이다. 잘못은 누구나 저지르는 것이므로, 교육적인 지적을 통해 실수로부터 더 많은 것을 배우게 한다.
12. 아동이 스스로에게 긍정적인 메시지를 보내도록 돕는다. 아동은 다른 사람들로부터의 인정과 사랑도 필요하지만 자기 스스로의 인정도 필요하다. 아동이 잘했을 때, 스스로에게 칭찬해 주는 것을 가르치자. '내가 해냈어', '난 할 수 있어.'
13. 아동이 '나는 못해' 같은 부정적인 자기 메시지를 하지 않도록 돕는다. 어떤 일을 해보기도 전에 포기하지 않도록 도와주는 것이 필요하다. '어렵겠지만 열심히 하면 잘할 수 있을 거야'라고 용기를 주고 완벽하지 못해도 조그만 성취도 칭찬해 준다.

출처 : 신현균 · 김진숙(2000), pp. 114-116.

다음으로 학교사회복지사가 ADHD의 아동을 위한 개입에서 유용하게 활용할 수 있는 프로그램으로는 주의 집중하자 프로그램, 사회-정서적 행동 개입, 친구 사귀기-주의력결핍 장애아동을 위한 사회기술훈련 프로그램 등이 있다.

주의 집중하자(pay attention) 프로그램 : 이 프로그램은 Kerns, Eso와 Thomson(1999)이 ADHD으로 진단된 14명의 아동을 대상으로 주의를 집중하는 프로그램을 사용하여 그 효과를 측정하기 위해 행해진 연구에서 활용된 것이다. 프로그램은 ADHD 아동의 주의력을 증진시키기 위한 목적으로, 시각 및 청각 활동 모두를 포함하여 다른 차원의 주의력을 훈련하도록 고안된 것이다. 즉, 주의를 유지하는 단계, 주의를 선택하는 단계, 주의를 서로 번갈아 가며 바꾸는 단계, 분리하는 단계로 세분화하여 개입이 이루어졌다. 치료집단과 통제집단은 나이, 성별, 의학적 상태에서 비슷하게 구성하였으며 치료집단에는 프로그램을 적용하였고 통제집단에는 컴퓨터 퍼즐과 게임을 포함한 컴퓨터 토대의 다양한 활동을 실시하였다. 두 집단 모두 사전-사후 사정조사를 하였고 여기에는 부모와 교사에 의해서 주의력 심리측정학(psychometric) 측정, 학업적 효율성 측정, 행동측정을 포함하였다. 그 결과 학교 교사는 프로그램에 참가한 아동은 주의력의 유지, 선택에서 수행이 개선되었고 주의력이 증가되었으며 통제집단의 경우에도 부주의와 충동성이 유의미하게 감소하였다고 주장하였다. 이러한 결과는 ADHD 아동의 주의력 개선에 초점을 둔 직접적 개입이 아동의 인지적 효율성을 개선하는 데 가치 있는 치료적 선택이 될 수 있다는 것을 입증하는 결과라는 점에서 의의가 있다(Dupper, 2002 : 125).

사회-정서적 행동 개입 : 이것은 크게 차별적 강화와 계약으로 구성된다(Tracy & Usaj, 2006 : 154-155). 차별적 강화는 강점에 기초한, 차별화된 다양한 강화 전략 중의 하나이다. 이것은 긍정적 강화가 표적행동보다는 다른 행동을 위해 제공되는 것으로, 주된 목적은 대안적 행동을 강화함으로써 바람직하지 못한 행동을 약화시키는 것이다(표 15-6 참고).

〈표 15-6〉 차별화된 강화의 유형

- 부적합한 행동의 차별화된 강화 : 아동이 의자에서 이탈할 때보다는 의자에 앉아 있을 때 강화한다.
- 대안적 행동의 차별화된 강화 : 아동이 스스로 행동조절이 잘 되지 않는다고 느낄 때, 아무것도 하지 않고 말하기보다는 'help'라는 카드를 들고 이야기하도록 하는 등 적절한 대안적 행동을 강화한다.
- 낮은 비율의 행동의 차별화된 강화 : 아동의 행동 중 매우 드물게 일어나지만 성공적인 행동이 발생했을 때, 강화한다.

다음으로 계약이다. 계약은 바람직한 행동이나 학업성취에 대해 학생과 동의를 얻기 위한 방법이다. 이것은 학생과 접근하기 어려운 행동을 개선하는 데 효과적이며 교사 간에 수용도가 높다(표 15-7 참고).

〈표 15-7〉 아동과의 계약에서 행해져야 할 요소

- 특정 행동을 정의하라.
  예 즉, 아침에 선생님이 말하지 않아도 제일 먼저 숙제를 제출한다.
- 성공 여부를 판단하는 특정 기준을 분명히 하라.
  예 아침에 선생님이 말하지 않아도 제일 먼저 과제를 제출하는 것을 4~5일간 계속 유지해야 한다.
- 만족스러운 실행을 위해 적절한 긍정적 결과를 선택하고 언제, 누가 그 결과를 전달할지를 구체화하라.
  예 결과는 바람직한 행동이 일어난 후에 바로 전달되어야 한다. 즉, 목표가 달성되면 매일 토큰을 준다.
  예 벌은 일치된 행동이 이루어지지 못할 때 주어지며 벌로 학생은 토큰을 잃게 된다. 그러나 이런 접근은 매우 주의 깊게 사용해야 한다.
- 행동/계약이 어떻게 모니터링 되는지를 구체화하라. 아동이 자신의 행동을 스스로 모니터링하도록 하는 것은 강력한 강화가 될 수 있다.
- 동의한 내용을 서면으로 작성하고 모든 관련된 사람들의 사인을 얻는다. 계약 내용에는 계약이 언제 소멸되는지도 정확히 제시한다.

친구 사귀기-주의력결핍 장애아동을 위한 사회기술훈련 프로그램 : 이 프로그램은 미국 시카고 대학의 Pfiffner와 McBurnett(1997; 1999; 2000)의 프로그램을 우리나라 실정에 맞게 재구성한 것이다. 이 프로그램의 목적은 친구를 찾고 만들고 사귀는 기술을 습득하고자 하는 것으로 아동 주 1회 60분씩 총 8회, 부모 1회로 구성된다(안동현 · 김세실 · 한은선, 2004 : 99-103).

〈표 15-8〉 친구 사귀기 – 주의력결핍 장애아동을 위한 사회기술훈련 프로그램

1. [친구 사귀기] 프로그램 개요
사회기술훈련 프로그램인 '친구 사귀기'는 미국 시카고 대학의 Pfiffner와 McBurnett(1997; 1999; 2000)의 프로그램을 우리나라 실정에 맞게 재구성한 것이다.

2. 프로그램의 목적
첫째, 사회적 지식 결합에 개입과 부적응적인 사회적 행동을 적응적인 행동으로 대체하기 위해 직접 교수(didactic instruction), 상징적이며 실제적인 모델링, 역할놀이, 행동시연 등을 사용하여 새로운 기술을 가르친다.
둘째, 기술 수행의 결함에 개입하기 위하여 단서 제공(cluing), 촉진법(prompting), 구조화된 연습, 강화(reinforcement)를 사용하여 적절한 행동 빈도를 증가시킨다.
셋째, 사회적 행동의 적절한 자극 통제를 하기 위하여 타인의 언어적 · 비언어적 사회적 단서들이나 감정을 변별하고 이해하는 방법을 가르친다.
넷째, 새로운 문제해결 상황에서 적극적이고 적절한 반응을 하도록 사회적 문제해결 방법에 대한 구조화된 절차를 가르친다.
다섯째, 부모훈련회기를 병행하여 부모들이 가정에서 회기 중에 습득한 기술들을 지속적으로 수행할 수 있도록 보조함으로써 사회기술 훈련의 효과가 일반화되는 것을 촉진하는 것이다.

3. 프로그램 진행
– 아동 : 주 1회 60분씩 총 8회
– 부모 : 1회

4. 프로그램에서 사용하는 기본 모듈
1) 정정당당한 선수 정신(good sportsmanship) : 지시에 따르기, 게임에 참가하고 남아있기, 차례 지키기, 게임 규칙 따르기, 분담하기, 다른 친구가 잘했을 때 칭찬하기
2) 결과 받아들이기 : 좌절했을 때 적절하게 행동하기 위해 부정적인 상황을 기분 좋게 받아들이기
3) 자기주장(assertiveness) : 수동적, 공격적, 적절히 자기주장하는 것을 구별하기, 자기주장하는 법 익히기
4) 자극을 무시하기 : 사소하게 화를 돋우는 것에 대해 언어적 및 비언어적 상호작용을 억제하기
5) 문제해결 : 문제를 인지하는 5단계를 이용하기, 해결책을 만들고 실행하기
6) 감정을 알고, 적절하게 처리하기 : 자기 자신과 다른 사람의 감정을 인식하기, 화를 적절히 처리하기

5. 프로그램의 구성

회 기	단 계	훈련내용	소요시간
1회기	친구를 찾기	친구들의 놀이에 어울리기	60분
2회기		좋은 놀이친구 되기	60분
3회기		결과를 기분 좋게 받아들이기	60분
4회기	친구를 만들기	친구와 이야기 나누기	60분
5회기		예의 바르게 자기 주장하기	60분
6회기	친구와의 싸움 피하기	친구와의 갈등 다루기	60분
7회기		문제 해결하기	60분
8회기		나쁜 감정 다루기	60분
9회기		추후 모임	60분

출처 : 안동현 · 김세실 · 한은선(2004), pp. 99-103.

사례-주의력결핍 학생에 대한 학교사회복지사의 개입

1. 사례개요

-접수일시 : 2020년 6월 9일

-의뢰자 : 기간제 담임교사

-의뢰사유 : 주의력결핍 과잉행동장애-심한 욕설과 또래 친구들에게 폭력을 행사함

-내담자 : ○○○(○○초 2-4), ○○○(아동의 이복형)

2. 개인력과 가족력

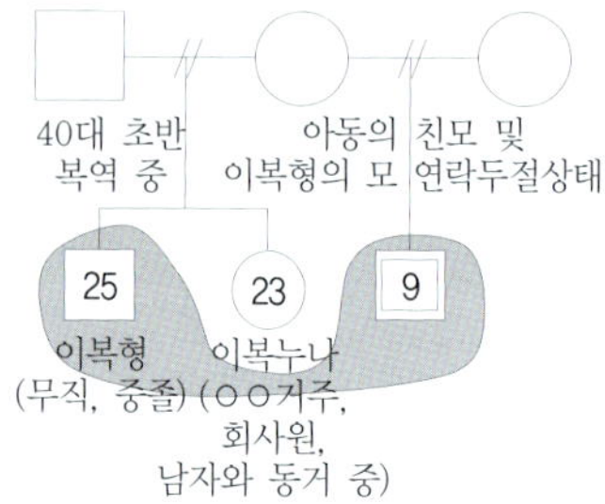

1) 부 : 부는 이전에 모와 살면서 알코올 중독, 폭력으로 모를 힘들게 하였으며, 경제적 능력 또한 부재하여 아동의 이복형이 생활비를 보태주었다고 함. 부는 2017년도에 4년형을 받고 복역하게 되었고, 그 사유에 대해서 모름. 아동이 홀로 되어 이복형에게 연락하여 맡아 달라고 했다고 함. 그 이후로 지금까지 아동을 양육하면서 생활하고 있음. 부는 주공아파트에서 생활하였지만 보증금을 다 까먹어 월세방에서 생활한다고 함. 부는 2021년 10월에 출감 예정임

2) 모 : 이복형의 모는 2016년 이혼으로 등록되어 있으며, 현재는 재혼한 상태임. 아동의 친모와 부의 관계는 호적상 표시가 없음. 아무런 소식을 모름

3) 이복형 : 이복형은 17세 때 집이 어려워 중졸의 학력으로 학업을 중단하고 독립하여 배달업, 주유업으로 아르바이트 생활을 하면서 생활했으며, 19세 때부터는 일용직 막노동을 하면서 생활을 함. 아동과 함께 살게 되기 전까지는 통영에서 선박 일을 하고 있었다고 함. 부는 2017년도에 4년형을 받고 복역하게 되었고 아동이 홀로 되어 형에게 연락하여 맡아 달라고 했다고 함. 그 이후로 지금까지 아동을 양육하면서 생활하고 있음. 학력도 중졸이며, 기술도 없어 어린 나이지만 정기적인 수입을 받을 수 있는 곳에 취업할 여건이 되지 않음. 친척들이 있으나 아무런 도움을 주지 못한다고 함. 형은 2020년 8월에 군입대 신청을 해야 함

4) 이복누나 : 여동생은 □□에서 남자와 동거 생활을 하고 있으며, 집이 없어 여관방에서 생활을 하고 있다고 함

5) 아동 : 아동은 지금의 형과 누나를 친형제로 알고 있으며, 부의 관련된 것도 너무 어려 숙지하지 못하고 있음. 아동은 6세 때부터 이복형에게 맡겨서 형과의 깊은 애착을 보임. 아동은 2학년 중에 짱으로 불릴 만큼 싸움대장으로 소문난 상태이며, 반에서는 욕설을 잘 하는 편이며, 친구들과 관계에서 주먹이 많이 앞서는 편임

3. 경제력

월소득	생계비	후원금	수 입	수 당		합 계
	330,000원					330,000원
지출액	월세	카드빚(1,500,000원)	휴대요금	생활비	양육비	합 계
	120,000원	150,000원	100,000원	350,000원	80,000원	800,000
수입-지출	-470,000원					
월 세	보증금 : 1,000,000원 / 월세 : 120,000원					

4. 사정 및 개입과정

사정 (서비스 제공 및 계획)	주요문제	아동의 거취문제	방과후 보육 부재	형의 무직으로 생계 어려움	끼니 해결 부재
	주원인	형의 군입대	부모의 부재	형의 중퇴 및 무 기술	생활비 부족
	관련욕구	형과 아동이 함께 생활	방과후 보육	기술을 배워 안정된 직장을 구하는 것	밑반찬 해결
	목 표	군면제 신청	지역아동센터 연계	생계비 지원, 검정고시학원 등록, 기술학교 등록	밑반찬 쿠폰 지원 (주 1회)
	서비스 계획	병무청 관련서류 제출 면담	지역아동센터 수요파악 및 접수	○○재단 생활비 지원 신청	복지관 연계 쿠폰 지원
	지원체계	병무청 관계자	지역아동센터	○○재단	복지관 담당자
	결 과	서류부재로 인해 미처리	2020. 10. 14.	2020. 11. ○○지원 결정 생활비 지원(12개월 3,360,000원)	2020년 9월부터 주 1회 5천 원 발행

5. 종결 및 평가

1) 정서적 지원 : 아동은 지역아동센터에 연계되어 학습 및 보육, 생활태도 향상을 위한 다양한 프로그램이 지원되면서 또래 관계 및 생활태도의 안정을 가져옴
2) 경제적 지원 : 생활비 지원 및 밑반찬 쿠폰 지원을 통한 생계의 안정 도모로 형의 근로 및 학업보충 기반 마련
3) 지역사회안전망 확보 : 지역아동센터, ○○○종합사회복지관, 어린이재단 지역네트워크를 통한 생활안정 확보

아동의 생활적 보육 및 양육의 안정을 위한 다각적인 서비스 연계로 아동의 과잉행동적 성향 감소로 학교생활이 향상됨

2) 기분장애(Mood Disorders : MD)

(1) 특성

어떤 아동 및 청소년은 어떤 일에도 열의가 없고 변덕스러우며 자신이 무가치하다고 생각하고 불행해하는데 이런 기분의 장애가 주된 특성인 경우를 기분장애(Mood Disorders)라고 한다. 일반적으로 기분(mood)은 감정이나 정서를 의미하는데 여기에는 슬픔, 행복, 의기양양, 까다로움 등이 포함된다. 기분장애 아동들은 거의 대부분이 불행감 또는 슬픔에서 의기양양까지 폭넓은 기분과 같은 극단적이고 지속적인 정서 상태로 학교에 적응하는 데 많은 어려움을 겪는다. 우울과 관련된 많은 증상들과 행동들은 일반 아동뿐 아니라 다른 장애 또는 질환이 있는 아동들에게도 일어나기 때문에 우울증을 진단할 때 불쾌한 기분의 출현, 흥미의 상실, 성마름 등을 고려해야 한다. 게다가 이로 인한 행동의 변화, 시간의 지속성, 유의미한 기능 손상 등은 함께 참작할 중요한 요소다(김미경 외, 2006 : 249).

우울과 관련된 여러 가지 용어

일반적으로 우울이라는 용어는 증상의 심도, 지속기간, 기능 손상 등에 따라 '증상으로서의 우울'과 '증후군으로서의 우울' 그리고 '장애로서의 우울'의 세 가지로 구분된다. 먼저 '증상으로서의 우울'은 슬픔이나 비참함의 감정을 말한다. 우울한 증상들은 문제가 심각하지 않고 모든 연령의 15~40% 정도에게 발생한다고 한다. 대부분의 아동에게서 우울의 증상들은 일시적이고 환경적인 사건들과 연관되어 있으며 장애로 보기는 어렵다.

'증후군으로서의 우울'은 슬픔이나 불쾌한 기분 그 이상이다. 증후군은 우연에 의한 것보다 더 자주 함께 발생하는 증상들의 집단을 의미한다. 슬픔은 활동 및 흥미의 감소, 인지적 변화, 동기 변화, 신체 변화 및 정신운동 변화를 포함한 광범위한 증상의 일부로 나타날 수 있다. 이 우울 증후군을 특정한 생활 사건이 발생한 후 나타난다. 예를 들어, 사랑하는 사람의 상실 이후에 오는 정상적인 슬픔 반응이지만, 증상들이 합당한 적응기간을 넘어서까지 지속되고 또 상실이 있고 오랜 후에 재발될 때에만 임상적인 증후군으로 간주된다. 우울 증후군은 불안, 품행장애, ADHD, 정신분열증과 같은 다른 장애와 수반될 수도 있고 이들의 이차적 증상으로 나타날 수도 있다.

'장애로서의 우울'은 최소한의 기간을 가져야 하고 주요 기능 손상과 관련된 우울 증후군을 포함해야 한다. 장애로서의 우울은 임상적 특징, 과정, 결과, 치료에 대한 반응, 생물학적 · 가족적 · 환경적 특성과 연관이 있다. 흔히 장애로서의 우울은 주요 우울장애와 기분부전장애가 포함된다. 그러나 우울증과 같은 기분장애 아동들은 그들의 부모와 교사들을 힘들게 하지 않을지도 모른다. 아동기 기분장애의 증상은 성인들과는 다르게 표현되기 때문에 우울증이나 조증 아동들은 조용하거나 과잉활동적으로 보일 수 있으며 아동의 기분장애는 보다 눈에 잘 띄는 품행문제를 자주 동반하기 때문에 기분장애를 잘 발견하지 못할 수 있다(김미경 외, 2006 : 251-252).

DSM-IV-TR에서는 기분장애를 두 가지 범주인 우울장애와 양극성 장애로 구분하고 다시 우울장애는 주요 우울장애와 기분부전장애로 구분된다. 주요 우울장애(Major Depression Disorder)는 DSM-IV-TR에서 우울증의 기본적인 범주로 하나 이상의 주요 우울증 에피소드(episode)가 나타나는 것을 말한다. 주요 우울장애로 진단하기 위해서는 〈표 15-9〉에 제시되어 있는 아홉 가지 증상, 즉 거의 매일 지속되는 우울한 기분, 흥미나 즐거움의 상실, 체중 및 식욕 변화, 불면 또는 과다수면, 정신운동상 초조나 지체, 피로 또는 활력 상실, 무가치감 또는 죄책감, 집중력 감퇴 또는 우유부단함, 자살 생각 또는 자살기도에서 다섯 가지 이상의 증상이 2주 이상 지속되어야 되며 사회 또는 직업 등 주요한 기능 영역에서 임상적으로 심각한 고통이나 손상을 초래해야 한다(강진령 역, 2008 : 192).

〈표 15-9〉 DSM-IV-TR에서의 주요 우울 일화(Major Depressive Episode)

A. 다음 중 5가지(또는 그 이상) 증상이 연속 2주 기간 동안 지속되며, 병전 기능에의 변화 양상들 중 적어도 한 가지가 ① 우울 기분 또는 ② 흥미나 즐거움의 상실과 같은 증상으로 나타난다(*주의 : 명백하게 일반적인 의학적 상태 또는 기분과 일치되지 않는 망상 또는 환각으로 인한 증상은 포함시키지 않는다).
- 하루의 대부분, 거의 매일, 지속되는 우울 기분을 호소(예 슬프거나 공허하다고 느낌)하거나 타인들에 의해 관찰(예 눈물 젖은 것처럼 보임)됨(*주의 : 아동과 청소년은 과민한 상태로 나타날 수 있음)
- 모든 또는 거의 모든 일상 활동에 대한 흥미나 즐거움이 하루의 대부분 또는 거의 매일같이 뚜렷하게 저하되어 있음(주관적 설명이나 타인들에 의한 관찰로 드러남)
- 체중조절을 하고 있지 않은 상태에서 상당한 체중 감소 또는 증가(예 한 달간 체중 5% 이상의 변화) 또는 거의 매일 계속되는 식욕감퇴 또는 증가(*주의 : 아동은 체중 증가가 기대치에 미달되는 경우를 고려할 것)
- 거의 매일 나타나는 불면 또는 과다 수면
- 거의 매일 나타나는 정신운동상 초조나 지체(타인에 의해 관찰 가능함, 단순히 주관적인 좌불안석이나 처지는 느낌이 아님)
- 거의 매일 나타나는 피로 또는 활력 상실
- 거의 매일 나타나는 무가치감 또는 과도하거나 부적절한 죄책감(단순히 자책 또는 병에 걸린 것에 대한 죄책감이 아님)
- (주관적 호소나 타인에 의한 관찰로) 거의 매일 나타나는 사고력이나 집중력 감퇴 또는 우유부단함
- 반복되는 죽음에 대한 생각(단지 죽음에 대한 두려움이 아님), 구체적 계획 없는 자살생각의 반복 또는 자살기도나 구체적 자살 계획

B. 증상이 혼재성 일화의 기준에 부합되지 않는다.

C. 증상이 사회, 직업 또는 기타 중요한 기능영역에서 임상적으로 심각한 고통이나 손상을 초래한다.

D. 증상이 물질(예 남용약물, 투약약물)이나 일반적인 의학적 상태(예 갑상선 기능 항진증)의 직접적인 생리적 효과로 인한 것이 아니다.

E. 증상이 사별에 의해 더 잘 설명되지 않는다(즉, 사랑하는 사람을 상실한 후에 증상이 2개월 이상 지속되거나, 뚜렷한 기능손상, 무가치감에 대한 병적 집착, 자살 생각, 정신증 증상 또는 정신운동성 지체).

출처 : 강진령 편역(2008), p. 192.

기분부전장애(Dysthymic Disorder)는 주요 우울장애의 여러 증상들이 덜 심각한 형태로 나타나지만 더 오래 만성적으로 나타나는 장애를 말한다. 기분부전장애 아동 및 청소년들은 대부분의 시간을 행복해하지 않거나 성마르게 보낸다. 이런 증상들은 만성적이

기는 하지만 주요 우울장애 아동 및 청소년들보다는 덜 심각하다. 기분부전장애 아동은 끊임없는 슬픔, 사랑받지 못하고 버림받는 느낌, 자기경시, 자존감 저하, 불안, 성마름, 분노, 분노폭발 등을 포함하여 자신들의 정서를 잘 조절하지 못하는 특징이 있다(김미경 외, 2006 : 254-255).

양극성 장애(Bipolar Disorders)는 우울 증상뿐 아니라 조증(계속해서 의기양양하고 과대망상을 보이거나 과민한 기분)이 함께 나타나는 것을 말한다. 이 장애는 어린 아동들에게는 아주 희귀하지만 사춘기 후에 유의미하게 증가된다. 양극성 장애 청소년은 일정 기간 동안 조증, 즉 고양된 기분과 거친 행동을 보이다가 다음에는 우울하고 침체되며 어느 순간 다시 정상적으로 돌아오는 과정을 반복한다. 양극성 장애 청소년들은 순환적인 기분 변화와 격분을 나타낸다. 조증 에피소드 동안 양극성 장애 청소년들은 흥분과 분노와 같은 격렬한 감정들을 나타낸다. 또한 이들은 과대망상 및 과장된 신념(예를 들면, 자신이 특별히 신과 연결되어 있다고 느끼는 십대들)과 결부되어 있는 어리석은 행동, 경솔한 행동, 심한 흥분행동, 지나치게 말이 많은 행동을 보인다. 이들은 자신이 물 위를 걸을 수도 있고 날 수도 있으며 다치지 않고 건물에서 뛰어내릴 수 있다고 믿는다. 실제로 이러한 행동을 실행하다가 사망하기도 한다(김미경 외, 2006 : 256-258).

우울증을 설명하는 이론적 모델들로는 공격적 본능 등 무의식적 갈등이 우울 정서로 전환되었다고 보는 정신역동이론, 부모와의 분리와 애착관계의 붕괴에 초점을 맞추는 애착이론, 반응일치의 긍정적 강화에 대한 결핍에 초점을 맞추는 행동주의이론, 부정적인 인지, 잘못된 지각, 인지적 문제해결 기술들의 결함을 강조하는 인지이론, 스트레스 생활 사건이 우울에 지대한 영향을 미친다는 사회환경적 이론 등이 제시되고 있다(김미경 외, 2006 : 259-264). 구체적인 내용은 〈표 15-10〉과 같다.

〈표 15-10〉 우울에 관련된 이론적 모델

이론적 모델	주요 특성
정신역동적	사랑하는 사람, 즉 대상의 정서적 박탈, 거부, 불충분한 양육 등과 같은 상실로 인해 화나 증오감이 생기지만 그런 적대적 감정을 대상에게 돌리는 것이 아니라 자신을 증오하거나 잃어버린 대상에 대해서는 죄책감을 가짐
애 착	아동의 욕구충족에 대한 부모의 일관된 실패는 아동으로 하여금 자신이 가치가 없고 사랑받지 못하는 것으로 보게 하고 타인에 대해서는 믿을 수 없는 사람으로 인식함. 이러한 불안정한 애착이 우울의 위험요인이 된다고 봄
행동주의	학습과 환경적 영향이 우울에 작용한다고 봄. 즉, 아동들은 종종 불안을 겪기 때문에 긍정적인 강화를 경험하지 못할 수 있고, 환경 등의 변화로 인해 보상의 기회가 제한될 수도 있음

인 지	아동이 자신을 어떻게 보는가 하는 것이 그들의 기분과 행동에 영향을 준다는 관점임. 즉, 어떤 나쁜 일이 발생했을 때 우울한 아동은 그 일에 대해 자신이 책임져야 하고(내부 귀인), 그 책임은 시간이 지나도 변화되지 않으며(안정적 귀인), 나쁜 일들을 자신의 모든 일과 생활에 적용시키는 경향(전반적인 귀인)이 있음. 이는 자신비난, 무력감을 증진시키고 우울을 악화시킴
자기통제	우울한 아동은 긍정적 사건에 비해 부정적 사건, 지연된 행동의 결과보다는 즉각적인 결과 선택, 과다하게 높은 기준과 기대 설정 등 장기간 목표를 향한 행동의 조직화에서 문제가 있다고 봄. 또한 자기점검, 자기평가 그리고 자기강화가 잘 되지 않음
대인관계	대인관계, 특히 가정 내에서의 붕괴가 우울의 발생과 유지상실로 이어진다고 보는 관점. 아동의 우울이 가족 내에서 어떤 역할(부부갈등 감소)을 한다고 가정함
신경생물학	신경생리학적 비정상성, 신경호르몬의 비정상성 등에 초점
사회환경	스트레스 생활사건과 우울 사이의 관계에 초점을 둠. 우울의 발생은 청소년의 개인적 취약성과 부모의 상실과 같은 생활 스트레스 사건 사이의 상호작용에 달려 좌우된다고 봄. 즉, 학업경쟁에서 낮은 자기 가치감을 가진 아동에게 학교 수행의 실패는 특히 우울을 야기하기 쉽다는 것임

출처 : 김미경 외(2006), p. 260에서 요약 · 정리함.

(2) 학교사회복지사의 개입

학교사회복지사는 행동관찰이나 측정도구를 활용한 사정을 통해 우울한 아동을 발견할 수 있다. 이때 학교사회복지사가 반드시 우울한 학생에 대해 직접적 개입을 할 필요는 없다. 필요한 경우 지역사회에 있는 정신건강센터나 상담실에 의뢰하는 것도 좋은 방법이고 특히 우울이 심한 학생의 경우에는 병원의뢰도 필요하다. 중요한 것은 학교사회복지사가 우울 학생이나 우울 가능성이 높은 학생을 발견하거나 인지하였을 경우, 다각적인 사정을 통해 신속하게 적합한 조치를 행하는 것이 필요하며 이와 관련하여 아동 및 부모, 교사의 이해를 돕는 것이 필요하다.

우울 아동 및 청소년에 대한 학교 차원에서의 개입은 크게 개인에 초점을 두는 방법과 집단 프로그램을 사용하는 방법이 있다. 주로 상담, 문제해결, 인성교육, 인지적 재구조화, 이완훈련, 사회성 기술 훈련 등이 포함된다. 보다 포괄적인 방법으로 행동, 인지, 정서의 구성요소와 부모교육 및 가족치료를 통합한 다차원적 치료법이 필요하다. 다차원적 치료법에는 인지적 재구조화, 문제해결, 자기교수훈련, 사회성 훈련, 이완훈련, 즐거운 활동 계획, 분노대처, 감정탐색 및 게임 등의 전략이 포함된다. 또한 부모로 하여금 우울증을 이해하고 아동의 치료에 협력자가 되도록 교육하며 가족치료를 통해 긍정적 행동중재 기술을 습득하도록 하고, 가족의 의사소통, 문제해결 및 갈등해결 전략을 습득하도록 한다(김미경 외, 2006 : 270-271).

〈표 15-11〉 아동 및 청소년 우울에 대한 개입

치료법	주요 내용
행동치료	- 주된 치료목표는 정적 강화를 이끌어 내는 행동을 증가시키고 환경으로부터의 벌을 줄임 - 행동치료에는 사회적인 능력과 대인관계 기술을 가르치고 불안관리훈련과 이완훈련이 포함됨
인지치료	- 일차목표는 자신의 비관적이고 부정적인 사고, 억압적인 신념과 편견, 실체에 대해서는 자신을 비난하고 성공에 대해서는 자신을 인정하지 않는 자신의 귀인양식을 깨닫도록 도와줌 - 일단 이런 억압적인 사고 패턴을 인식하게 되면, 아동은 부정적이고 비관적인 관점을 긍정적이고 낙천적인 관점으로 바꾸는 법을 배우게 됨
자기조절법	- 주된 목표는 자신의 장기목표에 맞게 행동을 조직화하는 법을 가르치는 일 - 자기조절치료는 자신의 생각과 기분을 스스로 모니터하고 단기보다 장기목적을 중시하며 좀 더 적응적인 귀인양식과 현실적인 자기 평가기준을 갖도록 하고 자기강화의 증가와 자기처벌의 감소를 강조
인지행동치료	- 심리사회적인 중재의 가장 일반적인 형태인 CBT는 행동적, 인지적, 자기조절법 등의 요소를 통합시킨 접근법 - 귀인양식에 대한 재훈련을 통해 비관적인 신념들을 바꾸고자 함
대인관계치료	- 우울을 지속시키는 가족 간의 상호 교류를 탐구 - 우울 청소년에 대한 개인치료에 가족치료 회기를 보충적으로 실시하여 자신의 부정적인 인지양식과 우울이 다른 사람들에게 어떤 영향을 미치는지를 이해하고 가족, 동료들과의 즐거운 활동을 증가시키도록 격려함
지지적 치료	- 지지적 치료는 우울 청소년들이 다른 사람과 연합하고 지지받고 있다는 느끼도록 안전하고 지지적인 환경을 제공하고자 함 - 청소년들의 자존감을 향상시키고 우울 증상을 줄이고자 함
약물치료	- 항우울제(예 imipramine, amitryptyline, desipramine), MAOIs 억제제(monoamine oxdase, inhibitors), 플루록시틴과 설트랄린 같은 새로운 선택적 세로토닌 억제제(SSRIs)를 사용해서 기분장애와 우울의 다른 증상들을 치료

출처 : 김미경 외(2006), p. 268에서 요약 · 정리함.

3) 학습장애

(1) 특성

학습장애(learning disturbance)는 여러 가지 측면에서 학습의 어려움을 갖는 것을 말한다.

우리나라에서는 1994년 특수교육 진흥법(법률 제4716호) 제10조 제7항에 따르면 특수교육 대상자를 '셈하기, 말하기, 읽기, 쓰기 등 특정한 분야에서 학습상 장애를 지니는 자'로 정하고 있다. 미국 장애아동 교육법 공법 94-142와 미국 학습장애 합동위원회(The National Joint Committee on Learning Disability)에 따르면 학습장애는 생애 전반에 걸쳐서 일어날 수 있으며 자기조절적 행동, 사회지각 및 사회적 상호작용 등의 문제와 공존할 수 있다. 또한 불충분하거나 부적절한 교육 등이 주요인이라고 할 수는 없지만 적절치 못한 교육환경에 노출될 경우 동시적으로 일어날 수 있다고 정의하였다(황매향, 2007 : 118-120).

학습장애아동은 종종 학습부진아(slow learner)와 구분하기 어려운 경우가 많다. 특히 문화적, 언어적, 의료적, 사회적, 경제적 어려움 등 복합적인 위험이 있는 아동 및 청소년들이 가끔 학습장애로 오해되기도 한다(Dupper, 2002 : 123). 따라서 학교사회복지사는 외부적 환경의 문제로 인해 학습능력이 개발되지 못한 학생과 학습장애아동을 구분할 수 있어야 한다. 학습장애의 진단은 부모(교사) 면담, 신체검사(학습에 장애를 줄 수 있는 만성질환, 영양실조, 경련성 질환, 시력장애, 청력장애 등), 심리검사, 신경발달 평가, 심리교육 평가(학습성취도, 인지기능, 언어발달 검사 등)를 통해서 할 수 있다(황매향, 2007 : 120). DSM-IV-TR에 제시된 학습장애의 진단기준은 〈표 15-12〉와 같다(강진령 역, 2008 : 74-76).

〈표 15-12〉 DSM-IV-TR에서의 학습장애

읽기장애(Reading Disorder)
- 읽기성취도(reading achievement)가 읽기의 정확도나 이해능력을 평가하기 위해 개별적으로 실시된 표준화 검사에서 개인의 생활연령, 측정된 지능, 그리고 연령에 적합한 교육에 기대되는 정도보다 현저하게 낮다.
- 기준 A의 장해가 읽기기술이 요구되는 학업성취나 일상생활의 활동을 현저하게 방해한다.
- 감각결함이 있다면, 읽기곤란은 보통 감각결함에 동반되는 정도를 초과해서 나타난다.

산술장애(Mathematics Disorder)
- 산술능력이 개별적으로 실시된 표준화검사에서 개인의 생활연령, 측정된 지능 그리고 연령에 적합한 교육에 기대되는 정도보다 현저하게 낮다.
- 기준 A의 장해가 계산이 요구되는 학업의 성취나 일상생활의 활동을 현저하게 방해한다.
- 감각결함이 있다면, 산술능력 곤란은 보통 감각결함에 동반되는 정도를 초과해서 나타난다.

쓰기장애(Disorder of Written Expression)
- 쓰기능력이 개별적으로 실시된 표준화검사(또는 쓰기기술 기능평가)에서 개인의 생활연령, 측정된 기능, 그리고 연령에 적합한 교육에 기대되는 정도보다 현저하게 낮다.
- 기준 A의 장해가 쓰기능력(예 문법적으로 올바른 문장과 체계적인 문단을 쓰는 것)이 요구되는 학업성취나 일상생활의 활동을 현저하게 방해한다.
- 감각결함이 있다면 쓰기곤란은 보통 감각결함에 동반되는 정도를 초과해서 나타난다.

달리 세분화되지 않는 학습장애(Learning Disorder Not Otherwise Specified)
이 범주는 어떤 특정 학습장애의 진단기준에도 부합되지 않는 학습장애들을 위한 부분이다. 이 범주는 3가지 영역(읽기, 산술, 쓰기)에서의 문제들을 포함하는데, 각 영역의 검사성적이 개인의 생활연령, 측정된 지능, 그리고 연령에 적합한 교육에 기대되는 정도보다 현저하게 낮지 않다면, 각 영역의 문제들이 혼합되어 학업성취를 현저하게 방해하는 경우를 포함한다.

출처 : 강진령 역(2008), pp. 74-76.

(2) 학교사회복지사의 개입

첫째, 학교사회복지사 스스로 학습장애에 대한 잘못된 편견을 버려야 한다. 학습장애는 배우기 어렵거나 배울 수 없는 사람이 아니라 보통 사람들과 다른 방법으로 배운다고 인식해야 한다. 또 학습장애가 있다고 해서 다 같은 것이 아니라는 것을 알아야 한다. 어떤 아이들은 공부하는 데 약간의 어려움을 가질 수 있고, 어떤 아이들은 읽기는 잘하는데 수학을 어려워하기도 하고 어떤 아이는 수학, 읽기는 잘하지만 친구 사귀기를 어려워하는 경우도 있다.

둘째, 학습장애 학생에 대한 직접적 개입이다. 학교사회복지사는 학습장애 학생이 더 나은 자기통제와 자신의 능력 내에서 더 긍정적인 태도를 개발하도록 돕기 위해 직접 상담을 제공하는 관련된 서비스로서 학습장애 학생의 IEP를 작성할 수 있다. 학습장애를 가진 아동들은 학습장애로 인해 학습의 어려움만 겪는 것이 아니라 가족 또는 친구, 학교생활에서 자주 좌절의 경험을 가짐으로써 자신감이 떨어지고 친구들 사이에 놀림을 당하고, 더 위축되기 쉽다. 따라서 학교사회복지사는 학습장애에 대해 아동의 수준에 맞게 알기 쉽게 설명해 주는 것이 필요하며, 절대 혼자가 아니며 가족과 선생님이 도울 것이라는 것을 분명히 해야 한다. 학습장애가 있는 아동 및 청소년에게 학습장애가 있으면서도 포기하지 않고 성공한 사람들의 이야기를 소개할 수 있다(민성혜 역, 2008 : 58). 예를 들면, 미국의 윌슨 대통령, 미국의 넬슨 록펠러 부대통령, 유명한 영화배우 톰 크루즈, 유명한 배우이자 코미디언인 우피 골드버그는 어릴 때 읽기장애 아동이었다는 것을 알려주고 용기를 갖게 한다. 또한 공부에 도움이 되는 방법을 아이들 수준에 맞게 알려준다(표 15-13 참고).

〈표 15-13〉 학습장애 학생의 지도 방법

학습장애 아동을 위한 지도에서 아동에게 공부하는 방법에 대해 다음과 같이 안내할 수 있다. - 친구나 선생님에게 도움을 청해요. - 새로운 단어를 읽으면 손가락으로 짚으면서 천천히 읽어요. - 읽은 데까지 표시하거나 도움이 필요한 것을 표시하기 위해서 책갈피를 사용하거나 다른 종이를 그 사이에 끼워 놓아요. - 혼자서 조용히 읽지 말고 소리를 크게 내서 읽어 봐요. - 종이에 쓰는 게 어려우면 그림으로 그리거나 모형을 그려요(단, 선생님이 좋다고 해야 하겠지요). - 수학문제 풀기가 어려우면 선생님에게 도움을 요청해요. - 줄이 쳐 있는 공책에 수학문제를 써요. 줄 위에 숫자를 적고 그 아래에는 그 숫자를 따로따로 적어보는 거예요. - 컴퓨터를 사용해서 글을 써요. 남들이 잘 알아보지 못하게 글씨를 쓰기보다는 컴퓨터나 타자를 이용하는 게 낫겠지요. - 집에 하나, 학교에 하나씩 둘 수 있도록 교과서를 하나 더 가질 수 있는지 선생님에게 물어봐요. - 시험공부를 하기 위해서 선생님의 요점 노트를 볼 수 있는지 물어보는 것도 좋아요(물론 선생님이 괜찮다고 해야 사용할 수 있지요) - 시험을 볼 때 다른 아이들보다 좀 더 시간을 쓸 수 있는지 알아봐요. 도움이 될 거예요.

출처 : 민성혜 역(2008), p. 31.

그리고 아동에게 속상하고 화날 때 어떻게 하는지, 다른 아이들이 놀릴 때 어떻게 하는지를 구체적으로 알려주고 학교에서 잘 지내는 법, 친구들과 사귀고 사이좋게 지내는 방법에 대한 구체적인 전략을 교육시키는 것이 필요하다. 〈표 15-14〉는 친구들로부터 놀림을 당할 때 어떻게 대처하는지를 소개하였다. 민성혜 역(2008)에서 소개한 학습장애 아동에게 적용할 수 있는 전략을 참고한다.

〈표 15-14〉 놀림을 받을 때 전혀 도움이 안 되는 일과 도움이 많이 되는 일들

놀림을 받을 때 전혀 도움이 안 되는 일	
여러분의 행동	그 결과
싸움을 시작한다.	– 맞게 될지도 모른다. – 싸움에 이기면 잠깐 기분이 좋지만 그 싸움 때문에 또 다른 어려움에 빠질 것이다. – 싸움에 이기면 그 아이는 놀리는 것을 멈추겠지만 여러분보다 더 힘이 세고 큰 아이가 여러분을 놀리게 될 것이다.
나도 놀린다.	– 여러분을 놀린 아이의 기분이 더 좋아질 것이고 여러분은 기분이 더 나빠질 것이다. – 여러분은 똑같이 놀리기 때문에 그 아이는 여러분을 더 많이 놀리게 될 것이다.
울고 도망간다.	– 여러분을 놀린 그 아이는 자기가 정말 여러분을 괴롭힌 것임을 알게 된다. 그래서 계속 그렇게 놀려 댈 것이다. – 참지 못한 자신의 모습 때문에 괴로울 것이다.
놀림을 받을 때 도움이 많이 되는 일들	
여러분의 행동	그 결과
똑바로 서서 그 아이의 눈을 쳐다보면서 조용한 목소리로 '난 그런 말 듣는 것 싫어해'라고 이야기하고는 걸어간다.	– 놀림이 그치지 않더라도 여러분은 스스로 그렇게 참고 이야기한 것 때문에 기분이 좋아질 것이다. 그리고 싸우게 되지 않았으니까 그것도 성공적이다. – 여러분을 놀린 아이는 여러분을 울게 하지 못했고 화가 나게도 못했다. 그래서 더 이상 놀리는 게 재미없다고 느낄 것이다. – 놀리는 아이는 그만둘 때까지 여러 번 반복하게 될지도 모른다. 하지만 싸우거나 여러분의 마음을 숨기는 일보다는 낫다.
여러분이 믿는 성인에게 이야기를 하고 여러분의 어려움을 이야기한다. 친구들이 놀릴 때 여러분의 마음이 어떤지를 이야기한다.	– 기분이 좋아질 것이다. 아무도 그 아이가 놀리는 것을 멈출 수는 없지만 여러분의 마음을 이야기할 수 있고 그러면 도움이 될 것이다.
다른 아이를 놀리지 않는다.	– 만약 여러분이 똑같이 놀리지 않으면 덜 놀림을 받게 된다.

출처 : 민성혜 역(2008), pp. 80-81.

셋째, 학교사회복지사는 학습장애 아동을 둔 부모들이 그들의 감정을 표출하고, 지지와 재보증을 받을 수 있도록 가족성원과 일할 수 있다. 또한 학교에서의 학습과 가정에서의 학습이 서로 일치되고 연속화될 수 있도록 가정에서의 학습지도 전략을 함께 의논하고 슈퍼비전을 줄 수 있다.

4) 자폐증

(1) 특성

자폐장애(autism)는 사회적 상호작용과 의사소통에서 심각한 결손을 보이고 의례적이고 강박적인 행동을 보이는 특징이 있으며 만 3세 이전에 그 증상이 분명히 나타난다. 대부분의 자폐아는 모든 인간 상호작용에 참여하는 데 상당한 어려움을 갖는 것으로 보인다. 자폐증을 가지고 있는 75~80%가 지적장애를 어느 정도 가지고 있으며 15~30%는 심한 지적장애를 가진다. 또 자폐증을 가진 사람의 10%는 평균 또는 평균 이상의 지능을 갖는 경우도 있다. 그러나 자폐증을 가진 아동 간의 인종, 사회, 경제적, 문화적 차이에 대해서는 밝혀진 바 없다. 자폐증을 가진 아동의 약 1/3은 초기 아동기나 청소년기에 발병한다. 전문가들에 따르면 3살쯤에 사회관계가 제한 또는 부족하거나, 의사소통기술이 개발되지 않거나, 반복적인 행동, 이들 증상의 결합 등이 보인다면 자폐증으로 진단할 수 있어야 한다(김미경 외, 2006 : 361-371).

DSM-IV-TR에서는 전반적 발달장애 아래 자폐장애, 레트장애, 소아가 붕괴성 장애, 아스퍼거 장애, 기타 달리 분류되지 않은 전반적 발달장애를 구분하고 있다(강진령 역, 2008 : 81-82). 〈표 15-15〉에서와 같이 DSM-IV-TR에 의한 자폐장애 진단기준은 사회적 상호작용에서의 질적 손상, 의사소통에서의 질적 손상, 반복적이며 상동증 행동, 관심, 활동 등이 적어도 한 가지 이상 영역에서 기능이 지연되거나 비정상적일 경우이다.

레트장애는 자폐장애와 유사하게 사회, 언어 발달에 이상을 보이고 반복행동 패턴을 보이나, 자폐장애와 달리 태어나면서부터 나타나지 않고 생후 5~48개월에 두뇌 성장이 가속화되지 않아 발생한다. 레트장애아는 뇌 둘레가 성장하지 않고 성장이 지체된다. 이 장애의 가장 두드러진 특징은 유목적인 손 운동을 하지 못하고 손을 씻는 듯한 상동행동을 한다. 레트장애는 심각한 지적장애를 동반하며 대부분 청소년 이전에 뇌전증이 발생한다.

소아기 붕괴성 장애(Childhood Disintegrative Disorder)는 자폐장애와 같은 사회적, 의사소통적, 행동적 특징을 가지고 있지만 자폐장애와 달리 적어도 두 살까지는 정상적인 발달을 한 후에 이 장애가 발생한다. 소아기 붕괴성 장애는 정상발달 기간을 가진다는 점에서 자폐증과 아주 다르며 구어 퇴행이나 손실, 사회성 장애, 변화에 저항, 정서적 불안, 신변처리기술, 운동 기술 등의 순으로 퇴행이 일어난다는 특징이 있다. 소아기 붕괴성 장애는 자폐장애와 비교하여 말을 못하는 경우가 더 많고 지능지수 비율이 더 낮았으며, 자폐장애 집단보다 시설배치의 경우가 더 많고 더 심한 자폐 증상을 보인다(김미경 외, 2006 : 361-371).

아스퍼거 장애(Asperger's Disorder)는 사회적 상호작용을 조절하기 위한 눈 마주치기, 얼굴표정, 몸자세 등과 같은 다양한 비언어적 행동을 사용함에 있어서 현저한 장해가 있고 자발적으로 다른 사람들과 기쁨, 관심을 나누고자 하는 욕구가 결여되어 있으며, 제한적이고 반복적이고 상동증적인 행동이나 관심을 갖는다. 이처럼 사회적 상호작용에서의 장애, 제한적이고 반복적인 행동 및 관심 패턴 등의 이상을 보인다는 측면에서는 자폐장애와 유사하지만 언어발달에 지체를 보이지 않거나 지적발달에 지체를 보이지 않는다는 점에서 자폐장애와 다르다. 아스퍼거 진단기준을 보면 자폐장애와 구분하는 것이 중요한데, 3세 이전에 아동이 표현이나 수용 언어에 중대한 지장이 없을 경우는 자폐장애로 보지 않고 다른 장애로 보고 있다. 따라서 아스퍼거 진단준거에 합당하려면 아동은 2시 이전에 단어를 말하고 3세까지는 정상적으로 발달해야 하며 인지, 신변처리기술, 적응행동, 환경에 대한 호기심도 3세까지는 정상적으로 발달해야 한다(김미경 외, 2006 : 361-371).

〈표 15-15〉 DSM-IV-TR에 의한 자폐장애 진단기준

자폐장애(Autistic Disorder)

A. ①, ②, ③에서 총 6개(또는 그 이상) 항목, 적어도 ①에서 2가지 항목, ②와 ③에서 각각 한 가지 항목이 부합된다.

① 사회적 상호작용에서의 질적 손상(qualitative impairment)이 다음 중 적어도 2가지 항목으로 나타난다.
- 사회적 상호작용을 조절하기 위한 눈 마주치기, 얼굴표정, 자세, 몸짓과 같은 다양한 비언어적 행동에 있어서 현저한 손상
- 발달 수준에 적합한 교우관계 발달의 실패
- 다른 사람들과 즐거움, 관심 또는 성취를 함께 나눔에 대한 자발적 추구 결여(예 관심의 대상을 보여주거나, 가져오거나 지적하지 못함으로 인함)
- 사회적 또는 정서적 상호교류 결여

② 의사소통의 질적 손상이 다음 적어도 한 가지 항목으로 표출된다.
- 구두언어 발달지연 또는 완전발달 결여(몸짓이나 흉내 내기와 같은 의사소통의 다른 방법에 의한 보상시도가 수반되지 않음)
- 적절한 언어능력을 갖춘 사람의 경우, 다른 사람과 대화를 시작하거나 지속하는 능력이 현저하게 손상됨
- 상동증적이고 반복적 언어 또는 기이한 언어 사용
- 발달수준에 적합한 다양하고 자발적인 가상놀이나 사회적 모방놀이의 결여

③ 제한된, 반복적, 상동증 행동, 관심 그리고 활동이 다음 중 적어도 한 가지 항목으로 표출된다.
- 강도나 초점에 있어서 비정상적인, 한 가지 이상의 상동증적, 제한적인 관심에 집착
- 특정한 비효율적 틀에 박힌 일 또는 의식에 고집스럽게 매달림
- 상동증적, 반복적 운동 매너리즘(예 손이나 손가락으로 두드리거나 뒤틀기 또는 복잡한 몸 전체의 움직임)
- 물체의 부분에 지속적인 몰두

B. 다음 중 적어도 1가지 영역에서 기능이 지연되거나 비정상적이며 만 3세 이전에 시작된다 : 사회적 상호작용, 사회적인 의사소통에서 사용되는 언어 또는 상징적 또는 상상적 놀이

C. 장애가 레트장애나 아동기 붕괴장애로 더 잘 설명되지 않는다.

출처 : 강진령 역(2008), pp. 81-82.

자폐장애는 크게 사회적 상호작용의 결함, 의사소통의 결함, 반복적이고 상동증적인 행동 등 여러 가지 결함을 가지는데 구체적으로 살펴보면 다음과 같다(김미경 외, 2006 : 372-381). 첫째, 사회적 상호작용의 결함이다. 대인관계 형성과 사회성 발달장애는 자폐장애의 가장 핵심적인 장애라고 볼 수 있다. 어머니와 눈 맞춤, 안아 달라고 팔을 뻗거나, 어머니와 떨어지지 않으려는 행동을 보이거나, 어머니가 외출하고 돌아왔을 때 반기는 행동 등을 보이지 않는다. 주로 혼자서 시간을 보내고 자신의 요구사항이 있을 때만 부모의 손을 잡고 끄는 행동을 보인다.

둘째, 의사소통의 결함이다. 자폐아의 언어발달은 일반적으로 지체되며 상대의 질문에 답을 하기보다는 질문을 반복하고 의사소통의 의사가 없는 것이 특징이다. 흔히 자폐아가 어릴 때는 주변 사람의 말소리에 반응을 하지 않아 귀가 들리지 않는 것이 아닌가 의심하게 되지만 농아는 몸짓 등으로 자신의 의사를 표현하려는 시도를 하려고 하는 데 반해 자폐아의 경우는 그러한 의도를 보이지 않는다는 점에서 차이가 있다.

셋째, 반복적이며 상동증적인 행동을 한다. 몸을 빙글빙글 돌리기, 접시 계속 돌리기, 장난감 일렬로 세우기, 장난감 차 바퀴 돌리기, 손 관찰하기 등의 행동을 끝없이 반복한다. 습관을 강하게 유지하고자 하고 늘 같은 길을 가려고 하며 변화에 저항한다. 편식이 심하고 어떤 일을 늘 같은 순서로 행하여야 한다.

넷째, 정서적 특성이다. 사회적 상황에 부적절하게 애정과 정서 표현을 한다. 변화에 대한 저항으로 강한 짜증이나 부정적인 정서 모습을 보이고 두려움과 공포심도 가지고 있다.

다섯째, 인지적 특성이다. 자폐장애의 75% 이상이 IQ 점수가 70 이하이고, 언어성 IQ는 50점 이상이며 여아의 경우 대체로 인지 수준이 낮다. 일부 자폐아는 자신의 인지 수준에 맞지 않게 특정한 분야에 재능을 보이기도 하는데 이를 백치천재(idiot savant)라고 한다. 주된 분야는 미술, 열차 시간표 외우기 같은 기계적인 기억에 관한 분야이다.

여섯째, 신체발달 특성이다. 자폐아의 신체발달은 별 다른 지체가 없는 것으로 보고되고 있다.

(2) 학교사회복지사의 개입

첫째, 자폐학생에 대한 개입이다. 최근 자폐증과 관련된 증상을 줄이거나 전환하는 데 효과적인 개입이 구체시되기 시작하였다. 예를 들어, 가장 큰 효과를 보인 치료 프로그램은 아동의 관심에 기초하고, 예측 가능하고 구조화된 스케줄을 제공하고, 일련의 간단한 단계의 시리즈로 과업을 가르치고, 행동에 대한 정규적인 강화를 제공하는 것이다(Dupper, 2002 : 124-125). 특히 Gerdtz(2000)의 개입은 매우 의미 있다고 하겠는데, 그는 사회복지사가 행동의 문제를 가지고 있는 자폐아동을 위해 개입하는 프로그램을 실시하였다. 그는 개입에 앞서 사정에 있어 대부분의 문제행동이 교실생활에서 예측하지 않은 변화가 있을 때 발생한다는 것을 알게 되었다. 그 결과 개입은 예측하지 않은 변화로 인해 스트레스를 덜 받고, 예측하지 않은 변화에 학생의 인내력을 증진시키고, 학생의 사회적 기술을 향상시키기 위한 계획들로 구성되었다. 학생의 행동을 기록하기 위해 매일 교직원과 학생은 데이터 시트를 사용하였다. 프로그램 평가 결과 개입이 학교 차원에서 성공적이었을 뿐 아니라 파괴적인 학생의 행동은 가정에서도 감소한 것으로 보고되었다. 이러한 연구결과는 자폐학생에 대한 개입에 있어서는 학생, 가족, 교직원과의 협력이 매우 중요한 요소라고 인식하게 한다(Dupper, 2002 : 126).

이 외에도 Schopler에 의해 개발된 TEACCH 프로그램이 있다. 이것은 모든 관심의 초점을 자폐아의 능력과 흥미와 욕구에 초점을 둔다. 여기서는 통합교육이나 직업교육, 높고 낮은 기대 등의 문제에 연연하지 않고 자폐아들 개개인이 지니고 있는 능력과 흥미, 욕구에 따라 그 방식은 매우 유동적으로 변화될 수 있다고 본다. 따라서 가장 우선적으로 고려하여야 할 사항은 통합교육이니 분리교육이니, 의사소통 기술교육이니 하는 것 같은 철학적 관념보다는 자폐장애 개인에 최우선순위를 두어 자폐장애아 개인에 대한 이해, 적절한 교육방법의 채택, 현재 자폐장애아 개인이 지난 흥미와 능력을 바탕으로 한 폭넓은 중재전략을 구축하는 것이 가장 중요한 것이다. 이를 위하여 자폐아를 개별적으로 이해할 수 있는 사정이 필요하며 자폐문화를 이해하는 것이 매우 중요하다. 자폐장애아 개인의 자폐문화를 이해하는 것이 우선되어야 이들에게 필요한 프로그램을 구축할 수 있는 것이다(김미경 외, 2006 : 387-391).

둘째, 부모교육 및 가족중심 접근법이다. 자폐아동에 대한 개입에서 중요한 것은 부모의 역할이다. 부모에게 아동기술 발달과 훈련을 촉진시키는 환경을 제공하는 것이다. 무엇보다 자폐아 부모들에게 자폐아가 무엇인지에 대한 바른 설명을 해서 이해시키는 것이 필요한데 〈표 15-16〉과 같은 설명은 자폐아 부모의 이해를 돕기 위해 유용할 것이다.

〈표 15-16〉 부모교육에 있어 자폐장애에 대한 설명

자폐장애는 원인을 자세히 알 수 없는 생물학적 요인에 의한 장애이다. 이는 만성적이고 전 생에 걸쳐 존재하며 신경발달장애에 해당된다. 자폐장애는 다른 사람의 생각을 추측하지 못하고 나아가 그들의 행동을 예측하지 못한다. 또한 다른 사람이 무슨 생각을 하는지 상상하기 어려우므로 다른 사람을 매우 위협적인 존재로 볼 수 있다. 다른 사람의 감정에 공감하지 못하고 효과적으로도 의사소통하지 못하며 낯선 상황에 유연하게 대응하지 못한다. 그들은 예측 가능한 환경을 좋아하므로 습관을 유지하기를 강하게 바라고, 모든 것을 일정한 틀에 맞추어 반복하고 싶어 한다. 만일 다른 사람이 자신의 습관을 흐트러뜨릴 경우는 공격성을 보일 수 있다.

출처 : 김미경 외(2006), p. 388.

3. 학교사회복지사의 개입

1) 정서 · 행동장애아에 대한 바른 이해

문제아동이 나타내는 대부분의 일탈행동은 일반아동들이 하는 행동과 크게 다르지 않다. 다만, 그 행동이 장소나 시간에 부적절하게 나타나기 때문에 일탈아동 또는 일탈행동으로 간주한다. 즉, 일반아동도 정서 · 장애아동과 같이 일탈 혹은 부적절한 행동을 하지만 정서 · 행동장애 아동은 보다 심각하고 장기간 지속되며 발생빈도가 높고 복합적이라는 점에서 다르다.

그러나 교사의 경우 이러한 이상행동에 대해서 가지고 있는 '포용범위(range of tolerance)'는 다르다. 어떤 교사들은 심각한 정서 · 행동장애를 가진 아동을 일반 교실에서 가르치는 반면 어떤 교사들은 아동이 '정상행동'에서 약간만 일탈해도 참지 못한다. 교사의 포용력에 영향을 미치는 네 가지 요소는 문제행동의 빈도, 심각성, 지속시간, 복합성이다. 빈번하게 발생하는 방해 행동은 누적효과를 가지며 교사로 하여금 자기충족적 예언을 발생하게 한다. 교사들은 신체 공격과 같은 심한 행동에 대해서는 참지 않지만 위축된 아동의 행동에 대해서는 아동에게 큰 문제가 될 수 있음에도 불구하고 쉽게 참는다. 어떤 부적절한 행동은 순식간에 끝나 버리기 때문에 교사의 인내심을 자극하지 않기도 한다. 그러나 심각하지 않지만 장기간에 그리고 자주 행하는 부적절한 행동은 교사의 인내심을 자극하고 복합적인 문제를 내포하는 행동은 단순 행동보다 교사의 인내심을 쉽게 훼손시킨다(김미경 외, 2006 : 19-20).

아동이 하는 모든 행동에는 이유가 있다. 교사는 아동의 문제행동 자체에 중점을 두기보다는 그 문제를 통해 나타내고자 하는 의사표현을 이해하려고 노력하고 아동이 보다 긍정적인 의사표현방법을 사용하도록 도와주어야 한다. 아동의 문제행동을 안전이나 학

습을 방해하거나 또래 구성원의 안전 및 학습에 방해가 되지 않는 선에서 문제 중심 시각이 아닌 아동의 특성으로 보려는 시각을 가지고 있어야 한다(김미경 외, 2006 : 82-83).

2) 기능적 행동평가(functional behavioral assessment)와 행동개입계획

최근 교육과 행동과학 관련 연구에 따르면 기능적 행동사정(Functional Behavioral Assessment : FBA)에서 나온 데이터에 기초한 행동개입계획이 효과적이라는 것이 증명되고 있다(Clark & Thiede, 2006 : 277). 기능적 행동평가(functional behavioral assessment)는 문제행동의 기능이 무엇인지 알아보는 절차로 문제행동의 선행사건, 후속 결과, 문제행동을 유지시키는 강화요인 등을 따져 문제행동의 기능을 알아내는 것이다. 이것은 1997년 미국장애인교육법(IDEA)에서 '긍정적 행동지원(positive behavior support)'과 '기능적 행동평가'라는 용어와 개념이 제시된 이후 본격적으로 사용되고 있다.

개입계획이란 부적절한 행동을 줄이기 위한 환경의 변화를 만들고, 부적절한 행동을 할 때 동일한 성과 또는 목표를 달성시키는 대안적인 적절한 행동 형태를 가르치고 부적절한 행동의 출현을 막는 적절한 행동을 강화하도록 한다. 초기에 학교사회복지사는 행동이론과 실천에서 나온 모델을 채택하는 것을 주저하였으나 사회복지사에 의해 개발된 기능적 사정과 행동개입 계획(functional assessment and behavior intervention plan)은 생태학적 관점과 전략과 강점 토대의 사회복지실천을 포함하기 때문에 여타 접근과는 차별화된다. 미국의 경우 교육정책에서 새로운 연구와 변화에 발맞추어, NASW의 2002년 학교사회복지서비스의 표준(Standard for School Social Work Service)에는 생태학적 접근(ecological perspective)을 사용하는 사정에 기능적 접근(functional approach)을 장려하고 있다. 사회복지사는 특수교육에서 기능적 사정을 실시하고 학생을 위한 개입계획을 개발하는 과정에 이런 생태학적 접근과 사회복지전문기술을 적용하고 있다. 따라서 학교사회복지사는 장애아동에 대한 사회력 제공, 서비스 수급자격 여부 결정뿐 아니라 다중의 전략사용을 통해 사정 및 문제해결과정에 기여하고 있다(Clark & Thiede, 2006 : 277).

다음은 기능적 행동평가에 대한 사례로는 Clark과 Thiede (2006 : 277-283)가 소개한 사례이다. 이는 학교사회복지사 Good이 제이슨(Jason)의 사례를 어떻게 다루었는지를 구체적으로 제시하고 있다(표 15-17 참고). 초등학교 4학년 제이슨(Jason)은 새로 전학 온 학생으로 담임교사에 의해 학교사회복지사가 팀의 일원으로 있는 아동학업구축팀(building child study team)에 의뢰되었다. 교사가 의뢰한 이유는 제이슨이 다른 학생을 때리고, 교사의 지시를 따르지 않고 공격적인 행동을 한다는 것이었다. 이에 학교사회복지사는 제이슨과 관련된 다양한 자료를 검토하고 가정방문을 통해 제이슨의 엄마와 관계를 구축하였으며 제이슨이 이전의 학교에서는 비교적 학업 성적이 평균 이상이며 학교생활을 적절하게 했다는 제이슨의 장점을 파악할 수 있었다.

학교사회복지사가 가정방문을 했을 때, 제이슨의 어머니 윌마 스미스(Wilma Smith)는 제이슨이 8월에 새 학교로 전학 갈 무렵 정신과 병원에서 치료받았지만 정신과 투약 사실을 교사에게 말하지 않았다고 했다. 또한 지금은 약 복용을 원치 않는다고 말하였다. 제이슨의 어머니는 자신의 이러한 고백에도 학교사회복지사가 화내거나 비난하지 않는다는 점에 매우 놀라워하였다. 오히려 학교사회복지사는 조용히 학교가 어떻게 제이슨을 도울 수 있는지에 대해 계속해서 질문을 하였다. 이에 제이슨의 어머니는 안도하기 시작하였고 학교사회복지사가 자신의 아들이 학교에서 성공적으로 지낼 수 있기 위해 도우려고 한다는 신뢰를 갖게 되었다.

제이슨(Jason)의 사례

Happy Creek 초등학교 4학년 신입생인 제이슨(Jason)은 그의 담임교사에 의해 아동학업구축팀(building child study team)에 의뢰되었다. 그의 담임은 그가 다른 학생을 때리고 차고, 교사의 지시를 따르지 않고 화를 내면서 과제를 파괴하였다고 보고하였다. 그는 이미 특수교육대상자로 지정되었으며 특별교육학급에서 40분간 특별히 계획된 지도를 받고 있는 중이었다.

아동학업구축팀(building child study team)의 일원인 학교사회복지사인 굿(Good)은 학교가 최소 제한적 세팅(least restrictive setting)에서 제이슨의 욕구를 충족시키기 위한 프로그램을 개발하도록 돕기 위해 관련 자료를 수집하기 시작하였다. 그녀는 제이슨의 기록을 검토하였고 그중 제이슨이 이전 학교에서 거의 대부분의 시간을 특별학급에서 보냈다는 것을 발견하였다. 3학년 말에, IEP팀은 그가 매우 잘 하고 있었기 때문에 일반교육교실에서 보내는 시간을 늘리기 위해 프로그램을 바꾸었다. 팀 성원들은 제이슨이 새로운 프로그램이 시작되면서 완전히 다른 학교환경에 있다는 생각을 하지 못하였다.

가정방문 동안 학교사회복지사는 제이슨의 엄마와 관계를 구축하였다. 엄마와의 면접은 학교사회복지사로 하여금 학교에서 제이슨의 분노행동을 둘러싼 맥락을 이해할 수 있게 하였다. 또한 학교사회복지사는 제이슨의 장점을 인식하기 시작하였다. 정신장애(mental illness)와 학대적 가정상황에도 불구하고, 제이슨은 3학년을 잘 보냈다. 문화는 개인의 대처와 적응기술을 복잡하게 하고 도전하게 하는 환경적 변수이다. 제이슨은 Megalopolis에서 계속해서 지내는 데 필요한 기술을 개발하였다. 그는 그 학교의 거친 운동장에서 싸우는 것을 피하기 위해 거친 행동을 배웠다. 그의 수학기술은 학년 수준이었으며 읽기도 거의 학년 수준이었다. 불행히도 Megalopolis에서 제이슨이 잘 지낼 수 있도록 한 행동들은 시골의 소규모 학교에서는 환영받지 못했다. 그의 거친 행동은 Happy Creek의 학생들을 놀라게 하였고 그의 학업은 옛날 Megalopolis 학교에서는 평균 이상이었지만, Happy Creek에서 대부분의 학생들은 학업성적이 매우 낮았다. 학교사회복지사는 교직원이 제이슨의 욕구를 다룰 수 있도록 제이슨에 대한 정보를 공유하였다. 학교간호사는 어머니 스미스 씨로 하여금 제이슨이 지역정신건강센터에 있는 정신과의사와 만날 수 있도록 응급약속을 할 수 있도록 도왔다. 제이슨의 행동은 투약으로 개선되었지만 그는 운동장, 복도, 일반교실에서 공격적이고 일탈행동의 발생은 계속되었다. 사회복지사는 경험에 토대로 한 실천을 실행하기로 결심하였다. 그녀는 사회복지와 특수교육에 대한 전문서적을 읽었고 관련 워크숍에 참석하였고 특수교육법을 배웠다. 학교사회복지사는 FBA에 기초한 행동계획이 그것 없이 개발된 계획보다 보다 효과적이라고 생각하였다(Clark & Thiede, 2006 : 278).

이들 신뢰가 확립되자, 어머니 스미스는 사회복지사에게 제이슨의 생물학적 아버지가 누구인지 모른다고 눈물겹게 이야기하였다. 그녀는 그의 아들에게 현재 함께 살고 있는 남자친구가 그의 친부라고 거짓말을 하였다. 불행히도 그의 남자친구는 학대 성향이 있었다. 지난 여름, 제이슨의 어머니가 Happy Creek에서 친절한 새 남자를 만나게 되면서, 10년간의 관계가 깨졌다. 새 남자친구는 그녀와 제이슨이 함께 살도록 자신의 집으로 초대하였다. 이사 이후, 제이슨은 Megalopolis에 있는 아버지의 전화를 기다렸다. 그러나 그녀는 그 전화가 올 리가 없다는 것을 알았다.

학교사회복지사의 제이슨에 대한 사정은 학교를 넘어 가정, 지역사회 등 학생과 그의 환경과의 상호작용을 평가함으로써 생태학적으로 이루어졌다. 학교사회복지사는 학생 행동의 가능한 기능 범위 또는 목표 범위를 고려하였다. 예비 기능적 사정 조사(교사용 버전)를 사용하여, 사회복지사는 제이슨의 담임과 면담하였다. 담임은 제이슨의 공격적 행동과 교사의 지시에 따르지 않는 것을 가장 큰 문제행동으로 지적하였다. 그러나 제이슨의 이런 행동들은 학교의 장이 아닌 곳에서는 발생하지 않았다는 것이 주목되었다.

담임은 제이슨의 행동을 자세히 추적하였고 5일간 행동에서 시간당 부적절한 행동의 발생은 평균 1.4회라는 것을 보고하였다. 이들 행동의 발생의 대부분은 읽기와 언어(language art) 시간 또는 휴식과 같은 비구조화된 시간 동안 발생하였다. 수학시간과 어른과 제이슨이 개별적으로 작업을 할 때, 제이슨의 행동은 적절하였다. 이들 데이터는 향후 평가에 측정될 수 있는 기초선(baseline)이 되었다. 학교사회복지사는 학교 밖 행동을 사정하기 위해 어머니께 협조를 얻어 집에서도 어머니가 예비 기능적 사정 조사(교사용 버전)를 실행하여 제이슨에 대한 정보를 줄 수 있도록 하였다. 가정에서의 사정 결과, 제이슨은 마트에 가는 것과 같이 그가 좋아하는 것을 부모님과 함께 할 때 적절하게 행동하였다. 그러나 어머니가 그에게 숙제나 허드렛일을 시키거나, 급하게 상호작용하면, 제이슨은 부정적인 행동을 한다는 것을 알게 되었다.

제이슨의 문제행동은 Happy Creek로 이사한 이후 증가하였다. 어머니에 따르면 그는 이전에는 학교가는 것을 좋아하곤 하였지만 현재는 매일 침울하고 화난 표정으로 집에 온다고 하였다. 학교사회복지사는 학생을 지원하는 기능적 사정 면담을 제이슨과 함께 실시하였다. 제이슨은 학교 숙제가 너무 쉽다고 말했다. 그는 이미 숙제를 어떻게 해야 하는지를 알기 때문에 교사의 도움이 필요 없다고 하였다. 그는 그의 친구들이 그를 방해하기 때문에 혼자서 더 잘 할 수 있었다고 말하였다. 제이슨은 이전 학교에서 모든 학생을 때릴 수 있었다고 말하였고, 만약 현재의 친구들이 자신을 방해한다면 여기서도 아이들을 때릴 수 있을 것이라고 말하였다.

학교사회복지사는 제이슨의 어머니와 아동학업구축팀(building child study team)과 함께 데이터를 요약하기 위해 A-B-C 차트를 사용하였다(표 15-17 참고). 분석 결과 제이슨에게는 긍정적 관심을 얻도록 하거나 아니면 자아존중감을 떨어뜨리고 좌절을 주는 과업은 피하도록 해야 한다는 것을 알게 되었다. Raines(2002)에 따르면 자아존중감(self-esteem)은 손상된 자아감을 가진 학생에게 중요한 동기유발자라고 하였다. 이들 학생들은 너무 쉽거나 또는 너무 어려워 보이는 과업에 위협을 받을 수 있으며 자아존중감을 보존하기 위해 그들 과업을 회피할 수 있다는 것이다. 이런 가설은 제이슨의 FBA 데이터에도 적합한 것으로 나타났다.

〈표 15-17〉 제이슨의 A-B-C 차트

A=선행사건	B=행동	C=결과 또는 성과
교사가 제이슨에게 연습문제를 조용히 읽고 풀도록 요청하였다.	제이슨은 화를 내고 연습장을 찢고 그의 책상을 쾅 치고 종이를 발로 찼다.	제이슨은 학급 밖으로 내보내졌으며 제이슨은 과업을 피하였다(도피).
선생님이 제이슨에게 수학시험을 치도록 하였다.	제이슨은 학급에서 제일 먼저 시험을 끝마쳤다.	교사와 동료들은 제이슨을 주목하고 칭찬하였다(관심).
제이슨은 그의 어머니와 함께 마트에 갔다.	제이슨은 협력적이고 즐거워하였다.	어머니는 그에게 사용할 돈을 주었고 그를 칭찬하였다(관심).
어머니는 제이슨이 TV를 보는 동안 그의 형이 숙제하는 것을 도와주었다.	제이슨은 흥분하고, 소리를 지르고 TV 소리를 높였다.	어머니는 형과의 작업을 멈추고 제이슨이 TV 소리를 줄이게 하려고 하였다(관심).
제이슨과 어머니는 함께 이야기를 하고 있다.	제이슨은 어머니에게 그가 얼마나 강한지에 대해 환상적인 이야기를 하였다.	제이슨은 어머니의 관심을 받았다(관심-과장됨 grandiosely).

출처 : Clark & Thiede(2006), p. 280.

아동학업구축팀(building child study team)은 제이슨을 위한 행동개입계획을 개발하기 위해 Lohrmann-O'Rourke, Knoster와 Llewellyn(1999)이 개발한 기능적 사정데이터와 계획을 사용하였다. 팀은 다음의 다섯 가지 범주에서 각 개입을 브레인스토밍하였다. 그 결과는 〈표 15-18〉과 같다.

〈표 15-18〉 제이슨의 행동개입 계획

선행사건/세팅이벤트 : 문제행동을 덜 일어나게 하는 환경적 변화	- 문제행동이 가장 일어나기 쉬운 때는 제이슨이 특별교육 학급에 있을 때이다.
대안적 기술 : 부적절한 행동을 대체할 수 있는 새로운 행동을 가르침	- 제이슨은 학급에 들어가서 다른 사람과 인사하고, 도움을 요청하고, 다른 사람과 협력하도록 요청하기 위한 적절한 방법을 배운다. - 제이슨은 부적절한 행동을 구체시하도록 배운다.
지도결과 : 적절한 행동의 실마리를 주고 강화시키는 것	- 정규교사 그리고 특별학급교사는 관심을 얻기 위해 행해진 긍정적 행동에 즉각적으로 반응한다. - 제이슨의 행동이 그 날의 특정 목표를 충족시킬 때 제이슨 자신이 보상을 선택할 수 있게 한다.
감소절차 : 문제행동을 감소시키는 논리적 그리고 자연적 결과	- 제이슨이 정규학급에서 쫓겨나 특별학급에 가게 될 때, 그에게 차분하게 가라앉히고 다시 돌아올 계획을 개발하도록 시간을 준다. - 제이슨은 정규학급으로 복귀한 뒤에는 그가 정규학급에서 떠날 때 그가 행하던 과업을 끝마쳐야 한다.
장기계획 : 클라이언트를 위해 장기간 삶의 질을 개선시킬 수 있는 전략	- 제이슨은 자신과 다른 사람의 기본적 감정의 비언어적 표현을 구체시하게 된다. - 제이슨은 자신의 내적 정서 상태를 인식하고 그것을 다루는 대처기술을 사용할 수 있게 된다.

출처 : Clark & Thiede(2006), pp. 280-281.

제이슨의 특별교육교사는 제이슨으로 하여금 그의 특별학급에서 성인과 동료로부터 관심을 얻기 위한 적절한 방법을 가르치고자 하였다. 제이슨이 그의 행동에 대한 책임을 받아들이도록 하기 위해 학교사회복지사는 제이슨, 교사와 함께 특별한 평점(rating) 차트를 계획하였다. 매일 그들은 제이슨의 행동을 독립적으로 각각 측정하였다. 점수 1은 제이슨이 학급에서 나가게 되는 것이고, 점수 2는 적절하게 행동하도록 많은 주의가 필요한 것이고, 점수 3은 다소 주의의 여지가 남아 있는 것이고, 점수 4는 성인의 주의가 없는 좋은 행동을 나타내는 것이다. 수업이 끝나는 시간에는 제이슨과 교사는 서로의 점수를 비교하였다. 제이슨은 그의 점수와 선생님의 점수간의 합의에 기초해서 보상을 받게 된다. 이러한 활동의 목적은 좋은 행동에 대해 보상을 주는 것이 아니라 좋은 행동이란 무엇이고, 무엇을 하지 않아야 하는지에 대해 이해하도록 하는 것이다.

이런 계획은 매우 효과적인 것으로 나타났다. 몇 주 내에, 제이슨과 교사는 거의 그들의 점수에서 모든 합의를 도출할 수 있었다. 교사는 야외 학습(field trip) 동안 버스에서 어떻게 하는 것이 4점에 해당되는지 또는 휴식시간 동안 어떻게 하는 것이 4점을 받을 가능성을 높이는지를 제이슨과 이야기하기 시작하였다. 점수에 대해 교사와 합의를 도출하는 것과 더불어 점수는 더 높아지기 시작하였다.

또한 기능적 사정에서 구체시된 니드 중의 하나는 제이슨이 그의 정서를 관리하는 능력을 증가시킬 필요가 있다는 것이다. 이를 위해 학교사회복지사는 정서개발에 대한 관련 문헌들을 검토하였으며 어떻게 정서적 지능(emotional intelligence)이 개발되는지를 알게 되었다. 그는 제이슨이 자신의 감정을 지각하기 시작하고, 다른 사람의 감정을 인식하기 시작할 때, 비로소 자신의 감정을 다룰 수 있을 것이라고 깨달았다. 이에 학교사회복지사는 제이슨이 경쟁을 좋아한다는 점을 고려하여 카드 사이즈의 사람 얼굴을 그린 그림에 게임을 매칭하여 그가 참여할 수 있도록 하였다. 학교사회복지사는 두 세트씩 짝지을 수 있는 그림을 아래에 놓고 서로 매치되는 그림을 선택하도록 하였다. 몇 차례의 시도 결과 제이슨은 그림이 제시하는 감정의 표현을 서로 연결하기 시작하였다. 어느 날, 학교사회복지사는 복도에 있는 제이슨의 사진을 찍었다. 그녀가 게임에서 그의 사진과 매칭되는 그림을 찾도록 요청하였을 때 그는 정확하게 겁먹은 표정의 그림에 사진을 두었다. 처음으로 제이슨은 학교에서 그를 겁나게 하는 것에 대해 이야기하기 시작하였다.

3) 개별화 교육계획 적용

개별화 교육계획(Individualized Education Plan)은 문제행동 사정 후 학생 개개인에 맞게 교육계획을 세우는 것이다. 개별화 교육계획에는 학생의 인적사항, 현재 수행능력, 장단기 교육목표, IEP 운영위원회, 아동에게 제공될 특정 특수교육이나 관련 서비스, 아동이 일반교육 프로그램에 참여할 수 있는 정도의 진술, 서비스의 시작일자 및 지속기간의 계획, 적어도 1년에 한 번 정도 실시하는 진보에 대한 형식적인 평가, 교육과정 진도계획표, 월간·주간 교수-학습계획안 그리고 학습평가(평가준거 및 평가절차)로 이루어져 있다. 구체적인 보기는 〈표 15-19〉와 같다(김미경 외, 2006 : 95-104).

〈표 15-19〉 개별화 교육계획의 적용사례

1. 인적사항

학생이름	강○○	작성일	2019년 6월 1일
생년월일	2013년 1월 1일	교육기간 및 재평가	교육기간 : 2019년 9월 1일~2019년 11월 30일(3개월) 재평가일 : 2019년 12월 1일
지 역	○○○	교 사	○○○
학교 및 학년	○○초등 1학년	배 치	정서 및 행동장애

2. 현재 수행능력

1) 배경정보 : 아동은 통합유치원에 다니고 있는 여자 아동으로 인지학습을 시작하게 되면서 아동의 전반적인 발달 정도를 평가하여 아동에게 적합한 교육을 실행하고자 실시하게 되었다.
2) 검사 시 아동의 태도 : 아동은 검사 시 물건을 산발적으로 꺼내 어지럽히거나 과제 수행이 적절하게 이루어지지 않아 주로 어머니와의 인터뷰에 의해 이루어졌다.
3) 수행능력 자료
   - 지적 능력 : 웩슬러 아동용 지능검사 전체점수 78
   - 시력 : 정상
   - 청력 : 정상
   - 포테이지 발달검사 : 검사 결과 아동은 신변처리 3세 4개월, 운동성 3세 5개월, 사회성 2세 4개월, 인지 2세 4개월, 언어 2세 4개월로 전체 발달연령이 2세 9개월 정도로 아동의 현 연령에 비해 3세 정도 발달이 지체되었다.
4) 해석
   - 신변처리 : 혼자서 식사를 할 수 있다. 바지, 티셔츠, 스웨터 벗고 입기와 양말과 신발 신고 벗기를 약간의 도움을 받아 할 수 있으나 단추를 채우거나 끄르는 것은 아직 못한다. 아직 스스로 대소변을 가리지는 못하나 대소변 시 도움을 청하며 잠자리 소변을 가리는 연습을 한다. 언어적 지시를 따르지는 않으나 모방을 통해서는 가능하다.
   - 운동성 : 소근육이 발달하여 퍼즐 맞추기, 가위 사용, 망치질 등의 활동이 가능하지만 대근육 발달은 아직 미숙하여 발끝으로 걷기, 팔을 교대로 흔들기, 발을 바꾸어 가며 계단 올라가기, 행진하기 등의 활동은 제대로 수행하지 못한다.
   - 사회성 : 부모가 부탁했을 때 50% 정도 도울 수 있지만 스스로 부모님을 도와줄 수는 없다. 지시에 따라 다른 방에서 물건을 가져오거나 사람을 데려올 수 있으며 5~10분짜리 음악이나 이야기에 주의를 기울일 수 있다. 부탁과 감사의 표현 및 자신의 감정을 언어로 표현하지 못하며 물어보면 스스로 선택하지 못한다.
   - 인지 : 특정 책을 찾아올 수 있고 일상적인 그림 4개의 이름을 말할 수 있다. 수직선 긋기를 모방하며 원을 그릴 수 있지만 수평선 긋기나 십자 긋기는 아직 못한다. 기능이나 같다, 다르다에 의해서는 분류하지만 크다, 작다, 색깔에 따라서는 분류할 수 없다. 또한 지시에 따라 안과 밖, 위와 아래를 구별하지 못한다.
   - 언어 : 두 단어구(공, 의자, 내 공, 아빠가)나 2단어 표현(여기 의자)에서 '여기', '저기'를 사용하여 말할 수 있으나 소유격, 부정형, 복수형, 동사형태, 의문문을 사용하여 말하지는 못한다. 일상적인 활동에 대한 질문에는 대답하지만 '어디에'라는 질문에는 대답하지 못한다. 자신의 이름이나 나이는 표현할 수 있지만 성별을 말하지는 못한다.
5) 아동의 행동관찰
   - 주의력 결함과 산만성 문제 : 아동은 주의력결핍 및 과잉행동 장애의 특성을 보인다. 흔히 다른 일을 하거나 놀이를 할 때 지속적으로 주의를 집중하지 못한다. 검사 시에도 다른 물건을 꺼내어 산발적으로 어지럽히는 행동을 보였다. 과제가 주어졌을 때 그 일에 대해서 끝까지 집중하지 못하고 자신의 의자를 뒤로 쭉 빼는 행동을 보인다.
   - 상동행동 : 아동은 양 손목을 흔드는 상동행동을 보이고 특히 어떤 물체를 돌린 후 돌아가는 모습을 지켜보며 손목을 흔든다. 물체를 돌리거나 굴려서 나는 소리를 주의 깊게 들으려고 한다.

3. 장단기 교육목표

1) 장기목표
   - 읽기, 쓰기 기술을 개선한다.

– 기본적인 산수기술을 안다.
– 아동의 주의력 결함과 상동행동 문제를 줄인다.

2) 단기목표
– 글자를 쓰고 단어를 늘인다.
– 수세기와 덧셈을 알게 한다.
– 시계를 볼 수 있게 한다.
– 아동의 의자 밀기 행동을 교정하여 수업시간에 자리를 앉아 있을 수 있다.
– 손목 흔드는 행동을 교정하여 수업시간에 주어진 과제를 완수한다.

4. IEP 위원회 구성

	서명
교 장 : 박○○	
담임교사 : 이○○	________________
부 모 : 정○○	________________
언어치료사 : 고○○	________________
행동치료사 : 황○○	________________

나는 나의 아동을 정서, 행동장애 지도 프로그램에 배치하기 위한 이 계획에 동의한다.
학부모 서명 : ______________ 날짜 : ______________

5. 행동중재 프로그램의 실행

1) 목표행동 : 아동의 의자 뒤로 밀기 행동
2) 목표행동의 조작적 정의 : 의자에 앉은 상태에서 배를 허벅지에 붙이고 한쪽 다리로 의자를 뒤고 밀고 일어난다.
3) 목표 수준 설정 : 수업시간에 강ㅇㅇ은 의지 뒤로 밀기 행동을 하루 평균 2회 수준으로 줄일 수 있다.
4) 기능분석 : 분석 결과 강ㅇ의 주의력 부족과 과다행동 특성은 수업시간에 조용히 앉아서 주의집중을 하여 스스로 수업활동에 참여하는 행동에 저해요인으로 작용한다.
5) 기초선 측정 : 아동의 의자 뒤로 밀기 행동을 빈도기록법에 따라 기록한다. 오전활동 시간 4시간을 일주일 동안 관찰하여 기초선을 작성한다.

	월	화	수	목	금
빈 도	10	15	13	11	11

6) 중재적용 절차 : 의자 뒤로 밀기 행동의 감소를 위해 발표시키기, 정적 강화와 행동 계약 등의 중재절차가 적용되었다.
– 발표시키기 : 의자 뒤로 밀기 행동을 줄이기 위해 아동에게 수업시간 동안 발표를 많이 시킨다. 그럼으로써 자연스럽게 자리에서 일어날 수 있는 기회를 준다.
– 정적 강화 : 교사의 칭찬과 함께 급우들의 긍정적인 관심과 지지를 유도한다.
– 행동계약서 : 행동계약서 절차에 따라 교사와 아동이 함께 행동계약서를 작성하여 아동 자신의 행동을 스스로 알고 통제할 수 있게 한다.

행동계약서

학생 이름 : ○○○

저는 수업시간에 의자를 뒤로 미는 행동을 하지 않겠습니다.
한 번이라도 하면 컴퓨터 게임을 할 수 없습니다. 저는 약속을 잘 지키는 어린이입니다.

	했습니다	하지 않았습니다
이번 시간에 의자를 뒤로 미는 행동을 몇 번 했는지 점검해 보세요.		
의자를 뒤로 미는 행동을 안 했을 때는 무엇을 하고 싶은가요?		

학 생 서명 : ________
선생님 서명 : ________

출처 : 김미경 외(2006), pp. 99-104 재인용.

〈표 15-20〉 행동 증가 및 감소를 위한 기법

구 분		특 징
행동증가	강화자극 (reinforce)	목표행동 발생 시 행동을 유지하거나 증가시킬 목적으로 제공되는 후속 결과를 말한다. 강화자극의 종류로는 먹을 수 있는 것(사탕, 초콜릿, 음료수), 만질 수 있는 것(책, 인형), 교환할 수 있는 것(배지, 스티커, 토큰류), 활동(종이접기, TV 보기), 사회적 자극(웃음, 언어적 칭찬, 안아주기), 감각적 자극(간지럼 태우기, 음악 들려주기)이 있다.
	유관계약 (contingency contract)	"만약 네가, 먼저 시금치를 먹으면 TV 만화 영화를 보여줄게"와 같이 '만약 ~하면 ~하겠다'는 식의 행동관리 형태이다.
	토큰체제 (token economy)	사회성 혹은 학업적 기술 증진을 위해 가장 널리 사용되는 기법으로 어떤 행동에 대한 보상으로 토큰을 주고, 토큰의 수가 어느 정도 모이면 학생이 원하는 것을 주는 방법이다.
행동감소	차별강화 (differential reinforcement)	적절한 목표행동을 강화하면서 다른 행동에 대해서는 소거 프로그램을 적용하는 것으로, 예를 들어 15분 동안 자리를 이탈하는 행동이 3번 이하일 경우 강화를 준다고 프로그램을 정하는 것을 들 수 있다.
	벌(punishment)	목표행동 발생 후 육체적 혹은 심리적 고통을 주거나 긍정적인 강화자극을 차단 또는 제거함으로써 특정 행동의 감소를 유도하는 방법이다.
	타임아웃 (time-out)	목표행동을 감소시키기 위해 목표행동의 발생을 유지시키는 활동이나 사건, 타인의 관심 등의 강화자극을 차단하는 것이다. 예를 들어, 아동이 바람직하지 못한 행동을 할 때 특정한 곳이나 별도의 타임아웃 방에 아동을 배제시키는 방법이다.

출처 : 김미경 외(2006), pp. 170-181.

4) 장애학생 및 가족에 대한 옹호

미국의 경우 모든 장애아 교육법(Education of All Handicapped Children Act, P.L. 94-142), 2002년 어떤 아동도 뒤처지게 둘 수 없다는 법(No Child Left Behind Act), 개별장애아교육법(individual with disability education act) 등의 제 · 개정으로 인해 학교에 학교사회복지사가 고용되고 있으며 장애학생과 관련된 학교사회복지사의 역할이 부가된다. 특별교육법과 규정에서 언급된 주요 사회복지 기능은 사정, 개입, 사례관리 및 조정인데, 요약하면 〈표 15-21〉과 같다(Clark & Thiede, 2006 : 270). 초기단계의 법에서는 학교사회복지사에게 부여된 중요한 역할로 주로 적절한 서비스가 필요한 아동 발견과 학생의 특별교육 자격부여 판정에 강조점을 두었다.

그러나 1995년 이후 IDEA법에 의해서는 학교사회복지사는 사회발달력(social developmental study), 기능적 행동사정(functional behavioral assessment), 개별화된 교육계획(The Individualized Education Plan), 긍정적 행동개입과 지지(positive behavioral interventions and supports) 등 사정, 개입 및 문제해결, 사례관리로 기능이 변화되었다. 특히 행동문제로 인해 장애아동을 학

교에서 추방시키는 것을 막고 장애에게 무상으로 공교육을 제공하기 위한 국가의 책임 간의 균형을 이루고자 학교에서 장애학생의 교육 및 훈육과 관련해서 일련의 복잡한 절차를 포함시켰다. 그중 학교가 중요한 교육시간 동안 학급에서 장애아동을 이동시켜 교육시키고자 할 때는, 기능적 행동사정과 행동개입 계획의 실행을 실시하는 것을 필요조건으로 하고 있고 이를 사회복지사가 담당하도록 규정하고 있다. 이러한 법 규정에 의해 미국의 학교사회복지사는 장애학생 및 가족에 대해 다양한 서비스를 실행하고 있다(Clark & Thiede, 2006 : 269-271). 우리나라에서도 장애아동이 적절한 공교육을 받을 수 있도록 권리를 보장하고 이와 더불어 장애학생에 대한 사회복지서비스 및 프로그램이 실시될 수 있도록 관련법 제・개정은 물론 다양한 옹호활동이 행해져야 한다.

〈표 15-21〉 미국 연방법과 규정에 제시된 학교 내 사회복지서비스

사회복지서비스	기 능	법/규정(regulation)
사회력 또는 발달력을 준비한다.	사정	P.L. 94-142와 regulations
아동의 생활상태와 형태를 평가하기 위해 가정방문을 행한다.	사정	P.L. 99-457과 regulations
가족의 범주 내에서 아동의 심리사회적 발달적 사정을 준비한다.	사정	P.L. 99-457과 regulations
아동과 가족에 대한 집단과 개인 상담을 실시한다.	개입	P.L. 94-142와 regulations
부모와 다른 가족성원들에게 개인과 가족집단상담을 제공하며 아동과 부모에게 적절한 사회기술–구축활동을 제공한다.	개입	P.L. 99-457과 regulations
아동의 생활상황(가정, 학교와 지역사회)에서 아동의 학교적응에 영향을 미치는 이들의 문제를 작업한다.	개입	P.L. 94-142와 regulations
아동의 생활상황(조기 개입서비스가 제공되는 가정, 학교와 지역사회)에서 조기 개입서비스에서 아동의 최대한 이용에 영향을 미치는 이들의 문제를 작업한다.	개입	P.L. 99-457과 regulations
긍정적 행동 개입전략을 개발하기 위해 지원한다.	개입	P.L. 105-17과 regulations
아동이 그의 교육적 프로그램으로부터 최대한의 이득을 받을 수 있도록 학교와 지역사회를 동원한다.	개입	P.L. 105-17과 regulations
아동이 조기 개입서비스로부터 최대한의 이득을 받을 수 있도록 지역사회 자원과 서비스를 구체시하고, 동원하고, 조정한다.	사례관리/서비스 조정	P.L. 94-142와 regulations

출처 : Clark & Thiede(2006), p. 270.

5) 장애아 부모 및 가족에 대한 개입

학교사회복지사는 다양한 방법으로 장애학생 교육에 있어 도전을 도울 수 있어야 한다. 학교사회복지사는 장애학생의 부모가 그들의 권리를 이해하도록 하고 그들의 부모

를 지지하고 부모참여를 촉진하고 유지하는 활동에 참여하도록 보장해야 한다(Dupper, 2002 : 127). 모든 장애부모가 다 그런 것은 아니지만 장애부모들은 여러 가지 스트레스에 노출될 가능성이 높다. 선행연구에 따르면 장애가족 부모는 다음과 같은 현실적이며 심리적인 문제에 직면한다(최민숙, 2007 : 33-37).

첫째, 주양육자의 육체적 고통이다. 주양육자는 어머니가 대부분인데 이들은 끊임없이 장애아동을 돌보아야 하기 때문에 만성피로에 시달리고 육체적인 고통에 시달리기 쉽다. 둘째, 시간 부족이다. 주양육자의 부모는 일상생활 유지와 더불어 장애아동을 돌보는 일까지 병행해야 하므로 절대적으로 시간이 부족하다. 셋째, 주양육자의 고립이다. 장애아동은 다른 아동에 비해 어머니를 많이 필요로 하기 때문에 아동을 돌보는 일에 관계된 것 외에 다른 일을 할 수 없으므로 자연스럽게 사회적으로 고립된다. 넷째, 부부관계와 전체 가족관계의 갈등이다. 장애아동의 출현은 가족 간의 평형을 깨뜨리고 지금까지 준비해 왔거나 경험해 보지 못한 새로운 어려움을 경험하게 되며 이러한 어려움이 크면 클수록 그것을 해소하고 다시 가족 간의 평형을 찾기 위해 많은 시간이 필요하다. 다섯째, 장래에 대한 근심이다. 비장애아동이었을 경우 고민하지 않아도 될 문제인 학교취학문제(유치원, 초등학교 등 통합교육을 시킬 것인가 특수학교에 보낼 것인가), 취업, 주거, 결혼 등에 대해 고민하게 된다. 이러한 문제는 부모 혼자서 해결할 수 없는 여러 변인들이 복합적으로 관련되어 있는 난제이다.

여섯째, 여가시간의 축소이다. 장애아동의 부모는 여가시간이 적어서 지역사회에서 개최하는 여러 가지 전시회나 연주회 등에 참여하기 어렵다. 일곱째, 장애아동과 상호작용의 어려움이다. 장애아동은 반응성이 부족하여 부모는 자녀와 의사소통하는 데 어려움을 겪는다. 때때로 다루기 어려운 기질을 가지고 있거나, 지나치게 위축되어 있거나, 좌절상황을 견디기 어려워하고 집중력이 낮으며 활동성이 부족하다. 아동의 이러한 특성들로 말미암아 부모는 아동과의 상호작용에 어려움을 갖게 된다. 여덟째, 경제적 어려움이다. 장애아동은 비장애아동에 비해서 많은 시설 · 설비 및 보조기자재를 필요로 한다. 때때로 장애로 말미암아 일반주택에서 살 수 없어서 개조를 해야 할 필요가 있거나 장애의 경감을 보조하기 위한 여러 가지 보조 장비와 치료 교육으로 인해 많은 경제적인 어려움을 갖게 된다. 아홉째, 심리적 문제이다. 장애아동의 탄생은 부모에게 깊은 상처와 동시에 커다란 충격을 줄 수 있으며 이러한 충격은 장애아동을 낳았다는 죄의식과 사회로부터 받는 경멸감과 어우러져 커다란 스트레스 요인으로 작용할 수 있다.

또한 비장애 형제자매는 장애아동의 부모와 마찬가지로 여러 가지 심리적인 어려움을 겪는데 구체적인 내용을 살펴보면 다음과 같다(최민숙, 2007 : 41-44). 첫째, 부모의 방임이다. 부모의 대부분의 시간은 장애자녀를 돌보는 데 할애되며 특별히 장애아동교육에 있어서 부모참여의 강조는 더더욱 부모의 많은 시간을 빼앗게 되어 비장애 형제자매에게 쏟을 시간이 부족하게 된다. 둘째, 정서적 문제이다. 일반적으로 장애아동의 부모는 장애아동의 욕구에 우선적으로 반응하고 그 다음에 비장애 형제자매에게로 주의를 돌리는 경우가 많다. 비장애자녀가 학교에서 여러 가지 어려움을 겪어도 부모는 비장애자녀에게 많은 도움을 주지 못하게 된다. 더군다나 많은 부모들은 장애자녀에게서 채워지지 못했던 부분을 비장애자녀에게서 채우려는 기대심리로 비장애자녀에게 과중한 부담을 지우는 경우가 많다. 이러한 여러 가지 불리한 환경하에서 비장애 형제자매는 정서적으로 문제를 일으킬 수 있다. 셋째, 육체적 고통이다. 중증장애아동의 형제자매는 부모와 분담하여 장애아동을 돌보며 이러한 역할분담을 통해 부모와 동등한 육체적 고통을 느낄 수 있다. 넷째, 교육방법의 차이이다. 장애아동의 부모는 장애자녀와 비장애자녀를 교육하는 방법에서 많은 차이가 있다. 선행연구에 따르면 장애자녀를 둔 부모의 절반가량은 장애자녀와 비장애자녀를 동등한 방법으로 교육하였는 데 반해 그 외 부모들은 비장애자녀를 장애자녀보다 더 엄격히 교육하고 있었다. 즉, 형제 간의 다툼이 발생하였을 비장애형제는 장애형제와 싸움이 허락되지 않으며 일방적으로 인내를 강요당하거나 장애 형제자매가 본인들보다 부모로부터 많은 사랑과 선물을 받는다고 지각하는 것으로 보고되었다. 다섯째, 놀이 시 장애 형제자매를 돌봄이다. 장애아동의 경우 비장애아동과 놀이를 할 기회가 적으며 자발적인 놀이활동을 하지 않는 경우가 많다. 이로 인하여 부모들은 비장애자녀에게 친구와 놀이를 할 때 장애형제와 함께 놀거나 돌봐주기를 바란다.

이처럼 장애학생을 둘러싼 중요한 환경인 부모 및 형제들은 다양한 심리사회적 어려움에 직면하게 된다. 따라서 학교사회복지사는 장애학생은 물론 이들 장애학생의 부모 및 형제들이 적절한 지지자의 역할을 수행할 수 있도록 상담 및 교육, 지지, 필요한 사회복지서비스 제공 등 다양한 개입을 할 수 있다.

6) 장애학생 부모의 참여 촉진

장애학생 부모들이 서비스 대상자이기도 하지만 서비스의 주체이기도 하다. 장애학생 부모가 학교에 적극적으로 참여하도록 촉진하는 것이 필요하다. 가족들은 각각 다양한 상황에 처해 있기 때문에 협력을 잘 할 수 있는 가족이 있는 반면, 여러 가지 저해요인으로 말미암아 아동교육에 효율적으로 참여할 수 없는 가족도 있다.

가족참여를 저해시키는 변인들은 크게 가족변인과 교사변인들로 구별할 수 있는데 구체적인 내용은 〈표 15-22〉와 같다. 효율적인 가족참여를 위해서는 각 가정의 독특한 문제상황을 이해하여야 하며 상황에 따른 개별화 가족지원이 실행되어야 한다. 장애아동 개인의 상황을 고려하지 않은 획일적이고 일방적인 가족참여는 아동교육의 효율성을 저해할 것이며 더 나아가 준비되지 않은 가족에게 장애아동교육을 떠맡기면 가족들의 부담만 가중될 우려가 있다. 이러한 부담은 가족의 스트레스를 가중시켜 가족의 기능을 저하시킨다(최민숙, 2007 : 75-80). 장애아동 교육을 위한 개별화 가족지원서비스 계획과 관련된 구체적인 내용은 최민숙(2007)의 책을 참고하기 바란다.

〈표 15-22〉 장애학생 부모 참여를 막는 요인

가족변인	교사변인
-부모의 사회경제적 수준 : 젊은 부모가 나이 많은 부모에 비해, 자녀가 적은 부모가 자녀가 많은 부모에 비해 참여가 높고 사회경제 수준, 교육수준이 낮은 경우, 해체가족인 경우 아동교육에의 참여 낮음 -부모가 아동을 다루는 데 미숙할 때 -전반적인 가족관계의 문제 : 부부간의 갈등이 심하거나 고부간의 갈등으로 가족 내에 불안이 심화되었을 경우 -부모가 아동의 장애를 주관적으로 해석할 때 : 부모가 아동의 장애를 부정적으로 생각해서 교육의 효과를 부인하며 아동의 장애를 비합리적으로 정의해서 교육적인 처치를 거부하는 경우, 예를 들면 장애를 '신의 벌'로 간주하는 경우 -부모의 비합리적 문제해결 방법 : 신의 기적이나 기적적인 의사 또는 미신적인 방법으로 아동의 장애를 해소시키려는 경우	-과중한 과제부담으로 인하여 부모가 시간적으로 지나치게 구속당할 때 -부모의 요구와 목표를 사전에 고려하지 않고 과제를 부과했을 때 -부모에게 부과된 과제가 능력 이상의 것이어서 그로 인해 부모가 아동을 교육할 때 실패를 경험하여 무능력감을 느낄 때 -부모를 비난할 때, 예를 들어 아동과의 상호작용의 문제점을 지나치게 지적하여 부모를 비난할 때 -교사가 부모와 자주 또는 규칙적으로 상호작용을 해야 하나 그렇지 못했을 때 -아동의 장애가 심하거나 상호작용이 지나치게 어려워 교육의 효과가 적을 때 -아동의 치료기관이 지나치게 멀어서 부모만 매일 아동교육을 담당하고 전문가와의 접촉이 어려울 때

출처 : 최민숙(2007), pp. 75-80.

CHAPTER 16

취약집단 학생을 위한 개입

사회복지전문직의 1차적인 사명이 인간의 복지를 향상시키고 모든 사람들의 기본적 욕구를 충족시키도록 돕는 것임에도 불구하고, 사회복지사는 취약집단(vulnerable group)과 억압받는 사람들의 니드와 임파워먼트에 특별한 관심을 두어야 한다. 여러 학생집단 중 특히 취약한 집단으로는 빈곤학생, 게이 또는 레즈비언 성적 지향이 알려지거나, 추정되어 피해를 받는 학생, 다문화가정 학생, 위탁가정 또는 청소년교정시설에서 학교로 재통합되는 학생들이 해당된다.

1. 빈곤아동 및 청소년

1) 특성

빈곤과 같은 취약환경에 처해 있는 청소년의 경우 청소년이라는 심리사회적 발달 단계에 관련된 문제뿐 아니라 환경의 취약성에서 비롯된 위험에도 동시에 노출되어 있다. 일반적으로 전문가들은 빈곤가정 자녀들의 경우 빈곤하지 않은 가정의 자녀보다 다양한 위험요소에 노출되어 있고 이러한 위험요소들로 인하여 발달과업을 성취하기 어렵고, 집단폭력, 미혼부모, 약물남용, 학교 관련 문제를 발생시킨다고 주장한다(Brooks-Gunn, Kleanov, Liaw, & Duncan, 1995; Taylor & Robert, 1995; Huston, 1991). 특히 1997년 말 외환위기 이후 사회안전망을 제대로 갖추지 못한 채 갑작스러운 실업사태를 맞은 우리 사회는 임시, 일용직 노동자, 파출부, 영세사업자 등 도시빈민층이 우선적으로 노동시장으로부터 배제되면서 최저생계비 이하의 빈민의 수가 증가되었으며 빈민의 생활이 더 피폐해짐으로써 빈곤의 문제가 질적으로도 더욱 심각화되는 양상을 띠면서 도시빈민의 계급이 사회적으로 고착되었다(엄미선, 2003 : 9).

저소득 아동 및 청소년은 빈곤의 직접적인 원인 제공자가 아니라 빈곤의 피해자이다. 또한 아동 및 청소년에게는 상대적 박탈감이 더 크게 작용할 수 있다. 단순히 저소득층 또는 저소득 가정에 대한 소득보장과 최소한의 생활수준으로의 보조와 같은 절대적인 빈곤 또는 소득 수준만을 고려한 정책지원은 저소득층 청소년에게 삶의 의욕과 동기를 제공해 주는 서비스로서의 역할을 수행하지 못한다는 것이다. 따라서 저소득층 청소년을 위한 정책에서는 단순히 소득 부족에서 오는 물질적 측면의 곤란과 정상적인 청소년으로서의 발달에 장애가 되는 빈곤적 환경요인을 제거할 뿐만 아니라 정상적인 발달을 지원할 수 있는 환경을 제공받을 사회적 권리를 부여할 수 있어야 한다(이혜연 외, 2001).

(1) 저소득 아동 및 청소년의 적응에 영향을 미치는 요인

저소득 아동 및 청소년의 적응에 영향을 미치는 요인으로는 소득, 가족해체, 부모의 건강 및 기능수행, 부모의 자녀양육문제, 사회적 지지, 교육격차, 사회적 배제와 부모의 무기력을 들 수 있는데 구체적으로 살펴보면 다음과 같다. 첫째, 낮은 소득이다. 가정의 낮은 소득문제는 아동 및 청소년의 건강한 성장을 가로막는 가장 큰 위험요소이다. 낮은 소득은 불안정한 일자리와 실업과 관련이 깊다. 도시빈민의 취업 특성 중 하나는 숙련된 기술이 필요하지 않은 직종에서 임시직 형태로 종사한다는 것이다. 이들 직종은 경기변동의 영향에 민감한 업종이며 따라서 불황기가 닥치면 업체가 바로 도산해서 일자리를 잃는 경우가 많으며 그렇지 않다 하더라도 임시직의 특성상 정규직과 달리 곧바로 해고의 위험에 직면하게 된다(엄미선, 2003 : 10 재인용).

최근 학계에 보고되는 연구에 따르면 우리나라는 이미 1980년대에 걸쳐 소득분배가 악화되어 왔을 뿐 아니라 1997년 말의 소위 'IMF 체제'를 겪으면서 더욱 소득불평등 수준이 심화되고 빈곤율이 급증되고 있다(노대병, 1999; 박찬용 외, 1999; 류정순, 1999; 정건화, 1999; 이연우・이성림, 2001; 박순일, 2000). 특히 최근 가장 두드러진 현상 중의 하나가 빈곤의 대물림이다. 과거에는 부모세대가 못살아도 자녀들이 똑똑하면 좋은 학교에 진학하고 좋은 직장에 취업할 수 있었지만 지금은 잘사는 집안의 아이들이 좋은 대학에 진학하여 직업적으로 성공할 확률이 높아지고 있다. 극빈층은 어느 정도 문제가 완화된 것은 사실이나 극빈층과 중간층 사이, 즉 빈곤층의 차상위 집단이 신빈민층으로 등장하고 있다.

둘째, 가족해체이다. 경제적 빈곤으로 파생하는 다양한 문제는 부부간의 갈등을 가중시키고 배우자 가출이나 이혼 등을 통해 가족해체로 이어지기 쉽다. 빈곤과 한부모가족에 대해서는 크게 두 가지 관점이 있다. 하나는 한부모가 되면 빈곤할 수밖에 없다는 관점이다. 이는 여성학자들이 주로 강조하고 있는 입장이다. 즉, 남성생계부양자 모델에 입각한 사회에서는 남성이 가족의 경제적 복리를 책임지고 여성은 가족의 보호 업무를 전담하도록 한다. 따라서 가족부양자 상실은 경제적 어려움을 야기한다. 특히 여성은 낮은 고용률을 보이고, 일자리(열악한 일자리)도 차별받으며 설사 노동시장에 진입했다 하더라도 이후 고용, 임금과 관련해서 차별을 받는다. 또 다른 관점은 빈곤한 사람이 한부모가 된다는 것이다. 계급적 배경이 빈곤하기 때문에 한부모가족이 되고 더욱 빈곤하게 살아간다는 것이다. 외국의 경우 10대에 출산한 여성의 56%가 한부모가 되고 있는데 이들의 대부분이 불우한 환경에서 성장하고, 부모의 직업이 미숙련직이 많으며, 특히 이혼의 경우에도 남편이 실직자인 경우 훨씬 높아진다고 한다.

셋째, 부모의 건강 및 기능수행이다. 빈곤은 부모의 건강 및 기능수행상의 문제를 초래한다. 더욱이 건강문제는 노동시장에서 이들의 취약한 지위를 더욱 불안하게 만들고 경제활동의 참여를 어렵게 해 악순환이 반복될 우려가 높다. 빈곤한 가족들에게는 우울 및 불안 증상이 자주 발견된다(Ramsy, 1989). 또한 사회계층이 낮을수록 정신분열증과 같은 정신증이 많은 것으로 나타나고 있다(이정균, 1992). 특히 부모의 우울, 정신분열증, 약물이나 알코올 중독과 같은 정신병리는 자녀의 심리사회적 문제의 중요한 위험요소가 된다(Garmezy, 1993).

넷째, 부모의 자녀양육문제이다. 경제적 어려움은 감정적 디스트레스를 유발하게 되고 이는 다시 부모의 결혼관계와 부모의 양육행동에 어려움을 가져오게 되며 이런 상호작용적 과정은 직접적으로 아동의 적응에 영향을 미치게 된다. Duncan(1993)은 빈곤이라는 사회적 구조(환경)는 직접적으로 청소년에게 영향을 미치는 것이 아니라 중재요인을 통해서 아동의 정신건강, 인성, 행동에 영향을 미친다고 한다. 즉, 위협적이며 처벌적인 부모의 교육방식, 보호감독의 소홀, 부모와 자식 간의 낮은 감정적 애착 등은 청소년에게 부정적인 영향을 미치므로 빈곤청소년들의 적응력이 떨어지게 된다는 것이다.

저소득 부모들은 경제적으로 여유가 없기 때문에 자녀들이 원하는 것을 제대로 충족시켜 주지 못하는 것에 대해 미안해하고 그러다 보니 수입에 비해 자녀들에 대한 사교육비 지출이 많은 편이다. 한부모의 경우 주변의 부정적인 시각과 경제적인 어려움, 자녀들에게 건강한 부모의 모습을 보여주지 못한 것에 대한 미안함과 죄의식을 느낀다. 여성 한부모들은 주변 사람들로부터 아버지가 없음으로 인해 버릇없는 자식이라거나 본보기 없는 자식이라는 소리를 듣지 않도록 하기 위해 아이들의 행동에 신경을 많이 쓰고 있다. 또한 학교에 내는 서류에 가족사항을 적을 때나 한부모라는 이유 때문에 자녀가 차별이나 불이익을 받지 않을까 하는 걱정 등도 스트레스 요인이 된다. 더욱 중요한 것은 경제적 빈곤으로 말미암아 자녀에 대한 신체적 학대나 아동유기와 같은 위험이 증가하게 되고 실제로 소득이 낮은 가정에서 가정폭력의 비율이 높은 것으로 보고되고 있다(Hashima & Amato, 1994).

다섯째, 빈약한 사회적 지지이다. 불완전 취업과 저소득에 시달리는 빈민들은 정보와 제도에서 소외되기 쉽고 사회적 지지망이 매우 열악하다. 빈곤가정의 경우 아동의 발달을 자극할 자원이 부족할 뿐 아니라 대개 빈곤한 가족들은 비슷한 환경에 처한 이웃들 사이에서 거주하게 됨으로써 선택할 수 있는 보호환경이 거의 전무하다. 주변 환경, 즉 빈약한 주거환경, 지역사회의 사회적 해체, 아동의 발달에 필요한 지역사회 자원의 부족, 지역주민과의 빈약한 연대는 아동의 발달에 직·간접적으로 영향을 미친다.

여섯째, 교육격차이다. 빈곤의 대물림을 끊을 수 있는 수단은 교육이다. 특히 한국사회는 교육수준과 학력에 따라 선택할 수 있는 직업과 소득의 폭은 매우 크다. 빈곤층 아동 및 청소년들은 중상류계층에 비해 교육의 출발선이 다르다. 한국은 공교육비 지출이 OECD 국가에 비해 낮은 편이다. 이러한 공교육의 부재는 교육의 격차와 직결되며 사교육비의 증가를 야기한다. Won(2001)의 연구에 따르면 계층이 높아질수록 사교육비가 증가되지만 하류계층의 경우 상당수가 이미 사교육비를 지출하고 있을 뿐 아니라 향후 소득이 높아지면 사교육으로 돈을 지출할 가능성이 높다고 예측하였다. 공교육비의 사부담 의존도가 높다는 것은 교육의 소득재분배 효과가 적다는 것을 의미한다. 이미 학부모들은 비싼 사교육비를 부담하고 있으며 사교육비 부담능력이 부족한 계층의 소외감은 사회갈등을 유발하는 주요한 원인이 되고 있다.

일곱째, 사회적 배제와 부모의 무기력이다. 빈민은 심리, 사회, 경제, 정치적 영역에서 다양한 사회적 배제를 경험한다. 경제적 배제는 주로 노동시장으로 재편입되지 못한 상태에서 지속적인 소득결핍으로 인해 기초적인 생계문제만이 아니라 삶의 질을 결정하는 각종 정보와 문화적 삶에 있어서도 주변화시킨다. 심리적 배제는 빈곤으로 인한 무력감과 경제적 위축에 따른 의존감 등으로 자기정체감을 낮게 하며 사회적 배제는 상실감과 함께 낙인을 경험하게 한다. 정치적 배제는 자신의 문제를 개진하거나 정치적 역량을 표출하지 못한 채 소외되고 고립되게 한다. 이러한 배제는 도시빈민의 사회적 기능 수행을 저해한다. 인간은 사회적 기능을 효과적으로 수행되지 못할 때 무기력을 경험한다. 이러한 무기력은 인간관계기술의 발달을 제한하고 사회적 역할 수행에서의 효과성을 감소시킨다(엄미선, 2003 : 14).

(2) 저소득 아동 및 청소년의 욕구와 당면문제

저소득 아동 및 청소년의 욕구와 당면문제를 크게 심리적, 행동적, 인지적, 신체적, 문화적 측면으로 나누어 살펴보면 다음과 같다. 첫째, 심리적 측면이다. 박현선(1999 : 212)에 따르면 생활보호대상가구의 청소년들은 생활고뿐 아니라 부부불화나 편부모가정이라는 편견 등 만성적인 생활조건에서 기인한 스트레스를 경험하고 있는 것으로 나타났다. 이러한 스트레스는 크게 가정환경 관련 스트레스, 의료 및 경제적 스트레스, 낙인이나 편견에 의한 스트레스인 것으로 나타났다. 이러한 다양한 위험요소에서 기인하는 스트레스는 우울, 불안과 같은 정서적 문제성향을 야기하는 것으로 나타났다. 그러나 환경적으로 동일한 스트레스를 받는다고 할지라도 자존감과 같은 개인적 특성을 가진 청소년들은 우울, 불안과 같은 내재화되는 문제성향이 상대적으로 적고 학업성취는 높은 것으로 나타났다. 또한 동일한 고위험 스트레스 상황에서도 민주적 가정환경과 지지적인 학교환경이 뒷받침되면 학업성취에도 긍정적일 뿐만 아니라 비행과 같이 행동화하는 문제성행도 경감되는 것을 알 수 있다.

둘째, 행동적 측면이다. 빈곤아동들은 가족기능의 약화로 말미암아 심리적 불안 및 우울을 경험하기 쉽다. 이로 인해 대인관계와 적응행동에 문제를 가져오고 폭행, 가출 등의 비행행동을 하기도 한다. Toby(1992)에 의하면 청소년가정의 낮은 사회경제적 지위는 낮은 지적 지위를 가져오고, 낮은 지적 지위는 학교에 대한 부정적인 태도를 초래하며, 이는 거칠고 자극적인 행동을 유인하여 비행청소년이 되게 한다. 빈곤아동들의 문제행동을 조사한 선행연구들에 따르면 빈곤한 아동들은 일반아동에 비해 상대적으로 높은 품행장애와 행동문제, 우울증, 낮은 자존감, 빈약한 사회적응력을 보인다고 한다.

셋째, 인지적 측면이다. 빈곤한 아동들에게 있어 학업의 성취는 빈곤을 탈피하는 데 중요한 예상지표가 된다. 즉, 학업을 성공적으로 마칠수록 그 아동은 보다 경제적으로 유능한 직업을 가질 확률이 많아지고 이는 직접적으로 빈곤이 주는 경제적 어려움에서 벗어나게 할 수 있다(Jenck, 1972). 그러므로 빈곤한 아동에게 체계적인 개입을 통해서 학업의 성취를 높이는 것이 매우 중요하다. Duncan과 Brooks-Gunn(1977)은 빈곤한 가정환경은 학습에 필요한 교재 및 도구들의 부족, 부모와 자녀 간의 낮은 상호작용, 놀이에 필요한 공간의 부족 등을 보이며 이는 빈곤아동의 낮은 학업성취와 관련이 있다고 보고하였다. 어릴 때부터의 아동들의 제한된 경험은 그들 자신의 미래와 자신에 대한 부정적인 상을 형성하기 쉽다. Patterson(2000)은 빈곤아동들이 자신의 미래에 대해서 어떻게 인식하고 있는지를 조사하였는데, 그들은 부모와 이웃이 궁핍하고 바람직한 직업을 가지지 못하는 것을 보면서 자신들도 더 나은 기회를 얻지 못할 것이라고 결론지어 버리는 경향이 있다고 하였다. 빈곤아동들은 자신에게 의미 있는 성인들이 최소한의 기회를 가지는 것을 보면서 자신들에게도 성공에 대한 기회가 제한될 것이라고 생각한다는 것이다.

넷째, 신체적 측면이다. 경제적 결핍은 오래전부터 건강의 위험요소로 알려져 왔다. 빈곤과 아동건강과의 상관관계에 대한 연구들은 빈곤이 저체중 출생, 영아사망률, 전염병 전염률, 아동기 사고 및 사망 등과 관련이 있음을 보고하고 있다. 발달 부분에 있어서는 언어기술, 사회발달, 운동발달과 같은 인지능력과 언어능력이 저조한 것으로 나타났다. 이혜연 외(2001)에 따르면 저소득청소년의 40% 정도가 음식과 영양섭취 면에서 욕구를 충족시키지 못하고 있는 것으로 나타났다. 또한 33.2%의 청소년들은 자신들의 신체발육이 친구들에 비해 뒤진다고 인식하고 있었으며 병에 걸렸던 청소년(43.4%)의 과반수(51.6%)는 증세가 심하지 않으면 치료를 받지 않는다고 응답하여 적절한 의료적 조치가 이루어지지 않음이 나타났다.

사회경제적인 수준이 낮은 집단은 건강 서비스의 혜택에 있어 불이익을 경험하게 된다. 빈곤아동이 일반아동에 비해 의료보장제도를 이용하는 정도가 약하다. 일하지 않는 빈민들은 원론적으로는 의료보호대상자가 되어야 하지만 대상자 조건의 까다로움과 적용상의 경직성으로 인해 의료보호의 혜택을 받기 어려운 경우가 있다. 비록 의료보호대상자가 되었다고 하더라도 일정한 본인부담이 존재하므로 의료기관의 이용에는 제약이 따르게 된다. 일하는 빈민이라고 해도 직장의료보험에 가입되지 않는 경우 건강보험료의 부담은 오롯이 본인 몫으로 돌아온다. 결과적으로 건강보험료가 상습 체납되어 보험혜택을 받지 못하는 경우도 많다.

다섯째, 문화적 측면이다. 문화는 중요한 사회적 수단인 동시에 경제적 수단으로 활용되고 있기 때문에 문화격차 문제는 단순히 문화의 접근과 활용만의 문제가 아니라 교육, 경제, 사회참여 등 생활 전반에 걸친 불평등 문제로 연결되고 결국에는 또 다른 문화격차를 초래하여 사회적 갈등을 야기할 수 있다. 청소년 시기에 경험하게 되는 문화격차는 청소년의 정체감 형성에 부정적인 영향을 미침은 물론 사회참여 기회의 박탈로 인해 박탈감과 소외감을 낳고 결국 사회 내부의 갈등을 확대함으로써 사회적 통합을 저해하는 기본적인 원인을 제공할 수 있다. 소외계층 청소년의 경우 다른 부분과 마찬가지로 문화생활과 관련된 영역에서도 자신이 속한 가족의 사회계급, 지역성, 사회적 여건, 신체적 여건, 청소년 유형(학생청소년, 시설청소년, 소년소녀가장청소년, 비행청소년 등)에 따라 제약받기가 쉽고 문화적 불평등이 심하다. 특히 대부분의 문화활동은 개인부담으로 이루어지므로 열악한 생활환경에 있는 소외계층 청소년의 경우 문화활동에의 참여가 원천적으로 막혀있어 문화활동에의 참여를 포기하거나 아니면 비용마련을 위해 범죄행동에 가담하는 등 비행과 연결되기도 한다.

조은 외(2000 : 252)의 연구에 따르면 저소득층 청소년의 문화접근 및 향유실태와 관련하여 청소년대상 문화 프로그램 참여경험이 있는 청소년은 10명 중 2명 정도에 불과했고 동아리활동 경험이 있는 청소년은 26.3%, 자원봉사활동 경험이 있는 청소년은 27.3%로 낮게 나타났다. 지역의 청소년 문화환경·여건 수준이 높다고 응답한 비율은 6.8%에 불과하였으며 전체적인 여가만족도는 13.4%로 나타나 청소년들의 문화접근권 수준이 매우 열악함을 알 수 있다. 이혜연 외(2001)에 따르면 저소득청소년의 과반수 이상이 용돈이 부족하다고 응답하였으며 20% 정도의 청소년들은 용돈이 없다고 했다. 또한 저소득층 청소년은 방과후 주로 형제자매(26.5%)와 보내거나 홀로(21.3%) 지내고 있었다.

2) 학교사회복지사의 개입

첫째, 강점관점에 입각하여 동기, 능력, 기회와 서비스의 조화를 유지해야 한다. 모든 빈곤청소년들이 적응상에 문제가 있는 것은 아니다. 빈곤이라는 위험상황에서도 공부도 잘하고 사회적으로 성공한 사람도 많다. 그러나 빈곤청소년들은 타 계층 청소년에 비해 위험요소에 노출될 가능성이 높다. 설사 빈곤이라는 위험 상황 속에서도 적절하게 잘 적응하는 청소년들이 되기 위해서는 특별한 지원과 보호가 필요하다.

빈곤청소년에 대한 지원은 동기, 능력, 기회, 전문적 행동과 서비스가 조화롭게 이루어져야 한다. 먼저 동기고양을 위한 개입이다. 동기는 특정 행동을 취하려는 열망이나 준비상태를 의미하는 것으로 동기의 수준은 고정적이지 않고 시간과 상황에 따라 다양하다. 빈곤청소년들에게 동기를 유발시키기 위해서는 심리적 지지, 개별적 개입과 존중, 강점 중심의 개입, 임파워먼트 강화, 자아존중감 향상, 미래에 대한 기대를 갖도록 하는 것 등이 행해져야 한다.

다음으로 능력 향상을 위한 개입이다. 능력이란 사람들을 변화 과정으로 유도하는 재능과 자원으로서, 예를 들면 시간, 에너지, 금전, 의사소통 기술, 문제해결 기술, 지식, 자기훈련, 다른 사람의 격려 등이 포함된다. 빈곤청소년의 능력향상을 위해서는 학업성취, 사회 및 대인관계 기술 향상, 사회적 지지 강화, 적응유연성 높이기 등이 도움이 된다.

기회 제공을 위한 개입에서 기회란 변화를 유도하고 지지하는 환경상태를 의미한다. 여기에는 지역사회 태도, 자원, 다른 집단의 영향 등이 포함된다. 빈곤청소년의 기회 제공을 위해서는 사회적 자원 발굴, 의뢰, 개발, 아동 및 청소년의 대변 및 옹호, 사회적 서비스와 연결하기 등이 포함된다. 특히 빈곤청소년을 위해서는 교육・복지・문화・보건 등 다양한 서비스가 통합적으로 제공되어야 하며 맞춤식 서비스, 사례관리 등이 강화되어야 한다.

둘째, 멘토링 프로그램의 활용이다. 멘토링 프로그램은 아동 및 청소년에 해당하는 멘티(mentee)와 대학생 등 자원봉사자에 해당하는 멘토(mentor) 간의 친밀하고 상호적인 일대일 관계를 통해 사회복지서비스가 필요한 아동 및 청소년에게 정서적・사회적 지지를 제공하는 결연 프로그램이다. 이러한 결연관계는 멘토와 멘티 간의 정서적 유대와 상호만족을 통해 보다 폭넓은 지지체계를 형성할 수 있도록 돕는다. 멘토링 프로그램이 고위험 청소년에게 효과적이라는 연구는 이미 국내・외에서 보고되고 있다(김순규・이재경, 2007 : 77-78). 특히 멘토링 프로그램은 빈곤청소년 부모의 기능적 결손을 보완하는 데 도움이 될 것이다.

셋째, 빈곤청소년의 학업성취를 위해 사회적 자본이 강화되어야 한다. 사회적 자본이란 경제적 자본과 인적 자본과 구별되는 개념으로 신뢰, 의무감, 소속감, 애정 등 사회적 관계망 속에서 개인에게 축적되는 자본이다. Coleman(1988)은 사회적 자본을 크게 가정 내 사회적 자본과 가정 외 사회적 자본으로 구분하고 있는데, 전자는 자녀 학업에 대한 부모의 관심, 학업에 대한 대화, 부모의 자녀 성취 기대수준, 학습 지도 및 지원 등이 해당된다. 후자는 학교와 지역사회 구성원과의 관계, 가치와 규범, 신뢰를 통해 형성되는 것으로 또래관계, 교사관계, 지역사회참여, 지역사회 애착 등이 포함된다(신원영·강현아, 2008 : 57-87 재인용). 신원영·강현아(2008 : 57-87)에 따르면 빈곤청소년은 일반 청소년에 비해 낮은 학업성취를 나타냈으며 부모의 인적·경제적 자본 역시 불리한 환경에 처해 있음이 확인되었다. 그러나 빈곤청소년의 불리한 환경을 극복할 수 있는 기제로 사회적 자본이 학업성취에 긍정적 영향을 미치는 것으로 밝혀졌다. 빈곤청소년의 사회적 자본이 일반 청소년의 사회적 자본보다 학업성취를 설명하는 양이 높았으며 특히 가정 내 부모-자녀 관계 사회적 자본이 빈곤청소년의 학업성취를 가장 강력하게 설명해 주는 변인으로 나타났다. 따라서 빈곤청소년의 학업성취를 향상시키기 위해서는 가정, 학교, 지역사회 차원에서 학생과 관련된 사회적 자본이 증진될 수 있도록 노력이 강구되어야 한다.

넷째, 청소년의 역량강화이다. 역량강화란 클라이언트가 자신의 욕구, 복지, 만족감을 강화하는 데 환경과 상호작용을 할 수 있는 능력을 재습득하거나 얻도록 하는 것을 의미한다. 역량강화의 목적은 무기력을 경험하는 클라이언트가 자신의 잠재된 역량을 개발하고 힘을 발휘하여 필요한 자원을 획득하도록 원조하는 것이다(허남순 외, 2004 : 362-362). 학교사회복지사는 결점보다는 강점에 초점을 두고 가능한 모든 자원을 활용하여 빈곤청소년이 충분하게 자신의 삶을 통제할 수 있도록 역량 강화해야 한다. 이를 위해서는 학교사회복지사는 먼저 빈곤청소년을 파트너와 전문가로 인식하고 문제해결을 위해 함께 협력하는 것이 필요하다. 또한 빈곤청소년의 자아탄력성과 사회적 지지를 증진시키는 노력이 강구되어야 한다(김수정, 2008). 청소년의 임파워먼트 향상을 위한 개입은 크게 4단계로 구성되는데 구체적인 내용은 〈표 16-1〉과 같다.

〈표 16-1〉 청소년의 임파워먼트 단계

1단계 : 무력함의 이해 청소년들이 자신의 삶에서 혼란과 실패를 맛본 시간들을 이야기하는 단계이다.
2단계 : 자각과 상호 교육단계 이것은 청소년들과 충분히 자신의 이야기를 나누면서 청소년에게 그들의 이야기를 구성할 기회를 줌으로써 자신의 삶에서 다른 선택을 생각할 수 있게 하고 서로 배울 수 있게 한다.
3단계 : 대화와 연대 이것은 청소년에게 가족, 기관 혹은 더 큰 사회환경에서 사용할 수 있는 새로운 언어, 시민권 및 복지권 등 권리와 의무를 배우고, 정치적 지식과 기술을 배우고, 서로 토론하게 함으로써 다른 시각에서 자신을 볼 수 있게 돕는다.
4단계 : 행동과 정치적 정체성 이것은 지금까지 배운 것을 실제 행동화하고 정치적 정체성과 이해력을 갖게 한다. 예를 들어, 그전에는 무관심하거나 위협적이라고 여겼던 기관 대표자들과의 좋은 경험을 갖는 것은 이것을 이해하는 데 매우 중요하다.

출처 : 김혜란 외 공역(2006), pp. 203-221.

사례-빈곤 아동에 대한 학교사회복지사의 개입

1. 사례개요
- 접수 일시 : 2019. 9. 20.
- 의뢰자 : ct 母
- 의뢰동기 : ct의 또래관계 부적응, 폭력성
- 내담자 : 최○○(15세, 남)

2. 개인력 및 가족력

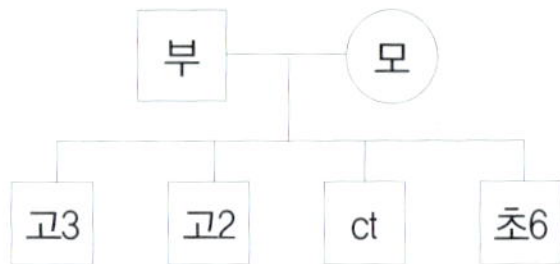

1) 父(46세, 건설회사 노동직)

현재 건설현장 일을 하다가 일거리도 없고 몸도 좋지 않아 일을 쉬고 있음. ct의 임신 때부터 ct 모를 상습적으로 폭행함. ct가 초등학교 이전 후부터 또래 아이들과 잘 어울리지 못하고 이해력이 떨어지는 것 같아 자주 야단을 치고 때리는 경우가 많음(주로 술을 먹은 후)

2) 母(43세, 대학 학생식당 보조원)

현재 거주지역 대학 식당에서 일함(방학 중은 일이 없음). ct 임신 시 부의 폭행이 심해 스트레스가 매우 컸음. 임시 시 폐결핵 및 늑막염으로 약을 먹은 적이 있었음. 가정의 경제적 문제, ct 문제 등으로 정서적으로 매우 지친 상태임. 가능하다면 본인 또한 전문가의 심리상담을 받고자 희망하고 있음

3) ct(15세, 중2)
- 초등학교 때 특성 : 말이나 행동이 또래아이들보다 많이 느리고 친구들과 잘 어울리지 못했음. 스스로 분노조절을 잘 못하는 것 같았음
- 현재 특성 : 눈빛이 안정되어 있지 않고 주로 흘겨보는 눈빛임. 늘 욕을 섞어 말을 하며 투덜대는 말투임. 같은 반 여학생들을 이상한 눈빛을 보고 여학생들 가슴을 계속 쳐다본다고 하여 학생들이 담임에게 피해를 호소한 적이 있음. 주로 PC방 또는 집 근처에서 놀다가 들어감. 동네 빈집에서 노는 것을 이웃이 자주 목격함. 학교나 주변 사람들에게 가족구성원들을 말할 때 형들이 없다고 말함

4) 형제들

ct형들은 ct를 싫어하고 어렸을 때는 아빠와 마찬가지로 자주 때렸다고 함. 지금도 때리지는 않지만 귀찮아 함. ct 또한 형들을 별로 좋아하지 않음. 남동생은 ct가 매우 잘 돌보고 좋아함

3. 경제력

현재 살고 있는 집이 돌아가신 ct의 할머니 명의로 되어 있음(사실상 형제들 공동 소유로 되어 있음) 현재 방학 전 받았던 월급(50~60만 원)으로 생활하고 있으며 고정적인 수입이 없음. 집 때문에 동사무소에 정부지원을 요청했으나 집 때문에 못 받는다고 응답받음. 카드 연체금과 대출금이 1,000만 원 이상 있으며 ct 학교 급식 및 학교운영비가 30만 원 이상 미납되어 있음(형들 학교의 급식비도 모두 미납된 상태). 각종 공과금이 연체되어 있음. 집(건물) 1층에 부채(800만 원과 매달 이자) 있음. 이를 ct 가정에서 맡아 갚고 있음

4. 사정 및 개입계획

1) 주요 문제

- ct의 심리정서적 진단 및 치료 필요
- 가정의 경제적 안정(연체되어 있는 공과금 및 급식비 등 긴급지원 포함), 아버지의 안정된 일자리

2) 기타

- 집의 명의 및 집(건물) 부채 문제에 대한 법률 상담 필요
- ct 가족 상담 및 개입(부의 알코올 의존 및 직장 안정화, 모의 심리 · 정서적 지지, 상담, 형제들의 ct 이해 및 정서적 지지)

3) 개입 계획

- 학교 특수학급 교사, 보건교사, 담임, 교감과 ct 학생 치료 및 교육에 대한 사례회의 개최
- ct 심리정서 및 장애 여부 검사
- 지역복지관을 통한 가정 상담 및 경제적 지원 방법 논의
- ct 특수학급을 통한 교육 및 정서적 지원
- 학교(교육복지) 위기가정 경제적 지원(급식, 운영비 지원)

5. 개입 결과 재사정(종결 여부)

1) ct 개입

ct의 심리진단 결과 지적 능력이 초등학교 2학년 수준이며 대인기피와 우울증세가 있는 것으로 나타났음. 전문가의 소견으로 심리적인 부분은 또래 아이들과 비슷한데 지적 능력이 낮음으로 인해 자존감이 매우 낮아져 있는 상태임. 따라서 자신을 다른 사람들에게 괜찮아 보이고 싶은 욕구가 매우 크며 이러한 욕구가 왜곡된 행동, 즉 욕설, 뻔한 거짓말(형들이 없다) 등을 하고 있음. 가정과 학교에서 안정된 생활이 필요하며 수준에 맞는 교육과 정서적 지지가 필요하다고 조언을 받음

현재 ct는 교내 특수반에서 수업을 받고 있으며 1달 정도 소아정신과에서 약물치료와 심리상담을 받고 있음. 학교에서 교실 반 아이들이 느낄 정도로 표정과 말투가 달라졌으며 욕설도 줄어들었음. 하지만 아직 주변 사람들에게 말은 거칠게 하는 편이며 눈 맞춤이 잘 되지 않음. 화가 나거나 부끄러운 상황에서는 어쩔 줄 몰라 하며 화를 조절을 하지 못함

특수반에서 학습과 또래 관계, 사회적응 훈련 등을 다양하게 받고 있음

2) 가정개입

ct 어머니는 심리적, 육체적으로 매우 지친 상태로 무기력한 모습을 보임. 이에 지역사회교육전문가는 지시적 역할로서 ct의 치료에 대한 구체적인 방법들을 제시했으며 학교에서 치료 및 교육문제에 있어 주도적으로 추진해 나갈 것을 안내해 주었음. 가정 경제 문제에 있어 부채관리 문제 등을 전문기관의 도움을 받아 해결될 수 있도록 지역복지관에 사례를 공유하고 협의 중에 있음

3) 앞으로의 계획(상담자 소견)

ct가 다소 정서적으로 안정되고는 있으나 가정에 경제적, 심리적 문제들이 내재하고 있어 ct가 학교뿐만 아니라 가정에서도 충분히 지지받고 안정된 생활을 할 수 있도록 가정의 개입이 필요함. 지역복지관에서 어떻게 서비스 계획이 수립되어 지원되고 있는지 모니터링 하면서 사례관리를 하고 재사정 후 종결 여부를 결정할 필요가 있음

2. 아동학대와 방임

1) 특성

아동기에 경험하는 아동학대는 아동의 신체적 발달뿐만 아니라 내재화 또는 외현화 행동문제나 인지적 발달에 이르기까지 아동발달 과정에 많은 문제를 일으키며 그 부정적 영향이 성인기에 이르기까지 지속되는 가장 큰 사회적 위험 중 하나로 보고되고 있다(김광혁, 2008 : 25). 아동학대는 크게 신체적 학대, 정서적 학대, 성학대, 방임으로 구분된다. 보건복지부·아동보호전문기관(2017)에 따르면 아동학대는 해마다 급격히 증가하고 있다. 또한 유형별 발생건수를 살펴보면 중복학대가 48.6%로 가장 높았고 방임이 12.5%, 정서학대 21.1%, 신체학대 14.7%, 성학대 3.1%로 나타났다.

지금까지 검토된 아동학대의 원인을 살펴보면 아동학대 및 방임은 부모의 우울과 같은 개인적 차원, 가족관계와 같은 가족 구성원 간 관계적 차원, 가족빈곤과 같은 가정의 사회경제적 차원의 원인들이 개별적으로 작용하여 발생하는 것이 아니라 이상의 요소들이 복합적인 작용을 통해 발생하고 있다(김광혁·김예성, 2008 : 848). 김광혁(2008 : 23-44)에 따르면 가족소득 수준이 변화됨에 따라 아동학대도 변화한다는 것을 보고하였다. 이것은 아동학대의 발생 원인으로 가족의 사회경제적 특성 중 가족소득의 영향을 지지하는 것이다. 가족빈곤은 아동학대 및 방임을 증가시키는 요인으로 확인되었으며, 부모의 우울, 가족관계를 통해 아동학대에 영향을 미치는 것으로 나타났다(김광혁·김예성,

2008 : 856). 결과적으로 아동학대에 대해서는 생태학적 관점에서 설명하는 것이 적합하다고 보인다(표 16-2 참고).

〈표 16-2〉 아동학대 유발요인

구 분	내 용		
부모요인	정신질환 사회기술 부족 자기이해 부족 아동기 애착의 결여 부적절한 가족 및 아동관리 기술 아동발달에 대한 지식 부족	공격적 충동을 다루기 어려움 우울증 아동기 학대경험 미혼 부모 부모역할 기술 부족 부모역할과 책임의 과중한 부담	엄격하고 지배적인 성향 약물남용 아동기 신체적 폭력의 목격 사회적 소외 비일관적 훈육 분노 통제력의 부족
아동요인	문제행동, 과잉행동 신체적, 발달적 장애 부모가 혐오하는 성인과의 유사성	원치 않은 임신 질병	조산 부모 성격과의 불일치
가족요인	빈곤 연년생	혼합가족 혼란한 가족	과다한 아동 수 주거의 혼잡성
스트레스 요인	신생아 출생 가까운 친구, 가족원의 사망	실직 급사, 만성질병	이혼, 별거 갑작스러운 재정적 곤란
사회문화적 요인	빈곤문화 체벌의 허용성 가족의 사생활이나 개인권리에 대한 극단적 가치	지역사회에서의 고립 아동양육에 있어서 성역할의 전형화	매스미디어의 폭력성

출처 : 강점숙 · 정유석(2006), p. 150 재인용.

부모의 학대는 신체적으로 직접적인 피해를 가져올 뿐만 아니라 아동의 자신 및 주변 세계에 대한 내적 신념을 함께 손상시키게 된다. 따라서 자신의 존재가치를 확인시키고 강화해 주어야 하는 부모로부터 학대를 받은 아동은 자신을 무능하다고 인식하며 자신에 대해 부정적 심정을 느끼게 되고 자신을 타인으로부터 사랑받을 가치가 없는 존재로 생각하며 위축된다. 위축된 아동은 사회적 상호작용에 대한 불안으로 또래집단에 다가서지 못하고 스스로 소외시킨다.

실제 대부분의 학대피해아동은 친구로부터 고립을 경험하거나 친구관계가 원만하지 않는 것으로 나타났다(정익중, 2008 : 80 재인용). 이러한 또래로부터의 소외는 더 나아가 비행, 우울증 등 여러 가지 적응문제의 위험요인으로 작용하는 것으로 나타났다. 학대피해아동은 낮은 학위성취를 보이며 우울한 성향을 나타내며 자아존중감 저하와 자기효능감이 떨어진다(나은숙 · 정익중, 2007 : 36). Surgeon General(1999)에 따르면 신체와 성적 학대는 불안정한 애착(insecure attachment), 외상후 스트레스 장애(posttraumatic stress disorder), 품행장애(conduct disorder), 주의력결핍 장애(Attachment Deficit Hyperactivity Disorder : ADHD), 우울, 동료와의 손상된 사회적 기능 등 정신건강문제와 관련된다고 하였다. 이 밖에도 학대받은 아동은 아동의 발달적 차원, 학대의 상황(가해자의 힘, 위협, 무기 사용 등과 관련), 학대의 지속시간과 빈도, 학대노출에 따른 부모의 지지 등에 따라 광범위한 장·단기 정신건강 어려움을 경험하는 것으로 나타났다(Dupper, 2002 : 94 재인용).

이상의 내용을 정리해 보면 일반적으로 학교가 학대피해아동에게 안전한 환경일 것이라고 생각하였던 것과는 상이하게 부모의 학대가 대인관계 기술의 부족을 야기하고 이것은 다시 학교 내 또래관계의 어려움을 야기함으로써 급기야는 학교도 피학대아동에게 안전한 장소가 되지 않을 수 있음을 나타낸다고 하겠다. 결과적으로 피학대아동은 가정에서뿐 아니라 친구 및 학교에서도 어려움을 가질 수 있다.

2) 학교사회복지사의 개입

첫째, 학교사회복지사는 교직원에게 아동학대의 표시와 증후 및 신고의 의무가 있음을 알려야 한다. 아동과 1차적으로 밀접히 상호작용하는 교사들은 아동학대에 대해 바르게 이해하는 것이 필요하다. 아동학대 교육이 강화되면서 교사들의 아동학대 인식과 자신들이 학대신고 의무자라는 인식은 상당히 개선되었다. 그러나 실제 아동학대가 교사에 의해 신고되는 비율은 매우 낮은데, 이는 아동학대의 징후에 대해 교사들이 무지한 이유 이외에도 다른 여러 가지 요인들이 작용한다. 예를 들어, 신고에 대한 교장의 철학은 아동학대에 대해 교사가 신고하는 것에 중요한 영향을 미친다. 만약에 교장이 그것을 격려한다면, 교사는 더욱 보고할 가능성이 높다. 하지만 교장이 좋은 부모관계를 유지하고 학교 이미지를 위해 보고하기를 꺼린다면 교사들은 보고를 덜 할 것이다. 학교사회복지사는 교사와 다른 학교교직원들에게 교사들은 아동학대로 의심되는 학생에 대해서는 신고할 법적 의무가 있음을 알게 하는 것이 필수적이다. 또한 학교사회복지사는 교사와 학교교직원을 대상으로 다양한 아동학대의 형태를 구체시하고, 아동학대로 의심되는 사례를 보고하는 절차, 그들 보고와 관련된 그들의 법적 책임에 대해 훈련하고 교육할 수 있다. 또한 학대아동에게 교사가 가질 수 있는 과다한 책임감과 부담감을 완화하도록 하기 위해 도울 수 있다(Dupper, 2002 : 103-104).

둘째, 아동에 대한 사정이다. 〈표 16–3〉은 아동학대 사정에서 고려되어야 할 사항이다. 아동은 학교에서 아래 표에서 제시한 여러 가지 모습을 보이기 때문에 잘 인지하는 것이 중요하다. 그러나 아동이 신체적으로 성적으로 학대당하고 있다고 성급하게 결론지어서도 안 된다. 왜냐하면 어떤 사인은 모호하고 아동의 생활에서 다른 스트레스 요인들이 유사한 증후를 만들 수 있기 때문이다.

〈표 16-3〉 아동학대 사정에서 필요한 사항

아동으로부터 정보 수집
- 6세 이하 아동의 경우 사회복지사와 다른 사람과 아동과의 상호작용을 관찰하면서 정보를 얻게 됨. 단일 회기로 결론을 내려서는 안 됨. 각기 다른 장소, 다른 날의 다른 시간대에서 관찰하는 것이 필요함. 면접 동안 보는 아동의 행동은 단지 한 예에 불과함. 아이들은 다른 상황에서 전혀 다르게 행동할 수 있음
- 3~6세 아동은 어른을 기쁘게 하고자 하기 때문에 유도질문의 영향을 쉽게 받음
  어른이 듣기를 원한다고 믿는 것에 자기의 이야기를 맞추고자 함. 따라서 따뜻하고 수용적인 태도 필요
- 어린 아동들은 산만하기 쉽고 이야기의 주제를 쉽게 바꿈. 따라서 한 주제에 대해서만 집중적으로 질문하는 것은 바람직하지 않고 나중에 다시 본 주제로 돌아오는 것이 필요함

연령에 따른 아동의 사고방식에 대한 이해가 필요함

아동 진술의 진위 사정
- 4~6세의 아동은 벌을 면하기 위해서 단순한 거짓말을 할 수 있음. 그러나 복잡한 거짓말을 꾸밀 수 있는 인지능력을 가지고 있지 않음
  각본기억 : 생일파티와 일상생활의 의식(잠자리에 들기, 식사시간)은 기억할 수 있지만 정확하게 자신들의 일상적인 부분이 아닌 사건에 대해 기억하기는 어려움
  자주 이야기를 과장되게 함 : 이럴 경우 실제 일어난 일이나 아니면 그렇게 하고 싶다는 것이니? 네가 원하는 이야기이니 아니면 실제 이야기이니? 하고 명확히 질문함
- 일반적으로 아동은 나이가 어릴수록 잘못을 꾸며 말하지 않음. 그러나 아동이 어른과 마찬가지로 자신의 경험을 잘못 이해하거나 해석할 수 있다는 것과 때로 거짓말을 할 것이라는 것을 잊어서는 안 됨. 선행연구에 따르면 아동의 자기보고 중 5%만이 잘못된 보고였음

면접 시
- 아동에게 가능하면 많은 선택과 통제권을 준다. 무엇을 하고 싶니? 네가 원하는 것이면 무엇이든 할 수 있다. 오늘은 손가락 페인트와 크레용을 사용할 수 있단다. 어느 것을 사용하고 싶니?
- 아동의 부모에 대한 비난을 표현하지 않는다. 아동은 부모에 대해서 보호적이다. 심지어는 부모가 학대를 해온 경우에도 부모를 보호하고자 한다. 부모와 아동의 관계와 부모의 행동에 대해서 말할 때는 객관적이고 구체적인 태도를 취한다. 예를 들면, '너의 아버지는 알코올 문제를 가지고 있단다. 그는 일주일에 한 번씩 술을 마시고 있고 금주를 못한다. 그것이 너의 부모님이 이혼하게 된 이유란다'.
- 아동들은 부모의 문제를 자신이 상상한 잘못에 대한 벌로서 받아들인다.

출처 : 김혜란(2000), pp. 601-602.

셋째, 피해아동에 대한 학교 차원에서의 개입이다. 학교는 학대를 조기에 발견하고 예방하는 장에서 학대가정의 대안적 공간이 되어 제대로 보호적 기능을 할 수 있어야 한다(정익중, 2008 : 92). 학교사회복지사는 1차, 2차, 3차 예방 차원에서 각기 다양한 방법으로 아동학대와 방임문제를 다룰 수 있다.

1차 예방은 아직 문제가 발생되지 않은 일반 가정과 아동을 대상으로 아동학대에 대한 교육 및 홍보 등을 행할 수 있다. 2차 예방은 아동학대와 방임의 위험요인이 많은 고위험집단을 선별, 위험요인의 최소화 및 아동학대로의 발전을 차단하는 것이다. 이

를 통해 학교사회복지사가 아동보호전문기관과 연계해서 고위험 아동의 사정 및 발견, 조기개입을 지원할 수 있다. 3차 예방은 이미 아동학대 문제를 가진 가족에 대한 치료 및 재발방지이다. 이때도 학교사회복지사는 아동보호전문기관과 연계해서 아동의 치료 및 재활을 학교기반에서 도울 수 있다. 이러한 예방적 개입을 위해서는 무엇보다 학교 교직원, 학교사회복지사, 아동보호전문기관 직원과 유기적인 협력체계를 구축하고 유지하기 위해 노력해야 한다.

응급 시에는 피해아동에 대해 학교현장에서 직접 아동보호전문기관에서 지원할 수 있고 피해아동의 학교생활을 점검하고 학교적응을 위해 지원해야 한다. 또한 학교사회복지사는 지역사회 전문가 팀들이 아동학대 사례에 대해 협력하고 팀 결정을 하는 지역사회아동보호팀의 중요한 성원으로 참여해야 한다. 또한 피해아동의 불안관리와 인지기술에도 개입할 수 있다(Dupper, 2002 : 103-104).

3. 동성애청소년

1) 특성

동성애(homosexuality)는 애정적, 정서적 그리고 성적 매력이 동성에게 향하여 끌리는 성적 지향(sexual orientation)이다. 이성애(heterosexuality)와 차이가 있는 또 하나의 성정체성(sexual identity)이다. 동성애는 역사적, 문화적으로 어느 문화에서나 존재해 온 인간관계의 또 다른 현상이다(여기동 · 이미형, 2006 : 289).

동성애를 이해하기 위해서는 성적인 정체성에 대한 세 가지 구성요소인 성정체감(sexual identity), 성역할(gender identity), 성적 선호(sexual preference)를 구분할 필요가 있다. 성정체감은 남성 또는 여성으로서 개인에 대한 자각이며, 성역할은 여성과 남성으로서 기대되는 역할행동의 태도를 말하며, 성적 선호는 성과 애정의 관계에서 동성, 이성 혹은 양성에 대한 개인의 선호를 말한다. 동성애는 자신의 성정체성을 유지하며 대개는 사회에서 기대되는 방식으로 성역할 행동을 하지만 성과 애정의 필요를 충족시키기 위해서 자신과 같은 성에게 더 끌리는 성적 지향이다. 성적 지향이란 자발적인 선택이 아니라 생물학적인 면에서 사랑과 성욕의 표현이나 관심을 내포하고 있다(강병철 · 하경희, 2005 : 269).

1973년 미국정신의학회에서 동성애를 DSM에서 삭제한 사건은 성적 경향(sexual

orientation)이 정신병리와 무관하다는 정신건강전문가들의 새로운 시각을 반영한다. 미국 정신의학회는 성적 지향은 본인이 마음대로 선택할 수 있는 것이 아니라 선천적으로 타고나는 것이라고 하였다. 따라서 성정체성을 바꾸려는 정신과적 치료가 필요 없고 동성애는 행동장애도 아니어서 정서적, 사회적으로 문제가 되지 않는다고 판단하여 DSM II에서 동성애를 정신장애 목록에서 공식적으로 삭제하였다(여기동 · 이미형, 2006 : 289). 그 이후 동성애를 병리적인 조건으로 진단 · 평가하고 동성애의 원인을 발견하여 동성애를 치료하거나 방지하려는 시도는 이성애 우월주의 내지는 동성애 혐오를 내포하고 동성애를 병리적인 관점에서 바라보는 것이라는 시각이 보편화되었다.

1960년대부터는 성적 경향성 연구가 사회적 결함 모델(social deficiency model)을 근간으로 이루어졌다. 이 모델은 동성애자들이 겪고 있는 문제가 성적 경향과 관련된 개인적 특징 때문이 아니라 상당 부분 주류 사회의 반응에 기인한다는 인식을 반영한다. 즉, 동성애자들의 심리적 부적응은 대부분 그들의 성적 경향 때문이 아니라 동성애자들에 대한 사회적 편견 및 부정적 반응과 관련 있다는 것이다. 성적 소수자인 동성애자들은 자신들의 성적 경향으로 인해 사회적 차별과 학대 및 두려움을 경험하고 고립감을 느끼거나 위축, 자기혐오, 분노, 의심 등의 스트레스 반응을 보이며 심한 경우 자살로까지 이어진다(서영석 외, 2007 : 214).

그러나 여전히 우리 사회에서 동성애는 일탈로 간주되고 있으며 비정상적인 성정체성의 발달이나 자연스럽지 못한 변태적인 성행위로 인식되거나 심지어는 정신병으로 간주되고 있다. 이런 사회적 요인으로 인하여 동성애자들은 사회적 낙인, 고립감, 불안, 우울과 자살, 낮은 자아존중감, 그리고 가족 및 친구관계 등과 같은 대인관계의 어려움뿐만 아니라 외상후 장애, 만성적 스트레스로 인한 알코올 또는 약물중독과 같은 심각한 건강문제에 직면하게 된다(여기동 · 이미형, 2006 : 289).

청소년 시기는 새로운 사회적 관계를 형성하고 자아를 새롭게 정의하며 대인관계 기술을 습득하게 되고 자아정체감, 가치, 신념 등을 형성해 나간다. 특히 청소년동성애자의 경우 청소년기라는 발달적 특성과 함께 동성애자로서의 성적 정체감을 동시에 형성해 나가야 하기 때문에 여러 가지 심리사회적 어려움에 노출되기 쉽다. 대부분의 청소년 동성애자의 경우 이성애적 성적 취향을 가정하는 사회 속에서 성장하면서 가정 및 사회로부터 고립되거나 소외감을 경험하고 혼돈, 죄책감, 비밀성을 가지게 되며 이러한 정체감 혼란이 적절하게 해결되지 못하면 낮은 자아존중감, 우울, 자살 등의 정신건강 문제를 초래하게 된다. 〈표 16-4〉는 우리나라 청소년 동성애자들이 호소하는 어려움을 정리해서 제시한 것이다(송윤옥, 2006 : 64-65).

〈표 16-4〉 청소년 동성애자들의 주 호소 문제

- 동성을 향하는 관심이 사랑인지 우정인지 집착인지 등 자신의 감정에 대해 혼란스러워 한다.
- 동/양성애 성향을 가진 것은 아닌지 의심이 들면서 청소년들은 자신의 성향을 인정하고 받아들이는 일을 상당히 힘들어하고 두려워한다.
  - 부정하거나 일시적인 것이라고 생각한다.
  - 동성에게 사랑하는 마음을 고백을 하고 싶으나 거절당할까 두려워한다.
  - 자신과 상대나 또 다른 타인을 의식하면서 자신의 행동에 제약을 한다.
  - 혹시 성추행, 성폭행, 환경적인 요인 등이 원인인지 생각한다.
- 동성에게 정서적, 애정적, 성적으로 이끌림으로 경험하면서 그런 자신이 진정한 동성애자인지 확인하고자 한다. 동성과 사귀면서 자신의 정체성을 확인하는 절차를 거치기도 한다.
- 관계갈등, 지속, 개선 등으로 고민한다.
- 성적 욕구, 성관계 요구, 주위의 시선, 가족과의 갈등, 학교생활, 종교, 아웃팅 등으로 어려움을 경험한다.
- 동성애자라고 놀림의 대상이 되고 왕따를 당하는 등의 아웃팅과 같은 문제로 학교생활에 어려움을 겪기도 한다.
- 자신의 사랑이 받아들여지지 않는 현실에서 도피하고자 자기부정을 하거나 이성과의 만남을 시도하고 심지어는 자살까지 시도한다.
- 자산의 성정체성을 인식하고 인정을 한 후에는 친구나 가족에게 알리고 싶어 한다.
- 그러나 친구나 가족에게 거부당하는 것을 매우 두려워하기 때문에 커밍아웃은 고민의 대상이 될 뿐이다. 동성애에 대한 잘못된 시각으로 아웃팅 당하는 경우도 있다.
- 미래에 대해 고민한다.
- 정서적으로 공감을 받고 지지와 격려를 받고 싶어 한다.
- 성지식에 대해 알고 싶어 한다. 성관계는 어떻게 하는지, 성관계 후에 생기는 질병, 에이즈에 대해 궁금해한다.
- 가족 구성원이 동성애자임을 알았을 때 어떻게 해야 하는지 알고 싶어 한다.

* 아웃팅(outing)이란 스스로 자신이 동성애자임을 밝히는 것이 아니라 다른 사람에 의해 동성애자임이 밝혀지는 것을 말한다.

출처 : 송윤옥(2006), pp. 64-65.

최근 커밍아웃(coming-out)하는 동성애자들이 늘고 있고 영화, 드라마, 책, 대중매체 등에서 동성애 문제가 직・간접적으로 다루어지면서 동성애청소년들이 자신들이 지금까지 숨겨온 자신의 고민과 심리적 문제들을 호소할 가능성은 점점 높아진다. 반면 동성애와 관련된 교육 및 연구활동은 아직 우리나라에서 초보적인 수준에 머무르고 있다. 실제 동성애자들과 접촉한 경험이 없는 상담 수련생들은 높은 수준의 동성애 혐오를 보이고 동성애 기원에 대해 이성애적 편견을 지니고 혼란스러워하며 심리적 부적응의 원인을 동성애에 두고 동성애를 치료의 대상으로 지각하는 경향이 있다(서영석 외, 2007 : 214). 따라서 동성애 성정체성에 대한 지식과 이해를 바탕으로 동성애청소년들이 사회적응을 잘 할 수 있도록 학교 차원에서의 지원과 노력이 필요하다.

Troiden(1989)은 동성애의 적응단계를 4단계로 설명하고 있다. 제1단계는 민감해지는(sensitization) 단계로 자신이 다른 아이들과 성적 관심이 다른 것을 느끼고 인식하는 단계이다. 제2단계는 정체감 혼란(identity confusion) 단계로 이전의 이성애적 정체감을 동성애적인 것으로 바꾸는 과정에서 스트레스와 혼란을 경험하게 된다. 이러한 혼란은 자아에 대한 인식의 변화, 동성애적 경험, 동성애에 대한 낙인 등으로 인해 발생하게 된다. 특히 Troiden은 이 단계에서 많은 청소년동성애자들이 고립과 혼란을 경험하며 자살의 위험성이 매우 높다고 보았다. 제3단계는 정체감 가정(identity assumption) 단계로 동성애적 정체감이 자신에 대한 통합된 정의가 되어가며 그것이 종종 타인－흔히 다른 동성애자－에게도 드러나는 단계이다. 마지막 단계는 몰입(commitment) 단계로서 동성애적 정체감을 받아들이기로 결심하고 동성애자로서의 삶을 살아가는 단계이며, 이 단계에서는 흔히 자신의 가족이나 친구에게도 자신의 정체감을 드러내면서 점차로 사회적인 정체감으로서도 통합해 간다(강병철 · 하경희, 2005 : 270 재인용).

게이 또는 레즈비언 성적 지향으로 알려지거나 추정된 학생은 일상생활에서 쉽게 폭력에 노출되고 피해자화(victimization)된다. 1999년 미국의 32개 주에서 496명의 레즈비언(lesbian), 게이(gay), 양성애자(bisexual), 트랜스젠더(transgender) 등 LGBT 청소년을 대상으로 한 조사에 따르면 LGBT 청소년의 91.4%가 종종 또는 자주 동성애를 혐오하는 소리를 들었다고 하였다. 1995년에 행해진 조사에 의하면 게이의 22%와 레즈비언의 29%가 성적 지향으로 인해 다른 학생으로부터 신체적 상처를 받았다고 하였다. 이와 같은 언어적 그리고 때로는 신체적 피해자화(victimization)는 피해자의 정신건강과 학업성취에 치명적인 영향을 준다. Elia(1993)에 의하면 게이와 레즈비언의 80%가 학업 성취가 퇴보하였고, 약 40%는 학교에서 무단결석의 문제를 가지고 있으며 30%는 학교를 중퇴한 것으로 보고하였다.

더욱이 많은 학교교직원들은 게이와 레즈비언 학생에 대해 부정적 감정을 가진다. 심지어는 일부 교직원들은 종종 가해자가 되기도 한다. GLSEN(1999)의 연구에 따르면, 게이와 레즈비언 학생의 1/3은 어떤 성인의 도움도 없었으며 학교 전문가도 게이와 레즈비언 학생을 위해 서비스를 제공할 충분한 준비가 되어 있지 못하다고 보고하였다.

우리나라 청소년 동성애를 연구한 강병철 · 하경희(2005)에 따르면 청소년 동성애자들이 자신의 성정체성을 최초로 인지한 시기는 중학교 때가 가장 많았다. 커밍아웃은 동성애자 친구에게 가장 많이 하였으며 커밍아웃 이후 수용 정도나 성정체성에 대한 의논에 있어 부모가 가장 부정적인 것으로 나타났다. 조사대상자의 2/3는 아웃팅과 그에 따른 부당한 처우를 받았다고 응답하였으며 절반 이상이 반동성애 폭력 경험이 있으며 신체적 구타와 같은 심각한 폭력의 경험도 10% 이상으로 나타났다. 청소년 동성애자들의 자살 위험성은 70% 이상에 자살에 대하여 생각해 본 적이 있으며 실제로 자살시도를 해본 경우도 절반 가까이에 이르고 있는 것으로 나타났다.

2) 학교사회복지사의 개입

첫째, 학교사회복지사 스스로 동성애에 대한 바른 이해가 필요하다. 학교사회복지사는 물론 정신건강전문가들이 동성애청소년에게 어떻게 접근해야 하는지에 대한 연구나 교육은 매우 부족한 현실이다. 정신건강전문가들이 동성애자들에 대한 강한 혐오감을 지니고 있거나 이해가 부족할 경우 동성애자들이 자신의 동성애적인 성향을 자기정체성의 일부로 통합하는 것을 방해하며 심리적 고통을 증가시킬 뿐이다. 동성애 내담자와 그들이 부딪히는 삶의 문제들을 공감적으로 이해하고 해결하도록 도와주기 위해서는 동성애자들이 감당해야 하는 사회적 편견과 억압, 이로 인한 심리적 역기능을 이해하는 것뿐만 아니라 상담자 자신이 지니고 있을 수 있는 편견과 선입견을 확인하고 수정하는 것이 우선시되어야 한다(서영석 외, 2007 : 214). 학교사회복지사는 동성애에 대한 자신의 가치와 생각이 동성애청소년에 대한 지원과정에 장애가 되지 않도록 민감해야 한다.

둘째, 동성애 학생의 피해자화를 최소화시키는 학교 문화 및 분위기 조성 및 성적 소수자 인권 교육이 필요하다. 학교 전체 문화와 분위기가 동성애 혐오와 증오에 의해 영향을 받게 된다는 사실로 고려해, 학교 차원에서 동성애 학생의 피해자화를 최소화시키는 문화와 분위기를 만들어야 한다. 이들 변화 노력은 미시적 그리고 거시적 차원 모두에 개입을 요구한다. 최근 우리나라 민간단체에서도 '청소년 동성애자 인권을 위한 교사지침'(2005)을 발표한 적이 있다.

셋째, 동성애 학생에 대한 지원 및 임파워먼트 강화이다. 이성애 중심 사회에서 청소년 동성애자들이 가정이나 학교에서 자신에게 필요한 정보와 지지를 얻기는 쉽지 않다. 이들에게 동성애자 커뮤니티는 매우 중요하고 때로는 유일한 자원이 된다(강병철 · 하경희, 2005 : 271). 학교사회복지사는 동성애 학생이 동성애에 대해 바른 이해와 지식을 갖도록 필요한 정보와 지식을 알려주고 또한 동성애 커뮤니티들에 대한 소개를 해주는 것도 필요하다. 또한 학교사회복지사는 동성애청소년이 차별받지 않도록 지지자, 옹호자의 역할을 수행해야 한다.

동성애 학생의 임파워먼트 강화를 위한 대표적인 프로그램으로는 1984년에 로스앤젤레스 연합 교육구에 있는 Fairfax 고등학교에서 시작된 Project 10 프로그램이 있다. 미시적 차원에서는 정확한 정보와 성적 지향 문제에 대한 비심판적 상담을 제공함으로써 레즈비언과 게이 청소년들의 자기존중감을 개선하려고 시도하였다. 거시적 차원에서는 제도적 차원에서의 동성애 혐오와 관련된 이슈와 게이와 레즈비언 청소년의 독특한 니드에 대해 카운슬러, 교사, 다른 교직원을 훈련시키기 위해 계속적인 워크숍을 제공하였고, 게이/레즈비언 주제에 대한 픽션, 논픽션 자료를 개발하도록 도서관 사서에게 지원을 제공하고 욕설과 관련하여 행동의 암호와 탈비방적 해결을 강화하였다(Dupper, 2002 : 158-160).

넷째, 동성애 학생의 피해자화를 최소화하기 위해 지역사회 자원과 연계, 협력한다. 동성애 학생을 위한 학교의 문화와 분위기의 변화는 점진적으로 다중적 개입을 필요로 한다. 이를 위해서는 학교사회복지사는 동성애 인권을 다루는 국가인권위원회(http://www.humanrights.go.kr/00_main/main.jsp), 인권실천시민연대(www.hrights.or.kr)는 물론 지역에 있는 지역사회기관 및 전문가, 자원과 연계, 협력해서 공통으로 대처하는 전략을 사용하는 것이 필요하다. Hart와 Parmeter(1992), Linsley(2001)는 게이와 레즈비언의 피해자화를 최소화하기 위해 학교에서 학교사회복지사와 다른 사람들이 수행할 수 있는 구체적인 단계를 〈표 16-5〉와 같이 제공하였다(Dupper, 2002 : 158-160 재인용).

〈표 16-5〉 게이와 레즈비언 학생의 피해자화를 최소화하기 위한 전략

- 다르게 인식되는 학생에 대한 언어적 학대에 초점을 둔 따돌림 예방 프로그램을 실행한다. - 특별히 게이와 레즈비언 청소년과 가족을 대상으로 하는 지지적 집단과 지지적 서비스를 제공함으로써 게이와 레즈비언에 대한 우호적인 접근을 확대해야 한다. - 학교도서관에 동성애에 대한 책과 정보가 보유되도록 하라. - 게이학생의 일생 중 성취와 관련된 정보를 발견하고 그것을 교사와 공유하라. - 위원회, 특별과업팀, PTAs, 지역사회아웃리치, 지역사회기관과의 네트워킹, 교육적 조직, 교직원노조를 통해 레즈비언과 게이 학생을 위한 옹호를 하라. - 레즈비언과 게이의 부모, 친구, 가족의 지역지회를 만들어라. - 게이와 레즈비언 학생의 자살위험이 높기 때문에 학교 토대의 자살예방 프로그램을 위해 옹호하라.

출처 : Dupper(2002), pp. 158-160 재인용.

4. 가정 이외 시설에서 살고 있는 아동

1) 특성

가정은 아동들을 양육하는 최우선의 환경으로서 아동에게 안정되고 영구적인 가정의 제공은 무엇보다 중요하다. 그럼에도 불구하고 부모의 사망, 이혼, 가출, 경제적 이유, 법적 처벌 등으로 가족이 아닌 시설(out-of-home)에서 살고 있는 학생들이 있다. 대표

적으로는 가출 및 홈리스 청소년, 위탁보호 청소년, 교정시설 등에서 보호를 받고 있다가 학교로 재진입하는 청소년들이 해당된다.

가출청소년은 가정이 있음에도 불구하고 집을 두고 나온 청소년을 일컫는다면 홈리스는 고정적인, 정기적인, 적절한 거주가 부족한 개인이나 공적 및 민간에서 운영하는 일시쉼터나 지하철이나 벤치 등에서 1차적으로 야간시간 거주하는 사람을 일컫는다. 우리나라 가출청소년 조사에 따르면 가출쉼터를 이용하는 청소년의 상당수는 가정이 있지만 가정의 역할을 할 수 없거나 아예 돌아갈 가정조차 없는 청소년과 돌아가기를 거부하는 청소년들이었다. 이들 중 적지 않은 수는 청소년쉼터에서 생활하면서 학교를 다니고 있었다(남미애 · 홍봉선, 2008).

홈리스 아동은 정기적으로 학교에 출석하는 것이 어렵다. 왜냐하면 홈리스 가족들은 쉼터에서 기거할 수 있는 기간의 제한, 친구나 친척과의 짧은 기거, 고용을 위해 장소를 옮겨 다니는 것 등으로 인해 자주 주거지를 옮겨야 하기 때문이다. 이 외에도 홈리스 아동은 학교생활에 있어 다양한 어려움을 경험한다. 쉼터에서 공부하거나 학습을 하기 어려운 환경, 이용할 수 있는 교육적 자원의 제한, 높은 우울과 발달적 지체, 홈리스라는 것이 알려지는 경우 또래나 교사로부터 당하는 부적절한 처우, 홈리스라는 사실에 대한 수치심, 당황, 굴욕감 등이다(Dupper, 2002 : 92-93).

가정위탁보호 서비스(foster care)는 가정에서 일시적으로나 장기적으로 양육될 수 없는 아동에게 계획된 기간 동안 주어지는 대리가정에 의한 아동복지서비스이다(장인협 · 오정수, 1988). 서구의 경우 가정위탁보호서비스는 수용시설보다 가정환경이 바람직하다는 점에서 오랜 역사를 가지고 현재까지 활발히 시행되어 왔으나 국내에서는 유교적 혈통중심의 문화적 배경, 위탁보호가정에 대한 제도적 미비 등으로 그다지 활성화되어 있지 못하다. 위탁가정의 형태는 크게 아동과 혈연관계에 있는 친인척가정과 일반가정의 보호 형태로 나눌 수 있으며 우리나라의 경우 보호자가 조부모인 경우 별도로 대리가정의 위탁보호로 분류하고 있다.

많은 위탁보호 아동은 외상적 경험(traumatic experience)으로 고통을 받으며 여러 가정을 거치게 된다. 홈리스 아동과 유사하게 위탁아동은 잦은 학교이동을 경험하고 상이한 교육기대, 교육과정, 교사에 반복적으로 적응해야 한다. 이들은 학교가 두렵고, 실패를 예상하거나 그들의 생물학적 부모가 출석을 강조하지 않았기 때문에 등교를 거부할 수 있다. 또한 학대와 방임과 같은 다른 문제를 가진 학생과 비교해 대수롭지 않게 여겨지기 때문에 학교에서 잘 보호받지 못한다.

또한 교정시설 등에서 보호를 받고 있다가 학교로 재통합된 청소년이 있다. 우리나라 소년법에서는 소년범죄에 대해서는 일반 형사소추 절차에 의한 형사처벌 이외에 비행 소년의 교육과 선도를 목적으로 한 보호처분 등을 인정하고 있다. 우리나라 비행청소년의 사법처리절차는 특별 국가기관에서 맡는 것이 아니라 일반형사사법기관인 경찰 → 검찰 → 법원이 담당하고 있고 소년교정기관으로는 소년분류심사원, 소년원, 보호관찰소, 그리고 갱생보호공단이 있다. 이와 관련된 청소년 관련 보호시설로는 단기보호시설인 가출청소년 쉼터, 중장기보호시설인 교호시설과 그룹홈, 미혼모시설, 선도보호시설 등이 있으며 그 밖에 사회복지시설 및 기관, 청소년단체, 종교단체 등이 비행청소년을 보호, 지원하는 역할을 하고 있다(남미애, 2004 : 151-180).

법에 저촉되는 행동으로 인해 사법처리과정을 거치는 청소년들 중에는 구치소, 소년원, 교호시설, 선도보호시설 등에서 지내다 일정 기간을 마치면 그중의 일부는 학교에 재통합된다. 그러나 청소년비행 관련 시설의 전문 인력이 부족할 뿐 아니라 퇴소 전 사회복귀 및 퇴소 후 지역사회교정 프로그램도 매우 미비한 상황이라 학교나 사회로의 복귀가 쉽지 않다. 사법처리과정 동안 검·경찰에 왕래를 하게 됨으로써 학교수업에 차질을 초래할 뿐 아니라 장기간 교정기관에서 보호를 받는 경우 학교를 중도에 포기할 수밖에 없다. 비행사실이 알려지게 되면 가족, 친구, 친척으로부터 소외되기 쉽다. 특히 장기간 사회로부터 단절된 청소년들이 교정시설에서 출소하는 경우 새롭게 변화된 사회환경에의 적응문제는 매우 심각한 어려움이다. 이러한 과정에서 많은 비행청소년들은 좌절감, 소외감, 사회적 박탈감을 갖기 쉽고 설사 무사히 사법처리과정을 거쳤다 해도 비행청소년에 대한 멸시와 사회적 낙인, 지역사회 도처에 산재되어 있는 위험요소로 인해 다시 비행이나 범죄를 저지를 수밖에 없는 악순환을 초래하기 쉽다.

남미애(2004)의 조사에 따르면 사법처리과정 이후 청소년들의 생활에서 예상되는 어려움과 희망하는 지원내용에는 청소년 및 학부모 모두 학교생활이나 학교복학과 관련된 내용이 상당수 있음이 나타났다.

청소년교정시설과 거주시설에서 돌아오는 청소년들은 신체적 또는 성적 학대, 심리적 문제, 정서적 장애, 지속적인 가족 폭력 등과 같은 문제에서 하나 이상의 복합적인 문제에 노출되기 쉽다. 이들 상황의 복잡성으로 인해, 학교로 복귀한 뒤 성공적인 통합과 추후치료는 매우 중요하다. 그러나 보호관찰에 있거나 사후지도 과정에 있는 청소년의 교육적 니드를 충족시키는 것은 특히 더 어렵다. 이들 청소년들이 직면하는 독특한 어려움으로는 교육과 사법체계 간의 사전 계획과 조정(coordination)의 부족이 있다.

예를 들면, 시설에서 퇴소한 청소년들은 학교진입 이전에 아무런 안내나 재통합 준비 없이 학교에 들어오게 된다. 자신들을 포기한 부모, 교사, 학교나 지역사회에 돌아오는 것을 꺼리는 친구나 일반 시민 등을 자주 만나야 한다(Dupper, 2002 : 157-158).

2) 학교사회복지사의 개입

첫째, 홈리스 아동과 청소년에 대한 개입이다. 홈리스 아동과 청소년이 학교에서 성공적으로 지낼 수 있도록 하는 많은 전략들이 실행되고 있다. Schwartz는 〈표 16-6〉과 같은 다양한 전략을 제시하였다.

〈표 16-6〉 홈리스 아동 및 청소년에 대한 개입전략

- 학교입학 절차와 교통수단 선택을 설명하는 브로슈어를 지역 쉼터에 보낸다.
- 학급을 홈리스센터로 옮긴다.
- 학교에 홈리스 학생을 위한 과도기 방(transition room)을 만든다.
- 홈리스 아동과 청소년들이 다른 아동보다 더 지쳐 있을 수 있다는 것을 교사들이 알게 한다.
- 홈리스 아동과 청소년을 위한 1대 1 가정교사 프로그램을 실행한다.
- 모든 학생에게 빈곤과 홈리스의 이유에 대해 교육하고 홈리스 학생이 학교에서 낙인 찍히지 않도록 노력한다.

출처 : Dupper(2002), pp. 101-102.

미국의 일부 학교에서는 홈리스 아동에게 특별한 식사제공 프로그램, 물건 저장 공간, 옷과 건강서비스를 제공함으로써 홈리스 아동의 기본적인 욕구를 다루고 있다. 심지어 Phoenix에 있는 Pappas 학교는 홈리스 아동 및 청소년을 위해 설립된 학교이다. 학교사회복지사는 홈리스 아동과 청소년의 교육적 니드에 적합한 더 많은 프로그램이 실시될 수 있도록 노력해야 한다. 특히 이들 전략을 실행함에 있어 학교직원과 더 큰 지역사회의 지지가 행해질 수 있도록 해야 한다(Dupper, 2002 : 101-102).

둘째, 위탁보호 학생에 대한 개입이다. 위탁가정 아동의 교육적 니드에 더 잘 기여하도록 학교체계와 아동복지체계와 협력해서 일해야 한다. 예를 들어, 미국의 뉴욕시와 시애틀에서는 교육구와 아동복지기관이 위탁가정 아동의 출석과 학업적 성취를 더 잘 모니터링하기 위해 직원들의 접근이 가능한 데이터베이스를 설계하는 데 함께하고 있다. 학교사회복지사는 지역사회에서 이와 같은 프로그램을 옹호할 수 있고, 그것의 실행을 도울 수 있다. 학교사회복지사를 포함해 학교교직원이 위탁아동을 도울 수 있도록 하는 구체적인 단계는 〈표 16-7〉과 같다.

〈표 16-7〉 위탁가정 아동에 대한 개입전략

- 위탁학생의 입학과 통합을 위해 특별한 계획을 개발하고 실행한다.
- 교사가 위탁보호를 받고 있는 아동과 그들 가족이 직면하는 독특한 문제에 대해 더 많이 알도록 돕고, 이들 문제가 아동의 학습과 행동에 어떤 영향을 미치는지에 대해 더 많이 알도록 돕는다.
- 학교생활에 성공적인 적응을 위한 기회를 증대시키기 위해 위탁보호에 있는 아동들을 가장 경험이 많은 교사에게 배치되도록 옹호한다.
- 교사와 행정가들로 하여금 비전통적인 가정에서 살고 있는 아동에 대해 민감하지 못한 관련 책과 교과과정 자료를 비평적으로 검토하도록 돕는다.
- 위탁부모들이 위탁아동의 교육에 있어 의미 있는 방법으로 참여할 수 있도록 위탁가정부모를 초대한다.

출처 : Dupper(2002), pp. 102-103.

셋째, 학생이 보다 제한적인 곳에서 덜 제한적인 학교로 성공적인 재통합을 하기 위해서는 몇 가지 사전 전략(prerelease strategies)이 필요하다. Ingersoll와 LeBoeuf(1997)는 정신건강, 사회적 서비스, 보호관찰, 아동보호, 교육기관들이 아동과 가족에게 통합된 서비스를 제공하기 위해 정보를 공유하기 위한 일반적인 토대를 충족시켜야 한다는 것을 제안하였다. 또한 그들은 구금시설 또는 거주시설을 떠나는 아동을 위해 대안적 학교를 전환기(transitional), 중간(interim) 장소로 사용할 것을 제안하였다. 그 외 몇 가지 부가적인 단계는 〈표 16-8〉에 제시하였다(Dupper, 2002 : 164). 학생은 장기간 정학이나 퇴학을 야기할 수 있는 규율정책에 대한 학교의 정책과 절차를 알아야 한다. 또한 부모나 후견인들은 자신의 책임과 책무에 대해 잘 알아야 한다. 학교사회복지사는 이런 정보를 나누고, 학생과 관련된 학업적, 행동적, 직업적 목표를 개발하는 데 있어 학생과 부모/후견인과의 모임에서 중요한 역할을 수행해야 한다(Dupper, 2002 : 164).

〈표 16-8〉 다소 제한적인 곳에서 덜 제한적인 교육기관으로 학생을 전환하는 단계

- 학생입학 면접을 실시한다.
- 정책과 절차를 검토한다.
- 물질남용과 다른 행동에 대한 학교의 규칙을 명확히 설명한다.
- 폭력을 사용하지 않겠다는 계약서를 만든다.
- 부모가 자녀에 대한 부모로서의 책임을 다하고 있는지 주목한다.
- 집단(cluster), 다기관 대표자를 학생에게 할당한다.
- 타깃 학업적, 행동적, 직업적 목표를 구체시한다.

출처 : Dupper(2002), p. 164.

넷째, 교정시설에서 학교로 복귀한 학생의 적응을 돕기 위한 학교 프로그램 및 서비스를 제공하도록 노력해야 한다. 학교중도탈락 그 자체가 비행이라고 보기는 어렵지만 학교중도탈락은 직업선택의 기회 제한에서부터 실업, 사회복지에의 의존, 비행행동이

라는 부정적인 결과를 초래하기 쉽다(Garnier et al., 1997 : 395-415). 미국의 경우 소년사법기관과 학교가 연계, 협력해서 비행청소년에 대한 지원을 하고 있다(남미애, 2004 : 151-180). 교육주류에서 벗어난 청소년(Youth Out of the Education Mainstream) 프로그램은 사법처리과정 중 학교제도에서 벗어난 청소년들이 학교에 복귀하여 성공적인 적응을 하도록 돕기 위해 만든 것이다(Stephens & Arnette, 2000). 이 사업은 크게 다음과 같은 과정으로 구성되었다(Stephens & Arnette, 2000). 1단계는 구금된 청소년이 복귀할 지역학교와 교정시설 간의 연속적, 통합적 교육적 서비스 연결을 만들기 위해 교정시설 내의 교육시스템 및 프로그램을 개선한다. 2단계는 교정시설에서 지역사회로의 진입을 위한 과도기적 개입으로 교정시설과 지역학교가 협력하여 석방 전 전략을 세우고 이에 따라 해당 청소년과 가족에게 시설 내 서비스와 사후지도 서비스 모두를 제공한다. 3단계는 학교 재진입을 위한 단계로 해당 청소년의 학교복귀 준비는 물론 학교를 방문해 학교교장 및 직원을 만나 교실배치 및 커리큘럼을 조정하기도 한다. 또한 학교에 복학한 청소년이 학교생활을 잘 유지하도록 하기 위해 멘토의 활용과 학교 토대의 보호관찰관을 활용한다.

뉴저지의 게이트웨이학교(Gateway Academy)는 구금시설에서 공공학교로 복귀하는 네워크 지역 청소년을 대상으로 1년간 복학준비 서비스를 행한다. 이것은 뉴저지 청소년위원회(Juvenile Commission)와 네워크공공학교(Newark Public School) 간의 파트너십으로 확립된 것이다(Stephens & Arnette, 2000 : 6-7). 이 프로그램의 경우 먼저 게이트웨이 학교에 보낼 청소년을 NJJJC의 직원팀이 선정, 배치하면 게이트웨이 학교에서는 방과후 활동, 지역사회봉사프로젝트, 토요일활동 등의 서비스를 제공하고 소정의 기간이 종료되면 희망하는 정규학교에 복귀하게 된다. 특히 이 학교에서는 비행청소년과 그들 가족을 위한 정보를 나누고 서비스를 조정하기 위해 교육, 정신건강, 보호관찰, 아동보호 등과 관련된 다양한 사회서비스기관으로 구성된 클러스터 그룹(cluster group)을 사용한다(남미애, 2005 : 33-55).

따라서 우리나라에서도 사법처리과정 중 학교제도에서 벗어난 청소년들이 학교에 복귀하여 성공적인 적응을 하도록 돕는 것이 필요하다. 이를 위해서는 먼저 구금된 청소년이 복귀할 지역학교와 교정시설 간의 연속적, 통합적 교육적 서비스 연결을 만들기 위해 교정시설 내의 교육시스템 및 프로그램을 개선해야 한다. 다음으로 교정시설에서 지역사회로의 진입을 위한 과도기적 개입으로 교정시설과 지역학교가 협력하여 석방 전 전략을 세우고 이에 따라 해당 청소년과 가족에게 시설 내 서비스와 사후지도 서비스 모두를 제공해야 한다. 마지막으로 학교 재진입을 위한 단계로 해당 청소년의 학교복귀 준비는 물론 학교를 방문해 교장 및 직원을 만나 교실배치 및 커리큘럼을 조정한다. 또한 학교에 복학한 청소년이 학교생활을 잘 유지하도록 하기 위해 멘토의 활용과 학교 토대의 보호관찰관[1]을 활용할 수 있다(남미애, 2005 : 43).

5. 다문화가정 학생

1) 특성

정보통신 및 교통기술의 발달로 국가 간 이주가 보편화되면서 우리나라에 거주하고 있는 다문화가족들은 합법, 비합법을 포함하여 크게 증가하고 있다. 이민자들의 출신국도 한국계 중국인, 중국, 일본, 베트남, 필리핀, 몽골, 태국 등 매우 다양하다. 이러한 다문화가족의 증가는 이들의 자국 내에서 발생한 배출요인(push factor)과 국내에서 작용하는 흡인요인(pull factor)의 상호작용 속에서 이루어진 것이다(송병찬, 2007).

통상 우리나라에서 다문화가정이란 한 가정 내 다른 문화적 배경을 가진 사람들이 모여 가족을 이룬 것을 말하는 것이지만 여기에는 국제결혼 가정, 외국인 근로자 가정, 새터민 가정 등을 모두 포함하는 것으로 사용되고 있다. 예를 들어, 같은 국가 출신으로 이루어진 이주노동자 가족은 가족 내부 구성으로 보면 다문화가족이라고 할 수 없는 등 용어상의 문제가 많지만 이들을 포괄하는 용어로 가장 보편적으로 사용되고 있다. 학교현장에도 반영되어 국제결혼가정 자녀들과 이주민 자녀들이 점차 증가하고 있는 추세이다. 현재 이들은 다문화가족 자녀로 정책 범주화되어 학교현장에서 지원정책의 수혜대상이 되기 시작하고 있다(조혜영, 2007a : 359).

그러나 동남아지역 노동자의 대거 유입과 여성의 농촌 유입기피 등으로 한국인과 외국인이 결혼하여 가정을 이루는 수가 급속히 증가하면서 이들 가족이 우리 사회에 적응하는 과정에 당면하는 복합적인 사회문화적 어려움은 개인적 문제에서 벗어나 사회문제로 등장하고 있다. 지금까지 보고된 선행연구들에 따르면 다문화가족들은 부부관

1 소년사법처리과정의 청소년들이 학교에 잘 적응하도록 학교에 보호관찰관을 상주시킨 것으로는 Lehigh County Juvenile Probation과 펜실베이니아의 Allentown 학교가 있다. 청소년법원 소속이면서 학교에 배치된 보호관찰관은 보호관찰기간 또는 집행유예 기간 동안 학생의 출석, 학업성취, 비공식적 행동에 대해 모니터링하고 가정방문, 학교체계 외부의 자원으로부터 학생과 가족을 위해 필요한 개입서비스를 조정한다. 또한 학교는 보호관찰관과 협의하여 학생에게 구조화된 환경을 제공함으로써 보호관찰목적에 기여하게 한다(Clouser, 1995 : 1-4).

계의 악화, 이질적 문화로 인한 갈등, 시댁과의 갈등, 빈곤문제, 자녀양육문제 등 복합적이고 다중적인 어려움을 경험하는 것으로 보고되고 있다(윤형숙, 2004; 신경희, 2005; 박정숙, 2007; 손민규, 2007; 김선아, 2007). 부부가 서로 이질적인 문화에 적응하면서 겪는 심리사회적 어려움들을 적절히 해소하지 못할 때 스트레스가 가중될 것이며 그러한 스트레스 상황에서 자녀의 임신, 출산, 양육은 스트레스를 가중시켜 고스란히 자녀에게 영향을 미친다(최옥순, 2008 재인용).

다문화가족이 우리나라에 본격적으로 등장하기 시작한 것이 얼마 되지 않은 상태에서 다문화가족 자녀에 대한 연구는 이제 시작단계라고 할 수 있는데, 보고된 연구들에 따르면 다문화가족 아동이 경험하는 심리사회적 어려움은 매우 심각하다는 것을 알 수 있다. 지금까지 보고된 내용을 통해 다문화가족 아동의 특성 및 심리사회적 문제를 제시하면 다음과 같다(최옥순, 2008). 첫째, 언어능력 부족이다. 그들은 말을 배우는 가장 중요한 시기인 유아기에 한국말이 서투른 외국인 어머니의 교육하에 성장하기 때문에 제한된 언어사용에서 오는 부적응의 영향을 들었다. 언어발달 양상은 구어능력과 문제해결에 더딘 발달을 보이며 언어활동을 기피하고 있는 것으로 나타났다(박미경, 2007). 박정숙(2007)에 따르면 자녀의 심리・정서적 문제의 원인은 부모의 이중언어 사용으로 인한 적절한 언어습득의 문제로 언어장애나 말더듬과 같은 언어문제로 보았다.

둘째, 학업의 어려움이다. 다문화가정 자녀들의 학교적응 과정은 한국에서의 체류연한, 한국어 수준, 가정의 지원 정도, 개인적 성향에 따라 다양한 모습을 보인다. 그러나 한국어 및 교과 내용에 익숙지 못한 아이들은 숙제하기가 굉장히 힘들다. 또한 숙제와 함께 학교에서 제시하는 알림장 및 준비물을 챙기는 것은 부모의 몫인데 이는 더욱 불가능하다. 특히 한국 학부모들 대부분이 활용하는 컴퓨터를 사용하지 못하는 경우도 있어서 숙제 챙기기가 더욱 힘들다. 부모가 도와줄 수 없는 상황에서 다문화가정 자녀들은 지역지원센터의 도움을 받거나 혹은 준비물이나 과제를 아예 챙기지 않거나 일찍부터 스스로 자신의 일을 알아서 하는 데 익숙한 것처럼 보였다(조혜정, 2007b : 372). 다문화가족 아동들은 말을 배우는 시기인 유아기에 한국말이 서투른 외국인 어머니의 교육하에 성장하기 때문에 언어능력의 부족이 학습부진을 초래한다(조영달, 2006). 또한 의사소통에는 문제가 없으나 독해와 어휘력, 쓰기, 작문 능력이 현저히 떨어지는 것으로 나타났다.

국제결혼가정 자녀의 경우 배우자 중 한 명이 한국 국적을 가지고 있고 정상적인 혼인 신고가 되어 있으면 자녀 취학에 문제는 없다. 그러나 이주노동자 자녀의 경우 부모의 다양한 국내 체류 자격에 따른 신분상의 위치에 따라 학교 입학이 어려운 경우가 발생하고 있다. 교육부는 현행 초・중등교육법 시행령에서 불법체류자 자녀들이라 할지라도 중학교까지는 의무교육 대상에 포함시키고 있다. 하지만 입학에서부터 졸업까지 해당 학교장의 재량권에 맡겨져 있기 때문에 해당 학교에서 여러 가지 이유를 들어 입학을 불허하면 학교에 다니기 힘든 실정이다.

셋째, 정체성 문제이다. 다문화가족 아동은 정체성 문제에 어려움을 겪는다(장문강, 2006; 김갑성, 2006; 정현영, 2006). 이들은 부모의 서로 다른 가치관과 생활 풍습 중 어떤 것을 따라야 할지 혼란을 느끼는 것으로 나타났다. 두 나라 문화가 혼재된 가정교육과 한국의 학교교육을 동시에 경험하면서 주변인으로 성장해 가며, 또한 언어능력의 부족과 정체성 형성의 혼란은 대인관계 형성에 부정적인 영향을 미쳐 동료들로부터 놀림을 당하거나 자신감을 잃어 학교 교육에서 주변으로 밀릴 수 있다(정현영, 2006). 새터민 청소년들의 경우에서 이들은 개인의 심리적인 부분보다는 교육 및 사회・문화적 차이로 인해 혼란을 경험한다고 하였다. 또한 적응에 관한 어려움은 반 친구보다 많은 나이임에도 불구하고 학업능력이 떨어짐으로써 자신감이 결여되고 자기상실에 빠지기도 한다(장문강, 2006).

넷째, 부적응 문제이다. 보건복지부 조사(설동훈 외, 2005)에 따르면 국제결혼가정 여성 945명 중 자녀가 또래아이들에게 집단따돌림을 경험했다고 하는 비율은 전체의 17.6%였으며 그 이유는 엄마가 외국인이라서(34.1%), 의사소통이 잘 안 되어서(20.7%) 순으로 조사되었다. 따돌림 경험은 우리와 외모가 비슷한 중국동포보다는 상이한 외모를 가진 다른 나라 출신 여성의 자녀들이, 또한 도시보다 농촌에 거주하는 아동들이 훨씬 더 많이 경험하고 있는 것으로 나타났다. 한편 북한이탈주민 가정의 자녀가 겪는 어려움의 정도도 마찬가지이다. 특히 이들 가정의 청소년들은 남북한의 언어와 교육내용 및 문화적 차이를 극복하지 못하고 대개 초・중・고 과정을 중도에 포기하는 경우가 많아, 이들이 한국 사회에서 성인으로 정착하는 데에는 외국인들과는 또 다른 어려움을 겪고 있다.

현재 북한이탈주민 가정의 자녀에 대한 교육이나 취업은 한국 내에서 제도적으로 여러 가지 대안이 마련되어 있으나, 이러한 제도적인 혜택을 받기 위한 필수조건을 이들 청소년들이 갖추지 못함으로써 실질적인 혜택을 받지 못하는 경우가 많은 것이다. 예를 들면 대학입학의 경우, 입학시험에 대한 혜택이나 재학기간 동안의 등록금 등의 재정적 지원 등 다양한 제도가 마련되어 있으나, 대학입학조건인 고교졸업이나, 대입검정고시합격 등의 필수조건을 갖추지 못함으로써 이러한 혜택의 기회를 놓치고 있다. 대학입학이 좌절됨으로써 이들은 대개 자포자기하게 되며, 한국 사회에서 다른 대안도 거의 없기 때문에 결과적으로 사회에 부적응하는 성인으로 남기 쉽다. 현재 북한이탈주민가정의 청소년들이 겪는 가장 큰 어려움은 학교공부이며, 북한 말씨로 인한 놀림, 왜소한 체격 등도 이들이 많이 고민하는 문제인 것으로 나타났다(정하성 외, 2007 재인용).

다문화가족 아동이 모두 적응상의 문제를 보이는 것은 아니며 태어날 때부터 적응상의 문제를 갖는 것은 아니다. 일부 연구에서는 다문화가족 아동은 혼자서 놀이를 하기도 하고 적극적으로 자신이 가지고 있는 '다름'의 자원을 활용하여 친구가 되고 있다고 하였다. 그러나 다문화가족 아동은 거시적으로는 오랫동안 민족의 자랑으로 여겨온 단일민족의 강조, 다문화에 대한 낮은 사회적 수용성, 다문화가족 아동에 대한 사회적 지원 미비에서부터 미시적으로 가정의 부부불화 문제, 빈곤문제, 어머니와의 언어장애, 친구관계, 학업성취 등에 이르기까지 다중체계적 어려움을 경험할 가능성이 높다. 특히 가족에서 학교 및 또래관계를 관계의 폭을 확대시키는 학령기는 심리사회적 어려움이 클 가능성이 높다. 결과적으로 환경의 영향을 절대적으로 받은 아동기라는 측면에서 볼 때 아동을 둘러싼 환경에서 다문화가족 아동에게 어떤 인식과 태도를 가지고 지지적 환경을 조성하느냐는 매우 중요한 영향을 미칠 것이며, 특히 부모나 가족들이 스트레스가 높은 상황에서도 어떻게 탄력적으로 적응적 행동하고 건강한 양육 태도를 갖느냐에 따라 다문화가족 아동의 발달과 적응은 상이하게 달라질 것이다(최옥순, 2008).

〈표 16-9〉 이주민 자녀의 학업성취 관련 이론

이주민 자녀들의 교육적 성취에 대한 이론으로는 유전적 이론, 문화결핍이론, 문화갈등이론, 문화모델 접근이 있다(조혜영, 2007 : 368-369). – 유전적 이론 : 미국 흑인의 낮은 학업성취는 중국이나 일본 등 아시아계 이민자와 백인들의 높은 성취에 비교하여 유전적, 생물학적으로 차이가 있기 때문이라고 설명한다. – 문화결핍이론(cultural deprivation theory) : 흑인이나 히스패닉, 미국 원주민 아동 가정의 '결핍된' 문화적 배경은 낮은 학업성취로 이어진다는 것이다. 이러한 아동들은 부모들이 학업에 필요한 문화적 관습이나 양육기술을 가지고 있지 않기 때문에 아동의 학업 성취에 필요한 지원을 적극적으로 할 수 없으며 이는 아동의 낮은 학업 성취로 이어진다는 것이다. – 문화갈등이론(cultural conflict theory) : 소수집단 아동이 학교에서 실패하는 이유는 문화 간의 우열에 입각한 문화결핍이 아니라 그들 가정에서의 문화가 주류 문화와 다르기 때문이라고 본다. – 문화모델(cultural model) 접근 : 기존의 이론들이 지배집단의 관점에서 소수집단의 행위양상을 평가한 것과는 달리 소수집단 학생들 자신들의 사회현실과 학업과정에 대한 다양한 시각을 이해하기 위해 도입된 이론으로 이 이론은 이주과정의 자발성에 따라 비자발적인 소수민족(involuntary minority)과 자발적인 소수민족(voluntary minority)으로 소수민족 집단을 구분한다. 비자발적 소수민족은 현 거주국에 노예제도나 정복 등에 의해 자발적으로 편입되는 경우이다. 예컨대, 미국의 흑인집단이 이에 해당된다고 할 수 있다. 반면에 자

발적 소수민족은 스스로 현 거주국으로 이동한 경우이며 아시아계 소수민족이 이에 해당된다. 이러한 두 가지 다른 유형의 소수민족 집단은 호스트 사회와 학교 교육에 대해 서로 다른 인식과 해석을 발달시키게 되며 이러한 해석은 학업성취의 차이로 이어진다는 것이다. 자발적 소수민족은 학업성취에 대해 실용적인 태도와 전략들을 채택하게 된다. 즉, 그들이 현재 거주하고 있는 사회가 비록 힘든 삶일지라도 그들이 떠나온 사회의 상황과 그 사회에 살고 있는 사람들과 비교해서 훨씬 낙관적인 미래를 개척할 수 있다는 믿음을 갖는 것이다. 이민 경험에 대한 이러한 해석은 현 거주국에서 그들의 삶을 살아가게 하는 집단의 논리를 개발시키게 된다. 반면 비자발적 소수민족의 경우는 지배집단과 학교교육에 대해 저항감과 반감을 가지고 있으며 이들의 부정적 태도는 낮은 학업성취로 이어진다는 것이다.

2) 학교사회복지사의 개입

첫째, 다문화가정 아동 및 청소년을 지원하는 학교사회복지사는 우리 사회의 문화적 다양성을 인식하고 다문화가족에게 효과적으로 접근하기 위해 문화적 역량(cultural competence)을 갖추어야 한다. 문화적 역량이란 하나의 신중한 기술이나 일련의 사실이 아니라 광범위한 지식 토대와 특별한 능력의 통합을 의미한다(Ortiz & Flanagan, 2002). 이는 문화적 다양성에 대해 민감하고 전문지식과 기술을 갖춤으로써 다문화적 사회복지서비스를 효과적으로 제공하는 능력이다. 오랜 역사 동안 단일민족임을 최고의 자랑으로 살아오고 그런 시각에서 성장하고 교육받았던 우리들이기 때문에 다문화가정 아동 및 청소년과의 만남과 작업은 청소년전문가들에게도 적잖은 도전이 될 수 있다. 무엇보다 어떤 관점에서 어떻게 접근해야 하는지에 대해 충분한 논의와 지침이 없어 혼란스럽다. 따라서 학교사회복지사의 문화적 역량을 증진시키기 위해 신념과 태도, 지식, 기술 차원에서 다음과 같은 노력이 병행되어야 한다.

우선 신념과 태도 차원에서 실천가는 자신의 문화적 유산을 이해하고 이것이 실천과정에 미치는 영향과 한계에 대한 인식을 가지며 더불어 클라이언트의 세계관에 대한 인식을 통해 그 가치를 인정하고 클라이언트가 처한 언어 및 문화적 상황을 존중하며 수용하려는 태도를 견지해야 한다. 지식 차원에서는 자신의 문화양식에 대한 인식을 비롯하여 다각적으로 클라이언트의 문화양식 및 관련 지식을 습득하고 사정 및 개입에 있어서 이런 지식을 유익한 자원으로 활용해야 한다. 마지막으로 기술 차원에서 개입의 효과성을 측정할 수 있는 기술을 연구하고 클라이언트 집단에 효과가 있는 개입방법을 습득하여 문화와 관련된 구체적인 기술을 훈련하고 활용해야 한다(김범수 외, 2007 : 238).

둘째, 많은 학교적 요인이 다문화가정 아동의 학교성공에 영향을 미칠 수 있다. 그 중 가장 영향력 있는 요인은 교사와 그들 학생 간의 관계인 것으로 나타났다. 모든 학생이 인정되고, 존중된다고 느껴지는 환영받고, 즐겁고, 문화적으로 다양한 학교를 만들기 위해서, 학교사회복지사는 다문화적 교육가의 역할을 하고 이들 역할을 수행할 다른 사람들을 찾아야 한다. 몇몇 연구들은 다문화교육과 학업적 성취가 관련 있다고 보고하였다. Spears, Oliver와 Maes(1990)의 보고에 따르면, 다문화 교육은 학교를 더욱 적절하고 기여하게 하고, 중퇴율을 감소시키는 것으로 나타났다. Oliver와 Howley(1992)에 따르면 학생들 간의 더 좋은 관계를 형성하고, 인종적 편견을 감소시킨다고 하였다(Dupper, 2002 : 160-161 재인용).

다문화적 교육가로서, 학교사회복지사는 모든 교사와 교직원을 위해 계속적인 토대에서 문화적 지각과 민감성훈련을 제공하는 것이 필요하다. 예를 들어, 학년 초에 학교사회복지사는 그들의 학생이 사는 근린지역사회를 교사와 함께 버스를 타고 둘러보거나 교사들과 함께 가정방문에 함께 가자고 권유할 수 있다. 학급이나 복도에 진열된 그림과 포스터, 학생들이 학급에서 사용하는 교육자료 등에서 다양한 문화집단이 어느 정도 제시되고 있는지도 계속해서 검토해야 한다. 또한 문화적 배경에 대해 만들어진 오해와 일반화로 인해 교사와 학생 간에 일어나는 실수를 파악한다. 학교사회복지사는 학생이 주의를 기울이는 것, 질문에 반응하는 방법, 상호작용하는 방법과 같은 것이 문화적 배경에 의해 영향 받은 행동의 예라는 것을 교사가 알도록 도와야 한다. 교사에게 의사소통하기 어려운 부모를 위해 두 가지 언어 모두를 적어 통지하도록 함으로써 다양한 언어적 배경의 학생과 의사소통이 증진되도록 도울 수 있다(Dupper, 2002 : 160-161).

셋째, 학생에 대한 직접적 개입이다. 다문화가정 아동 및 청소년은 문화 차이에서 생기는 어려움 이외에도 빈곤, 방임 및 학대, 학업 성취 및 학교적응 문제, 정체감 혼란 등 다중의 어려움에 노출될 우려가 높다. 따라서 다문화가정 아동 및 청소년 지원 및 상담에 있어서는 다양한 접근이 이루어져야 한다.

먼저 개별 및 집단상담의 실시이다. 다문화가정 아동 및 청소년의 사정에 있어서는 다문화가정 아동 및 청소년의 유형, 청소년 개인의 특성, 한국에서 생활한 시간, 이민 전후의 경험, 부모의 신분 및 경제사회 상태(합법 또는 불법체류자, 피난민이나 이민자 등), 지역사회의 특성, 학교문화 및 분위기, 또래관계, 지지체계 등 다양한 측면들이 고려되어야 한다.

그리고 언어적 어려움이 있다는 점을 고려해 볼 때 언어적 접근보다는 비언어적 접근이 보다 효과적일 수 있다고 하겠다. 관련 보고에 따르면 다문화가정 아동 및 청소년의 상담에 있어서는 모래상자 치료, 게임, 인형극, 미술치료, 이완훈련 등이 유용하다. 이들 접근은 아동 및 청소년들이 보다 안전하게 느끼고 자신을 편안하게 표현하도록 도우며, 매체를 통해 창조하고 파괴하고 재창조하는 과정에서 부정적 정서를 표출하고, 자신의 의지와 관계없이 강요된 이민이나 다문화 속에 속해 있는 상황에서, 자신들이 잃었다고 생각하는 통제감과 지배력(mastery)을 얻을 수 있다. 또한 놀이과정을 통해 자신과 자신을 둘러싼 세상에 대해 배워나가며 세상과 소통하는 방법을 터득한다.

또한 또래상담자의 활용과 더불어 게임, 춤, 음악, 미술, 노래 등 자연스러운 소집단 활동, 교사 및 자원봉사자의 활용 등 다양한 지지집단을 형성하도록 하는 것이 필요하다(Kelen, 2007 : 252-260). 특히 집단의 개입에 있어서는 집단목적에 따라 다소 차이가 있겠지만 다문화가정 학생만으로 구성되기보다는 다른 학생들과 함께 구성된 집단적 개입이 더 효과적이라고 하겠다. 즉, 다문화가정 아동 및 청소년들과 다른 가정 청소년들이 함께 모여 서로 놀고, 이야기하고 접촉하면서 서로의 차이점과 공통점을 알아나가는 것이 가장 쉽고 효과적인 방법이라고 생각된다. 다문화가정 아동 및 청소년만으로 구성된 집단교육이나 상담은 자칫 또 다른 편견과 장벽을 만들 수 있다.

다음으로 치료적 개입이다. 이민과정에서 극적인 상황에 노출되어 정신적 트라우마를 경험한 청소년의 경우, 상당한 기간 동안 이들에 대한 치료적 개입도 필요하며, 또래로부터 일치성(conformity)에 대한 압력을 받고, 새로운 문화에 적응하려는 청소년과 전통적인 성역할과 가치를 고수하려는 부모세대 간의 갈등 등을 해소하기 위해 가족치료 및 상담, 교육도 병행되어야 한다.

이 외에도 그들을 둘러싼 주요한 환경(가족, 학교, 교우관계, 지역사회)의 변화를 도모하고, 가정방문, 필요한 자원을 연결하고 만들어 주는 자원개발자, 다문화가정 아동 및 청소년의 대변 및 옹호, 지속적인 사례관리 등 보다 적극적이고 다차원적인 역할과 활동을 병행해야 한다.

주의해야 할 점은 프로그램에 참가하기를 꺼리는 학생들도 있다는 점이다. 지원의 취지와는 다르게 구분 짓기의 기제로 존재하는 다문화가정 자녀 지원 프로그램을 통해 오히려 상처를 받는 학생들도 생긴다는 것이다. 지원을 받는 다문화가정 자녀들도 자신들만 지원을 받는 것에 대해 의아해한다. 자신들이 다문화가정 자녀라고 불리는 것에 대해서도 이해하지 못하고 있다. 또한 수동적으로 혜택을 받는 별도의 프로그램보다는 스스로 참여하여 무언가를 할 수 있도록 하는 프로그램이 필요하다(조혜영, 2007b : 381).

넷째, 학급에 대한 개입이다. 학급개입에는 학생의 행동관찰이나 특별한 행동관리계획을 행하는 것이 해당된다. 학교사회복지사는 아동이 과업을 마치고 적절한 학급행동을 하도록 하기 위해 행동적 계획을 세움에 있어 교사와 함께 일할 수 있다. 이때 아동의 약한 점에 초점을 두기보다는 아동의 강점에 초점을 두는 것이 중요하다.

학교사회복지사가 다문화가족 학생을 위해 학급에 적용할 수 있는 프로그램으로는 모두를 위한 성공(Success For All : SFA)이라는 프로그램이 있다. 이 프로그램은 취약한 학생을 위해 이바지하는 초등학교 학교 전체 개혁 프로그램으로 가장 널리 평가되는 것이다. SFA는 모든 학생이 3학년까지 비슷한 수준의 읽기 능력을 달성하는 것을 목표로 하였는데 크게 다음과 같은 다섯 가지 주요 요소로 구성된다. SFA의 평가 결과 프로그램을 적용한 집단은 프로그램을 적용하지 않은 집단보다 언어발달과 읽기에 일반적으로 긍정적인 결과가 발견되었다(Dupper, 2002 : 162-163).

〈표 16-10〉 모두를 위한 성공(Success For All : SFA)의 주요 요소

- 이야기하고 다시 이야기하기(story telling and Retelling) : 읽기 과정으로 아동의 이해를 증가시키기 위해 읽은 것을 다시 이야기하도록 하고 몸짓을 섞어 가면서 이야기하도록 함
- 협력적 통합된 읽기와 작문 : 학생들이 팀으로 작업을 하고 그들 팀의 진전을 인식하도록 함
- 바람직한 읽기 지도를 위해 아동의 현재 읽기 수준을 비슷한 수준끼리 맞추고자 테스트를 한 뒤 읽기 수준이 상대적으로 높은 집단과 낮은 집단으로 대별하여 재그룹화함
- 1대 1 읽기교사 배치 : 아동의 읽기사정에서 잘 수행하지 못하는 아동들에게 1대 1 읽기교사를 배치함
- 가족지지 : 니드를 가진 가족에게 서비스를 제공하기 위해 학교사회복지사 등을 포함시킴

다섯째, 학교체계에 대한 개입이다. 종종 학교에서 피난민과 이민자를 환영하는 않는 경우를 발견할 수 있다(Kelen, 2007 : 252-260). 학교의 문화와 분위기는 학생의 학습과 행동에 치명적인 영향을 준다. 따라서 학교사회복지사는 학교의 분위기와 문화를 변화시키는 역할을 수행해야 하는데 이것은 매우 큰 도전이다. 다문화가정 자녀들의 학교생활 적응에 가장 큰 영향을 미치는 것은 가정에서의 지원뿐 아니라 학교에서 접하는 사람들과의 상호작용일 것이다. 이들이 학교생활에서 학습 및 사회화 과정을 제대로 거치기 위해서는 교사의 이해 및 일반 학생들과의 관계가 매우 중요하다. 그에 따라 일반 학생들의 다양성 수용을 위한 교육 및 교사의 다문화가정 자녀에 대한 인식 및 지원을 위한 적절한 교육이 이루어져야 한다(조혜영, 2007b : 377-378).

또한 다문화가족 아동의 학교성공을 돕기 위해 학교사회복지사는 인종차별주의자의 행동과 학교에서 제도적 인종차별주의를 다루어야 한다. Pine과 Hilliard(1990)는 학교에서 인종차별적 행동을 변화하기 위해 필요한 몇 단계를 제시하였다(Dupper, 2002 : 163). 먼저 제도적 인종차별주의에 도전하고, 그 다음으로 소수인종 교사의 풀(pool)을 증가시키고,

셋째, 교수법의 실제를 개선하고, 넷째, 모든 아동의 자기존중감을 증진시키며, 다섯째, 인성 개발을 가르친다. 학교에서 인종차별주의자 행동을 변화시키기 위해 고안된 부가적인 전략은 〈표 16-11〉와 같다.

〈표 16-11〉 학교에서 인종차별주의자 행동을 변화시키는 방법

- 인종차별주의와 관련된 기대를 명확하게 말로써 제시하라.
- 이들 기대가 위반되었을 때 받게 되는 일련의 결과를 확립하고 강화하라.
- 인종차별적 사건에 신속히 반응하고 적절한 증거를 공정하게 수집하라. 교정은 치료적이어야 한다.
- 학교에서 인종과 관련해 집단화하려는 학생을 제지하라.
- 통합에 우선순위를 두고 자리배치를 계획하라.
- 가능한 한 또래상담을 활용하라.
- 부모와 학생자문위원회로부터 조언과 지지를 구하라.
- 교사워크숍, 집회, 인종차별 사건의 중재를 위해 지역사회 주요 소수리더의 도움과 조언을 목록화하라.
- 학교에서와 학급에서 인종차별주의를 줄이기 위해 노력하는 사람을 보상하라.
- 역할모델로서 소수 교사와 직원의 적당한 균형을 갖고 고용하고 정책과 규율을 위해 적절한 권위를 제공하라.

출처 : Dupper(2002), p. 163.

여섯째, 다문화가정 학부모 교육 및 역할 강화이다. 다문화가정의 학부모는 자녀교육지원과 관련해 여러 가지 어려움에 직면해 있다. 먼저 이주노동자의 경우 불법인 경우가 많아 신분 불안에 대한 걱정이 앞선다. 함께 생업을 위한 장시간 노동, 한국어 의사소통의 어려움, 한국의 문화 및 교육관행에 대한 정보 부재 등은 자녀들의 교육 지원을 더욱 어렵게 한다. 이러한 점은 결혼이주여성에게도 해당되는 부분이다. 자녀교육에 대한 열의와 기대는 높은 반면 실질적인 지원을 해줄 수 없는 상황이다. 이러한 상황에서 한국 학교에 어느 정도 적응하면 엄마의 언어 혹은 모국의 언어를 점차 쓰지 않게 되어 부모와의 의사소통이 힘들어지게 되기도 한다. 더욱이 결혼이주여성의 경우 시댁과 함께 생활하는 경우 자신의 자녀에 대한 권한은 더욱 약해지고 모국의 언어 및 문화, 관행을 존중받지 못하여 그 존재감은 더욱 취약해진다. 그에 따라 결혼이주여성의 시댁 등 관련 가족에 대한 교육도 절실히 요구된다.

결혼이주여성이 가정이나 자녀의 학교, 지역사회에서 존재감을 갖기 위해 역할을 설정해 줄 필요가 있다. 자녀의 학교에서 자원봉사를 하거나 모국의 언어를 가르친다든지, 지역사회에서 할 수 있는 일을 찾아주어야 할 것이다. 또한 비슷한 처지에 있는 결혼이주여성들을 위한 자조집단 마련도 필요하다(조혜영, 2007b : 380).

사례-다문화가정에 대한 학교사회복지사의 개입

1. 사례개요
   - 접수일시 : 2020년 3월
   - 의뢰과정 : 다문화가정 현황 파악 중 사례발견
   - 의뢰사유 : 다문화 수급자 가정으로 문화 차이에 따른 어머니의 아동양육 방법의 어려움 아동 적응력의 문제 및 아동이 남미에서 태어나 우리나라로 이주되면서부터 겪는 문화 변동의 어려움
   - 내담자 : 김○○○, 김○○○ 두 형제 및 모

2. 가족관계

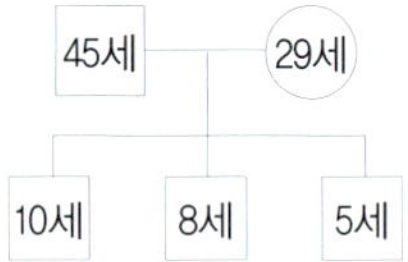

가. 결혼 및 이주 과정

어머니와 현재 남편은 나이 차이가 많고 남미에서 연애결혼. 큰아이 4살, 작은아이 2살 때 우리나라로 아버지를 따라 이주해 온 상황. 이주하고 바로 셋째 아이가 태어나 시부모와 함께 생활을 하다가 독립된 가정을 꾸려가고 있음

1) 부

성실하고 인자한 면이 있음. 2020년 초에 6개월간 일이 없어 수입이 없었음. 경제적인 어려움을 가지고 있고 수급자 등록이 되어 있지만 동사무소 보조금은 없는 상황. 현재는 일용노동직으로 ○○도에 있고 주말에만 집으로 돌아옴

2) 모

이국적인 면모가 눈에 띄고 우리나라 문화에 적응을 하고자 하는 노력이 많음, 남미와 한국의 문화적인 상황이 달라 아동양육에 어려움을 겪고 있음. 남자 아동 3명을 양육하는 것을 무척 힘들어함

3) 자녀 1

초등학교 2학년으로 소극적이고 눈치를 많이 보는 경향이 있음. 유치원 시절 이주해 오면서 아동들로부터 왕따의 경험이 많이 있음. 적응의 어려움으로 입학을 1년 유예한 경험이 있음(정상적으로는 3학년). 어머니 없이 혼자 프로그램에 참여하는 것을 어려워함. 어머니의 젊은 나이에 다자녀 양육의 어려움과 문화변동으로 아동학대의 경험이 있음

4) 자녀 2

초등학교 1학년으로 눈치도 빠르고 산만함. 수업의 참여가 제대로 이루어지지 않음. 수업 중에도 또래들과 어울려 다니는 편임

나. 가족의 강점

다른 가정과는 달리 연애결혼으로 맺어져 타 다문화가정과 달리 애정이 있고 어려움을 극복해 보려고 하는 용기가 있음. 아버지도 스페인어를 유창하게 구사하여 어머니의 어려움을 도와주도 있고, 어머니도 한국의 문화를 적극적으로 배우려는 의지가 있음

3. 사례 개입 과정

1) 초기 : 심리정서적인 개입
- 어머니의 이주 과정 중 어려움 의논(문화적인 격차, 아동 양육방법의 차이)
- 아버지의 실직으로 인한 경제적인 어려움 논의
- 아동들의 언어적인 차이에서 오는 왕따의 경험 논의
- 우리나라 말을 잘 하나 한글 인식의 어려움 논의(아동의 과제 지원이 어려움)

2) 중기
- 아동의 학교 부적응문제 논의(아동의 학업부진, 주의력결핍의 문제)
- 방과 후 학업 지원의 문제
- 우리나라 문화를 알기 위한 문화체험 결핍의 문제 논의
- 한국적인 상황에서의 어머니의 부모교육 부재
- 어머니의 의사소통 채널의 부재

3) 아동 지원을 위한 지역자원 연계지원망
- 어머니 부모교육 연계(아동과의 대화 기법 알기)
- 아동들의 방과 후 학업 지원(특기적성, 방과 후 공부방)
- ○○여성회관 다문화 멘토와 연계되어 어머니의 어려움 전달받고 정서적인 지원망 구축(다문화가정 지원을 위한 지역 ○○의 집 연계)
- 과학진흥회와 연결한 가족 과학캠프 참여(과학의 호기심 충족 및 가족들의 응집력 확인을 위한 캠프 연계)
- 주의력 결핍의 문제를 가지고 있는 아동의 경우 지역의 지원을 받아 심리검사 실시 후 치료를 받고 있고 지능이 우수하여 학교적응력이 좋아지고 있음(복지관 사회성 향상 프로그램에 연계되어 있음)
- 한 끼의 식사기금과 연계하여 아동의 휴업일 문화체험의 기회 제공
- ○○날개 장학금 지원으로 아동의 학업준비물 지원
- 지역복지단체와 연계한 문화행사 및 활동 참여(영화관람, 공연관람, 문화활동)
- ○○진흥회와 연계한 어머니 일자리 창출의 문제 연계 중

4) 지속적인 사례관리 결과
- 어머니 부모교육 참여로 한국의 문화 상황에 대한 이해가 높아짐
- 아동의 방과 후 특별활동 및 공부방 참여로 학업 및 과제수행의 어려움이 해소됨
- 가족캠프 참여로 아동의 가족의 응집력 재확인의 기회가 됨
- 다양한 문화행사 참여로 아동의 아동들이 활기차고 밝아짐
- 심리치료 지원으로 아동의 학교 적응력 향상 및 또래관계 증진

CHAPTER 17

학교 차원의 위기개입

1. 학교 차원의 위기개입의 개념과 범위

학교위기는 학생이나 교직원의 사망이나 심각한 질병 또는 세월호 침몰 사고와 같은 국가적 트라우마 등을 포함한다. 위기와 관련하여 학교 차원의 트라우마 성격과 접근 방법이 어떠한지는 학교공동체에 영향을 미친다. 예를 들어, 인기 있는 고등학교 축구 선수의 죽음은 학교 전체에 광범위하게 영향을 미치며 팀 소속의 40~50명의 동료선수들과 코치들에게는 직접적인 지지가 필요하다. 이럴 경우 학교 내에 위기팀이 구성, 가동될 수 있는데, 팀은 학교구성원의 대표들로 구성되어 학교공동체에 미치는 사건의 영향을 예측하고 적절한 대처수준과 방법을 강구해야 한다. 일반적으로 대부분의 학교에서는 위기계획이 수립되어 있다. 효과적인 계획에는 안전(safety)과 보장(security) 부분, 팀 성원, 학교직원, 학생, 지역사회에 대해 정확한 정보의 알림, 모든 집단의 정서적·심리적 니드를 충족시키는 것 등이 포함된다(표 17-1 참고). 또한 위기계획은 무엇이 잘 작동하고 개선되어야 할 점이 무엇인지를 사정하기 위해 각 트라우마적 사건 후에 대해 평가되어야 한다(Secor, 2006 : 165).

〈표 17-1〉 위기대응 계획

1. 목적 : 위기계획의 목적은 위기사건에 즉각적으로 반응할 수 있도록 하기 위한 것이다(예를 들면, 학생, 가족 성원, 직원의 사망, 질병 또는 다른 사건).
2. 위기팀 성원 : 성원들은 건물관리자, 학교사회복지사, 카운슬러, 학교심리학자, 다른 성원 등이 포함된다[예를 들면, 비서, 특별교육교사, 동료경청 코디네이터(peer listening coordinator), 학교건물경비인].

3. 위기팀 책임 :
   - 위기 또는 트라우마 사건을 둘러싼 사건에 대한 방침(방향)을 결정한다.
   - 루머를 통제하기 위해 적절한 정보와 사실을 공유한다.
   - 학교공동체에 실제적 영향을 사정하고 학생의 안전을 보장한다.
   - 직원, 학생, 부모 니드에 대응하는 활동을 한다.
   - 정신건강직원을 포함해서, 필요한 외부 자원의 포함을 결정한다.
   - 매년 9월에 건물 위기팀(building crisis team)을 소집한다.
   - 팀 성원과 위기계획을 검토한다.
   - 건물안전 상태를 검토한다.
   - 전화번호와 이메일을 최신화한다.
   - 직원회의에서 위기계획을 검토한다.
4. 만약 위기가 학교 밖에서 생긴다면 :
   - 교장에게 보고한다.
   - 교장은 관리자(superintendent)와 정신건강 직원(학교사회복지사, 카운슬러, 학교심리학자)과 연락한다.
   - 교장은 사실을 알기 위해 당국이나 가족에게 전화한다.
   - 교장은 가능한 한 빨리 위기팀에게 알리고 소집한다.
   - 사건 장소 또는 병원보다는 학교 토대의 개입에 초점을 두어라.
5. 만약 위기가 학교 안에서 생긴다면 :
   - 학교 건물이나 생명을 위협하는 경우에는 119에 전화한다.
   - 학교 이름과 주소를 준다.
   - 직원이나 학생의 응급카드를 확보한다.
   - 교무실에 전화한다.
   - 가능한 한 평상시와 같이 진행한다.
   - 즉각적으로 위기팀에 알리고 소집한다.
6. 위기팀 활동 :
   - 가능한 한 빨리 모여라(한 시간 안에).
   - 정보를 나누어라.
   - 학교공동체에 대한 영향을 사정하라.
   - 필요한 담당직원과 보고하는 곳을 계획하라.
   - 필요한 정신건강 직원을 요청하기 위해 학생서비스와 접촉하라.
   - 필요한 인력 지원을 요청하기 위해 본부와 접촉하라.
   - 가족과 접촉하기 위한 담당자를 지명하라.
   - 지지를 제공한다.
   - 정보를 얻고, 가족의 바람과 장례 계획을 분명히 한다.
   - 어떻게, 언제 직원에게 알릴지를 결정하라.
   - 어떻게, 언제 학생에게 알릴지를 결정하라.
   - 각본을 서면으로 작성하라.
   - 어떻게, 언제 부모와 의사소통할지를 결정하라.
   - 전화접촉 : 전화접촉자를 정하고 각본을 써라.
   - 부모에게 편지를 써라.
   - 학교와 교육구 내에서 1차적인 생존자를 구체시하라.
   - 다른 학교와 교육구에 알리기 위해 본부에 공문을 올린다.
   - 학교의 날(school day)을 위해 계획을 만든다.
   - 수업 전 또는 수업 후 직원모임을 계획한다.
   - 가능한 한 더 정확한 정보를 공유하라.
   - 직원을 지원하기 위해 적절한 발표 문서를 마련하라.
   - 정신건강직원을 위한 계획
     - 개별/집단 카운슬링을 위한 장소
     - 현관

- 교사의 라운지
- 교실을 위한 계획
  - 학급학생들을 위해 보험이 적용될 수 있도록 하라.
  - 어떤 학급이 보다 더 많은 지지를 필요로 하는지를 사정하라.
  - 정보를 나누고 간단히 설명하기 위해 방과후 직원모임을 계획하라.
- 다음 날을 위한 계획을 위해 위기팀을 재소집하라.
  - 보험 적용을 위해 학급을 검토하라
  - 위기에 있는 학생을 구체시하고 계획하라.
  - 직원과 학생이 활용 가능한 정신건강직원을 계획하라.
  - 문병과 장례를 계획하라.
  - 학생의 개인적 소유물, 개인함을 치우는 것을 계획하라.
  - 학교데이터베이스에서 학생을 삭제하라.
  - 적절한 추도기념, 침묵의 순간, 추억의 책 또는 카드를 고려하라.

7. 부가적인 관심사 :
   - 본부를 통해 대중매체와의 접촉을 시도하라 : 학생이나 직원에 대한 대중매체의 접근이 아니다.
   - 자살을 위한 특별한 고려 : 학교에 기념비를 세우는 것을 막는다. 1차적 생존자와 다른 위기학생을 위한 부가적인 지지
   - 가족에게 계속적인 지지와 의사소통을 위해 특정인을 배치하라.
   - 위기팀과 직원을 위한 간단한 모임을 갖는다.

출처 : Secor(2006), pp. 165-167.

2. 학교사회복지사의 개입

학교사회복지사는 학교위기 또는 트라우마 반응팀의 중요한 성원이며, 종종 개입과정에 리더 또는 팀의 역할을 수행한다. 위기개입 기술, 집단과정, 직원 자문, 가족과의 연계와 관련된 기술을 가진 학교사회복지사는 위기상황에 직면한 학교공동체를 돕기에 이상적으로 적합하다. 학교사회복지사는 학교 차원의 위기개입에서 다양한 개입을 행할 수 있다.

1) 위기계획과 관련된 자문역할

일반적으로 대부분의 학교에서는 일종의 위기반응 계획을 세운다. 그러나 그들은 정기적으로 검토되거나 최신의 것으로 전화되어야 한다. 학교사회복지사는 이들 계획을 개발하거나 최신화시키는 데 리더십을 제공하고 자문을 제공할 수 있다.

2) 조기 개입

위기 이후 초기 24시간 동안, 학교사회복지사의 개입은 비판에 빠진 학생의 기본적 욕구를 충족시키는 데 초점이 주어져야 한다. 조기 개입에서 다루어져야 할 내용은 다음과 같다(Secor, 2006 : 168). 첫 단계는 그들의 즉각적인 안전의 니드를 다루는 데 주어져야 한다. 예를 들면, 대중매체와 미래의 트라우마로부터 보호되도록 하는 것이다. 각 위기팀 성원의 역할은 학교의 위기계획에서 명시되어야 한다. 학생에게는 종종 트라우마 또는 상실에 따른 시간에 즉각적으로 대처할 수 있도록 학교 건물 내에 안전한 지역을 제공해야 한다. 학교사회복지 또는 학교정신건강 직원은 다른 적절한 성인(부모, 교사, 교사보조인)에 대한 지지와 더불어 슈퍼비전을 제공한다. 또한 음식 및 음료의 제공 등을 통해 구체적인 형태의 양호(nurturance)를 제공하고, 트라우마적 사건 이후 거의 먹지 못하였던 비통에 빠진 학생에게 도움을 줄 수 있어야 한다.

두 번째 단계는 위기에 빠진 학생들을 위해 긴장완화 기술(defusing)을 사용할 수 있다. 이것은 생존에 대한 지지와 격려는 물론 그들의 감정과 반응을 완화할 기회를 주고, 위험에 대해 이야기하게 하고, 그들의 감정과 반응을 정상적인 상태로 받아들이도록 할 기회를 제공한다. 학교사회복지사가 비탄과 트라우마 문제를 작업하는 데 있어 이야기하도록 하는 기술은 유용하다. 학생에게 트라우마적 사건과 관련하여 그가 좋아하거나 싫어하는 세부적인 사항과 같은 감각적 느낌을 포함해서 기억할 수 있도록 모든 것을 이야기하도록 하고 관련된 감정에 이름을 부여할 수 있도록 촉진해야 한다. 위기사건과 관련하여 이야기를 할 수 있도록 하는 것은 트라우마에 대한 지배력(mastery)을 촉진하도록 돕는다.

3) 가장 영향을 받은 사람 및 소집단에 대한 개입

학교사회복지사는 위기로 인해 가장 밀접히 또는 가장 많이 관련된 사람을 구체시해야 한다. 예를 들어, 가까운 친구, 이웃의 학생, 형제 및 자매, 학교에서의 사촌 등은 위기로 인해 실제 가장 영향을 받기 쉽다. 만약 학생이 운동팀, 학교밴드, 다른 클럽에 포함되어 있다면, 이들 집단도 개입에 고려되어야 한다. 트라우마적 사건 이후 구조화된 소집단 개입은 가장 영향을 받고 있는 학생을 대상으로 행해질 수 있는데 이러한 개입은 사건 이후 7~14일 정도에 아동과 청소년에게 적합하다. 활동지향적인 위기보고(debriefing)

과정은 보다 어린 학생들이 자신들이 말로 표현할 수 없는 경험을 표현하도록 돕는다(표 17-2 참고). 트라우마에 대해 적절한 세부사항을 이야기하고, 위기와 관련된 루머를 바로잡은 다음, 학생들이 자신들의 경험을 공유하도록 할 기회가 제공된다. 이러한 과정에 학교사회복지사는 감정에 대한 논의 또는 감정차트를 다루는 데 있어 모델이 될 수 있다. 학생들에게 사건에 대해 그림을 그리고 그것에 대해 이야기하도록 요청한다. 그림은 아동이 트라우마 반응을 표현하는 데 가치 있는 기술로 유용하다. 이런 이야기 과정은 그들은 자신들의 감정과 반응이 혼자만 그런 것이 아니라는 것을 알게 된다. 이 세션은 일부 긍정적 반영(reflection), 간식, 게임 활동 등과 함께 종결될 수 있다(Secor, 2006 : 168).

〈표 17-2〉 위기보고(debriefing) 적용방법

Michell과 Everly(1993)에 의해 개발된 debriefing 기술은 학교 안팎에서 자주 사용된다. 집단은 최대 15명의 학생과 2명의 촉진자로 구성된다. 소요시간은 중학교까지는 45분에서 1시간 30분 정도까지로 권고되며 고등학생과 성인의 경우에는 1시간에서 최대 2시간까지 권고된다. 참여자는 전체 집단 동안 집단에 머물도록 요청받으며 비밀보장을 존중하고 다른 사람을 방해해서는 안 되고 비난을 해서도 안 된다. 일반적으로 집단 및 위기경험에 정통함을 갖춘 학교사회복지사가 이러한 debriefing 집단을 실시해야 하며 공동촉진자(cofacilitator)도 다소의 집단경험이 있어야 한다. 음료수나 다른 다과가 제공될 수 있다. 이 집단은 치료집단과는 차이가 있는데 이것은 촉진자가 추천된 시간 내에 이들 과정에서 특정한 단계를 유지하고 그것을 마치도록 하는 데 초점을 둔다. 특별한 질문이 사용되고 전체 집단에 제시된 일부의 질문은 한 사람에게 생각과 감정을 공유하도록 하고 그 다음 사람에게도 마찬가지로 진행되며 모든 사람이 집단에서 이야기할 기회를 가질 때까지 동일한 질문이 전체 집단 성원에게 행해진다. 이들 과정의 일부로서, 촉진자는 부가적 지원 또는 다른 추후지도(follow-up)가 필요한지를 결정하기 위해 참여자를 관찰한다.

출처 : Secor(2006), p. 169.

4) 교실 발표

학교사회복지사는 피해자의 급우, 교사, 예상치 않게 죽은 교사가 담임을 맡은 학급의 학생들에 대해서도 주목해야 한다. 이런 경우 위기팀 성원들은 학생의 스케줄에 따라 각 학급을 순회하면서 발표를 할 수 있는데, 발표는 학급당 가능한 한 10분에서 15분 사이로 짧게 하거나 또는 전체 학급 기간은 가능한 한 길게 할 수 있다. 대부분 평교사는 자신들이 이러한 위기사건으로 고통을 받기 때문에 이런 형태의 지지에 대해 감사하게 생각할 수 있지만 반대로 학급과 토론에 참여하는 것에 대해 불편하게 생각할 수도 있다. 학교사회복지사는 침묵에서부터 긴 토론과 질문에 이르기까지 다양한 학생반응에 대해 준비해야 한다. 학생이 명백한 반응을 보이지 않을 때, 학교사회복지사는 자신의 개인적 반응을 표현함으로써 어떤 모델의 역할을 할 수 있다(Secor, 2006 : 170). 〈표 17-3〉은 학교 발표에서 제시되는 요소들에 대한 것이다.

〈표 17-3〉 학급위기 발표에서 다루어져야 할 요소

1. 사실의 검토 : 비극적 사건에 대한 사실적 설명을 하여라. 가능한 한 학생들의 연령을 고려하여 적절할 정도로 세부적으로 설명하라. 학교사회복지사는 "사건에 대해 다른 것을 듣는 것이 있는가?"라고 질문할 수 있다. 사건에 대한 또 다른 질문은 학교위기 동안 전체 학교에 퍼진 루머를 없애고 정확한 정보를 제공하게 한다. 이들 루머는 파괴적일 수 있으며 부가적인 불안 또는 트라우마를 만든다. 만약 학생들이 최근 상실로 고통받는지, 그들이 희생자와 최근 상호작용하였는지, 죽음과 관련하여 무엇이 그들로 하여금 혼란되게 하는지에 대해 질문할 수 있다.
2. 정상화(normalize) : 학생들로 하여금 그들의 감정과 행동이 정상적이라는 것을 알게 한다. 즉, 무감각, 분노, 슬픔, 악몽, 혼자 있다는 두려움, 중심의 어려움, 식습관과 수면패턴의 변화, 어지러움 등. 또한 이런 반응이 현재에 일어날 수 있거나 향후에 일어날 수도 있음을 알게 한다.
3. 그들에게 닥칠 사건에 대해 예상하도록 도움 : 즉각적으로 미래에 일어날 수 있는 위기에 관련된 사건을 논의하자(즉, 병원방문, 장례서비스, 기타 추모 등). 비탄과 이별 추모의 방법에 문화적으로 차이가 있음을 아는 것이 중요하다. 학생들은 장례식 방문 또는 여러 가지 형태의 추모식을 통해 이전의 경험에 대해 의문을 가질 수 있다. 학교사회복지사는 그들이 기대하는 것, 느끼는 것, 그들이 혼란되었을 때 할 수 있는 것이 무엇인지를 간략하게 설명할 수 있다.
4. 건강한 대처전략의 논의 : 이런 토론을 시작하기 위해 학생들에게 과거 이들 문제를 어떻게 다루었는지에 대해 질문하는 것이 필요하다. 학생반응 또는 촉진자로부터의 제안은 학생 나이에 따라, 부모나 친구에게 이야기하는 것, 그림 그리기, 글쓰기, 음악듣기, 놀이나 기타 재미있는 활동에 시간을 할애하는 것 등을 포함할 수 있다. 목표는 학생들로 하여금 통제감을 갖게 하고 불가능한 환경과 관계없이 그들이 그들의 상황을 개선시키도록 할 수 있는 것이 있다는 믿음을 갖게 하는 것이다. 또한 학생들로 하여금 미래에 유사한 비극을 막는 가능한 방법에 대해 논의하게 하는 것도 필요한데, 왜냐하면 이러한 작업을 통해 학생들은 통제감을 얻을 수 있기 때문이다.
5. 결론 : 종결은 가족을 위해 카드를 만들거나 보내는 계획과 같은 몇 가지 부가적인 논의를 포함한다. 또한 그들이 스스로를 위한 어떻게, 어디서 개별적 지원을 받을 수 있는지에 대한 정보를 학생에게 제공해야 한다.

출처 : Secor(2006), p. 170.

5) 교직원을 위한 자원으로서 기여하기

학교사회복지사는 직원모임에서 위기대처와 관련한 발표를 하거나 서면자료를 제공할 수 있다. 교사들은 학생들과 사건에 대해 어떻게 논의해야 하는지, 질문에 어떻게 답해야 하는지에 대한 특별한 제안에 대해 감사할 것이다. 학교사회복지사는 교사에게 간단하고, 솔직한 정보를 제공하고 연령을 고려한 적절한 답을 제공하도록 격려해야 한다. 또한 중립적 방법에서 학생들의 이야기를 듣고 광범위한 슬픔 또는 트라우마 반응을 정상적인 반응이라고 학생에게 재보증해야 한다. 교사를 위한 유인물은 학생의 수준과 트라우마의 성격을 고려해서 작성해야 한다. 이를 위해 학교사회복지사는 다양한 위기상황에서 즉각적으로 사용 가능한 샘플 자료들을 가지고 있어야 한다. 또 다른 개입방법으로는 학교사회복지사가 점심시간이나 휴식시간 동안 교사와 함께 시간을 보내는 것이다. 교사들은 향후 어떻게 될지, 학생들이 어떻게 반응할지에 대해 의문점을 가질 수 있다. 이런 기술은 교사에게 지지를 제공하는 것과 더불어 위기에 대한 전체적인 반응에 대한 사정을 하게끔 한다는 측면에서 유용하다. 또한 학교사회복지사는 추모활동을 계획하는 데 있어 학생과 교직원을 도울 수 있다.

6) 부모를 위한 개입

학교 차원에서 부모에게 편지를 보내거나 만나는 것은 부모에게 위기에 대한 정보를 제공할 뿐 아니라 부모들이 자신들의 자녀를 도울 수 있는 방법을 안내하는 데 도움이 된다. 부모를 위한 정보에는 아동들이 흔히 일으킬 수 있는 위기반응, 원조전략, 도움을 요청할 수 있는 기관 및 자원 등에 대해 간단한 표로 작성해서 제공하는 것도 도움이 된다. 특히 더 많은 정보가 필요한 경우 활용할 수 있는 인터넷 웹사이트 또는 지역 정신건강기관 등을 소개하는 것도 필요하다.

학교사회복지사는 희생자 가족과 위기팀의 연계자로서 활동할 수 있다. 이러한 역할은 정보를 얻고, 지지를 제공할 뿐 아니라 장례와 추모와 관련하여 가족의 바람을 분명히 알 수 있게 한다. 또한 학교사회복지사는 위기 학생이나 위기에 노출된 학생의 부모들이 걱정에 대해 학교와 접촉하거나 학교와 함께 일하는 부모와의 전화를 담당할 수 있다.

CHAPTER 18

가족개입과 부모참여

1. 학교 차원의 가족개입 및 부모참여의 중요성

전통적으로 가정과 학교는 학생의 교육에 있어 역할을 명확히 분담해 왔다. 학교는 일반적으로 학생의 인지적 발달에 대한 책임을 강조하고 가정은 학생의 물질적·감정적 욕구 만족에 대한 책임을 강조하였다. 그 결과 부모들은 학생교육에 전문적인 지식을 가지지 못한 것으로 간주되면서 학생교육에 있어서는 학교가 지배적인 역할을 수행하고 부모는 부수적이며 학교의 요구에 수동적인 위치에 놓이게 되었다. 또한 가정과 학교 간의 대화는 임시적이며 학생의 문제해결은 교사가 일방적으로 학부모에게 전달하는 한 방향의 의사소통(one way communication)의 성격을 띠게 되었다.

새로운 개념의 학교교육은 서비스 개념으로 이해되며 학교교육에 가정과 학교 모두가 중요하며 효율적인 학생의 발달에 동등한 기여를 한다고 가정한다(표 18-1 참고). 학부모들은 교육에 있어 전문성은 부족하지만 자녀에 대한 인성과 그들의 욕구에 대해 누구보다 잘 알고 있기 때문에 학생을 위한 강력한 영향력을 행사할 수 있다는 것이다. 따라서 새로운 전망에서 가정-학교의 협력체제는 계속적인 협동의 과정이며 학생교육에 있어 가정과 학교에 균등한 힘을 부여하게 된다. 가정과 학교 간의 관계를 어떻게 개념화하고 이해하여야 하며 그리고 가정과 학교 간의 협력이 어떻게 개발되어야 바람직하며 효과적인지에 대해서는 여전히 탐구되어야 할 부분이다. 그러나 학부모, 지역사회와 단절된 형태의 현재 학교교육 운영체제는 재고되어야 하며 가정-학교와의 협력 체제를 재구조화하는 노력이 필요하다는 점에는 인식을 같이한다(안우환, 2006 : 48-51).

〈표 18-1〉 가정-학교 협력체제에 대한 개념 변화

구 분	전통적 개념	신 개념
학생에 대한 학교교육의 본질과 가정교육관	- 학생과 그들 부모에 대한 교육에 학교는 특권이 주어져 있다. - 학생이 공식적으로 받을 수 있는 교육기관은 학교가 유일하고 가정은 단지 보충적인 역할에 있다.	- 학교 교육은 학생에 대한 서비스이며 가정과 학교는 서로 협력적인 관계를 필요로 한다. - 학교와 가정에서의 교육은 모두 중요하며 서로 보충적이다. 그래서 가정과 학교는 서로 협동하여야 한다.
학생교육에 대한 학교와 부모의 역할관	- 부모의 자녀에 대한 교육은 그들이 전문적인 훈련을 받지 않아서 부적절하다. 그러므로 수동적인 역할에 만족해야 한다.	- 부모들은 자신의 학생에 대하여 보다 깊은 인성과 욕구에 대한 지식을 가지며 그들에게 보다 강력한 영향력을 발휘하며 적극적인 역할을 수행하여야 한다.
가정-학교관계의 특성	- 학교와 가정은 낮은 수준의 접촉과 일방향성의 대화만 이루어진다. - 학교와 학부모와 만남은 대체적으로 짧고 그러한 만남은 문제가 발생한 학생의 사후 치료 목적에서 만남이 이루어진다.	- 가정-학교의 협동적인 체계는 보다 많은 수준의 관여와 의사결정의 공유를 필요로 한다. - 학교와 학부모와의 만남은 상시적이며 학생의 생활에 대하여 예방적인 목적을 둔다.

출처 : 안우환(2006), p. 52.

선행연구들에 근거해 아동의 교육에 있어 부모참여의 중요성을 정리하면 다음과 같다. 첫째, 부모는 아동의 인생에서 가장 중요한 조력자이다. 부모와의 건강한 상호작용은 아동의 발달과 성장에 있어 필수적인 요소이며 가장 중요한 영향요인이다. 학부모에게 자녀의 교육활동에 대한 정보를 제공하고 자녀교육을 고무시키는 것은 학생의 학업성취 개선에도 긍정적인 영향을 미친다.

둘째, 학교현장에서 부모의 참여는 부모의 권리이다. 부모는 아동의 학교교육 및 학교생활과 관련된 부분에서 아동과 관련된 정보를 알고 아동의 학교생활에 영향을 미칠 수 있는 중요한 의사결정에 참여할 권리가 있다.

셋째, 부모참여는 아동에 대한 서비스 효과를 증대시킬 수 있다. 아동들은 가족이 포함될 때 학업적으로 더 나을 가능성이 높고, 특히 학교로부터 제공받은 교육이나 프로그램을 부모가 가정에서 같은 방향으로 유지, 일반화시켜 준다면 서비스의 효과도 증가될 수 있다.

넷째, 부모참여는 부모의 임파워먼트를 향상시킨다. 부모참여는 부모에게 아동 및 교육에 대한 정보를 제공하고 또한 아동의 교육을 돕는 여러 가지 지역사회 자원 및 기회를 활용하도록 해줌으로써 부모가 아동 교육에 자신감을 갖게 하고 임파워먼트를 향상시킨다.

다섯째, 부모의 학교에의 참여는 효과적인 학교(effective school) 운영의 중요한 구성요소이며 더 나아가 가정-학교-지역사회의 협력체계를 구축하게 한다. 이것은 학교와 가정, 학교와 지역사회가 서로 상호작용하는 하나의 교육공동체가 되는 것을 의미하는 것으로 학교교육에 크게 이바지할 수 있다.

2. 학교사회복지사의 개입

1) 교육파트너로서의 가족에 대한 관점

Montemayor와 Romero(2000)는 학교사회복지사의 가족참여 모델을 두 가지로 구체시하였다(Bye, 2006 : 127 재인용). 첫 번째는 결핍(deficit) 모델로서 이것은 가족을 변화시키는 데 초점을 두고 가족을 치료가 필요한 집단이라고 보는 것이다. 두 번째 모델은 리더 모델로서 가족을 학교의 중요한 영향력을 갖는 사람(stakeholder)으로 인식하는 것이다. 부모들은 학교의 목표 선정, 정책 개발과 프로그램 평가 과정에 참여하게 된다. 학교는 학부모들을 가치 있게 인식하고 존중하는 방법으로 연결되기 위해 노력한다. 최근 학교사회복지에서는 리더 모델의 관점으로 학생의 부모 및 가족을 접근하고 교육의 파트너로 가족을 인식하는 것을 강조하고 있다.

가족과의 협력적인 관계 형성을 위한 전략

1. 부모 입장에서 생각해 보기
학부모의 입장에서는 현재 어떤 생각과 욕구, 감정을 가질 수 있을지, 학교에 기대하는 바가 무엇일지 등을 미리 생각해 본다. 특히 골치 아픈 이야기나 다루기 어려운 문제로 부모를 만나야 할 경우 어떻게 우호적으로 다가갈지, 어떻게 관계를 형성할지를 미리 고민해야 한다.

2. 첫 만남의 중요성
부모와의 관계는 첫 연락에서부터 중요하다. 사회복지사는 부모로 하여금 환영받고 지지받는다고 느끼게 해야 한다. 또한 학교당국이나 사회복지사가 학생이나 부모를 존중하고 함께 협력하고 있다는 느낌을 갖게 하는 것이 중요하다.

3. 신학기 시작하기

신학기가 시작되면 부모와 학교 당국 모두가 공유할 수 있는 성공비전을 세워 함께 공유한다. 또한 학생과 가족을 이해하기 위해 가정방문이나 부모 대상의 설문조사를 실시할 수 있다. 가정방문은 가족에게서 학생의 문제해결과 관련된 풍부한 정보와 조언을 얻을 수 있게 하고 자녀에 대해서는 자신들이 전문가라는 인식을 느끼게 해준다. 또한 학교와 가정 간의 의사소통에 방해되는 시스템 문제와 그러한 방해물을 극복할 수 있는 문제해결방법도 논의해 볼 수 있다(예 선호하는 의사소통 방식, 전화 혹은 인터넷).

4. 부모 욕구 충족을 위한 다양한 지원책 마련

학부모들에게 유용한 정보를 제공하거나 접근할 수 있는 인터넷 사이트의 이용방법의 제공, 학부모들끼리 상호작용할 수 있는 공간의 제공, 육아나 교통편, 통역서비스 등 실제적인 지원 제공, 교사와 협력적으로 관계를 맺는 방법에 대한 상담 등을 지원할 수 있다.

5. 지속적, 상호적, 강점 중심의 소통

이미 가족과 긍정적 경험을 공유하고 신뢰가 형성된 사이일수록 염려되고 걱정스러운 자녀의 문제를 꺼내고 다루기가 쉽다. 만약 부모들이 문제가 있을 때에만 학교로부터 연락을 받는다면 학교에 오는 것이 꺼려지고 회의적이게 될 것은 당연하다. 따라서 평상시에 긍정적인 소식을 공유하기 위해 정기적으로 부모와 소통하는 것이 필요하다. 예를 들어, 규칙적으로 자녀의 진보나 수행에 관해 긍정적 피드백하기, 집에서 보이는 학부모의 수고를 인정하고 메모해주기, 이메일, 페이스북/트위터 등을 활용해 학교생활에 대한 정보를 정기적으로 알려주기 등이 해당된다.

6. 다양한 교내 지원서비스에 학부모 참여시키기

학교에서 행해지는 다양한 활동에 학부모를 참여시키는 것도 효과적이다. 학부모모임이나 회의 이외에도 학교에서 제공하는 다양한 활동을 학부모에게 알리고 이들 활동에 학부모들이 선택적으로 참여할 수 있도록 기회를 제공하는 것이 필요하다. 이를 경우 서비스를 안내하고 홍보할 때 문제행동이나 치료 등의 단어를 사용하기보다는 학생들의 건강과 안녕에 초점을 두는 단어를 사용하는 것이 좋다. 참여한 학부모들에게 서비스에 대한 긍정적 기대와 믿음을 전달한다면 학부모 참여에 관한 긍정적인 사회규범과 태도를 정립할 수 있다.

출처 : 신성만 외(2015), pp. 25-33.

2) 가족의 욕구파악 및 사정

학교사회복지사는 가족이 아동을 양육하고 지원하도록 하기 위해서는 먼저 가족의 욕구를 파악하는 것이 필요하다. 이를 위해 〈표 18-2〉와 같은 질문지를 사용해서 부모의 욕구를 알아볼 수도 있다.

〈표 18-2〉 가족욕구 조사서

다음 20개 항목들은 사람들이 가끔씩 도움이 된다고 생각되는 지원 유형입니다. 이 영역에서 여러분이 도움이 필요하다고 생각되는 정도를 표시하면 됩니다. 여러분에게 가장 해당된다고 생각되는 칸에 동그라미를 해주십시오.

아래 유형의 도움이나 지원 중 어느 정도 필요성을 느끼거나 받고 있습니까?	전혀 없다 1	어쩌다 한번 2	가끔 3	종종 4	매우 많이 5
1. 당신이 걱정하는 일에 관해 이야기할 누군가가 필요하다.	1	2	3	4	5
2. 돈을 주어서 당신이 음식, 의복, 다른 물건을 살 수 있도록 해줄 사람이 필요하다.	1	2	3	4	5
3. 정기적으로 당신의 아이를 돌보아 줄 사람이 필요하다.	1	2	3	4	5
4. 당신의 아이를 키우는 일에 관하여 이야기할 사람이 필요하다.	1	2	3	4	5
5. 당신의 아이가 서비스를 받을 수 있도록 도와줄 사람이 필요하다.	1	2	3	4	5
6. 당신이 낙담할 때 격려해 줄 수 있는 사람이 필요하다.	1	2	3	4	5
7. 집 주변의 물건들을 고쳐줄 수 있는 사람이 필요하다.	1	2	3	4	5
8. 당신과 비슷한 경험을 가진 사람과 이야기하고 싶다.	1	2	3	4	5
9. 당신의 자녀들과 같이 놀아줄 사람이 필요하다.	1	2	3	4	5
10. 당신이 의지할 수 있는 사람이 필요하다.	1	2	3	4	5
11. 정부기관이나 회사와 필요하면 대신 싸워줄 사람이 필요하다.	1	2	3	4	5
12. 당신에게 돈을 빌려줄 사람이 필요하다.	1	2	3	4	5
13. 당신 자녀의 행동에 상관없이 당신 자녀를 받아줄 수 있는 사람이 필요하다.	1	2	3	4	5
14. 같이 쉬거나 농담할 사람이 필요하다.	1	2	3	4	5
15. 집단의 잡다한 일을 같이 해줄 사람이 필요하다.	1	2	3	4	5
16. 일이 힘들게 느껴질 때 그 일을 계속 하도록 도와줄 사람이 필요하다.	1	2	3	4	5
17. 위급할 때나 당신이 외출할 때 당신의 아이를 돌보아 줄 사람이 필요하다.	1	2	3	4	5
18. 조언이 필요할 때 조언을 해줄 사람이 필요하다.	1	2	3	4	5
19. 당신이나 자녀에게 차량을 제공해 줄 사람이 필요하다.	1	2	3	4	5
20. 당신의 자녀나 가정에 필요한 서비스에 대해 이야기해 줄 사람이 필요하다.	1	2	3	4	5

출처 : 최민숙(2007), pp. 182-183 재인용.

또한 학교사회복지사는 아동의 학업 및 학교생활을 돕도록 가족의 기능 여부를 알아보기 위해 가족사정을 행할 수 있다. 그러나 학교사회복지사가 가족에게 사정에 참여하도록 요청하는 것은 종종 가족들에게 불안을 야기시킬 수 있다. 왜냐하면 자신의 자녀가 낙인이 찍혔거나 학교에서 성공적이지 못해 자신들을 만나는 것은 아닌가 하는 두려움을 갖기 때문이다. 따라서 학교사회복지사는 사정의 이유와 과정은 물론, 가족이 사정에서 어떤 역할을 수행하고 학교사회복지사는 어떤 역할을 수행하는지를 알기 쉽게 설명함으로써 부모의 불안감을 완화시킬 수 있다. 가족으로부터의 정보는 교직원이 학생의 생활환경을 더 잘 이해하도록 도우며, 학교에서 학생과 더 효과적으로 일할 수 있게 한다는 것을 설명할 필요가 있다.

곤혹스러운 가족에게 접근하기 위한 전략

첫째, 자녀의 욕구에 대한 부모의 생각에 초점을 둠으로써 서비스에 대한 부모의 욕구가 무엇인지 명확히 한다.

둘째, 첫 회기에 참석하려는 부모의 관심과 노력에 감사하고 자녀에게 필요한 것을 제공하기 위해 부모로서 최선을 다하고 있음을 인정해 준다.

셋째, 이전 학교와의 관계 혹은 정신건강 돌봄과 관련된 경험에 대한 태도를 확인하고 다른 학부모들이 생각하는 일반적인 오해에 대해서도 직접적으로 물어본다(예 어떤 학부모님은 모임에서 나눈 이야기가 다른 사람들에게 노출될까 봐 염려하시던데 혹시 그것이 걱정되시나요?)

넷째, 시간 부족이나 교통, 육아 문제와 같이 첫 모임에 참석하는 데 방해가 되는 실제 고충을 해결한다.

다섯째, 포기하지 않는다. 학부모가 약속을 지키지 않더라도 그들을 포기해서는 안 된다. 끈기야말로 학교에 무관심한 고위험 학부모를 지원하는 데 핵심이 된다.

출처 : 신성만 외(2015), pp. 33-35.

학교사회복지사가 가족을 사정할 때는 크게 두 가지 접근을 활용할 수 있다(Bye, 2006 : 129-131). 첫째, 문제-해결접근이다. 이것은 사회복지사에 의해 널리 사용된 접근법으로 문제를 구체시하고 성과에 대한 합의를 도출하고 계획을 개발하고 평가하는 일련의 과정을 거친다. 둘째, 해결 중심(solution-building)의 사정 접근이다. 이것은 문제를 토론하는 데 시간을 덜 낭비하고 가족의 강점, 자원, 과거 문제를 성공적으로 다룬 경험, 바람직한 성과(outcome) 등을 강조한다(표 18-3 참고).

〈표 18-3〉 가족사정을 위한 문제해결 접근과 해결중심 접근의 단계

문제해결 접근의 단계	해결중심 접근의 단계
1. 문제를 구체시한다. 2. 문제 및 문제의 역사 등과 관련된 가족의 관점을 안다. 3. 바람직한 성과(outcome)에 대한 합의를 도출한다. 4. 문화적 전통을 포함해서 어떻게 하면 바람직한 성과에 도달할 수 있는지에 대한 생각을 일으키게 한다. 5. 계획을 개발한다. 6. 바람직한 성과에 대한 과정을 평가한다.	1. 당신이 그들에게 어떻게 도울 수 있는지를 가족에게 질문하라. 2. 문제가 해결된다면 어떤 것이 달라질 것인지를 묘사하도록 가족에게 질문하라. 3. 문제가 덜 심각할 그 시간에 대해 가족이 묘사하도록 하고 그 시간이 무엇이 일어나고 있었는지를 가족들로 하여금 구체시하도록 하라. 4. 그들이 상황을 개선하기 위해 이미 무엇을 하는 것을 가족들에게 칭찬하라. 5. 가족에게 유용하게 하기 위해 가족이 무엇을 할 수 있는지에 대한 여러 가지 제안을 주어라. 6. 그들과의 작업을 통해 문제가 어느 정도 해결되었다고 생각하는지를 0에서 10까지의 척도로 점수를 주도록 하라.

출처 : Bye(2006), pp. 129-131에서 요약・정리함.

이 외에도 학교사회복지사는 가족사정을 위해 제노그램(genogram)과 에코맵(ecomap)을 사용하기도 하며 몇 가지 질문지와 평정척도(rating scale)를 사용할 수 있고 각종 가족 사정도구(family assessment device)를 사용할 수도 있다.

가족과의 첫 면담 시 고려할 네 가지 사항

1. 지원 서비스에 대한 욕구를 명확히 한다.
   1) 자녀에게 필요한 것이 무엇이라고 생각하시나요?
   2) 자녀에 대해 말씀을 들어보고 싶습니다. 자녀의 장점은 무엇인가요?
   3) 학교에서의 지원에 관심이 있습니까?
2. 보호자의 노력과 효능감을 증대한다.
   1) 부모의 선택이 현 상황에 영향력을 미칠 수 있다는 관점으로 바라본다.
   2) 부모가 최선을 다하고 있음을 알아준다.
   3) 문제가 해결될 수 있다는 낙관성을 시사한다.
   4) 자녀를 지원해 온 부모의 현재와 과거의 노력과 수고를 인정해 준다.
   5) 만나기 전이라도 현재 상황을 다룰 수 있는 구체적인 단계가 무엇인지 파악하도록 돕는다.
3. 자녀를 위한 과거의 지원 서비스에 대한 경험을 논의한다.
   1) "저를 만나러 오시려니 마음이 어떠신가요?"
      - "괜찮아요"라고 할 경우 "이전에 어떤 학부모님도 그렇게 말씀하셨는데 나중에 저를 처음 만난 자리에서는 본인의 염려를 말씀하시기가 불편하다고 하시더라고요"라고 응답한다.

2) "다음과 같은 질문이나 문제가 있다면 말씀해 주세요"
- □ 자녀의 행동이나 정서에 문제가 있다면 다음의 내용을 포함한 부모의 정신건강에 대한 판정을 알아본다.
  - ▸"정신건강이라는 말이 자녀가 뭔가 잘못됐다는 의미일까 봐 걱정되시나요?"
  - ▸"정신건강 돌봄사와 이전에 좋지 않은 경험을 한 적이 있나요?"
  - ▸"어떤 부모님은 행동 문제를 논의함으로써 의학 처치를 받게 할까 봐 걱정된다던데 그게 염려되시나요?"
- □ "어떤 부모님은 여기서 논의한 이야기가 노출될까 봐 걱정하시던데 그 점이 염려되시나요?"
- □ "가끔 학교가 학부모님들께 우호적이지 않을 때도 있죠. 이전에 그런 일이 있었나요?"
- □ "교사에 대해 나쁜 경험이 있었나요?"

4. 돌봄에 방해가 되는 실제 장애물을 해결한다.
   1) 부모의 동의하에 진행되는 다음 단계로의 결속을 요청하라.
   2) 결심공약을 실천하는 데 필요한 것을 요청하라(예 모임 참석)
   3) 서비스에의 참여가 성사되기 위해 부모들이 필요로 하는 지원은 무엇인가?

출처 : 신성만 외(2015), p. 34.

3) 가족과 교사 및 학교와의 협력적 관계구축

많은 가족들이 학교와 긍정적인 경험을 하지 못하기 때문에 학교사회복지사와 부모와의 관계구축(relationship building)은 매우 중요하다. 학교사회복지사는 가족 옹호자로서, 학교에서 가족이 어떻게 다루어지는지에 대해 학교행정가와 직원과 더불어 의문을 제기할 필요가 있다. 이런 이슈를 다루지 않는다면, 가족과 학교직원들은 의사소통 문제로 인해 서로 비난하기 쉽다. 가족이 공격받는다고 느낄 때, 자원이 부족하다고 느낄 때, 자신의 목소리와 의견을 이야기하도록 하는 데 있어 자원, 사회적 상황, 자본이 부족하다고 느낄 때 그들은 더 철회(withdraw)되거나 대결하기 쉽다.

학교사회복지사는 가족과 학교 간에서 파트너십 관계를 위한 강력한 옹호자가 될 필요가 있다. 학교사회복지사는 가족성원들이 비난받거나 수치심을 느끼거나 억압된다고 느끼지 않도록 존중하고 그들의 이야기를 진지하게 경청하고 존엄성이 유지된다고 느낄 수 있도록 해야 하며 교직원들도 그런 자세를 견지하도록 해야 한다.

학교사회복지사는 교사와 함께 〈표 18-4〉와 같은 체크리스트를 사용함으로써 부모와의 협력적 관계 구축을 위해 학교 차원에서 어떤 노력이 필요한지를 탐색할 수 있다. 또한 학교사회복지사는 가족성원과 효과적인 의사소통을 위한 전략을 알리고 가족참여를 촉진시키기 위해 교사를 위한 워크숍을 개최할 수도 있고 교사의 메일로 가족과 우호적인 의사소통 제안에 대한 정보를 제공할 수도 있다(Bye, 2006 : 134-137).

〈표 18-4〉 학교를 위한 관계 형성 체크리스트

- 학교에서 대표되는 문화에 대해 더 많은 것을 알기 위해 문화적 가이드와 함께 일한다.
- 아동의 대표적인 문화예술로 학교를 장식한다.
- 아동에 대한 가족의 전문적인 지식을 인정한다.
- 모든 가족들은 아동이 학교에서 잘 지내기를 희망한다는 것을 인식한다.
- 적어도 한 달에 한 번, 학생의 학업성취에 대해 가족과 접촉한다.
- 모임을 위한 약속을 정하는 것에 대해 가족에게 감사를 표하라.
- 모임과 이벤트에 간단한 음료와 음식을 제공하라.
- 밤이나 다른 시간에도 기꺼이 만나라.
- 모임과 이벤트를 위한 교통수단과 아동보호를 제공하라.
- 각 학년 수준에 필요한 특별한 기술에 대한 정보를 제공하라.
- 가족과 함께 어떻게 하면 가족이 학생의 기술 습득을 도울 수 있는지 생각을 공유하라.
- 이벤트에 적절한 통역관을 배치하라.
- 가족을 위해 도서관을 빌려주고 그것을 가족이 알도록 하라.
- 작은 단계를 위해 축하를 하라.
- 가족이 지역사회 자원과 연결되도록 도와라.
- 가족의 문화와 습관에 대해 관심을 보이고 존중하라.
- 정직하고 긍정적이어야 한다.
- 존중 어린, 온정적인 의사소통을 하라.
- 가족이 이해할 수 있는 단어를 사용하고 약자를 피하라.
- 가족성원을 중요한 의사결정자로 존중하라.
- 가족 literacy 프로그램을 제공하라.

출처 : Bye(2006), pp. 134-137

4) 가족의 참여촉진 전략

가족은 여러 가지 다양한 방법으로 아동교육에 직·간접적으로 참여하게 되며 학교사회복지사는 가족이 아동을 효과적으로 돕고 부모가 학교교육에 참여하도록 하기 위해 다양한 방법과 전략을 모색해야 한다. 일반적으로 부모가 학교에 참여하는 방법은 보조교사, 교사, 자원봉사자, 학교나 학급의 운영위원, 부모회의, 부모교육, 각종 학교행사 등을 통해서이다. 이를 위해 학교사회복지사는 부모의 학교참여를 위한 연간 계획을 수립해야 하며 부모참여일지를 작성하여 개별적으로 부모참여에 대한 평가와 계획을 세울 수 있다. 〈표 18-5〉는 부모참여일지로서 부모가 학교에 참여하는 사항을 기록한 것으로 부모의 참여도나 참여유형을 일목요연하게 기록하여 볼 수 있으며 부모참여의 계획을 세울 수 있다(최민숙, 2007 : 99).

〈표 18-5〉 부모참여일지

부모이름 : ________
아동이름 : ________ 생　　일 : ________
집 전 화 : ________ 직장전화 : ________

활동	날짜
1. 입학과 평가	
– 입학을 위한 진단과 평가모임	________
– 입학을 위한 진단과 평가결과 모임	________
2. 목표 선정	
– 부모필요조사서 회수	________
– 부모참여활동조사서 회수	________
– 아동의 교육목표 선정을 위한 모임	________
– 부모 · 교사 참여계획 완성	________
3. 활동출석	
– 개인적 모임	
① 가정방문	________
② 아동평가모임	________
③ IEP 모임	________
④	________
⑤	________
– 집단모임	
① 오리엔테이션 모임	________
②	________
③	________
– 평가	
① 평가서 회수	________
② 평가를 위한 모임	________
전화상담	
다른 접촉(편지, 기타)	________
날짜________	이유________

출처 : 최민숙(2007), pp. 99-100.

부모가 학교에 참여하는 다양한 방법 중 학교에서의 자원봉사활동에 참여하도록 하는 것은 매우 의미 있는 일이다. 학교에서의 자원봉사활동은 시민으로서 학교 프로그램을 좀 더 잘 이해하고 공교육에 대한 시민의 지지를 확장하게 한다. 특히 학교나 사회로부터 도움을 받는 사람이 아니라 기여하는 사람, 공동체 일원으로서 역할을 수행할 수 있도록 돕기 때문에 아동과 부모 모두의 성장을 도모할 수 있다. 부모가 참여할 수 있는 학교 토대의 자원봉사활동은 크게 학교에 출석하여 직접 자원봉사를 할 수 있는 내용과 학교를 출석하지 않고 자원봉사할 수 있는 내용으로 나눌 수 있다. 〈표 18-6〉은 부모에게 제공되는 자원봉사자 질문지의 예이다(최민숙, 2007 : 99).

〈표 18-6〉 자원봉사자 질문지

날　　짜 : __________
부모이름 : __________　　　　　전화번호 : ______________
아동이름 : __________
교사이름 : __________

우리는 부모님의 도움이 필요합니다. 아래의 항목들은 부모님께서 우리를 도와주실 수 있는 항목이오니 부모님께서 하실 수 있는 항목에 표시해 주십시오. 부모님께서 도와주시면 우리는 아이들에게 보다 유익한 개별교육을 할 수 있습니다.

어머니	아버지	
		나는 정기적으로 학급에서 보조할 수 있다. 가능한 시간과 요일 __________
		나는 집에서 학급의 일을 보조할 수 있다.
학급활동에서의 보조		
		아동에게 책을 읽어준다.
		아동의 학습과 과제를 도와준다.
		음악 프로그램을 도와준다.
		미술 프로그램을 도와준다.
		운동 프로그램을 도와준다.
		아동들과 퍼즐을 하거나 게임을 한다.
		요리과제 하는 것을 도와준다.
		글 쓰는 것을 도와준다.
		목공과제를 도와준다.
		학급의 애완동물을 보살피는 것을 도와준다.
		식물 가꾸는 과제를 도와준다.
		휴식, 간식, 식사시간에 보조한다.
		아동과 산책한다.
		현장견학을 도와준다.
가정에서의 보조		
		학습교재를 만든다.
		타자를 친다.
		교수자료로 사용하기 위해 신문, 잡지 등에서 사진을 오린다.
		학급의 가구나 교수기자재를 고쳐준다.
		학급의 기자재나 가구를 만들어 준다.
		축제나 생일파티를 준비한다.
		학급에서 자원봉사자로 일하는 부모의 자녀를 돌보아 준다.
		방학 동안 학급의 애완동물을 돌보아 준다.
		놀이나 파티 또는 특별행사를 위한 소품을 만들어 준다.
		교실이나 칠판의 장식품을 만들어 준다.
		학급기금 모금활동을 돕는다.

위에서 언급한 것 외에 부모님께서 도와주실 수 있는 것이 있다면 어떤 것인지 아래에 적어 주세요.

1. 학급에서 : ______________________________
2. 가정에서 : ______________________________

출처 : 최민숙(2007), pp. 106-107.

일부 학부모들의 경우에는 학교 참여에 매우 부정적이거나 거부할 수 있다. 이런 학부모에게는 지나치게 성급하게 적극적인 학교 참여를 권유하기보다는 다음의 편지나 글을 통해 학교가 학생에게 긍정적인 관심을 가지고 있다는 것을 꾸준히 확인시켜 주고 신뢰감을 형성하는 것이 좋다.

학부모 참여를 촉진하기 위한 긍정적 대화 예시

참 잘했어요.

정규는 이번 주 동안 학교에서

1.
2.
3.
4.

2019. 5. 12. 학교사회복지사 드림

멋진 학생상.

인경이는 다음과 같이 멋진 학생상을 받았어요. 열심히 노력했어요.

____
____
____

2019. 5. 12. 학교사회복지사 드림

5) 가정, 학교 및 지역사회와의 연결

학교사회복지사는 오랜 역사 동안 가족과 학교 간에 파트너십을 육성해 왔다. 학교사회복지사는 가족을 위한 하나의 자원이다. 또한 가족은 그들의 자녀, 아동과 일하는 학교교직원, 지역사회의 다른 가족을 위한 자원이 되기도 한다. 학교사회복지사는 가족을 위해 다양한 서비스를 제공한다(표 18-7 참고). 그중에서도 가족이 지역사회기관, 교사, 다른 가족들과 연결되도록 도움으로써 중요한 자원을 활용할 수 있게 한다. 구체적인 내용은 다음과 같다.

〈표 18-7〉 가족에게 제공되는 학교사회복지사의 서비스

1. 가족으로 하여금 아동의 교육을 방해하는 문제에 대한 관점과 이들 문제를 어떻게 해결할 것인지에 대한 생각을 얻도록 하기 위해 가족을 인터뷰한다. 2. 가족강점을 인식하고 확고히 한다. 3. 가족으로 하여금 학교에서 학업적 그리고 행동적 기대를 이해하도록 하고 그들에게 이용 가능한 서비스를 알도록 한다. 4. 가족에게 지역사회에서의 자원에 대한 정보를 제공하고 필요할 때 이들 자원과 연결할 수 있도록 돕는다. 5. 다양한 주제에 대해 부모/돌보는 집단을 안내하다. 6. 가족이 학교에서 일어난 것을 알도록 돕고 거기서 편안함을 느낄 수 있도록 특별한 이벤트와 다른 아웃리치 노력을 조직화한다. 7. 가족에게 그들이 아동에게 새로운 기술을 배울 수 있도록 돕고 학교에서 보다 성취적일 수 있도록 돕기 위해 어떻게 할 수 있는지에 대해 자문한다. 8. 아동교육에 대한 결정에서 자신의 목소리를 내도록 가족을 옹호한다.

출처 : Bye(2006), pp. 131-137.

첫째, 지역사회기관과의 연결이다. 가족은 아동을 위해 주거, 의복, 양육, 건강, 안전을 책임진다. 그 결과 아동은 배울 준비를 하고 학교에 올 수 있다. 높은 범죄율과 위험한 근린사회에서, 아동을 안전하게 지키고 학교에 가도록 하는 어려운 과업은 교육과정에서 매우 중요한 단계이다. 학교사회복지사는 학생 및 가족의 재정적, 의료적, 정신건강 문제를 구체시하고 이들 욕구와 적절한 지역사회기관을 연결함으로써 가족이 건강하게 기능하도록 도울 수 있다. 경우에 따라 지역사회 내 그런 자원이 없을 때, 학교사회복지사는 필요한 자원을 개발하기 위해 지역사회에서 다른 사람과 일해야 한다.

둘째, 교사와 가족과의 연결이다. 학교사회복지사는 학생의 가정과 학교 간의 의사소통을 촉진시킨다. 이런 촉진자로서의 목표는 가족과 학교가 학생의 교육적 성공을 위해 함께 일하도록 돕는 것이다. 학교사회복지사는 정규적으로 가족과 접촉함으로써 가족과 학교를 직접적으로 연결하고 경우에 따라 교사와 함께 가정방문을 하거나 가족이 학교에 올 수 있도록 교통편의를 제공해 줌으로써, 가족과 교사가 직접 서로 의사소통할 수 있도록 한다. 또한 교사와 가족성원이 매일 또는 주에 서로에 대해 짧게 피드백을 주고받을 수 있도록 학교-가정 노트북을 마련할 수 있다. 학교사회복지사는 학교에서 사용되는 용어들을 부모가 알기 쉽도록 설명하고 가족의 강점, 희망, 문화, 관심에 대한 정보를 모은다. 가족에 대한 이런 정보는 교사로 하여금 아동에 대해 더 잘 이해하고 아동과 성공적인 작업이 이루어지도록 돕는다. 또한 학교에 대한 정보를 가족에게 제공함으로써 학교가 학생 및 가족에게 무엇을 기대하고, 가정에서 자녀의 학업지도를 어떻게 도울 수 있는지를 알게 한다.

학교사회복지사는 아동교육에 있어 가족을 포함시키기 위해 다양한 기술을 사용한

다. 종종 가정방문, 전화, 아동에 대한 주제에 대한 정보를 제공하기도 하고 소식지 및 가정통신문 발송, 회의, 학교 차원의 이벤트를 개최하기도 한다. 경우에 따라 학교환경에서 가족을 초대하기 위해 방과후 또는 주말에 가정들이 학교 컴퓨터를 사용할 수 있도록 학교장에게 요청할 수도 있다. 또한 교사에게도 가족과의 원만한 관계 형성을 위해 필요한 부분들을 서로 공유하고 지원한다. 〈표 18-8〉은 학교의 장에서 성공적인 부모와의 협력을 위해 고려해야 할 내용이다.

〈표 18-8〉 학교의 장에서 가족과 협력을 위해 고려해야 할 점

구 분	내 용
의사소통할 때	- 등하교 시처럼 자연스러운 기회를 이용할 수도 있고, 전화, 전자우편, 전화자동응답기, 팩스 등 유용하고 다양한 방법이 있으며 연락장이나 일지를 활용할 수 있다. - 부모의 반응이 없더라도 의사소통할 기회를 꾸준히 제공하고 유용한 의사소통 통로를 계속 열어주어야 한다. - 일상적인 언어로 분명하게 말한다. - 부모에게 수용적이고 부모가 자신의 문제를 완전히 드러낼 수 있게 듣기 기술을 개발한다. - 부모에 대해 방어적이지 말고 무서워하지도 말아야 한다. - '나는 모른다'라고 말하는 것을 두려워 말아야 한다. - 부모들과 교사가 함께 일하는 데 방해가 되기도 하는 서로에 대한 선입견을 가질 수 있다는 것을 인식해야 한다. 방해가 되는 전형성과 부정적인 예측들은 가능하면 언제든지 공개적으로 논의되어야 한다. - 전문가들은 지체된 아이의 부모들이 경험하는 실제적인 불안에 특별히 적응해야 하며 이러한 불안감을 표현할 때 기꺼이 들어주어야 한다. - 상호적인 의사소통은 교사 · 부모의 생산적인 상호작용을 위해 필수적이다. - 계획과 의사결정에 관한 기초가 되는 모든 관련 정보를 부모와 함께 나누어야 한다.
회의할 때	- 회의 시작 시 학부모에게 회의 소집이유에 대해 설명한다. - 가능하면 회의 전에 부모들이 준비할 수 있도록 회의에 관한 질문이나 요청 등을 가정으로 보낸다. - 회의 일정이 정해졌을 때 교사는 회의주제에 관해 충분히 토의할 수 있는 시간을 마련하되 회의 진행시간을 알려준다. - 회의 전 부모들에게 회의에 참석하는 사람에 대해서 알려준다. - 회의에서 주의 깊게 듣고 필요하면 기록한다. - 부모가 요구하는 정보에 대해 쉽게 이해할 수 있도록 설명한다.
화난 부모를 대할 때	- 화가 난 부모가 전화했을 때 가능하면 직접 만나서 이야기할 수 있도록 모임을 주선한다. - 사적인 만남에서 부모가 극도로 격앙되었을 때 교사는 그 문제에 관한 관심과 배려를 가지고 있음을 확신시켜 주고 의자에 앉도록 권유하면서 음료를 제공하여 당시의 적대감을 발산시키도록 해야 한다. - 부모가 자신의 불만을 충분히 말할 수 있게 허용해 주고 주의 깊게 들은 후 곤경을 해결할 가능한 선택권을 논의한다. - 화근이 교사에게 있을 때 전문적으로 수용적인 행위였다면 그 이유를 설명해야 한다. 실수했다면 사과해야 하며 행위의 발생에 관한 미래의 과정이 논의되고 일종의 동의에 도달해야 한다. - 교사가 해결할 수 없는 화근인 경우 부모가 화근이 된 사람을 판별하고 그 사람과의 만남을 계획하도록 도와주어야 한다.

특별한 요구를 지닌 부모에게 도움 제공하기	– 부모들의 어려움은 전이의 시기 혹은 중요한 삶의 사건들이 일어날 때 더 많이 발생하므로 이 시기에 부모의 요구를 더 잘 이해해야 한다. – 더 사소하고 일상적인 일들이 스트레스의 원인이 되므로(예 자동차가 고장났을 때) 이 문제를 미리 알고 있어야 하며 부모가 이미 지쳐 있는 날에는 특별한 요청을 집에 보내지 말아야 한다. – 지원의 자료들, 특히 지역사회 내에 있는 탁아지원과 그들의 집에서 그들을 도울 수 있는 개인이나 서비스에 관한 정보를 부모들에게 제공해야 한다. – 지역사회 내의 부모지원조직에 관한 정보를 부모에게 제공해야 하며 다른 학생들의 부모와 함께 정보망을 형성할 수 있도록 도와주어야 한다. – 부모들이 다른 가족구성원, 친구, 친척들과 함께 이야기하고 그들을 비공식적인 지원자로 보게 됨으로써 격려받을 수 있음을 알려준다. – 가정에서 문제가 가장 많다고 표현하는 아동의 행동개선을 최우선 목표로 정해야 한다. – 부모들은 장애인을 돕는 문제와 좌절함에 대처하려고 할 때 지원과 격려가 필요하다는 것, 즉 자연적인 강화, 칭찬, 격려가 매우 유용할 수 있음에 대해 알려준다.

출처 : 최민숙(2007), pp. 88-90 재인용.

셋째, 다른 가족과의 연결이다. 학교사회복지사가 가족에게 제공하는 가장 중요한 서비스는 가족들이 다른 가족과 상호지지와 정보교환을 위해 서로 연결되도록 돕는 것이다. 부모 대 부모(parent to parent) 프로그램은 어떻게 부모가 다른 부모를 위해 가치 있는 자원이 될 수 있는지에 대한 일 예이다. 학교사회복지사는 유사한 프로그램을 실행하기 위해 부모와 일할 수 있다. 지지집단과 사회교육집단은 가족을 돕기 위한 부가적인 방법이다. 또한 다른 혁신적 방법은 가족들이 서로 다른 상황을 다루기 위해 효과적인 전략에 대해 서로 의사소통을 할 수 있도록 돕는 것이다. 학교사회복지사들이 학생들의 가족을 연결시키고자 하는 노력은 다양하게 행해져 왔는데, 구체적으로는 '가족 피자의 밤', '협력적 게임의 밤', '가족 놀이의 밤' 등이 있다. 미네소타의 학교사회복지사 Ingemar Eckstrom은 부모가 만나는 저녁시간 이후 40분 동안 아동에게 참가자에게 추첨으로 상품을 주고 마술을 제공하는 등의 위로를 행하는 '가족 피자의 밤'(family pizza night)을 정기적으로 제공함으로써 서로 연결되도록 도왔다. 또한 그는 정규적으로 효과적인 훈육, 자아존중감 확립, 책임감을 고취시키고 가족강화를 확립하기 위해 4개 부모교육집단 연속모임을 제공하였다(Bye, 2006 : 124-127 재인용).

6) 가정방문

학교사회복지사가 아동교육에 가족을 참여시키기 위해 사용하는 효과적인 방법 중 하나가 가정방문이다. 특히 가정방문은 저소득 가족을 학교체계에 포함시키는 데 보다 성공적일 수 있다. 가정에서의 모임은 학교에서의 회의 참석으로 생기는 교통 또는 아동보호 등의 문제들을 생기지 않게 하기 때문에 편리하다. 또한 가정방문은 가족으로 하여금 편안하고 익숙한 환경에서 학교직원을 만날 수 있게 하여 의사소통을 촉진시키고 가족의 참여를 강화할 뿐 아니라 아동의 수행에 영향을 미치는 특별한 상황을 드러낼 수 있기 때문에 유용하다.

가정방문을 할 경우 학교사회복지사 혼자 또는 두 명이 갈 수 있다. 먼저 학부모에게 자신의 소개와 감사의 인사를 한 뒤 가정방문 목적, 면담 내용 등을 쉽고 명료하게 설명한다.

> 수정이 어머니이신가요? 저는 전화로 인사드린 ○○초등학교 교육복지사 김지연입니다. 바쁘신데 이렇게 시간을 내어 주셔서 감사합니다. 저는 학생들이 학교생활을 잘 할 수 있도록 가정과 학교, 지역사회가 함께 노력할 수 있도록 돕는 역할을 하고 있습니다. 오늘 이렇게 제가 가정방문을 하게 된 이유는 수정이의 학교생활에 대해 알려드리고 수정이가 집에서는 어떻게 지내는지 알았으면 해서입니다. 또한 부모님께서 수정이의 학교생활과 관련해서 궁금하거나 바라는 것이 있는지도 알아보고자 해서입니다. 다른 부모님이나 교사들에 따르면 이와 같이 가정방문을 통해 수집한 부모님의 의견과 정보가 자녀의 학업 및 학교생활을 돕는 데 굉장히 도움이 된다고 말씀하십니다. 이야기 내용 중 불편한 사항이나 힘든 점이 있으면 언제든 말씀해 주세요. 또한 오늘 나눈 내용 중 비밀이 보장되었으면 하는 부분이 있으면 알려주십시오. 오늘 면담은 약 40분 정도 걸릴 예정입니다. 필요한 경우에는 간단한 질문지에 응답을 부탁드릴 수도 있습니다. 지금까지 말씀드린 내용에서 궁금하신 점이 있으신지요?

부모와 학생이 함께 집에 있는 경우에는 부모, 자녀와 함께 이야기할 것인지, 분리해서 이야기할 것인지를 결정해야 한다. 두 사람이 가정방문을 한 경우에는 한 사람은 부모를 만나고 다른 한 사람은 자녀와 이야기하는 것도 좋다. 만약 학교사회복지사가 혼자서 방문한다면 부모와 먼저 만나는 것도 좋은 방법이다. 이럴 경우 학생에게 부모와 잠시 이야기할 수 있도록 다른 공간에 가 있을 수 있는지 물어보고 동의를 얻는 것이 좋다. 이런 과정은 학생의 불안한 마음을 안심시킬 수 있다.

부모와의 면담은 가능한 한 긍정적이고 희망찬 분위기를 유지하는 것이 필요하다. 이를 위해 자녀 및 가정의 장점을 말로써 설명하는 것이 좋다. 특히 학생 및 가족의 장점을 이야기할 때는 진솔성이 있어야 한다. 이를 위해서는 학생의 장점에 대해 충분히 이야기하고 구체적으로 설명하는 것이 좋다.

학생 및 가족의 장점을 말로 표현하기

경환이는 장점이 많은 학생입니다. 먼저, 인사를 잘 합니다. 교육복지실에 들어오고 나갈 때 꼭 웃으면서 인사를 합니다. 호감이 많이 가는 아이이죠. 또한 경환이는 정이 많습니다. 교육복지실에서 프로그램을 할 때 옆 친구에게 연필을 빌려주거나 음료수를 친구에게 먼저 건네줍니다. 글자를 또박또박 잘 씁니다. 또래친구들 중 글쓰기가 잘 안 되는 학생들이 있는데 경환이는 크고 정확하게 글씨를 씁니다.

경환이의 이런 행동과 태도는 부모님의 영향이 클 것입니다. 부모님께서 평소 경환이에게 얼마나 신경 쓰시고 사랑하시는지를 잘 알 수 있습니다.

비밀유지와 관련해서는 명확히 하는 것이 필요하다. 부모와 학생 모두에게 비밀이 보장되었으면 하는 정보는 무엇이며 공유해도 된다면 누구와 어느 수준까지 공유해도 되는지를 명확히 해야 한다. 청소년의 경우 자살. 타살, 약물남용과 같이 안전과 관련된 문제에 대해서는 부모에게 알릴 의무가 있다는 점을 사전에 공지해야 한다.

가족과 이야기 중 학교나 교사에 대해 부정적으로 이야기하지 않도록 주의한다. 만약 부모가 교사나 학교에 대해 실망감이나 화를 표현하는 경우에는 속상한 감정, 화나는 감정에 대해 경청하고 반영(예 "선생님이 자녀분을 차별한다고 생각이 들어 속상하셨군요", "학교의 그런 반응이 학생들에겐 관심이 없는 것처럼 여겨져서 화가 많이 나셨군요" 등과 같이 부정적인 감정을 읽어줄 수 있다)할 수 있다. 가능한 한 교사나 학교의 긍정적인 면, 교사가 학생을 위해 노력하는 점, 교사나 학교의 장점 등을 말해주는 것이 좋다.

가정방문 시 가족의 상호작용을 직접 관찰하는 것은 학생 및 가족에 대해 더 깊이 이해하는 데 도움이 된다. 가장 좋은 방법은 일상생활 속이나 문제가 되는 상황에서 행해지는 부모와 자녀의 상호작용을 비디오 촬영해서 그것을 부모에게 보여주는 것이다. 그러나 이런 방법을 적용하는 것은 쉽지 않다. 대신 가정방문 시의 학생과 부모, 가족들 간의 상호작용을 주의 깊게 관찰하는 것이 필요하다. 부모가 학생에게 어떻게 말하고 이에 대한 자녀의 반응은 어떠한지, 부모가 자녀에게 해주는 칭찬과 관심은 어떠한지, 부모와 자녀는 어떻게 상호작용하는지, 부모가 자녀에게 명확하게 의사소통하는지, 부모는 자녀에게 맞는 적절한 기대를 하고 있는지, 적절하지 못한 자녀의 행동에 부모가 어떻게 훈육하는지 등을 살펴볼 수 있다. 필요한 경우 부모와 자녀에게 공동으로 수행할 과제를 제시하여 이들이 어려운 과제를 어떻게 수행하는지를 파악할 수 있다.

부모 면담지

학생 이름 :
부모 이름 :
날짜 :
장소 :

자녀의 학교생활을 돕기 위한 목적으로 자녀가 집, 학교, 친구들과 있을 때 어떻게 행동하는지에 대해 알아보고자 합니다.

〈자녀에 대한 이해〉

1. 현재 집에서 함께 살고 있는 사람은?
2. 자녀가 좋아하는 취미나 활동은?
3. 자녀가 특별히 관심을 가지고 있는 일은?
4. 자녀가 올해 가장 잘한 일은?
5. 자녀가 올해 가장 힘들어한 일은?
6. 자녀에게 바라는 점은?
7. 자녀가 이전에 치료받았던 경험이나 복용 중인 약이 있습니까?

〈가정 학습환경〉

1. 아이의 공부나 숙제를 얼마나 자주 살펴보나요?
2. 공부나 학교생활에 대해 아이와 얼마나 자주 이야기하나요?
3. 자녀가 얼마나 많은 교육을 받기를 원하는지요?
4. 방과 후 자녀는 주로 어떻게 지내나요?
5. 자녀가 학교에서 주로 어떻게 지낸다고 생각하시나요?
6. 자녀가 학교에서 잘 적응하도록 돕기 위해 어떤 노력을 해봤나요?
7. 학교에 바라는 것은 무엇인가요?

〈훈육〉

1. 아이와 얼마나 자주 이야기할 기회를 갖나요?
2. 자녀와 얼마나 자주 놀아주나요?
3. 자녀가 부모의 말을 듣지 않거나 잘못했을 때 어떻게 하나요?
4. 자녀가 잘한 일이 있으면 어떻게 하나요?
5. 자녀가 싸움을 하면 어떻게 아이를 다루나요?

〈부모 양육스트레스〉

1. 아이를 기르는 것은 얼마나 기쁜가요?
2. 아이의 행동을 참고 지켜보는 것이 당신에게는 어느 정도 어렵나요?

3. 부모로서 힘든 점은 무엇인가요?
4. 부모로서 자녀에게 기대하는 것은 무엇인가요?
5. 부모로서 더 잘하기를 원하는 것은 무엇인가요?

〈이웃 및 지역사회 관계〉
1. 이웃이나 친척 중 가깝게 지내는 사람이 있나요?
2. 필요할 때 도움을 요청할 사람이 주변에 있습니까?
3. 학교나 지역사회에서 받고 있는 사회복지서비스나 프로그램이 있다면 무엇입니까?

7) 학생의 학업에 가족과의 협력

가족은 자녀의 학업수행 및 학교생활에 대해 알 필요가 있다. 이를 위해 학생의 숙제 및 학습에 부모를 참여시키는 것이 필요하다. 학교사회복지사는 부모가 가정에서 자녀의 학업을 도울 수 있도록 학교 신문이나 회의 시 배부한 자료 속에 아동의 지도 방법을 제시하기도 하고 부모용 비디오를 만들어 부모 역할을 위한 시범을 보이거나 가정에서의 학생지도를 위한 지침을 제공할 수도 있다. 그리고 학교사회복지사는 교사와 부모와 함께하는 학생활동(Teachers Involve Parents in Schoolwork)과 같은 프로그램을 실시할 수도 있다. 가족이 자녀의 과제를 도울 수 있는 방법으로는 첫째, 학생이 숙제를 하도록 격려한다. 둘째, 숙제를 모니터링한다. 셋째, 숙제를 하려는 노력을 칭찬한다. 넷째, 숙제를 설명한다. 다섯째, 보다 구체적인 단계로 과업을 세분화한다. 여섯째, 숙제를 하는 데 필요한 과업을 어떻게 하는지 시범을 보인다(Bye, 2006 : 131-137).

8) 가족집단 회의

학교사회복지사는 가족들이 아동 교육에 참여하도록 하기 위해 가족집단회의(family group conferencing)를 운영하는 기술을 가져야 한다. FGC는 마오리(MAORI) 문화에서 가져온 전략으로서 가족, 친구, 기타 다른 가족이 문제해결 세션에 포함될 수 있도록 하고 더불어 가족의 문제를 해결하기 위해 외부 도움을 줄 사람을 참여시킨다. 일단 가족과 기관 직원들이 회의 세션의 목표를 세우게 되면 다음 회의에 초대된 가족과 다른 참여자들이 정해지고 그런 다음 그들이 회의에 와서 목표를 달성하기 위한 계획을 세운다. FGC의 특징은 가족에게 현존하는 사회지지네트워크를 재확립하고 강화하기 위해 그들 자신의 자원으로 개발할 기회를 제공한다. 이러한 접근은 아동복지 분야에서는 이미 활용되고 있으나 교육과 관련해서는 펜실베이니아 교육구가 비행과 폭력의 발생을 다루기 위해 이 회의를 활용하였다. 이 회의는 기존의 교직원 중심의 학교회의와는 달리 가족이 회의에 참석할 사람을 스스로 결정해서 참여하게 하기 때문에 학교회의에서 압도되거나 위협받는다는 느낌이 덜하며 학교회의 내에서 편중된 권력을 이동시킨다. 그러나 이러한 변화는 종종 교직원에게는 다소 불안을 일으킬 수 있으며 학교사회복지사는 다소의 저항에 직면할 수 있다.

〈표 18-9〉 가족집단 회의 사례

학생이 언쟁 중에 선생님에게 상처를 입히고 교사의 안경을 부순 사건을 처리하기 위해 가족협의가 지역 학교에서 소집되었다. 집단성원에는 가해학생, 그의 어머니, 할아버지, 피해자, 체포할 경찰직원, 그 외 10명의 관심 있는 사람들이 포함되었다(가해학생의 교사 2명, 피해교사의 친구 등). 협의과정은 가해청소년, 그의 어머니, 할아버지, 피해자, 구속하는 경찰직원의 순으로 발언이 시작되었다. 이들 각각은 학생의 비행과 그 영향에 대해 이야기하였다. 그 다음 청소년 사법조정자(coordinator)가 또 다른 집단 성원에게 이야기하도록 기회를 주고 이것이 마치고 나면 모든 참여자들에게 가해학생이 그의 비행으로 야기된 손해에 대해 피해자와 지역사회에 되돌려 주어야 할 것이 무엇인지를 생각하도록 요청하였다. 그 후 집단은 학생에게 의료적 비용과 새 안경 구입비를 위해 피해자에게 원상회복(restitution)을 해야 한다는 것과, 가해학생은 학교에서 지역사회봉사활동을 수행해야 한다는 것을 제시하였다.

출처 : 남미애(2007), p. 20.

9) 문화적 유능성 배양

학교사회복지사는 다양한 가족과 효과적으로 일할 수 있도록 문화적 유능성(cultural competence)을 갖도록 노력해야 한다. 다문화가족의 경우 언어 및 교육체계에 대한 무지, 학교에서의 차별 인식, 추방에 대한 두려움, 교직원들에 의한 문화적 유능성의 부족 문제들은 힘든 도전이다. 또 다른 도전은 자신의 문화를 유지하는 가운데 지배문화에 문화변용하고 적응하도록 압력을 느끼는 가족에게서 발생된다. 문화변용(acculturation)은 서로 다른 사회와 이중 문화에서 살 수 있는 능력을 필요로 하지만 동화(assimilation)는 지배사회에 휩쓸려 자신의 문화를 포기하는 것이다. 문화변용과 동화는 개인의 자아정체감에 희생을 초래하고 가족에 많은 문제를 초래할 수 있다. 예를 들어, 아동은 그들이 입고 이야기하는 방식에 있어 지배문화 출신의 또래친구들과 맞추기를 원할 수 있고 이것은 가정에서 갈등의 뿌리가 되기도 한다. 학교문화는 지배계층의 문화에 맞추어져 있기 때문에 다른 문화의 가족은 학교에서 잘 지내기 위해 그들의 자녀들에게 문화변용하거나 동화하도록 압력을 줄 수 있다(Bye, 2006 : 127-129).

학교사회복지사는 학교교직원이 다문화가족에게 기대하는 것을 가족이 이해하도록 돕고 문화적 차이에 대한 인식을 가짐으로써 이들 일부 도전에 맞서 싸울 수 있으며 학교행정가와 직원이 다양한 가족들과 일하기 위한 더 나은 절차를 채택하도록 도울 수 있다. 교사가 다양한 가족들과 효과적으로 작업을 한 성공 사례를 공유하는 것은 교사들이 더 이해하고 포함되도록 한다. 또한 커리큘럼은 학생들이 자신의 문화적 유산에 대해 자신감을 갖도록 하고 문화변용에 대한 압력의 일부를 줄이고 또 학생과 가족 간의 갈등을 줄이도록 돕는 데 유용하다. 여러 가지 유형의 가족과 협력하기 위해 학교사회복지사가 고려해야 할 점은 〈표 18-10〉과 같다.

〈표 18-10〉 다양한 유형의 가족과 협력할 때 학교사회복지사가 고려해야 할 점

첫째, 가족 협조의 중요성 강조 : 학교사회복지사는 아동의 적응과 학업성취를 위해서는 가족과의 협조가 절대적으로 중요한 요소라는 점을 가족에게 확실히 이해시켜야 한다. 가족과 협력적 관계를 형성하기 위해서는 먼저 가족의 욕구를 파악해야 하며 개별 가족의 독특성을 존중해야 한다.
둘째, 아동과 관련된 정보의 공유 : 학교에서의 아동의 모습과 가정에서의 모습은 다를 수 있고, 또한 학생에 대한 지도는 일관성을 유지하는 것이 필요하므로 학교사회복지사와 가족이 아동과 관련된 정보를 수시로 공유하는 것은 매우 중요하다.
셋째, 시간관리 : 학교사회복지사는 많은 업무를 수행해야 하고 많은 학생들을 만나야 하므로 적절한 시간관리를 해야 한다. 따라서 가족들에게 언제, 어디서, 언제 상담이 가능한지를 명확히 알려주어 제한된 시간과 여건을 고려하여 가족과 학교사회복지사가 편안하게 상담이 이루어질 수 있도록 하는 것이 필요하다.
넷째, 학교사회복지사의 한계를 분명히 밝힘 : 학교사회복지사는 아동과 가족을 돕지만 할 수 있는 것과 할 수 없는 것, 해서는 안 되는 것에 대해 분명히 알리는 것이 필요하다.
다섯째, 비밀보장 : 학교사회복지사는 가족들과 다룬 내용이 비밀보장된다는 것을 분명히 하고 만약 비밀보장 되지 못하는 부분이 있다면 이를 미리 알리는 것이 필요하다.
여섯째, 협력적 파트너십 유지 : 학교사회복지사는 가족들에게 아동의 학교적응을 위해 공동의 목표를 추구하는 협력자라는 점을 분명히 하고 상호 협력적 분위기를 조성해야 한다. 또한 가족이 자신의 자녀에 대해 긍정적인 점을 발견하고 자녀교육에 자신감을 갖도록 지지하고 격려해야 한다.

출처 : Bye(2006), pp. 131-134.

여러 가지 유형의 가족과 협력하기 위해 학교사회복지사에게 유용한 프로그램으로는 가족과 학교와 함께, 인지행동 치료(Cognitive Behavioral Therapy), 학교개발 프로그램, 부모와 자녀와 함께 하는 활동 등이 있다.

가족과 학교와 함께(The Families and Schools Together) : 이것은 1988년 사회복지사가 개발한 것으로 프로그램의 목표는 가족기능을 향상시키고, 가족스트레스를 감소시키며 학교실패를 막는 것이다. 이들 목표를 달성하기 위해, 다가족 집단개입이 4~12세 아동을 가진 가족을 위해 활용되었다. 프로그램의 구성은 모집과정, 가족 식사, 개입, 부모지지집단, 부모가 개별적으로 아동과 놀 수 있는 시간, 가족복권(lottery), 시작과 종

결 의식, 매달 계속되는 추후지도 다차원 가족모임(follow-up multifamily meeting)을 포함한다 (Bye, 2006 : 131-134).

부모 및 자녀와 함께 하는 활동 : 미국의 가족자원센터에서 학교의 장에 개입하여 부모와 자녀가 함께 교육과정을 운영하고 있는데, 기간은 6주 동안 한 주에 40~60분 실시되며 개입내용은 〈표 18-11〉과 같다. 학교사회복지사는 학교에서 이런 프로그램을 수정, 보완해서 적용할 수 있다.

〈표 18-11〉 부모 및 자녀와 함께 하는 활동

회 기	주 제	주요 내용
1주차	학교에서의 성공	– 교실수업 : 학교 생활을 잘 해내기 위한 목표를 정하고 숙제에 드는 시간과 장소 및 중요한 보상을 구조화한다. – 가정 내 가족활동 : 숙제의 완성을 독려하고 보상을 활용한 성공사례를 함께 나눈다.
2주차	건강에 관한 결정	– 교실수업 : 건강한 행동을 정의하기, 식생활, 수면, 운동, 그리고 약물사용에 대한 규칙 정하기, 건강을 중요시하는 또래나 성인과의 교류를 도모한다. – 가정 내 가족활동 : 약물사용 규칙과 10대 흡연 문제를 해결할 수 있는 단서(약물사용에 대한 한계 정하기)에 대한 대화를 연습한다.
3주차	긍정적인 또래집단 형성	– 교실수업 : 건강한 또래와 건강하지 못한 또래를 구별하기, 성공, 건강 그리고 안녕감을 증진하는 각각의 또래활동과 친교의 질을 평가하기, 또래에 저항하는 기술을 배운다. – 가정 내 가족활동 : 위험한 또래 활동 및 지역사회 내 위험지대에의 접근을 제한하는 부모 전략에 관해 정보를 공유하고 논의하며, 방과후 감독하에 이루어지는 활동의 기회를 분담한다.
4주차	존중의 순환 고리	– 교실수업 : 존중의 순환 고리를 확인하고 무시와 갈등이 일어날 만한 환경인 미성년자 제한 구역을 논의하기, 미성년자 제한 구역을 다룰 전략을 찾는다. – 가정 내 가족활동 : 존중감을 높이고 가족 간의 무시(환경을 제한하기, 강압)를 다룰 수 있는 전략을 공유하고 논의한다.
5주차	스트레스와 분노에 대처하기	– 교실수업 : 분노를 경고하는 신호와 분노를 건설적으로 다룰 수 있는 전략을 논의한다. – 가정 내 가족활동 : 가족 간 분노(환경 제한, 강압)를 다루기 위한 긍정적 전략을 공유하고 논의한다.
6주차	평화롭게 문제를 해결하기	– 교실수업 : 갈등을 다루기 위한 건설적 방법을 논의해야 하는데 중립적으로 문제를 가져오기, 다른 사람의 관점을 점검하기, 기술을 경청하기의 3단계다. – 가정 내 가족활동 : 갈등을 다루기 위한 가족전략을 공유하고 논의하기, 가족끼리 경청훈련을 실시한다.

출처 : 양명숙 외(2003), pp. 223-225.

사례 – 학교부적응 학생의 가족개입을 위한 학교사회복지사의 개입

1. 인테이크

상담자	○○○	상담일시	2020년 3~12월
상담장소	○○중 교육복지실		
세부사례	가족개입과 부모 참여를 위한 효과적인 상담(부모참여에 대한 사례)		

– 내담자 : 2학년[6명 – 이○○(1), 문○○, 성○○, 김○○(1), 김○○(2), 이○○(2)]

– 의뢰자 : 2학년 부장교사의 의뢰로 개입

– 주요 문제 : 금품갈취 – 직접적인 개입을 하게 된 동기

– 학생상황 및 개입의 필요성 : 학생들의 금품갈취로 인해 학교에서 5일간의 징계를 받고 있던 중이었고, 재발생을 방지하고 학교생활을 잘 할 수 있도록 지원하며, 학생 개개인의 특성에 대한 내용은 담임과의 일차적인 면담을 통해 파악함

2. 사정

대상자	주요 문제	가족관계	주변자원
이○○(1)	잦은 지각, 결석, 매사에 의욕 저하, 무기력 학교생활 부적응	부자세대, 누나	누나 (야간 아르바이트)
문○○	습관적인 거짓말, 부와의 갈등이 심함(무서워함), 공부를 하고 싶어 하나 방법을 모름	부, 모, 누나(25)	모(가사)
성○○	금품갈취 주동자, 학습의욕 저하	부자세대, 누나(21), 동생(초2)	큰누나(대학생)
김○○(1)	욕설, 수업태도 불량(집중력 저하)	조손가정, 형(중3)	조모 (시장에서 장사)
김○○(2)	성적저하, 산만함, 학습태도 불량	모자가정	모(직장)
이○○(2)	금전관계 불명확, 학습에 대한 관심 저하(예습, 복습이 전혀 안 됨)	조손가정	조모(장사)
주요 문제	지각, 결석, 학습의욕 저하, 금품갈취		

3. 개입

1) 상담목표 :

① 현실요법의 상담이론을 적용하여 학생 개인면담을 통해 문제를 파악한다.

② 학부모의 방문상담을 요청하여 학생과 학부모의 개별상담 및 집단상담을 병행하여 학생들이 학교생활을 잘 할 수 있도록 지도하고 가족 간의 상호작용을 탐색한다.

③ 학습에 대한 전문적인 도움을 받도록 지역사회와 연계・협력하여 학습의욕을 고취하고 동기부여를 강화한다.

④ 상담전문센터로 연계하여 지속적인 사후 관리가 필요한 학생은 학교이탈을 방지하여 학교생활을 잘 할 수 있도록 관리한다.

2) 상담전략

① 현실요법 상담이론(W－D－E－P)을 적용한 학생상담 및 개입 실시

② 학습방법을 알아보고 학생과 학부모의 개별적인 성향을 알아보기 위하여 전문적인 학습상담연구소를 연계하여 성격검사, 학습유형검사를 실시하여 개별면담을 실시하고 집단상담을 병행하여 성향에 맞는 학습방법 지도

③ 지속적인 상담이 필요한 학생은 상담센터와 연계하여 관리

④ 단기방학 기간에 프로그램 실시하여 학생과 학부모와 낙인을 줄일 수 있도록 배려하고, 단기방학 기간 중 탈선 예방

3) 개입과정

<table>
<tr><th>대상자</th><th>개입가족</th><th>상담기법</th><th>연계기관</th><th>지원내용</th></tr>
<tr><td>이○○(1)</td><td>부, 누나</td><td rowspan="3">현실요법 상담이론</td><td rowspan="3">－○○학습능력향상 프로그램 지원(○○심리연구소)
－청소년 상담센터 동반자 프로그램 지원</td><td rowspan="6">•학생
① 개별적인 상담을 통해 WANT 탐색 후 현재의 행동점검을 하고 행동에 대한 평가를 통해 원하는 부분을 이룰 수 있도록 계획수립 후 재평가할 수 있도록 지도
② 가족 중 도움을 줄 수 있는 자원을 탐색한 후 가정에서의 관리가 될 수 있도록 당부
③ 지속적인 지도를 위한 자원이 없어서 이탈의 우려가 있는 학생은 학생과 학부모의 동의하에 청소년 상담지원센터의 동반자 프로그램 연계
④ 대부분의 학생이나 학부모의 바람 중에 학습에 대한 동기부여 및 성적향상을 희망하여 ○○학습능력향상 프로그램 연계하여 성격검사 및 학습유형검사를 실시하여 자기만의 공부방법을 알려주고 동기부여 강화
⑤ 방과후 학교 프로그램 연계하여 기초학력증진과 특기적성 영역을 수강할 수 있도록 지원

•학부모
① 학부모 개별상담을 실시하여 학생들의 WANT를 공유하고, 학생들이 학교생활을 잘 할 수 있는 방법을 모색하여 실천할 수 있도록 지도
② 학생과 학부모 집단상담 병행 실시하여 가족 간의 상호작용 형성 및 유대감 강화(6회)
③ 학생과 학부모 성격검사 결과를 공유하여 이해관계를 형성하게 하고, 가정에서 학생에 대한 지도 당부 및 학부모 교육 실시
④ 학부모와의 지속적인 학생관리 및 공유를 위해 교육복지실과의 연계망을 형성하고 교육복지사업의 범위를 알려준 후 필요한 부분에 대한 도움 요청하도록 함</td></tr>
<tr><td>문○○</td><td>부, 모</td></tr>
<tr><td>성○○</td><td>부, 누나</td></tr>
<tr><td>김○○(1)</td><td>조모</td><td rowspan="3">현실요법 상담이론</td><td rowspan="3">－○○학습능력향상 프로그램 지원(○○심리연구소)</td></tr>
<tr><td>김○○(2)</td><td>모</td></tr>
<tr><td>이○○(2)</td><td>조모</td></tr>
</table>

4. 종결 및 평가

학생들의 개별상담을 실시하여 문제에 대한 현실요법이 상담이론을 적용하여 학생이 원하는 부분을 탐색하고 원하는 부분을 이루기 위해서는 어떤 행동과 선택을 해야 하는지를 점검한 후 현재 원하는 부분을 위해 하고 있는 행동이 올바르지 않다면 계획을 세워서 할 수 있도록 상담을 실시함. 학생들의 공통적인 부분이 학습의욕 저하 및 공부방법을 모른다는 것을 중점으로 학습전문가와 연계하여 ○○학습능력향상 프로그램을 지원하고, 효과성을 높이기 위해 학생 및 학부모의 성격검사 및 학습유형검사를 병행하여 보다 체계적인 학습방법지도 및 동기부여를 강화함. 문제가 심각한 학생이나 개인적인 지도가 필요한 학생은 청소년상담지원센터의 동반자 프로그램을 추가 지원하여 지속적인 학생관리가 될 수 있도록 지도하고, 프로그램에 대한 학생 및 학부모의 사전·사후 검사를 실시하여 만족도조사를 실시한 후 프로그램 종결함

CHAPTER 19

학교교직원 및 지역사회에 대한 자문

1. 자문의 필요성

학교사회복지사의 주요한 역할 중에 하나는 부모, 교사, 행정가, 다른 기관들에 대한 자문이다. 자문(consultation)은 여러 가지 이유로 인해 점차 학교사회복지사의 역할에서 비중이 높아지고 있다. 교사가 자신도 모른 체 학급에서 의사소통을 지배하기도 하고 신념과 행동이 아동의 학업적 성취와 행동에 어떻게 영향을 주는지에 대해 통찰력 없이 무심코 행동할 수 있다. 예를 들어, 학생에 대한 부정적인 교사의 태도는 새 학기가 시작한지 얼마 되지 않아 발생할 수 있고, 그 이후 학생의 행동이 개선되었음에도 불구하고 교사의 태도는 그대로 부정적일 수 있다. 자문가로서 사회복지사는 교사로 하여금 자신의 적절치 못한 행동과 태도를 알게 하고 학생의 행동을 개선시키기 위해 교사가 어떤 노력을 하여야 하는지를 알 수 있게 한다(Dupper, 2002 : 171).

자문은 교실과 학교환경의 변화를 위한 영향력 있는 도구이다. 학교사회복지사의 자문능력에 따라, 교실 환경이 바뀌고 학급에서의 학생 생활이 개선될 수 있다. 개별 학생 또는 학생 집단에 대한 직접적 서비스의 제공에 비해 학교사회복지사의 교사 및 학교자문은 오랫동안 더 많은 학생 및 제도의 변화를 도모할 수 있게 한다. 지금까지 자문은 1차적 예방 전략 사용을 촉진하는 데 효과적인 방법으로 활용되었다(Gianesin, 2006 : 176).

자문이 학교사회복지사의 중요한 역할로 부각되는 가장 중요한 이유로는 전통적 1대 1 또는 소집단 상담 등 특정 학생 및 집단만을 대상으로 하는 학생서비스 전달모델에서는 생태학적 관점을 반영하지 못하기 때문이다. 생태학적 관점에 따르면, 학생 문제는 학생의 내적 결핍보다는 학생-환경의 부조화로부터 파생된다고 간주된다. 따라서 이러한 관점에서는 학생들의 문제행동이 일어나는 환경에 더 많은 초점을 둔다. 최근 미국 교육구의 경우 특정 학생만의 문제로 보거나 그들을 라벨링하기보다는 학교 토대의 개입지원 프로그램(School-based Intervention Assistance Programs) 또는 교사지원팀(Teacher Assistance Teams)을 강조한다. 학교사회복지사는 이들 팀에 소속하여 학업적 또는 행동적 문제를 가진 학생을 돕기 위해 교사에게 자문서비스를 제공한다. 따라서 학교사회복지사는 IAPs와 TATs의 팀원으로서 학교의 중요한 성원으로 간주되며 학교사회복지사의 자문역할은 더욱 강조되고 있다(Dupper, 2002 : 171).

학교사회복지에서 자문은 많은 장(setting)에서 일어날 수 있기 때문에 도전적일 수 있다. 일반 사회복지분야의 경우, 자문가와 피자문가 모두 이해되는 공동의 전문용어를 사용하기 때문에 자문과정은 매우 간단하다. 그러나 공공교육에서 학교의 1차적인 기능은 학생을 교육시키는 것이기 때문에 학교에서 활동하는 사회복지사는 사회복지전문직의 윤리와 중심 원칙을 알지 못하는 체계와 일해야 한다. 예를 들어, 교육가들은 비밀보장, 자기결정의 원칙, 옹호, 다른 윤리적 정신건강 원칙과 같은 문제들에 대해 알지 못한다.

효과적인 학교자문을 위해 학교사회복지사는 교육행정가 및 교사의 역할과 책임을 존중하고 더불어 학교조직 및 기능에 정통해야 하며 이들과 원활한 의사소통을 할 수 있어야 한다. 이를 위해서는 교육현장에서 사용하는 전문 용어들을 정확하게 익힐 필요가 있고 효과적인 자문지식 및 기술을 가지고 있어야 한다. 학교사회복지사는 전체적(holistic) 관점, 전문화된 기술, 장을 초월하여 기술을 적용하고 전환할 수 있는 능력을 가지고 있기 때문에 보다 효과적인 자문가가 될 수 있는 유리한 위치에 있다. 또한 부모와 학교직원 간에 일어날 수 있는 긴장과 가치 차이를 다룰 수 있는 기술을 겸비하고 있으며 다양성과 강점 관점의 이슈에 강조점을 두기 때문에 더욱 그러하다(Gianesin, 2006 : 177).

2. 학교사회복지에 있어 효과적인 자문 기술과 자문가의 역할

1) 효과적인 자문 기술과 지식

학교사회복지사가 자문을 적절하게 수행하기 위해서는 문화적 다양성에 대한 민감성과 존중, 효과적인 의사소통 기술, 자문이론과 과정, 행동적 기술, 인간행동 및 아동기 발달 이론, Diagnostic and Statistical Manual Disorder(DSM-5), 직원개발과 지역사회 자원 등의 기술이 필요하다(Gianesin, 2006 : 177-180). 첫째, 다문화적 관점이다. 학교사회복지사는 다문화적 관점과 다양한 집단과 일하는 기술을 가져야 하고 학교를 둘러싼 다문화적 집단에 대해 잘 알고 있어야 한다. 학교의 인구사회적 특성은 자주 변화한다. 따라서 자문가는 교사들이 새로운 문화와 인종집단에 대한 유능성과 지식을 갖도록 도와야 한다.

둘째, 효과적인 의사소통이다. 의사소통은 모든 상호작용에 토대가 되는데 학교의 장에서도 마찬가지이다. 자문가는 학부모와 교사, 학교 내 전문가집단, 지역사회 내 전문가 집단 간의 의사소통을 도와야 한다. 그렇기 위해 학교사회복지사는 집단과정 기술, 의사결정, 적극적인 경청, 갈등조정(conflict mediation) 기술과 같은 효과적인 의사소통 기술을 습득, 활용할 수 있어야 한다. 특히 라포를 구축하고 협력적인 관계를 형성하는 것은 성공적인 자문에 매우 중요하다.

셋째, 자문이론이다. 일반적으로 학교장에서 활용되는 자문이론 모델은 크게 세 가지가 있다. 즉, 행동자문, 정신건강 자문, 문제 중심의 자문이다. 학교사회복지사의 자문에는 주로 부모, 교사, 행정가 학생들이 포함되는데 자문의 주된 초점은 학생이 학교환경으로부터 최고의 이득을 얻도록 하는 것이다. 학교사회복지사의 자문은 학생의 독특한 욕구에 교사의 민감성을 증진시키고, 학교에서의 일상생활 경험의 질을 증진시키고, 학습을 증진시키도록 돕는다.

넷째, 행동적 기술이다. 효과적인 자문은 효과적인 학교행동관리 프로그램과 행동개입에 탁월하다. 사회복지사들은 프로그램 이슈, 프로그램 개발, 프로그램 구조와 관련하여 교사 및 직원으로부터 자문을 요청받을 수 있다. 교사들은 행동적 개입, 정서적으로 어려움을 겪는 학생의 교육 등에 대한 제한된 지식을 가지는 경우가 많다. 학교사회복지사는 아동을 위한 최선의 서비스가 제공되도록 옹호하고, 효과성과 관련하여 경험적 근거를 가진 프로그램을 시작할 수 있는 중요한 위치에 있다. 이와 관련해서는 위기개입, 관리전략, 징계 정책 등이 해당된다.

다섯째, 발달적 기술이다. 행동적 개입에 필요한 지식과 관련하여, 학교사회복지자문가는 아동기 발달에 대한 충분한 지식을 가져야 한다. 학교사회복지사는 부모와 교사로부터 아동의 정상과 비정상 행동 간의 차이를 설명해 달라고 요청받을 수 있다. 또한 남학생과 여학생의 성 차이에 대해서도 질문받을 수 있다. 이러한 질문에 적절하게 답변하기 위해서는 아동의 발달에 대한 지식과 기술을 습득하고 유지하는 것이 필요하다. 이와 같은 지식은 학교사회복지사로 하여금 교사와 부모가 효과적 교육 및 행동전략을 개발하도록 지원할 수 있게 한다.

여섯째, DSM-5의 활용이다. 종종 학교교직원과 부모들은 정신건강진단을 설명해 주도록 요청한다. 여기에는 증상, 반응행동, 적절한 치료개입 등의 설명도 포함된다. 사회복지사는 학교 내 정신건강전문가이기 때문에 학교직원은 종종 사회복지사들의 의견과 자문에 강하게 의존한다. 학교사회복지사에게 정신과의사, 심리학자, 임상사회복지사와 같은 외부 정신건강전문가의 답변을 해석해 주도록 요청하기도 한다. 따라서 학교사회복지사는 DSM-5 및 정신건강에 대한 지식을 가지고 일해야 한다. 학교사회복지사는 정신건강치료에 있어 의료와 생태학적 모델 모두에 대한 광범위한 관점을 가지고 있으므로 아동문제에 균형 있는 관점을 제공할 수 있다.

일곱째, 직원개발과 지역사회 자원에 대한 지식이다. 효과적인 학교사회복지자문가가 가져야 하는 가장 중요한 기술 중의 하나는 스텝 개발 워크숍과 학교직원, 부모, 관심 있는 지역사회성원을 대상으로 발표하는 능력이다. 예를 들어, 학교 교육구에서 자살과 자살시도가 일어났을 때, 학교 토대의 자문가는 학교직원과 부모와 더불어 우울과 자기파괴 행동의 사인을 지각하도록 하는 스텝 개발 세션(staff development session)을 실시할 수 있다. 지역사회 자원에 대한 지식은 물론 인간봉사서비스 제공자와의 네트워크, 보호관찰소, 정신치료사, 다른 전문가 등 외부 기관과 개인과의 연계는 효과적인 자문을 위해 필수적이다.

2) 자문가의 역할과 개입

자문가는 크게 객관적인 관찰자・반영자(reflector), 사실 발견자(fact finder), 과정 상담자(process counselor), 대안 발견자(alternative identifier)와 자원연계자, 훈련자/교육자(trainer/educator), 정보 전문가(informational expert), 옹호자(advocate)의 역할을 수행한다(Gianesin, 2006 : 180-182).

구체적으로 살펴보면 객관적인 관찰자와 반영자의 역할은 환경과 상호작용을 관찰하고 분석하며, 관찰에 근거하여 피자문가가 적절한 개입을 할 수 있도록 돕는 능력을 의미한다. 실제 자문가는 많은 세팅에서 학생을 관찰하는 데 시간을 할애한다. 예를 들어, 학급과 같이 일정한 경계를 가진 구조적 세팅은 물론 운동장과 같이 성인에게 구속받지 않고 상호작용할 수 있는 비구조적 환경에서도 아동을 관찰한다. 부가적으로 객관적 관찰자와 반영자의 역할은 자문가로 하여금 학생 행동에 대한 정보를 모으고 문제행동의 선행사건, 빈도, 지속기간에 주목할 수 있도록 한다.

자문가는 조사하고 중요한 질문을 할 수 있다. 성인들은 아동의 모든 것이 나쁘다고 생각하기 때문에 아동의 문제행동에 매우 좌절한다. 사회복지사가 그들에게 아동의 행동을 자세히 묘사하게 하는 동안 그들은 아동에 대한 자신의 지각과 기대를 알게 된다. 자문가가 그들의 걱정을 함께 이야기하는 동안 피자문가의 지각에 변화를 초래할 수 있다. 이것은 아동의 문제행동 발생빈도, 일어난 시간, 유인(trigger), 반응 등에 대한 구체적인 측정표를 포함해서 피자문가의 관찰을 이야기함으로써 얻어질 수 있다. 또한 자문가의 역할 중에는 사실 발견자(fact finder)가 있다. 자문가는 중요한 변수에 관련된 데이터를 수집한다. 데이터 수집은 단지 관찰기술뿐 아니라 관련된 사람과의 인터뷰, 기록 검토, 상호작용이 일어난 맥락의 검토 등도 포함된다. 그리고 자문가는 과정 상담가(process counselor)로서 일한다. 이것과 관련하여 자문가는 피자문가(consultee)와 효과적으로 의사소통하고, 초기 신뢰와 확신을 형성하고 피자문가가 아동에 대한 더 나은 이해와 다양한 견해를 얻을 수 있도록 도와야 한다. 교사와 부모들은 실제 그들이 아동의 관리에 성공적일 수 있는 능력을 가지고 있음에도 불구하고, 오히려 실패감을 느끼곤 한다. 따라서 자문가는 교사 및 학부모가 어떻게 아동을 위해 노력해 왔는지를 검토함으로써 그들이 새로운 가능성과 희망을 갖도록 지원해야 한다.

자문가는 지역사회에서 적절하게 활용 가능한 자원에 대한 지식을 가지고 있어야 한다. 특히 다양한 서비스 제공 및 의뢰를 위해 지역사회 인간봉사서비스 목록은 자문과정에서 필수적으로 갖추고 있어야 한다. 덧붙여 효과적인 자문가는 사회복지서비스, 보호관찰, 위기개입서비스들에 대한 신청절차, 접촉할 사람, 일반적인 자격기준 지침, 이용시간 등에 대한 지식을 알고 있어야 한다. 그리고 자문가는 훈련과 직원 개발에 필요한 기술을 가져야 한다. 훈련가 및 교육가로서 학교사회복지사는 다양한 집단에 가치 있는 정보를 유포할 기회를 가진다. 또한 교직원 개발 훈련은 더 많은 교직원에게 아동교육 및 지도에 필요한 지식 및 기술을 제공함으로써 보다 긍정적인 방향으로 학교와 교실환경에서 변화를 만들 가능성을 증가시킨다.

일반적으로 자문과정은 관계를 개발하고 강화하는 단계, 계약단계, 문제를 구체시하는 단계, 대안 탐색단계, 개입을 위한 계획과 성과목표(outcome goals) 형성단계, 평가단계로 구분할 수 있다. Friend와 Cook(1992), Erchul과 Martens(1997)는 성공적인 자문을 위한 주요 요소를 제시하였는데 구체적인 내용은 〈표 19-1〉과 같다.

〈표 19-1〉 성공적인 학교 자문을 위한 주요 요소

1. 자문은 3자적 관계와 간접적이다. 자문가(예를 들어, 학교사회복지사)와 피자문가(개별 교사 또는 행정가)는 피자문가가 클라이언트에게 제공하는 서비스를 함께 계획한다. 자문가 관계에서 학교사회복지사의 관계는 간접적이다. 학생은 직접적인 참여자는 아니지만 이들 과정에서 혜택을 받는다.
2. 자문은 자발적이다. 자문가와 피자문가는 어떤 시간이든 자유롭게 만나거나 종결된다. 자문과정은 자문가와 피자문가의 참여가 자발적인 동안만 실행될 수 있다.
3. 자문가와 피자문가 간의 모든 상호작용은 비밀보장되어야 한다. 만약 이런 비밀이 보장될 때 누군가 해를 받을 수 있을 것이라고 자문가가 판단되지 않는 한 비밀보장은 지켜야 한다.
4. 자문은 전형적으로 전문가 관계를 포함한다. 이들 관계는 비위계적(nonhierarchical)이지만 이들 관계의 1차적 이유는 피자문가가 자문가의 경험을 필요로 하는 문제를 가지고 있기 때문이라는 점이다.
5. 자문은 단계를 가진 문제해결과정이다. 이들 단계는 자문을 위한 작업관계의 확립, 문제의 구체시, 계획과 개입, 종결 등으로 구성된다.
6. 자문 상호작용에서 참여자는 공유되지만 차별화된 책임(responsibilities)과 책무성(accountability)을 가진다. 자문가로서 학교사회복지사는 피자문가의 니드를 책임질 지원을 제공해야 한다. 반면 피자문가는 그가 제공해야 할 지원을 심각하게 고려하기 위한 책임을 져야 한다. 그러나 어떤 자문이 제공되든 간에 피자문가는 항상 받아들이지 않을 자유가 있다.
7. 자문은 이중 목적을 가진다. 첫째, 자문은 피자문가가 현재의 전문가적 문제를 다루도록 돕고, 둘째, 자문은 피자문가가 자문가의 지원 없이도 장차 유사한 문제를 효과적으로 다룰 수 있도록 부가적인 통찰력과 기술을 제공하는 것이다. 자문과정을 통해 학교사회복지사는 교사가 현재 문제를 다루는 것뿐 아니라 향후 문제를 다룸에 있어 더 나은 문제해결자가 되도록 임파워링한다.

출처 : Dupper(2002), pp. 173-174.

3. 교사, 부모, 행정가에 대한 자문

1) 교사에 대한 자문

교사는 전문직이다. 교사에게는 다양한 책무가 요구된다. 양질의 교육을 행할 뿐 아니라 학교에 있는 학생들의 안전과 건강을 돌보고 생활을 지도하고 돌보고 학업성취 등 교육적 성과가 달성되도록 요구받고 있다. 이처럼 높은 시대와 요구로 인해 일부 교사들은 높은 스트레스와 좌절감을 느끼기도 하고 심지어는 학교를 그만두기도 한다. 무엇보다도 교사가 학생에게 가장 중요한 영향을 미치는 환경에 속한다는 점을 고려해 볼 때

교사가 본연의 역할을 잘 수행하도록 돕는 것이 매우 중요할 수 있다. 학교사회복지사는 학교가 교육 본연의 목적을 달성할 수 있도록 교사와 함께 협력한다. 이 과정에 학생과의 관계에서 생긴 어려움이나 문제에 대해 경청하고 지지하고 자문을 행하기도 한다.

교사와의 첫 만남에서는 교사가 학급에서 다루고자 하는 문제와 함께 교사의 강점과 자원, 기대, 과거 자문 경험에 대한 정보를 수집한다. 교사에게 잘못된 부분을 지적하거나 가르치려고 하기보다는 교사의 현재 감정에 대해 공감하고 지지하고 수용받고 있다는 느낌을 갖게 하는 것이 중요하다. 동기강화상담에서는 교사와의 관계형성을 위해 교사의 핵심가치를 확인하고 이끌어 내는 질문을 사용하기도 한다.

학생에 대한 이해를 하기 위해 교사와 면담을 할 수 있다. 교사와의 면담은 학교사회복지사가 먼저 요청할 수도 있고 교사가 요청할 수도 있다. 학교사회복지사가 교사에게 면담을 요청한 경우에는 면담의 목적을 명확히 하고 면담에서 다루고자 하는 내용을 구체적으로 밝히는 것이 필요하다. 예를 들어, 학급에서 일어나는 학생의 문제행동에 대해 파악하고자 할 경우에는 언제, 어디서, 어떤 상황에서 누구와 문제행동이 일어나는지를 질문하다. 또 문제행동에 대해 교사가 어떻게 개입하였으며 그런 개입 중 도움이 된 것과 도움이 되지 않은 것은 무엇인지를 질문한다.

교사와의 면담에서는 학생이나 가족의 긍정적인 면을 부각시켜 교사가 학생에게 긍정적 관심을 가질 수 있도록 하는 것이 좋다. 만약 교사가 학생이나 부모로 인해 힘들다거나 부정적인 감정들을 표현할 경우 교사가 느끼는 걱정스러운 마음, 힘듦, 좌절감에 대해서는 공감이나 반영을 통해 교사의 감정을 알아줄 필요가 있다. 그러나 학생이나 부모에 대해 교사와 함께 비난하거나 동조해서는 곤란하다.

교사는 여러 가지 이유로 학교사회복지사에게 자문을 요청한다. 가장 큰 이유는 학생에 대한 지식 및 기술 부족 때문이다. 예를 들어, 교사는 계속적인 관심을 요구하거나 학급에서 과업을 완수하지 못하는 학생들 문제로 인해 압도당할 수 있다. 교사는 왜 특정 행동이 그들의 학급에서 일어나는지에 대해 이해하지 못할 수 있다. 학교사회복지사는 교사가 바람직한 행동을 강화하거나 적정한 행동을 보상하는 데 실패한 경우 교사에게 학생의 일탈행동(misbehavior)에 대한 다양한 이유를 제공할 수 있다. 교사가 아동학대 보고방법에 대한 정보, 지역사회자원에 대한 정보를 찾을 경우 학교사회복지사는 질문에 대한 답을 교사에게 제공할 수 있다(표 19-2 참고). 교사가 자문을 원하는 또 다른 이유로는 관심, 지지, 칭찬 등에 대한 욕구, 교사의 객관성 부족 등을 들 수 있다. 예를 들어, 교사가 문제와 너무 가까이 있어서 효과적으로 그 문제를 다루지 못하거나 또는 교사는 주어진 상황에서 필요 이상으로 학생에게 관여함으로써, 구출자(rescuer)의 역할을 할 수도 있다(Dupper, 2002 : 171-172).

〈표 19-2〉 학급행동 문제가 발생하는 이유

- 아동은 똑같은 결과를 야기하는 더 바람직한 행동을 알지 못할 수 있다.
- 아동의 더 바람직한 행동이 학급에서 무시된다.
- 아동의 더 바람직한 행동이 바람직하지 않은 결과를 초래한다.
- 올바른 지각적, 촉각적, 사회적 또는 활동의 결과로 문제행동이 일어난다.
- 문제행동은 아동으로 하여금 바람직하지 않은 상황을 막거나 또는 피하도록 한다.
- 문제행동은 그것이 강화될 때 일어난다.
- 문제행동은 다른 개인에 의해 먼저 시작된 후에 일어난다.
- 문제행동은 아동이 누군가가 그것을 하는 것을 관찰하였기 때문에 일어난다.

출처 : Dupper(2002), p. 172.

교사에 대한 자문은 학업의 어려움을 가진 학생에 대한 개입서비스를 전달하기 위한 전략으로 많이 추천된다. 교사에 대한 자문을 통해 학교사회복지사는 학급에서 교사와 학생 모두를 위한 긍정적인 변화를 초래하도록 도울 수 있다. 교사들은 학급에서 학생의 일탈행동, 부모문제, 학급관리, 훈육에 대한 조언과 정보를 원한다. 자문가(consultant)는 교사로 하여금 학생의 지도 및 교육에 있어 유능감을 느낄 수 있도록 돕는다.

일반적으로 교사에 대한 자문 모델에는 세 가지 유형이 있는데, 즉 행동적(behavioral), 협력적(collaborative), 정신건강(mental/health) 자문이다(Gianesin, 2006 : 182). 행동적 자문(behavioral consultation)은 학교에 잘 맞다. 이것은 발달적 장애와 파괴적 행동장애를 가진 학생을 다루는 데 피자문가(consultee)에게 대안을 제공한다. Sabatino(2002)에 따르면, 행동적 자문 모델에서의 1차적 목표는 바람직하지 못한 행동을 감소 또는 제거하거나 바람직한 행동으로 대체하거나 빈도를 증가시키는 것이다. 많은 행동적 자문가는 개인 학생의 학업적, 사회적 문제에 집중한다. 그러나 일부 행동적 자문은 교육구 차원, 학교 차원, 특정 프로그램 자문까지 포함하도록 확대될 수 있다. 〈표 19-3〉은 행동적 자문에서 사용할 수 있는 질문이다.

〈표 19-3〉 교사에 대한 행동적 자문을 위한 질문

- 학생은 무엇을 하였나? (문제행동의 구체시)
- 교사는 그 행동에 어떻게 반응하였나?
- 교사는 일탈행동이 일어나고 있을 때 무엇을 느꼈나?
- 학생은 교사의 제재 행동에 어떻게 반응하였나?
- 교사는 달리 무엇을 할 수 있었나?

출처 : Gianesin(2006), p. 186.

두 번째 모델은 협력적 의사결정(collaborative decision making)이다. 이 모델은 공동의 지식, 기술, 자원을 통해 함께 달성해야 할 공동의 목표를 세우고 기술을 공유하는 것이다. 이 모델은 다학문적 전문가와의 팀 접근과 협력에 가치를 두고 전문가의 능력을 향상시키고 다학문적 분야의 장점을 확대시키면서도 전문직 간의 차이를 극복하도록 돕는다. 이 모델은 학교사회복지사가 빈번히 사용하는 모델인데, 그 이유는 이론상 자문가와 피자문가는 대등한 토대에 있기 때문이다.

마지막 정신건강 모델은 교사가 정신건강 장애를 가진 개인 아동의 역동성, 증후, 표현 및 행동을 이해하도록 돕는다. 자문가의 목표는 진단을 제공하고 설명하고 치료적 대안을 제공하는 것이다. 이것은 교사가 이 분야에 대한 전문기술을 가지고 있지 않다고 가정한다. 정신건강 자문에 있어 학교사회복지사, 피자문가가 환경과 학생 간의 상호작용을 분석하고 관찰하도록 도움에 있어 생태학적 이론을 적용할 수 있다.

Erchul과 Martens(1997)는 자문가가 학교에서 자문과정을 촉진하는 데 유용한 일련의 과정을 제시하였는데 그것은 〈표 19-4〉와 같다. 학교사회복지사는 교사가 그 학생 및 학급을 위해 행한 노력에 대해 격려할 뿐 아니라 그와 관련된 감정을 환기할 수 있게 도와주고 경우에 따라서는 문제해결을 돕는 교사고문단을 만들 수 있다. 자문을 위한 또 다른 중요한 단계는 교사에게 가장 적합한 치료를 제공하는 것이다(Dupper, 2002 : 173-175).

〈표 19-4〉 학교에서 자문과정을 촉진하는 과정

- 학급문제를 가진 교사의 좌절에 주의 깊게 경청하라.
- 교사의 생각에 의견을 제공해 줄 고문인(sounding board)을 제공하라.
- 교사의 노력이 성공적이지 못할 때 격려(encouragement)를 제공하라.
- 공감적 방법으로 학급문제를 어떻게 사정하는지 교사에게 지도하라.
- 문제를 구체시하도록 돕고, 언제든지 학교에서 어디서나 찾을 수 있는 부가적인 자원을 모집하고 또는 대안적 해결을 찾는 데 적극적인 역할을 취하라.
- 동료 코칭(peer coaching)과 같이 교사가 그들 스스로를 도울 수 있도록 하라.
- 더 많은 피자문가에 적합한 학교 토대의 자문을 만들어라.
- 가장 적절한 치료기술을 교사에게 알려주어라.
- 문제해결과정의 자문을 통해 교사를 안내하라.
- 치료실행과 평가에서 교사를 도와라.
- 교사가 개입을 위해 적절한 사정정보를 만들도록 도와라.

출처 : Dupper(2002), p. 174.

교사에 대한 자문이 성공적이기 위해서는 학교사회복지사의 개입은 비심판적이어야 한다. 교사 및 직원 간의 긍정적인 관계 형성이 가장 우선시되어야 한다. 교사와의 약속에서 이용 가능성(availability)과 예측성(predictability)은 자문가에 대한 신뢰성에 확신을 갖게 한다. 학교사회복지사는 자문을 시작할 때 비밀보장의 원칙에 대한 설명과 자문 관계에서의 경계와 한계를 분명히 해야 한다. 교사의 신념, 교육철학, 교실 규율의 형태, 부모 또는 학생과의 가장 기억에 남는 일 등을 알아야 한다. 효과적인 학교사회복지 자문은 학생의 독특한 요구에 대한 교사의 민감성(sensitivity)을 증가시키고 긍정적인 반응을 보이도록 돕는 것이다. 교사의 기술을 개선하도록 돕고 학생에 대해 더 깊이 있게 이해할 수 있도록 도와야 한다(Gianesin, 2006 : 182).

2) 교장과 행정가에 대한 자문

학교행정가를 위한 자문은 정책 차원으로의 변화를 만들 때 효과적인 수단이다. 교장은 학교의 리더로서 혁신적 실천의 채택에 있어 가장 중요한 사람으로서 학교문화와 분위기에 많은 영향을 미친다. 자문서비스에 대한 교장의 태도는 교사와 다른 직원에게 가장 큰 영향을 미칠 수 있기 때문에 자문과정에서 최초의 단계는 학교행정가로부터 지지를 얻는 것이다. 교장의 지지 없는 대부분의 자문은 실패할 가능성이 높다. 학교사회복지사는 학교행정가에게 자신들의 노력을 알리고 의사소통 라인을 확보하는 것이 매우 중요하다. 학교 내의 경향을 관찰할 수 있고 주요한 이슈를 드러낼 수 있어야 한다. 비밀보장의 원칙을 깨뜨리지 않고 학교사회복지사의 관찰과 생각을 나눔으로써 문제에 대한 개선을 만들기 위해 행해진 노력들을 교장에게 알리는 것이 중요하다. 성공적인 자문은 설사 피자문가와 자문가의 생각이 다를지라도 그들의 철학을 공유해야 한다.

종종 자문가의 좋은 의도에도 불구하고 피자문가가 개입에 저항(resistance)할 때도 있다(Gianesin, 2006 : 188). 교사들이 스스로 자문을 요청한 것이 아닐 경우 자문에 저항할 수 있다. 이 외에도 비밀보장, 신뢰, 자문의 충실도 여부 등이 저항에 작용할 수 있다. 학교사회복지사는 피면접자와 자문의 성격에 관련해, 그들의 불안과 주저에 대해 이야기를 나누어야 한다. 저항을 피하는 가장 최선의 방법은 참여자의 역할을 분명히 하고 계속 진행할지 안 할지 여부에 자유로운 선택을 허락하는 것이다. 신뢰와 라포를 형성하는 것이 자문과정에서 가장 중요한 단계 중의 하나이다(Gianesin, 2006 : 190). 그 외 저항을 다루는 전략은 〈표 19-5〉와 같다.

〈표 19-5〉 피자문가의 저항의 원인을 분명히 하기

다음의 예는 피자문가의 저항을 다루는 자문가의 개입을 나타낸 것이다.

〈상황 1〉 : 수동적 공격성–"너무 바빠서 잊어버렸다"
자문가 : 당신과 내가 만난 지난 두 번, 당신은 우리가 이야기하는 새로운 기술에 대해 배우고자 관심을 나타냈다. 나는 당신이 바쁘다는 것을 인정할 수 있고 공감할 수 있다. 당신은 학급교사로서 많은 일을 책임지고 있다. 당신은 어떤 제안을 실행할지 않았던 것에 대해 매우 미안해하였다. 당신이 우리에게 왜 우리의 전략을 실행할 수 없는지에 대해 이야기할 때, 나는 당신이 다소 격앙되어 있었다고 느꼈다. 이 문제에 대해 함께 일하는 것에 대해 당신이 어떻게 느끼고 있는지에 대해 우리가 좀 더 이야기할 수 있을까?

〈상황 2〉 : "교장 때문에 어쩔 수 없었다"
자문가 : 나는 우리가 마지막 이야기한 것을 안다. 당신은 교장이 존에 대한 최초의 의뢰를 한 것에 대해 다소 화가 나 있었다. 나는 당신 자신이 이 상황을 다룰 수 있었다는 것을 당신이 믿을 때, 교장이 당신이 외부 도움을 필요로 한다고 생각한 것에 당신이 화가 나 있는지 궁금하다. 나는 만약 당신이 원하고 부가적인 투입을 필요로 한다는 것 모두를 동의할 수 있을 때 당신에게 도움을 줄 수 있다. 물론 나는 모든 대답을 가지고 있지 않다. 그러나 나는 다른 관점에서 존의 문제를 접근할 수 있다고 생각한다. 당신은 이 점에 대해 관심이 있는가?

〈상황 3〉 : "예, 그러나" 형태의 저항
자문가 : 나는 지금 다소 혼란감을 느낀다. 지난 몇 분간을 통해, 나는 당신이 동의하는 것 같은 여러 가지 제안을 주고 있었다. 내가 그것을 어떤 장소에서 어떻게 실행할지에 대해 이야기하려고 할 때 당신은 '그러나'라는 생각을 갖는 것 같았다. 내가 놓치고 있는 어떤 것이 있는가? 내가 이해할 수 있도록 도움을 주면 좋겠다.

출처 : Gianesin(2006), p. 192.

학교사회복지사는 교사와 행정가와 자문적 관계에 들어가기 전에, 몇 가지 함정을 인식해야 한다. 교사나 행정가가 자문을 요청할 때 숨겨진 의제(agenda)를 가질 수 있다. Erchul과 Martens(1997)에 따르면 교사는 문제해결에서 도움을 찾기보다, 실제 학생, 행정가, 다른 교사와의 갈등에서 자기 편을 찾기 위해 자문을 원하는 경우도 있다고 한다. 또는 교사는 자문을 원하지만, 학생이 모든 변화를 시작해야 한다고 생각하기 때문에 1차적으로 자신의 변화를 흔쾌히 받아들이지 않을 수 있고 교사의 직업적 문제보다는 개인적 문제해결을 목적으로 도움을 필요로 할 수도 있다.

또 다른 함정으로는 교사가 학교사회복지사로 하여금 특정 교사에 대해 감시(spy)하고 그 교사의 수행에 대해 다시 자신에게 이야기하도록 원할 수 있다. 만약 학교사회복지사가 교사의 자문 요청에 숨겨진 의제가 있다고 판단되면, 그는 자문의 진행에 앞서 교사 또는 행정가에게 무엇이 자문이고 자문에 해당되는 않는 것은 무엇인지에 대해 알도록 해야 한다. 본질적으로 학교사회복지사는 관련된 사람들에게 자문이란 사적인 문제보다는 업무와 관련된 문제에 초점을 두는 것이며 자문가는 피자문가에 대해 공식적 권위(formal authority) 또는 행정적 책임을 가지지 않는다는 것을 분명히 이해하도록 해야 한다(Dupper, 2002 : 175-176).

3) 부모 및 가족에 대한 자문

부모에 대한 자문은 학생에 대한 성공적인 지원을 위해 생산적이고 긍정적일 수 있다. 특히 자문가의 초기단계에서 부모와의 관계 형성은 매우 중요하다. 학교사회복지사가 부모와 아동에 대해 이야기함에 있어서는 아동이 부모 자아의 연장이라는 것을 알아야 한다. 학교사회복지사는 먼저 아동의 좋은 점을 이야기하고 자신이 아동에 대해 관심을 가지고 있으며 아동을 돕기 위해 부모의 도움을 원한다는 것을 보임으로써 부모와 합류하는 것이 필요하다. 효과적인 자문을 위해서 학교사회복지사는 아동의 문제에 돕고자 하는 뜻을 분명히 전달하고 부모로 하여금 그들의 도움이 중요하다는 것을 알게 하는 것이 중요하다(Gianesin, 2006 : 189). 학교와 관련된 이슈에 대해 부모와 작업하는데 필요한 지침은 〈표 19-6〉과 같다.

〈표 19-6〉 부모에 대한 자문 전략

- 아동이 성공적인 학교생활을 하도록 돕기 위해 당신이 무엇을 할 수 있는지에 초점을 맞추어라. - 긍정적이고 부모로 하여금 당신이 그들의 자녀에 대해 진심으로 걱정한다는 것을 알게 하라. - 부모에게 그들이 자문과정을 얼마나 중요하게 생각하는지를 이야기하라. - 상호 편리한 시간과 장소에서, 그들 부모의 수준에 맞추어 이야기하라. 당신의 생각을 처음에 제시하라. 그들의 견해를 구하고, 계획을 함께 세워라. - 부모가 하는 말과 하지 않는 말, 비언어적인 면에 주목하라. - 해석을 하지 마라. 주의를 기울이고 관심 있게 들어라. - yes 또는 no의 질문보다는 개방형 질문을 하라. - 신뢰와 라포를 개발하는 데 시간이 걸린다는 것을 인식하라. - 모임과 당신의 이해를 요약하라. - 당신이 만든 어떤 약속도 지켜라. - 부모에게 당신의 행동계획의 성공 또는 실패를 알게 하라.

출처 : Gianesin(2006), p. 189.

4. 학교팀과 효과적인 협력

대부분의 학교에서는 학생의 학업성취 및 학교생활 적응을 돕기 위해 다양한 팀이 운영되고 있다. 하나의 문제를 가진 학생이라고 생각되더라도 심층적으로 이해하다 보면 여러 가지 문제가 복합적으로 연결되어 있는 경우가 있다. 예를 들어, 행동문제를 가지고 있는 학생은 학업문제, 정신건강문제, 가정문제, 빈곤문제 등 여러 가지 문제에 노출되는 경우가 많다. 이런 경우 이와 관련된 전문지식과 기술을 가진 전문가들이 협력하는 것이 중요하다. 이들 팀에는 학교사회복지사, 학교상담사, 언어치료사, 교사, 보건교사, 행정가 등이 포함될 수 있다. 예를 들어, 정서 및 행동장애를 가진 학생을 위한 문제해결팀이 가동되는 경우 동기강화상담 모델에 근거해서 다음과 같이 개입할 수 있다.

동기강화상담 모델에 근거한 학교기반 문제해결팀의 개입과정

1. 효과적인 팀 구축

6~8명의 학교직원으로 구성한다. 여기에는 학교심리학자, 학교사회복지사, 특수교육전문가, 일반교사, 행정가 등 학생의 문제행동과 관련된 각 영역의 전문가들이 포함될 수 있다.

2. 가족 자문관 지정하기

학생의 문제해결을 위해 가족의 도움은 무엇보다 중요하다. 따라서 가족구성원을 지원 계획 과정에 참여시키기 위한 전략으로 팀의 하위그룹에 가족자문관으로 선정할 수 있다. 이 하위그룹은 2명으로 구성하는 것이 좋다. 주로 학교사회복지사가 이 업무에 포함된다. 2명 중 한 명은 부모와 연락하고 가족회의를 주제하고 다른 한 명은 학생을 만나는 것을 주로 한다.

3. 계획하기에 가족 포함하기

학생에 대한 계획을 수립하기 위해서는 무엇보다도 가족의 욕구와 의견을 반영하고 이를 계획에 포함시키는 것이 중요하다. 가족 자문관은 전화나 방문 등의 방법으로 인테이크를 하면서 부모의 욕구와 목표를 확인하고 이러한 욕구와 목표를 학교기반 문제해결팀이 어떻게 돕고 지원할 수 있는지 파악한다. 또한 첫 회의 이전에 참여에 방해가 되는 장애물을 평가하고 그것을 극복하려는 계획을 세워야 한다.

4. 가족과 학교 간의 긍정적 기대 세우기

학생문제로 문제해결팀이 구성될 경우 일반적으로는 이미 학교와 보호자 사이에는 일련의 상호작용이 있는 경우가 많다. 이 경우 학교와 보호자 간의 이전 경험이 어떠했는지는 이후 문제해결팀과의 관계에도 많은 영향을 미친다. 예를 들어, 부모들은 자녀의 어려움을 학교 탓으로 돌릴 수 있고 교사들은 부모가 비협조적이라고 느낄 수도 있다. 이러한 경험과 생각은 학생들을 위한 협력적이고 효과적인 계획을 세우는 데 심각한 방해가 될 수 있다. 따라서 가족 자문관은 가족과 학교 직원 간의 긍정적 기대를 만들 수 있도록 노력해야 한다. 가족 자문관은 학생이 가정과 학교에서 성공적인 경험을 할 수 있도록 지원하는 협력자가 되어야 한다. 따라서 가족을 대변하여 문제해결팀에게 정보를 전달하는 협력자이자 대변인이 된다. 학교와 가정 사이에 있었던 과거 갈등의 개선을 돕고자 가족자문관은 가족의 장점을 확인하여 학교의 관련 직원들과 적절한 정보만을 공유한다. 추가적으로 자녀와 함께 일하는 교사들과 학교직원들의 강점에 대한 정보를 가족들에게 전달한다. 가족 자문관은 교사와 행정가에게 학생의 가족이 학생을 돕는 일에 얼마나 기꺼이 참여하고자 하는지 알려줄 수 있다.

5. 정보 모으기

정보는 학교와 가정 두 곳에서 수집되어야 한다. 가족자문관은 부모와 학생에게 정보를 모으고 학교기반팀은 교사 및 관련된 학교직원들에게 정보를 모은다. 가족자문관은 전화, 가정방문, 면담 등을 통해 부모와 학생의 정보를 취합할 수 있고 학교기반팀은 교사 및 관련된 학교 직원들에게 관찰, 관련 인터뷰, 평가를 실시해서 정보를 모은다. 그 외 기존 학교에서 가지고 있는 여러 심리교육적 평가 자료 등 관련 정보를 활용한다. 단, 가족에게 정보공유에 대한 허락을 사전에 받아야 한다.

6. 가족과 학교직원 간의 회의 준비

이 회의의 목적은 가정과 학교에서 학생을 돕기 위한 계획을 발전시키고 마무리하기 위한 지원 팀을 만드는 것이다. 회의준비에서 고려해야 할 상황이다. 첫째, 가족이나 학교직원 간의 회의에서는 다른 사람에 대한 부정적 대화는 피하고 긍정적인 관점을 세워야 한다. 예를 들어, 부모는 학교가 태만하거나 자녀를 차별한다고 비난할지도 모른다. 교사들은 아동이 고의적으로 반항적인 행동을 한다고 설명하고 그 아동과 가족의 상황은 희망이 없다고 믿을 수도 있다. 이런 경우 어떤 방법으로도 동의하는 태도는 피해야 한다. 또한 이에 대한 장황한 대화는 삼간다. 반대로 공감과 관심을 보여주는 반영적 경청을 통해 그러한 관점을 인정할 수 있다(예 학교에서 당신 자녀를 지원해 주지 않는다고 느껴지는 것은 정말 절망스럽겠네요). 중요한 것은 당신의 생각과 그런 표현을 하는 사람들의 믿음을 뚜렷이 구분해야 한다. 가족과 학교 교직원 간에 성공적인 파트너십을 촉진하는 것이 중요하다.

둘째, 참석자들을 고려하여 시간과 장소를 준비한다. 회의 전에 전화나 이메일로 회의를 상기시키는 메시지를 보내고 회의 일정과 안건을 배포한다. 회의 전 좌석배치도 미리 고려해야 한다. 특히 회의 전 부모를 준비시키는 것도 도움이 된다. 구체적인 목표를 확인하고 회의가 어떻게 진행될지 알리고 이야기하고 싶은 질문이나 관심사를 적도록 하고 역할극을 통해 그들의 관심사와 아이디어를 효과적으로 표현할 수 있는 자신감을 더 많이 갖도록 돕는다.

7. 회의 진행하기

첫째, 참여자들을 환영하는 것으로 회의를 시작한다. 둘째, 참석자들에게 자신을 소개해 달라고 요청한 후 회의의 개관을 알리고 일정을 안내한다. 셋째, 회의의 기본 원칙을 소개하고 동의를 구한다. 즉, 한 번에 한 사람만 말한다. 모든 사람은 자신의 견해를 가질 권리가 있다. 비난하지 않는다. 주제와 관련 없는 대화는 피한다. 불평에 집중하기보다 문제해결에 초점을 유지한다. 넷째, 모든 사람들의 참여를 독려하고 그들을 계속적으로 살피면서 계속 이야기를 이어나가도록 만든다. 다섯째, 갈등관리이다. 회의가 진행되는 동안 한 참석자가 다른 사람들에게 언어 공격을 당하거나 곤경에 처하게 된다면 언제라도 즉시 개입하여 긴장을 풀고 안건과 목표에 집중하도록 방향을 전환한다. 갈등이나 논쟁이 발생할 때 경청하고 방어적 행동을 줄일 수 있도록 존중하고 공감한다. 양쪽의 의견을 명확히 하고 두 의견 간의 공통점을 명확히 한다. 비난을 허용하지 않고 모두에게 이로운 해결책을 향해 노력한다.

8. 회의 종결하기

회의가 곧 끝날 것이라고 공지하고 (15분 전이나 끝나기 바로 전에) 아직 언급되지 않았지만 회의에서 반드시 검토해야 할 주제가 있는지 확인한다. 달성된 것과 이루어져야 하는 것(언제, 누구에 의해서)을 요약하고 행동계획을 기록한다. 회의과정에 대한 참석자들의 피드백을 요청하고 모든 사람들에게 시간을 내어 참석해 준 것에 감사를 표하고 필요하다면 다음 회의 일정을 잡는다.

출처 : 신성만 외(2015), pp. 238-251.

CHAPTER 20

지역사회 및 정책에 대한 개입

1. 학교사회복지에 있어 지역사회 및 거시적 차원이 갖는 중요성

사회복지전문직의 가치는 사회복지사가 단지 개인 학생과 가족뿐만 아니라 모든 아동에게 동등한 교육적 기회를 막는 억압된 체계에 개입하도록 한다. 사회복지사는 정책과 제도를 변화시키고 사람들이 자신들의 기본적 니드를 충족시키고 잠재력을 발휘할 수 있도록 교육하고, 임파워링시키고, 자원과 서비스에 동등하게 접근하도록 보장하는 데 초점을 둔 정치적 활동 쪽으로 지향되어야 한다. 마찬가지로 학교사회복지사는 빈곤, 문맹, 직업훈련, 고용, 지역사회개발 등 주요한 정책 이슈에 관심을 가져야 하며 빈곤, 홈리스, 범죄율, 환경적 위험 등에 대한 국가 및 지방정책의 영향에 주목해야 한다. 이들 상황에의 노출이 학생의 학업적 성취 및 성공적인 학교생활에 상당한 위험요인이 된다는 것은 이미 잘 알려진 사실이다.

학교사회복지사는 아동의 학습에 장애를 초래할 수 있는 환경적 문제와 다른 체계적 문제를 다루기 위해 정책 차원에 개입해야 한다. 불행히도 일부 학교사회복지사는 정책 차원에 대해 관심이 덜 하기도 한다. 역사적으로 사회복지전문직이 거시적 접근보다는 직접적·대인적 실천을 강조해 왔기 때문에 학교사회복지사들이 정책을 만들거나 변화시키는 것과 관련한 지식과 기술에서 제한적일 수 있다. 미국사회복지교육협의회가 1994년에 임파워먼트와 옹호기술에 대한 강조를 위해 학교사회복지사의 커리큘럼에 정책 부분을 강화하였음에도 불구하고 대부분의 사회복지사들은 거시적 실천 접근과 방법에 대해 익숙지 않고 불편하게 느끼는 경향이 있다(Wilson, 2006 : 66-79).

Clancy(1995)는 공공학교에서 임상지향인 학교사회복지의 한계에 대해 주목하였다. "만약 학교사회복지사의 실천이 학생과 가족의 상담과 치료에만 초점을 둔다면, 그들의 실천은 미시적 체계 내에서 문제의 초점을 정의하기 때문에 클라이언트의 사회적 지위를 그대로 유지하는 경향이 있다. 이러한 접근은 근본적으로 학생과 가족이 무언가 결핍된 것으로 간주하고 있으나 실제 도시 학교공동체에서의 중요한 문제는 제도화된 인종주의, 빈곤, 이들 상황이 만든 거대한 사회적 문제인 경우가 많다. 비록 학교사회복지사가 미시적 개입을 통해 학생과 가족의 즉각적인 욕구를 다룬다고 해도, 거대한 사회문제가 무시된다면 학교사회복지사는 억압된 개인을 막고 사회 지배계층을 보호하는 문지기로 전락할 위험이 있다(Wilson, 2006 : 66-79)".

사회복지실천에서 거시적 실천(macro practice)이란 전반적인 사회에 개선과 변화를 초래하는 데 초점을 두는 것이다. 이것에는 정치적 행동, 지역사회행동, 지역사회조직, 공공교육, 캠페인, 사회서비스기관 중심의 행정 또는 공공복지부서 중심의 행정 등이 포함된다. 특히 공공교육정책과 입법은 중요한 거시적 실천(macro practice)의 부분이다. 정책분석과 입법 활동의 분야에서 전문직 조직들은 개별적 학교사회복지사가 전문직 규범, 공공교육, 아동의 복지에 영향을 미치는 사회상황을 이해하고 반응하도록 돕는 자원을 가진다.

지금까지 학교사회복지는 지역사회와 조직적 사회복지와 같은 거시적 실천(macro practice)에는 관심을 덜 집중해 왔다. 학교–가정–지역사회 연계자로서 학교사회복지사의 역할은 이미 지역사회와 조직활동(community and organizational work)에서의 역할과 일치된다. 과거 몇 년간, 거시 사회복지실천은 지역사회와 조직적 활동의 중요성을 강조하였고, 지역사회 성원의 장점을 인식하고 근린사회와 지역사회를 재구축하는 데 초점을 두었다. 학교에 대한 부모의 참여와 지역사회 지지와 더불어 거시적 실천은 학생의 교육성취에 중요하게 영향을 미치는 것으로 학교사회복지사에게 새로운 중요성을 가진다. 거시적 실천방법을 충분히 이해하는 사회복지사는 학교와 지역사회에 영향을 미치는 중요한 사람(stakeholder)과의 관계를 확립하고 강화할 수 있다(Wilson, 2006 : 68-69).

사회복지는 사회정의를 추구하며 이는 사회복지사의 중요한 가치이기도 하다. Horejsi (2002)는 사회복지사에게 중요한 두 가지 형태의 정의, 즉 경제적 정의와 사회적 정의를 설명하였다. 그에 따르면 경제적 정의(분배적 정의)가 물질적 자원과 경제적 기회와 부담의 공정한 할당을 의미한다면 사회정의는 사회적·제도적 구조의 공정성과 도덕적 진실성이라고 하였다. 또한 그는 사회적 비정의(injustice)와 경제적 비정의를 법 규정, 정부, 법인정책과 사회규범과 같은 사회 및 경제시스템에서 뿌리 깊게 박힌 기본적인 불공평 및 착취, 억압, 차별들의 형태라고 정의하였다. 학생에게 동등한 교육기회의 접근이 거부된다는 것은 사회적 정의에 반하는 것이다. 공공학교 체계가 학생에게 적절한 교육적 자원과 기회를 제공하지 않을 때, 어떤 학생들은 생계를 위한 고용확보를 위해 필요한 교육과 기술을 습득하지 못하고 학교를 떠나게 되고 결국 저임금으로 인해 빈곤의 악순환이 되기 쉽다(Wilson, 2006 : 68-69).

2. 거시적 사회복지실천 방법

거시적 사회복지실천(macro social work practice)은 세 가지 주요 과업이 있다. 첫째, 필요한 자원의 이용 가능성과 접근을 통제하는 사회경제적 시스템을 변화시키는 것이며, 둘째, 필요하지만 이용할 수 없는 자원을 개발하는 것이며, 셋째, 클라이언트로 하여금 시민과 경제적 권리를 발휘하도록 지지하는 것이다. 거시적 사회복지실천은 지역사회(community), 조직(organizational), 사회/지구적(societal/global) 세 가지 다른 차원에서 행해진다(Wilson, 2006 : 70-78).

1) 지역사회복지실천

지역사회복지실천(community social work)은 변화를 위한 집단적 힘을 구축・사용하고, 지역사회의 욕구를 구체시하고 다루기 위해 집단성원 간의 결속감을 강화시키는 데 초점을 둔다. 지역사회복지사는 빈곤한 지역주민의 삶의 질을 개선하기 위한 변화를 위해 일하고, 지역집단이 욕구를 가진 사람들에게 서비스를 이용할 수 있도록 보장하기 위한 계획을 개발하고 실행하도록 돕는다. 이들 집단은 사회정책을 개발하고 사회서비스를 제공하기 위한 일련의 활동계획을 충족시켜야 한다. 또한 지역사회사회복지사는 근린 지역사회조직이 서로 협력하도록 돕고 더불어 시스템 변화에 영향을 미치고 정치적 힘을 얻기 위해 광의의 권력구조에 도전하도록 돕는다.

지역사회에서 일하기를 희망하는 학교사회복지사는 지역이 어떻게 작동되는지를 이해할 필요가 있다. 또한 지역사회 효능과 교육적 성과가 어떤 관련성이 있는지를 이해해야 한다. 이미 많은 선행연구에서는 빈곤, 지역사회해체, 학교실패의 위험 간의 관계에 대해 보고하고 있다. 예를 들어, Nash(2002)는 근린지역 비공식적 사회통제, 학교행동, 출석, 학교실패의 위험 등이 상호 관련성이 있다는 것을 발견하였다. 그에 따르면 학교가 안전하고 결속감을 주는 환경이라는 느낌, 즉 학교 응집력(coherence)은 교육적 행동(educational behavior)과 강한 관련성을 갖는 것으로 보고하였다. 그러나 학교응집력의 수준은 근린지역 사회통제의 정도에 의해 영향을 받고, 그것은 비행과 부정적 또래문화에 의해 부정적으로 영향을 받는 것으로 나타났다. 결론적으로 그는 성공적인 학교적응을 위해서는 근린지역주민이 목표에 대한 합의를 도달하도록 하고 근린지역 사회통제에 영향을 미치는 전략을 개발하도록 하는 것이 필요하다고 주장하였다. 이러한 Nash의 주장을 학교사회복지에 적용해 본다면 학교 및 지역교육구는 지역사회의 일부이며 학교는 지역사회를 구성하는 기업가, 전문가 집단뿐 아니라 근린지역주민과 접촉을 하는 것이 필요하다. 일반적으로 학교사회복지사는 학교 체계에서 지역사회 아웃리치를 할 수 있는 기술을 가진 유일한 전문가이다. 학교사회복지사를 비롯한 학교와 지역사회주민 간의 관계는 협력적이고 상호 호혜적이고 강점에 기반하여야 한다.

학교사회복지사는 지역사회실천을 하기 위해 세 가지 이슈를 다루어야 한다(Wilson, 2006 : 71-72). 첫째, 학교사회복지사는 자신들의 역할에 정규적인 지역사회 아웃리치(outreach)가 포함될 수 있도록 옹호해야 한다. 지역사회 효능과 교육적 성과 간의 관계에 대해 학교행정가를 이해시키는 것은 학교사회복지사의 목표를 달성시키는 데 도움이 된다.

둘째, 학교사회복지사는 니드를 구체시하고 목표를 세우고 지역사회 효능을 개선하기 위해 사회변화 과정을 실천함에 있어 충분한 파트너가 되도록 청소년과 가족의 권리를 존중하여야 한다. 예를 들어, 학교사회복지사는 청소년을 유능한 지역사회 형성가(builder)로 간주해야 한다. 저소득, 다문화가정 청소년들에게 의사결정, 프로그램 개발, 지역사회 변화를 이끄는 일에 포함되는 기회를 주는 것은 그들로 하여금 인생에서 긍정적 진전을 이끌 수 있는 성장과 방향을 경험하게 한다. 또한 학교사회복지사는 아동과 가족을 위한 성공적인 프로그램들이 계속 유지될 수 있도록 정책 옹호에 부모가 참여할 수 있도록 격려해야 한다. 예를 들면, 조기 아동기 개입(early childhood intervention)과 방과후 프로그램과 청소년발달 프로그램이 해당된다. 가족-학교-지역사회 참여를 위해서는 청소년들이 지역사회청소년위원회와 또래법정을 통해 또래에 대한 지지를 제공하도록 돕고, 부모에게는 가정교사(tutor)와 가족지지 워커로서 일하거나 학교위원회와 교과과정위원회에서 일하도록 돕고, 부모와 청소년이 지역사회 비영리기관위원회에서 일하도록 도와야 한다.

셋째, 학교사회복지사는 행정가로 하여금 학교 및 교육구가 지역사회 계획과 발달에 파트너십 역할을 수용하고, 지역사회주민과 힘을 공유할 필요가 있다는 것을 이해하도록 도와야 한다. 설사 지역사회와의 모임을 학교에서 개최한다고 해도 학교체계가 그들의 입장을 강요하거나, 상하 위계적 지배구조를 유지하거나, 통제해서는 안 된다. 학교사회복지사는 전통적 미시적 실천역할을 초월해서 조직적 그리고 사회 변화 차원에서 학교와 이들 체계 간의 협력적 노력을 이끌어야 한다. 학교사회복지사는 〈표 20-1〉에서 제시한 바와 같이 학교와 지역사회와 연결하도록 도울 수 있다.

〈표 20-1〉 학교와 지역사회를 연결하는 방법

- 지역사회주민이 학업성취의 개선과 관련된 니드, 목표, 전략을 토론하도록 한다.
- 방과후 프로그램, 직업개발 프로그램, 건강 및 정신건강 서비스 등과 같이 지역주민들이 필요한 서비스를 구체화하고 개발하도록 돕기 위해 교회, 레크리에이션 센터, 여성지지집단, 경제협회 등 다양한 풀뿌리 지역사회집단과 일할 수 있다.
- 지역사회집단이 범죄를 줄이고 새로운 주거를 위한 자금을 확보하는 것과 같이 지역사회에서 보다 큰 변화를 초래하도록 목표지향적 협력을 형성하도록 한다.

출처 : Wilson(2006), pp. 71-72.

2) 조직적 사회복지

조직적 사회복지사(organizational social worker)는 다양한 방법, 다양한 차원에서 사회복지서비스 또는 정부조직과 일할 수 있어야 한다. 예를 들면, 새로운 조직 또는 프로그램을 주장하고, 서비스 니드와 관심을 가진 사람들과 구체적인 활동을 시작하거나 이미 구축된 조직에서 직원, 재정, 의사결정과 관련된 일을 하거나 조직적 기능을 개선하기 위해 정부적, 사회서비스 또는 법인조직에 자문을 행하기도 한다. 실제 대다수의 학교사회복지사는 행정적 과업을 수행하는 경우가 있지만 행정적 지위에서 학교사회복지사의 역할을 수행하는 사람이 얼마나 되는지는 잘 알려지지 않는다. 미국의 경우에도 학교사회복지사가 어느 정도 정부의 교육부에서 일하거나 지역교육구에서 행정적 위치를 차지하고 일하는지에 대한 통계는 제시되지 않는다. 그러나 그런 위치에 있는 일부 학교사회복지사는 정책과 실천에 영향을 줄 뿐 아니라 학교사회복지사업을 위한 옹호자이기도 하다(Wilson, 2006 : 73-74).

단위학교 및 공공학교체계와 사회복지기관들이 학생의 사회적, 정서적, 교육적 니드를 충족시키기 위해 서로 협력할 때, 전형적인 관료제의 행정적 문제를 경험하게 된다.

교육가와 사회복지사는 아동에 대한 역할 기대 차이와 오해로 인해 서로 적절한 의사소통을 하지 못하거나 이해하지 못하는 경우가 있다. 학교사회복지사는 학교와 지역사회기관과의 의사소통을 개선하고, 잘못된 개념을 바로잡고, 목적, 목표와 책임을 분명히 하고, 역할을 공식화하기 위한 행정적 절차를 바로잡기 위해 학교와 지역사회기관들을 대상으로 자문할 수 있는 기술을 가져야 한다(Wilson, 2006 : 70-78).

3) 사회/지구적 차원

사회 또는 지구적(societal social work) 차원에서 거시적 실천에 참여하는 사회복지사는 사회변화를 위해 공동의 목적을 가지고 정치역학, 정책개발, 사회운동에 포함된다. 학교사회복지학회, 학교사회복지실천가협회 등은 정책분석과 입법옹호에 있어 구성원을 촉진하고 안내하도록 잘 조직화된다. 뉴스레터, 웹사이트, 이메일 등을 통해 공지된 정책 이슈를 성원에게 공지하도록 함으로써 사회정책을 촉진한다. 학교사회복지에 적절한 국가적 입법 이슈에 대한 사회정책 옹호에 개입하고, 성원들에게 정보와 활동을 알리기 위해 의사소통하도록 조직화한다. 학교사회복지학회, 학교사회복지실천가협회와 같은 전문가 조직에 의해 제공되는 정보와 활동 권장(action alert)에도 불구하고 모든 학교사회복지사가 입법적 옹호와 정책 실천에 헌신하는 것은 아니다. 공공 청문회에 참여하거나 사회정책에 개인적 견해를 표현하기 위해 정부기관에 접촉하는 등과 같은 조직적 정치활동에 참여하는 사회복지사는 매우 부족하다. 이는 미국도 마찬가지의 상황으로 어떤 사회복지교육가들은 모든 사회복지사들이 사회정책변화에 더 많은 영향을 미칠 수 있도록 거시 실천기술을 훈련받아야 한다고 제안하였다(Wilson, 2006 : 74-78).

정치적 옹호에서 있어 첫 단계는 특정 차원(학교위원회, 시, 지방 또는 전국 차원) 또는 관심의 영역에서 특정 입법과정에 대한 정보를 알리는 것이다. 지역의 주요 인사와 그들의 직원과 좋은 작업관계를 형성하는 것은 매우 가치 있는 노력이다. 그들은 과정을 모니터링하고, 성공적인 해결을 돕는 데 중요한 역할을 한다. 로비와 입법적 증거(증언, testimony) 제공은 것은 대부분의 학교사회복지사가 접근할 수 있는 두 가지 옹호활동(advocacy activities)이다. 학교사회복지사가 입법을 소개하는 데에 직접 참여하지 않는다고 하더라도 로비를 할 수 있다. 로비는 입법자에게 입법적 프로포절 또는 수정안 또는 프로포절에 대한 지지, 반대, 수정을 위해 그들의 표를 행사하도록 설득하는 노력이다. 학교사회복지사는 자신의 의지에 의해 또는 NASW와 SSWAA와 같은 전문가 집단으로부터의 입법적 경고에 대한 반응으로, 자신의 견해를 표현하고자 입법자 또는 다른 정부 관료에게 로비를 한다(Wilson, 2006 : 74-78).

옹호는 공공 청문회, 예산청문회, 위원회, 기타 다른 모임에서 증거(testimony)를 제시함으로써 클라이언트의 욕구에 대해 입법자에게 알릴 기회이다. 비록 증거(testimony)가 입법자에게 영향을 미치는 최선의 방법으로 간주되지는 않음에도 불구하고 그것은 특정 법안에 대한 이슈를 알리고 관심을 모으는 데 효과적이다. 포럼 발표에서는 의장에게 예의를 표하고 이야기할 기회를 갖게 된 것에 대해 감사를 표현하고, 이슈에 대한 입장을 밝히는 간단한 주장, 간단한 권고(recommendation), 법안으로부터 야기되는 이득이나 해, 제시된 대안 등을 제시한다. 옹호에 있어서는 가능한 한 위원회 성원과의 논쟁을 피하고, 가능한 한 빨리 위원회에 정보를 제공하는 것이 중요하다.

클라이언트가 자신의 목소리로 증언하도록 하고 정치적 과정에 참여하도록 임파워먼트하는 데 도움을 준다. 개인적 경험을 이야기하는 것은 이차적 자료를 제시하는 것보다 더 큰 정서적 영향을 미친다. 위원회 성원으로부터 질문은 종종 적대적이거나 위협적일 수 있기 때문에 클라이언트에게 기대하는 것을 준비하게 하고 어떻게 반응할지에 대해 코치하는 것이 필요하다(Wilson, 2006 : 74-78).

〈표 20-2〉 사회/지구적 차원에서의 개입방법

구 분	방 법
학교사회복지사가 정책형성에 포함되는 방법	– 선거의 후보가 되거나 정치캠페인을 관리하는 것 – 입법활동 – 로비 – 법률단체에 증언을 하는 것 – 소수자 관련법을 위해 입법 조직과 일하는 것 – 현존하는 정책을 분석하고 프로포절(제안서)을 개발하는 것 – 광의의 사회변화운동과 함께 활동가가 되는 것
정책 활동가(policy activist)로서 알아야 할 것	– 법안으로 서면화된 아이디어를 제공하거나 입법가에 의해 지지되도록 한다. – companion 법안이 소개되어야 할지를 결정한다. – 주요한 지지 자원을 구체시하고 그런 다음 그들의 노력을 지지할지를 결정해야 한다. – 적절한 위원회에 입법이 의뢰되도록 한다. – 위원회의 어젠다에 법안을 제시하고 그런 다음 위원회 과정을 거치도록 한다.
성공적인 로비를 위한 제안	– 당신이 전달하기를 원하는 것이 무엇인지를 분명히 하고 아는 것이 중요하다(제기된 법안에 대한 스폰서십, 지지, 반대). – 입법가의 결정 또는 추후조사가 적절할 때, 요청하는 것을 기억하라. – 입법가에게 그들의 지지에 대한 긍정적 피드백을 제공하고 입법이나 정책에 반대하는 사람들과 호의적 접촉을 하라.

증언을 위한 제언	– 관련 정책의 논쟁, 데이터, 연구보고서 요약을 2페이지 정도 준비하고 제안된 정책을 분석한다. – 진술(statement)은 3~4가지 정도로 제안해야 한다. – 진술은 분명하게 서면화하고 첫 면에 가장 중요한 주장거리를 제시하라. – 실제 데이터와 인용출처를 포함하라. – 가능한 한 실생활 사례를 포함하라. – 포럼에 출석하기 전에 구두 발표를 실시하라. – 다른 사람의 증언을 보기 위해 일찍 포럼에 도착하라. – 이야기 전에 위원회 성원에게 서면화된 진술서 복사본을 주어라. – 주장을 나타내는 심볼, 포스터, 슬로건을 가져가라.

출처 : Wilson(2006), pp. 74-78.

3. 학교사회복지사의 개입

1) 문화적 유능성

학교사회복지사가 지역사회개발, 정책분석, 입법 옹호에서 협력을 하는 것 등과 같이 소수집단의 관심을 위하여 일하기 위해서는 문화적으로 유능한(competent) 실천이 필요하다. 거시적 사회복지실천은 소수집단과 권리가 빼앗긴 집단의 권리를 강조하여 그들의 문화와 유산을 유지하고, 억압과 차별에 대한 그들의 경험을 해석하고, 그들의 목소리를 듣고, 그들의 능력과 강점을 존중하는 것이 중요하다.

문화적으로 유능한(competent) 사회복지실천을 위해서는 먼저 자신의 문화적 가치와 영향력에 대한 자기 지각(self-awareness)을 인식하고 다음으로 특정 집단에 대한 다문화적 지식-역사, 전통, 가치, 다른 사람과 관계하는 방법, 언어적·비언어적 의사소통 패턴, 가족구조, 성역할, 종교적 신념, 대처 메커니즘, 지배적 문화에 대한 적응 경험, 트라우마 경험(trauma)을 알아야 한다. 다양한 집단의 문화적 특성을 인식함에 있어서는 집단 내 차이와 개인적 권리를 인식하여 개인의 독특한 정체성을 정의하고 문화적, 상황적 범주 내에서 행동을 해석하고 편견을 피하는 것이 중요하다. 학교사회복지사는 학교교사와 교직원이 다양성을 이해하고 존중할 수 있도록 돕기 위해 옹호하고 이들을 위한 지속적인 교육적, 훈련 프로그램을 실행함으로써 문화적 유능성 규범을 충족시키는 데 중요한 역할을 행할 수 있다(Wilson, 2006 : 69-70).

2) 클라이언트체계와 파트너십 구축

사회복지사는 위계적 전문가 관점에서 탈피하여, 클라이언트와 파트너십 관계를 강조하고 있고 클라이언트와 힘과 의사결정을 공유하는 것을 강조해 왔다. 문제는 학교가 견고한 관료적 성격이 강하며 위에서 아래로의 위계적 힘의 구조를 바꾸는 데 어려울 수 있다는 것이다(Wilson, 2006 : 66-79). 그럼에도 불구하고 학교사회복지사는 클라이언트체계와 파트너십을 구축하기 위해 노력해야 한다.

3) 거시적 실천을 위한 전문성 구축

아동의 교육적 성취에 있어 거시체계 개입의 효과성을 증명할 필요가 있다. 이것은 장기간의 과정인데, 이를 위해서는 질적 연구, 활동연구, 사례연구를 통해 거시적 실천관련 경험적 자료를 축적하는 것이 필요하다. 만약 거시체계 사회복지실천개입(macro system social work)이 학생 학년, 시험성적, 출석, 또 다른 교육적 지표에 효과를 가진다는 것을 보일 수 있다면, 학교는 지역사회활동에 더 많은 관심을 갖게 될 것이고, 학교사회복지사는 상담실 밖 지역사회와 일하는 데 더 많은 관심을 갖게 될 것이다. 학교사회복지사가 연구기술이 더 탁월할 수 있도록 훈련시키고, 더 나아가 개입방법을 문서화하기 위해 대학에만 단지 의존하는 것을 피하도록 하는 것이 더 필요하다(Wilson, 2006 : 66-79).

거시적 실천에 개입하기 위한 학교사회복지사의 능력은 학교체계와 협상할 힘을 어느 정도 가지고 있느냐에 따른다. 공공학교에서 사회복지책임은 법과 규정뿐 아니라 교육부에 의해 마련된 지침에 의해서도 규정된다. 그것은 지역구에 따라 다양할 수 있으며, 심지어는 개별 학교 내에서도 행정가가 어느 정도 학교사회복지사를 이해하고 가치를 부여하고 자율권을 주는가에 따라 다르다. 항상 학교사회복지사는 전문가 조직을 통해 입법적 옹호에 참여할 수 있다. 이것은 민중의 조직화, 행정적 책임, 정책분석, 공공교육 체계 내와 정부제도권 내에서 사회행동(social action) 방법 등을 포함한다(Wilson, 2006 : 66-79).

4) 지역협력자로서 역할

학교가 직면하는 복잡한 걱정거리를 다루기 위해 학교사회복지사와 다른 학생서비스 전문가들은 학교-지역사회 주도(school-community initiatives)의 개발과 실행을 옹호해야 한다. 학교와 지역사회에서 이들 조정과 협력을 촉진하고 강화하기 위해 포함되는 학교사회복지사의 역할을 확대하기 위한 메커니즘은 자원조정팀(resource coordinating team)이다. 이 팀은 학교사회복지사, 학교심리학자, 학교카운슬러, 간호사, 중퇴 상담자, 건강교육가, 특별교육직원, 방과후 프로그램 직원, 학교행정가, 학급교사, 부모들로 구성된다. 개입지원 프로그램(IAPs)과 교사지원팀(TATs)은 특별한 케이스에 초점을 두는 데 반해, 자원조정팀(resource coordinating team)은 서비스 전달과 관련된 체계적 이슈를 위한 책임을 진다. 예를 들어, 이들 팀은 효과적으로 프로그램을 관리하기 위한 서비스 전달체계와 절차를 증진시키는 데 책임을 가지고, 학교교육구와 지역사회에서 자원을 어떻게 조직화하고 확대할지 탐색한다(Dupper, 2002 : 187-189).

5) 학교-지역사회 협력 구축을 위한 도전

학교사회복지사는 학교-지역사회 협력의 구축에 있어 지역사회에서 자원의 범위가 그들이 자주 접하는 서비스기관과 지역사회 조직보다 더 광범위하다는 것을 인식해야 한다. 지역사회 자원은 학교가 속해 있는 지역자원뿐 아니라 다른 지역사회자원도 포함된다. 예를 들면, 기업, 도서관, 공원, 청소년, 종교 및 시민단체, 레크리에이션, 학습, 지지를 위해 사용될 수 있는 어떤 시설 등이 포함된다.

학교-지역사회 협력에 있어 주도권을 가지고 개발, 실행함에 있어 리더 역할을 수행하는 학교사회복지사에 대한 필요성은 인종적으로 다양하고 빈곤지역 및 학교에서 가장 크다. 여러 가지 사회·문화적 장벽과 사회적 계층 간 차이점은 학교직원, 부모, 다른 지역사회성원 간에 협력적 관계의 발달을 방해할 수 있다. 이들 장벽들에는 이민가족의 언어적 장애, 문화적 시설, 도서관, 레크리에이션 활동에 있어 접근성의 제한, 빈곤지역의 집중화 등이 포함된다. 그 외에도 도시 부모와 학교교직원 간에 오랜 역사동안 지속된 부정적인 관계, 불신, 오해 등도 장애요인이다. 많은 도시 부모들은 그들 자신의 부정적 경험으로 인해, 또는 부모로서 그들에 대해 가지고 있는 비현실적 기대와 충족되지 않은 기대감 등으로 인해 공공교육에 불신을 가진다.

학교직원들은 외부사람이 학교에 들어오는 것을 주저하기도 하고 지역사회성원으로서 부모와의 관계를 형성하는 것에 모호한 태도를 취하기도 한다. 이러한 이유에는 학교개혁에 대한 일부 부모의 생각이 학교교직원의 생각과 상당한 차이가 있기 때문이다. 예를 들어, 학교교직원의 경우 드러난 문제를 빨리 무마하는 데 초점을 두기 쉬운

데 반해 지역사회성원들은 학교에서 중요한 구조적 변화를 만드는 데 관심을 가질 수 있다. 학교교직원이 부모를 중요한 의사결정의 파트너로 인식하지 않는 경우 적극적이고 동등한 의사결정자로서 부모의 위치를 유지하는 것은 쉽지 않은 문제이다. 학교사회복지사는 학교가 학교에서 부모의 참여를 증진시키기 위한 방법을 개발하는 것을 돕도록 요청될 수 있다. 집단갈등을 다룸에 있어 조정기술과 전문기술을 가진 학교사회복지사는 한편으로는 인종적으로, 경제적으로 다양한 부모집단을 돕고 또 다른 한편으로는 교사를 지원할 수 있다(Dupper, 2002 : 189-192).

6) 학교와 부모와의 접촉 · 증진

학교사회복지사는 인종적으로 다양하고 가난한 부모를 학교에 참여시키고 임파워링시키는 데 중요한 역할을 수행할 수 있다. 이것은 부모를 학급에 초대하는 것, 학급 파티에 음식을 제공하는 것, 학교기금마련 이벤트에 초대하는 것 이상의 다양한 방법을 활용할 수 있다. 인종적으로 다양하고 가난한 부모들의 경우 수동적으로 서비스를 제공받는 입장에서 학교에서 책임 있고 의미 있는 역할을 부여하는 방향으로 전환이 필요하다.

이를 위해 학교사회복지사는 결핍접근(deficit approach)에서 벗어나 임파워먼트, 가족강화 접근으로 전환하는 것이 필요하다. 예를 들어, 임파워먼트, 가족강점 접근의 관점에서는 부모참여가 잘 안 되는 이유를 부모가 변화를 원치 않거나 동기가 부족해서라고 보기보다는 학교와 관련된 부모의 부정적 경험, 학교직원의 민감성 부족 또는 폭력과 같은 지역사회 장애 등 다양한 요인에 의한 것이라고 본다. 상당수의 가난한 부모들은 중류 계층 부모만큼 아동의 학교성취에 대해 관심이 있기 때문에 학교사회복지사는 이런 강점에 근거해서 저임금 부모를 역량강화할 수 있다. 그러나 빈곤과 인종적으로 다양한 부모와 신뢰를 얻기 위한 시도나 상호 존중적 관계에 그들을 참여하도록 노력을 행하기에 앞서, 학교사회복지사는 빈곤과 인종적으로 다양한 부모에 대한 학교사회복지사 자신의 태도와 기대, 다양성 이슈에 대한 자신들의 전체적 민감성을 검토해야 한다(Dupper, 2002 : 192-193).

학교－지역사회 협력에 유망한 프로그램으로는 21세기 학교, Comer－Zigler(CoZi) Initiative, 가족과 학교가 함께, 아동원조단체 지역사회학교(Children's Aid Society Community School), 학교 안에서의 공동체 등이 있다.

21세기 학교(School of the 21st Century) : 1987년 예일대학교의 Edward Zigler에 의해 설립된 21세기 모델은 학교를 아침 일찍부터 저녁 늦게까지 연중 서비스를 제공하는 다중 서비스기관으로 전환한 것이다. 이 모델의 가장 큰 장점은 변동요금 장치(sliding fee scale)와 다른 혁신적 자금전략을 통해 그들의 서비스가 저임금 또는 가족상황에 관계없이 지역에 있는 모든 가족들이 이용할 수 있다는 것이다. 핵심요소는 미취학 아동의 연중 보호, 학교 전(befors-school), 학교 후(after-school), 학령기 아동을 위한 방학기간 보호, 가족을 위한 정보와 의뢰서비스, 지역사회아동보호제공자를 위한 네트워크와 훈련, 정신건강과 서비스 등을 포함한다. 이 모델은 1988년 Missouri Independence에서 시범사업된 이후 17개주의 1,200개 학교에서 본 프로그램을 실시하였고 Connecticut과 Kentucky는 이 모델에 근거하여 주 차원에서 행하였다. 이 모델은 예일대학의 연구센터에서 리더십과 기술지원을 하였다. 프로그램 평가 결과 도시, 농촌, 변두리지역, 상류와 중류, 빈곤지역 모두에게 학생(수학과 읽기에서 점수가 높아짐), 부모(스트레스를 덜 받고, 작업시간을 덜 놓침), 학교(학교 파괴에서 실질적 감소, 부모참여의 증가, 교수실제에서의 변화)에 혜택을 주는 데 동등하게 성공적이었다고 평가된다(Dupper, 2002 : 194-195).

가족과 학교가 함께(Families and School Together) : 가족과 학교가 함께(Families And School Together) 프로그램은 위험에 있는 청소년을 가진 부모의 참여를 증진시키기 위해 모든 가족을 체계적으로 접근하여, 다중 가족집단을 조직화한 것이다. FAST는 저임금의 스트레스가 높고, 소외된 부모를 포함하는 데 성공적으로 나타났다. 이 프로그램의 전체적인 목적은 위기에 있는 청소년들이 가정과 학교에서, 지역사회에서 성공적으로 지낼 수 있도록 돕기 위해 조기 개입하는 것이며, 그 결과 청소년비행, 폭력, 중독, 중도탈락을 포함한 문제에서 벗어나는 것이다. 이 프로그램의 과정은 창조적인 파트너십에 토대를 두고 가족, 학교, 지역사회의 현재의 장점을 이용하는 것이다. 이것은 1988년에 사회복지사 Lynn McDonald에 의해 개발되어 31개 주의 450학교에서 실행되어 왔고 연구 토대, 가족강화, 가족지지, 협력적, 예방/조기 개입 프로그램으로 국가로부터 다양한 상을 받았다. 이 프로그램은 실시되고 있는 다양한 장소에서 평가되어 왔는데, Wisconsin 가족에 대한 평가를 보면 아동의 학급에서의 행동, 가정행동, 가족친밀감, 학교에서의 부모참여, 사회적 소외감의 감소 등에 통계적으로 유의한 개선을 하였다고 보고하였다(Dupper, 2002 : 196).

학교 안에서의 공동체(Communities in Schools) : 이것은 지역사회 내에 기업, 공공과 사적 기관(복지와 건강전문가, 고용카운슬러, 학교사회복지사, 레크리에이션 리더, 지역사회 단체 성원)을 함께 오게 하고 그들을 학교 안에 둔다. CIS 프로그램은 위기에 있는 청소년에게 다음과 같은 토대에 의해 제공하도록 계획되었다. 즉, 모든 아동은 돌보는 사람과 개인적 1대 1 관계를 갖고 배우고 성장할 안전한 장소의 확보 졸업 후 사용 가능한 시장성이 높은 기술, 또래와 지역사회에 다시 돌려줄 기회 등을 필요로 하고 바란다는 것이다. 이 프로그램 평가에서는 학생 659명을 조사한 결과, CIS에 참여하기 이전에 높은 장기결석을 가진 학생의 70%가 출석률이 개선되었고 낮은 성적을 가진 60%가 성적이 향상된 것으로 보고되었다. 또한 대다수의 학생은 프로그램에 대한 높은 만족을 보였다. 1차적으로 학교－지역사회 협력의 목적은 학생의 학업적 성취가 개선되는 것이다. 여기에서는 학생이 좋은 성적을 개선하거나 유지하거나 긍정적 학생행동을 보일 경우 학생에게 특별한 기회를 제공하고, 학생의 학업적 프로그램 증진을 위해 지역 대학과 파트너십을 개발하고, 이력서 쓰기와 인터뷰와 같은 직업준비기술의 제공, 직업지향적 과정 활동과 경험에 초점을 둔 학교 내 학교직업학교를 개별화하여 제공하는 등 다수의 혁신적인 방법을 사용하였다(표 20－3 참고).

〈표 20-3〉 강력한 CIS 지역사회 프로그램의 특성

10개 CIS 프로그램의 사례연구에서 협력적 파트너십, 전략적 계획 효과적 관리실천, 사례관리, 고용훈련, 물질남용 예방, 정신건강서비스, 비행과 폭력예방, 부모참여 등의 예를 기술하였다. 이들 프로그램 연구로부터 얻은 교육은 다음과 같다.

- 지역사회 지지와 다차원적 출처에서 나온 자금의 제공은 지역사회 프로그램의 성공에 결정적이다.
- 지역사회 노력에서 CIS 프로그램 직원의 활발한 참여를 가진 초기, 지속적인 강력한 사적 섹터의 참여는 지속적인 지지와 지각을 일으키는 데 중요하다.
- 열성적이고 훈련된 위원회는 프로그램을 지지하기 위한 자원을 모금하는 데 중요하다.
- 프로그램의 확장 전략, 초점, 기준과 학생참여를 결정하는 것을 포함하는 강력하고 주기적 전략계획과정은 필요한 서비스와 더 밀접한 관련된 프로그램 전략 개발을 지지한다.
- 학교교육구와 교장으로부터 강력한 위에서 아래로의 지지는 CIS가 사회서비스 프로그램을 더하는 것 이상을 할 수 있고 학교 전체 개혁 프로그램을 촉진한다.
- 직원의견조사, 학교관리팀을 도움, 교사를 위한 훈련과 지원을 제공하는 것을 확립함으로써 학교와 좋은 관계를 형성하는 것은 프로그램이 수월하게 작용하도록 돕는다.
- 역할, 책임, 활동상황에 대한 공식적 합의를 통해 성취된 서비스의 통합은 프로그램 성공의 중요한 요소이다.
- 프로그램 파트너십을 강화하기 위해 학교와 서비스 기관의 합의를 통해 CIS에 할당되거나 다시 역할을 받은 스텝은 연합하여 선택 · 평가한다.
- 포괄적인 기록과 기록시스템을 통해 유지된 강력한 통찰력과 책무성은 장으로 하여금 프로그램 개선을 계획하고 실행하게 하고 효과성을 증명한다.
- 계속적인 사례관리는 지역사회 및 가족해체가 높은 지역사회에서의 성공적인 서비스 협력에 특히 중요하다.

출처 : Dupper(2002), p. 200.

참고문헌

강동욱(1999). 학교폭력의 원인에 관한 고찰. 형사정책, 제11호. 한국형사정책학회.

강병철·하경희(2005). 청소년 동성애자의 동성애 관련 특성이 자살 위험성에 미치는 영향. 청소년연구, 12(3), 267-289.

강영삼·이기종·조원호(1997). 청소년의 성에 대한 인지도 조사 및 심층면접조사연구. 교육논총, 국민대교육연구소, 211-212.

강영혜 외(2005). 고교 평준화 정책의 적합성 연구 : 학교교육의 실태와 보완과제. 한국교육개발원 연구보고서.

강점숙·정유석(2006). 부천지역 아동학대 실태 및 교사의 아동학대에 대한 인식도 연구. 사회복지리뷰, 145-166.

강진령 편역(2008). 간편 정신장애진단통계편람. 서울 : 학지사.

공은배(2001). 교육발전을 위한 교육투자 실태분석 및 투자방향 재검토. 교육인적자원부.

교육과학기술부(2010). OECD 교육지표.

교육부(2000). 교육통계편람.

교육부 교육과정정책과(2015). 배움을 즐기는 행복교육. 2015 개정 교육과정이 함께하겠습니다.

교육인적자원부(2004a). 교육복지 증진 및 학교폭력 예방을 위한 사회복지사 활용 연구. 학교운영지침(내부자료).

____________(2004b). 교육복지구현종합방안연구.

____________(2004c). 참여정부교육복지종합계획.

교육인적자원부·한국교육개발원(2005). 교육통계연보.

교육과학기술부(2010). 시·도별 학교단위 무상급식 추진계획.

구인회(2002). 빈곤층의 사회경제적 특성과 빈곤이행 : 경제위기 이후의 시기를 중심으로. 한국사회복지학, 48. 경기 : 나남출판사.

_____(2003). 가족배경이 청소년의 교육성취에 미치는 영향-가족구조와 가족소득 빈곤의 영향을 중심으로. 한국사회복지학회 발표문, 107.

권준모(1999). 국내외 집단따돌림 연구방법의 개관. 경희대학교 교육문제연구소 논문집, 15, 45-56.

권해수·권이종·김동일·허철수·박병훈(2004). 학교밖청소년 길찾기. 한국청소년상담원.

김갑성(2006). 한국내 다문화가정의 자녀교육 실태 조사 연구. 서울교육대학교 대학원 석사학위논문.

김경근(2005). 한국사회 교육격차의 실태 및 결정요인. 교육사회학연구, 15(3).

김광혁(2008). 가족소득의 변화가 아동학대의 변화에 미치는 영향 : 잠재성장모형을 이용하여. 사회과학논총, 24(1), 23-44.

김광혁·김예성(2008). 가족빈곤이 아동학대 및 방임에 영향을 미치는 경로-부모의 우울 및 가족관계의 매개효과를 중심으로-. 한국생활과학지, 17(5), 847-859.

김교성(2002). 소득이전의 빈곤완화 및 빈곤이행 효과에 관한 연구. 한국사회복지학, 48, 113-149. 경기 : 나남출판사.
김기태・류기형・최송식・최인욱・홍봉선・남미애(1996). 부산지역 중・고등학교 중퇴생의 생활과 욕구에 관한 조사연구. 사회복지연구, 6. 부산대학교.
김기환(1997). 학생복지의 실현을 위한 학교사회사업. 한국아동복지학, 4.
_____(1999a). 학생문제에 대한 학생, 부모, 교사의 인식비교. 학교사회사업, 2. 한국학교사회사업학회, 97-100.
_____(1999b). 청소년의 성행위에 대한 고찰. 한국아동복지학. 한국아동복지학회, 198-208.
_____(2002). 학교내 사회복지서비스의 필요성. 학생복지를 위한 학교조직 모형개발 토론회. 학생복지를 위한 학교조직 모형개발 연구모임.
김미경・문자원・서은정・윤점룡・윤치연・이상훈(2006). 정서 및 행동장애아 교육. 서울 : 학지사.
김미환・최윤진・박현주・김경미・홍경선・안정희・조문숙・이숙원(2007). 현장 교육학-교육의 이론과 실제. 서울 : 동문사.
김 민・임선희・양병찬・남미애(2006). 대전광역시 교육복지투자우선지역지원사업 연구・지원 및 평가보고서. 대전광역시교육청 대전시투자우선지역연구지원센터.
김민정(2008). 여자청소년의 사회불안 감소를 위한 인지행동집단치료 프로그램의 개발과 효과. 한국가정관리학회지, 26(2), 13-24.
김범수 외(2007). 다문화복지론. 경기 : 양서원.
김병욱・김인홍・이두휴(1999). 광주, 전남지역 교육복지의 수준분석. 교육사회학연구, 9(3), 59-60.
김상원・이양재・박순정・김수련・송은실(1997). 여고생의 성의식 및 실태조사. 한국성문화연구소.
김선아(2007). 국제결혼 이주여성의 인권 실태와 개선방안. 전북대학교 대학원 석사학위논문.
김성기(2006). 초・중등교육법 연구의 성과와 과제. 교육법학연구, 18(2), 29-47.
김성열(2006a). 지방교육행정체제의 개선 : 쟁점과 대안의 선택. 교육이론과 실천, 16. 경남대학교교육문제연구소, 108-133.
_____(2006b). 학교중심 행정체제의 형성과 변화 : 양상과 성과 그리고 전망. 지방교육경영, 11, 63-90.
김성해・송 순(2001). 아동기 외로움 관련변인 연구. 한국가정관리학회지, 19(6), 77-93.
김수정(2008). 빈곤가정 아동・청소년의 자아탄력성 및 사회적 지지가 임파워먼트에 미치는 영향. 한국아동복지학, 25, 9-37.
김순규(2008). 청소년 자살에 영향을 미치는 위험요인과 보호요인. 정신보건과 사회사업, 29, 66-93.
김순규・이재경(2007). 빈곤청소년의 심리・사회적 적응을 위한 멘토링 프로그램의 효과성 연구. 청소년학연구, 14(5), 75-98.
김신일(1980). 교육연구를 위한 모형으로서의 기능이론과 갈등이론. 교육학연구, 18. 한국교육학회.
김연옥・이상균(1998). 가정・학교・지역사회 연계를 위한 학교사회사업 실천전략. 교육개혁과 학생복지-학교사회사업의 실천방향. 제3회 한국학교사회사업학회 학술대회 자료집.
김영종(2002). 사회복지 조사방법론. 서울 : 학지사.
김영철(2007). 고교 시스템의 개선 방안. 교육정책 쟁점과 과제. 한국교육개발원.
김영한(2006). 특수학교 교사의 아동학대에 관한 인식. 중복지체부자유아교육, 48, 1-13.
김오남(1999). 편모가족의 모자녀관계와 심리적 복지. 한국가족복지학, 4(2), 63-80.
김 용(2004). 학교조직의 표준 운영절차와 학교 교육과정 운영-평준화 지역 공립 일반계 고등학교를 중심으로. 교육과정연구, 22(3), 123-147.

김용태 · 박한샘(1997). 따돌리는 아이들, 따돌림 당하는 아이들. 서울 : 청소년대화의 광장.

김융일 · 조흥식 · 김연옥(2000). 사회복지실천론. 경기 : 나남출판사.

김이경 · 한만길 · 박영숙 · 홍영란 · 백선희(2005). 교원의 직무 수행 실태 분석 및 기준 개발 연구. 한국교육개발원.

김인숙 · 김혜선 · 성정현 · 신은주 · 윤영숙 · 이혜경 · 최선화(2000). 여성복지론. 경기 : 나남출판사.

김정민(2008). 여자청소년의 사회불안 감소를 위한 인지행동집단치료 프로그램의 개발과 효과－2년 추후연구. 한국가정관리학회지, 26(2), 13-23.

김정원(2008). 한국 사회와 교육복지. 2008 교육투자우선지역 지원사업 연수 프로그램 개발을 위한 자료집.

김정원 외(2007). 교육복지투자우선지역지원사업 만족도와 성과분석. 한국교육개발원.

김정원 외(2008). 교육복지투자우선지역지원사업 평가보고서. 한국교육개발원.

김종일(2000). 미국의 노동중심적 복지개혁에서의 노동시장연결 모델과 인간자본개발 모델 비교. 한국사회복지학, 41. 한국사회복지학회.

김종철 · 이종재(1994). 교육행정의 이론과 실제. 경기 : 교육과학사.

김종해 · 남찬섭(2002). 부천시민 욕구조사 결과. 보건복지 기능연계 활성화 시범사업 연구 자료집. 부천시 지역사회복지협의체.

김현수(2002). 외국에서의 학교 위기개입 사례. 학교위기상황발생에 대한 위기개입세미나. 한국학교사회복지학회.

김현주(2008). 청소년 자살위험성에 영향을 미치는 요인. 한국아동복지학, 27, 70-93.

김혜란 감수(2000). 사회복지실천 기법과 지침. 경기 : 나남출판사.

김혜란 · 좌현숙 · 차유림 · 문영주 · 김보미 공역(2006). 사회복지실천과 역량강화. 서울 : 나눔의집.

김혜래(1999). 교육현장에서 바라본 학교복지의 현실과 과제. 한국학교사회사업학회 제6회 학술대회 자료집.

김혜원(2002). 고등학생들의 성관련 경험에 대한 학생. 성인집단의 반응비교. 청소년학연구, 9(2), 113-138.

김혜원 · 이종민(2001). 청소년들을 위한 학교 성교육의 현황과 문제점, 그리고 나아가야 할 방향. 청소년학연구, 8(1), 117-142.

김혜원 · 이혜경(2000). 청소년을 위한 양성평등 성교육 방향의 모색 : 남녀 고등학생들의 성의식과 성행동 실태에 근거하여. 한국여성심리학회, 5(2), 29-45.

나은숙 · 정익중(2007). 아동학대 유형별 우울성향, 자기효능감, 학업성취 간의 관계. 아동학회지, 28(4), 35-49.

남미애(2004). 소년사법처리과정 청소년의 교정복지 증진을 위한 지역사회협력방안에 관한 연구. 청소년학연구, 11(3), 151-180.

______(2005). 소년사법처리과정 청소년을 위한 미국 소년사법관련 다기관 간 협력에 대한 연구. 교정연구, 26. 한국교정학회.

______(2007). 사법처리과정 청소년의 비공식적 낙인지각에 영향을 미치는 요인. 청소년학연구, 14(4). 한국청소년학회.

남미애 · 홍봉선(2007). 2007년 가출청소년 및 청소년쉼터 실태조사. 국가청소년위원회 · 한국청소년쉼터협의회.

노대명(1999). 빈곤의 세계적 구조와 외환위기 이후 한국의 빈곤. 참여연대 포럼 외환위기 이후 한국의 빈곤실태와 감시시스템 자료집.

노종희 · 송광용 · 신현석(2002). 교육행정기관의 행정실태 및 개선방안 연구. 한국교육개발원.
노혜련 · 김상곤(2004). 학교사회복지사의 직무와 역할에 관한 연구. 한국학교사회복지학회 2004년 춘계학술대회자료집.
류방란(2006). 교육복지투자우선지역 확대계획 구체화 방안 연구. 한국교육개발원.
류방란 · 김성식(2006). 교육격차와 학교교육의 기능. 교육격차, 무엇이 해법인가?. 제32차 KEDI 교육정책포럼. 한국교육개발원.
류정순(1999). 도시빈곤의 규모와 빈곤가구의 생활수준. 참여연대 포럼 외환위기 이후 한국의 빈곤실태와 감시시스템 자료집.
문용린(2005). 폐쇄성이 교육비리 키웠다. 서울신문(시론). 3월 2일.
민성혜 역(2008). 학습장애 아이들을 위한 지도서. 서울 : 시그마프레스.
민하영(2002). 학령기 아동의 내외통제소재 및 또래-소외 상황에서의 대처행동과 외로움. 아동학회지, 23(3), 51-63.
박미경(2007). 교사를 통해 본 다문화가정 유아의 특성 및 교사의 어려움 : 결혼이민자 가정을 중심으로. 이화여자대학교 대학원 석사학위논문.
박병금(2006). 청소년의 자살생각에 관한 생태체계요인 탐색. 충북대학교 대학원 박사학위논문.
박상완(2006). 교사평가에 관한 교원의 인식에 나타난 학교조직의 특성. 초등교육연구, 19(1), 261-292.
박순일(2000). 빈곤 및 소득분배 실태. 보건복지포럼, 41, 17-25.
박순일 · 최현수 · 강성호(2000). 빈부격차 확대요인의 분석과 빈곤 · 서민생활대책. 한국보건사회연구원.
박영숙 · 류호섭 · 박철희(1997). 초 · 중등학교 시설 · 설비기준 개정에 관한 연구 : 학생 1인당 적정면적 기준을 중심으로. 수탁연구 CR 96-2. 한국교육개발원.
박정숙(2007). 국제결혼 이주여성의 가족갈등과 생활만족도에 관한 연구. 순천대학교 대학원 석사학위논문.
박찬용 · 김진욱 · 김태완(1999). 경제위기에 따른 빈곤수준 및 소득불평등 변화와 정책과제. 한국보건사회연구원.
박현선(1999). 고위험 빈곤청소년의 심리사회적 적응. 한국사회복지학, 37, 195-216.
방하남 · 김기헌(2003). 한국사회의 교육계층화 : 연령 코호트 간 변화와 학력단계별 차이. 한국사회학, 37(4), 31-65.
배경내(2005). 학교폭력에 관한 인권적 검토. 학교폭력문제, 이렇게 풀자!. 전국교직원노동조합 · 흥사단교육운동본부.
보건복지부 · 아동보호전문기관(2017). 2017 전국아동학대 현황보고서.
서영석 · 이정림 · 강재희 · 차주환(2007). 상담자의 동성애혐오반응에 관한 연구. 한국심리학회지 : 상담 및 심리치료, 19(2), 213-237.
설동훈 · 김윤태 · 김현미 · 윤홍식 · 이혜경 · 임경택 · 정기선 · 주영수 · 한건수(2005). 국제결혼 이주여성 실태조사 및 보건 · 복지 지원 정책 방안. 보건복지부.
성민선 외(2004). 학교사회복지의 이론과 실제. 서울 : 학지사.
손민규(2007). 국제결혼 이민자들의 사회통합 방안에 관한 연구 : 시흥, 안산 지역 이주여성을 중심으로. 인하대학교 행정대학원 석사학위논문.
송광성 · 구정화 · 이영아 · 김소희(1992). 정학 · 퇴학청소년선도방안연구. 한국청소년연구원.
송다영 · 성정현 · 한정원(2003). 한부모가족 아동에 대한 교사의 인식과 관련요인에 관한 연구. 한국사회복지학, 52.

송병찬(2007). 국제결혼에 대한 TV 시사 다큐멘터리의 틀짓기 : 1999년 이후 프레임 분석과 이데올로기적 함의를 중심으로. 서강대학교 대학원 석사학위논문.
송윤옥(2006). 청소년성정체성 발달과정-사이버 동성애 상담사례 중심으로-. 명지대학교 사회교육대학원 석사학위논문.
송희준(1990). 복지사회의 노동 및 교육정책의 토대로서 인적자본축척의 소득향상 효과와 정책방향에 관한 연구. 한국행정학보, 24(2), 905-922.
신경희(2005). 국제결혼가족의 부부갈등요인에 관한 연구 : 한국남성과 필리핀 여성의 부부관계를 중심으로. 조선대학교 정책대학원 석사학위논문.
신성만 · 김동일 · 정여주 · 신정미 공역(2015). 학교에서의 동기강화상담. 서울 : 박학사.
신원영 · 강현아(2008). 빈곤 청소년의 사회적 자본이 학업성취에 미치는 영향. 청소년학연구, 15(4), 57-87.
신현균 · 김진숙(2000). 주의력결핍 및 과잉행동 장애. 서울 : 학지사.
안동현 · 김세실 · 한은선(2004). 주의력결핍 장애아동의 사회기술훈련. 서울 : 학지사.
안동현 · 노안영 · 구본용 · 임은미 · 김광수(1999). 청소년성상담. 한국청소년상담원, 93.
안우환(2006). 학교조직 사회의 이해. 서울 : (주)한국학술정보.
양명숙 · 배선희 · 손은령 · 이지민 공역(2003). 가족-중심 접근 청소년문제행동 상담. 서울 : 학지사.
엄경남 · 김희명 · 안정선(2020). 학교사회복지사 수련슈퍼바이저 교육과정 개발. 한국학교사회복지학회 2020년 춘계학술대회 자료집.
엄기호(1998). 포르노 문화를 통해 본 청소년 섹슈얼리티 연구. 연세대학교 대학원 석사학위논문.
엄미선(2003). 자기옹호 집단프로그램을 통한 도시빈민의 임파워먼트 연구. 가톨릭대학교 대학원 박사학위논문.
여기동 · 이미형(2006). 한국 남성의 동성애 성정체성 발달과정과 정신건강. 정신간호학회지, 15(3), 289-298.
여인중(2005). 은둔형 외톨이 히키코모리. 서울 : 지혜문학.
오경자 외(1997). 학교정신보건사업 모델개발 : 1.학교를 중심으로 한 초등학생들의 정서 및 행동문제에 관한 연구. 신경정신의학, 140. 대한신경정신의학회.
원호택(1997). 청소년의 집단 따돌림의 원인과 지도방안. 청소년상담연구보고서, 29. 서울 : 청소년대화의 광장.
윤가현(1999). 성과 성의식의 변화. 역사비평 겨울호. 역사문제연구소, 346-358.
윤성우 · 이영호(2007). 집단 따돌림 방관자에 대한 또래지지 프로그램의 효과. 한국심리학회지 : 임상 26(2), 271-292.
윤찬영 · 최 웅(2019). 학교사회복지사 국가자격제도 시행(안). 한국학교사회복지학회 2019년 추계학술대회 자료집.
윤철수(2006). 학교사회복지의 발전방향 -교육복지투자우선지역지원사업을 중심으로-. 학교사회복지대토론회 자료집. 2002년 사회복지공동모금회 기획사업 학교사회복지전문위원회.
윤철수 · 진혜경 · 안정선(2006). 학교교육과 복지. 경기 : 양서원.
윤형숙(2004). 외국인 출신 농촌주부들의 갈등과 적응-필리핀 여성을 중심으로. 2004년 여성학회 추계학술대회 자료집
이기범(1996). 복지사회와 교육 : 자유, 평등, 공동체를 위한 교육복지. 교육학연구, 34(2).
이기우(2004). 교육자치발전의 방향과 지방교육행정제도의 개선과제. 새로운 지방분권 추진전략 모색

을 위한 대토론회. 한국지방자치학회.
이민희 · 주동범 · 김홍주 · 임지연 · 김혜영(2005). 청소년정책과 학교교육정책의 연계 · 협력 방안연구－청소년활동의 연계 · 협력 방안을 중심으로－. 한국청소년정책연구원.
이병환(2007). 대안교육을 통한 청소년 학업중단 예방 방안. 중등교육연구, 55(1). 경북대학교사범대학부속중등교육연구소.
이상균(2001). 학교와 사회복지의 접맥, 그 가능성의 모색 : 학교연계 서비스를 중심으로. 학교붕괴의 실상과 사회복지적 대응. 한국학교사회복지학회 · 청소년보호위원회.
이상오(2000a). 평생학습사회구축을 위한 교육복지체제의 모형개발. *ANDRAGOGY TODAY, 3*(2), 한국성인교육학회, 1-49.
______(2000b). 평생학습사회구축을 위한 교육복지체제의 모형개발. 한국학술진흥재단 미간행물.
이수광(2000). 학생인권 신장 방안 연구. 강원대학교 대학원 박사학위논문.
이숙영 · 남상인(1997). 중도탈락학생의 사회적응 상담정책개발연구. 서울 : 청소년대화의 광장.
이승연(2007). 청소년 자살에 대한 교등학교 교사의 지식과 오해. 한국심리학회지 : 사회문제, 13(2), 97-117.
이시형 · 김은정 · 김미영 · 김진영 · 이규미 · 구자경(2000). 외톨이청소년의 심리사회적 특성과 부적응. 삼성생명공익재단 사회정신건강연구소.
이연우 · 이성림(2001). 경제위기와 빈부격차 : 1997년 위기 전후의 소득분배와 빈곤. 국제경제연구, 7(2), 79-109.
이영분(1999). 아동성폭력 현황 및 그 치료와 예방에 관한 연구. 한국아동복지학, 8.
이옥주 · 김유숙 · 김용태(1996). 청소년가족상담. 서울 : 청소년대화의 광장.
이정균(1992). 정신의학. 서울 : 일조각.
이종숙(1997). 이혼가정자녀의 적응에 대한 사회심리적, 발달적 이해 : 이혼과 적응. 한국인간발달학회.
이종원 · 주동범 · 서정아(2000). 전국청소년생활실태조사연구. 한국청소년개발원, 103.
이종익 · 최 웅(2020). 학교사회복지사 수련이론 교육과정 개발. 한국학교사회복지학회 2020년 춘계학술대회 자료집.
이향남(2008). 은둔형 외톨이 청소년을 위한 생태체계적 통합 지원 모형 개발에 관한 연구. 대전대학교 대학원 박사학위논문.
이현숙 · 정현희(2004). 학교-기반의 사회적 기술 훈련프로그램이 수줍음 아동의 사회적 기술, 불안, 우울, 자아존중감에 미치는 효과. 한국심리학회지 : 학교, 1(1), 79-100.
이혜경 · 김진욱(2001). 한국의 소득분배와 빈곤; 1992~1998년. 연세사회복지연구, 6-7.
이혜연 · 이태수 · 이서정(2001). 소외청소년의 복지욕구 조사연구 (1)－저소득층청소년을 중심으로. 한국청소년개발원.
이혜영(1999). 집단따돌림 해결을 위한 학교모델. 따돌림 해결을 위한 현장모델 개발 제2회 청소년상담 심포지엄 자료집. 서울특별시청소년종합상담실.
장덕호(2007). 학교운영위원회의 조직정치적 역학에 관한 탐색적 연구. 한국교육, 34(3), 209-232.
장문강(2006). 새터민 청소년의 학교적응에 관한 연구. 서강대학교 공공정책대학원 석사학위논문.
장인협 · 오정수(1998). 아동 · 청소년복지론. 서울 : 서울대학교출판부.
장희숙 · 조현각(2001). 대학생 이성교제폭력의 실태와 위험요인들. 한국가족복지학, 8. 한국가족복지학회, 178-197.
전재일 · 이경은 · 이성희(1999). 학교사회사업서비스 욕구에 따른 학교사회복지사의 역할모색. 학교사회사업, 2. 한국학교사회사업학회.

정건화(1999). 외환 이후 도시가구의 생활상태 변화. 참여연대 포럼 외환위기 이후 한국의 빈곤실태와 감시시스템 자료집.

정기섭(2001). 학교개혁과 학교교육학의 과제. 교육학연구, 39(1). 한국교육학회.

정영수 외(2007). 국가균형발전을 위한 지방교육 활성화 방안. 한국교육개발원.

정익중(2008). 아동학대 경험이 또래집단으로부터의 소외로 이어지는 발달경로. 아동학회지, 29(4), 79-95.

정하성 · 유진이 · 이장현(2007). 다문화청소년이해론. 경기 : 양서원.

정현영(2006). 다문화가정 자녀의 학교생활적응에 영향을 미치는 요인에 관한 연구 : 아시아 여성과 한국남성의 이중 문화가정 자녀를 중심으로. 숭실대학교 대학원 석사학위논문.

조금주 · 최윤진 · 안승문 · 권재원(2006). 중 · 고등학생 인권 상황 실태조사. 국가청소년위원회 · 국가인권위원회.

조영달(2006). 다문화가정의 자녀 교육 실태조사. 교육인적자원부.

조 은 · 김영지 · 김희진(2000). 저소득층 청소년문화의 실태와 문화적 권리 신장방안 연구. 한국청소년개발원.

조혜영(2007a). 다문화사회에서의 교육대책. 교육정책 쟁점과 과제. 한국교육개발원.

______(2007b). 다문화가족 자녀의 학교생활 실태 및 교사학생의 수용성 연구. 한국여성정책연구원, 한국청소년정책연구원.

조흥식(2007). 교육양극화 및 교육격차 해소를 위한 교육복지정책. 교육정책 쟁점과 과제. 한국교육개발원.

주간경향(2011. 03. 01).

주삼환 외(2001). 교육행정 및 교육경영. 서울 : 학지사.

천세영(2002). 교육복지투자우선지역지원사업 계획 수립 방향. 교육복지투자우선지역지원사업 계획 수립을 위한 공청회. 한국교육개발원, 35-64.

최경일 · 좌현숙 · 최혜정(2020). 학교사회복지 보수교육과정 개발. 한국학교사회복지학회 2020년 춘계학술대회 자료집.

최경일 · 최혜정 · 서동미 · 김숙기(2019). 학교사회복지 실천지침 개발연구. 한국학교사회복지학회 2019년 추계학술대회 자료집, 학교사회복지정책변화와 실천과제. 한국학교사회복지학회.

최민숙(2007). 장애아동 교육을 위한 가족참여와 지원. 서울 : 학지사.

최영애(1996). 청소년 성폭력 실태 및 대책. 청소년 폭력 및 성폭력 피해근절을 위한 대토론회. 서울 : 청소년대화의 광장.

최옥순(2008). 다문화가족 아동의 자기표현 및 자아존중감 증진을 위한 집단미술치료 프로그램 개발 및 효과. 대전대학교 대학원 박사학위논문.

최윤진(1998). 청소년의 권리. 경기 : 양서원.

최준렬(2005). 학교혁신을 위한 교육행정기관의 역할. 지방교육경영. 한국지방교육경영학회, 131-145.

최희선(2003). 공교육 위기의 진단과 처방. 교육논총, 22. 경인교대학교 초등교육연구소.

통계개발원(2009). 2008 청소년통계.

통계청(2006). 사망원인 통계연보.

평택대학교 다문화가족센터(2007). 다문화가족백서. 경기 : 문영사.

한국교육개발원(2011a). 2010년 교육복지투자우선지역지원사업 평가 보고서.

____________(2011b). 교육복지투자우선지역지원사업 효과성 종단 연구 보고서.

한국성문화연구소(1997). 여고생 성의식 및 성실태 조사연구.

한국청소년개발원(2004). 청소년인권론. 경기 : 교육과학사.
한국청소년상담원(2005). 은둔형 외톨이 등 사회부적응청소년 지원방안 국제심포지엄 자료집.
한국청소년정신의학회 · 국가청소년위원회(2007). 은둔형 외톨이 문제 해결방안 모색을 위한 공청회 자료집.
한국평화훈련원(2014). 인천 신흥중학교 회복적 반성문.
한국학교사회복지사협회 부설 교육복지연구소 편(2006). 학교교육과 복지. 경기 : 양서원.
한국학교사회복지사협회(2006). 학교사회복지 직무연수 교재.
____________________(2019). 2019 전국 학교사회복지사업 운영현황 자료.
한만길 · 윤종혁 · 윤여길 · 김정래(2000). 21세기 교육복지 발전 방안 연구. 한국교육개발원 연구보고서.
한승준(2003). 교육복지투자우선지역선정에 관한 연구. 한국행정학회 하계학술대회.
한용진 · 권두승 · 남현우 · 오영재 · 류지헌(2007). 교육학개론. 서울 : 학지사.
한인영 · 홍순혜 · 김혜란 · 김기환(1997). 학교와 사회복지 : 학교사회사업의 이론과 실제. 서울 : 학문사.
한재랑(2002). 빈곤가정 지원체계 구축을 위한 지역조사. 도시와 빈곤, 56. 한국도시연구소.
한정화(1998). 도시주부의 사교육에 따른 경제복지감. 한국여성교양학회, 41-63.
함수곤(2005). 광복 60주년 교과서 제도 변천 회고와 전망. 국가수준의 교육과정. 교과서연구, 44. 한국교과서연구재단.
황순길(2005). 은둔형 외톨이 등 사회부적응 청소년 지원방안. 청소년위원회.
허남순 · 한인영 · 김기환 · 김용석(2004). 사회복지실천이론과 기술. 서울 : 나눔의집.
홍금자(2000). 근대 사회사업의 성립과 발달사적 구분에 관한 연구. 한국사회복지학, 40, 238. 경기 : 나남출판사.
홍봉선(1998). 학교폭력청소년의 원조방안에 관한 연구. 청소년학연구. 한국청소년학회.
______(2003). 교육복지투자우선지역지원사업의 학교사회복지적 의의와 과제. 한국학교사회복지학회 2003년 춘계학술대회. 한국학교사회복지학회.
______(2004). 우리나라 교육복지의 방향과 과제. 한국사회복지학, 56(1), 253-282.
______(2008). 교복투사업의 전개양상 및 법 시안의 문제점과 대응 전략. 한국학교사회복지학회 2008년 추계학술대회. 한국학교사회복지학회.
홍봉선 · 남미애(2007). 청소년복지론. 경기 : 공동체.
홍봉선 · 남승규 · 남미애(2002). 소년사법처리과정에 있는 청소년이 지각한 사회적 지지와 교정성에 관한 연구. 한국사회복지학, 51. 한국사회복지학회.
홍봉선 · 최인용 · 조영록 · 남미애 · 장수한(1996). 부산지역 중 · 고교중퇴청소년 실태 조사연구보고서. 부산광역시.
홍순혜(2005). 학교사회복지사 교육의 현황과 과제. 한국학교사회복지학회 자료집 8.
황매향(2007). 학업상담. 서울 : 학지사.
황순길 · 여인중 외(2005). 은둔형 외톨이 등 사회부적응 청소년지원방안. 청소년위원회.
황은숙(2001). 한부모가정에 대한 반편견 유아교육 프로그램의 개발과 실시효과. 숙명여자대학교 대학원 석사논문.

Achenbach, T. M., & Edelbrock, C.(1983). *Manual for the child behavior checklist and revised child behavior profile*. Burlington, VM : University of Bermont.
Allen-Meares, P., Washington, R. O., & Welsh, B. L.(2002). *Social work Service in School*(3rd ed.). Allyn

& Bacon.

Allen-Meares, P., et al.(2004). *Social Work Services in Schools.* Boston : Allyn & Bacon.

Barrett, G. F.(2000). The Effect of Educational Attainment on Welfare Dependence : Evidence from Canada. *Journal of Public Economics, 77*, 209-232.

Bernard, B.(1991). *Fostering resiliency in kids : Protective factors in the family. school. and community.* Portland : Western Regional Center, Drug-Free Schools and Communities.

Bowen, G. L.(2004). Social Organization and Schools : A General Systems Theory Perspective. In Paula Allen-Meares et al.(Eds.), *Social Work Services in Schools.* Boston : Allyn & Bacon.

Brooks-Gunn J., Kleanov P., Liaw, F., & Duncan, G.(1995). Toward an understanding of the effect of poverty upon children. In Fitzgerald H. E. Lester, B. M., & Zuckerman B.(Eds), *Children of poverty-research, heath and policy issues.* New York : Garland Publishing Inc.

Bye L., & Alvarez, M.(2006). *School Social Work : Theory to Practice.* Thomson : BROOKS/COLE.

Bye L.(2006). School Social Work with Families. In Bye L., & Alvarez, M.(Eds.), *School Social Work : Theory to Practice.* Thomson : BROOKS/COLE.

Carlile, C.(1991). Children of Divorce : How Teachers Can Help Ease the Pain. *Children Education, 67*, 232-234.

Clark, J. P., & Thiede, C.(2006). School Social Work Practice with Students with Disabilities. In Bye L., & Alvarez, M.(Eds.), *School Social Work : Theory to Practice.* Thomson : BROOKS/COLE.

Dronkers, J.(1994). The Changing Effects of Lone Parent Families on The Educational Attainment of Their Children in a European Welfare State. *Sociology, 28*(1), 171-191.

Duncan, G. J.(1993). The Economic Environment of Children. In A. Huston(Ed.), *Children in Poverty.* Cambridge : Cambridge University Press.

Duncan, G. W., Yeung, J., Brooks-Gunn, J., & Smith. J.(1998). How Much Does Childhood Poverty Affect the Life Chances of Children. *American Sociological Review, 63*(3), 406-423.

Dupper, D. R.(2002). *School Social Work : Skills and Interventions for Effective Practice.* New York : John Wiley & Sons, INC.

____________(2006). Incorporating Best Practices. In Bye L., & Alvarez, M.(Eds.), *School Social Work : Theory to Practice.* Thomson : BROOKS/COLE.

Durham, M. G.(1998). Dilemmas of Desire : Representations of Adolescent Sexuality. *Youth & Society.* March.

Elliot, D. S., & Voss, H. L.(1974). *Delinquency and Dropout.* Lexington, Mass : Lexington Books.

Fortin, B., & Lacroix, G.(1997). Welfare Benefit, Minium Wage and the Duration of Welfare Spells : Evidence from a Natural Experiment in Canada. Laval University Department of Economics Working Paper, No. 9708.

Franklin, C.(2006). The Delivery of Social Work Services. In Bye L., & Alvarez, M.(Eds.), *School Social Work : Theory to Practice.* Thomson : BROOKS/COLE.

Franklin, C., & Streeter, C. L. (1995). School Reform : Linking Public School with Human service. Social Work.

Frey, A., & Walker, H.(2006). School Social Work at the School Organization Level. In Bye L., & Alvarez, M.(Eds.), *School Social Work : Theory to Practice.* Thomson : BROOKS/COLE.

Friend, M,. & Cook, L.(1992). The new mainstreaming : How it really works Instructor, 101(7), 30-36.

Frost, Jennifer, & J. D. Forrest(1995). Understanding the Impact of Effective Teenage Pregnancy Prevention Programs. *Family Planning Perspectives, 27*(5), 188-195.

Garnier, H. E., Stein, J. A., & Jacob, J. K.(1997). The Process of Dropping Out of High School : a 19-Year Perspective. *American Educational Research Journal, 34*, 395-415.

Garrett, K. J.(2006). Ecological Perspective for School Social Work Practice. In Bye L., & Alvarez, M.(Eds.), *School Social Work : Theory to Practice*. Thomson : BROOKS/COLE.

Germain, C., & Gitterman, A.(1996). *The life model of social work practice*. New York : Columbia University Press.

Gianesin, J. R.(2006). Consultation in School Social Work. In Bye L., & Alvarez, M.(Eds.), *School Social Work : Theory to Practice*. Thomson : BROOKS/COLE.

Goldstein-Hendley, S., Green, V., & Evans, J.(1986). Effects of Teacher's Marital Status and Child's Family's Marital Status on Teacher's Rating of a Child. *Psychological Report, 58*, 959-964.

Harris, M. B., & Franklin, C.(2006). The Design of Social Work Services. In Bye L., & Alvarez, M.(Eds.), *School Social Work : Theory to Practice*. Thomson : BROOKS/COLE.

Hart, E. L., & Parmeter, S. H.(1992). Writing in the margins : A lesbian and gay inclusive course. In C. M. Hurlbert, & S. Totten(Eds.), *Social issues in the English classroom*. Urbana : National Council of Teachers of English(ED 349 574).

Hashima, P. Y., & Amato, P. R.(1994). Poverty, social support ad parental behavior. *Child Development, 65*, 394-403.

Hetherington, E., Cox, M., & Cox, R.(1978). Long-term effects of divorce and remarriage on the adjustment of children. *Journal of the American Academy of Child Psychiatry, 24*, 518-530.

Helen, E. G., Judith, A. S., & Jennifer, K. J.(1997). The Process of Dropping Out of High School : a 19-Year Perspective. *American Educational Research Journal Volume 34*(Summer), 395-419.

Henderson, A., & Berla, N.(Eds.)(1994). *A New Generation of Evidence : The Family is critical to student achievement*. Washington, DC : National Committee for Citizens in Education. ED 375 968.

Henderson, A., & Mapp, K.(2002). *A new wave of evidence : The impact of school, family, and community connections on student achievement*. Austin, TX : Southwest Educational Development Laboratory.

Hooper-Briar, K., & Lawson, H.(Eds.), *Expanding partnerships for vulnerable children, youth and families*. Alexandria : Council on Social Work Education.

Huston, A.(Ed.)(1991). *Children in poverty : child development and public policy*. Cambridge, MA. : Peegaman Press.

Ingersoll, Sarah, & Donni LeBoeuf(1997). *Reaching Out to Youth Out of the Educational Mainstream*. Washingtow, DC : Office of Juvenile Justice Delinquency Prevention.

Jayaratne, S. D.(2006). Evaluating Practice and Programs. In Bye L., & Alvarez, M.(Eds.), *School Social Work : Theory to Practice*. Thomson : BROOKS/COLE.

Jonson-reid, M.(2006). Research and Evaluation of School Social Work Practice. In Bye L., & Alvarez, M.(Eds.), *School Social Work : Theory to Practice*. Thomson : BROOKS/COLE.

Karl, L. A., Doris, R. E., & Carrie, S. H.(1997). From First Grade Forward : Early Foundations of High School Dropout. *Sociology of Education Volume, 70*(April), 87-107.

Kelen, J. A.(2007). Working with Noncitizen Populations. In Openshaw, L.(Ed.), *Social Work in Schools : Principles and Practice*. New York : The Guilford Press.

Kopels, S.(2004). Student Right and Control of Behavior. In Allen-Meares, P., et al.(Eds.), *Social Work Services in Schools*. Boston : Allyn & Bacon.

________(2006). Confidentiality in the Schools. In Bye L., & Alvarez, M.(Eds.), *School Social Work : Theory to Practice*. Thomson : BROOKS/COLE.

Lee, W. C.(2006). The Many Facets in the Role of a School Social Worker, In Bye L., & Alvarez, M.(Eds.), *School Social Work : Theory to Practice*. Thomson : BROOKS/COLE.

Margaret, E. E., & Anita, L. S.(1992). Paths to High School Graduation or Dropout : A Longitudinal Study of a First-Grade Cohort. *Sociology of Education Volume, 65*(April), 87-107.

Melissa Roderick(1994). Grade Retention and School Dropout : Investigating the Association. *American Education Research Journal Volume, 31*, 729-761.

Metcalf, K. K.(1995). Laboratory experiences in teacher education. In Anderson, Lorin W.(Ed.), *International encyclopedia of teaching and teacher education*(2nd ed.). New York : Pergamon, 573-577.

National Association of School Works(2002). *NASW Standards for Social Work Services in Schools*. Washington, DC : Author.

________________________________(2012). Standards for School Social Work Services.

Nettles, G.(2006). Legal Issues in School Social Work. In Bye L., & Alvarez, M.(Eds.), *School Social Work : Theory to Practice*. Thomson : BROOKS/COLE.

NASW Standards for School Social Work Services(2002). Washington, D.C. : NASW.

O'Neil, J. A., Bassi, L. J., & Wolf, D. A.(1987). The Duration of Welfare spell. *Review of Economics and Statistics, 69*(1), 241-248.

Openshaw, L.(2007). *Social Work in Schools : Principles and Practice*. New York : The Guilford Press.

Ortiz, S. O., & Flanagan, D. P.(2002). Cross-Gattery Assessment Revisited : some coutions concerning "Some Cautions"(Part Ⅱ). *Communique, 30*(8), 36-38.

Owen, J. D.(1994). Education and Welfare Incidence Among Black Women : Changes Over Time. *Economics of Education Review, 13*(4), 337-353.

Quinn, J.(2006). Community Schools : New Roles for Social Work Practitioners. In Bye L., & Alvarez, M.(Eds.), *School Social Work : Theory to Practice*. Thomson : BROOKS/COLE.

Raines, J. C.(2002). Present levels of performance, goals, and objectives : A best practice guide. *School Social Work Journal, 27*, 58-72.

Raines, J. C., & Ahlman, C. A.(2004). No substitute for competence : How to survive and thrive as an interim school social worker. *School Social Work Journal, 28*(2), 37-52.

Ramsy, N. A.(1989). With a Little Help : Children in Poverty and Child Care. In A. Huston(Ed.), *Children in Poverty*. Cambridge : Cambridge University Press.

Russell, W. R.(1995). Dropping Out of Middle School : A Multilevel Analysis of Students and Schools. *American Educational Research Journal Volume, 32*, 583-622.

Sameroff, A. J., Bartko, W. T., Baldwin, C., & Siefer, R.(1998). Family and Social Influence. In M. Lewis & C. Feiring(Eds.), *Families, Risk, and Competence*. Mahwah, NJ : Erlbaum.

Secor, D.(2006). School Social Work and Crisis Intervention. In Bye L., & Alvarez, M.(Eds.), *School*

Social Work : Theory to Practice. Thomson : BROOKS/COLE.

Stephens, R. D., & Arnette, J. L.(2000). From the Courthouse to the Schoolhouse : Making Successful Transitions. OJJDP, U. S. Department of Justice; Office of Juvenile Justice and Delinquency Prevention.

Tracy, E., & Usaj, K.(2006). School Social Work with Individuals and small Groups. In Bye L., & Alvarez, M.(Eds.), *School Social Work : Theory to Practice*. Thomson : BROOKS/COLE.

Vandell, D. L., & Shumow, L.(1999). After-school child care Programs. *Future of Children, 9*(3), 64-80. EJ 600 563.

Wallerstein, J. S., & Kelly, J. B.(1980). *Surviving the Breakup : How Children and Parents Cope with Divorce*. New York : Basic Books, Inc.

Wallerstein, J. S.(1984). Children of Divorce : Preliminary Report of a Ten-Year Follow-Up of Young Children. *American Journal of Orthopsychiatry, 54*(3).

Wilson, J.(2006). School Social Work at the Policy and Community Level. In Bye L., & Alvarez, M.(Eds.), *School Social Work : Theory to Practice*. Thomson : BROOKS/COLE.

Wolfgang, M., Thornberry, T., & Figlio, R.(1987). *From Boy to Man : From Delinquency to Crime*. Chicago : University of Chicago Press.

Won, J. Y.(2001). *A Study on Social and Economic Effect of Private Education*. CA : Cohen University & Theological Seminary.

〈웹사이트〉

구성애의 푸른 아우성 http://www.aoosung.com

교육부 http://www.moe.go.kr

국가인권위원회 http://www.humanrights.go.kr

아하성문화센터 http://www.ahacenter.kr

한국학교사회복지사협회 http://www.kassw.or.kr

찾아보기

인 명

내 용

저/자/약/력

■ 홍봉선

부산대학교 사회복지학과 졸업
부산대학교 대학원 사회복지학과 수료(행정학 박사)
부산광역시 청소년종합상담실 수석상담 부장
신라대학교 운영 사직종합사회복지관 관장
The Center for Study of Youth Policy at School of Social Work of University of Pennsylvania의 Visiting Scholar
전 부산광역시 청소년종합지원센터 소장
부산광역시 사상구 자원봉사센터 소장
현 신라대학교 사회복지학과 명예교수

■ 남미애

부산대학교 사회복지학과 졸업
부산대학교 대학원 사회복지학과 수료(행정학 박사)
부산광역시 청소년종합상담실 상담 부장
현 대전대학교 사회복지학과 교수

학교사회복지론 【제3판】

|공저자| 홍봉선 · 남미애

|1판 1쇄| 발행 2009년 2월 7일
|1판 2쇄| 발행 2010년 1월 30일
|2판 1쇄| 발행 2011년 9월 7일
|2판 6쇄| 발행 2018년 9월 10일
|3판 1쇄| 발행 2020년 6월 30일
|3판 2쇄| 발행 2021년 7월 15일
|3판 3쇄| 발행 2022년 7월 25일
|3판 4쇄| 발행 2025년 1월 15일

|발행인| 김동훈
|발행처| 공동체

|주소| 경기도 고양시 일산동구 호수로 358-39, 동문타워 I 905호(백석동)
|전화| 031) 814-3000(대표)
|팩스| 031) 814-3100
|홈페이지| http://www.compub.co.kr
|전자우편| compub@naver.com
|출판등록| 2005년 10월 6일
|등록번호| 제396-2005-36호

|ISBN| 979-11-6105-442-1
정가 22,000원

MEMO

MEMO